ESBOZO

DE UNA

NUEVA GRAMÁTICA

DE LA

LENGUA ESPAÑOLA

REAL ACADEMIA ESPAÑOLA
(COMISIÓN DE GRAMÁTICA)

ESBOZO
DE UNA
NUEVA GRAMÁTICA
DE LA
LENGUA ESPAÑOLA

ESPASA-CALPE, S. A.
MADRID
1977

Depósito legal: M. 12.674—1977

ISBN 84—239—4759—9 Rústica
ISBN 84—239—4762—9 Tela

Primera edición: abril, 1973
Primera reimpresión: octubre, 1973
Segunda reimpresión: junio, 1974
Tercera reimpresión: diciembre, 1975
Cuarta reimpresión: abril, 1977

Impreso en España   Printed in Spain

Talleres gráficos de la Editorial Espasa-Calpe, S. A.
Carretera de Irún, km. 12,200. Madrid-34

ADVERTENCIA

La Real Academia Española saca a luz este *Esbozo* —su mismo título lo anuncia— como un mero anticipo provisional de la que será nueva edición de su *Gramática de la Lengua Española*. La finalidad primordial de esta publicación es la de reunir los materiales que la Comisión de Gramática de esta Academia ha preparado como base de la futura *Gramática*, con objeto de someterlos al Pleno de la propia Corporación, sin cuyo refrendo no podrá tener carácter oficial, y conocer la opinión de las Academias de la Lengua asociadas a la Española. Una vez estudiadas las enmiendas y adiciones que se propongan a la Comisión, esta reelaborará el presente trabajo para establecer, en su día, el texto definitivo de la *Gramática*. POR SU CARÁCTER, PUES, DE SIMPLE PROYECTO, EL PRESENTE *Esbozo* CARECE DE TODA VALIDEZ NORMATIVA.

*

La misma condición provisional de la obra explica algunas de sus características, tales como las diferencias de estilo que pueden observarse entre unas partes y otras: la doctrina contenida en las dos primeras tendrá en el texto definitivo redacción más accesible al lector no especializado. Asimismo se advertirá en este *Esbozo* cierta desigualdad en el desarrollo de diferentes materias o, en ocasiones, una aparente falta de atención a variedades lingüísticas de diverso tipo propias de los países americanos, que no es debida sino a información insuficiente en cuanto a su extensión y aceptación en las distintas zonas. De las Academias asociadas espera la Española reunir las noticias precisas que habrán de colmar estas lagunas, hasta hoy insalvables.

Son numerosas las innovaciones que aquí se introducen, aunque no todas de igual envergadura. Frente a las cuatro partes en que aparecía dividida la *Gramática* en la edición de 1931 —«Analogía», «Sintaxis», «Prosodia» y «Ortografía»—, ahora la exposición gramatical consta de tres partes denominadas «Fonología» (en que se refunden las antiguas partes tercera y cuarta), «Morfología» (que corresponde a la antigua primera parte) y «Sintaxis». De las tres, eran las dos primeras las más necesitadas de una profunda revisión, y por eso es en ellas donde más novedades encontrará el lector.

La Fonología es la parte más a fondo modificada. Esta sección consta ahora de ocho capítulos, frente a los dos que sumaban las antiguas «Prosodia» y «Ortografía». En ella se estudian los sonidos y los fonemas, la sílaba, el acento, la fonología sintáctica, la entonación y la ortografía. Algunas de estas cuestiones ni siquiera se mencionaban en el texto anterior; otras se presentan ahora con desarrollo considerable, y todas con enfoque totalmente renovado. La única supresión notable que en esta parte se ha llevado a cabo ha sido la del «Catálogo de voces de ortografía dudosa», cuya utilidad puede ser ventajosamente suplida con la consulta del Diccionario.

Los capítulos de la Morfología mantienen, en general, el mismo orden del texto antiguo, pero con extensión mayor que en este y con planteamiento teórico completamente nuevo. Se incluye, además, un capítulo sobre los tratamientos. Se han suprimido, en cambio, los referentes a las «Figuras de dicción» y a las «Palabras invariables». El contenido de este último queda repartido a lo largo de la Sintaxis y, en lo que respecta a los adverbios, etc., de composición española, se tratará, además, en un capítulo sobre «Formación de palabras», que será objeto de publicación aparte, y después se incorporará al texto definitivo de la *Gramática*.

Entre las novedades de la Sintaxis figura la supresión de los capítulos, obedientes a conceptos hoy superados, sobre los «Casos», la «Sintaxis figurada» y los «Vicios de dicción». Por razón muy distinta ha sido eliminada la «Lista de palabras que se construyen con preposición» que tradicionalmente figuraba en esta Sintaxis: en la forma que tenía era anticuada y parcial; ponerla al día con un mínimo de rigor exigía disponer de diccionarios modernos y completos de construcción y régimen, que, por desgracia, no existen, ya que la extraordinaria empresa de Rufino José Cuervo quedó sin terminar. Se ha preferido, pues, suprimir la lista a darla en forma defectuosa que podía inducir a abundantes errores.

El resto de la materia sintáctica se mantiene con estructura semejante a la que presentaba en las últimas ediciones de la *Gramática*. Aunque han sido en ella, como queda dicho, menos importantes los cambios introducidos, todos los capítulos se han redactado de nuevo, simplificando algunas clasificaciones, especialmente en las oraciones compuestas; precisando numerosas nociones, y, en general, prestando una mayor atención a los usos modernos de la lengua.

A este respecto se observará, no solo en esa tercera parte, sino a lo largo de todo el presente *Esbozo*, que las autoridades literarias no se terminan, como ocurría en las ediciones anteriores de la *Gramática*, en el siglo xix, sino que incluyen a gran cantidad de escritores del nuestro, muchos de ellos vivos, y no solo españoles, sino también de los restantes países hispánicos. Se aspira así a recoger mejor todo lo que es lingüísticamente español en el tiempo y en el espacio.

PRIMERA PARTE
FONOLOGÍA

1.1. GENERALIDADES

1.1.1. Signo lingüístico. Lengua y habla. Segmentos y prosodemas.

— a) Todo acto de elocución en una lengua dada es susceptible de ser analizado, por los que la hablan [1], en una o varias imágenes o secuencias acústicas mínimas, idénticas o diferentes entre sí, cada una de las cuales se corresponde con un contenido significativo. La imagen acústica (significante) y el contenido significativo (significado) constituyen el signo lingüístico. Los diferentes signos de una lengua forman repertorios extensos y abiertos. El signo o cada uno de los signos de que se compone una emisión oral es analizable, a su vez, en unidades acústicas mínimas, idénticas unas a otras o diferentes entre sí, llamadas sonidos (signos de signos). Los diferentes sonidos de una lengua constituyen un repertorio reducido y cerrado. No existe ninguna lengua en la que, a cada significado diferente, corresponda como significante un sonido único y diferenciado [2]. El relieve acústico individual de cada signo depende de la manera de combinarse en él esos elementos primeros que son los sonidos.

b) La posibilidad de comunicación oral, en condiciones normales, entre personas que hablan una misma lengua se funda, por consiguiente, en la posibilidad de reconocer signos iguales y distinguir signos diferentes, en último término en la posibilidad de identificar y distinguir los sonidos que forman el relieve sonoro de cada signo, tanto en la audición como en la emisión. Todo ello requiere, al parecer, la máxima constancia en la producción de un mismo sonido y también una diferencia sensible entre cada sonido del repertorio y todos los demás. El primer factor tiene menos importancia que el segundo. Un desajuste en la emisión de un sonido o un error de audición no desdibuja sensi-

---

[1] Se contraponen así habla: acto oral, y lengua: sistema abstraído de las realizaciones orales. Al acto oral aluden también los términos *emisión, discurso, proceso, secuencia, cadena sonora*, etc. A la lengua los términos *forma, estructura, paradigma, gramática*, etc. El término *lengua* se emplea aquí algunas veces con mayor latitud, cuando el contexto aclara su significado.

[2] De modo semejante a como en la escritura jeroglífica existe un jeroglífico para cada palabra diferente.

blemente el perfil sonoro de una palabra o de una frase, que el oído
capta en su conjunto [3]. Por otra parte, la habilidad del oído humano
para distinguir sonidos diferentes depende menos del grado de real
divergencia fonética entre ellos que de la manera de excluirse unos a
otros dentro del sistema de cada lengua [4].

c) Un quimograma o un oscilograma [5] reproduce gráficamente
una emisión oral como un todo continuo. Sobre ese gráfico, el físico o
el fonético pueden realizar los cortes más arbitrarios y analizar por
centésimas o milésimas de segundo las curvas registradas. Para el que
habla y el que escucha, en cambio, los sonidos aparecen como magni-
tudes discretas y homogéneas en la secuencia hablada. A cada una
de ellas alude el término s e g m e n t o. Así cada uno de los sonidos
representados por *a, b, c*, etc. La secuencia delimitada por pausas
recibe el nombre de g r u p o   f ó n i c o, como en las frases siguientes:
Ahora; ¡Vámonos de aquí! De estas pausas n o r m a l e s, presentes siempre al final y al principio del grupo fónico, se distinguen las situadas en
el interior del grupo fónico, llamadas v i r t u a l e s porque pueden realizarse o no. El segmento o la mínima secuencia de segmentos dotada
de significado y susceptible de ser aislado por pausas es la palabra [6].
La palabra puede, por consiguiente, hallarse entre pausas virtuales,

---

[3]   Son muy raros los casos en que dos palabras o dos frases, no demasiado
breves, con significado diferente, son idénticas acústicamente en toda su
extensión, menos en un sonido. Lo explica el hecho de que las formas lingüísticas (morfemas, palabras y oraciones) se hallan considerablemente lejos de
representar la totalidad de las combinaciones que podrían formarse con el
repertorio de sonidos de una lengua. Si así fuera, un error de audición o de
emisión en un solo sonido daría por resultado una palabra o una frase de significado diferente y la comunicación se haría con mucha frecuencia imposible.
Ese amplio margen de diferencias en el perfil sonoro de palabras o frases con
significado diferente recibe el nombre de r e d u n d a n c i a en la teoría de la
comunicación.

[4]   Una pequeña diferencia entre dos sonidos de la propia lengua es fácilmente percibida mientras que una mayor diferencia no lo es, si en el primer
caso el sistema no los identifica y sí los identifica en el segundo. Sonidos que
en una lengua son desemejantes no son fácilmente percibidos como tales por
los que no la hablan si en la suya propia esa misma diferencia no los mantiene
aparte.

[5]   Un espectrograma parece representar con más fidelidad lo que entendemos por una sucesión de unidades de sonido discretas, o segmentos (v. a continuación). La correlación con dichas unidades, sin embargo, tampoco es
completa en un espectrograma. La representación no es constante: un mismo
sonido puede estar representado por diversas variantes que no tienen un
solo rasgo en común. Se dan también interferencias: formas espectrográficas
que representan sonidos diferentes se parecen más entre sí que las variantes
que representan un mismo sonido. Hay también encabalgamientos: la delimitación en el espectrograma no es tampoco precisa a veces y hasta se borra
el carácter discreto de la representación.

[6]   Es, pues, un signo lingüístico, según la definición del apartado *a*
anterior.

como *de* en la segunda frase. Puede también hallarse entre una pausa normal y otra virtual, como *vámonos* en esa misma frase, o inversamente, como *aquí* en el mismo ejemplo (en el primer caso es la primera, en el segundo la última del grupo fónico). Puede, en fin, hallarse situada entre dos pausas normales: así *ahora* de la primera frase (en este caso el grupo fónico está constituido por una sola palabra). Irreductibles al análisis por segmentos son los llamados prosodemas, que en español se reducen a la entonación y al acento de intensidad. Los dos se desarrollan a lo largo del grupo fónico en una sucesión de alturas musicales relativas (entonación) y de intensidades también relativas (acento) en diferentes puntos de su extensión. Al doble carácter de los prosodemas: su irreductibilidad al análisis por segmentos y el hecho de presuponer una sucesión de segmentos, alude el nombre de elementos suprasegmentales con que también se denominan. De los prosodemas tratan los caps. 1.5, 1.6 y 1.7 de esta primera parte, de los segmentos los caps. 1.2, 1.3 y 1.4. Estos tres capítulos estudian la distribución de los segmentos en el grupo fónico constituido por una sola palabra. En el cap. 1.6 se amplía su estudio al grupo fónico constituido por más de una palabra.

d) Lo que en el plano acústico es un sonido diferenciado y específico es en los órganos que lo producen una articulación diferenciada y específica. El término de «articulación» sugiere la idea de movimiento, y la realidad fisiológica no está en desacuerdo con esta idea, ya que los órganos de la boca realizan movimientos, en muchos casos no coordinados entre sí y a veces interfiriendo entre sí los que pueden con alguna probabilidad asignarse a la producción de sonidos contiguos. Existen, sin embargo, en la mayor parte de los casos posiciones fijas entre unos y otros movimientos que son correlativas de las unidades acústicas o segmentos y sirven como recurso indirecto para la descripción y caracterización de los sonidos. Esas posiciones fijas es a lo que se alude más frecuentemente con el término articulación [7].

e) Como toda magnitud lingüística, el sonido puede ser considerado en dos planos. En el plano del habla, se entiende por el sonido el segmento. En el plano de la lengua, entendemos por sonido uno de los

---

[7] Está probado que en la sucesión de los movimientos fisiológicos articulatorios no es fácil establecer el límite que corresponde a la terminación de un sonido y al comienzo del sonido siguiente. Sin embargo, la proyección de un filme tomado sobre una pantalla de rayos X muestra la realidad de las posiciones fijas, aunque su duración —en la lengua francesa— es por término medio solo algo superior a la duración de los movimientos que parecen incluir la frontera de los sonidos. Considerando el tiempo en que un sonido mantiene de una manera casi inalterada su cualidad acústica, recientes experimentos realizados en Alemania muestran que dicha duración es relativamente pequeña, comparada con la que corresponde a los momentos de variación o inestabilidad acústica (la mitad aproximadamente).

miembros de su repertorio de sonidos, una clase de sonidos. Conjugando los dos planos, decimos que tal segmento, en la secuencia del habla, es la realización de tal clase de sonidos, o que lo representa, o más abreviadamente que es tal sonido. En el plano de la lengua, la clasificación de los sonidos se hace atendiendo a los rasgos que concurren en cada uno [8]. Es la clasificación o descripción constitutiva. Puede hacerse con criterios acústicos o articulatorios. En los caps. 1.2 y 1.3 se intenta una clasificación articulatoria de los sonidos españoles [9]. Con ella se relacionan estrechamente las propiedades de distribución de cada sonido en la secuencia hablada. Es la clasificación o caracterización distributiva. En los caps. 1.2, 1.3 y 1.4 se hace un estudio sucinto de esta distribución, atendiendo al contorno (§ 1.1.2f) de los sonidos y a la manera de organizarse en determinados grupos.

1.1.2. **Sílaba y acento.** — a) El grupo fónico se halla organizado en sílabas [10], unidades rítmicas en español, constituidas por uno o más segmentos [11]. En el habla normal, dos grupos fónicos de un mismo número de sílabas duran aproximadamente lo mismo [12].

---

[8] Ni la Fonética ni la Fonología han creado denominaciones especiales para cada sonido, como han creado algunos signos especiales para representarlos. La denominación consiste generalmente en un nombre genérico (sonido, articulación) agrupado con los adjetivos que especifican sus rasgos peculiares. Frecuentemente el nombre genérico es sustituido por el nombre de la letra que en el alfabeto de cada lengua lo representa gráficamente, sobre todo cuando el signo corriente es biunívoco, agrupado o no con las denominaciones de los rasgos específicos (be fricativa sonora), no de otra manera que para los signos fonéticos y fonológicos se utilizan también en parte las letras de la escritura, asociados o no a signos diacríticos especiales.

[9] La clasificación por rasgos acústicos es todavía insegura, a pesar del extraordinario desarrollo que la fonología acústica ha alcanzado en los últimos tiempos. Véase, sin embargo, el final del § 1.3.4d.

[10] La noción de sílaba es más intuitiva que científica. Se dice que son unidades de articulación, aunque se desconoce el mecanismo que las produce, acaso la actividad de los músculos intercostales. Acústicamente las sílabas se encuentran limitadas por depresiones de la perceptibilidad, aunque esta depresión no se corresponde con una pausa.

[11] La agrupación máxima de seis segmentos, como en a-griáis, es rarísima en español. Esta palabra, por otra parte, vacila en su división silábica: a-gri-áis.

[12] En esta propiedad está basada la métrica de la poesía española. No altera esa propiedad general de la elocución española el hecho de que en la estructura del verso una sílaba final de acentuación aguda y tres sílabas finales con acentuación esdrújula equivalgan a dos sílabas de acentuación llana. Conviene advertir que esta particularidad se produce solo en posición final de verso o en posición final de hemistiquio, pero no en cualquiera otra posición interior. En otras lenguas, como el inglés, el ritmo silábico se halla subordinado a los acentos dominantes y dos grupos fónicos de diferente número de sílabas duran a menudo aproximadamente lo mismo. En esta propiedad se basa la métrica inglesa.

b) Por su función silábica, los sonidos españoles se clasifican en dos grupos. Es vocálico el que puede constituir por sí solo una sílaba, consonántico el que carece de esta propiedad. Toda sílaba formada por más de un segmento contiene por lo menos uno vocálico. Al carácter vocálico o consonántico acompañan determinados rasgos articulatorios. La articulación de las consonantes impide momentáneamente la salida por la boca del aire expulsado por los pulmones, o bien opone cierta resistencia a esa salida, de tal manera que el aire espirado, al atravesar la zona articulatoria, produce fricciones más o menos perceptibles. En la articulación de las vocales, los órganos adoptan posiciones más abiertas. El aire sale por la boca, después de atravesar la zona de articulación, sin producir roces apreciables. En condiciones iguales de audición, emisión y articulación (una misma distancia entre el que habla y el que escucha, una misma intensidad espiratoria, una misma altura musical, etc.) las vocales poseen mayor grado de perceptibilidad que las consonantes.

c) El elemento vocálico de la sílaba recibe el nombre de cima (símbolo: Ci). La cima puede ser simple o compuesta. Es simple la que contiene una sola vocal, compuesta la que está formada por un grupo de dos o tres vocales. En la cima compuesta, la vocal de mayor perceptibilidad se denomina núcleo o vocal silábica. La vocal o las dos vocales no silábicas se llaman vocales satélites o marginales y poseen especiales caracteres articulatorios. En la cima simple, la vocal es siempre silábica.

d) La sílaba puede constar solamente de cima, simple o compuesta. Pueden aparecer también en la sílaba sonidos consonánticos precediendo o siguiendo a la cima o las dos cosas a la vez. La consonante o el grupo de consonantes que precede a la cima se denomina cabeza (símbolo: Ca), la consonante o el grupo de consonantes que sigue a la cima se denomina coda (símbolo: Co). En este último caso decimos también que la sílaba es cerrada o trabada. Cuando no existe coda decimos también que la sílaba es abierta. Es la denominación tradicional. Existen, pues, en español los siguientes tipos de sílabas:

Ci
CaCi
CiCo
CaCiCo [13]

De los sonidos contiguos que pertenecen a una misma sílaba decimos que son monosilábicos o tautosilábicos; o que se hallan en

---

[13] En las sílabas que carecen de cabeza silábica —tipo Ci y CiCo— la cima compuesta no puede contener más de dos vocales.

grupo o en posición monosilábica o tautosilábica. Si pertenecen a sílabas contiguas, es decir, si se hallan a uno y otro lado de la frontera silábica, decimos que son d i s i l á b i c o s o h e t e r o s i l á b i c o s o que se hallan en grupo o en posición disilábica o heterosilábica.

e)   El acento de intensidad (§ 1.1.1c) tiene en español dos grados: máximo y mínimo. El acento de intensidad máxima es el que denominamos usualmente a c e n t o y el que aparece marcado en la escritura, aunque no en todas sus posiciones. Acento de intensidad mínima equivale, por consiguiente, a ausencia de acento. El acento afecta a la sílaba toda, pero especialmente al núcleo. Aunque los prosodemas se estudian en los caps. 1.5, 1.6 y 1.7, en las transcripciones fonéticas y fonológicas que siguen se marca siempre el acento de intensidad sobre la vocal silábica con el mismo trazo que la Ortografía tradicional lo señala en ciertos casos. La determinación de la frontera silábica entre vocales (cap. 1.4) depende, por otra parte, de la posición que ocupa el acento.

f)   Se llama c o n t o r n o o m a r c o de un sonido determinado al que forman el que le precede y el que le sigue inmediatamente en la secuencia hablada. El sonido considerado suele transcribirse con un guión. En la palabra *pino*, por ejemplo, el contorno de la vocal *i* es *p-n*. En las transcripciones que siguen, se señala con el símbolo [※] la pausa normal (§ 1.1.1c); con [.] la frontera silábica [14].

1.1.3.   **Fonética y fonología.** — a)   En el capítulo siguiente se intenta una descripción articulatoria de los sonidos del español (f o n é t i c a   a r t i c u l a t o r i a) tal como se producen en el habla tenida por culta en la vasta extensión del mundo hispánico y considerada como norma en la enseñanza oficial y en las prescripciones de las Academias de lengua española [15]. Quedan fuera de nuestro repertorio de sonidos la

---

[14]   Este símbolo no representa ninguna clase de sonido ni pausa. Véase la nota 10.

[15]   Esa norma no es una pura entelequia ni un deseo minoritario, pese a las diferencias regionales y hasta locales que se dan en toda área lingüística, especialmente cuando se trata de áreas extensas, como la del español, y cuando los territorios que la integran, como en este caso, forman diversas agrupaciones políticas. Es ley ineludible en tales condiciones tiendan cada vez más a acentuarse las diferencias lingüísticas. En el caso del español la aspiración a una norma común ha sido, sin embargo, secundada por acciones muy positivas, de modo muy especial y efectivo en los pueblos americanos, en donde la fragmentación política hacía temer con mayor verosimilitud una fragmentación de la lengua. Pensemos nada más en la obra de gramáticos como Bello y Cuervo. Es lícito, por consiguiente, hablar de un e s p a ñ o l   c o m ú n, de una obediencia a determinada regulación básica de orden fonético y gramatical que se manifiesta en el habla de las personas cultas y se refleja en la literatura más universalista y menos teñida de particularismos lingüísticos.

abundante variedad de particularismos regionales, rurales y locales cuando son tildados de pronunciación vulgar, como es lo más frecuente, dentro o fuera de los respectivos territorios. Por la misma razón incluimos en nuestro repertorio alguna variedad de sonidos de España y América que no han merecido esa calificación.

b)   Fonética y Fonología estudian los sonidos, pero con fines diferentes. La primera establece el repertorio de sonidos de una lengua, con arreglo a las particularidades y a las más pequeñas diferencias articulatorias perceptibles. El fonetista se vale de las propias sensaciones cinestéticas y de los recursos más perfectos que le brinda el instrumental del laboratorio. Un repertorio de esta naturaleza trata de establecer una correlación, lo más exacta posible, entre la descripción articulatoria y la realidad idiomática del habla. Distingue, por ejemplo, en español dos clases de *b* (rom*b*o, ro*b*o) por sus particularidades articulatorias, lo mismo que se distinguen en el relieve sonoro del habla comunicando un especial carácter idiomático a la pronunciación española. La Fonología organiza los sonidos en sistema, valiéndose de sus caracteres articulatorios y de la distribución de estos sonidos en la cadena sonora del habla. Establece así unidades de sonido que reciben el nombre de **fonemas**. Los fonemas se caracterizan por su función significante, por su capacidad para diferenciar significaciones. Así ocurre, por ejemplo, con las unidades *r*, *rr* y *b* en *caro, carro* y *cabo*. Dentro del contexto *ca-o* podemos situar los fonemas *r*, *rr*, *b* ... Pero si elegimos *b*, no existe libertad de opción entre las dos *b* de *rombo* y *robo* citadas antes, porque el empleo de uno o de otro está determinado por el contorno [16]. Son miembros de un fonema, pero no fonemas independientes. El cap. 1.3 trata de los fonemas (**fonología**).

---

[16]   De nuestra propia lengua poseemos una intuición que es fonológica, más que fonética, intuición sancionada por la escritura usual, en la que se da frecuentemente una relación biunívoca entre el fonema y la letra del alfabeto que la representa, lo que ocurre en la ortografía española con más regularidad que en otras. El hablante no suele tener conciencia clara de las diferencias que separan a los diversos miembros de un fonema en su lengua nativa y ha de realizar un esfuerzo para analizarlas. El mecanismo del habla es en este punto más automático y reflejo que en otros. Los que hablan de reformas fonéticas de la escritura, de lo que quieren realmente hablar es de reformas fonológicas. Véase la nota 4.

1.2. CLASES DE SONIDOS

1.2.1. Articulación de las consonantes. — *a*) En la articulación de los sonidos consonánticos hay que distinguir: 1.º, órganos activos; 2.º, órganos pasivos o puntos de articulación; 3.º, modos de articulación. La combinación de un órgano activo y un punto de articulación constituye lo que se llama posición a r t i c u l a t o r i a (v. § 1.1.1*d*).

b) Son órganos activos: el labio inferior, el ápice de la lengua, la corona (curva intermedia entre el ápice y la cara del predorso), el predorso, dorso o postdorso de la lengua. Son órganos pasivos: el labio superior, el borde de los incisivos superiores, la cara interior de los incisivos superiores, los alvéolos de los incisivos superiores, el paladar (prepaladar, paladar, postpaladar) y el velo del paladar.

Para describir una posición articulatoria se emplea un término compuesto cuya primera parte designa el órgano activo y la segunda el punto de articulación: *bilabial* (= labiolabial), *labiodental* [1], *apicointerdental* [1], *apicodental* [2], *apicoalveolar*, *predorsoprepalatal*, *dorsopalatal*, *postdorsovelar*, etc. [3].

c) Por su modo de articulación los sonidos consonánticos del español se dividen en: oclusivos, fricativos, laterales, africados y vibrantes.

Articulación o c l u s i v a es la que opone un cierre total a la salida del aire por la boca. El abandono (distensión) de la posición realizada por el órgano activo se produce instantáneamente y tiene especial importancia acústica en esta clase de sonidos. En la articulación f r i c a t i v a el cierre no es total. El aire escapa en el punto de articulación, situado sobre el eje de simetría de la lengua, a través de una

---

[1] El término -*dental* se refiere aquí al borde de los incisivos superiores.
[2] El término -*dental* se refiere en este caso a la cara posterior de los incisivos superiores.
[3] No existen en el español que describimos articulaciones *apicopalatales*. Por otra parte, las diferencias entre la articulación postdorso-postpalatal de [k] en [ke, ki] y la postdorso-velar de [k] en [ka, ko, ku] apenas son acústicamente perceptibles. A esta circunstancia obedece la simplificación terminológica que intentamos en este y otros casos análogos.

estrechez en forma de canal (fricativas redondeadas) o en forma de hendidura, alargada horizontalmente en sentido perpendicular a dicho eje de simetría (fricativas alargadas). La salida del aire es también continua y el cierre incompleto durante la articulación lateral; pero inversamente a como ocurre en la articulación fricativa, la zona de cierre se halla sobre el eje de simetría y la salida del aire se realiza a un lado de la boca, o a uno y otro lado, indistintamente. En las articulaciones laterales, como en las oclusivas, con la distensión se corresponde un momento acústico de especial relieve. En la articulación africada hay un momento de contacto completo como en la oclusiva, contacto que se resuelve en una estrechez con salida del aire como en la articulación fricativa. En la articulación vibrante, la lengua realiza sobre el órgano pasivo en su punto de articulación una o más vibraciones, cada una de las cuales interrumpe momentáneamente la salida del aire.

d) Con independencia de las articulaciones y de las posiciones descritas, pero coordinados con ellas, intervienen también en la emisión oral, como factores diferenciativos de sonidos, por una parte la actividad o inactividad de las cuerdas vocales, por otra el cierre o la abertura de la cavidad nasal que realiza el velo del paladar acercándose o separándose de la pared de la faringe.

Cuando las cuerdas vocales vibran [4] sumándose a una de las articulaciones consonánticas producidas en el tramo bucal, decimos que la consonante [5] es sonora. Si no vibran mientras se produce una de las articulaciones consonánticas descritas decimos que la consonante es sorda (no sonora) [6]. Gran parte de las articulaciones españolas

---

[4] Cuando no hablamos o cuando la articulación es la de un sonido sordo, las dos cuerdas (membranas) vocales se hallan en posición relajada y el aire expulsado por la tráquea y procedente de los pulmones pasa entre ellas, sin hacer ruido perceptible, a través de la abertura llamada «glotis». Cuando la articulación es la de un sonido sonoro, la glotis se cierra y el aire espirado las hace vibrar. Esta vibración, a su vez, produce en el aire ondas de frecuencia regular, cuyo efecto acústico es la voz. A medida que aumenta la frecuencia aumenta la altura musical (doblándose, triplicándose, etc., la frecuencia, aumenta la altura en una, dos, etc., octavas). El aumento de energía espiratoria en una frecuencia dada aumenta la amplitud de las ondas y la voz musical es más fuerte. Este rasgo de sonoridad sumado a las articulaciones consonánticas (y a las vocálicas, v. § 1.2.3), es la única actividad de la glotis capaz de diferenciar sonidos en la lengua española. No existen en español ataque glotal, como en alemán, ni articulaciones glotalizadas, como en japonés, ni probablemente fricación laríngea, como en otras lenguas.

[5] Con los nombres femeninos *consonantes* y *vocales* designamos hoy tanto los sonidos como las letras que los representan en la grafía tradicional, aunque su género gramatical procede de su combinación, en función de adjetivos, con la palabra *letra*.

[6] Los sonidos consonánticos llamados sordos (y los sonoros, si se resta de ellos la voz) se diferencian de la voz en el hecho de que en ellos la frecuencia de las ondas, correlato físico de su relieve acústico, es irregular. Poseen, sin embar-

descritas pueden ir acompañadas o no de sonoridad. Cuando el velo del paladar se separa o se mantiene separado (posición que suele ser la normal cuando no hablamos) de la pared de la faringe, el aire espirado escapa a través de las fosas nasales, durante la articulación consonántica, y la consonante es nasal. Cuando el velo del paladar se levanta contra la pared de la faringe y se cierra el paso a la cavidad o resonador nasal, la consonante es oral o no nasal.

e) Por sus cualidades acústicas, correspondientes al hecho de no interrumpirse la salida del aire durante su articulación y de salir este sin fricción ni turbulencia apreciable, las nasales y laterales españolas se hallan en la frontera entre lo consonántico y lo vocálico. Con ellas suelen agruparse también las vibrantes por su impresión acústica, y ciertas articulaciones de deslizamiento [7], muy próximas de las vocales por sus rasgos fonéticos. A todos estos caracteres y al rasgo común de sonoridad, predominante en todas ellas, alude el término de sonantes o sonánticos con que suelen designarse estos sonidos. Laterales y vibrantes suelen recibir también el nombre tradicional de consonantes líquidas. El término obstruyentes agrupa a todas las consonantes no sonánticas, clase que comprende las consonantes oclusivas [8] (entre ellas suelen incluirse las consonantes africadas) y las fricativas, llamadas también constrictivas. El cuadro siguiente explica esta terminología:

Consonantes

Obstruyentes.... { Oclusivas (Africadas).
{ Fricativas o constrictivas.

Sonantes....... { Líquidas.... { Vibrantes.
{ { Laterales [9].
{ Nasales.
{ Consonantes con deslizamiento.

go, un determinado grado de perceptibilidad. Perceptibilidad no equivale a sonoridad, y el término «sonido» tiene en lingüística, como se ve, un sentido lato que no incluye solamente lo «sonoro».

[7] Con el término deslizamiento designamos la especial articulación de las vocales no silábicas (§§ 1.1.2c, 1.2.3b). Por la misma razón damos aquí el mismo nombre a la articulación de las consonantes [y] y [w], que son homorgánicas de dichas vocales, aunque con mayor estrechamiento en la zona de articulación.

[8] Existe una notable diferencia acústica entre las fricativas [b, d, g] y las restantes. La energía muscular es mínima en ellas, y la fricción se produce sin la turbulencia que acompaña a [f, θ, x, s] y es apenas perceptible. La denominación de fricativas no es, por consiguiente, apropiada para las primeras. Algunos autores distinguen entre fricativas y espirantes.

[9] Las laterales españolas son más sonantes que obstruyentes por sus caracteres fonéticos, a diferencia de los sonidos laterales obstruyentes, sordos o sonoros, de otras lenguas. Por otra parte, el ensordecimiento de las laterales españolas es generalmente solo parcial y solo se produce en determinadas posiciones.

Por el carácter fonético de la distensión, oclusivas, africadas y vibrantes son momentáneas; continuas todas las demás [10].

f) Damos a continuación la lista de los sonidos consonánticos españoles, transcribiéndolos entre corchetes con los signos fonéticos usuales que los representan. Al símbolo fonético sigue la descripción articulatoria del sonido. Establecemos después la distribución de cada sonido consonántico por su contorno (§ 1.1.2*f*) [11], para determinar el cual operamos aquí exclusivamente, así como en el resto de este capítulo y en los dos siguientes, con el grupo fónico constituido por una sola palabra (§ 1.1.1*c*).

1.2.2. Consonantes. — *a*)

A. Consonantes obstruyentes

[p] bilabial oclusiva sorda. Detrás de [※] y de [V, t, đ, θ, s, r, l, m] en posición heterosilábica, ante [V, r, l] en posición tautosilábica, ante [t, θ, s] en posición heterosilábica. Ante [t, θ, s], en pronunciación normal, es más frecuente el empleo de secuencias de idéntica significación con [ƀ], o con [ƀ̣] con diferentes grados de ensordecimiento. Las formas con [p] parecen afectadas. Formas de significación idéntica con [ø] ante [t] son normales, incluso en la pronunciación correcta, en algunas palabras. Para alternancias con [ƀ] véase [ƀ]. Como en: *paso* [※ páso], *hipo* [ípo], *pitpit* [pịt.pít, pịđ.píd], *Azpeitia* [aθpéịtja], *piz-pita, raspa, torpe, culpa, comprar; premio, copla; apto* [ápto, áƀ.to,

---

[10] No invalida el sentido de esta clasificación el hecho de que un sonido sonántico y otro obstruyente, por ejemplo [m] y [p], [n] y [d], etc., se produzcan mediante una misma clase de cierre oral, realizado por unos mismos órganos. La delimitación, sin embargo, no es siempre rigurosa. Puede ocurrir, como veremos, que una consonante sonántica ofrezca tendencia, en ciertas posiciones, a convertirse en variante obstruyente.

[11] El cuadro ha sido simplificado. Véase la nota 3 y las observaciones hechas por nota o en el texto a lo largo del párrafo siguiente. En la determinación del contorno prescindimos del acento de intensidad, aunque se marca en la transcripción fonética de los ejemplos. Se emplea el signo [V] para indicar la vocal del contorno. La expresión «detrás de [V, t, đ, θ, s, r, l, m]» debe entenderse «detrás de [V], o de [t], o de [θ], etc.» Se indica si el sonido que sigue o antecede al descrito forma o no con él un grupo tautosilábico (§ 1.1.2*d*), pero no se tiene siempre en cuenta la simultaneidad. Por ejemplo, decimos que [f] sigue a [l], como en *alfa*, y antecede a [r] como en *fresa*, pero no se indica siempre que ambas posiciones pueden ser simultáneas, como en *Alfredo*, aunque damos muchas veces ejemplos de estas combinaciones. En la descripción del contorno se hace también uso del signo de pausa [※] y se marca frecuentemente con el signo [.] la frontera silábica (§ 1.1.2*f*). El signo cero [ø] indica que el sonido descrito puede desaparecer en determinados contornos. Todos los símbolos fonéticos se transcriben entre corchetes.

áḅ.to], *inepcia, lapso* [láp.so, láḅ.so, láḅ.so], *septiembre, séptimo* [12] [sép.timo, séḅ.timo, séḅ.timo, sé.timo] V. § 1.4.3*b*.

[b] bilabial oclusiva sonora. Detrás de [⁂] y [m] en grupo heterosilábico; delante de [V, r, l] en posición tautosilábica; delante de [m] (y detrás de [ṃ] en este caso), en grupo heterosilábico, alterna [m] con [b] en secuencias de idéntica significación. Como en: *vaso* [⁂ báso], *bravo* [⁂ brábo], *invento* [i̯m.béṇto], *cumbre* [kúm.bre], *emblema* [em.bléma]; *submarino* [suḅ.maríno, suṃ.maríno].

[ḅ] bilabial fricativa sonora [13]. Detrás de [V, ḅ, đ, z̩, z, r, l] en grupo heterosilábico; delante de [⁂] y de [ḅ, t, đ, g, f, θ, s, x, r̃, l, n, y] en grupo heterosilábico; delante de [V, s, r, l] en grupo tautosilábico. Cuando antecede a [⁂, t, f, θ, s, x] varía con [ḅ] con diferentes grados de ensordecimiento en el habla rápida normal. Ante [t, θ, s, x] se oyen secuencias de idéntica significación con [p] en pronunciación afectada. Ante [s] seguida de otra consonante, en el habla rápida normal, son frecuentes secuencias de la misma significación con [ø], con [p] o varía con diferentes sonidos que representan grados de reducción de [ḅ]. Para alternancias con [p], véase [p]. Como en: *ova* [ó.ḅa], *subvenir* [suḅ.benír], *advertir* [ađ.ḅertír] *cabizbajo* [kaḅiz̩.ḅáxo], *bisbiseo* [biz̩.ḅi- séo], *árbol, alba; querub* [kerúḅ, kerúḅ], *obvención* [oḅ.ḅeṇθjón] [14], *obtener* [oḅ.tenér, oḅ.tenér, op.tenér], *molibdeno, subgrupo* [suḅ.grúpo], *subforo* [suḅ.fóro, suḅ.fóro], *obcecado* [oḅ.θekádo, oḅ.θekádo, op.θeká- đo], *absurdo* [aḅ.súrđo, aḅ.súrđo], *objeción* [oḅ.xeθjón, oḅ.xeθjón, op.xeθjón], *subrogar* [suḅ.r̃ogár], *sublunar, abnegación, abyecto* [aḅ.yég- to]; *nube, abstracto* [aḅs.trákto, aḅs.trákto, aps.trákto, as.trákto], *obscu- ro* [oḅs.kúro, oḅs.kúro, ops.kúro, os.kúro], *obsceno, obra, habla*.

[ḅ] bilabial fricativa sorda. Para variación con [ḅ] y alternancia con [p], véanse [ḅ] y [p].

[t] apicodental oclusiva sorda. Detrás de [⁂] y de [V, p, ḅ, ḅ, k, g, f, s̩, r, l̩, ṇ] en grupo heterosilábico; delante de [ḅ, l, m, n] en grupo heterosilábico, y de [V, r, l] en grupo tautosilábico. En el penúltimo caso, en el habla rápida normal y también fuera de ella, suele presen- tarse [đ] en vez de [t], en secuencias de idéntica significación. Como en: *tasa* [⁂ tása], *hito* [íto], *cripta* [kríḅ.ta, kríḅ.ta, kríp.ta], *obtener, acto* [ák.to, ág.to], *nafta, susto* [sús̩.to], *destrucción, instrucción, harto, alto* [ál̩.to], *monte* [móṇ.te]; *fútbol* [fút.ḅol, fúd.ḅol], *atlas* [át.las, áđ.las], *ritmo* [r̃ít.mo, r̃íd.mo], *étnico* [ét.niko, éđ.niko]; *teatro, Tlascala, atlas* [á.tlas], *atleta* [a.tléta].

[ṭ] interdental oclusiva sorda. Detrás de [θ] en grupo heterosilá- bico. Como en: *azteca* [aθ.ṭéka].

[d] apicodental oclusiva sonora. Detrás de [⁂] y de [l̩, ṇ] en grupo heterosilábico; delante de [V, r] en grupo tautosilábico. Como en: *dos*

---

[12] *Setiembre* y *sétimo* están registrados en el Dicc. Ac.
[13] En pronunciación enfática, con articulación enérgica, en cualquier posición de [b] puede oírse, aunque excepcionalmente, [b].
[14] Más frecuentemente [obeṇθjón].

[✳ dós], *caldo* [ká̦l.do], *mundo* [mú̦ndo], *drama* [✳ dráma], *saldré* [sa̦l.dré], *andrajo* [an̦.dráxo].

[đ] apicodentointerdental fricativa sonora [15]. Detrás de [V, ƀ, g, z, r] en grupo heterosilábico; delante de [✳]; de [ƀ, k, s, x, m, n, y] en grupo heterosilábico; de [V, s, r] en grupo tautosilábico. Entre vocales, en determinados morfemas y en pronunciación no esmerada o afectada, presenta diferentes grados de reducción incluido el grado [ø] (así en los participios en -*ado*). Ante [✳, k, s, x] se halla en libre variación con [đ̦], con breve sonoridad al comienzo de la articulación. Es más frecuente [đ̦]. En determinados morfemas ante [✳] (así en -*ad*, -*ud*) se llega a la total reducción de [đ̦]. En otras clases de morfemas con [đ̦] alternan [r] o [ɹ]. Para la alternancia de [đ] con [t], véase [t]. Como en: *hada* [á.đa], *abdicar* [aƀ.đikár], *amígdala* [amíg.đala] *desde* [dezđe], *cuerdo* [kwér.đo]; *bondad* [bondáđ, bondáđ̦, bondá], *virtud* [bi̦rtúđ, bi̦rtúđ̦, bi̦rtú], *comed* [koméđ, koméđ̦, komér] [16], *adviento* [ađ.bjén̦to], *adquirir, adsorción, adjetivo* [ađ.xetíƀo, ađ̦.xetíƀo], *admitir, adnato, adyacente; adscrito* [ađs.kríto, ađ̦s.kríto, as.kríto], *odre* [ó.đre], *vidrio* [bí.đrjo].

[đ̦] apicodentointerdental fricativa sorda. En variación libre con [đ] y alternancia con [ɹ], véase [đ].

[k] postdorsovelar oclusiva sorda. Detrás de [✳] y de [V, ƀ, đ, θ, s, r, l, ŋ] en grupo heterosilábico; delante de [V, s, ʂ, r, l] en grupo tautosilábico; ante [✳], y ante [t, d, θ, s, m, n] en grupo heterosilábico. En estos grupos heterosilábicos y ante [✳], solo en articulación enérgica y afectada se oye [k], lo más frecuente son secuencias de la misma significación con [g] sonora o más o menos ensordecida; también con [g] ante [d, m, n] en pronunciación afectada. Ante [s, ʂ], en grupo tautosilábico, lo normal en pronunciación no muy recalcada y enérgica son secuencias de la misma significación con [ø]. Como en: *cal* [✳ kál], *acá* [a.ká], *subconsciente* [su̦b.ko̦nʂθjén̦te], *adquirir* [ađ.kirír], *bizco, vasco* [bás.ko], *surco, vuelco, cinco* [θíŋ.ko]; *exportación* [e̦ks.po̦rtaθjón, es.po̦rtaθjón], *extenso* [e̦kʂ.ténso, eʂ.ténso], *excelente* [e̦kʂ.θelén̦te, eʂ.θelén̦te], *cromo, tecla; vivac* [biƀák ✳, biƀág ✳], *acto* [ák.to, ág.to], *anécdota, acción* [ak.θjón, ag.θjón], *éxito* [ék.sito, ég.sito] [17], *acmé* [ak.mé, ag.mé, ag.mé], *técnica*.

[g] postdorsovelar oclusiva sonora. Detrás de [✳, ŋ]; delante de [V, r, l]. Para alternancia con [k], véase [k]. Como en *gana* [✳ gána], *gracia* [✳ gráθja], *globo, angustia* [aŋ.gú̦ʂtja], *ingreso* [i̦ŋ.gréso], *englobar* [eŋ.gloƀár].

---

[15] La lengua adopta una posición más retraída que en la articulación de [θ] y [z]. En pronunciación afectada, con articulación enérgica, en cualquier posición de [đ] puede escucharse, aunque excepcionalmente, [d].

[16] Parece más probable que *comer* por *comed* se deba al empleo del infinitivo por el imperativo.

[17] Es también frecuente el grado [ø] en *auxilio, exacto* y *asfixia*, junto a [au̦g.sí.ljo], [e̦g.ság.to], [as.fí̦g.sja].

[g] postdorsovelar fricativa sonora [18]. Detrás de [V, ƀ, z̦, z, r, l] en grupo heterosilábico. Ante [✳], y ante [đ, θ, m, n] en grupo heterosilábico y [V, r, l] en grupo tautosilábico. Cuando antecede a [✳, θ] suele variar con [g] más o menos ensordecida. Sobre alternancia de [g] o [g] sorda con [k], véase [k]. Como en: *viga* [bí.ga], *subgobernador* [sub.gobęrnadǫ́r], *hartazgo* [artáz̦.go], *rasgo* [řáz̦.go], *cargo, algo; zigzag* [θig̦.θág], *amígdala* [amíg̦.đala], *dogma, signo; sigla* [sígla], *agrio, esgrimir, desglosar.*

[g] postdorsovelar fricativa sorda. Para alternancia con [k] y variación con [g] sonora, véanse [k] y [g] sonora.

[f] labiodental fricativa sorda [19]. Detrás de [✳], y de [V, ƀ, s, r, l, m̦] en posición heterosilábica. Delante de [✳] y de [t, n] en posición heterosilábica; de [V, r, l] en grupo tautosilábico. Como en: *rifa, cofia, fama, subforo, asfalto, garfio, belfo, ánfora* [ám̦.fora]; *rosbif* [řǫzbį́f ✳], *nafta, Dafne; fresa, mufla, desflecar, Alfredo, inflar, infringir.*

[θ] [20] interdental fricativa sorda [21]. Detrás de [✳], y de [V, p, ƀ, ƀ̦, k, g, s, x, r, l̦, n̦] en grupo heterosilábico; delante de [✳], de [V] en grupo tautosilábico y de [p, ț, k] en grupo heterosilábico. Como en: *zumo* [✳θúmo], *rizo* [řį́.θo], *opción* [ǫp.θjón, ǫƀ.θjón, ǫƀ̦.θjón], *obcecado* [ǫƀ.θekádo, ǫƀ̦.θekádo, ǫp.θekádo], *eccema* [eg.θéma, ęk.θéma], *asceta, majzén, arce, alza* [ál̦.θa], *danza* [dán̦.θa]; *haz, gazpacho, azteca* [aθ.țéka] *izquierdo* [iθ.kjęrđo].

[z] [20] interdental fricativa sonora. Delante de [ƀ, g, l, m, n] en posición heterosilábica; detrás de [V]. Como en *cabizbajo* [kaƀiz̦.ƀ̦áxo], *portazgo* [pǫrtáz̦.go], *guzla, gazmoño, brizna.*

[s] apicoalveolar fricativa sorda; coronal prealveolar o postdental; predorsodental o dentoalveolar [22]. Detrás de [✳], de [V, p, ƀ, ƀ̦, đ,

---

[18] Cuando la articulación es enérgica y en pronunciación enfática, en cualquier posición de [g] puede oírse, aunque excepcionalmente, [g].

[19] Una labiodental fricativa sonora, transcrita *v* en portugués, francés e italiano, se registra aisladamente en algunos lugares de Cáceres y de Andalucía oriental, también en el judeoespañol de Oriente. Para los sonidos de *b* representados por *v*, véanse [b] y [b] en este § 1.2.2, y el lugar correspondiente en el cap. 1. 8.

[20] La interdental fricativa es propia del norte y centro de la Península. En Andalucía, Canarias e Hispanoamérica se emplea la [s] predorsal o coronal de que hablamos a continuación.

[21] Véase, para su articulación, la nota 15.

[22] Estas tres clases de [s] se emplean en diferentes áreas geográficas. La apical es castellana, se emplea en la mayor parte del territorio español, incluidas las zonas bilingües. La coronal se encuentra sobre todo en el norte de Andalucía, en regiones que limitan al norte con zonas andaluzas o castellanas donde se emplea la [s] apical. La dorsal se encuentra en la parte más meridional de Andalucía, en Canarias y en casi todo el territorio hispanoamericano. Como las diferencias articulatorias no dependen, en este caso, de la contigüidad de la [s] con otros sonidos, es decir, no dependen del contorno, y solo se trata de una repartición geográfica, hemos colocado las tres articulaciones dentro de un mismo apartado. Sin embargo, la [s] coronal y la dorsal aparecen sobre todo en comienzo de sílaba ante vocal, pues en posición final de sílaba

đ, g, r, l, n] en grupo heterosilábico, de [ƀ, ƀ̣, đ, đ̣, k, r, l, n] en grupo tautosilábico; delante de [✻], de [V] en grupo tautosilábico, de [p, k, f, x] en grupo heterosilábico. Como en: *sol* [✻ sól], *casa* [ká.sa], *cápsula* [káp.sula, káƀ.sula, káƀ̣.sula], *absurdo* [aƀ.súrɖo, aƀ̣.súrɖo], *adsorción* [aɖ.sọrθjón, aɖ.sọrθjón], *exaltar* [ẹg.saḷtár], *curso, balsa, ansia; obscuro, oscuro, adscrito* [aɖ̣s.kríto], *exclamar* [ẹks.klamár, es.klamár], *tórax* [tó-raks, tóras], *perspicaz, vals, transformar, trasformar; dos* [dós ✻], *soy* [sọ́i]; *aspa, transponer, asco, transcurso, trascurso, asfalto, transferir, trasferir, desjarretar.*

[ṣ] apicodental fricativa sorda. Detrás de [V, ƀ, ƀ̣, đ, đ̣, k, r, l, n] en grupo tautosilábico; delante de [t] en posición heterosilábica. Como en: *hasta* [áṣ.ta], *obstáculo* [ọƀṣ.tákulo, ọƀ̣ṣ.tákulo], *adstringente, extraer* [ẹkṣ.traér, eṣ.traér], *superstición, solsticio, constante.*

[ş] apicodentointerdental fricativa sorda. Detrás de [V, ƀ, ƀ̣, n] en posición tautosilábica; delante de [θ] en posición heterosilábica. Como en: *ascender* [aş.θeŋdẹ́r], *obsceno* [ọƀş.θéno, ọƀ̣ş.θéno, ọş.θéno], *transcendencia* [tranş.θeŋdéŋθja, traş.θeŋdéŋθja] y *trascendencia.*

[z] apicoalveolar fricativa sonora. Detrás de [V, r] en grupo tautosilábico; delante de [ƀ, g, l, m, n, y, ẉ] en grupo heterosilábico. Como en: *desván* [dez.ƀán], *musgo, isla, cosmos, asno, disyunción* [diz.yụŋθjón], *deshueso* [dez.ẉéso], *transbordo* [tranz.ƀọ́rɖo], *trasbordo, transgredir, trasgredir, translación* y *traslación, transmitir.*

[z̧] apicodental fricativa sonora. Detrás de [V] en grupo tautosilábico; delante de [đ] en grupo heterosilábico. Como en: *desde* [dez̧.đe], *trasdós* [traz̧.đọ́s].

[x] postdorsovelar o postdorsouvular fricativa sorda [23]. Detrás de [✻] y de [V, p, ƀ, ƀ̣, đ, đ̣, d, s, r, l, n] en posición heterosilábica; delante de [✻], de [V] en posición tautosilábica, de [θ] en posición heterosilábica. Como en: *jamás* [✻ xamás], *bajo* [bá.xo], *abjurar* [aƀxurár, aƀ̣xurár, apxurár], *adjetivo* [adxetíƀo, ađxetíƀo, ađ̣xetíƀo], *desjarretar, vergel, álgebra, ángel; boj, majzén.*

[ĉ] predorsoprepalatal africada sorda. Detrás de [✻] y de [V, s, r, l, ņ] en posición heterosilábica, delante de [V] en posición tautosilábica. Como en: *chal* [✻ ĉ{a}l], *cacho, deschuponar, corcho, colcha, concha.*

B. CONSONANTES SONANTES

[r] apicoalveolar vibrante simple sonora. Detrás de [V] en posición heterosilábica; de [V, p, b, ƀ, t, d, đ, k, g, g, f] en posición tautosilábica; delante de [✻]; de [V] en posición tautosilábica; de [p, ƀ, t, đ, k, g, f, θ,

---

suelen convertirse en articulación aspirada (en Méjico, Ecuador, Perú y Bolivia la *-s* se mantiene tensa).

[23] Por su punto de articulación es el más interior de los sonidos velares españoles. Cuando antecede a [a, o, u] es más uvular que velar. En pronunciación enérgica puede llegar a ser vibrante; en la pronunciación relajada

s, x, ĉ, l, m, n] en grupo heterosilábico. En todas las posiciones varía [r] con el sonido [ɹ]. Como en: *pero* [pé.ro]; *arte, prado, hambre* [ám.bre], *obra* [ó.ƀra], *trigo, andrajo* [aṇdráxo], *odre* [ó.đre], *crisma, engrudo* [eŋgrúđo], *agrio* [ágrjo], *fresa; color* [kolǫ́r ⁂]; *aro; sierpe, hierba, norte, verde, surco, sirga, garfio, orza, torso, verja, porche, mirlo, forma, horno.*

[ɹ] apicoalveolar fricativa sonora. Delante de [r̄] en posición heterosilábica. Para su empleo en variación libre con [r], véase [r]. Como en: *desrizar* [dęɹ.r̄iθár], *Israel* [iɹ.r̄aél].

[r̄] apicoalveolar vibrante múltiple sonora. Detrás de [⁂]; de [V, ƀ, ɹ, l, n] en posición heterosilábica; delante de [V] en posición tautosilábica. Como en: *raudo* [⁂ r̄áṵ.đo]; *forro, subrayar* [sṵƀ.r̄ayár], *alrota* [aḷ.r̄ǫ́ta], *honra* [ón.r̄a], *desrizar* [dęɹ.r̄iƀár]; *carro.*

[l] apicoalveolar lateral sonora. Detrás de [⁂]; de [V, p, b, ƀ, t, k, g, g̃, f] en grupo tautosilábico; de [ƀ, t, đ, z̦, z, n, r] en grupo heterosilábico. Delante de [⁂]; de [V] en grupo tautosilábico; de [p, ƀ, k, g, f, s, x, r̄, m, n] en grupo heterosilábico. Como en: *luz* [⁂ lúθ]; *al, pleito, blusa* [⁂ blúsa], *habla* [á.ƀla], *tlazol, atlas* [á.tlas], *clase, glosa* [⁂ glósa], *sigla* [sí.gla], *flaco; sublunar* [sṵƀ.lunár], *atlas* [át.las, áđ.las], *guzla* [gúz̦.la], *isla* [íz.la], *ponleví* [pǫn.leƀí], *burla; sol* [sǫ́l ⁂]; *la; culpa* [kúḷ.pa], *alba* [áḷ.ba], *palco, galgo* [gáḷ.go], *alfalfa, salsa, álgebra, malrotar* [maḷ.r̄ǫtár], *alma, balneario.*

[ḷ] apicointerdental lateral sonora. Detrás de [V] en grupo tautosilábico; delante de [θ] en grupo heterosilábico. Como en: *alzar* [aḷ.θár], *úlcera* [úḷ.θera].

[ḻ] apicodental lateral sonora. Detrás de [V] en posición tautosilábica; delante de [t, d] en posición heterosilábica. Como en: *altitud* [aḻ.titúḏ], *ultra* [úḻtra], *bieldo* [bjéḻ.do], *goldre* [góḻ.dre].

[ḽ] predorsoprepalatal lateral sonora [24]. Detrás de [⁂]; de [V] y de [ņ] en posición heterosilábica; delante de [V] en posición tautosilábica y de [ĉ, ŷ] en posición heterosilábica. Como en: *llama* [⁂ ḽáma], *silla* [sí.ḽa], *conllevar; llanto; colcha* [kóḽ.ĉa], *malhiere* [maḽ.ŷére].

[m] bilabial nasal sonora. Detrás de [⁂]; de [V, b, t, đ, k, g, g̃, z̦, z, r, l, m, n] en posición heterosilábica; de [V] en grupo tautosilábico; delante de [V] en grupo tautosilábico; de [p, b, m] en grupo heterosilábico. Como en *mesa* [⁂ mésa]; *ama* [á.ma], *submarino* [sṵƀ.maríno,

---

puede articularse como una aspiración faríngea. Esta aspiración es regular en extensas zonas dialectales de España y América. Es también el sonido que ha sustituido en varios territorios a la [f] latina.

[24] En extensas zonas de España (casi toda Andalucía, gran parte de Extremadura y Castilla la Nueva, y focos aislados en otras regiones) y de América (exceptuando Paraguay, casi todo Perú y Bolivia, parte de Chile, Ecuador, Argentina, Colombia, etc.) ha desaparecido el sonido lateral, transformado en [y, ŷ]. Suelen ser tenidas por vulgares algunas variantes de [y, ŷ] con articulación más alveolar que prepalatal, con posición plana del dorso de la lengua y no convexa como en [y, ŷ], con fuerte fricción y con tendencia a la africación y al ensordecimiento.

sṃm.maríno], *ritmo* [r̄ít.mo, r̄íd.mo], *administrar* [ad.miniṣtrár], *acmé*
[ak.mé, ag.mé, ag.mé], *dogma* [dóg.ma, dóg.ma], *diezmo* [djéẓ.mo],
asma [áẓ.ma], *arma, alma, inmenso* [iɱ.ménso, iṃ.ménso]; *compra,
sumo* [sú.mo]; *amparo, ambiente.*

[ɱ] labiodental nasal sonora. Detrás de [V] en posición tautosilábica; delante de [f] en posición heterosilábica. Algunas veces, en articulación rápida, aparecen secuencias idénticas sin [m] con la vocal precedente nasalizada. Como en: *inferior* [iɱ.ferjór, ĩ.ferjór], *confuso* [koɱ.
fúso, kõ.fúso], *infligir, infringir.*

[n] apicoalveolar nasal sonora. Detrás de [⁕]; de [V, p, ƀ, t, đ,
k, g, f, ẓ, z, r, l, m, n] en grupo heterosilábico; delante de [⁕] [25];
de [V] en grupo tautosilábico; de [s, ṣ, z] en grupo tautosilábico; de
[s, r̄, l, m, n] en grupo heterosilábico. Delante de [s, ṣ, z] seguida de
otra consonante en el habla normal son frecuentes secuencias de idéntica significación sin [n] y nasalización de la vocal precedente o total
reducción del sonido nasal. Ante [m] se oyen con más frecuencia formas
de significación análoga con [m]. Como en: *nube* [⁕ núƀe]; *mano,
hipnótico* [ip.nótiko, iƀ.nótiko], *obnubilación, étnico* [ét.niko, éd.niko],
adnato, acné [ak.né, ag.né], *digno, Dafne, gozne* [góẓ.ne], *asno* [áẓ.no],
horno, alnado, himno, innoble [in.nóƀle]; *don, ultimátum* [ul̟timátuṇ ⁕,
ul̟timátuṇ ⁕]; *no; transfigurar* [trans.figurár, trãs.figurár, tras.figurár],
construcción [koṇṣ.truɡθjón, kõṣ.truɡθjón, kõṣ.truɡθjón], *transbordo*
[tranzƀórdo, trãzƀórdo, trazƀórdo]; *ensueño, honra* [ón.r̄a], *enlace, inmóvil* [iṇmóƀil̟, iṃmóƀil̟], *innato* [in.náto].

[n̪] interdental nasal sonora. Detrás de [V] en grupo tautosilábico;
delante de [θ] en posición heterosilábica. Como en: *pinza* [pín̪.θa], *anzuelo* [an̪.θwélo], *encima* [en̪.θíma].

[ṇ] apicodental nasal sonora. Detrás de [V] en grupo tautosilábico;
delante de [t, d] en grupo heterosilábico. Como en: *canto* [káṇto],
onda [óṇ.da], *contra, Andrés.*

[ŋ] postdorsovelar nasal sonora [26]. Detrás de [V] en grupo tautosilábico; delante de [k, g, x, w] en grupo heterosilábico. Ante [w] se
omite frecuentemente y se nasaliza la vocal precedente. Como en:
anca [áŋ.ka], *mango, concreto, sangre, ancla, mangle, ángel, sinhueso*
[siŋ.wéso, sĩ.wéso].

[ņ] predorsoprepalatal o dorsopalatal nasal sonora. Detrás de [⁕];
de [V] en posición heterosilábica; delante de [V] en posición tautosilábica; de [ĉ, ḷ, ŷ] en grupo heterosilábico. Como en: *ñoño* [⁕ ņó.ņo];
ancho [áṇ.ĉo], *conllevar* [koņ.ḷeƀár], *cónyuge* [kóņ.ŷuxe], *linyera*
[liņ.ŷéra].

[y] predorsoprepalatal sonora de deslizamiento. Detrás de [⁕]; de

---

[25] En esta posición se emplea la postdorsovelar [ŋ] en vez de [n] en la
mayor parte de América, y frecuentemente en Canarias y en muchos lugares
de España (Andalucía, Extremadura, Asturias y León).

[26] Véase la nota anterior.

[V, ƀ, đ, z] en grupo heterosilábico; delante de [V] en grupo tautosilábico. Detrás de [※] varían libremente [y] y [ŷ]; predomina [y] en el habla rápida normal y [ŷ] en pronunciación lenta o enfática. Como en: *hiede* [※ yéđe, ※ ŷéđe], *yacer* [※ yaθér, ※ ŷaθér]; *suyo* [sú.yo], *abyecto* [aƀ.yékto], *adyacente* [ađ.yaθénte], *deshierba* [dez.yérƀa], *desyemar* [dez.yemár]; *mayo*.

[ŷ] predorsoprepalatal africada sonora. Detrás de [※]; de [l̦, n̦] en grupo heterosilábico; ante [V] en grupo tautosilábico. Para variación con [y], véase [y]. Como en *yema* [※ ŷéma, ※ yéma], *hiedra* [※ ŷéđra, ※ yéđra], *malhiere* [mal̦.ŷére], *enyugar* [en̦.ŷugár].

[ɰ] postdorsovelar redondeada sonora de deslizamiento. Detrás de [※]; de [a, e, i, z, ŋ] en grupo heterosilábico; delante de [a, e, i] en grupo tautosilábico. En vez de [ɰ] se oye a veces [gw], más raramente [ƀw] tras de [a, e, i, z, ŋ]. En las mismas condiciones, se oye a veces [ɰ] en vez de [gw] y más raramente de [ƀw]. Son vulgares las formas [bw, gw] usadas tras de [※], como tras de vocal o consonante. En vez de [V + n] seguidas de [ɰ] se oye a veces una vocal nasalizada. Como en: *huésped* [※ ɰés.peđ]; *ahuecar* [a.ɰekár, a.gwekár], *tepehua* [tepé.ɰa, tepé.gwa], *pihuela* [pi.ɰéla, pi.gwéla], *deshuesar* [dez.ɰesár, dez.gwesár, dez.ƀwesár], *sinhueso* [sin̦.ɰéso, sĩ.ɰéso]; *mazahua* [maθá.ɰa, maθágwa], *correhuela*, *agüilla* [a.ɰíl̦a, a.gwíl̦a] [27].

b) Han quedado sin considerar algunos rasgos fonéticos que permitirían en algunos casos aumentar el repertorio de sonidos consonánticos y multiplicar el número de alófonos de los fonemas (§ 1.3.2a). Una consonante con oclusión oral no posee los mismos rasgos cuando se halla situada ante una vocal y cuando se halla ante pausa o antecede a otra consonante con la cual forma grupo heterosilábico. En el primer caso la consonante se desarrolla plenamente en sus tres momentos sucesivos de intensión, tensión y distensión. En el segundo caso el momento de distensión es imperceptible y la consonante, si es sonora, reduce más o menos su sonoridad a lo largo de su desarrollo [28]. Por otra parte, la diferencia entre [b] y [p], por ejemplo, no es solo de sonoridad frente a no sonoridad, sino una diferencia de grado de energía articulatoria: laxa (lenis) frente a tensa (fortis) [29]. Con mayor fundamento, acaso podría ponerse en correlación esta diferencia con la oposición [r] [r̄].

---

[27] En algunas zonas dialectales hay desdoblamiento disilábico del grupo [Cw] en [C.ɰ]: *ciruela* [θir̦.ɰéla] o [θir̦.gwéla], no [θi.rwéla].

[28] Hemos mencionado, no obstante, esta particularidad al establecer el contorno de los sonidos.

[29] Ha sido defendida la tesis de que la diferencia de energía articulatoria no es una invariable independiente, sino resultado, en unión con la diferencia sonoridad/no sonoridad, de una sola variable: la diferencia de duración entre el momento de la intensión oclusiva y el momento en que comienza la vibración laríngea, momento que precede o sigue a aquel otro.

1.2.3. **Articulación de las vocales.** — *a*) En la articulación de las vocales interviene la posición de la lengua y de los labios. Según la posición en que se coloca la lengua, las vocales españolas se distinguen por su mayor o menor altura[30]. Según sea el predorso o el postdorso de la lengua el que adopta posiciones de mayor o menor acercamiento a la parte anterior o posterior del paladar respectivamente[31], las vocales se clasifican en anteriores o palatales y posteriores o velares[32]. A la articulación de las vocales posteriores acompaña el redondeamiento o abocinamiento de los labios, que es más o menos pronunciado en la medida en que la vocal es más o menos alta[33].

b) Por la amplitud de su resonador, que es mayor que el correspondiente a las consonantes, y por el hecho de ser siempre sonoras, las vocales poseen, entre todos los sonidos españoles, el grado máximo de perceptibilidad (§ 1.1.2*b*). No poseen el mismo grado de perceptibilidad, aunque en general es también en ellas superior al de las consonantes, las vocales que funcionan como satélite en la cima compuesta. Por otra parte, estas vocales, en contraste con el núcleo, se ensordecen parcial o totalmente, aunque solo de manera excepcional, en pronunciación fuerte y afectada. Caracteriza a estas vocales la rapidez de su articulación y la naturaleza de esta articulación, llamada de deslizamiento o transición. En ella pasan los órganos de una posición más cerrada a otra más abierta [j, w], o inversamente [i̯, u̯]. En

---

[30] En la lista primera del § 1.2.4 aparecen enumerados los sonidos vocálicos por orden decreciente de altura, primero los de articulación anterior y después los de articulación posterior. Los de grado más bajo aparecen al final de la lista. Se adoptan para las cuatro vocales de una y otra articulación las denominaciones convencionales de alta, semialta, media y semimedia. La altura mayor o menor de la lengua está en relación con una mayor o menor abertura de las mandíbulas. En la articulación de las altas los incisivos se separan aproximadamente 4 milímetros, en las medias 6 milímetros, en las semimedias 8 milímetros, en las bajas 10 milímetros. La terminología tradicional llama abiertas a las semialtas o semimedias partiendo del concepto intuitivo de los fonemas (§ 1.3.3*a*), que son [i, u], a los que asigna los grados más altos, y [e, o], a los que asigna los grados intermedios.

[31] En las dos clases de articulación el ápice de la lengua se sitúa contra los alvéolos inferiores, o por debajo de ellos, y en las dos se eleva el dorso contra el paladar. Lo decisivo es la elevación contra el paladar duro o contra el velo del paladar y el hecho de que en la articulación anterior la lengua se apoya en zonas laterales del paladar, más o menos amplias, hasta los dientes caninos o los segundos molares.

[32] Por la posición de la lengua existe en español una variedad de [a̱] velar y otra de [a] palatal, pero ni a la articulación de [a̱] velar acompaña abocinamiento, ni a la de la palatal estiramiento de los labios. Por otra parte, el timbre de una y otra no es tan diferenciado como el de [i] y [u], o el de [e] y [o].

[33] En las vocales anteriores, los labios se estiran horizontalmente más o menos, según el grado de altura de la vocal o el mayor o menor énfasis con que se pronuncia.

el primer caso se habla también de articulación de abertura, en el segundo de articulación de cierre.

c) En determinados contornos donde aparecen consonantes nasales, las vocales en español se nasalizan más o menos plenamente [34]. La nasalización se produce especialmente entre consonantes nasales (*mano, manco*), en vocal inicial de palabra agrupada tautosilábicamente con nasal (*inferior, inminente*) y en vocal que antecede también a una consonante nasal de su propia sílaba, cuando este grupo silábico va seguido por otro que empieza por la consonante [ẉ], como en *sinhueso*. Por excepción, puede desaparecer por completo la articulación consonántica, y quedar solamente la vocal nasalizada. El símbolo fonético de nasalización es una tilde: [ã]. En la lista del § 1.2.4 no señalamos las vocales nasalizadas, considerando que la nasalización varía sensiblemente de grado y que la articulación en la cavidad oral de las vocales nasalizadas no es en esencia diferente de las vocales no nasalizadas. Solo por excepción hemos empleado en las transcripciones fonéticas del § 1.2.2 el signo de nasalización, especialmente cuando desaparece del contorno la consonante nasal.

d) Damos a continuación una lista de los sonidos vocálicos, análoga a la de los consonánticos y con análogas simplificaciones. Se omiten algunos sonidos, como el de [a] palatal. Las llamadas vocales relajadas, cuyos caracteres son resultado del grado de intensidad o de la velocidad con que se pronuncian y del relieve prosódico de la secuencia, no se incluyen en el cuadro. El acento de intensidad se utiliza aquí cuando es necesario para la determinación del contorno (independientemente de señalarse siempre en todas las transcripciones fonéticas). El símbolo [C] indica consonante y el símbolo [V silábica] se emplea para indicar la vocal silábica.

1.2.4. Vocales.

A. Vocales silábicas

[i] alta anterior no redondeada. Detrás de [✳]; detrás de [V] en grupo heterosilábico; de [C, w] [35] en grupo tautosilábico; delante de [✳]; de [V] en grupo heterosilábico; de [C̆] que no sea [r̄, x] en grupo heterosilábico. Como en: *imán* [✳ i.mán]; *ahí* [a.í], *leí, reímos* [r̄e̜.í.

---

[34] A diferencia de las articulaciones nasales consonánticas, en las que se produce oclusión en alguna parte de la cavidad oral y el aire escapa solamente por las fosas nasales, en la articulación de las vocales nasalizadas el aire tiene salida al mismo tiempo por las fosas nasales y por la boca.

[35] En [C] no se incluye aquí [r̄].

mǫs], *oi, huí; vino, tigre, quitar, física, sillón, lira, fui* [fwí]; *di* [dí ✳];
vía [bí.a], *líe* [lí.e], *mío; iba* [í.ba], *hice, ira, higo.*

[i̯] semialta anterior no redondeada. Detrás de [r̄] en grupo tautosilábico; delante de [r̄, x] en grupo heterosilábico; de [C] en grupo
tautosilábico. Como en: *río* [r̄í̯.o]; *cirro* [θí̯.r̄ǫ], *fijar* [fi̯.xár]; *hipnosis*
[i̯b.nósis], *digno* [díg.no], *pizca, cisma* [θí̯z.ma], *brizna* [bri̯z.na], *abril*
[a.br̄í̯l], *virtud* [bi̯r.tú̯đ].

[e] media anterior no redondeada. Detrás de [✳]; de [V] en grupo
heterosilábico; de [C, j, w] [35] en grupo tautosilábico; delante de [✳];
de [V] en grupo heterosilábico; de [C] que no sea [r̄, x] en grupo heterosilábico; de [đ, θ, z̧, s, ş, z, z̧, m, m̧, n̦, n̦, ŋ, n̦] en grupo tautosilábico.
Como en: *ella* [✳ é.l̦a]; *saeta* [sa.éta], *paseemos* [pase.émǫs], *fiemos*
[fi.émǫs], *cohete* [ko.éte], *crueles* [kru.éles]; *pelo, serie* [sé.rje], *cuello*
[kwé.l̦o]; *fe* [fé ✳]; *crear* [kre.ár], *creí* [kre.í], *león* [le.ǫ́n]; *echar* [e.ĉár],
medir, herir; étnico [éđ.niko], *crezca, lezna* [léz̧.na], *fresco, resto* [r̄éş.to],
escena [eş.θéna], *sesgar* [sez.gár], *resma* [r̄éz.ma], *desdén* [dez.đén],
envés [em.bés], *enfermo* [em.férmo], *entre* [én̦.tre], *lienzo* [ljén̦.θo],
engaño [eŋ.gán̦o], *henchir* [en̦.ĉir].

[e̞] semimedia anterior no redondeada. Detrás de [r̄] en grupo
tautosilábico y delante de [36] [.]; detrás de [.] o de [C, j, w] en grupo
tautosilábico y delante de [i̯] en grupo tautosilábico; detrás de [✳],
de [.] o de [C, j, w] en grupo tautosilábico y delante de [C] [37] en grupo
heterosilábico; delante de [r̄, x] en grupo heterosilábico. Como en:
resumen [r̄e̞.súmen], *rezo* [r̄é̞.θo]; *criéis* [kri.é̞is], *caéis* [ka.é̞is], *ley* [lé̞i̯],
rabiéis [r̄a.bjé̞is], *averigüéis* [aƀeri.gwé̞is]; *éxito* [✳ é̞g.sito], *caer* [ka.é̞r],
ser, celta, precepto [pre.θé̞pto], *piel* [pjé̞l], *fuerte* [fwé̞r.te]; *eje* [✳ é̞xe],
erre [✳ é̞.r̄e], *fleje, guerra, antruejo* [an̦.trwé̞.xo], *puerro, viejo.*

[u] alta posterior redondeada. Detrás de [✳]; detrás de [V] en
grupo heterosilábico; de [C, j] [38] en grupo tautosilábico; delante de
[✳]; de [V] en grupo heterosilábico; de [C] que no sea [r̄, x] en grupo
heterosilábico. Como en: *uno* [✳ ú.no]; *aúpa* [a.úpa], *reúno* [r̄e̞.úno],
veintiuno [bei̯n̦ti.úno]; *pulla* [pú.l̦a], *tuna, duna, gula, fugaz, zumo,
sumar, enjuto* [eŋ.xúto], *ayuno, achucar, luna, numen, ñudo, viruta,
viuda* [bjú.đa]; *Perú* [perú ✳], *espíritu; lúa* [lú.a], *sitúe* [sitú.e], *situé*
[situ.é], *huido* [u.íđo].

[u̯] semialta posterior redondeada. Detrás de [r̄] en grupo tautosilábico; delante de [r̄, x] en grupo heterosilábico; de [C] en grupo
tautosilábico. Como en: *rudo* [r̄ú̯.đo]; *murria* [mú̯.r̄ja], *mugido* [mu̯.
xíđo]; *salud* [salú̯đ], *mustio* [mú̯s.tjo], *culpa, uncir, hurto.*

[o] media posterior redondeada. Detrás de [✳]; de [V] en grupo

---

[36] Cuando en este § 1.2.4 empleamos la fórmula «detrás de... y delante
de...» debe entenderse que los dos elementos que constituyen el contorno, el
que precede y el que sigue al sonido descrito, se dan simultáneamente.
[37] En [C] no se incluyen las consonantes comprendidas en la última serie
citada en la descripción de la vocal [e] (anterior en la lista).
[38] En [C] no se incluye aquí [r̄].

heterosilábico; de [C, j, w] [38] en grupo tautosilábico; delante de[⁕];
de [V] en grupo heterosilábico; de [C] que no sea [r̄, x] en grupo
heterosilábico. Como en: *oro* [⁕ ó.ro]; *vaho* [bá̠.o], *deseoso* [dese.óso],
río, brioso [bri.óso]; *poca* [pó.ka], *acuoso* [a.kwó.so], *ansioso* [an.sjó.so],
arduo [ár.d̠wo], *vario* [bá.rjo]; *no* [nó ⁕]; *loar* [lo.ár], *coartar* [ko.artár],
poeta [po.éta]; *noche* [nó.ĉe], *otro, cola, soga.*

[o̜] semimedia posterior redondeada. Detrás de [r̄] en grupo tautosilábico; delante de [r̄, x] en grupo heterosilábico; de [C, i̞] en grupo
tautosilábico [39]. Como en: *robo* [r̄ó̜.bo]; *morro* [mó̜.r̄o̜], *ojo* [ó̜.xo];
obtener [o̜b.tené̜r], *optar* [o̜b.tár], *docto, ostra, colmo, hombre, montar,
corte, soy* [só̜i̞], *coima* [kó̜i̞.ma].

[a] baja no redondeada. Detrás de [⁕]; de [V] en grupo heterosilábico; de [C, j, w] en grupo tautosilábico; delante de [⁕]; de [i̞, C] [40] en
grupo tautosilábico; de [V, C] [41] en grupo heterosilábico. Como en: *as*
[⁕ ás]; *crear* [kre.ár], *viable* [bi.áble], *loa* [ló.a]; *casi* [ká.si], *sales,
lado, madre, nacer, rápido, sentenciáis* [sen̠ten̠.θjái̞s], *apacigüáis* [apaθi.
gwái̞s]; *da* [dá ⁕]; *apto* [áb.to], *axioma* [ag.sjóma], *astro, ancho, arnés,
caimán* [kai̞.mán], *vais* [bái̞s], *apreciáis* [apre.θjái̞s]; *caer* [ka.ér], *caído*
[ka.íd̠o], *aro* [á.ro], *amor, alud, prado, clase, mano.*

[a̠] baja velar no redondeada. Delante de [l, u̠, o] [42] en grupo
tautosilábico; delante de [.] seguido de [x, ú, ú̠, ó, ó̜, o]. Como en:
palma [pá̠l.ma], *pausa* [pá̠u̠.sa], *causar* [ka̠u̠.sár], *Bilbao* [bi̞l.bá̠o] [42],
ahogar [a̠o.gár] [42]; *bajo* [bá̠.xo], *agitar* [a̠.xitár], *aúno* [a̠.úno], *laúd*
[la̠.úd], *ahogo* [a̠.ógo], *aorta* [a̠.ó̜rta], *ahora* [a̠.ó̜.ra] [39], *vaho* [bá̠.o, bá̠o].

B. Vocales no silábicas

[j] alta anterior no redondeada, con articulación de abertura.
Detrás de [C] y delante de [V silábica] [43] en grupo tautosilábico.
Como en: *copia* [kópja], *bien* [bjén], *mustio, adiós, acequia* [aθékja],
alguien [álgjen], *noción* [noθjón], *lidiáis* [lid̠jái̞s], *cambiéis* [kam.bjéi̞s].

[w] alta posterior redondeada con articulación de abertura. Detrás
de [C] y delante de [V silábica] [44] en grupo tautosilábico. Como en:
puente [pwén̠.te], *bueno, tatuaje, arduo, cuatro, agua, fuerza, casualidad,
zueco, ajuar, melifluo* [melí.flwo], *muestra, anuo* [á.nwo], *monstruo, fui*
[fwí], *cuidar* [kwid̠ár], *menguáis* [men̠.gwái̞s], *averigüéis* [aβeri.gwéi̞s],
buey [bwéi̞].

---

[39] Hay también [ó̜] detrás de [a̠] seguida de [.] cuando [.] va seguido de
[r, l]: *ahora* [a̠.ó̜.ra], *batahola* [ba.ta̠.ó̜.la].
[40] No se incluye [l] en [C] en este caso.
[41] No se incluye [ó, ó̜] en [V] en esta posición (para [ó̜] en esta posición,
véase la nota 39), ni [x] en [C].
[42] De la naturaleza de esta agrupación silábica [ao] se trata en el § 1.4.14.
[43] Aquí está excluida [i] de [V silábica].
[44] Aquí se excluye [u] de [V silábica].

[i̯] alta anterior no redondeada con articulación de cierre. Detrás de [V̄ silábica] [43] en grupo tautosilábico; delante de [❋]; de [C] en grupo heterosilábico; de [C] en grupo tautosilábico. Como en: *hay* [ái̯ ❋], *noray* [norái̯ ❋], *ley* [léi̯ ❋], *Araduey* [arađwéi̯ ❋], *voy* [bói̯ ❋], *muy* [múi̯], *Espeluy* [espelúi̯ ❋]; *Beranuy* [beranúi̯ ❋]; *baila* [bái̯.la], *aceite* [aθéi̯.te], *cohibido* [koi̯.bíđo]; *Apraiz* [a.prái̯θ], *Arraiz* [a.r̄ái̯θ], *habéis* [a.béi̯s], *sois* [sói̯s].

[u̯] alta posterior redondeada, con articulación de cierre. Detrás de [V̄ silábica] [44] en grupo tautosilábico; delante de [❋]; de [C] en grupo heterosilábico; de [C] en grupo tautosilábico. Como en: *miau* [mjáu̯ ❋], *Palau* [paláu̯ ❋], *Masdeu* [mazdéu̯ ❋], *Feliu* [felíu̯ ❋], *Palou* [palóu̯ ❋], *bou* [bóu̯ ❋]; *raudo* [r̄áu̯.đo], *deuda* [déu̯.da], *pleura* [pléu̯.ra]; *fausto* [fáu̯s.to], *Deusto* [déu̯s.to], *Rius* [r̄íu̯s].

1.3.　CLASES DE FONEMAS

1.3.1.　Fonemas y alófonos. — *a*)　Dos sonidos son fonéticamente semejantes cuando poseen determinados rasgos comunes que no comparten con otra clase de sonidos. Los sonidos [b] y [ƀ] son bilabiales y sonoros, sin nasalidad, y ninguno de ellos comparte estos rasgos con otras clases de sonidos. De modo semejante [b] y [p] son bilabiales y oclusivos, sin nasalidad, rasgos que no comparten con otros sonidos. En cambio [p] y [t], que poseen en común el ser oclusivos y sordos, comparten cada uno de ellos estos mismos rasgos con [k]. Estos dos sonidos no son, por consiguiente, fonéticamente semejantes entre sí.

b)　Dos o más sonidos se hallan en la secuencia del habla en distribución complementaria cuando no poseen ningún contorno en común y son al mismo tiempo fonéticamente semejantes. Por ejemplo, [b] y [ƀ], situado el primero tras de [⁕] o [m], el segundo tras de vocal o [ƀ, đ, ẕ, z, r, l].

c)　Dos sonidos varían libremente o se hallan en variación libre cuando uno de ellos tiene los mismos contornos que el otro y los dos son fonéticamente semejantes. Así [ɹ] puede sustituir y sustituye frecuentemente a [r] en todas sus posiciones. Del mismo modo [ƀ] y [đ] sustituyen con frecuencia a [ƀ̥] y [đ̥] respectivamente.

d)　Se dice que dos sonidos contrastan o forman contraste cuando, siendo o no fonéticamente semejantes, poseen algunos contornos en común, pero la sustitución de uno por otro, dentro de esos mismos contornos, va acompañada de un cambio de significación o produce una palabra irreconocible. La sustitución de [r] por [s] en *cara*, es decir, dentro del contorno [á-a], da una palabra diferente: *casa*. La misma sustitución en *muro* da una forma desprovista de significación, aunque no fonológicamente imposible [1] en español.

e)　Puede ocurrir que dos sonidos diferentes posean un contorno en común sin hallarse en variación libre y sin contrastar. Así [p] y

---

[1]　El contorno [ú-o] es normal para el sonido [s]: *uso, puso, luso, ruso*, etc.

[ḅ] en *inepcia* [inépθja, inéḅθja] [2]. Por otra parte, estos sonidos contrastan en otras posiciones, como en *cupo, cubo* [kúḅo]. Decimos entonces que los dos sonidos alternan o se hallan en alternancia y que las dos formas [inépθja] e [inéḅθja] son secuencias con idéntica significación [3].

f) Dos sonidos que contrastan entre sí (apartado *d* anterior) constituyen dos fonemas diferentes. Una serie de sonidos que se hallan en distribución complementaria (apartado *b* anterior) o en variación libre (apartado *c* anterior) pertenecen a un mismo fonema. Cada uno de estos sonidos de la serie se dice que representa al fonema o que pertenece a este fonema o que es variante combinatoria, o variante posicional o alófono de dicho fonema. Así [b, ḅ, b̥] son alófonos del fonema /b/ [4], [s, ṣ, z, z̧] son alófonos de /s/. Algunos fonemas solo tienen un alófono: [p] es alófono único del fonema /p/ [5].

g) Mediante la agrupación de sonidos en fonemas se obtiene una notable reducción del repertorio establecido en el capítulo anterior. Pero no se trata de una reducción caprichosa, dictada por razones de economía, ni siquiera por el intento de poner límites a la excesiva atomización fonética, sino de una formalización o gramaticalización. Los sonidos como tales sonidos no son portadores de significaciones, pero si una diferencia mayor o menor entre sonidos es capaz de ir acompañada de diferencias de significación en el proceso del habla, los sonidos quedan también adscritos indirectamente a la función significativa. Estas diferencias entre sonidos en que se basa su capacidad diferenciadora de significaciones es a lo que se reduce el sistema fonológico de una lengua. Cada fonema queda entonces constituido, más que por sus datos positivos, por el hecho de contrastar con todos los restantes fonemas. Véase el § 1.1.3*b*.

1.3.2. Repertorio de los fonemas consonánticos. — *a*) Damos a continuación el repertorio de los fonemas consonánticos del castellano, extraído del repertorio de sonidos consonánticos (§ 1.2.2), siguiendo los principios establecidos en el párrafo anterior. Los fonemas señalados con asterisco no se emplean en extensos territorios de España y América. Para la clase de articulación de /s/ en muchas zonas espa-

---

[2] No se puede decir que uno de ellos varía libremente con el otro en todas sus posiciones. No varía [p] con [b] en *subo* [súbo], ni [b] con [p] en *padre*.
[3] Lo cual no equivale a decir que las dos formas son sinónimas. Véase, además, el § 1.3.2*c*.
[4] El fonema se escribe entre líneas oblicuas. Suele elegirse como símbolo el signo fonético más sencillo de entre los alófonos.
[5] Si se prescinde de la variante que es realmente el sonido [p] articulado sin distensión, variante que no hemos representado fonéticamente.

ñolas y americanas, véase [s] en el § 1.2.2A. Del sistema fonológico no castellano que estos cambios implican tratamos en el § 1.3.4c. Para abreviar omitimos en esta lista el contorno [6]. A continuación de cada fonema se enumeran sus alófonos.

/p/ bilabial oclusivo sordo [7]. Alófonos: [p].
/b/ bilabial sonoro o ensordecido: [b, ƀ, ƀ̥].
/t/ dental oclusivo sordo: [t].
/d/ dental sonoro o ensordecido: [d, đ, đ̥].
/k/ velar oclusivo sordo: [k].
/g/ velar sonoro o ensordecido: [g, g̶].
/f/ labiodental fricativo sordo: [f].
/θ/ *interdental fricativo: [θ, z̧].
/s/ alveolar fricativo: [s, ş, z, z̧].
/x/ velar fricativo sordo: [x].
/ĉ/ palatal africado sordo: [ĉ].
/r/ alveolar vibrante simple sonoro: [r, ɹ].
/r̄/ alveolar vibrante múltiple sonoro: [r̄].
/l/ alveolar lateral sonoro: [l, ļ, ḷ, ḽ].
/ḽ/ *palatal lateral sonoro: [ḽ].
/m/ bilabial nasal sonoro: [m].
/n/ alveolar nasal sonoro: [n, ṇ, ņ, ŋ, m, ṇ].
/ṇ/ palatal nasal sonoro: [ṇ].
/y/ palatal sonoro: [y, ŷ].
/w/ velar redondeado sonoro: [w].

b) Un mismo sonido puede asignarse como alófono a varios fonemas, si así resulta más conveniente para la simetría del sistema, a condición de que se determine en cada caso el contorno. El sonido [m] aparece en la lista como alófono de /m/ y de /n/. Bastará agregar al cuadro que [m] es alófono de /n/ cuando precede a /p, b, f, m/ en posición heterosilábica y solo en este caso. Se considera también a [ņ] alófono de /n/ cuando precede a /ĉ, ļ, y/, y a [ļ] alófono de /l/ cuando precede a /ĉ, y/, también en posición heterosilábica. Transcribiremos, pues, fonológicamente /kánpo/, /ánĉo/, /kólĉa/, etc., y no /kámpo/, /áņĉo/, /kól̦ĉa/.

c) La teoría de la neutralización resuelve de otra manera este problema. Neutralización quiere decir supresión, desaparición, en determinadas posiciones, de la función contrastiva entre sonidos, así entre /m/ y /n/ ante consonante, de tal manera que la presencia de una u otra nasal está regulada automáticamente por la naturaleza de

---

[6] En el contorno solo habrían de figurar fonemas. De otra manera ocurriría, por ejemplo, que [r] y [r̄] no contrastarían en pero y perro, sino que se hallarían en distribución complementaria, puesto que el contorno fonético es diferente: [é-o] en pero, [é-o̧] en perro.

[7] Para simplificar prescindimos en casi todos los casos de la mención del órgano activo y abreviamos la del órgano pasivo.

la consonante a la que precede. La teoría de la neutralización habla en estos casos de archifonema o arquifonema, unidad fonológica en la cual se suponen reunidos los rasgos fonológicos comunes a los sonidos que no contrastan en dichas posiciones, por ejemplo, el rasgo de nasalidad común a /m/ y /n/ y a los restantes alófonos de /n/; o con la cual se hace corresponder cualquiera de los fonemas que son término de la neutralización, por ejemplo, /r/ o /r̄/, en *hornada, honrada,* o un sonido análogo, pero diferente de dichos términos de la neutralización[8]. El archifonema suele representarse, según reglas fijas, en la transcripción fonológica con el símbolo de uno de los fonemas que son término de la neutralización, escrito con mayúscula.

1.3.3. Repertorio de los fonemas vocálicos. — *a*) Damos a continuación el repertorio de los fonemas vocálicos españoles, extraído del repertorio de sonidos (§ 1.2.4). A continuación de cada fonema se enumeran sus alófonos. Para abreviar se omite aquí también el contorno.

/i/ alto anterior. Alófonos: [i, i̯, j, i̯].
/e/ medio anterior: [e, ę].
/a/ bajo: [a, ą].
/u/ alto posterior redondeado: [u, u̯, w, u̯].
/o/ medio posterior redondeado: [o, ǫ].

b) Hay diferencia entre los autores en este punto de la ordenación de los alófonos. Algunos consideran [i̯, j] alófonos de la consonante /y/ y simétricamente [u̯, w] alófonos de /w/. Según esta ordenación, el sistema vocálico español comprende vocales silábicas /a, e, i, o, u/ que actúan como núcleo silábico, y semiconsonantes /j, w/, que son elementos marginales. Otros consideran [i̯, j] alófonos de /i/ y simétricamente [u̯, w] alófonos de /u/. Según esta ordenación, el sistema comprende vocales silábicas /a, e, o/ y semivocales /i, u/ que actúan como vocales silábicas y no silábicas[9]. El fonema /y/ se agrupa con las consonantes. Este segundo sistema es el que ha sido desarrollado en el apartado anterior, sin más diferencia que agregar al repertorio de los fonemas consonánticos el fonema /w/, con una distribución análoga a la de /y/ [10].

[8] La dificultad del § 1.3.1*c* se resuelve también cómodamente mediante el concepto fonológico de la neutralización.
[9] Por semiconsonantes suele entenderse en Fonología aquellos fonemas que funcionan como vocales marginales en la cima compuesta y como consonantes. Por semivocales, los fonemas que funcionan como vocales marginales en la cima silábica compuesta y como vocales silábicas. A veces, con criterio descriptivo articulatorio y acústico, se denominan semivocales los alófonos [i̯, u̯] y semiconsonantes [j, w].
[10] De la cima compuesta donde solo entran vocales de la serie /a, e, o/ y del carácter de esta agrupación trataremos en el § 1.4.14 (v. también el § 1.4.6*a*).

1.3.4. Agrupaciones sistemáticas de los fonemas. — *a*) Cada uno de los fonemas incluidos en las clasificaciones anteriores queda así definido por los rasgos distintivos que concurren en él y solo en él. El hecho de que uno o más de estos rasgos sean comunes a varios fonemas y el número y naturaleza de esos rasgos comunes permiten establecer el sistema fonológico, ramificado en varios subsistemas.

b) La serie de oclusivas sordas, solo diferenciadas por el punto de articulación y por consiguiente con dos rasgos comunes (oclusión oral y falta de sonoridad), comprende tres miembros: /p, t, k/. Forman un subsistema con esta serie los fonemas /b, d, g/, cada uno de los cuales posee en común con uno de la otra serie el rasgo del punto de articulación, todos ellos entre sí el rasgo privativo de la sonoridad y todos ellos en común con los de la otra serie, el carácter oclusivo (aunque los de la segunda tienen alófonos fricativos). Completan este subsistema consonántico los fonemas fricativos /f, θ, x/ (el segundo con alófonos sonoros) que poseen en común sus rasgos articulatorios y se diferencian de los de la primera serie por la manera de articulación y de los de la segunda por este mismo rasgo y por la falta de sonoridad [11]:

Labiales	Dentales	Velares
/p/	/t/	/k/
/b/	/d/	/g/
/f/	/θ/	/x/

Quedan aislados los fonemas obstruyentes /s/ y /ĉ/. El primero, que posee como /θ/ alófonos sonoros, podría considerarse homorgánico de /t/ y /d/ (posee alófonos dentales) y cabría asignarle la casilla de /θ/ [12]. De hecho, la distinción entre los fonemas /s/ y /θ/ no existe en gran parte de Andalucía, en Canarias y en casi toda la América de habla española. En el sistema fonológico de estos territorios, ese fonema único, representado por /s/ [13], ocupa la casilla de /θ/. El fonema /ĉ/, por su oclusión inicial y su falta de sonoridad, completa la serie /p, t, k/ del cuadro anterior, dentro de un nuevo orden, el de los fonemas palatales.

c) De los fonemas sonantes, los nasales forman también una serie de tres miembros: /m, n, ņ/, que tienen como rasgos comunes la nasa-

---

[11] Llamamos «series» a los fonemas que se encuentran en una misma línea horizontal y «orden» a los que ocupan una misma columna.
[12] Con el término *homorgánicos* damos a entender que dos fonemas, o dos alófonos, poseen un mismo órgano pasivo en su articulación.
[13] Para las clases de articulación de [s] y para su distribución geográfica, véase el § 1.2.2A, y nota 22 del mismo capítulo.

lidad, la sonoridad y la articulación oclusiva en el tramo bucal, y como diferencia entre ellos el punto de articulación. Los fonemas laterales /l, ļ/ participan del modo de articulación lateral y del rasgo sonoro y se diferencian también entre ellos por el punto de articulación. Los vibrantes /r, r̄/ tienen en común, por el contrario, el punto de articulación (constituyen, por lo tanto, un orden, no una serie), la sonoridad y el rasgo vibratorio y solo se diferencian por el número de vibraciones o por la distinción laxo/tenso. Las consonantes /y, ẉ/ forman una serie de fonemas que poseen en común su modo de articulación y la sonoridad y se diferencian por el punto de articulación. El cuadro del apartado anterior podría completarse así:

		Labiales	Dentales	Alveolares	Palatales	Velares
Obstruyentes.....	Oclusivas sordas	p	t		č	k
	Oclusivas sonoras	b	d			g
	Fricativas sordas	f	θ	s		x
Sonantes........	Nasales	m		n	ņ	
	Laterales			l	ļ	
	Vibrante laxa			r		
	Vibrante tensa			r̄		
	Sonantes de deslizamiento				y	ẉ

Como /s/ y /θ/, dos fonemas también homorgánicos y sonoros: /ļ/ y /y/ [14], se confunden en uno solo en extensos territorios del sur de España (casi toda Andalucía y Extremadura, Ciudad Real, Madrid, parte de Toledo y sur de Ávila) y de América, si se exceptúa una zona del interior de Colombia, la parte meridional de la Sierra en Ecuador, Perú —salvo Lima y parte de la costa—, casi toda Bolivia, el norte y sur de Chile, Paraguay y regiones limítrofes argentinas, y medios rurales argentinos del Noroeste, territorios donde se conserva /ļ/, en algunos sitios con modalidades de articulación. En las áreas hispánicas

---

[14] Para la articulación de alguno de los alófonos de /y/, véase nota 24 del cap. 1.2.

en donde coincide el cambio de /θ/ en /s/ (seseo) con el de /ḷ/ en /y/ (yeísmo), el cuadro anterior podría organizarse así:

p	t		ĉ	k
b	d			g
f		s		x
m		n	ņ	
		l		
		r		
		ř		
			y	w

d) Como puede observarse en el cuadro anterior, es mayor el número de fonemas que participan en una determinada localización (a veces aproximada) que el número de los fonemas con un rasgo de articulación en común. O, dicho con otras palabras, son más homogéneos los órdenes que las series. Por otra parte, los rasgos que separan a cada uno de los miembros que componen un orden determinado tienen carácter muy variado. De /b/, por ejemplo, podemos decir que es igual a /p/ + sonoridad, o inversamente que /p/ = /b/ — sonoridad [15]. En /b/ se suman la articulación oclusiva bilabial, que comparte con /p/, y la actividad de las cuerdas vocales. La diferencia entre /b/ y /m/ es de naturaleza análoga a la anterior. El dato «más» a favor de /m/ es la apertura del resonador nasal. Nada semejante podemos decir de /p/ y /f/, o de /l/ y /r/. Los primeros comparten entre ellos el rasgo homorgánico y la falta de sonoridad, los segundos el carácter alveolar y la sonoridad. El rasgo diferencial entre unos y otros no es, en cambio, un más o un menos, sino una manera diferente de articulación. El caso de /p, b/ o de /b, m/ permite hablar de que /b/ presupone /p/, o lo hace posible, y recíprocamente. Este contraste constituye lo que se llama en lógica oposición contradictoria. Las diferencias entre /p/ y /f/ o las diferencias entre los miembros de una misma serie son más intuitivas que lógicas, aunque operan fonológicamente con la misma eficacia, puesto que, en último término, el fonema es un concepto negativo (§ 1.3.1*g*) y el hecho que lo constituye como tal fonema es su capacidad para contrastar con todos los restantes fonemas. Pero hoy se intenta reducir todos los contrastes a oposiciones contradictorias (llamadas también binarias) utilizando los rasgos acústicos del sonido. Así la diferencia entre fonemas agudos y graves, con los que se corres-

---

[15] Para la diferencia lenis/fortis entre /b/ y /p/, véase el § 1.2.2*b*.

ponden los fonemas velares y labiales (graves) y los dentoalveolares
y palatales (agudos), en correlación articulatoria con la diferente amplitud del resonador bucal; o la diferencia entre fonemas difusos (labiales y dentales) y compactos (palatales y velares) según la menor o la
mayor concentración de energía.

e) Se da el nombre de **grupo simétrico** (o **correlación**) a
los diversos órdenes y series que en el cuadro de los fonemas obstruyentes o sonantes, construido en el apartado *c* anterior, forman la máxima
figura rectangular. Solo hay dos grupos simétricos: uno de obstruyentes, para cada una de las zonas lingüísticas:

/p/	/t/	/k/		/p/	/t/	/k/
/b/	/d/	/g/		/b/	/d/	/g/
/f/	/θ/	/x/ [16]		/f/	/s/	/x/ [17]

y otro de sonantes:

/l/		/l̹/
/n/		/n̹/ [18]

sin correspondencia en las zonas de yeísmo.

La razón matemática entre el número de fonemas que componen
un grupo simétrico y la totalidad de los fonemas de su misma clase
(obstruyentes y sonantes) constituye el índice de simetría del sistema.
Para los fonemas obstruyentes españoles, la razón es 9/11, para los
sonantes 4/9. Expresadas en tanto por ciento resultan: 82 por 100 y
44 por 100 respectivamente. La simetría del sistema vocálico español
es también parcial. Solo existe un grupo simétrico.

/i/	/u/
/e/	/o/

El fonema /a/ no pertenece a ninguna de las dos series (alta y media)
ni a ninguno de los dos órdenes (anterior y posterior).

f) La naturaleza de los fonemas, según sus rasgos distintivos,
no está siempre de acuerdo con sus posibilidades de distribución. En
español, de los fonemas obstruyentes, los que forman las dos primeras
series del grupo simétrico pueden unirse tautosilábicamente con uno
de los fonemas sonánticos /l, r/, pero no es viable /dl/ (§ 1.4.3*a*). En
cambio, el fonema /f/ es el único de la tercera serie que goza de esa

[16] Es el subsistema de que hablamos en el § 1.3.4*b*. Quedan como fonemas
obstruyentes aislados /s/ y /ĉ/.
[17] Queda aquí /ĉ/ como fonema obstruyente aislado.
[18] Quedan como fonemas aislados: /r/, /r̄/, /m/, /y/ y /ẉ/.

misma propiedad. A /i/ no silábica no la preceden las consonantes palatales, excepto /ĉ/: *machiega, cuchichiar, achiote, hinchió* (de *henchir*) [19]. En posición inicial de palabra, los fonemas palatales /l̦/ y /y/ son también incompatibles con /i/ silábica, y /n̦/ solo aparece en esta posición en voces no patrimoniales. Es, por consiguiente, /ĉ/ la única palatal que goza tanto de esta como de la anterior propiedad: *chico, chisme,* etc. [20]. En posición interior de palabra encontramos, sin embargo, las agrupaciones silábicas /yi, l̦i, n̦i/ en ciertos derivados: *rayita, sillín, niñito.* Los alófonos nasales tienen siempre el mismo punto de articulación que las consonantes a las que preceden: [kám.po], [án̦.tes], [áŋ.xe̦l], etc. Los alófonos oclusivos de /b, d, g/ solo aparecen tras de consonante nasal (si se exceptúa el grupo /ld/), consonante que es además, como acabamos de ver, homorgánica de dichos alófonos. Aparecen también tras de pausa normal. Todas las consonantes pueden hallarse en posición inicial de palabra, excepto /r/.

---

[19]   No constituyen excepción los compuestos de uso poco frecuente: *cuellierguido, callialto,* que se articularían probablemente con hiato. Véase, sin embargo, la nota 33 del cap. 1.6, donde se muestra la posibilidad de agrupar /l̦/ con /i/ no silábica en la sinalefa.

[20]   Acaso por su carácter no sonoro.

1.4. SÍLABA

1.4.1. La sílaba en el cuerpo de la palabra. — La descripción de la sílaba [1], se limita en este capítulo, como hemos advertido ya (§§ 1.1.1c y 1.2.1f), al grupo fónico constituido por una sola palabra [2]. De los cambios a que son sometidas las estructuras silábicas estudiadas en este capítulo cuando aparecen en el interior de un grupo fónico constituido por dos o más palabras y de las nuevas agrupaciones y delimitaciones silábicas que pueden darse en él, nos ocuparemos en el capítulo 1.6. Véase también lo que decimos al comienzo del § 1.4.6. Los §§ 1.4.2 y 1.4.3 tratan de la coda y de la cabeza silábicas; el § 1.4.4, de los principios generales de delimitación silábica; el § 1.4.5, de la delimitación silábica entre consonantes o entre vocal y consonante; los §§ 1.4.6 a 1.4.15, de la cima silábica y de la delimitación entre vocales.

1.4.2. Coda. — a) En final de palabra, la coda es casi siempre simple. Los fonemas empleados son, de un modo casi exclusivo, /d, θ, s, n, l, r/. Son además los únicos que aparecen en muchos casos como morfemas flexivos o en morfemas flexivos y derivativos. En algunas palabras de diferentes procedencias que representan un tanto por ciento muy escaso del léxico español, algunas antiguas, la mayor parte de introducción reciente, se encuentran otros fonemas: *crup, club, rosbif, cenit, vivac, zigzag, erraj, álbum,* fonemas que algunas veces no se realizan: [r̄ǫzbí, klú] no siendo en la pronunciación más culta y esmerada. La grafía *-ll* no se corresponde con la articulación de palabras escritas como *nomparell* [-l], si no es en la pronunciación cuidada de palabras, especialmente patronímicos, de origen catalán, como *Vendrell.* Algunas de esas voces se han adaptado más o menos al sistema fonológico español. Se encuentran variantes como *cok, coque* (la reducción es frecuente en la expresión *carbón de cok* [kó]); *vivac, vivaque;*

---

[1] Para el concepto de sílaba, véase el § 1.1.2a y la nota 10 del mismo.

[2] En el habla corriente, no son raros los grupos fónicos constituidos por una sola palabra: *¡Cuidado!; ¿Qué?; Nada.* En el uso lingüístico, lo que se llama en lógica «lenguaje de segundo grado» o «metalenguaje», cualquier palabra y hasta cualquiera de sus elementos componentes puede constituir un grupo fónico: *—¿Qué dice aquí? —Aunque.*

querub, querube; frac [frá], *fraque; pailebot, pailebote.* La forma muy antigua *almanach* fue desplazada por *almanaque* en época relativamente reciente. Son más resistentes a la reducción o a la paragoge las formas con /x/: *boj* (junto a *boje*), *almoraduj* (*almoradú* en J. R. Jiménez), *reloj* (reducida normalmente a /r̄eló/; *reló* en el mismo poeta).

b) La coda compuesta dista mucho de ser en español una forma canónica. Casi todas las palabras en que aparece son extranjerismos, sentidos como tales por la conciencia idiomática. Son pocos los casos en que parece consolidada la doble coda, como en *vals*, o en nombres propios catalanes cuando logran alguna difusión fuera de su territorio de origen, como *Mayans, D'Ors, Liniers*, etc. Muy frecuentemente hay reducción de la consonante no continua, aunque el uso literario conserve la grafía original o la conserve en parte: *cinc* /θín/, *lord* /lór/, *pórtland* /-an/, *(agua de) seltz* /sél/ o /sélθ/, *reps* /r̄és/. Esta misma reducción se produce también frecuentemente, fuera de la pronunciación esmerada, en el grupo /ks/ y /ps/: *tórax* /tóras/, *sílex, fénix, bíceps, fórceps*, etc. Análoga reducción se produce algunas veces en el grupo /tl/ que se encuentra en aztequismos: mej. *súchitl* y *súchil*. Menos veces se reduce la consonante continua, como en la voz también de origen náhuatl *petate*, con paragoge de *e*, o las dos consonantes, como en *nahua* por *náhuatl*. La *-e* sirve también para acomodar al sistema español otros grupos consonánticos convirtiéndolos en heterosilábicos, como en *ponche*, del ingl. *punch*, en contraste con otras palabras no asimiladas todavía, como el anglicismo más moderno *lunch*.

c) En el crecido número de extranjerismos, principalmente de origen inglés y francés, que penetran en el vocabulario español común, pero sobre todo en léxicos especiales (ciencia, técnica, deporte, etc.), abundan los nombres sustantivos de doble coda con *-s* final en función de morfema flexivo de plural. Algunos, los menos recientes, se han adaptado a la fonología y morfología españolas: *goles, mítines, reporteros*. Estos préstamos son mucho tiempo fieles a la forma escrita de la lengua de origen. Se encuentran grafías como *chalets, carnets, champignons*, algunas de las cuales no reproducen la articulación española ni siquiera la de la lengua de origen, ni se atienen a la ortografía, más fiel a la pronunciación española, que el Diccionario de la Academia registra poco a poco *(chalé, parqué)*. Sin duda quien las escribe estampa deliberadamente un nombre extranjero.

d) La coda en sílaba interna (es condición que preceda a una cabeza silábica, § 1.4.4*c*) es simple y compuesta. Los fonemas que componen la primera son más numerosos que los que forman la coda final simple. No solamente la serie /d, θ, s, r, l, n/ sino también /p, b, f, t, k, g/, aunque con menos amplitud de distribución que la anterior. Es desusado /x/ (fuera de alguna excepción, como en *majzén*), en contraste con la coda final, y /ĉ/ no aparece. La grafía *pechblenda* no es sino transliteración de una palabra alemana (registrada también en la forma *pecblenda* en el Dicc. Ac.). Casi todos los fonemas de la primera serie, y alguno de la segunda, como /b/, aparecen frecuentemente en morfemas de composición iniciales de palabra.

e) La coda interna compuesta es casi siempre en español, con muy pocas excepciones, una coda de dos consonantes y la segunda es casi siempre /s/. La precede una de las consonantes de la serie /b, d, k, r, n/, que suele ser la última de un morfema inicial de composición de palabra, como en *substancia, adscribir, constancia, instinto, perspicaz, éxtasis, intersticio,* o la penúltima del morfema, como en *abstraer, transformar, exponer.* En el primer caso, el límite silábico no coincide con el límite morfemático. Casi todas las palabras en que aparecen estos grupos consonánticos son cultismos o semicultismos. Otros grupos de dos consonantes son raros: *postdata, solsticio, istmo,* y mucho más raros los grupos de tres consonantes que aparecen en palabras técnicas fuera del uso común: *tungsteno,* etc. Pero algunas de estas clases de coda no se articulan en su totalidad. La coda suele reducirse a /s/, con alguna frecuencia la de las sílabas *cons-, substrans-* iniciales de palabra [3].

1.4.3. Cabeza. — *a)* La cabeza inicial de palabra puede ser simple o compuesta de dos fonemas. Todos los fonemas consonánticos, excepto /r/, pueden formar la cabeza simple inicial (§ 1.3.4*f*). La compuesta la forman los grupos /pr, br, fr, tr, dr, kr, gr, pl, bl, fl, tl, kl, gl/. El grupo /tl/ se encuentra, lo mismo que ocurre en coda final, en palabras procedentes del náhuatl, pero junto a /tl/ se da en ellas la articulación /kl/ y /t/, según las zonas geográficas y las capas sociales y a veces como variación personal. En helenismos, en compuestos de raíces griegas y en extranjerismos recientes, sobre todo de origen inglés, aparecen otras agrupaciones binarias en la cabeza de sílaba inicial, pero la pronunciación culta más normal y menos afectada tiende a eliminar uno de sus componentes.

b) El Diccionario de la Academia de 1956 ha simplificado ciertos grupos iniciales de consonantes, pero conservando en artículo aparte las formas tradicionales como formas preferentes y dando en dicho artículo la definición de la palabra. La simplificación, con eliminación de la primera consonante, afecta a los grupos *gn-, mn-* y *ps-.* Aparecen así registradas, por ejemplo, *gneis* y *neis, mnemotecnia* y *nemotecnia,*

---

[3] Es una excepción el caso de *conciencia,* con pérdida de /s/ y no de /n/, frente a la palabra del mismo radical *consciente* /konsθiénte, kosθiénte/. Las dos formas, *conciencia* y *consciencia,* figuran en el Dicc. Ac. 1970.

psíquico y *síquico*. A la misma tendencia de realismo ortográfico obedeció la sustitución de las formas *psalmo, psalterio*, etc., por *salmo, salterio*, etc. [4] y la de *pneuma* por *neuma* [5]. Hay también reducción fonética en la articulación de palabras que se escriben *cneoráceo, czar* [6], *pterodáctilo, tmesis* [7], *xenofobia* /senofóbia/ [8], etc. La lengua española antepone una *e-* a todo grupo de dos consonantes que empieza por /s/ [9], cualquiera que sea el origen de la palabra introducida o heredada y la época de su aparición: *escena, esqueleto, eslora, esbelto, esplín, esmoquin*, aunque se emplee la ortografía original, lo que ocurre con los extranjerismos más recientes: *snob, slogan*, etc., no asimilados por completo al español.

c) En posición interior de palabra encontramos las mismas clases de cabeza silábica, simple y compuesta de dos fonemas, que en posición inicial y son las mismas clases de fonemas los que entran a formar unas y otras, si se exceptúa la cabeza simple constituida por el fonema /r/, que solo aparece en posición interior tras de vocal. Algunos grupos de dos consonantes vacilan en su distribución. Véase el § 1.4.5*b*.

1.4.4. **Condiciones de la delimitación silábica.** — *a*) Todas las clases de sílabas descritas en el § 1.1.2*d* pueden figurar en comienzo, interior y fin de grupo fónico constituido por una sola palabra. Cualquiera de ellas en posición inicial puede combinarse con cualquiera de las otras en posición final, por lo menos cuando la palabra tiene tres o más sílabas. Damos a continuación un ejemplo de cada una de estas combinaciones posibles en palabras de tres sílabas:

o-í-a,	o-í-da,	o-í-as,	o-í-das.
ve-ní-a,	ve-ni-da,	ve-ní-as,	ve-ni-das.
es-tí-o,	es-ti-lo,	es-tí-os,	es-ti-los.
per-dí-a,	per-di-da,	per-dí-as,	per-di-das [10].

---

[4] Las grafías *psalmo, psalterio* desaparecen ya en 1780.
[5] También en 1780.
[6] El Dicc. Ac., 1970, escribe *czar* y *zar;* después la Ac. acordó suprimir *czar.*
[7] No registrada en el Dicc. Ac. 1970.
[8] Algunos nombres propios muy usuales de origen griego realizaron el cambio de /ks/ latino en /x/ romance, incluso en posición inicial, de donde *Alejandro, Jenofonte.*
[9] Con lo que la consonante /s/ se convierte en coda de la primera sílaba.
[10] Elegimos palabras que tienen en primera y tercera sílaba cima, cabeza y coda simples. Con elementos compuestos, o con elementos simples y compuestos, no se podrían obtener todas las combinaciones teóricamente posibles. Si en las estructuras de arriba introdujésemos en la sílaba central las cuatro clases de sílaba con cabeza, cima y coda simples, obtendríamos un número muy inferior a las 64 combinaciones teóricamente posibles. Con palabras de dos sílabas no se obtendrían tampoco las 16 soluciones posibles. De las limi-

b) Haciendo uso de los símbolos [V] = vocal y [C] = consonante que hemos empleado en el cap. 1.2 para determinar el contorno de los sonidos [11] y del símbolo [.] que indica la frontera silábica, podemos establecer las condiciones generales que gobiernan la delimitación silábica, dentro de las palabras españolas, utilizando para ello los mismos datos que nos han servido allí para fijar dicha delimitación. Las fórmulas son tres:

$$I \quad V.V \text{ como en } pi\text{-}o.$$
$$II \quad C.C \quad » \quad pin\text{-}to.$$
$$III \quad V.C \quad » \quad pi\text{-}no \text{ [12]}.$$

No existe en español la *IV* fórmula teóricamente posible:

$$IV \quad C.V \text{ como en } *pin.o.$$

Por consiguiente, los que dicen *ad-erir, ad-esión* en vez de *a-derir, a-desión*, porque piensan en la *h (adherir, adhesión)* presente en la grafía de esas y otras palabras semejantes, cometen una grave falta de prosodia.

c) Este principio [13] puede formularse diciendo que la coda interior de palabra solo es posible cuando precede a una cabeza silábica. En casos de palabras como *deshierba* o *deshuesar*, que parecen contradecirlo, la delimitación es del tipo C.C. La consonante /s/ en que termina la primera sílaba de una y otra palabra precede a las consonantes sonánticas /y/ y /w/, ortografiadas *hi* y *hu* respectivamente.

1.4.5. **Delimitación silábica entre consonantes o entre vocal y consonante.** — *a)* Los principios de la delimitación silábica entre vocal y consonante (fórmula V.C) o entre consonante y consonante (fórmula C.C) son claros y estables en español. Pueden verse los pormenores en los §§ 1.2.2, 1.2.4, 1.4.2 y 1.4.3. Una sola consonante situada entre vocales se agrupa silábicamente con la vocal

---

taciones más generales que lo impiden y de otra clase de limitaciones más especiales en la organización y en la delimitación silábica de las palabras españolas, nos ocupamos a continuación y en los párrafos restantes de este capítulo.
[11] V y C representan, como allí, en estas fórmulas una sola vocal y una sola consonante: la vocal o consonante que antecede o sigue a la frontera silábica.
[12] Este principio podría ejemplificarse también con palabras cuya frontera silábica separase cimas, codas o cabezas compuestas, pero los ejemplos no tendrían valor general, por las limitaciones especiales que se suman, en estas combinaciones, a este principio.
[13] Veremos en el § 1.6.2 que sigue siendo válido en el interior del grupo fónico constituido por dos o más palabras.

siguiente, es decir, se sitúa detrás de la frontera silábica (en otro caso
tendríamos la organización imposible C.V), así en *a-la*, *e-so*, *i-ra*, etc.
(V.C). Si son dos, se sitúan a uno y otro lado del límite, así en *al-ba*,
or-to, *is-la*, etc. (C.C), a menos que la primera pertenezca a la serie
/p, b, f, t, d, k, g/ y la segunda sea /r/, así en *li-bra*, *co-fre*, *le-tra*, etc.,
o a menos que la primera pertenezca a la serie /p, b, f, t, k, g/ y la
segunda sea /l/, así en *co-pla*, *bu-cle*, *si-gla*, etc. Forman en los dos
casos grupo tautosilábico y la fórmula es otra vez (V.C). Si son tres
las consonantes intervocálicas, dos se sitúan delante, como en *cons-ta*,
pers-picaz, etc., a menos que las dos últimas formen uno de los grupos
tautosilábicos de que acabamos de hablar, y entonces solo la primera
se sitúa delante del límite y el grupo detrás, como en *as-tro*, *an-cla*
(en los dos casos tenemos C.C). Si las consonantes son cuatro, las dos
últimas constituyen uno de los grupos tautosilábicos mencionados,
con /r/ o /l/ en segundo lugar, y las otras dos se colocan delante de la
frontera silábica, como en *abs-tracto*, *ex-plorar* /eks-plorár/ (C.C).

b)   Como se ve, la delimitación silábica entre consonantes o entre
consonante y vocal está fundada en principios estrictamente fonológicos y no coincide necesariamente con la delimitación morfológica.
Hay coincidencia, por ejemplo, en *con-tener*, pero no en *cons-tar* (morfológicamente *con* + *star*). En algunas palabras de uso casi exclusivamente literario o técnico, como *sub-lunar*, *sub-lingual*, la distribución silábica es morfológica, pero contradice los principios fonológicos
anteriores. Cuando el segundo elemento de un compuesto no es fácilmente identificable, la delimitación no es morfológica, como ocurre
con *su-blime* del lat. *sub-limis*, rehecho sobre *sub-limen*. Por otra
parte, el grupo *tl* entre vocales, en palabras de origen griego como
atleta, o náhuatl, como *nahuatlismo*, vacila en su organización silábica
(v. §§ 1.2.2 [t] y [l], 1.4.2*d* y 1.4.3*a*) [14].

c)   Dos consonantes iguales entre vocales se diferencian, fonéticamente, de una consonante simple intervocálica de la misma clase
que aquellas en su mayor duración. El efecto acústico no es el mismo
que el que produce la articulación de la consonante simple intervo-

---

[14]   En Méjico y en los territorios de América donde se emplean con relativa
frecuencia los nahuatlismos (topónimos, nombres de la fauna y la flora indígenas) el grupo *tl* es tautosilábico, como lo prueba su colocación en principio y
fin de palabra: *tlaconete*, *náhuatl* y su agrupación también tautosilábica tras
de consonante continua que es coda de la sílaba anterior: *tehuis-tle*, *cenzon-tle*
(también *cenzonte*, registrado así en Dicc. Ac.), como en los grupos de tres
consonantes intervocálicas registrados en el apartado *a* de este mismo párrafo.
Fuera de esos territorios se realiza probablemente una transliteración —la *l*
del grupo es sorda en dichos territorios— y en la separación *t-l* influye acaso
la división que, alternando con *-tl-* se produce en palabras de origen griego,
como *atleta*, aunque *tl* era también tautosilábico en griego clásico (se usaba en
posición inicial: *thláō*).

cálica, aun cuando cualquier énfasis articulatorio o acentual en la sílaba precedente tienda a retardar el momento de distensión de la consonante simple. En la doble consonante, el sentido idiomático tiene conciencia de que la frontera silábica se corresponde con algún momento de la tensión y que la distensión articulatoria pertenece a la sílaba que sigue al límite [15]. La geminación se produce, dentro de la palabra, con /m/, /n/ y /b/, como en *inmenso* [16], *subvenir*, *innato*.

1.4.6. Agrupación de vocales. — *a*) La separación o la agrupación silábica de dos vocales contiguas no es tan neta y sistemática en español como la separación y agrupación de dos consonantes o la de consonante y vocal examinadas en el párrafo anterior.

Examinaremos primero en este párrafo y en los cuatro siguientes los casos en que una vocal de la serie /a, e, o/ se halla situada en contacto con una vocal de la serie /i, u/ y en el § 1.4.11 los casos en que las dos vocales de la serie /i, u/ se hallan en contigüidad la una de la otra. Las combinaciones que forman entre sí las vocales de la serie /a, e, o/ las examinamos en los §§ 1.4.14 y 1.4.15.

Consideraremos primero el caso en que una vocal de la serie /a, e, o/ y otra vocal de la serie /i, u/ se hallan en posición inmediata. Si una de la segunda serie antecede a otra de la primera, como en /i a/, decimos que la sucesión es creciente [17], y decreciente si la posición es inversa, como en /a i/. Desarrollamos a continuación el cuadro de todas las agrupaciones posibles en español, escribiendo /i/ para representar a las vocales del segundo grupo y /a/ para representar a las del primero. Señalamos con [.] el límite silábico (fórmula V.V). Las vocales pertenecen o no a sílaba con acento de intensidad. Se indica el acento en la transcripción fonológica.

	Sucesión creciente			*Sucesión decreciente*		
Diptongos	I II	/iá/ /ia/	Fórmulas VV	I II	/ái/ /ai/	Diptongos
Hiatos	III IV V	/i.á/ /í.a/ /i.a/	Fórmulas V.V	III* IV V	/á.i/ /a.í/ /a.i/	Hiatos

---

[15] Como veremos, en el grupo fónico constituido por dos o más palabras se produce contraste entre consonante simple y geminada.

[16] En el habla rápida normal, aunque la articulación de la *n* se realice aquí más o menos completamente, solo es perceptible acústicamente la oclusión bilabial, que se produce antes de la frontera silábica. En el § 1.3.2*b* consideramos en estos casos el sonido [m] como alófono de /n/. Transcribiríamos, pues, fonológicamente: /inménso/.

[17] El término *creciente* alude al paso de una menor a una mayor abertura bucal, *decreciente* al proceso inverso.

En las fórmulas *I* y *II* las vocales se agrupan en cima silábica compuesta (§ 1.1.2c), con la vocal /a/ como núcleo. Llamamos d i p t o n g o a esta cima de dos vocales, diptongo que puede ser c r e c i e n t e o d e c r e c i e n t e. En las fórmulas *III*, *IV* y *V* las vocales pertenecen a sílabas diferentes y forman lo que se llama h i a t o, que puede ser también creciente o decreciente. Llamamos hiato n o r m a l al de las fórmulas *III*, porque solo se diferencia del diptongo de la fórmula *I* por la presencia del límite silábico. Llamamos hiato i n v e r s o al de las fórmulas *IV* porque la diferencia consiste además en la diferente posición del acento, que es inversa a la de *I*. El hiato de las fórmulas *V* es i n d i f e r e n t e.

b)   La fórmula V.V de los hiatos *(III, IV* y *V)* está sujeta a ciertas limitaciones. La primera vocal, en la sucesión creciente, ha de ser núcleo silábico, como en *dí-a, le-i-a, vi-aje, pú-a, cru-el*, etc. Las combinaciones /ai.a/, /au.a/, etc., en que ni /i/ ni /u/ son núcleo, sino vocal no silábica o marginal de un diptongo decreciente, no existen en español. El plural de *rey* /r̄éi/ es /r̄é.yes/ [18], pero no /r̄éi.es/. Tenemos *ahuecar* /a.ɥekár/, pero no /au.ekár/. Por otra parte, en la sucesión decreciente, la segunda vocal de la fórmula V.V̄ ha de ser también núcleo silábico, como en *ahí* /a.í/, *aún* /a.ún/. Las combinaciones /a.ia/, /a.ua/, etc., tampoco existen en español. El plural de *rey*, como hemos dicho, no es /r̄éi.es/, pero tampoco /r̄é.ies/, y *ahuecar* no es /au.ekár/, pero tampoco /a.uekár/ [19]. Véase, sin embargo, lo que decimos acerca de la articulación de *hue* en el § 1.8.1*B*, 9.º*b*.

1.4.7.   Fórmulas (I): /iá/ y /ái/. — *a*)   Todas las vocales pueden combinarse en los diptongos crecientes: *li-diar, li-dié, li-dió, a-guar, a-güé, a-guó*. Estos diptongos crecientes son mucho más frecuentes en español que los decrecientes. Aparecen en última, penúltima o antepenúltima sílaba. Todos son de origen romance (si se exceptúan las palabras que han conservado *u* latina no silábica) [20]. Proceden en

---

[18]   Esta particularidad ha inducido a algunos autores a considerar [i] alófono de la consonante /y/ (§ 1.3.3*b*).

[19]   Diremos, resumiendo, que en las posiciones descritas en lugar de alófonos de /i, u/ se emplean en español las consonantes homorgánicas de ellos y de articulación semejante /y, ɥ/. Estas consonantes se hallan, por consiguiente, con aquellos alófonos en distribución complementaria y por la misma razón, no contrastan con ellos fonológicamente. Pero hay entre unos y otros la diferencia que existe entre vocales y consonantes, las cuales están siempre unas con otras en distribución complementaria, pero no constituyen por eso idénticos fonemas. Véase la nota 18.

[20]   Se deriva de *u* indoeuropea postconsonántica, como en lat. *su̯a-vis, su̯a-dere,* esp. *sua-ve, per-sua-de, di-sua-de,* o de la consonante labiovelar indoeuropea *q̯,* como en lat. *qu̯a-lis, qu̯an-do, a-qu̯a, qu̯a-ttuor,* esp. *cuál, cuán-do, a-cuá-tico, cua-tro,* etc. La u̯ latina en estas palabras no era tratada como sílaba, sino métricamente por excepción. Es curioso que frente a *cuan-do, a-gua,* etc., nuestra poesía clásica, acaso por influjo del italiano *soave* (pero ya

muchos casos de la diptongación de [ŏ] o [ĕ] latinas acentuadas: *puente, cielo,* o de la tendencia de la lengua española a reunir en una sílaba dos vocales en sucesión creciente, sucesión que en los paroxítonos latinos se resolvía siempre en hiato normal (para el inverso, v. § 1.4.10). Así los adjetivos en /ió.so/, lat. /i.ō.sus/: *an-sio-so, envi-dio-so, gra-cio-so, pre-mio-so* [21]; los nombres en /iá.no/, lat. /i.ā.nus/: *coti-dia-no cuoti-dia-no, li-via-no, Ma-ria-no* [22], *meri-dia-no, ba-quia-no* [23]; los nombres sustantivos en *-ción* y *-sión: ac-ción, lec-ción, pa-sión, oca-sión;* los nombres en *-ial: cor-dial, fi-lial, indus-trial, manan-tial, ve-nial* [24]; muchos nombres en *-ual: ac-tual, ca-sual, contrac-tual, indivi-dual, intelec-tual, men-sual, ri-tual, sen-sual, sexual, vi-sual* [25], etc. Se articulan hoy también con diptongo, en el habla culta normal, las palabras *die-ta, i-dio-ma, i-dio-ta, axioma, San-tia-go* y *dema-sia-do* [26].

b) Varios verbos vocálicos [27] de la primera conjugación terminados en *-iar* y *-uar* tienen diptongo creciente en todas las formas del paradigma que presentan la /i/ o la /u/ delante de una de las vocales /a, e, o/ acentuadas [28], como en *ra-biar, ra-bie-mos, ra-bió, men-gua-do, men-güe, men-guó,* frente a otros verbos vocálicos de la misma terminación que tienen hiato creciente (fórmula *III*) en las mismas formas del paradigma [29]: *li-ar, li-emos, ac-tu-ó,* etc. [30].

/su.ave/ en Berceo, *Himnos,* BibAE, LVII, pág. 144*a*), y aun a veces la moderna ha insistido en silabear *su-a-ve: En fin, con modos blandos y su-aves* (Cervantes, *Viaje del Parnaso,* I, 97*a*), incluso en posición no acentuada: *Del licor su-avísimo un poeta* (*Ibíd.,* II, 30*b*), y muy frecuentemente *persu-ado.*

[21] Los poetas han seguido muchas veces la norma latina, que en algunas épocas puede muy bien haber sido la pronunciación dominante: *con tan glori-osa cara* (Fray Ambrosio Montesino); *No resplandezca Betis glori-oso* (Fernando de Herrera).

[22] Hay diferencia entre el nombre propio y el adjetivo que significa 'relativo a la Virgen María', empleado a veces con hiato: *mari-ano.*

[23] También aquí se ha seguido a veces la norma latina: *Un quidam Caporal itali-ano* (Cervantes, *Viaje del Parnaso,* I, 1*a*).

[24] Muy frecuentemente *veni-al* en la poesía clásica.

[25] Se ha formulado alguna vez la regla según la cual diptongan los terminados en *-gual* (y en general los grupos /u á/, /u é/ y /u ó/ precedidos de una consonante velar) como *igual,* y no diptongan los restantes, como: *manu-al, puntu-al, virtu-al.* Pero esta regla, si alguna vez se ha ajustado a la norma hablada o a los usos poéticos, no es hoy del todo válida ni para los adjetivos examinados arriba ni para los verbos de que tratamos en el apartado siguiente.

[26] De algunas de ellas hay abundantes testimonios con hiato en la lengua poética.

[27] Se llaman vocálicos los verbos que tienen vocal delante de la terminación *-ar, -er* o *-ir* de infinitivo.

[28] Simbolizando por C, como hemos hecho hasta aquí, una consonante o grupo tautosilábico de consonantes, la última sílaba del infinitivo de estos verbos puede representarse por la fórmula /Ciár/ o /Cuár/.

[29] Las dos últimas sílabas del infinitivo de estos verbos pueden representarse con la fórmula /Ci.ár/ o /Cu.ár/.

[30] Estos últimos verbos tienen formas con /i/ o /u/ acentuadas: *li-o, ac-tú-as,* etcétera, en contraste con los verbos de la primera clase: *ra-bio, men-guas.* Pero

c) Del hiato inverso /í.a/ (fórmula *IV*, v. § 1.4.10), en la sucesión creciente, se pasa con facilidad al diptongo /iá/, con desplazamiento del acento de intensidad. El cambio se produce sobre todo en los adjetivos de origen griego en -*iaco* acentuados según la norma latina (gr. -ιακός, con el sufijo derivativo -ακός de *-ικός tras de - ι -) tomados directamente del griego en diferentes épocas o a través del latín o configurados sobre ellos, como: *elegíaco, ele-gía-co* [31] (ἐλεγειακός); *egip-cíaco, egip-cia-co* (αἰγυπτιακός) [32]; *ilíaco, i-lia-co* [33], pero *tri-aca*, con hiato, del lat. *thēriacus* < gr. θηριακός. Lo mismo ocurre con otros nombres de origen griego de formación diferente, como *período* y *periodo, Alcibíades* y *Alcibiades, Ilíada* e *Iliada* [34], etc. Agrupación de vocales heterosilábicas, con dislocación del acento originario, hay también en los diptongos de los monosílabos *dios* y *juez* [35] y en el diptongo final de los pretéritos *comió, partió, dio*, etc.

d) Todas las combinaciones de vocablos son posibles en los diptongos decrecientes /ái/, si se exceptúa el grupo /óu/ [36]: *azu-fai-fa, a-cei-te, zoi-lo, jau-la, feu-do*. En las palabras con diptongo decreciente que son de origen latino, solo el diptongo /áu/ es heredado: *au-la, pau-sa, lau-ro*. En muchos casos, las vocales son de origen heterosilábico: *a-máis, sal-dréis, ai-re, ley, rey, hoy, hay*, con vocalización de una consonante: *lau-de, rau-do, deu-da*, o bien se ha producido vocalización de consonante dentro de un grupo tautosilábico: *seis*. El diptongo decreciente acentuado aparece en última o penúltima sílaba. En la antepenúltima solo en la forma /áu/.

e) Del hiato inverso /a.í/ (fórmula *IV*, v. § 1.4.10), en la sucesión decreciente, se pasa también (v. apartado *c* anterior) al diptongo /ái/, con desplazamiento del acento de intensidad. Han seguido este proceso:

---

hay algunas excepciones, por ejemplo: *an-siar, exta-siar*, que pertenecen a la primera clase, pero acentúan /i/ como los de la segunda: *ansi-o, extasi-as*. En la poesía clásica se observan menos excepciones y una correlación más rigurosa entre unos y otros hechos de agrupación silábica.

[31] Las dos formas en estos y en casos análogos aparecen registradas en el Dicc. Ac., con la forma llana antepuesta, lo que indica mayor aproximación a la norma hablada, vulgar y culta. Pero en varios territorios de América la norma culta parece preferir el hiato.

[32] Pero con diptongo en la forma más evolucionada *aciago*. La forma con hiato normal *aci-ago* la han empleado los poetas clásicos.

[33] Más usado hoy como término anatómico, derivado del lat. *ilia* 'ijares', que como réplica del lat. *iliacus* (gr. ἰλιακός, de Ἴλιος 'Troya'), tan reiterado en la *Eneida* (I, 83, 647; III, 182, 277, 336, 603; etc.).

[34] También con acentuación latina, pero los griegos en -*ēs* han conservado en español la desinencia de nominativo, y en cambio los en -*ás*, -*ádos*, como *Ilíada, Olimpíada*, han pasado en la forma de acusativo.

[35] *Juez* ha sido tan empleado con diptongo como con hiato, *ju-ez*, en la lengua poética.

[36] Es extraño a la fonética castellana y solo se encuentra en voces de origen gallego o catalán: *bou, Sousa, Bouza, Masnou*.

rei-na ant. /r̄e.ína/, *vai-na, vein-te, trein-ta, de-sahu-cia* ant. /de.sa.ú.θia/, probablemente *neu-tro*, entre otros, que pertenecen hoy a la lengua general. Está considerada, en cambio, como vulgarismo, en muchos de los territorios donde se produce, la supresión del hiato en *ma-íz, ra-íz* [37], *ba-úl, sa-úco,* en formas verbales como *re-ís, le-ímos* [38] y en algunas otras formas [39]. La diferencia hiato/diptongo no se corresponde siempre en otras voces españolas, o se corresponde en un orden inverso, con la diferencia cultismo/vu'garismo, acaso por tratarse de voces no patrimoniales, introducidas o generalizadas tardíamente. Así ocurre con *boina* [40] /bo.í.na, bói.na/, *re-úma* y *reu-ma* [41], *bala-ústre* y *ba-laus-tre* [42].

f) Un diptongo creciente se combina con un diptongo decreciente, por este orden, en una cima silábica compuesta de tres vocales, formando lo que se llama **triptongo**. Solo se usan las combinaciones siguientes: *iai: li-diáis; iei: li-diéis; iau: Chiau-tla* (topónimo mejicano), *miau* [43]; *ioi: dioi-co, hioi-des* (vacilan entre el triptongo *ioi* y el hiato *i-oi*); *uai: cuai-ma, guai-ra, guay, a-guay* (escrito también como trisílabo *a-gua-i*), *a-guáis; uéi: buey, averigüéis; uau: guau, guaucho* [44]. La segunda vocal del grupo es núcleo del triptongo.

1.4.8. Fórmulas (III): /i.á/ y /á.i/. — *a)* Todas las vocales aparecen en la fórmula /i.á/: *li-ar, li-é, li-ó, actu-ar, actu-é, actu-ó.* Así casi todos los verbos en *-iar* y *-uar* en cuyos paradigmas hay otras formas con /i/ o con /u/ acentuadas (§ 1.4.10*a*). También las formas de los verbos en *-eír* que presentan /i/ delante de una de las vocales /e, o/ acentuadas: *ri-eron, ri-ó.* Adoptan con gran frecuencia hiato creciente otras muchas formas [45]: *bi-enio, bi-ombo, bri-oso, cli-ente, di-ablo,*

---

[37] J. R. Jiménez dice /r̄ái-θes/ en un grupo fónico constituido por esta sola palabra, a pesar de que Andalucía no es en general diptongadora en estos casos.

[38] En las formas procedentes de verbos latinos temáticos, como *leer*, la posición del acento no es etimológica, sino impuesta por la generalización del esquema acentual de los verbos no temáticos.

[39] Algunas formas diptongadas, /páis/, /paraíso/, /r̄áiθ/, /bául/, se registran con frecuencia en Hispanoamérica.

[40] De origen incierto, no registrada en textos literarios hasta el siglo XIX.

[41] La forma primera de este helenismo debe de ser, de acuerdo con su origen, *reu-ma*, como *trau-ma* y acaso por hipercorrección pasó a *re-úma.* Cambio semejante se da en el paso de /bái.do/ (de *váguido*) a /ba.ído/ escrito *vahído* (§ 1.4.10*b*).

[42] Italianismo usado a partir del siglo XVII.

[43] Se ha empleado, o acaso se emplea todavía, *mia-o* (comp. *marramao*). Como bisílabo paroxítono aparece, entre otros textos, en *Recopilación en metro* de Diego Sánchez de Badajoz, 1554, f.° 49v°a.

[44] Las formas con última vocal *-u* son muy raras en la lengua común.

[45] Véanse otras palabras de idéntica secuencia de fonemas, pero con diptongo creciente, en el párrafo anterior.

di-álogo [46], *di-ario* [47], *embri-ón, gui-ón, histri-ón, avi-ón, mi-asma, prior, qui-osco* [48], *ri-ada, ti-ara, tri-enio, vi-aje* [49], etc. [50]. Muchos nombres con /u/ seguida de una de las vocales /a, e, o/ acentuadas se emplean más frecuentemente con hiato que con diptongo (§ 1.4.7*a*) cuando la consonante que precede a la vocal /u/ no es velar (v. notas 20, 25 y 30): *afectu-oso, anu-al, balu-arte, carru-aje, cru-el, gradu-al, manu-al, monstru-oso, sinu-oso, tru-hán, virtu-al, virtu-oso*, etc. [51]. En las palabras de origen griego o latino, las vocales proceden siempre de grupos disilábicos. La segunda del grupo puede ser al mismo tiempo núcleo de un diptongo decreciente, pero solo se encuentran las siguientes combinaciones de vocales: *li-áis, li-éis, actu-áis, actu-éis*.

b) No es seguro que exista en español el hiato normal /á.i/ de la sucesión decreciente [52]. Toda vocal inacentuada de la serie /i, u/ se une silábicamente con cualquier vocal acentuada de la serie /a, e, o/ que la precede, aunque las dos vocales sean heterosilábicas en la lengua de origen [53]. Hay probablemente vacilación en los patronímicos *Saiz, Sá-iz; Apraiz, Aprá-iz*, etc. [54].

1.4.9.   **Fórmulas (II) y (V): /ia/ /i.a/, /ai/ /a.i/.**—*a*) Cuando dos vocales en posición inmediata, una de la serie /i, u/, y otra de la serie /a, e, o/, son inacentuadas, suelen reunirse silábicamente, tanto en la sucesión creciente como en la decreciente. El diptongo creciente /ia/ puede estar situado delante o detrás de la sílaba acentuada. Todas las combinaciones de vocales son posibles en una y otra situación. El hiato creciente /i.á/ (fórmula *III*) en una determinada palabra no impide el diptongo inacentuado en otra palabra derivada de aquella o perteneciente al mismo paradigma que aquella. Así frente a *di-álogo* tenemos *dia-logar;* frente a *bi-ólogo, bio-logía;* frente a *actú-a, ac-tua-ción;* frente a *cri-ar, cria-tura;* frente a *desafi-ar, desafia-ré* [55], etcétera. En posición inacentuada, el hiato es frecuente en *cri-atura.*

---

[46]   Pero: *Oh, diá-logo ocurrente, de improviso,* endecasílabo (J. Guillén).

[47]   Pero: *Luz que a dia-rio renaces,* heptasílabo (C. Bousoño).

[48]   Pero: /kiós.ko/ en Dámaso Alonso.

[49]   Pero: *Hermética desde hoy para mi via-je,* endecasílabo (J. Hierro).

[50]   La base de derivación de algunas de estas palabras presenta la misma organización de vocales con hiato inverso: *bri-o/bri-oso, li-o/li-oso, di-a/di-ario, gui-a/gui-ón, vi-a/vi-aje.*

[51]   La diptongación no es hoy rara en alguna de estas palabras: *No resurge habi-tual,* heptasílabo (J. Guillén). Véanse otras que diptongan en el § 1.4.7*a*.

[52]   Lo que se marca con un asterisco en el cuadro del § 1.4.6*a*.

[53]   Ya hemos visto (§ 1.4.7*e*) que del hiato inverso decreciente /a.í/ se pasa también, por dislocación del acento, al diptongo /ái/.

[54]   En textos antiguos aparecen, aunque raramente, muestras de bisilabismo en la terminación plural del verbo *-é-is.* También en *re-y* y *ho-y.*

[55]   Y *desa-fia-ré al cristiano,* octosílabo (Cervantes, *El gallardo español,* I).

b) El hiato creciente inacentuado /i.a/ es raro en español. Solo se presenta delante de sílaba acentuada en palabra cuya delimitación silábica es siempre vacilante. Cuando en ella se articula el hiato, parece suscitado por el hiato inverso /í.a/ que hay en la palabra de que se deriva. Así *fri-aldad* frente a *frí-o*, *ri-achuelo* frente a *rí-o*, etc. En poesía ha funcionado y funciona con mayor libertad, dentro de la rareza de su uso [56].

c) El diptongo decreciente inacentuado /ai/ tiene más limitaciones que el creciente. Aparece delante de sílaba acentuada; detrás de ella solo existe en las combinaciones /ai/ /ei/, con cabeza silábica o sin ella, pero siempre con la coda silábica /s/: *decí-ais*, *leye-seis*. Toda palabra terminada en diptongo decreciente sin coda final, como *estay* /es.tái/, *carey*, *jersey*, *convoy*, *Palau*, *Masdeu*, *Masnou*, cualquiera que sea su origen, es, por consiguiente, oxítona en español. El hiato inverso /a.í/ en *pa-ís*, *ra-íz*, *pro-híbo*, *re-úno*, etc., no impide el diptongo inacentuado en otras palabras del mismo paradigma o de la misma raíz: *pai-sano*, *rai-gambre*, *prohi-bir*, *reu-nión*, articulación que es, acaso, la más frecuente. Pero a juzgar por la métrica, parece que provoca algunas veces el hiato decreciente inacentuado, mucho más raro, en este y en otros casos, que el hiato creciente, y situado siempre como él delante de sílaba acentuada [57]. Raramente se emplean triptongos (§ 1.4.7*f*) inacentuados: *a-guai-tar*, *a-guai-tacaimán*, *huai-ruro*, *hioi-deo*.

1.4.10. Fórmulas (IV): /í.a/ y /a.í/. — *a)* Todas las combinaciones de vocales son posibles en el hiato inverso creciente /í.a/: *guí-a*, *guí-e*, *guí-o*, *actú-a*, *actú-e*, *actú-o*. En palabras de procedencia latina o griega, el grupo es siempre de origen heterosilábico, primario o secundario. La segunda vocal puede ser núcleo de un diptongo decreciente inacentuado, pero solo en la combinación /í.ais/: *decí-ais* (v. apartado *c* de este mismo párrafo). La vocal acentuada puede hallarse en la penúltima o en la antepenúltima sílaba. Esto último ocurre especialmente en palabras griegas, como *Prí-amo* (gr. Πρίαμος), *perí-odo* (gr. περίοδος), o de diferente acentuación (καρδιακός, etc.; v. § 1.4.7*c*), acentuadas a la latina: *perí-odo*, *cardí-aco*, muchas de las cuales tienden hoy a la

[56] Se encuentran *avi-ación* en R. Alberti, *embri-aguez* en J. Guillén, *di-adema* en Fernando de Herrera, *gui-adora* en Fray Ambrosio Montesino, *fri-aldad* en Diego Sánchez de Badajoz, *pi-adoso* en Herrera, *qui-etud* en Herrera y Cervantes, *pi-edad* en Juan del Encina y Herrera, *vi-olento* en R. Alberti, *vi-oletas* en Juan de Padilla, *vi-olencia* en Mosén Juan Tallante (*Cancionero General* de 1511), etc. Las voces *criador* y *criatura* dan el mayor número de hiatos, en número no muy inferior al de los diptongos.
[57] Se encuentra *pa-isajes* en R. Alberti, *resta-urada* en Diego Sánchez de Badajoz, *de-ydad* en Herrera, *de-ificado* en Fray Ambrosio Montesino, etc.

diptongación: *perio-do, cardia-co*. El hiato aparece también en el paradigma de determinados verbos vocálicos en *-iar* y *-uar*, de los verbos vocálicos en *-eir* y *-oír*, en el tema del imperfecto de indicativo *-í-a*, en voces radicales de vario origen: *tí-o, ví-a, guí-a, bú-ho*, en nombres griegos en *-ía: filosofía, hegemonía*, muchos de los cuales se acomodaron a la acentuación latina: *historia, Academia* [58], y en otros de diversa procedencia o de formación romance: *alcancía, brujería, pasamanería*, etc.

b) Casi todas las combinaciones de vocales son posibles en el hiato inverso decreciente [59]: *ca-í, le-í, o-í, ba-úl, re-ú-no*. La vocal acentuada aparece en la última o en la penúltima sílaba [60]. Algunas palabras de la lengua común han convertido el hiato en diptongo (§ 1.4.7e), fenómeno que sigue produciéndose hoy, sobre todo en el habla popular. Un caso inverso es el de *vahído*, procedente del ant. y clás. *váguido* que hoy sobrevive en muchas partes, luego transformado en *vai-do* (escrito *vái-do* en el Dicc. de Autoridades) y finalmente en *va-hído* [61], acaso por ultracorrección. Por otras razones alguna palabra de origen griego como *deixis* < griego δεῖξις /deĩ.ksis/, desdobla su primera sílaba [62]. Existe hiato decreciente inverso en varias formas del paradigma de los verbos en *-aer, -eer, -oer, -aír, -eír, -oír;* de algunos verbos compuestos con diptongo decreciente inacentuado en el infinitivo, como *a-íslo (ais-lar), re-úno (reu-nir), pro-híbo (prohi-bir);* en nombres con sufijo que empieza por /í/: *mo-híno, fe-ísimo, ultra-ísmo, de-ísta*, y en otras palabras de formación y de origen vario: *ca-híz, bara-húnda, ve-hículo*, etc.

c) Hiato decreciente y creciente se suceden en español, por este orden, dentro de una misma palabra, de tal manera que la vocal acentuada es común a los dos. Pero no todas las combinaciones de vocales son posibles: *ca-í-a, alba-hí-o, le-í-a, o-í-a, bo-hí-o; ca-í-ais, le-í-ais, o-í-ais*.

1.4.11. Grupos /u i/, /i u/. — *a*) Las vocales /i, u/ aparecen en posición inmediata la una de la otra, tautosilábica o heterosilábica, en grupo acentuado o inacentuado, como las vocales del cuadro del § 1.4.6a. La única diferencia es que, en el caso de la sucesión /u i/

---

[58] Con acentuación latina de la forma ʼΑκαδημία, no de la antigua ʼΑκαδήμεια.

[59] El hiato /o.ú/ solo aparece en algún compuesto, como *finohúngaro*.

[60] En la antepenúltima solo en muy pocas palabras, como *feísimo, deípara, deífico*.

[61] La ortografía *vahído* por primera vez en el Dicc. Ac. 1803.

[62] Tal vez por acomodación a la fonética latina, a la que es extraña la palabra por su sílaba compuesta de diptongo y coda: /deik/.

o /i u/, resulta imposible determinar su carácter creciente o decreciente [63]. En el diptongo /ai/, por ejemplo, la vocal /a/ y solo ella es núcleo. En el diptongo /ui/, en cambio, tanto /u/ como /i/ pueden funcionar, alternativamente, como núcleo o como satélite: [ui̯], [wi], y lo mismo ocurre con el diptongo /iu/ [64]. Diremos todo lo más que, por analogía con los criterios utilizados en la clasificación de los grupos del § 1.4.6a, los diptongos /uí/ [wí] y /iú/ [jú], con la vocal que funciona como núcleo situada detrás, como en /iá/, son crecientes, y los diptongos /úi/ [úi̯] y /íu/ [íu̯], con el núcleo delante, como en /ái/, decrecientes. Cuando el diptongo es inacentuado, o cuando las dos vocales forman hiatos acentuados o inacentuados, falla el criterio basado en la posición del núcleo silábico, y solo teniendo en cuenta la mayor frecuencia en el uso de uno u otro diptongo cabe hablar, también por analogía, de que una sucesión como *hu-i-do* es creciente o decreciente.

b) Cuando el diptongo /ui/ aparece en sílaba acentuada, la organización más frecuente es /uí/, con la segunda vocal como núcleo. Solo o especialmente el habla popular de algunas regiones de España y de América utiliza /úi/ en palabras cuya /u/ ha sido silábica en su origen: *cuida* /kúi.da/, *cuita* /kúi.ta/ *muy* /múi/ [65]. La acentuación más general /uí/ se oye en la pronunciación de estas palabras y de otras semejantes a ellas, como *buitre*, con grupo vocálico no originario y dislocación del acento, o en voces con grupo vocálico originario disilábico y cambio acentual, como *circuito, fui, fuimos* (lat. *circuĭtus, fui, fuimus*), o en aquellas que han conservado su acento en la segunda vocal, con grupo originario disilábico, como *genuino, fortuito* (lat. *genuĭnus, fortuĭtus*), o con grupo no originario, como *ruido, juicio* (lat. *rugĭtus, jūdicium*), o en palabras de origen no latino, como *benjuí, Luis, Ruiz*.

c) A la acentuación /úi/ en final de palabra tienden en la pronunciación española algunas voces que en la lengua de que proceden poseen este diptongo. Así el topónimo gallego *Tuy*, los topónimos de origen mozárabe *Espeluy* (Jaén), *Bernuy* (Ávila y Segovia), *Beranuy* (Huesca) y algunos topónimos catalanes cuya terminación es resultado fonético de un proceso semejante al de la terminación de los nombres mozárabes.

---

[63] Por razones fonéticas: la articulación de las dos vocales se realiza con el mismo grado o casi el mismo grado de abertura bucal. Véase la nota 30 del cap. 1.2.

[64] La peculiaridad fonética de este grupo explica acaso el hecho de que la división silábica de *rehuir* /r̄eu.ír/ escape al principio del § 1.4.6b, según el cual tendríamos /r̄e.u̯ír/.

[65] Esta acentuación se encuentra algunas veces en textos poéticos; Cervantes y Lope utilizan *descuido* con asonancia *ú-o*. El fenómeno puede considerarse, por consiguiente, como supervivencia popular.

d) Del grupo /u i/ con acento en /u/, extraño en general a la pronunciación española, cabe hacer tres interpretaciones: 1.ª, diptongo, con /u/ como núcleo; 2.ª, hiato, equiparable analógicamente al tipo /í.a/; 3.ª, hiato, equiparable analógicamente al tipo /á.i/. La tercera interpretación tiene el inconveniente de que el tipo /á.i/ no existe en español (§ 1.4.8*b*). La segunda podría apoyarse en *druida* y *fluido* [66], voces sometidas a veces en la lengua poética y fuera de ella a la prosodia latina: *drú-ida*, *flú-ido*, como *Prí-amo*. La primera interpretación tiene la ventaja de que equipara analógicamente el grupo /ui/ final de palabra a los grupos finales /ai/, /ei/, /oi/, /au/, /eu/, /ou/: *es-tay*, *ca-rey*, *Al-coy*, *Pa-lau*, *An-dreu*, *Mas-nou* (§ 1.4.9*c*), con la circunstancia de que todos ellos, incluido /ui/, sin coda, forman en español voces oxítonas. Por otra parte, el diptongo /úi/, no el hiato, da también cuenta de las acentuaciones /kúi.da/, /des.kúido/ que se citan en el apartado *b* de este mismo párrafo.

e) Es muy frecuente, en cambio, el hiato /u.í/, especialmente en todas las formas con /í/ acentuada del paradigma de los verbos terminados en *-uir* y en sus derivados: *constru-imos*, *conclu-ido*, *hu-ida*, *atribu-ible*, en voces de formación romance con sufijo que empieza por /í/ acentuada: *jesu-ita*, *altru-ismo*, *casu-ista*, en palabras que conservan la estructura y la acentuación latina: *gratu-ito*, *pru-ina*, *ru-ina*, *ruin* /řu.ín/, y en voces de vârio origen: *fu-ina*, *bedu-ino*, etc. [67]. Pero con excepción de las formas verbales [68] hay vacilación entre hiato y diptongo no solo en estas voces, sino en las que más generalmente se diptongan hoy (apartado *b* anterior), sobre todo en la lengua poética. En la poesía clásica es muy frecuente el hiato en *circuito (circu-ito)* [69], *juicio* [70], *Luis*, *ruido*, *ruin*, *ruina* [71].

f) El diptongo inacentuado /ui/ aparece en voces relacionadas etimológicamente con otras que llevan /uí/ o /u.í/, o derivadas de ellas: *cui-dado*, *cui-tado*, *inge-nui-dad*, *rui-noso*, *ruin-dad*, *super-flui-dad*, *distri-bui-dor*, o relacionadas con otras de diferente naturaleza: *exi-güi-dad*, *asi-dui-dad*, *va-cui-dad*. El hiato inacentuado es raro y solo

---

[66] En función de nombre sustantivo, no como participio.

[67] Dada la mayor frecuencia en español del diptongo /uí/, que por la posición de su núcleo hemos equiparado (apartado *a* anterior) al tipo creciente /iá/, y dada la rareza del hiato /ú.i/ (apartado *d* anterior), el hiato /u.í/ podría también equipararse, por analogía, al tipo /i.á/, y asignarse a la sucesión creciente.

[68] También en el habla popular de algunas regiones, por ejemplo, *huir* en Costa Rica.

[69] Así Balbuena en *El Bernardo: vn bacío de inmenso circu-yto*.

[70] *Porque el ju-icio de la corte es vario* (B. Leonardo de Argensola).

[71] *Lejano un eco vago, un ligero ru-ido* (Rubén Darío); *Están las viñas rui-nes*, heptasílabo (Miguel Hernández); *labra la rui-na de su propia suerte*, endecasílabo (Unamuno, *Poesías*, 1907: soneto *Fortaleza*).

aparece alguna vez en palabras derivadas de otras que tienen hiato acentuado: *hu-idiza la arena ante mis plantas* (Fernando Villalón). Diptongo e hiato inacentuados solo se encuentran delante del acento de la palabra.

g) El grupo /i u/ es más inestable en español. El diptongo acentuado /iú/ aparece en muy pocas palabras: *triun-fo, por-ciún-cula.* Algunas palabras vacilan, en mayor o menor grado, entre el diptongo /iú/ y el hiato /i.ú/: *braquiuro, friura, diurno, oriundo, veintiuno, viuda* [72]. En la pronunciación de *viuda* se oye algunas veces el diptongo /íu/ que conserva el acento en la vocal silábica originaria y con el cual varía libremente /iú/ en algunos territorios. El diptongo /íu/ se encuentra, además, en palabras americanas procedentes de lenguas indígenas: *mañíu, síu,* y con él se pronuncian topónimos y patronímicos catalanes que son de algún uso en español: *Viu, Feliu, Bordiu, Rius,* etcétera [73]. Tanto el diptongo /iu/ como el hiato /i.u/ inacentuados se encuentran siempre delante del acento de la palabra: *ciu-dad, viu-dedad, triun-fante, triun-fador, di-uresis, bi-unívoco, boqui-hundido,* con tendencia del hiato a convertirse en diptongo.

1.4.12. Vocales dobles. — A diferencia de los fonemas consonánticos (§ 1.4.5*c*), todos los fonemas vocálicos, con excepción de /u/ [74], pueden aparecer duplicados, dentro del cuerpo de la palabra, en sílabas contiguas. Si las dos sílabas carecen de acento de intensidad, suelen reducirse a una en el habla rápida normal: *zahareño* /θaréɲo/, *vehemente* /bemén̯te/, *proveedor, cooperación, preeminencia.* Si el acento de intensidad afecta a la segunda sílaba, que es lo más frecuente, en algunos casos hay casi siempre reducción a una sola sílaba: *azahar* /aθár, aθa.ár/, *alcohol* /alkól/, separación en otros: *avahar* /aba.ár/, *rehén* /r̃e.én/, *leer, diita* (diminutivo de *día*), *liito* (diminutivo de *lío*), *loores, prohombres.* Si el acento recae en la primera sílaba, hay vacilación, pero con más frecuencia reducción: *lee* /lé.e, lé/, *provee* /probé.e, probé/, *moho* /mó.o, mó/, *protozoo.* En pronunciación cuidada especialmente, la diferencia entre agrupación en una sílaba y separación de sílabas constituye a veces contraste fonológico, es decir, diferenciación de palabras: /probé/ de *probar,* /probé.e/ de *proveer;* /posémos/ de

---

[72] *Vi-uda* muy frecuentemente en textos clásicos y antiguos. Todavía hoy: *Dos vi-udas con claveles* (F. Villalón). En el *Romance de Abenámar, viuda* es asonante en *i-a,* lo que prueba una articulación /bíu.da/ o trisilábica /bí.u.da/.

[73] El diptongo [iu̯] puede ser equiparado, por analogía, a los diptongos decrecientes de tipo /ai/, como en *estay, maguey, Palou,* etc., por el hecho de que usado sin coda en final de palabra es, como ellos, exclusivamente acentuado (apartado *d* anterior).

[74] *Duunvir, duunvirato* no son, propiamente, palabras españolas.

posar, /pose.émos/ de *poseer;* /pelémos, peléis/ de *pelar*, /pele.émos, pele.éis/ de *pelear;* /pasémos, paséis/ de *pasar*, /pase.émos, pase.éis/ de *pasear; lores* plural de *lord*, /lo.óres/ plural de *loor;* /baráda/ *varada* de *varar* y /ba.aráda/ *vaharada* de *vahar; bordar* y *bohordar*, etc.

1.4.13. Problemas. — Como puede verse en los §§ 1.4.6 a 1.4.11, la frontera silábica entre vocales solo aparece condicionada fonéticamente cuando el acento de intensidad afecta a una de las vocales de la serie /i, u/ y la otra vocal del grupo pertenece a la serie /a, e, o/. Como, por otra parte, /i.a/ y /a.i/ funcionan de un modo casi exclusivo como recurso métrico, los casos de delimitación silábica no asegurada por el acento se reducen a la diferencia entre el diptongo creciente tipo /iá/ y el hiato creciente tipo /i.á/ [75]. Aunque pocas veces constituye esta diferencia contraste fonológico: /pié/ y /pi.é/ (de *piar*), sería conveniente adoptar para ella, en la transcripción fonológica y para algunos otros casos, como los examinados en el párrafo anterior, el símbolo [.], que hemos utilizado provisionalmente en la descripción de los §§ 1.2.2 y 1.2.4, o cualquier otro símbolo convencional [76].

1.4.14. Encuentro de vocales de la serie /a, e, o/. — *a)* Hemos examinado hasta ahora las combinaciones que resultan de agruparse una vocal de la serie /a, e, o/ y otra de la serie cerrada /i, u/. Combinaciones semejantes —aunque más reducidas en número— se producen al agruparse la vocal /a/ con una de las vocales más cerradas /e, o/. Pueden darse diptongos acentuados crecientes: *con infinitos ojos cente-llean-tes* (Unamuno), (como *ra-dian-tes*); *coá-gulo* (como *cua-jo*); diptongos acentuados decrecientes: *Allí cae* /káe/ *la lluvia* (Bécquer), (como *hay*); *Bil-bao* (como *tau*); hiatos normales crecientes: *de-án*

---

[75] Puede homologarse con ellos, como hemos visto, /uí/ y /u.í/ (§ 1.4.11a y e).
[76] Cuando en una lengua existen dos maneras diferentes de pasar de un sonido a otro sonido contiguo, especialmente en la frontera silábica, la descripción fonológica suele adoptar un símbolo convencional, con frecuencia [+], para uno de los dos casos. En inglés, por ejemplo, la consonante o el grupo de consonantes situado entre vocales se considera unas veces agrupado silábicamente con la vocal que antecede o con la que sigue, de una manera indiferente (la consonante o el grupo de consonantes recibe en estos casos el nombre de interludio). Otras veces, la consonante o parte del grupo de consonantes se agrupa de una manera necesaria con la vocal que antecede o con la que sigue. Se habla entonces de juntura y se emplea el símbolo indicado. En español no existe diferencia entre interludio y juntura como en inglés, pero ciertas combinaciones de vocales se distribuyen, según las palabras, entre el silabeo *ra-biar* /rabiar/ y *avi-ar* /abi.ar/. Nada remediaría considerar [j] alófono de /y/ (v. § 1.3.3b) porque entonces /abiar/ sería [abi.ár] y solo [abi.ár], pero /abyar/ podría leerse [a.bjár] o [ab.yár] y tendríamos otro problema de fronteras silábicas.

(como *cri-ar*), *cro-ar* (como *tru-hán*); hiatos crecientes inversos: *te-a* (como *tí-a*), *pro-a* (como *pú-a*); hiatos decrecientes normales: *Pues tra-es los espíritus atentos* (Góngora); hiatos decrecientes inversos: *tra-er* (como *tra-ído*), *ta-hona* (como *za-húrda*), etc.

b) A pesar de esta aparente simetría, la agrupación vocálica con /i, u/ es muy diferente de la agrupación sin /i, u/. En español, estas dos últimas vocales poseen una fuerte tendencia a actuar como vocales marginales, en contacto con una vocal más abierta. De ahí la facilidad con que desempeñan indistintamente la función de núcleo o de vocal marginal cuando se agrupan las dos dentro de una sílaba acentuada: *muy, viuda*, etc. (v. § 1.4.11); la facilidad con que un hiato inverso se convierte en diptongo por dislocación del acento: *reina, vaina* (v. § 1.4.7e), y sobre todo, la estabilidad frecuente que muestran los diptongos con /i, u/ acentuados, es decir, el hecho de mantenerse inalterados sin escindirse, lo que ocurre cuando tienen origen monosilábico, como los procedentes de *ĕ* y *ŏ* latinas acentuadas: *bien, bueno*, o tienen *u* de origen latino no silábico: *cuando, cuánto, cuál*, o reproducen diptongos latinos o griegos: *causa, trauma, neuma*, y además, sin origen monosilábico, los diptongos que aparecen en varias formas flexivas: *temió, temieron, teméis, temáis*, y varias formas derivativas: *congestión, disensión, segregación, inicial, bestial*, etc.

c) Las formas y las palabras en que entra un diptongo acentuado sin /i, u/, en cambio, tienen casi siempre una variante con hiato [77]. Un caso representativo es la palabra *real*, por la frecuencia con que se articula con diptongo [78]: *Ciudad Real, cien reales, real moza; Por el suelo andaluz tu real camino* (Góngora, *Sonetos completos*, ed. 1950, núm. 95); *Y la su corona real* (octosílabo agudo) (*Romancero popular de la Montaña*, de Cossío y Maza Solano, I, 1933, pág. 99). Pero con hiato: *Do el pájaro re-al su vista afina* (Góngora, *Ibíd.*, núm. 73); *País re-al, presente y sin afueras* (J. Guillén, *Cántico*, ed. 1950, pág. 153). Menos general es la diptongación de las formas de los verbos en *-ear* que acentúan *a*: *Muy galán passeando viene* (*Flor de varios romances*, Huesca, 1589, f.º C₁ᵛº); *Y en el cimbro las hondas que van volteando estrellas* (Neruda, *El habitante y su esperanza*, 1964, pág. 32). Pero con hiato: *Que pele-ando ambos campos* (1587, *Romancero tradicional*, de R. Menéndez Pidal, I, 1957, pág. 103*b*); *De pase-ar una cabeza loca* (Bécquer, *Rimas*, LVII). Algunos dialectos y el habla popular de varios territorios sustituyen en estos casos *e* por *i* (v. § 2.13.6), si-

---

[77] Este hecho se produce independientemente de la acción que ejerce el relieve acentual del grupo fónico sobre la organización silábica de las palabras, de que hablamos en el cap. 1.7.

[78] Hoy, probablemente, no se emplea nunca el hiato en la conversación.

guiendo la tendencia antihiática de la lengua española, que la vocal *i*, por su capacidad para formar diptongos estables, facilita: *rial; faroliando, peliaron, menudiar* (textos gauchescos) [79].

d) Acaso por las mismas razones la vocal *i* y la vocal *u* inacentuadas forman diptongo con cualquier vocal acentuada de la serie /a, e, o/ que las precede, pero no hiato [80]. Los grupos /á e/, /á o/, en cambio, no tienen esta limitación. Formas y voces como *trae, caen, caos, vaho, sarao* vacilan entre el diptongo y el hiato. Lo mismo ocurre con el grupo /á o/ a que se reduce la terminación *-ado* en la conversación rápida y familiar de extensas zonas.

1.4.15. Grupos vocálicos /e o/ y /o e/. — Colocamos aparte estos dos grupos porque las dos vocales que lo componen se articulan con un mismo grado de abertura mandibular. No es posible, por eso, distinguir en ellos, lo mismo que ocurre en los grupos /i u/, /u i/ (§ 1.4.11), el carácter creciente o decreciente de la agrupación vocálica. Lo más frecuente es el hiato, con acento en la primera o en la segunda vocal: *trofe-o, be-odo* [81], *alo-e* [82], *po-eta*, o bien, cuando las dos vocales son inacentuadas, el hiato o el diptongo, antes o después del acento de intensidad: *Y grande, echar al mar tanta poe-sía* (Cervantes, *Viaje del Parnaso*, III, 86b); *Y no conoces que es la po-esía (Ibíd.); Los áu-reos sonidos* (hexasílabo) (R. Darío, *Marcha triunfal*); *Purpúre-o creced, rayo luciente* (Góngora, *Sonetos completos*, ed. 1969, núm. 42); *á-loe* [83], etcétera, con tendencia al hiato en determinadas voces: *te-orema, co-hesión*, y en general al diptongo en la conversación rápida. El diptongo *-eó* aparece en el perfecto de los verbos en *-ear*, en los mismos territorios y con los mismos caracteres y estimación que las otras formas de estos mismos verbos examinadas en el apartado *c* del párrafo anterior: *rebenquió* por *rebenqueó* escribe el argentino Ascasubi. *Peor*, en la conversación rápida, tiende al diptongo, que es antiguo: *Si mala me la dixere, peor se la entiendo tornar* (*Romancero tradicional*, de R. Menéndez Pidal, I, 1957, pág. 154, 11; la versión de 1550 de este romance [*Ibíd.*, pág. 153, 13] separa las vocales). En algunas palabras, como *arqueólogo, espeleólogo*, es frecuente la diptongación.

---

[79] El mismo fenómeno, aunque en una dimensión histórica, se observa con la *o* y la *u* en casos como lat. *coagulum, Iōannes* > esp. *cuajo, Juan*, o esp. ant. *roán* > mod. *ruán*. Más raro es el caso inverso: ant. *candial* > mod. *candeal*.

[80] Véase nota 52 de este capítulo y el texto correspondiente.

[81] Uno de los pocos casos en que un diptongo decreciente secundario (ant. *beudo*) pasa a hiato, trasladando el acento a la segunda vocal. Casos análogos en la nota 41.

[82] Con acentuación griega *(alóē)*.

[83] Con acentuación latina.

1.4.16. Función y naturaleza de la sílaba en el verso. — *a)* Todo grupo fónico termina en español en sílaba acentuada, o en sílaba acentuada seguida de una o dos sílabas inacentuadas (v. § 1.5.3*f*). En la poesía española de metro regular, con rima consonante o asonante o sin rima, esa es la organización a que se somete la terminación del verso y del hemistiquio, tanto si constituye como si no constituye grupo fónico en la recitación. Hablamos entonces de terminación aguda, grave o esdrújula [84]. En la primera, la sílaba final acentuada puede ser la sílaba final de una palabra aguda [1] o puede consistir en un monosílabo acentuado [2]:

[1]   *Cuando yo quiero reñir* (Quevedo).
[2]   *Ya la vid no puede más* (Miguel Hernández).

En la segunda, la sílaba final inacentuada puede ser la última de una palabra grave [3] o un pronombre personal enclítico tras de una forma verbal aguda [4]:

[3]   *Apurar, cielos, pretendo* (Calderón).
[4]   *Se tendió para cerrarlos* (García Lorca).

En la tercera, las dos sílabas finales inacentuadas pueden pertenecer a una voz esdrújula [5], o pueden consistir en un pronombre enclítico y la última sílaba inacentuada de una forma verbal llana que lo precede [6], o en dos pronombres enclíticos que siguen a una forma verbal aguda [7]:

[5]   *Mientras se olviden los árboles* (Cernuda).
[6]   *La cobra negra seguíame* (Gabriela Mistral).
[7]   *No, que ha venido a robármela* (Zorrilla).

b) Lo que interesa poner aquí de relieve, desde el punto de vista silábico, es el hecho de que las tres clases de terminaciones, cualquiera que sea la medida del verso a que pertenecen, se equivalen métricamente (cf. cap. 1.1, n. 12). En todos los versos aducidos a título de ejemplo en el apartado anterior, la medida es de ocho sílabas (versos octosílabos), pero este número es solo efectivo en la segunda clase, los de terminación grave. En la primera, los versos tienen una sílaba menos. En la tercera, una sílaba más. Fuera de esa posición, en cambio, toda forma esdrújula se computa siempre en la totalidad de sus

---

[84] La llamada terminación sobresdrújula: *permítemelo, encárgaselo*, con dos pronombres enclíticos tras de una forma verbal llana (v. § 1.5.3*f*), especialmente en posición final de verso, se convierte automáticamente en terminación aguda cuando se produce incremento acentual en el último enclítico (v. § 1.5.4*b* y los ejemplos allí citados). La dejamos, por eso, fuera de consideración en el examen de la rima que vamos a exponer.

sílabas, como lo prueba el siguiente verso de catorce sílabas, dividido en dos hemistiquios de siete sílabas cada uno:

Esclava mía, témeme // ámam[e e]sclava mía (Neruda) [85].

La posición final de *témeme*, en el primer hemistiquio, asimila esta forma esdrújula a una forma llana, y el hemistiquio, a pesar de sus ocho sílabas efectivas, cuenta como uno de siete. *Ámame*, en cambio, se computa como forma de tres sílabas en el segundo hemistiquio, el cual, por ser de terminación grave, posee el número de sílabas efectivas que corresponden al metro heptasílabo. A su vez, toda forma aguda en posición interior entra en el cómputo métrico con todas sus sílabas, a diferencia de lo que ocurre en posición final, en donde ha de agregársele una sílaba para el cómputo. Así las voces agudas *temor* y *terror*, en cada uno de los hemistiquios del verso de catorce sílabas:

Y el temor d[e ha]ber sido // y un futuro terror (R. Darío).

c) Las tres clases de terminaciones, aguda, grave y esdrújula, suelen asociarse en los versos no rimados, por ejemplo, en los octosílabos impares de los romances, considerados también como primer hemistiquio de un verso de dieciséis sílabas: 8 + 8; en los primeros hemistiquios del verso alejandrino: 7 + 7, etc. En los versos de rima asonantada la asociación es diferente. Los de terminación grave y esdrújula suelen aparecer asociados, con predominio de las rimas graves. Los de terminación aguda suelen formar series aparte [86].

d) La repetición de unos mismos fonemas en las terminaciones del verso, en que consiste la rima, afecta solamente a las vocales en la rima asonantada (a diferencia de la aconsonantada, que repite vocales y consonantes: *dol-or, am-or; es-encia, dol-encia; tr-íptico, el-íptico*), exceptuada además la vocal de la penúltima sílaba de los esdrújulos, sílaba inoperante tanto para el metro como para la rima del verso asonantado. He aquí pares de asonancias graves y esdrújulas, en las que no figuran vocales marginales: asonancia en *á-a: salva, trama / fábula, cerámica*; en *á-e: ángel, dale / árboles, inhábiles*; en *á-o: mármol, prado / ángulo, elástico*; en *é-a: trenza, presea / cédula, intrépida*; en *é-e: veces, ponerle / célibe, acércale*; en *é-o: excelso, veo / trémulo, anhélito*; en *í-a: mira, servirla / vísperas, retícula*; en *i-e: quince, firme /*

---

[85] Colocamos entre corchetes el fenómeno de fonología sintáctica que reduce a una sola sílaba dos vocales contiguas, de que tratamos en el § 1.6.5.

[86] En la poesía épica y en los romances, sobre todo en los primitivos, la asonancia aguda se combinaba con la grave: *Mentides, buen rey, mentides, que no decides verdad, / que yo nunca fui traidor, ni lo hubo en mi linaje* (Romance de Bernardo del Carpio, en *Romancero tradicional*, de R. Menéndez Pidal, I, pág. 155). Junto a 51 versos de asonancia aguda, se dan solamente 3 de asonancia grave en esta composición.

cínife, trípode, oíase [87]; en *i-o: cinco, dilo | círculo, velocípedo;* en *ó-a: rosa, ponla | órbita, pónsela;* en *ó-e: roble | óbice;* en *ó-o: corto | vómito;* en *ú-a: fusta | húmeda;* en *ú-e: fuste | cúspide;* en *ú-o: hurto | húngaro.* Asonancias agudas: *fa, ciudad, ras; fe, comer; vid, salí; do, resol; azul, virtud.*

e) Por otra parte, tanto en las asonancias agudas, como en las graves y esdrújulas, no cuentan las vocales marginales: *ya, ciudad* son asonantes de *ha(y), está(i)s; fe, comer* de *p(i)e, re(y); no, reloj* de *ho(y), esto(y); rama* de *rab(i)a, ag(u)a, ga(i)ta, clá(u)(su)la; madre* de *a(i)re, a(u)ge, nad(i)e, amare(i)s; lado* de *ná(u)(fra)go, despac(i)o, ard(u)o; vela* de *licenc(i)a, rec(u)a; aleve* de *empe(i)ne, ade(u)de, ser(i)e, ten(u)e; lira* de *insid(i)a, ambig(u)a; insigne* de *efig(i)e; mirlo* de *equilibr(i)o, oblic(u)o; cola* de *histor(i)a, hero(i)ca; porte* de *od(i)e, vo(y)me; solo* de *nov(i)o, o(i)go, monstr(u)o; pugna* de *fur(i)a, mut(u)a; lumbre* de *ensuc(i)e; surco* de *turb(i)o,* etc.

f) Las terminaciones graves y esdrújulas cuya última sílaba contiene solamente una de las vocales *i, u* entran en serie asonantada con las terminaciones *e* y *o* respectivamente. Así, *frágil, inhábil, áspid* son asonantes de *cárcel, ca(u)ce, amare(i)s; débil, éx(ta)sis, fénix* de *plebe, ser(i)e, re(i)ne, c(u)én(ta)le; iris, símil, sín(te)sis* de *libre, cí(clo)pe, molic(i)e; dócil, inmóvil, hipó(te)sis* de *roble, có(di)ce, traidores; útil, dúctil* de *lumbre, harús(pi)ce; ímpetu* de *libro, efí(me)ro, equilibr(i)o* [88].

g) En posición final inacentuada el grupo *-ea* tiene el valor de *-a* en la rima asonantada (como *-(i)a*): *espontán(e)a* asonanta con *plata; férr(e)a* con *bella; lin(e)a* con *brisa; bór(e)as* con *sola.* El grupo *eo* tiene el valor de *o* (como *-(i)o*): *á(u)reo* asonanta con *raro; pétr(e)o* con *lleno; nív(e)o* con *hilo; hórreo* con *oro.* Para los diptongos *ui, iu* en sílaba acentuada de la rima, y para sus variaciones acentuales, véase el § 1.4.11.

[87] El poeta peruano Chocano (*Antología de la poesía española e hispanoamericana*, de F. de Onís, 1934, pág. 441) coloca *oíase* en una serie asonante de rimas en *-ía.*

[88] Esta equivalencia vocálica ofrece cierta afinidad con la transformación en *e* y *o* de las vocales inacentuadas latinas *i* y *u* respectivamente, en fin de palabra, en las voces patrimoniales españolas: *dixi > dije, falsum > falso.*

1.5. ACENTO DE INTENSIDAD

1.5.1. **Entonación y acento.** — *a*) Como hemos dicho en el
§ 1.1.1*c*, los prosodemas de la lengua española son dos: tono o tonalidad (variable de la frecuencia de onda) y acento de intensidad (variable de la amplitud de onda). Su naturaleza fonológica es diferente
de la de los fonemas. En los fonemas distingue el análisis una serie
limitada de elementos (articulaciones, funcionamiento o inhibición
de la glotis, resonador bucal o nasal, etc.) que se combinan en diferente número y son indisociables en el acto del habla. La determinación de estos componentes basta para la definición de cada fonema,
sin necesidad de acudir a otros puntos del enunciado oral. La definición de los prosodemas exige, en cambio, la comparación entre dos
o más puntos de la cadena sonora y su entidad no consiste sino en
ese fenómeno de contraposición. Si hablamos de sílaba acentuada en
un enunciado es porque existe en él otra sílaba no acentuada. Así,
en la frase imperativa

[1] *Dispára*,

la segunda se contrapone a las demás, en el orden prosódico, por su
acento de intensidad y, en este caso, también por su tono, que es
melódicamente más alto que el de las sílabas restantes. El fonema /a/,
en cambio, de esa misma sílaba podemos definirlo como tal fonema
sin necesidad de recurrir a otro fonema /a/ ni a cualquier otro fonema
del enunciado.

b) Tono e intensidad desempeñan así una función fonológica que
consiste en poner de relieve determinada o determinadas sílabas, en
contraste con las demás, que las preceden o las siguen. Pero el oído
es mucho más sensible a la tonalidad que a la intensidad [1]. Las variaciones de alturas musicales, realizadas de una manera más o menos
brusca o gradual, permiten la formación de variados tipos de curvas
melódicas [2], independientes semánticamente en la frase de las pala-

---

[1] Experimentos de laboratorio han mostrado que una disminución de la
amplitud de onda apenas altera el relieve acústico de una frase, lo contrario
de lo que ocurre con la disminución de la frecuencia.
[2] El término *entonación*, derivado del verbo *entonar*, alude a este efecto.

bras que la componen (como lo son fonológicamente de los fonemas), pero adscritas a otras funciones específicas del lenguaje, como luego veremos. La intensidad, en cambio, solo ofrece un contraste: presencia y ausencia de acento. Intensidad y tono, sin embargo, se hallan en muchos casos estrechamente relacionados. La sílaba acentuada suele coincidir con una elevación o un descenso del tono. Elevación en el ejemplo [1]. Elevación primero y descenso después en la frase imperativa (a partir de aquí, señalamos con tilde las sílabas acentuadas, aunque no lo requiera la ortografía, cuando consideramos que esta práctica puede facilitar la comprensión del texto):

[2] *Harás lo que te mándan.*

Por otra parte, fuera de posición inicial, las sílabas inacentuadas pueden igualarse por el tono a las sílabas acentuadas que las preceden o aproximarse a él. Así ocurre en la frase imperativa anterior, especialmente cuando se pronuncia con energía y rapidez, de tal modo que se da a entender la intención de no admitir réplica (la sílaba final inacentuada se iguala melódicamente con la sílaba acentuada /mán/ de tono bajo; las tres sílabas inacentuadas, intermedias con el tono alto de la sílaba acentuada /rás/). En determinados tipos de frases interrogativas y en otras unidades melódicas, como la anticadencia y la semianticadencia, la sílaba final inacentuada se eleva por encima del tono de la sílaba acentuada que la antecede:

[3] *¿Éso dícen?* (aquí la sílaba /cen/).
[4] *Aunque me máten, nó lo haré* (aquí la sílaba /ten/).

En todos los casos, por coincidencia con el acento de intensidad o por proximidad a él en la estructura de la frase, el tono aparece estrechamente ligado al acento.

1.5.2. **Ritmo.** — Una importante dimensión acústica de la intensidad es el ritmo, sucesión de intervalos de duración delimitados por dos puntos de prominencia acústica [3]. En la música, los intervalos son de duración regular, pero no constituyen sino la armadura de la melodía y pueden producirse sin ella, lo que realizan determinados instrumentos de simple percusión: el tambor, las castañuelas, o el taconeo del que baila, o las palmadas del que le acompaña. En el habla, los intervalos son de duración irregular, pero los puntos rítmicos (véase la nota anterior) aparecen marcados precisamente por el

---

[3] Según la terminología musical, *arsis* y *tesis*, elevación y golpe en el movimiento de la mano con que se marca alternativamente el compás. La batuta del director de orquesta marca también en muchos casos esos puntos críticos del ritmo.

acento de intensidad [4]. No importa que las sílabas situadas entre las dos cimas rítmicas, o algunas de ellas, sean acentuadas. En el ejemplo [4], formado por dos unidades melódicas, existe una correlación rítmica entre la primera sílaba acentuada /má/ y la última /ré/ [5]. El verso de García Lorca (*Romancero gitano*, 4):

[5]   *Pero yó yá nó sóy yó*

constituye, en cambio, una unidad melódica, con la curiosa particularidad [6] de que todas las sílabas intermedias son acentuadas. Pero la nivelación melódica, más acusada tal vez por esa razón en este caso, no destruye la realidad acústica del ritmo [7], cuyos dos puntos críticos señalamos aquí con negrita.

1.5.3.   Campo de intensidad. — *a)* Por el acento, las palabras se dividen en acentuadas e inacentuadas. La distinción se halla condicionada en gran parte por la categoría gramatical de las palabras. Todas las formas verbales de la conjugación son acentuadas. También los nombres (sustantivos y adjetivos) y los adverbios, pero algunos de ellos pueden convertirse en palabras inacentuadas en determinadas construcciones, y un reducido número, cuya categoría gramatical no está probablemente bien establecida, son siempre inacentuados. La acentuación o inacentuación de los miembros que componen el cuadro de los pronombres personales depende del caso flexivo de cada uno. Algunos pronombres posesivos son acentuados o inacentuados según la posición que ocupan, y en parte, según la función sintáctica que desempeñan.

---

[4]   En la musitación y el bisbiseo al desaparecer la voz desaparece el relieve melódico, pero no el ritmo.

[5]   En este caso, como veremos, una unidad de anticadencia y una unidad de cadencia.

[6]   Había sido señalada hasta ahora la posibilidad en español de tres monosílabos sucesivos acentuados. El verso de García Lorca, acaso excepcional, muestra que las posibilidades son bastante mayores.

[7]   El ritmo es un elemento tan esencial y de primer orden en la palabra hablada como en la música. Lo prueba el hecho de que en el canto, a pesar de la regularidad de los intervalos rítmicos y de la libertad melódica de la música, extrañas a la elocución, lo único que percibe el oído como anomalía es el desajuste entre el ritmo de la tonada y el de la letra, provocado por una distorsión del acento de intensidad. Así ocurre en algunos puntos de la siguiente canción popular (indicamos con un guión los silencios de la notación musical, con una línea vertical la separación de los compases —compás de compasillo— y con tilde el arsis y la tesis que se suceden alternativamente en la tonada):

que | vén.go de la | vár - de la | vár - del ri | ó - - la |
cá.mi.sa de | sé - da de | mí - ma.ri | dó ...

La distorsión se produce en *rió, cámisa* y *maridó*. El acento de intensidad en *mí* es normal en la zona dialectal leonesa, de la que procede esta canción.

b) Las palabras acentuadas se diferencian también de las inacentuadas por el hecho de que pueden constituir casi todas ellas un enunciado sin ir acompañadas de otras palabras. Por esta particularidad les hemos dado el nombre de independientes (v. § 2.1.1c). El hecho ocurre no solamente en oraciones interrogativas, exclamativas, imperativas, exhortativas:

[6] *¿Dónde?;*
[7] *Adelánte;*
[8] *Espéra;*
[9] *¡Vámonos!,*

sino en tipos muy variados de oraciones, algunas declarativas y enunciativas, tales como se producen constantemente en el diálogo:

[10] *—¿Cómo se lláma? —Juán;*
[11] *—Está muy cansádo. —Mejór;*
[12] *—Nos irémos. —Buéno,*

y fuera del diálogo, formando un grupo fónico, que es parte de una unidad melódica superior (marcamos con línea vertical la separación de los grupos fónicos):

[13] *El que espéra | desespéra.*
[14] *Hómbres, | mujéres, | niños, | tódos acudían a recibírle.*

c) En determinadas circunstancias, una palabra que es inacentuada en el uso normal puede resultar acentuada y hasta constituir por sí sola un enunciado, formando un grupo fónico. Así cuando se utiliza el lenguaje para describir o determinar los hechos del lenguaje (lenguaje de segundo grado o metalenguaje), de lo que hacen uso especialmente los lingüistas [8]:

[15] *La preposición «á».*
[16] *—¿Qué has escríto aquí? —Duránte.*

También en el diálogo, cuando una palabra normalmente inacentuada supple una frase posible:

[17] *—¿Con códa o sin códa? —Sín* (= sin códa).

---

[8] Lo que pasa es que estas palabras modifican entonces su categoría gramatical y se convierten en denominaciones de sí mismas, es decir, en nombres sustantivos. Es curioso observar, además, que las palabras bisilábicas inacentuadas, en esta especial situación, se hacen sin excepción llanas, no solamente aquellas cuyo acento puede considerarse heredado, si es que ya existía en latín, como *entre,* sino otras que son de formación española, como *desde, aunque.* Este paroxitonismo advenedizo, fuera de aquellas palabras que son ya paroxítonas en otra categoría gramatical, como *salvo,* puede acaso explicarse por el predominio de la acentuación llana en español.

d) Se distinguen además en el hecho de que unas y otras, las palabras acentuadas y las inacentuadas, no ocupan siempre el mismo lugar en el grupo fónico. Las acentuadas pueden situarse en cualquier parte de la cadena hablada. Las inacentuadas, con la sola excepción de los pronombres personales sin acento, no se colocan tras del último acento de intensidad del grupo fónico. Solo pueden situarse delante del primer acento, o en el cuerpo central del grupo, entre el primero y el último acento. La posición primera es más favorable para determinar por el oído su condición inacentuada. En el cuerpo central, como hemos visto, las implicaciones entre intensidad y tono producen frecuentemente una nivelación del relieve prosódico. Así, en el interior de las dos frases siguientes (v., además, el ejemplo [2]),

[18] *Élla lo quiére;*
[19] *Élla nó quiére,*

cuando se articulan con alguna celeridad, el /lo/ y el /nó/ apenas se distinguen ni por el tono ni por la intensidad. Tan pronto como desaparece la palabra /élla/ inicial y ocupan el primer lugar

[20] *Lo quiére;*
[21] *Nó quiére,*

la diferente condición prosódica de /lo/ y /nó/ se hace patente.

e) Hay que partir, por lo tanto, de la posición inicial. La frase española, o la unidad mínima melódica que es el grupo fónico, permite la acumulación de dos y bastantes más sílabas inacentuadas en su comienzo. He aquí algunos ejemplos literarios:

[22] *Cuando sobre la tiérra se procúra* (Garcilaso, *Soneto XXI*), con cinco sílabas inacentuadas, agrupadas en tres palabras sin acento.
[23] *Cuando la descomponémos...* (Ortega y Gasset, *Obras completas*, II, pág. 277), seis sílabas inacentuadas, con dos palabras sin acento.
[24] *Pero cuando se los encuéntra...* (Menéndez Pelayo, *Ideas estéticas*, IX, pág. 161), siete sílabas, con cuatro palabras inacentuadas.
[25] *Hasta de nuestra literatúra...* (*Ibíd*, pág. 173), con ocho sílabas inacentuadas y tres palabras sin acento. Algo semejante ocurre con las palabras:
[26] *Cotización, Incongruéncia* (tres sílabas inacentuadas iniciales).
[27] *Estacionamiénto, Agradeceríamos* (cuatro sílabas).
[28] *Desautorización, Acondicionamiénto* (cinco sílabas).
[29] *Incompatibilidád, Invulnerabilidád* (seis sílabas).
[30] *Internacionalización, Inconmensurabilidád* (siete sílabas).

Basta sustituir en el ejemplo [25] la palabra *literatura* por una de las del último para obtener un grupo fónico de once sílabas inacentuadas, en posición inicial, contando con la sinelefa /ai/ que se produciría.

f) Las palabras inacentuadas, en contraste con las acentuadas, no pasan de tres sílabas. El número de las monosilábicas y de las bisilábicas es aproximadamente el mismo. Las trisilábicas forman un grupo bastante más reducido. Pertenecen unas y otras, como veremos, a diferentes categorías gramaticales, algunas de ellas a más de una categoría (v. nota 17), pero de todas ellas, solamente los pronombres personales pueden situarse en el tramo inacentuado final del grupo fónico, tramo que no excede de tres sílabas. Las posibilidades en este caso son muy limitadas. El pronombre, si es uno solo, cubre el tramo inacentuado cuando lo forma una sola sílaba inacentuada, o la última, si el tramo se compone de dos:

dí | lo;
dí | ga lo.

Si son dos los pronombres, cubren el tramo inacentuado que consta de dos sílabas o las dos últimas cuando consta de tres:

dí | se lo;
dí | ga se lo [9].

La palabra que precede a los pronombres es siempre, por supuesto, una forma verbal.

1.5.4. **Palabras inacentuadas.** — *a)* Las enumeramos a continuación por categorías gramaticales.

1.º Artículos: *el, la, los, las, lo.*

2.º Pronombres posesivos: *mi, tu, su* y sus plurales [10]; *nuestro, vuestro* y sus femeninos y plurales, cuando preceden inmediatamente al nombre, o al grupo adjetivo + nombre [11].

3.º Pronombres personales: *me, nos; te, os; lo, los; la, las; le, les; se.*

4.º Pronombres relativos y correlativos simples y compuestos: *que; quien, quienes; cuyo, cuya* y sus plurales; *cuanto, cuanta* y sus plurales; neutro *cuanto; el que, la que* y sus plurales; *cual, cuales.*

5.º Adverbios: *medio.*

─────────

[9] La agrupación de tres pronombres tras de una forma verbal llana: *castiguesemela,* y la de un pronombre tras de una forma verbal esdrújula: *castigábamosle,* son hechos muy raros. En el primer caso el tramo final inacentuado consta excepcionalmente de cuatro sílabas.

[10] Son acentuadas frecuentemente en algunas zonas de la Península, como Asturias, León, Castilla la Vieja.

[11] No pierden la condición de adjetivos en otras posiciones aunque se acentúen en ellas (v. § 2.5.7*d*), no solo cuando actúan como predicados: *es nuestro,* sino cuando acompañan a un artículo o pronombre anafórico: *el nuestro, esos vuestros.*

6.º Adverbios relativos y correlativos: *como; cuando; donde* y *adonde; cuan, tan* (v. nota 17).

7.º Preposiciones simples y compuestas: *a, ante, bajo, cabe, con, conforme a, contra, de, desde, durante, en, entre, frente a, hacia, hasta, junto a, mediante, para, por, respecto a, sin, so, sobre, tras* [12].

8.º Conjunciones coordinativas y subordinativas, simples y compuestas: *aun cuando, aunque, como que, como si, conforme, conque, luego, mas* [13], *mientras, ni, o(u), pero, porque, pues, puesto que* [14], *que, sino, y(e)*.

9.º Partículas incluyentes y excluyentes [15]: *aun, hasta, incluso; excepto, menos* [16], *salvo*.

10.º Muchas palabras inacentuadas se combinan entre ellas en grupos o contracciones sin perder por eso su naturaleza prosódica: *a por, al, conforme a, del, desde que, el que, en el, la que, mientras que, para el, para que, por cuanto, por el, por entre, pues que, sin que, sino que*, etc. Algunos de estos grupos pueden considerarse como compuestos, aunque no hayan sido sancionados por la escritura, como lo han sido *aunque, conque, porque*. En unos casos, conservan la categoría gramatical de sus componentes: *a por, por entre* pueden considerarse preposiciones compuestas, como *a, entre, por; mientras que, pues que*, conjunciones como *mientras, pues, que*. En otros se impone la categoría de uno de sus elementos: *el que, la que* son pronombres relativos como *que; desde que, para que, sin que*, conjunciones como *que; conforme a*, preposición como *a*. Si el grupo pertenece a diferente categoría que sus componentes *(en cuanto)*, o si uno de sus elementos no es palabra inacentuada fuera del grupo *(frente a, junto a, respecto a, puesto que*, véanse las notas 12 y 14), lo hacemos figurar arriba en la categoría que le corresponde como si fuera una palabra simple. Lo mismo hacemos cuando uno de los componentes puede figurar en más

---

[12] Las combinaciones *conforme a, frente a, junto a* y *respecto a* se incluyen en este número 7.º y no en el 10.º, porque *conforme, frente, junto* y *respecto* son palabras acentuadas y de otra categoría cuando se hallan en otros contextos.

[13] Conjunción coordinativa equivalente a *pero*. Equivale también a *y* cuando representa el signo $+$ en enunciados de fórmulas matemáticas aditivas: *dos más tres*, aunque el uso ortográfico la acentúa como el pronombre y adverbio cuantitativo *más*, que es prosódicamente palabra acentuada.

[14] A propósito de la combinación *puesto que*, repetimos lo que hemos dicho en la nota 12.

[15] Tienen de común el significar inclusión en una serie o participación en algo: *aun, hasta, incluso*, o exclusión de una serie o no participación en algo: *excepto, menos, salvo* (también *sino*, incluido en el grupo 8.º). Por otra parte, rigen casi todas ellas una misma serie compleja de complementos: nombres, pronombres, verbos, fórmulas con preposición: *hasta su padre, hasta él, hasta comía, hasta furioso, hasta en la sopa*, lo que hace difícil su clasificación gramatical. Bello (§ 1217) llama la atención, a propósito de *aun*, sobre la multiplicidad de funciones de esta «especie particular de elementos gramaticales».

[16] Se emplea también como *mas* (nota 13) en enunciados de fórmulas matemáticas de sustracción: *las dos menos cinco*.

de una categoría [17]. Así las combinaciones con *cuando* y *como*. Son, en cambio, simples secuencias sintácticas otras combinaciones, unas contractas: *al, del,* o sin contracción: *en el, en cuanto a, por el, por cuanto,* etcétera y es dudosa la naturaleza de *adonde,* en contraste con *en donde, por donde,* etc., y en vista de la equivalencia *en donde = donde.*

b) Voces normalmente inacentuadas se hacen acentuadas en determinados contextos, por razones sintácticas o melódicas, a veces con cambio de categoría gramatical. Así la conjunción *pues,* colocada entre dos pausas: *Espera, pues, y escucha mis cuidados* (Lope de Vega); *¿Qué haces, pues?* (Cervantes, *El rufián dichoso*), o dentro del diálogo, formando oración interrogativa independiente: *¿Pues?,* en contraste con el siguiente pasaje, en posición inicial de grupo fónico, donde conserva su condición inacentuada: *Bien podéis salir desnudo, | pues mi llanto no os ablanda* (Góngora) [18]. Algo muy semejante ocurre con *mientras,* voz inacentuada en su uso de conjunción temporal: *Pero tiempla tus debelos | mientras voy a hablar con él* (Lope de Vega, *El castigo sin venganza*), pero acentuada, ante pausa, con el valor de *mientras tanto: Al párroco, mientras, había dejado de interesarle* (B. Soler), construcción en la que *mientras* no sustituye con ventaja a *mientras tanto* o *entre tanto* y es contraria al uso tradicional. El pronombre inacentuado enclítico o el último de ellos si son dos (v. § 1.5.3*f*) pueden experimentar incremento acentual [19] tras de formas verbales imperativas: *acércaté,* yusivas: *acérquenmé,* y exhortativas: *acerquémonós* (contra el uso ortográfico, ponemos aquí tilde en las dos vocales con acento de intensidad, pero en los ejemplos siguientes conservamos la acentuación ortográfica tal como aparece en los textos impresos, que unas veces escriben correctamente la primera tilde, otras veces la segunda y otras veces ni una ni otra: *¡Santiago, ayudanós!,* en serie de rimas con asonancia aguda (*Romancero tradicional,* de R. Menéndez Pidal, II, pág. 74); *No me atajes; dexamé* (Cervantes, *El gallardo*

---

[17] *Si,* además de conjunción subordinante, es partícula interrogativa en la interrogación indirecta (lat. *utrum, an, -ne*); *cuando* y *como,* además de adverbios correlativos, son conjunciones subordinantes; *cual* y *cuanto,* además de pronombres, son adverbios. Pero evitamos incluir ninguna de estas palabras en más de una categoría, para simplificar el cuadro. Hacemos una excepción con la preposición *hasta,* por pertenecer además a una clase no bien establecida, la 9.ª

[18] En los primeros ejemplos equivale a *entonces, así, por tanto.* Es un adverbio demostrativo. En el último equivale a *pues que, puesto que, ya que,* es decir, a una conjunción causal. Pero el acento no decide siempre la categoría gramatical. Hay un *pues* demostrativo tanto en *Pues vamos* (sin acento) = *entonces vamos* como en *Vamos, pues* (con acento) = *vamos, entonces.*

[19] Si la forma verbal es monosilábica: *ponlo,* o aguda: *acercaos,* y hay un solo enclítico, el incremento acentual es imposible. Por otra parte, como hemos explicado en la nota 84 del capítulo anterior, si la terminación consta de dos enclíticos tras de forma verbal llana: *permítemelo, encárgasela* (terminación sobresdrújula), el incremento es necesario, especialmente en el verso. Véanse los ejemplos que siguen y la nota 20 de este capítulo.

español, II, BibAE, CLVI, pág. 57); *¿Tu verdad? No, la Verdad, | y ven conmigo a buscarla. | La tuya, guárdatela* (A. Machado, *Poesías completas*, ed. 1936, pág. 298); *Dame el campo con el cielo, | Dámelos./ ¿Hacia dónde tantas ondas | bajo el sol?* (J. Guillén, *Cántico*, ed. 1950, pág. 57) [20]. *Mediante* posee acento de intensidad en la fórmula *Dios mediante*, calco lingüístico de la construcción latina *Deo volente* [21]. La conjunción *y* aparece con acento de intensidad en comienzo de oraciones interrogativas ajustadas a la curva melódica de la pregunta pronominal: *¿Y tu padre? = ¿dónde, cómo está tu padre?* En la conversación familiar se producen frecuentemente oraciones que consisten en una sola palabra, con interrupción reticente, o para aclarar lo que ha dicho el interlocutor. Cuando se trata de palabras de origen inacentuado, suelen articularse con acento de intensidad y tono alto: *Pero...* (con interrupción) [22], *¿Por?* (con entonación interrogativa). Se distinguen por el acento de intensidad el adverbio de tiempo *aún* y la partícula *aun* (grupo 9.º del apartado anterior). Pero esta partícula vacila algunas veces entre acentuación e inacentuación, especialmente cuando va seguida de *no*, con la significación de *ni siquiera: Aun en la tórrida zona | no está seguro de mí* (Lope de Vega, *Barlaán y Josafat*, v. 1587); *De quien aun no estará Marte seguro* (Góngora, *Sonetos completos*, núm. 47). El adverbio *casi* vacila en su acentuación prosódica. Es casi siempre inacentuado delante de los adverbios *siempre* y *nunca*. Para el acento prosódico de *cual* en el relativo *el cual, la cual*, etc., véase el § 2.7.3*d*.

---

[20] Solamente la rima aguda, en el verso, permite reconocer la presencia del acento de intensidad suplementario. Sin ese acento, la forma esdrújula se convertiría en rima grave, como hemos visto en el § 1.4.16*b*. En posición interior del verso, en la que se cuentan todas las sílabas (ibíd.), la naturaleza del relieve acentual (v. § 1.5.1) hace apenas perceptible la diferencia entre acentuación aguda y acentuación esdrújula, como en el verso de B. L. Argensola (BibAE, XLII, pág. 304*a*): *Aconsejémosle que se cautele (aconsejémosle o aconsejémoslé)*. Lo mismo o algo parecido ocurre cuando el grupo verbo + enclítico, en las formas dichas (imperativas, yusivas y exhortativas), aparece aislado en una frase exclamativa. El descenso tonal, tras del acento que afecta al verbo, es casi el mismo cuando se acentúa y cuando no se acentúa el enclítico, a menos que, por especiales razones expresivas, alteremos la curva tonal más corriente elevando la nota en el último acento: *reclámaseló*.

[21] *Mediante, excepto, durante, incluso* han funcionado, algunas veces hasta época relativamente tardía, en construcciones absolutas, con el valor de participios de presente o de perfecto, como palabras de acentuación llana y con variación de número o de género y número: *mediantes sus ruegos, durantes aquellos meses, exceptas las partes*, etc.

[22] El compuesto *empero* es palabra llana. El simple *pero* inacentuado se acomodó a la acentuación llana de que hablamos en la nota 8, cuando se emplea en las condiciones señaladas arriba. Sin embargo, con arreglo a su composición originaria *(per hoc = por consiguiente)* debía haber tenido acentuación aguda. La acentuación grave *però* se conserva en Cataluña, en Italia y en el judeoespañol de Marruecos. También en el castellano que se habla en Bilbao, cuando va pospuesto o solo: *No quiero peró... (= sin embargo no quiero); Sí, peró... (= sí, pero...)*.

c) Inversamente, ciertas palabras o clases de palabras normalmente acentuadas pierden su acento de intensidad por razones de entonación o por hallarse en determinadas agrupaciones que se acercan a la naturaleza de las palabras compuestas (véase, para el acento de las palabras compuestas, el § 1.5.5). En determinadas fórmulas invocativas o apelativas, aisladas por pausas y constituidas por dos palabras (excepcionalmente se anteponen o interponen palabras inacentuadas), es lo más frecuente que la primera pierda su acento de intensidad: *Y deja tu corazón | en paz, Soledad Montoya* (García Lorca, *Romancero gitano*); *¿Dónde vas, tesoro mío?* (Fr. Ambrosio Montesino, en *Poesía de la Edad Media*, de Dámaso Alonso, pág. 282); *¡Adiós, premio Nobel!* (J. Benavente, *La vida en verso*, I, 1); *Por eso, amigo mío, te recuerdo llorando* (G. Celaya, *Poesía*, 1934-61, pág. 221); *¡Río Duero, río Duero, | nadie a acompañarte baja!* (G. Diego, *Soria*, ed. 1923, pág. 71); *¡Adiós, gatito Miguel!* (F. Villalón, en *Poesía española. Antología*, de G. Diego, 1932, pág. 374); *Buen Cid, pasad...* (M. Machado, *Alma*, ed. 1932, pág. 40); *Cómo te lo diré | a ti, joven relámpago* (C. Bousoño, *Oda en la ceniza*, ed. 1968, pág. 45); *¡Los bárbaros, cara Lutecia!* (R. Darío, *El canto errante*); *Escribidme una carta, señor cura* (Campoamor); *Brinca, caballo moro* (copla popular, citada por Salvador Rueda en *Tristes y alegres*, ed. 1894, sin paginar); *¡Paz, hermano lobo!* (R. Darío, *Canto a la Argentina*); *¿Qué interés se te sigue, Jesús mío?* (Lope de Vega, *Rimas sacras*, en *Obras sueltas*, XII, pág. 184); *Palacio, buen amigo* (A. Machado, *Poesías completas*, ed. 1936, pág. 179); *Adiós, mi querida Vera* (Baroja, *El mundo es ansí*, II, 1); *¡Ven acá, ángel de Dios!* (Valle-Inclán, *Viva mi dueño*, III, 3); *Le arde la sangre revolucionaria, Señor don Pedro* (*Ibíd.*, III, 9); *¡Tío Juanes!; ¡Mamá María!; ¡Hermana tornera!; ¡Padre cura!*, etc. Las palabras que designan título, cargo o dignidad, como casi todas las que aparecen sin acento prosódico en las construcciones que acabamos de reseñar, se emplean también con acento fuera de ellas en múltiples construcciones: como vocativo aislado, *¡Señora!;* como forma de tratamiento en tercera persona, *¿Qué quiere la señora?;* como complemento directo anticipado, *Señora he conocido que...*, etc. Los títulos *don* y *doña* solo poseen la doble capacidad en algunos países de América: *¡Don Pedro!*, pero también *¡Don!* [23]. Nunca se emplean, en cambio, como vocativos *fray, frey* y el masculino *san* (para la degradación acentual de *san* y *santo*, véase el § 2.4.7*b*) [24].

---

[23] En cambio, los sustantivos *dueño* y *dueña*, de la misma etimología que *don* y *doña* (lat. *dŏmĭnus, dŏmĭna*), son palabras independientes, acentuadas y diptongadas. Pueden entrar, sin embargo, como primer término inacentuado, en fórmulas invocativas y apelativas, especialmente en la expresión *¡dueño mío!*, en la que *dueño*, como en otras construcciones, es nombre epiceno masculino, puede significar varón o hembra. Por otra parte, *dueño* no se apocopa, a excepción del compuesto sintáctico de acentuación llana *duende*, procedente de la frase nominal *duen de* [*casa*] = *dueño de la casa.*

[24] Lo mismo que *don, doña, fray, frey* y *san*, la reducción *so* de *señor* a que se llega tras de varias formas intermedias es palabra inacentuada e inse-

Se acercan a la condición de palabras compuestas los grupos formados con los adverbios *arriba, abajo* pospuestos a un limitado número de nombres apelativos que pierden frecuentemente, en la combinación, su acento de intensidad: *patas arriba, boca abajo* y con mayor vacilación acentual *calle, cuesta, monte, río,* etc., y *campo* en la locución *a campo traviesa.* El indefinido *cada* tiende a perder su acento en casi la única construcción, la atributiva, en que hoy aparece, de modo muy especial ante el sustantivo *vez* y los pronombres *cual* /kuál/ y *uno,* con los que forma realmente compuestos no sancionados por la escritura (compárese el it. *caduno,* y además el it. *ciascuno* tomado del francés *chacun,* en los que entra también el indefinido latino *quisque*). Se pronuncia generalmente sin acento *quién* en la fórmula *quién más, quién menos* ... en contraste con las construcciones más desarrolladas: *Quién las había oído cantar, quién las había visto peinarse* (Baroja, *El aprendiz de conspirador*); probablemente hay vacilación en la categoría del pronombre: indefinido o interrogativo, pero en uno y otro caso se escribe con tilde, aunque en ninguno de los dos la frase es propiamente interrogativa. Cuervo (*Diccionario de construcción y régimen,* I, pág. 7*a*) pensaba que el origen de *cual,* en frases como *a cual más hermoso,* está en la interrogación indirecta, en dependencia del verbo elíptico *apostar.* En los numerosos ejemplos que acumula en la página 619*b* del segundo tomo, con la misma explicación que en I, 7*a,* todas las formas de *cuál* aparecen marcadas con tilde (en estos casos existen las dos pronunciaciones, con acento y sin acento). Hay también vacilación en la categoría (lo mismo que ya en latín entre *quid* interrogativo y *quod* relativo) y vacilación en este caso en la acentuación y en el uso de la tilde en construcciones como: *Tenían qué leer y tenían qué estudiar* (A. Díaz Cañabate, *Historia de una taberna*) y *Tendrán que oír mi hermano Agustín y mi cuñada Sofía* (Galdós, *Las tormentas del 48,* XI); no es otro, por otra parte, el origen de la perífrasis verbal *tener que* + infinitivo. Para la acentuación en los numerales, véase el § 2.9.3*e*.

1.5.5. **Palabras acentuadas.** — *a*) Toda palabra acentuada se distingue por un solo acento de intensidad (si se exceptúan algunas palabras compuestas, § 1.5.6, y las palabras, simples y compuestas, con acento suplementario expresivo o enfático, cap. 1.7). Tiene una

---

parable del nombre de persona a que se refiere; pero a diferencia de ellas, se emplea solamente en las construcciones examinadas al principio de este apartado, siempre con intención descalificante o injuriosa (también irónicamente), sin distinción de número ni de género gramatical: *¡so primo!; ¡so tonta!; ¡so feas!; ¡so indecentes!* (en P. A. de Alarcón, citado por Cuervo, *Apuntaciones,* § 784). *Seña* o *señá* es forma popular en todos o casi todos los territorios de habla española, pero lo mismo que *don, doña,* etc., y en contraste con *so,* no se limita a las frases apelativas. Sin embargo, la acentuación de *seña, señá* no es segura, ni en la apelación ni fuera de ella.

posición fija [25] (si prescindimos también de las palabras con variación acentual, § 1.5.7c y d). Afecta a la última, a la penúltima o a la antepenúltima sílaba de las palabras, que se denominan, por este orden, agudas (u oxítonas), llanas o graves (o paroxítonas) y esdrújulas (o proparoxítonas) [26]. La intensidad se extiende a todos los fonemas que componen la sílaba, pero el efecto acústico parece centrarse en la vocal, y si hay diptongos o triptongos, en la vocal que constituye el núcleo. Una prueba de ello es que las vocales marginales, como hemos visto en el § 1.4.16e, son inoperantes en el sistema de equivalencias vocálicas de la rima asonántica. El acento de intensidad no afecta nunca a los morfemas flexivos (desinencias), pero sí a los morfemas derivativos. Hay morfemas acentuados monosilábicos, como -ción, -sión, que forman sustantivos verbales agudos: *felicitación, elusión,* o -és, que forma sustantivos o adjetivos agudos: *cortés, montañés;* morfemas bisilábicos con acento en la penúltima sílaba: -eño, -eña, que forman sustantivos y adjetivos con acentuación llana: *risueño, trigueño, madrileña,* o -ito, -ita, que forman sustantivos y adjetivos y además diminutivos de unos y otros: *manguito, bonita; hijito, altita;* morfemas bisilábicos sin acento: -ico, -ica, que forman sustantivos y adjetivos esdrújulos: *Cantábrico, islámico, quimérica, antipática,* etc.

[25] Dadas las implicaciones entre vocales contiguas (dislocación del acento, sinalefa) y la nivelación de tono y acento que se producen en el interior del grupo fónico constituido por más de una palabra (v. cap. 1.6), resultado todo ello, en la mayor parte de los casos, del relieve acentual y melódico, para determinar el lugar que ocupa el acento de intensidad en las palabras acentuadas conviene partir, como hemos hecho con las inacentuadas, de una posición favorable. Elegimos el enunciado constituido por una sola palabra, inscrito en una curva melódica enunciativa (v. cap. 1.7) que puede originarse, por ejemplo, en la simple lectura del rótulo con que aparece designado un lugar o un establecimiento. Marcamos ahora, como otras veces, la tilde, aunque no lo requiera la ortografía, y colocamos, junto a cada palabra, un esquema elemental, en el que los puntos bajos han de interpretarse como inacentuación y tono bajo, y los altos como acentuación y tono alto.

. . · *Arsenál* (palabra aguda).
. · . *Casíno* (llana).
· . . *Círculo* (esdrújula).

Esquemas análogos suelen aparecer en obras gramaticales para hacer ver la acentuación de lo que entienden por «palabra aislada», término lingüístico que, sin más explicaciones, resulta a todas luces ininteligible e impropio.

[26] No se puede hablar de «palabras esdrújulas ni sobresdrújulas», sino de «terminaciones esdrújulas y sobresdrújulas» en las combinaciones con enclíticos, como hemos hecho en la nota 84 del capítulo anterior y en la 19 de este. Navarro Tomás, en *Pronunciación española,* § 160, evita cuidadosamente el término «palabras esdrújulas» y emplea para esos casos la expresión «formas compuestas» y «formas sobresdrújulas». En *Revista de Filología Española,* XII, págs. 359-60, dice textualmente, como observación general a propósito de la naturaleza de los enclíticos: «En *déjamé* se apoyan mutuamente la tendencia rítmica y el sentimiento de la individualidad gramatical de la partícula enclítica.»

b) Por la posición del acento de intensidad las palabras compuestas son también, como las derivadas y las radicales [27], agudas, graves o esdrújulas. Distinguimos las siguientes clases de compuestos:

1.º Compuestos sintácticos (composición impropia). Proceden de secuencias sintácticas, o pueden analizarse como tales. Todos sus componentes son aislables y el acento único del compuesto es el del último componente acentuado (como en otros casos lo marcamos con tilde, aunque no lo requiera la ortografía): *altorreliéve, bajorreliéve* (escritos también *alto relieve, bajo relieve*), *correveidíle, enhorabuéna, hazmerreír, malasángre, malcriár, montepío, nomeolvídes, parabién, pasodóble, pormenór, porsiacáso, quitaipón, ricahémbra, sabelotódo, sinfín, sinrazón, sinsabór, tentetiéso, tiovívo*, etc.

2.º Compuestos con prefijo. En el término «prefijo» incluimos sobre todo preposiciones de origen latino o griego, pero también cualquiera otra forma de origen griego o latino, a condición de que tenga poder reproductivo en la composición española. Unos prefijos son separables. Así la mayor parte de las preposiciones de origen latino: *ante mí, anteproyecto.* Otros prefijos, preposiciones o no, son siempre inseparables, no figuran nunca fuera de la composición. Veamos, aunque en serie incompleta y en número reducido, ejemplos de compuestos españoles. Casi todos los prefijos tienen variantes en la composición española y en la de la lengua originaria. Sin embargo, fuera de algún caso aislado, solo presentamos una variante. La variante latina o griega que consideramos fundamental por su origen etimológico va entre paréntesis: *a-moral, a-sexual* (*a-* privativo griego); *ad-scribir* < lat. *ascriběre* y *adscriběre, a-pechugar, a-sombrar* (lat. *ad-*); *anteguerra, ante-pecho, ante-proyecto* (lat. *ante-*); *anti-biótico, anti-cuerpo, anti-tanque* (gr. *anti-*); *auto-determinación, auto-móvil, auto-bombo* (gr. *auto-*); *bi-dimensional, bi-motor, bi-plano* (lat. *bis-*); *contra-atacar, contra-fuero, contra-sellar* (lat. *contra-*); *cum-plir* < lat. *com-plēre, combatir, co-opositor* (lat. *cum-*); *de-vengar, de-preciar* (lat. *de-*); *dia-citrón, dia-cronía, dia-positiva* (gr. *dià-*); *dis-culpa, dis-frutar, des-contar, des-oír* (lat. *dis-*); *ex-claustrar, ex-combatiente* (lat. *ex-*); *extra-territorial, extramuros* (lat. *extra-*); *hiper-crítica, hiper-tensión* (gr. *hypér-*); *hipo-dérmico, hipo-tensión* (gr. *hypó-*); *en-cuadernar, en-causto* o *in-causto, en-redar* (lat. *in-*); *in-sensato, in-servible, in-sufrible* (lat. *in-* privativo, del mismo origen indoeuropeo que *a-* privativo griego); *inter-cambio, entre-cano, entre-sacar* (lat. *inter-*); *multi-copista, multi-millonario* (lat. *multi-*); *neocatólico, neo-gramática, neo-latino* (gr. *neo-*); *para-estatal, para-tifoidea* (gr. *pará-*); *per-catar, per-fil, per-fumar* (lat. *per-*); *por-menor, pordiosear* (esp. *por* < lat. *pro-* y *por-* en reducido número de voces latinas,

———
[27] Para el acento de los compuestos formados con radicales, véase el subapartado 3.º siguiente.

como *portentus* > esp. *portento*); *post-guerra, post-palatal* o *pospalatal, post-verbal* (lat. *post-*); *pre-fabricar, pre-fijar, pre-historia* (lat. *prae-*); *pro-medio, pro-pasar, pro-tutor* (lat. *pro-*); *re-batir, re-botar, re-embolsar* o *rembolsar* (lat. *re-*); *semi-corchea, semi-rrecta, semi-vivo* (lat. *semi-*); *sub-secretario, sub-siguiente, son-sacar* ant. *so-sacar, so-pesar, sa-humar* (lat. *sub-*); *super-hombre, super-mercado, sobre-entender, sobre-precio* (lat. *super-*); *telé-fono, telé-grafo, tele-comunicación, tele-silla* (gr. *tēle-*); *trans-oceánico, tras-tocar, trans-vasar* o *tras-vasar* (lat. *trans*), etc. El acento de intensidad afecta al prefijo solamente en los préstamos latinos y griegos que presentan, en la lengua de origen, esta particularidad: *cónyuge, írrito* (con la variante *ir-*, por asimilación, del prefijo privativo *in*), de procedencia latina, *autónomo*, de procedencia griega.

3.º Varios compuestos españoles presentan componentes que son raíces o temas desprovistos de morfemas flexivos. Hay que distinguir entre compuestos españoles (subapartados siguientes α y β) y compuestos españoles formados según modelos latinos y griegos (subapartado γ). Por otra parte, debe separarse cuidadosamente la composición de la derivación. Así, en el derivado *ojito* la *-i-* pertenece al sufijo derivativo. En el compuesto *ojinegro*, en cambio, la *-i-* pertenece, como signo de derivación, al primer componente *oji-* y transforma la terminación vocálica de la voz simple *ojo*. Dentro de la composición española no heredada, el componente simple o temático es fácilmente identificable. Cuando se trata de compuestos eruditos o científicos, según modelos griegos o latinos, el análisis no es siempre fácil, aunque su reiteración acaba proveyéndole en muchos casos de una significación general.

α) Del tipo *ojinegro* [28] hay abundantes formaciones en español: *alicaído, boquiabierto, boquirrubio, cariancho, cuellierguido, manilargo, patitieso, pelicorto, perniquebrado, puntiagudo, rabicorto, zanquilargo,* etcétera. No pertenecen a este grupo tan homogéneo, aunque presentan la misma terminación vocálica en el componente primero: *aji-puerro, baci-yelmo, cachi-cuerno, machi-hembrar,* y la serie *mari-macho, mari-mandona, mari-sabidilla,* en la que *mari-* aparece metafóricamente con la significación *hembra,* aunque *Mari,* reducción de *María,* sea su origen.

β) En los compuestos no heredados del latín del tipo *hincapié, rompelanzas* no se sabe con exactitud si el primer componente español representa la tercera persona singular del presente de indicativo o el

---

[28] Esta *-i-* no tiene relación ninguna con la *-i-* de compuestos latinos, como *agri-cola, homi-cida, manifestus* > esp. *manifiesto* (heredados algunas veces en español).

imperativo singular (compárense los compuestos del grupo 1.º como
correveidile, quitaipón, en los que no existe duda acerca de las formas
imperativas *corre-, quita-,* en vista de los otros componentes necesariamente imperativos *-di-, -pón*). En la duda, los situamos aquí como
formaciones en las que aparece un tema, que es al mismo tiempo forma
verbal, común al indicativo y al imperativo, en las personas gramaticales mencionadas antes. El repertorio es abundante en español: *abrelatas, alzapaño, botafuego, cubreobjeto, espantapájaros, matamoros, pasatiempo, rompelanzas, saltamontes, tirabala.* El único acento prosódico
del compuesto es el del segundo componente.

γ) Los préstamos de voces compuestas latinas y griegas y los
abundantes compuestos analógicos atenidos en su formación a modelos
griegos y latinos, de que dan copiosa muestra, especialmente en la
época moderna, los términos del lenguaje técnico y científico, poseen
un acento único de intensidad que afecta, como en las restantes palabras españolas, a la última, penúltima o antepenúltima sílaba. Damos
a continuación algunos ejemplos de esta clase de formaciones, ordenándolos por grupos, en cada uno de los cuales intentamos poner de relieve
uno solo de los componentes radicales o temáticos. A la forma española
del tema o del radical en cursiva se atiene nuestra ordenación alfabé-
tica. A la cabeza de cada grupo aparecen compuestos analógicos españoles y a continuación, entre paréntesis, la formación griega o latina
que ha servido de modelo para la configuración del término técnico o
científico [29]. El componente en cursiva lo separamos mediante un
guión de los restantes componentes. Señalamos con tilde en las formas
latinas la sílaba sobre la que recae el acento de intensidad. Repetimos
aquí lo que hemos dicho al final del apartado anterior, *b*2.º: en los
compuestos españoles que vamos a ver el acento prosódico afecta a
veces al primer componente: *cronólogo, antófago,* etc.

bio-logía, *bi(o)*-opsia, *bio*-química (los compuestos griegos con *bio:*
bió-dōros 'fecundo', *bio*-tálmios 'en la flor de la vida', no tienen la significación biológica de la ciencia moderna).

bacteri-*cida,* insecti-*cida* (lat. homi-*cída*).

tecno-*cracia,* yerno-*cracia* (gr. aristo-*kratía*).

cronó-logo, *cronó*-metro (gr. *khrono*-gráphos, esp. *cronó*-grafo).

antó-*fago,* fitó-*fago* (gr. anthrōpo-*phágos,* en esp. *antropófago* con
acentuación latina, que exige acento de intensidad en la antepenúltima sílaba, si la penúltima consiste en vocal breve, sin coda).

petrolí-*fero,* plumí-*fero* (lat. ac. fructí-*fērum*).

────────────

[29] Los compuestos españoles son, a veces, exclusivamente españoles,
pero pertenecen también, con estas o las otras divergencias fonéticas, a la
terminología de otras lenguas. El modelo griego, latino o greco-latino que
figura entre paréntesis suele pertenecer también al vocabulario técnico español y general. En estos casos, la identificación es fácil. Pero en ningún caso
damos cuenta de estas particularidades.

claustro-*fobia*, xeno-*fobia* (gr. hydro-*phobía* > lat. hydro-*phobia*
> español hidro-*fobia*) [30].
dactiló-*grafo*, estenó-*grafo* (gr. ortho-*gráphos* > lat. orthó-*graphus*).
hemo-filia, *hemo*-globina, *hemo*-patía (gr. *haimo*-statikós; *haimato*-poiētikós en Galeno, en esp. *hematopoyético*, con acentuación latina).
hidro-plano, *hidro*-terapia (gr. *hydro*-skópion 'reloj de agua').
bacterió-*logo*, histó-*logo* (gr. theo-*lógos* > lat. theó-*lŏgus*).
clepto-*manía*, melo-*manía*, mono-*manía* (gr. erō-*manía*).
manó-*metro*, pluvió-*metro*, termó-*metro* (gr. isó-*metros*).
mono-cultivo, *mono*-grafía, *mono*-plano (gr. *monó*-tonos, en español *monó*-tono).
omni-presente, *omni*-sapiente (lat. *omni*-poténtem).
seudo-membrana, *seudó*-podo (gr. *pseudo*-prophétēs) [31].
disco-*teca*, filmo-*teca* (gr. biblio-*thékē*).
termo-cauterio, *termó*-metro (gr. *thermo*-poiós).
uni-caule 'de un solo tallo', *uni*-valvo (lat. *uni*-fórmis).
frugí-*voro*, insectí-*voro* (lat. carní-*vŏrus*, omní-*vŏrus*).
El primer componente es siempre una forma trabada. El componente segundo lo es también, aunque parezcan contradecirlo algunas formas como *manía, metro, cultivo,* etc. En realidad, los morfemas de número y de género, en la composición, afectan a la totalidad del compuesto, no exclusivamente al segundo elemento. Esta consideración se extiende a todos los compuestos del apartado *b.* Lo demuestra, por ejemplo, el plural *vaivén-es* (compuesto sintáctico), cuya terminación *-es* no es propia del componente verbal *-ven,* o el compuesto *abrelatas,* que es masculino singular (o plural con morfema cero), aunque el último miembro, aislado, diferencie un singular *lata* de un plural *latas,* los dos femeninos. Estas formaciones, como hemos advertido expresamente en algunos casos, no se apartan en general de la acentuación latina, o de lo que habría sido la acentuación latina de haber existido la palabra en latín.

δ) No se diferencian de los compuestos radicales que acabamos de examinar, ni morfológicamente (el primer componente es trabado) ni por su carácter léxico (se trata de voces técnicas o procedentes de vocabularios especiales), las formaciones adjetivas en que entran dos o más adjetivos. Se distinguen especialmente de aquellos por el hecho de que no se atienen en general a modelos griegos o latinos y por la tendencia de la escritura de no aglutinar sus componentes en una

---

[30] Transcribimos los signos griegos θ, φ, χ y ψ por *th, ph, kh* y *ps* respectivamente; υ por *y,* cuando no aparece en diptongo.
[31] El componente *seudo* aparece algunas veces en español separado del nombre o del verbo a que se refiere, o separado de ellos por un guión. Que se trata, en estos casos, de composición, aunque imperfecta, lo prueba el hecho de que *seudo* aparece sin morfemas de género y de número. Para la ortografía *pseudo* o *seudo,* véase el § 1.4.13*b*.

palabra, sino separarlos mediante un guión. En este punto se observa cierta variedad: *democristiano* o *demo-cristiano, judeoespañol* o *judeo-español, variables socioeconómicas* o *socio-económicas, técnicos agrope-cuarios, síntomas oral-depresivos, estudios histórico-crítico-bibliográficos.*

c) Fuera de las condiciones especiales que hemos examinado en el § 1.5.4c —determinadas curvas de entonación, aislamiento, cambio de categoría gramatical—, los nombres propios de persona, de ciuda-des, calles, etc., formados con dos voces aparecen frecuentemente, en cualquiera de sus funciones sintácticas, con el primer término ina-centuado: *María Luisa, Juan Pablo; Puente Viesgo, Puente Genil, Ciudad Real, Vélez Málaga, Pedro Bernardo; Cuatro Caminos,* etc.

d) La palabra *mal* antepuesta es tanto el adjetivo *malo* apocopado, cuando le sigue un nombre sustantivo masculino singular: *mal carácter (carácter malo),* como el adverbio *mal* cuando le siguen formas verbales: *malcriar, malcriado.* En este segundo caso la anteposición es general-mente indicio de composición (compuesto sintáctico) y por eso el ad-verbio aparece en ella privado de su acento de intensidad. Sin embargo, el adjetivo apocopado *mal(o)* se pronuncia esporádicamente sin acento de intensidad, no solo en los casos de hallarse dentro de una determi-nada curva tonal, casos que hemos examinado en el § 1.5.4c. Así: *Es un mal bícho* (o: *Es un mál bícho); Es un mal hómbre* (o: *Es un mál hómbre),* etc. Por otra parte, ante participios que no lo son de verbos compuestos *(malcriado* de *malcriar, malquerido* de *malquerer)* y con los cuales el adverbio *mal* no forma necesariamente compuestos, existe cierta vacilación entre acentuación e inacentuación del adverbio. La escritura los junta algunas veces, degradando así acentualmente el adverbio: *malaventurádo,* en muchos casos con diferencias de signi-ficación: *malhécho* 'contrahecho', frente a *Eso está mál hécho.* Pero otras veces, en que no los junta la escritura, hay vacilación acentual: *Es un mal educádo* (o: *Es un mál educado); Está mal vísto* (o: *Está mál vísto),* lo mismo que en los casos examinados del adjetivo apocopado *mal(o).*

1.5.6. Doble acento. — Los adverbios en *-mente* son las únicas palabras en español que poseen constitutivamente dos acentos de in-tensidad, frente al principio general del acento único [32]. Uno de los acentos recae sobre la terminación *-mente,* que no es sino el sustantivo femenino *mente* [33]. El otro afecta al adjetivo o al participio en función

---

[32] Prescindimos aquí, por lo tanto, del acento complementario enfático o expresivo, que no es constitutivo, de que tratamos en el cap. 1.7.
[33] En las construcciones sintácticas latinas que son el origen de estos adverbios, *mente* y el adjetivo atributivo que le precede son ablativos de modo: *Sensit enim simulata mente locutam* [esse] (Virgilio, *Eneida,* IV, 105)

atributiva que precede a la terminación (se emplea la tilde que sería necesaria en la palabra aislada: *cortés-mente, débil-mente, rápida-mente*), concertando en número singular y género femenino con la palabra originaria *mente*. Los dos elementos aparecen, por lo tanto, inmovilizados en la formación del adverbio; el segundo, además, con su significación originaria desdibujada. La particularidad de esta formación, que parece separarla de las formaciones con sufijo derivativo, consiste en la posibilidad de construcciones [34] como *lisa y llanamente, dulce y débilmente* que explican precisamente la doble acentuación [35].

1.5.7. Acentuaciones anómalas. — *a)* Casi todos los helenismos, introducidos o no a través del latín [36], se han acomodado en español, como ya hemos dicho, a la prosodia latina [37]. He aquí algunos ejemplos españoles, primero de voces esdrújulas y después de graves [38]. Esdrú-

---

'con intención simulada o fingida'. Un ablativo, probablemente un ablativo instrumental de extensión, hay que suponer también que es el origen del compuesto sintáctico *todavía*, adverbio cuya significación más antigua 'en todo momento', 'siempre', 'a cada paso' se corresponde con la del ablativo latino de extensión: *omni via* y que, esporádicamente, se pronuncia, no de una manera constante como los adverbios en *-mente*, con doble acento de intensidad: *tódavía*.

[34] Esta especie de relación sintáctico-morfológica, que podríamos llamar «por comunicación o participación», se ha empleado también con los adverbios en *-mente*, en italiano y francés antiguos. Construcciones análogas son raras en otras palabras españolas. Véase este pasaje del mejicano Fernández de Lizardi: *todos mis amigos, parientes, conocidos, bien y malhechores* (*Periquillo Sarniento*, I, XI).

[35] Podríamos pensar que el adjetivo antepuesto es un adverbio, pero lo impide el hecho de que los adverbios de procedencia adjetiva aparecen siempre en forma masculina singular: *Habló alto*.

[36] Esta «latinización» prosódica del griego se produce no solamente en el Mundo Antiguo, cuando el latín era una lengua viva y creadora, sino en la época moderna, sobre todo con la aplicación de la acentuación latina a la enseñanza del griego clásico, método introducido por el holandés Henning (1684) y continuado hasta nuestros días en algunas Universidades de Europa.

[37] En latín el acento de intensidad afecta a la penúltima o a la antepenúltima sílaba (no hay, por consiguiente, voces agudas en latín). A la antepenúltima, cuando la penúltima es sílaba breve —sílaba abierta (sin coda) cuya cima consiste en una sola vocal de cantidad breve—. A la penúltima, cuando esta es larga —sílaba abierta (sin coda) cuya cima consiste en vocal larga o diptongo, o sílaba cerrada (con coda) cualquiera que sea la naturaleza cuantitativa de la cima—. El griego no tiene tantas limitaciones como el latín, acentúa cualquiera de las tres últimas sílabas y no conoce la distinción entre sílabas abiertas y cerradas para efectos acentuales.

[38] Son pocas las voces agudas españolas procedentes de palabras griegas con acento en la última sílaba (oxítono o perispómeno): *Partenón; colofón; diapasón* (fragmento sustantivado de una frase griega). En otros casos la acentuación aguda es moderna, así en el sustantivo *kirieleisón*, procedente de una frase litúrgica, acentuado primero *kirieléison* (como en griego *Kýrie eléëson*); *odeón; panteón; orfeón* (derivado moderno de *Orfeo*, según el modelo

julas: *crápula* (gr. *kraipắlē*, lat. *crapŭla*) [39]; *diáfano* (gr. *diaphanés*) [40]; *epígrafe* (gr. *epigraphé*); *epístola* (gr. *epistolé*, lat. *epistŭla*) [41]; *horóscopo* (gr. *hōroskópos*, lat. *horoscŏpus*); *metáfora* (gr. *metaphorá*); *mitológico* (gr. *mythologĭkós*); *océano* (gr. *ōkeanós*, lat. *oceănus; períoca* (gr. *periokhḗ*); *Sócrates* (gr. *Sōkrắtēs*, lat. *Socrătes*). Graves: *carácter* (gr. *kharaktér*) [42]; *cráter* (gr. *kratér*); *epigrama* (gr. *epígramma*); *esfenoides (sphēnoeidés); glaucoma* (gr. *glaúkōma* 'catarata', lat. *glaucōma, glaucŭma*); *limosna*, ant. *alimosna* (gr. *eleēmosẏ̆nē*, lat. *eleemos(ẏ̆)na* o *elimos(ẏ̆)na*); *miasma* (gr. *míasma*); *paraíso* (gr. *parádeisos*, lat. *paradīsus*); *paralelo* (gr. *parállēlos*); *paralelogramo* (gr. *parallēlógrammos*); *parasceve* (gr. *paraskeué*, lat. *parascēve*); *Pentateuco* (gr. *Pentáteukhos*); *policromo* (gr. *polÿkhrōmos*); *problema* (gr. *próblēma*); *profilaxis* (derivado reciente del gr. *prophyláttein*) [43]; *quimera* (gr. *khímaira*); *sintaxis* (gr. *sẏ́ntaxis*). Esta acentuación es un rasgo tradicional de la prosodia española y no debe considerarse anómala. Pero tampoco lo es la conservación del acento griego, aunque resulte contraria a la prosodia latina [44]: *apología, apoplejía* (pero: *hemiplejía* y *hemiplejia*), *Eclesiastés, héroe, ídolo, misántropo, Pentecostés* [45], *polígono, síntoma*.

b) En algunos casos coinciden la acentuación griega y la latina: *diabetes, efímero, epíteto, génesis, hipóstasis, miope* (gr. *mẏ̆ốps, -ōpos*), *néctar, neófito, orgia* (Espronceda, Hermosilla, Bello; pero la forma más usada hoy es *orgía*, del francés *orgie*), *paréntesis, pentámetro, polígamo, sátiro*. En otros se conservan la acentuación griega y la latina [46]: *ambrosía* en Cervantes (*Viaje del Parnaso*, I, v. 117) y *am-*

Odeón), etc. Por otra parte, la acentuación aguda, en las voces españolas de origen latino (véase la nota anterior), es siempre un fenómeno secundario: *amar* (de *amắre*); *amáis* (de *amatis* > *amades, amáes, amáis*), etc., proceso en el que pueden haber participado algunos de los citados helenismos, u otros semejantes, tras de adaptarse a la flexión latina.

[39] Con tratamiento latino de la vocal penúltima, lo mismo que en *epistŭla*.

[40] Se ha empleado *diafano* en la Edad Media, con acentuación que no es griega ni latina. Aconsonantado con *sano* en *Cancionero de Baena*, ed. 1851, pág. 286a (autor anónimo); probablemente también *diafana* en Juan de Mena, *Laberinto*, copla 15; en Santillana, en rima con *cercana* (*Cancionero general*, 1511, f.º 25r.ºc), etc.

[41] Véase nota 39.

[42] *Caracter*, con acentuación aguda, se encuentra en Juan Ruiz de Alarcón.

[43] En contraste con el proparoxitonismo de las formaciones griegas en *-sis* de origen verbal: *proagóreusis, proaisthēsis*.

[44] Pero se considera anómala cuando la acentuación latina está ya asegurada por el uso: *epigrama* (no *epígrama*); *paralelogramo* (no *paralelógramo*), y casi todos los compuestos con *-gramo, -grama* (gr. *-grammos, -gramma*).

[45] *La Pentecosta* en español antiguo.

[46] El Diccionario de la Academia registra, casi siempre dentro de un mismo artículo, las variantes acentuales que han logrado estabilidad en el uso culto y literario, no solamente las de origen greco-latino (árabe *elíxir* y *elixir;* pero *cabila*, no *cábila*). No registra las variantes menos generales y estables y las que se producen por razones de fonética sintáctica o predomi-

brosia en Lope de Vega (*Laurel de Apolo*, III); *Caliope* en Góngora (*Sonetos completos*, ed. 1969, 64) y *Caliópe* en Herrera (ed. 1619, lib. I, son. 50) (gr. *Kalliópē*); *cíclope* y *ciclope* (gr. *kýklōps*, *-ōpos*); *égida* y *egida* (gr. *aigís*, *-ídos*); *metopa* y *métopa* (gr. *metópē*); *metempsicosis* y *metempsícosis* (gr. *metempsýkhōsis*); *omoplato* y *omóplato* (gr. *ōmoplátē*); *pabilo* y *pábilo* (gr. *pápȳros*) [47]; *parásito* y *parasito* (gr. *parásitos*).

c) Algunas variantes se producen en español por dislocación del acento: *e-tio-pe* junto a *etíope* (gr. *aithíops*); *pe-rio-do* junto a *período* (gr. *períodos*, lat. *periŏdus*) [48]; *-ia-co* junto a *-i-a-co* (acentuación latina del sufijo griego oxítono *-iakós*, véase el § 1.4.7c): *zodiaco* y *zodíaco*; *maniaco* y *maníaco*, etc. Otra variación española de estas acentuaciones, menos usada, es el hiato creciente: *peri-odo* junto a *perio-do*; *zodi-aco*, además de *zodia-co*. En algunos casos hay variantes que proceden de otras lenguas romances: *balaústre* (it. *balaùstro*), empleada antes (Lope, Calderón) que *balaustre* (gr. *balaústion* -/áus/-, lat. *balaustion*); *frijol* (gall. *freixó*), usado en gran parte de América, en textos españoles del XVI y en algunas regiones de España, frente a la variante *fréjol* o *fríjol*, usada en algunas partes de España, no bien explicada.

d) He aquí palabras de origen grecolatino cuya acentuación no coincide con la griega ni con la latina. Algunas de estas acentuaciones conviven con las formas correctas, otras han tenido una existencia efímera y han sido pronto rectificadas, otras se emplean sin contradicción: *ábside* (gr. *hapsís*, *-ídos*, lat. *absis*, *-ídos*, también *absīda*, *-īdae;* compárese con *crátera* más adelante); *analysis* (Lope de Vega, *Obras sueltas*, XIX, pág. 139) (gr. *análȳsis*), hoy *análisis; anémona* (gr. *anemṓnē*), junto a *anemone* y *anemona; atmósfera* (compuesto moderno de gr. *atmós + sphaîra*), junto a *atmosfera; caós*, en Juan de Padilla (*Cancionero castellano del siglo XV*, de Foulché-Delbosc, página 341b) (gr. *kháos*), hoy *caos; cateto* (gr. *káthetos*); *crátera* (del lat. *cratēra*, *-ae*, procedente del acus. gr. *kratêr-a*); *monolito* (gr. *monólithos*);

[footnotes]

nantemente por ellas (v. cap. 1.6), como es el caso de las reducciones silábicas en *ahora* y *ahí*. Por la misma razón solo aparece registrada la forma *raíz*, que la lengua más culta respeta ortográficamente: *Raíz de mi sed viajera* (Neruda, *El hondero entusiasta*), con articulación monosilábica de *raíz* en un hemistiquio heptasílabo (otro ejemplo semejante en la nota 37 del cap. 1. 4), a menos que se pretenda comunicar tipismo a lo escrito; *ráices* (Florencio Sánchez, *La Gringa*, III, 10), *páis* (*Ibíd.*, II, 10); en rigor no era necesaria la tilde para marcar el diptongo en ninguno de los dos casos.

[47] La acentuación antigua (siglo XV) *pabilo* parece hallarse en América más extendida que *pábilo*, no anterior al siglo XVIII, de uso predominante hoy en España.

[48] En *etíope* y *período* coinciden la acentuación griega y latina, como en los nombres examinados en el apartado anterior.

patena (gr. *phátnē*, lat. *patĕna* 'pesebre'); *pelícano* (lat. *pelicānus, pelecānus*, gr. *pelekás, pelekán -ános*).

e) Algunas voces latinas cambian también su acento al pasar al español o lo conservan junto a la forma incorrecta que es producto de ese cambio.

1.º Palabras llanas pasan a esdrújulas: *cónclave* (< lat. *conclāve*), más usada hoy que *conclave* (*conclave* es la forma antigua); *fárrago* < lat. *farrago* (acentuada *farrago* en el Diccionario de 1732, forma hoy desusada); *médula* < lat. *medŭlla* (la palabra tradicional *meollo*, usada por Berceo, conserva el acento etimológico; pero el cultismo *medula*, del que hay noticias a fines del siglo xv, conserva también su acentuación grave hasta mucho más tarde; el Diccionario de la Academia concede todavía el lugar preferente a *medula*); *présago -ga* (lat. *praesāgus*), más usado hoy que la forma llana *presago* empleada por Herrera (*Poesías, Clás. Cast.*, t. 26, pág. 83), por Lope de Vega (*Dragontea*, IV), etc.; *púdico, impúdico -ca* (lat. *pudĭcus, impudĭcus*); *vértigo* (lat. *vertīgo*).

2.º Palabras esdrújulas pasan a llanas: *angina* (lat. *angĭna*); *cuadrumano* (lat. *quadrumănus*) junto a la menos usada *cuadrúmano; impío* (lat. *impius*), consonante de *limpio* en *La Cristiada*, I, de Hojeda; *ricino* (lat. *ricĭnus*, de donde la forma tradicional *rezno*).

3.º Palabras llanas pasan a agudas: *(a)* cercén, junto a *cercen*, dial. *cércene*, etc. (lat. *circĭnus*).

f) De las acentuaciones anómalas, llamadas así por razón de su origen histórico, pero generalizadas en la lengua literaria, hay que separar las acentuaciones tildadas generalmente de vulgares e incorrectas en los mismos territorios de España o de América donde se producen, como *búrbuja, cófrade, cólega, concólega, erúdito, insito, intérvalo, líbido, méndigo, ópimo, périto, impérito, pristino* [49]*, síncero*.

---

[49] Como licencia poética Unamuno hace rimar *pristino* con *divino (Poesías sueltas (1894-1928)*. 2. De 1907 a 1910: *Salutación a los rifeños)*.

1.6. FONOLOGÍA SINTÁCTICA

1.6.1. Fonología sintáctica. — No existen en español caracteres fonemáticos de tipo general capaces de determinar el límite entre dos voces contiguas dentro del grupo fónico constituido por dos o más palabras, como no sea la realización de la pausa virtual. Sin embargo, hay que tener en cuenta lo siguiente:

1.º Ninguna palabra española empieza por el fonema /r/.

2.º Es limitado el número de consonantes que pueden figurar en fin de palabra (v. § 1.6.3).

3.º Dos sílabas sucesivas con acento de intensidad las dos no pertenecen a una misma palabra [1].

4.º Dos sílabas en posición inmediata, la primera con acento de intensidad (lo marcamos con tilde), la segunda sin acento pero terminada en consonante, son palabras distintas (a) o pertenecen a palabras distintas (b) o bien constituyen las dos últimas sílabas de una voz llana (c), pero nunca la penúltima y antepenúltima de una voz esdrújula [2].

> vió con terror (a);
> placér tranquilo (b);
> distíntos (c).

5.º Se produce fusión de palabras en contacto, sin dar nacimiento a una forma flexiva, derivada o compuesta. Así en los casos de elisión y contracción: *del* = *de el*, *al* = *a el*, o sin ellas, como en *conmigo*, *contigo*, *consigo*, frente a *para mí*, *en mí*, *sin mí*, etc. [3], o como en las

---

[1] En virtud del principio del acento único en cada una de las palabras acentuadas. Tienen dos acentos las palabras de que hemos tratado en el § 1.5.6.

[2] Resultado parcial de la acentuación latina (v. nota 37 del capítulo anterior). No existen en español palabras esdrújulas con penúltima sílaba trabada (terminada en coda), ni con diptongo en penúltima sílaba, si se exceptúan voces como *alicuota*, *ácueo*, que tienen *u* procedente de *u* latina no silábica (cap. 1.4, nota 20).

[3] Las formas *migo*, *sigo*, *tigo*, no son sino variantes morfológicas (alomorfos) de *mí*, *sí*, *ti* exclusivamente tras la preposición *con*, en contraste con *a mí*, *por ti*, *en sí*, etc. La presencia del morfema *go*, que rompe la simetría de la serie de grupos sintácticos *a mí*, *de mí*, etc. y es ininteligible para la conciencia lingüística ingenua de los españoles sin formación histórica de su lengua, explica la ortografía *conmigo*, *contigo*, etc.

construcciones con pronombres personales enclíticos: *repítelo, dáselo,* etcétera [4].

1.6.2. Encuentro de consonante y vocal entre palabras.

— Los principios generales que gobiernan la delimitación silábica dentro de una palabra, establecidos en el § 1.4.4, y que hemos resumido diciendo: «la coda interior de palabra solo es posible cuando precede inmediatamente a una cabeza silábica», son aplicables también a la delimitación silábica entre palabras del discurso que se suceden, en condiciones normales, sin pausa, que es lo que, por definición, entendemos por «grupo fónico constituido por dos o más palabras». La fórmula imposible C.V = Consonante + Límite silábico + Vocal (§ 1.4.4*b*) se resuelve aquí, entre palabras, lo mismo que en el interior de ella, CV = Consonante + Vocal, en la fórmula, mediante un enlace de naturaleza fonológico-sintáctica que consiste en incorporar silábicamente la coda final de una palabra a la vocal con que se inicia la sílaba siguiente, sin que con ello aumente ni disminuya el número de sílabas que resultarían de realizarse la pausa virtual. La frase *al arma* tiene la misma organización silábica, el mismo número de sílabas que, por ejemplo, el sustantivo *alarma; sed inextinguible* /sé-di.../ [5]; *haz eso* /á.θé.so/; *es hora* /é.só.ra/, etc. No influye el acento de intensidad: *son antes* /só.nán.tes/ con la misma organización silábica que *sonantes* /so.nán.tes/; *has ido* /á.sí.do/, como *asido* /a.sí.do/. El principio de delimitación silábica es, por consiguiente, el mismo en posición interior y en posición exterior de las palabras, pero diferente el número de los fonemas que se combinan en uno y otro caso. En posición interior, casi todas las consonantes [6] y todas las vocales, incluidos los diptongos decrecientes pEInE y los crecientes vIEnE, pueden entrar en la fórmula CV. Entre palabras, en cambio, solo pueden entrar como elemento C las consonantes que son ordinariamente coda final de palabra: /d/, /s/, /θ/, /l/, /r/, /n/ [7], y del elemento vocá-

---

[4] Explica, acaso, esta particularidad ortográfica el reducido número de sílabas inacentuadas que pueden situarse al final del grupo fónico, posición que ocupan muy frecuentemente los pronombres enclíticos personales. Véase el § 1.5.3*f*.

[5] Esta coda final -*d* de palabra no se realiza siempre, sobre todo en determinados morfemas, si no es con una pronunciación muy esmerada y lenta.

[6] Sin embargo, todas las continuaciones no ocurren tampoco en interior de palabra. Especialmente hay que exceptuar las consonantes *ñ, ll, y* y /ɰ/ ante los diptongos con *i-* y la consonante /ɰ/ ante los diptongos con *u-*.

[7] Prescindimos aquí de las codas finales de palabra más raras, codas que en la mayor parte de los casos aparecen en palabras extranjeras (v. § 1.4.2*a*) y son incompatibles con la dicción seguida y natural exigida por la no realización de las pausas virtuales en el grupo fónico. Hasta palabras de algún uso, como la formación onomatopéyica *tic,* evitan con frecuencia la agrupación silábica: *un tic extraño,* articulado generalmente /tík.estráɲo/, no /tí.kestráɲo/.

lico V de la fórmula están totalmente excluidos los diptongos crecientes [8].

1.6.3. Encuentro de consonantes entre palabras. — *a*) El encuentro, dentro del grupo fónico, de dos consonantes entre dos palabras sucesivas: la coda final de la primera y la cabeza inicial de la segunda, no se resuelve, como en el párrafo anterior, por medio de una fusión silábica. En estos casos existe un límite silábico entre una y otra consonante, lo mismo que en los grupos heterosilábicos de consonantes en el cuerpo de la palabra (§ 1.4.5*a*). El sustantivo *sinfín* y la frase *sin fin*, por ejemplo, tienen idéntica organización silábica: /sin.fín/. Pero aquí, el número de consonantes que pueden figurar como primero y segundo elemento de la fórmula C.C = Consonante + Límite silábico + Consonante, cuando se emplea en el interior de las palabras o en el límite entre ellas, no es tan desigual como en el caso de la fórmula CV examinada antes. En primer lugar, se reduce bastante el número de consonantes que pueden actuar, en posición interior, como primer elemento /C./ de la fórmula [9]. En segundo lugar, en posición exterior, se producen encuentros entre /C./ y /.C/ que no se dan en posición interior.

b) He aquí ejemplos de combinaciones C.C raras o inexistentes la mayor parte de ellas en posición interior de palabra (se imprimen en versalitas las consonantes en contacto heterosilábico):

1.º Combinaciones con /d/ final de palabra: /d.p/ *áspi*D Ponzo*ñoso* (Cervantes, *Viaje del Parnaso*, VI, 225); /d.f/ *li*D Famosa; /d.t/ *vi*D Trepadora (Lope de Vega, *Adonis y Venus*, BibAE, CLXXXIII, pág. 359*b*); /d.θ/ *pare*D Ciega;/d.s/ *Davi*D *se cansó* (*Biblia* de Cipriano de Valera, II Samuel, XXI, 15); /d.l/ *áspi*D Libio [10] (Lope de Vega,

---

[8] Las frases *nos hieren* y *los huesos*, por ejemplo, no pueden articularse /no.sié.ren/, /lo.suésos/. Si la pausa virtual se realiza, tenemos /nos iéren/ o /nos yéren/, y /los uésos/ o /los yésos/. En posición interior, en cambio: /a.sién.to/, /a.sué.to/, etc.

[9] Además de las seis consonantes citadas en el párrafo precedente, se emplean en coda interior /p/, /t/ y /k/, pero en dicción no excesivamente afectada se realizan como /b/, /d/ y /g/, respectivamente. Véase el § 1.2.2*a*, en la descripción correspondiente a cada uno de esos fonemas.

[10] El grupo /d.l/, en posición interior de palabra, lo han empleado algunos escritores modernos en el barbarismo *adlátere*, procedente de la frase latina preposicional *a latere* 'de entre los allegados, de entre los íntimos' (también *ab latere*), en español escrita *a látere*, empleada especialmente en la frase *legado a látere*. Pero el Diccionario de la Academia incluye, en segundo lugar, la frase *a látere* con el significado de 'persona que acompaña constante o frecuentemente a otra'. Se toma a veces en mala parte'. El Suplemento de 1970, con muy buen acuerdo, sustituye en esta segunda acepción la frase *a látere* por la palabra *alátere*, agregando la calificación «[nombre] común». Esta forma es la que debe emplearse en lugar del barbarismo *adlátere*.

Adonis y Venus, BibAE, pág. 359b); /d.r̄/ seD Rabioso; /d.l̦/ azuD LLeno.

2.º Combinaciones con /θ/ final de palabra: /θ.f/ faz Fuerte (Rubén Darío, *Poesías completas*, 1954, pág. 737); /θ.x/ juez Justo; /θ.s/ luz solar; /θ.ĉ/ infeliz cHolita; /θ.r̄/ diez Rápidas banderas (Alberti, *Cal y canto*, ed. 1929, pág. 146); /θ.l̦/ feraz LLanura.

3.º Combinaciones con /s/ final de palabra: /s.x/ los Justos; /s.ĉ/ sombras cHinescas; /s.l̦/ os LLama; /s.r̄/ el que más Regía (Alberti, *Cal y canto*, ed. 1929, pág. 143).

4.º Combinaciones con /l/ final de palabra: /l.y/ eL Yugo; /l.l̦/ abriL LLuvioso.

5.º Combinaciones con /r/ final de palabra: /r.l̦/ coloR LLamativo; /r.r̄/ saboR Raro.

c) El grupo heterosilábico en que entra (ɥ) como segundo fonema consonántico, aun siendo siempre escaso en español, se presenta con alguna mayor frecuencia en posición exterior que en posición interior de palabra [11], y en especiales combinaciones: /s.ɥ/ las Huelgas; /n.ɥ/ son Huertas; /l.ɥ/ eL Huérfano; /θ.ɥ/ voz Hueca; /r.ɥ/ teneR Huéspedes [12].

d) Con dos consonantes iguales heterosilábicas solo se dan, en posición interior, /n.n/ y /m.m/, como en /in.nato/ innato y en /im.mediato/ escrito inmediato. En posición exterior, además de /n.n/: coN Nadie, tenemos los grupos /d.d/: huéspeD De casa (Cervantes, *La ilustre fregona*, BibAE, I, pág. 194a); /θ.θ/: diez Zamarras; /s.s/: las sobras, y /l.l/: eL Logro. La impresión acústica de estas agregaciones o geminaciones no es simplemente de duración mayor, frente a la duración en el caso de una consonante simple: z larga, como en haz zumo frente a haz humo. Existe oposición distintiva [13] con la impresión de un límite silábico en la realización de la doble consonante, entre diez zamarras y diez amarras, las sobras y las obras [14], el logro y el ogro,

_____

[11] En posición interior, tras de consonante, aparece solo probablemente en los verbos compuestos *des-huesar*, *en-huecar* y *en-huerar*.

[12] Las voces patrimoniales que empiezan con *hue-* no pasan de veinte en el vocabulario español, aparte de sus derivados y de las voces de un mismo origen etimológico. Muy pocas palabras, usadas en América, todas procedentes de lenguas indígenas, tienen *hua-* inicial.

[13] Sin duda, cuando la pronunciación es fuerte y esmerada. De todas maneras, estos casos de ambigüedad posible, por enlace sintáctico, son poco frecuentes en español, si se comparan con los que ocurren en otras lenguas, en francés por ejemplo. En cualquier caso, toda ambigüedad y homofonía la disipan los restantes elementos del contexto (lo que se llama técnicamente «redundancia» en la teoría de la comunicación) o la situación misma.

[14] En las frases *dábas-selo*, *decías-selo*, *dijéras-selo*, etc., hoy fuera de uso, la escritura reduce las dos *s* a una, igualándolas así gráficamente con las frases *dába-selo*, *decía-selo*..., es decir, las dos formaciones se escriben *dábaselo* (v. § 3.10.8b). Análoga reducción se produce probablemente en palabras for-

con nene y *con ene*. Son en cierto modo análogas a estos enlaces las oposiciones /r.r̄/ frente a /r̄/ y la de /l.l/ frente a /ļ/: *dar rabia* y *da rabia; del llanto* y *de llanto*, acaso menos ambiguas que las anteriores.

1.6.4. Encuentro de vocales. — Los encuentros de vocales entre palabras son de naturaleza muy diferente a los examinados hasta aquí. En primer lugar, pueden formar sílaba. En segundo lugar, los fonemas vocálicos agrupados en sílabas exceden de dos y pueden llegar hasta cinco. En tercer lugar, pueden intervenir más de dos palabras en la agrupación silábica. En cuarto lugar, es importante el papel del acento de intensidad del grupo fónico en esta clase de agrupaciones. Por último, el grupo silábico, denominado s i n a l e f a, que resulta del encuentro, puede ser inacentuado o acentuado, según la naturaleza acentual originaria de las vocales que entran en su composición. Si hay vocales acentuadas, pueden producirse desplazamientos del acento, como luego veremos. Para el efecto acústico, la sinalefa acentuada tiene un solo acento de intensidad, aunque sean más de una las vocales originariamente acentuadas [15].

1.6.5. Sinalefas de dos vocales. — Las sinalefas constituidas por dos vocales son, con mucha diferencia, las más frecuentes de todas. De estas sinalefas con dos vocales son a su vez más frecuentes las inacentuadas, es decir, aquellas cuyas dos vocales carecen de acento de intensidad originario.

a) Con dos vocales diferentes inacentuadas.
1.º En sucesión creciente, es decir, V más cerrada + V más abierta [16].
/ea/ *se abrirá* (como en el diptongo de la palabra *náusea*); /ia/ *casi aristocrático* (como en *ansia*); /ie/ *pelotari español* (como en *parietal*);

---

madas en español, como *desazón*, escrita *des-sazón* en algunos textos de los siglos XVII y XVIII. La formación no es anterior a Gracián, según parece, que emplea *desazón*, por lo menos en las impresiones modernas que hemos examinado.

[15] Es muy limitado el número de textos, en gran parte poéticos, que han sido despojados ex profeso para este capítulo. Cuando no se indica más que el autor, los ejemplos proceden de tratados de Prosodia, Ortología o Fonética, especialmente del abundante repertorio reunido por Benot en el tomo II de su *Prosodia castellana y versificación*, tratados en los que muchas veces no se cita el título de la obra. Algunas ejemplificaciones son de invención propia o tomadas al oído. Los locutores de radio y televisión, por el tono afectado y recalcado que a veces adoptan, deshacen las sinalefas más de lo que conviene a nuestra lengua.

[16] Empleamos aquí los términos «creciente» y «decreciente» con la misma significación con que han sido empleados en los §§ 1.4.6 y 1.4.7, a propósito de los diptongos y triptongos.

/io/ *si oyeras* (como en *apasionarse*); /oa/ *como hacías tú* (como en *almohadilla*); /ua/ *tu afán* (como en *actualidad*); /ue/ *su extrañeza* (como en *consuetudinario*); /uo/ *ímpetu homicida* (como en *perpetuo*) [17].

2.º En sucesión decreciente [18].

/ae/ *la estación;* /ai/ *era imposible;* /ao/ *acaba odiándome;* /au/ *la cosa urgía;* /ei/ *sube inquieto;* /eu/ *viene ufano;* /oi/ *me hago ilusiones;* /ou/ *¿quién lo hubiera dicho?* [19].

b) Con dos vocales diferentes y acento originario en la más abierta (se imprime con versalitas la vocal acentuada).

1.º En sucesión creciente.

/eá/ *¿Cómo vive esa rosa que hAs prendido...?* (Bécquer, *Rimas*, ed. 1911, XXII).

/iá/ *Si hA de quedar dudoso de mi celo* (Lope de Vega, *Barlaán y Josafat*, v. 1358).

/ié/ *Si Es del número triste o del contento* (Garcilaso, *Égloga II*, v. 97).

/ió/ *Y por ventura entre alabastros y oro* (Jáuregui, BibAE, XLII, página 104b) [20].

/oá/ *Yace, pero Arde en glorias de su acero* (Quevedo, en BibAE, LXIX, pág. 6b).

/uá/ *Pues fuistes cada cual único en su Arte* (Góngora, *Sonetos completos*, ed. 1969, 1).

/ué/ *En su Época; en su égloga tercera* [21].

/uó/ *Su hondo grito* (J. Hierro, *Poesía completa*, pág. 47).

2.º En sucesión decreciente.

/áe/ *Dentro vA el faro* (Unamuno, *Antología poética*, ed. 1942, página 112).

/ái/ *Todavía allÁ iré yo* (*Romancero tradicional*, de R. Menéndez Pidal, I, 153,7).

/áo/ *De lo que se os hA olvidado* (*Ibíd.*, 157,23).

/áu/ *EstÁ humillado.*

/éi/ *¿Qué ingenio ya de Ceusis o Lisipo...?* (Jáuregui, BibAE, XLII, página 107).

/óu/ *Si no hubiera, Señor, jurado el cielo* (Góngora, *Sonetos completos*, ed. 1969, pág. 51).

c) Con dos vocales diferentes y acento en la más cerrada. (Para la explicación de esta sinalefa, véase el subapartado 3.º siguiente; se

---

[17] Los diptongos sin /i, u/, como hemos dicho en el § 1.4.14, son más infrecuentes que los diptongos con /i, u/.

[18] De aquí en adelante prescindimos del ejemplo con diptongo, diptongo que en algunos casos no existe (véase la nota siguiente).

[19] El diptongo inacentuado *ou* no existe, como no sea en alguna palabra aislada procedente del catalán o del gallego.

[20] Puede también pronunciarse /yó/.

[21] Es muy rara esta sinalefa.

Fonología sintáctica 91

imprime también con versalita la vocal originariamente acentuada, pero suprimimos en estos ejemplos la agrupación vocálica que resulta de la dislocación acentual, que se explica después, como decimos, en el subapartado 3.º.)

1.º En sucesión creciente.

HE aquí los campos de la patria hermosa (C. Bousoño, Poesía completa).

Alégrome, que estoy de mí apartado (Herrera, Rimas inéditas, página 91).

Por tI el silencio de la selva umbrosa (Garcilaso, Égloga I).

Allí os trataron tan mal (Romancero tradicional, de R. Menéndez Pidal, I, 153,21).

¡oh afán de adolescencia! Ya pasaron (G. Celaya, Poesía 1934-61, página 161.

Quando tú a Sydonia vayas (Flor de varios romances, Huesca, 1589, f.º C10).

Conforme a lo que tú escribes (Ibíd., f.º F6v.º). Tú obedece y calla.

2.º En sucesión decreciente.

Fue para ESte jesuita la poesía (J. L. Borges, Poemas, ed. 1962, página 166).

La hIzo cuatro cuarterones (Romancero popular de la Montaña, de Cossío y Maza Solano, I, 1933, pág. 72).

Con la otra le está apretando (Ibíd., pág. 205).

¿Cómo estará sin ella Un desdichado? (Villamediana, Obras, edición 1969, 91).

Por milagro este bien me hIzo quereros (Ibíd., 99).

Eso ocurre Una vez (M. Delibes, Las ratas, XV).

Le había revelado Un arquetipo (J. L. Borges, Ibíd., 161).

3.º Estos últimos grupos c1.º y c2.º, en los que una vocal acentuada se halla inmediatamente detrás o delante de una vocal más abierta inacentuada, parecen ser contrarios a la idea que tenemos de agrupación silábica. La cima compuesta tiene una vocal más abierta (núcleo) que la otra o las otras vocales (llamadas marginales) de la cima y, si la cima pertenece a una sílaba acentuada, el acento recae necesariamente sobre el núcleo, al menos tal como han sido descritos los diptongos y los triptongos en el cap. 1.4 (señalamos con versalita el núcleo): siEmpre, cuOta; Aire, cAusa. En el caso contrario hay hiato: ví-a, re-hÚsa [22]. Pero las vocales en contacto, en los ejemplos de los referidos grupos, que parecen reunir las condiciones fonológicas propias del hiato y que efectivamente pueden articularse con hiato, suelen reducirse, en la dicción rápida y natural y no especial-

---

[22] Sin contar los casos esporádicos de uso particular en determinadas áreas lingüísticas del español: /řáiθ/ frente a ra-íz, o los que tienen origen remoto, como vaina, procedente de va-ina.

mente afectada, a las sinalefas de los grupos c1.º y c2.º: *la-otra* >
/láo.tra/, *tú-escribes* > /tués.cribes/ [23], en virtud del proceso fonológi-
co-sintáctico de **dislocación acentual** [24].

d)   Con vocales diferentes de un mismo grado de abertura.
1.º   /eo/ y /oe/. Cuando las dos vocales carecen de acento, la
sinalefa es casi la única solución. En la poesía medieval, la separación
silábica era bastante más frecuente que en la moderna, en este y en
los grupos restantes.
2.º   /éo/. La sinalefa es hoy lo más frecuente (en este número 2.º y
en los que siguen, incluido el 5.º, se produce, como en todas las sinalefas examinadas hasta aquí, reunión de las dos vocales en una sola
sílaba; pero dada la índole particular de las vocales de un mismo
grado de abertura (v. § 1.4.14), no es siempre fácil decidir si existe
o no existe dislocación acentual; en vista de lo cual se imprimen en
versalitas las dos vocales en contacto):
¿Qué os importa el sentido de las cosas? (Unamuno, *Poesías*, 1907.
Caprichos: Sin sentido).
—*¿Podréos hablar sola?* —*Sí* (octosílabo) (Lope de Vega, *La con-
tienda de Diego García de Paredes*, II, BibAE, CCXV, pág. 324a) [25].
Sé olvidar [26].
¿Qué opinas?
3.º   /eó/. Hay cierta diferencia, por ejemplo, entre decir *Es de
otra* (sin sinalefa) y decir *Es de otra mujer* (con sinalefa), debida a la
diferente categoría gramatical del pronombre *otra:* sustantivo en el
primer caso, adjetivo en el segundo. Pero, en general, en otros casos,
la sinalefa es lo más frecuente. La frase *de oro*, muy usada en poesía,
no aparece principalmente con sinalefa en posición interior, como
podría esperarse.
4.º   /óe/. Solo parece emplearse la sinalefa, y únicamente en posición interior del grupo fónico.
No El rico adorno y la imperial grandeza (Jáuregui, en BibAE, XLII,
página 105a).

_____

[23]   En los ejemplos de los grupos 1.º y 2.º del apartado *c*, a pesar de la
equiparación que aquí hacemos con los del apartado *b*, hemos hecho resaltar
con versalita las vocales con acento originario.
[24]   La dislocación acentual no ha tenido todavía, al parecer, explicación
satisfactoria de naturaleza fonética. No se trata de licencias poéticas, ya que
son de uso corriente y normal en la conversación. Lo único seguro es que estas
dislocaciones son menos frecuentes que los grupos silábicos del apartado *b* y
que en muchos casos hay opción entre sinalefa: *la hice* /ái/ o hiato: /a.í/.
Esta posibilidad se da incluso en los grupos *b*1.º y *b*2.º, en muchos de ellos con
menos frecuencia que en los grupos con dislocación.
[25]   Contra el uso muy frecuente en la poesía antigua, y menos en la moderna: *Y poneos bien con Dios* /ó.o/ (*El condenado por desconfiado*, III, 2).
[26]   El lingüista norteamericano Hockett (*A Manual of Phonology*, 1955,
pág. 55) se pregunta, a propósito de este mismo ejemplo, si no se tratará de
un uso exclusivamente poético. Véase lo que hemos dicho en la nota 24.

Mandó EL *rey prender al conde.* (*Romancero tradicional*, de R. Menéndez Pidal, I, 176,8).
No ESCUCHA; *Llegó* ENSEGUIDA, etc.

5.º /oé/. En este grupo, bastante más usado que el anterior, la sinalefa aparece casi siempre (treinta y seis casos en el material empleado) en posición que no coincide con el último acento del grupo fónico. Solo tres veces en posición final del grupo fónico. La separación silábica /o.é/ coincide a veces con el acento final (siete pasajes en el material empleado), pero contamos siete casos en posición interior. Recuérdese, por ejemplo, el primer verso del conocido soneto de J. R. Jiménez: *¿Cómo* ERA, *Dios mío, cómo* ERA? (con dos agrupaciones /o.é/ ante pausa), y el último verso: *¡No sé cómo eras, yo que sé que fuiste!* (con sinalefa /oé/ también en posición final). Ahora, un pasaje con hiato en posición interior del grupo fónico: *Ven, si por solo esto te detienes* /o.é/ (Garcilaso, *Égloga I*, v. 215).

6.º /iu/ y /ui/. Cualquiera de estas dos combinaciones, con acento o sin él, es mucho menos frecuente que las examinadas en los restantes apartados y subapartados de este § 1.6.5, lo mismo que ocurre en interior de palabra con esta clase de combinaciones, si se comparan con otras clases de grupos vocálicos. Este reducido índice de frecuencia entre palabras se explica por la escasez de voces con *u* final acentuada, y sobre todo con *i* o *u* final inacentuadas.

e) Con vocales iguales [27].
1.º Si son inacentuadas, hay siempre unión silábica. El resultado es una vocal simple, como lo prueba la reducción *del < de el, aquella aldaba, desde entonces, si ignoras, mundo occidental, su unidad.*
2.º Si se acentúa la primera, también es regular la sinalefa: *Está hablando, Lo dejé encendido, Le vi inclinado, M'hijo el Dotor* (título de una comedia del uruguayo Florencio Sánchez), *Habló otra vez.*
3.º Si se acentúa la segunda, ocurre alguna vez separación silábica, pero lo más frecuente es también la sinalefa. Nos limitamos al grupo /eé/, por su elevado índice de frecuencia. Hemos contado cerca de cien pasajes con sinalefa, que van desde el siglo XVI hasta nuestros días. En once versiones tradicionales modernas del romance *Allá arriba en la alta sierra* aparece la sinalefa *que esa* /ké.sa/ (varía el demostrativo), sin un solo ejemplo en contra. Lo mismo ocurre con el grupo *que es, que era* de ese romance: ocho sinalefas en versiones tradicionales modernas, ningún caso sin sinalefa (*Romancero tradicional*, de R. Menéndez Pidal, I, págs. 65-66 y sigs.). La coincidencia con el acento final del grupo fónico no produce aislamiento de vocales: *Siendo tuya la voz y el canto de ella* (Góngora, *Sonetos completos*, ed. 1969,

---

[27] En textos del siglo XVI son frecuentes las elisiones: *deso, dél (de él), les (le es)*, lo que prueba la fácil reducción de las dos vocales.

68); *Dígame las señas de él* (*Romancero popular de la Montaña*, de Cossío y Maza Solano, I, 1933, 204). Con los noventa y tantos pasajes con sinalefa se enfrentan cuatro sin ella, uno solo en posición final, de Bécquer: *Semejan arcos de ébano* /e.é/ (*Rimas*, ed. 1911, XXV) [28].

1.6.6. Sinalefa de tres vocales. — En su formación hay que considerar varias circunstancias.

1.º Pueden intervenir dos o tres palabras. En el caso de dos palabras (a), la primera tiene que terminar o la segunda empezar con diptongo. En el caso de tres palabras (b), la segunda consiste necesariamente en uno de los siguientes monosílabos: preposición *a*, conjunción *o* (inacentuados) y presentes del verbo *haber: he, ha* (acentuados) [29]. A partir de aquí se imprimen con versalita todas las vocales que componen la sinalefa.

(a) 1. *Que convirtió* EN *halagos los desdenes* (B. L. Argensola, en BibAE, XLII, pág. 297b).

2. *Para mirar a una copA* AIrosísima (V. Aleixandre, *Antigua casa madrileña*, pág. 17).

(b) 3. *Todo* A UN *tiempo se concibe* (Zorrilla, *Obras*, I, 1847, página 160).

4. *El mundo mE hA hEchizado* (Quevedo, *Obras*, ed. 1963, I, pág. 21).

5. *Lo que tE hE Avisado mira* (Lope de Vega, *La corona merecida*, v. 1696).

6. *No soys oro ni rosas, nievE* O EStrellas (Herrera, *Rimas inéditas*, 1948, pág. 89).

2.º La sinalefa de tres vocales, por el grado de su abertura, puede ser decreciente (a) como en *hastA* EUropa [30]; creciente (b) como en *soberbIO* ALcázar; creciente-decreciente (c) como en *lengUA* ITálica [31] y [32].

(a) 7. A EUsebio *buscó enseguida.*

(b) 8. *Tristísima nostalgIA hAcia la carne* (Dámaso Alonso, *Oscura noticia*, ed. 1944, pág. 94).

9. *NadIE* A *la voz del compañero atiende* (Espronceda).

---

[28] En la sinalefa, que es lo más frecuente, se percibe una sola vocal. De ahí la posibilidad de ambigüedades: *la asiento = la siento, está hablando = está blando, ni irracionales = ni racionales, no hubo ocaso = no hubo caso.*

[29] La conjunción *y* y su variante *e* solo aparecen en verso, muy raramente y formando una sinalefa violenta.

[30] Con tres vocales diferentes la sinalefa decreciente es rarísima.

[31] La sucesión decreciente-creciente es articulatoriamente imposible por el hecho de encontrarse una vocal entre vocales más abiertas. El principio es el mismo que en los triptongos (§ 1.4.7f).

[32] El orden en que se enumeran las tres combinaciones posibles coincide con el orden de su frecuencia en el uso, de menor a mayor.

10. *De un limp*IO A*mor la más ilustre llama* (Góngora, *Sonetos completos*, ed. 1969, 68).

11. *Nunca ocurr*IÓ A*sí*.

12. *Del cavallo f*UE A*peado* (*Romancero tradicional*, de R. Menéndez Pidal, I, pág. 193,66; fecha 1560-65).

13. *Dentre ellos os f*UE A *sacar* (*Ibíd.*, pág. 154,28; fecha 1550).

14. *Que lo averig*ÜE A*llí*.

(c) 15. *Del hombro al pie su lín*EA E*xacta un rombo* (Gerardo Diego, *Poesía española 1915-31*, pág. 286).

16. *Por Ti la muerte s*E *h*A *h*E*cho nuestra madre* (Unamuno, *El Cristo de Velázquez*, 1920, I, 4).

17. *M*E *h*A *h*E*rido recatándose en la sombra* (Bécquer, *Rimas*, 1911, XLVII).

18. *Mi alma s*E *h*A E*mpleado* (S. Juan de la Cruz, *Cántico espiritual*, segunda redacción, estrofa 28).

19. *Veías*E A *int*É*rvalos* (Bécquer, *Ibíd.*, LXXII).

20. *M*E *h*A *obligado o me ha forzado* (Lope de Vega, *La corona merecida*, v. 2663).

21. *Sal*E A U*n teatro para ver las fiestas* (*Ibíd.*, v. 2884).

22. *D*E Á*ureo ensueño* (cuatro sílabas). (Pérez de Ayala, *El ombligo del mundo*, ed. 1924, pág. 23).

23. *Hac*IA E*l final*.

24. *Yo vi, yo v*I A E*se impío* (Cienfuegos, *Poesías*, ed. 1968, página 86).

25. *Una delic*IA I*nforme* (G. Celaya, *Poesía 1934-61*, pág. 130).

26. *Hac*IA *oriente*.

27. *Se inclina un oleaje hac*IA U*na arena* (J. Guillén, *Cántico*, ed. 1950, pág. 142).

28. *Como si no estuviera de allí* A*Usente* (Garcilaso, *Égloga I*, v. 53) [33].

29. *Al unicorn*IO I*mita, que sediento* (Quevedo, *Obras*, ed. 1963, I, 37).

30. *Oponer al incend*IO U*n hielo frío* (Jáuregui, en BibAE, XLII, página 105*b*).

31. *Todos, todos, qué dentro. No h*AY *extraños* (J. Guillén, *Cántico*, ed. 1950, 152).

32. *Las venas enroscadas sobre una estat*UA *h*E*lada* (G. Celaya, *Poesía 1934-61*, pág. 148).

33. *F*UE I*lustre tumba el húmido elemento* (Góngora, *Sonetos completos*, ed. 1969, 73).

34. *El aire f*UE U*n día* (seis sílabas). (C. Bousoño, *Poesía completa*, pág. 248).

---

[33] Este ejemplo nos muestra la posibilidad que existe en la sinalefa de agrupar la consonante /l/ con *i* no silábica, agrupación imposible en posición interior de palabra. Véase la nota 6 de este capítulo y de modo muy especial el § 1.3.4*f*. Véase también el § 2.12.1*f*, 3.º

3.º En la sinalefa de tres vocales puede haber vocales de un mismo timbre. Las dos primeras, como en los ejemplos 2 y 5; las dos últimas, como en el ejemplo 8; la primera y la última, como en los ejemplos 4, 6, 15-18, 25 y 29. Las tres pueden también ser iguales, pero solo se dan combinaciones con *a* y con *e: No añadas afrentA A Afrenta* (Tirso de Molina); *En la calle lE HE ENcontrado* (Calderón).

4.º La sinalefa puede ser inacentuada (2, 6-10, 14-15, 19, 23, 25-26, 29 y 32) o acentuada. En uno y otro caso, la vocal más abierta [34] es núcleo de la cima silábica. En las sinalefas acentuadas, el acento de intensidad puede encontrarse excepcionalmente en las tres vocales, como en *¿Qué hE hEcho yo?* /ké.ĉo.yo/. Las dos primeras pueden ser también originariamente acentuadas, como en el ejemplo 31; también las dos últimas, como en 16 y 34; la primera y la última, como en 24. Puede haber una sola vocal originariamente acentuada: la primera, en 28; la segunda, en 1, 4-5, 11-13, 17-18, 20, 22 y 33; la última, en 3, 21 y 27.

5.º Cuando el acento de intensidad no coincide con la vocal más abierta del grupo, se produce desplazamiento acentual. Así, en el ejemplo 5, la acentuación originaria /eéa/ se convierte, por desplazamiento y reducción de vocales iguales inmediatas, en /eá/; en el ejemplo 11, /ióa/ se convierte en /ioá/; en el 12, /uéa/ en /ueá/; en el 24, /íaé/ en /íae/; en el 28, /íau/ en /iáu/, etc.

1.6.7. **Sinalefas de más de tres vocales.** — *a*) Por sus rasgos generales, la sinalefa de cuatro vocales no es diferente de la de tres. Puede ser acentuada e inacentuada; creciente, decreciente y creciente-decreciente; pueden intervenir en ella dos o tres palabras; se producen desplazamientos del acento de intensidad, etc. Pero la presencia de una vocal más reduce las posibilidades combinatorias y hace muy infrecuente su uso. Si intervienen tres palabras, es improbable que la segunda sea otra que la preposición *a*. Si intervienen dos, tienen que terminar y empezar la primera y la última, respectivamente, por diptongo. He aquí algunos ejemplos:

Y a veces se esconde la sombrA A AUmentar (Espronceda, *El estudiante de Salamanca*, parte 1.ª).

Sale de SidonIA AIrado (*Flor de varios romances*, Huesca, 1589, f.º B9v.º).

Que nuestro bien a su insolencIA Ahogaba (Quintana).

AsIA A Un lado (cuatro sílabas) (Espronceda, *Canción del pirata*).

SerIE AUtógrafa.

---

[34] Tanto si es una sola, como si procede de la fusión de dos vocales contiguas del mismo timbre, como la doble *a* de los ejemplos 2 y 8.

Volvió A E*mpezar.*
Sitio AI*slado.*
Testimonio A U*n pontífice poeta* (Cervantes, *Viaje del Parna-*
so, IV, 263).
Solio AU*gusto.*
Lengua AI*mara.*
*Y más lastima su perpet*UA AU*sencia* (Jáuregui, en BibAE, XLII,
página 107*b*).
Antigua EU*foria.*
Con el conde fUE A E*ncontrar* (*Romancero popular de la Montaña,*
de Cossío y Maza Solano, I, 1933, pág. 153).

b) La sinalefa de cinco vocales es una especie rara. Teóricamente, solo puede estar formada por tres palabras. Casi todas las
que se citan en obras de Prosodia aparecen sin nombre de autor.
He aquí la única que podemos aducir de primera mano, procedente
de un libro en prosa:
*Se le ocurr*IÓ A E*Ulogio* (Rodolfo Ragucci, *Cartas a Eulogio*, 1943,
pág. 18; pertenece al texto doctrinal, no es un ejemplo de sinalefa
reproducido ni inventado).

1.6.8. Algunas otras particularidades concernientes a la sinalefa.—
a) En la sinalefa entran solamente vocales que forman sílaba al
final o al comienzo de la palabra a que pertenecen. Por ejemplo, el
diptongo final de palabra /ió/ en *subi*Ó A*l trono;* el diptongo inicial de
palabra /áo/ en *s*E A*hogaba;* la vocal *a* del hiato final de palabra /í.a/
en *subí-*A A*l trono;* la vocal *a* del hiato inicial de palabra /á.o/ en *s*E
A-*hoga.* Sin embargo, si la vocal acentuada del hiato no coincide con
un acento dominante, puede incorporarse a la sinalefa, tanto en el
verso como en el habla corriente:
*El negro cerco que rod*EA A *mis ojos* /eá/, no /é.a/ (Quevedo, *Obras*,
ed. 1963, I, 30).
*Un punto no la habí*A E*rrado* /iáe/, no /í.ae/ (*Romancero popular
de la Montaña*, de Cossío y Maza Solano, I, 1933, pág. 61).

b) El verso de metro regular emplea algunas libertades en la
formación de la sinalefa. En el endecasílabo de Gerardo Diego (*Primera
antología*, ed. 1947, pág. 62): *Mi nombre esper*A U*n día y otro día*, la
pausa destruye silábicamente el grupo /áu/, pero métricamente se
computa como una sílaba, es decir, como una sinalefa. Lo mismo en
Bécquer (*Rimas*, ed. 1911, LXV): *¡Estaba en un desiert*o*!* AU*nque a mi
oído.* Esta organización del verso es muy frecuente.

c) Otra curiosa «licencia» poética, que en este caso afecta también
a la rima, aparece en el endecasílabo de Garcilaso (*Égloga I*, v. 122):

Y por nuevo camino el agua sE Iba, donde se computa como una sílaba el grupo vocálico final /éi/, con dislocación del acento, lo que no impide que *iba* sea consonante de *estiva*. Lo mismo ocurre en Góngora (*Sonetos completos*, ed. 1969, pág. 27): *Que a Júpiter ministra el garzón* dE *Ida*, verso aconsonantado en *-ida* a pesar de la sinalefa /éi/, o en *Ponga, pues, fin a las querellas* quE Usa (*Ibíd.*, 127), con sinalefa /éu/, pero con rima *-usa*.

d) Acabamos de ver cómo la expresión poética se halla a veces constreñida por las exigencias métricas del verso, y que una formación silábica como sE Iba /séi-ba/ no rechaza la consonancia en *-iba*, a pesar de coincidir con el acento final, que favorece notoriamente el hiato. Inversamente, en posición interior de verso, más favorable a la sinalefa, esta se evita en ocasiones, y así frente a *toda la fam*A A Un *eco* /áu/ encontramos casi siempre *un*A A *una las miraba* /a.ú/, acaso por diferencias de categoría gramatical (pronombre adjetivo *un* frente a pronombre sustantivo *una;* véase un caso análogo en el § 1.6.5d, 3.°). Lo mismo *uno* A *uno* /a.ú/.

1.6.9. **Acción del acento dominante en el grupo fónico.** — *a)* El hiato de una palabra, aunque no coincida con un acento dominante del grupo fónico, se convierte con mucha frecuencia en diptongo, con desplazamiento acentual, tanto en el verso como en el habla rápida y no afectada. Si la vocal del hiato originariamente acentuada coincide con el último acento del grupo fónico, se mantiene el hiato [35].

Por que nunca sEA *vencido* /eá/ (*Cancionero general*, 1511, folio XVIIIr.°,c).

Verán quién es Buitrago, y si merece / *comer por diez, pues que* pelEA *por veynte* /eá/ (Cervantes, *El gallardo español*, BibAE, CLVI, pág. 12b).

Por que a tanta salud sEA *reducido* /eá/ (Góngora, *Sonetos completos*, ed. 1969, 3), en contraste con el hiato en posición final, en el mismo soneto: *Que aun los que por nacer están lo* vE-An /ó.a/.

*Un mozo moreno rasgu*EA *la guitarra* /eá/ (Manuel Machado, *Alma*, 1898-1900: *Cantares*), y con hiato en posición interior: *Pedernoso cual tú* sE-A *mi nombre* /ó.a/ (Unamuno, *Poesías*, 1907. *Castilla: Salamanca*).

*Pregonar hab*íA *mandado* /iá/ (*Romancero tradicional*, de R. Menéndez Pidal, pág. 192,33; fecha 1560-65).

---

[35] Este fenómeno es hoy general, pero en determinadas áreas lingüísticas se produce con más frecuencia que en otras. El paso del imperfecto *ía* a *ié*, /ié/ con desplazamiento del acento, es constante en el *Cantar de Mio Cid*, excepto en la primera persona de singular.

Brillar la claridad de un día sin nubes /iá/ (C. Bousoño, *Poesía completa*, 190). Con hiato en posición final: *Cuántas veces el alma me decí-a* /i.a/ (Lope de Vega, *Rimas sacras*, en *Obras sueltas*, XII, pág. 184).

b) Algunos adverbios compuestos, de formación romance, que en contraste con las formas anteriores muestran sucesión vocálica decreciente, varían también en su organización silábica, influida en este caso no solamente por su posición interior o final en el grupo fónico, sino además por el carácter enclítico o proclítico con que aparecen, en relación con la palabra o palabras de que dependen.

1.º *ahora*, adverbio temporal, dotado de acento de intensidad. A pesar de que la forma *agora* ha prevalecido durante toda la Edad Media, según lo más probable, y todavía en 1611 Covarrubias no registra otra en su *Tesoro de la lengua castellana o española*, no influyó decisivamente en el trisilabismo de la forma posterior *ahora*, que se empleó pronto sin hiato /áo.ra/, según testimonios literarios, en donde a veces se escribe sin *h*:
Aora /áo/ *bien, ¿qué se ha de hacer?* (Lope de Vega, *La corona merecida*, v. 210; un poco más adelante emplea *agora*, v. 223).
La diptongación domina hoy en el habla [36]. En el verso, ante pausa, encontramos hiato: *El mediodía ahora* /a.óra/, *con su cielo* (L. Cernuda, *La realidad y el deseo*, pág. 238), pero no siempre: *Y ahora* /áo.ra/, *muda* (Dámaso Alonso, *Poemas puros*, ed. 1921, 93) [37]. También cuando se pospone a las palabras a las que modifica: *Oh, si pudiera ahora* /a.óra/ (heptasílabo, *Ibíd.*, 62), pero a veces hay diptongo en esta posición: *Olvida ahora la cedra* /áo.ra/ (G. Diego, *Ángeles de Compostela*, ed. 1961, 39). Cuando el adverbio se antepone, parece ser hoy más frecuente el diptongo: *Esta alegría que ahora* /áo.ra/ *siento* (J. Hierro, *Poesía completa*, 82); *Ahora* /áo.ra/ *vagar parecen, sin objeto* (A. Machado, *Nuevas canciones: Sonetos*). En la poesía clásica no es raro el hiato en esta posición: *Que ahora* /a.óra/ *es gloria mucha y tierra poca* (Góngora, *Sonetos completos*, ed. 1969, 5).

---

[36] En algunos territorios, sobre todo americanos, se llega a señalar con mayor claridad el anti-hiato con el vulgarismo *aura* /áu/: *Aura la Pascuala se dañará* (Ciro Alegría, *El mundo es ancho y ajeno*, 35). Pero *hora*, cuyo origen no es posible relacionar con *aura*, lo han empleado con mucha frecuencia los poetas clásicos, fenómeno que podría atribuirse al bisilabismo dominante en los adverbios de tiempo: *antes, luego, pronto*, más probablemente al ablativo de tiempo *horā* de las construcciones latino-vulgares *hāc horā > agora, ipsā horā >* ant. *essora*. Por otra parte, la conjunción disyuntiva *ora*, acentuada, que alterna todavía con *ahora* (y con *ya*), procede a su vez de esa forma *hora* del adverbio temporal *ahora*.
[37] Hay que tener también en cuenta las exigencias de los acentos rítmicos en el verso.

2.º *aún*, adverbio temporal, dotado de acento de intensidad [38]. La variación entre hiato /a.ún/ y diptongo /áun/ es análoga a la de *ahora*, aunque quizá más estrictamente ceñida en este caso a la posición [39]. Ante pausa aparece siempre hiato: *Yo digo aún* /a.ún/ *¿Por qué callé aquel día?* (Bécquer, *Rimas*, ed. 1911, XXX); *Pero queriendo avanzar más aún* /a.ún/, *halló insuperable barrera* (Galdós, *El 19 de marzo*, pág. 162). Hay también hiato cuando se pospone a las palabras a las que modifica: *Sin ser aún* /a.ún/ *del todo claro* (Zunzunegui, *Un hombre entre dos mujeres*, ed. 1966, pág. 381); *Muy cerca aún* /a.ún/ *del animal* (Ortega y Gasset, *Obras completas*, VI, ed. 1948, pág. 473); *Es horroroso desear la muerte de alguien, y más aún* /a.ún/ *la de una persona que tanto se quiere* (Valera, *Genio y figura*, ed. 1937, 98) [40]. Antepuesto, se emplea diptongo: *Si bien de aspecto aún* /áun/ *más ilustre y bello* (Jáuregui, en BibAE, XLII, pág. 103b); *Aún* /áun/ *más allá de donde estaban asegurados* (Sarmiento, *Facundo*, ed. 1966, página 78); *Aún* /áun/ *baja más el nublado* (G. Miró, *Años y leguas*, ed. 1928, pág. 26); *Cuando aún* /áun/ *no nació el hombre, él verdecía* (Unamuno, *Poesías*, 1907. Castilla: *El mar de encinas*).

3.º *aun*, partícula inacentuada, procedente del adverbio *aún*. Es siempre monosilábica y se coloca siempre delante de la palabra o de la frase de que depende. Unas veces significa 'hasta', 'incluso' (v. § 1.5.4): *Que aun* /aun/ *el cielo, en algún modo / es de disfrazes capaz* (Lope de Vega, *El castigo sin venganza*, I, en *Obras sueltas*, VIII, pág. 386). Otras veces tiene significación adversativa o hipotética (de donde las conjunciones compuestas, también inacentuadas, *aunque* y *aun cuando*): *Pero, aun* /aun/ *fusilando a Rosas, la campaña no habría carecido de representantes* (Sarmiento, *Facundo*, cap. IX); *Ni aun* /aun/ *así creo que me atreveré* (Zunzunegui, *Un hombre entre dos mujeres*, ed. 1966, pág. 408). Muestra, a pesar de todo, cierta tendencia a vacilar acentualmente. Así en la fórmula *ni aun = ni siquiera*, que tiene en común con las partículas inclusivas *hasta* e *incluso* el expresar una paradoja, aunque de signo opuesto: *hasta* e *incluso* positivo, *ni aun* y *ni siquiera* negativos [41]: *Ni aun los campos del Tajo están seguros* /áun/ o /aun/ (Góngora, *Sonetos completos*, ed. 1969, 23); *Ni aun a mirarla me volví* /áun/ o /aun/ (Bécquer, *Rimas*, ed. 1911, XXXII). La vacilación parece extenderse a veces a *aun* cuando equivale a la partí-

---

[38]   La escritura marca siempre la tilde en la segunda vocal.

[39]   Aunque la prueba no es tan decisiva para los que no poseen el español como lengua materna, apelamos aquí, más reiteradamente que hasta ahora, a textos en prosa, por ser *aún* una palabra de elevado coeficiente de frecuencia en el habla.

[40]   Siempre *más aún* y *menos aún* /a.ún/, frente a *aún más* y *aún menos* /áun/.

[41]   *Siquiera* es siempre palabra acentuada, lo que puede haber influido en la acentuación esporádica de su sinónimo *aun* en la fórmula *ni aun = ni siquiera*.

cula inclusiva *hasta: Esto acontece aun con las pequeñas parciales verdades de la vida* /áun/ o /aun/ (E. Barrios, *Gran señor y rajadiablos*, ed. 1952, 106)[42].

4.º *ahí*, adverbio de lugar, con acento de intensidad. Las razones de la diferencia entre hiato /a.í/ (que es originario, como en /a.ora/ y /a.ún/) y diptongo /ái/ no son tan fáciles de determinar sintácticamente como en los otros dos adverbios. La posición final, por ejemplo, no decide el hiato: *¡Vete por ahí!* /a.í/ o /ái/. Es la fuerza deíctica de este adverbio lo que decide probablemente el bisilabismo: *¡ahí!* /a.í/ (precisamente *ahí*, y no en otra parte).

---

[42] A partir de las *Nuevas normas de Prosodia y Ortografía*, que entraron en vigor en enero de 1959, se señala con tilde el adverbio temporal *aún = todavía*, tanto cuando se emplea con diptongo como cuando se emplea con hiato, por el simple hecho de que, en todos los casos, posee acento de intensidad. Estas otras vacilaciones, entre acentuación y no acentuación de la partícula *aun*, que responde a hábitos personales, no deben ser tenidas en consideración en la lengua literaria culta.

1.7. DE LA ENTONACIÓN

El breve examen que hacemos aquí de la entonación española refleja los usos que han dominado en Madrid dentro de los últimos cincuenta años en el seno de familias burguesas de antiguo abolengo madrileño y en gran parte de los medios universitarios y cultos. Dar una idea, por somera que fuese, de la variedad de acentos que llenan la vasta geografía de habla española habría sido empresa imposible, hoy por hoy, de llevar a cabo y no parece necesario encarecerlo.

1.7.1. Generalidades. — *a*) Una frase cualquiera que es producto de un acto oral, como *Te han engañado*, podemos considerarla despojada (lo que de hecho ocurre con el bisbiseo), mediante un acto de abstracción, de su relieve melódico. Ese residuo queda así abierto a un número más o menos amplio de significaciones, de manera en cierto modo análoga a lo que ocurre con las palabras insertas en un diccionario, a las que en este caso acompañan sus posibles y diversos contenidos semánticos. Por lo que hace a la realización oral (diálogo, lectura en voz alta) de la frase *Te han engañado*, son el contexto. la situación o los supuestos consabidos los que ayudan a precisar tanto la significación de la frase entera como la de las palabras de que se compone. Pero, independientemente de ellos. la línea melódica en que la frase está inscrita agrega determinados componentes que, asociados a las pausas de la elocución y a los acentos de intensidad, desempeñan primordialmente una doble función: sirven a la organización sintáctica, cuando la oración se compone de diversos miembros; por otro lado, contribuyen a poner de relieve las funciones representativa. apelativa y expresiva del lenguaje [1].

---

[1] Ninguna de estas funciones, dentro de la línea melódica, se manifiesta enteramente disociada de las demás. Cada una de ellas actúa de una manera predominante. Todo acto elocutivo presupone como tal un destinatario, y en este sentido desempeña siempre lo que se entiende por apelación. Pero la apelación es predominante cuando la frase está motivada por una expectativa (la respuesta, la conducta del interpelado), como en determinados tipos de frase interrogativa o en el mandato. La función expresiva, a su vez, es predominante en las oraciones específicamente exclamativas. La fun-

b) La unidad melódica coincide en su extensión con la del grupo fónico: está limitada por dos pausas normales sucesivas (§ 1.1.1c). Puede componerse de una o más palabras, de una o más sílabas, pero en español predomina la de siete u ocho sílabas y son raras las que exceden de quince. Un solo grupo melódico puede constituir una oración completa, verbal o nominal [2], cuando el enunciado es sencillo, sin incisos, vocativos, enumeraciones, o formas complicadas de subordinación:

[1] *Yo.*
[2] *Vamos.*
[3] *Es tarde* (tres sílabas y dos palabras).
[4] *Ni lo pienses* (cuatro sílabas y tres palabras).
[5] *Ni eso siquiera* (cinco sílabas y tres palabras).
[6] *Y yo sin saberlo* (seis sílabas y cinco palabras).
[7] *Palabras no le faltan* (siete sílabas y cuatro palabras).
[8] *A buen hambre no hay pan duro* (ocho sílabas y siete palabras).
[9] *Amanecerá Dios y medraremos* (once sílabas y cuatro palabras).

Los enunciados complejos se descomponen en dos o más unidades melódicas (señalamos con los signos ortográficos usuales la separación de las unidades):

[10] *Oiga, amigo.*
[11] *Donde las dan, las toman.*
[12] *Si quieres, nos vamos de viaje.*
[13] *Hasta esa hora —pensó él— dormiremos tranquilos.*
[14] *El que a buen árbol se arrima, buena sombra le cobija.*
[15] *Ni palabras, ni ruegos, ni amenazas fueron bastantes, en su excitación, para contenerle.*

Pero el «tempo», vario en el decir (del largo al presto), puede reunir dos o más grupos melódicos en uno solo, fusionándolos en una oración conclusa [3]. Así en alguno de los ejemplos anteriores:

[10] *Oiga (,) amigo,*
[11] *Donde las dan (,) las toman,*

---

ción representativa, la más exenta de momentos apelativos y expresivos, domina en las oraciones de naturaleza enunciativa y declarativa. A cada función corresponde, de una manera constante o preferente, un tipo determinado de línea melódica.
[2] El término «nominal» es negativo: comprende las oraciones que no contienen verbo en forma personal, cualquiera que sea la palabra o las palabras de que se componen: pronombre (como en el ejemplo [1]); conjunción, pronombre y partícula (como en el ejemplo [5]); conjunción, pronombre sujeto, preposición, infinitivo y pronombre acusativo (como en [6]), etc.
[3] Aparecen fusionados en algunas fórmulas breves de mucho uso en las que la escritura se resiste, por razones sintácticas explicables, a suprimir los

o inversamente, descomponer una oración en dos o más grupos melódicos:

[6] *Y yo, sin saberlo.*
[7] *Palabras, no le faltan.*

El caso extremo de esta fragmentación lo impone el dictado, o cualquier otro motivo, con la intención de inculcar bien en el oyente lo que se dice. Puede alcanzar a las palabras mismas, aislando las sílabas, con lo que se desdibuja el relieve melódico.

c) La línea melódica se desarrolla en una determinada zona de alturas musicales que varía de unas lenguas a otras y aparece determinada, además, por la edad, el sexo y la tesitura de la voz (soprano, contralto, tenor, barítono, bajo). En el habla española, con algunas diferencias regionales, y cualquiera que sea la tesitura personal, la zona melódica es algo superior a una octava.

d) Hay que distinguir en la línea melódica del habla dos hechos diferentes, pero conjugados entre sí. De un lado, la altura musical a que llega una sílaba. De otro, la inflexión que se produce al atacar o abandonar la voz esa nota. En la transcripción de las líneas melódicas de que vamos a servirnos empleamos para el primer hecho un número (1, 2, 3, 4), entendiéndose que representa un valor relativo, y que el 2 es una nota superior a la representada por 1 y al mismo tiempo inferior a la representada por 3. Para la inflexión, que es un fenómeno direccional (vectorial, con denominación matemática), empleamos el signo (↑), que representa inflexión ascendente —paso a una nota más alta—; el signo (↓), que representa inflexión descendente, y los puntos suspensivos (...) para señalar que, tras de la nota dominante final del grupo, no se produce inflexión ascendente ni descendente. Si en los textos literarios que reproducimos no se marcan los puntos suspensivos, los colocamos entre corchetes [...] [4]. Las notas coinciden en general con los acentos de intensidad dominantes que más caracterizan cada tipo melódico: el primero y el último de la unidad. Se asocian también,

---

signos de puntuación: *Sí, señor; No, señor; De eso, nada* (en contraste con *Nada de eso*). En realidad, *Sí, señor* y *No, señor* tienen significaciones diferentes cuando se pronuncian sin pausa (fórmulas de corroboración = *Tiene usted razón; Es verdad,* o lo contrario = *No estoy conforme; No es verdad*) y con pausa (fórmulas respetuosas de obediencia = *Bien; Haremos o no haremos lo que usted manda*). Solo en este segundo caso conserva la palabra *señor* su categoría gramatical de vocativo y se escribe usualmente con mayúscula.
[4] No se trata de una interrupción involuntaria, sino de la empleada como signo lingüístico melódico normal («aposiopesis» es el término de la retórica tradicional) con determinadas intenciones: cuando se da por entendido lo que se deja de decir, cuando interfieren momentos apelativos (se espera una réplica) o expresivos (insinuación, recelo, incertidumbre, etc.).

en muchos casos, a sílabas inacentuadas inmediatas a las acentuadas, para señalar una inflexión. Pero las inflexiones no se producen solamente en sílabas inmediatas, sino frecuentemente dentro de una misma sílaba. La frase constituida por el monosílabo *yo* del ejemplo [1] puede articularse con una sola nota musical cuando constituye una oración aseverativa pronunciada sin ninguna clase de reticencia, ni motivaciones de duda ni contradicción:

[16]   —*¿Quién lo ha dicho?* —*Yo.*

Pero puede producirse dentro de ella una inflexión ascendente, motivada por la perplejidad que suscita una imputación inesperada:

[17]   —*Me has insultado.* —*Yo...* (con inflexión de tipo interrogativo, que transcrita con líneas horizontales sería ＿ ⌐).

O con inflexión descendente, en el mismo ejemplo, para marcar la exculpación, la repulsa (con líneas horizontales: ⌐ ＿ = *Es absurdo. Te equivocas*).

Y hasta una doble inflexión descendente-ascendente:

[18]   —*Como tú te empeñaste en admitirle en casa...* —*¿Yo?* (marcando con mayor expresividad la sorpresa en forma de unidad melódica interrogativo-inquisitiva, asociada a un acto de rememoración; señalada con líneas horizontales: ⌐ ＿ ⌐ = *No recuerdo tal cosa. No sabes lo que dices*).

Inflexiones análogas podrían ejemplificarse con otros monosílabos que forman también oraciones de una sola palabra: *Bien; Él; Hoy; Sí; Yo; Ya;* etc.

e) Dentro de los diez o doce semitonos que abarca la zona de la entonación española, corre una línea o nivel (o tono) que llamamos normal, por ser como el eje de la entonación. Es la más acomodada a las condiciones fisiológicas de la emisión oral, en cada una de las tesituras de la voz. Algunas líneas melódicas, como la enunciativa, mantienen el tono normal de una manera casi invariable en el cuerpo «central», situado entre el primero y el último acento de intensidad del grupo. Las desviaciones de ese tono normal, en otras clases de líneas melódicas, logran su relevancia acústica y expresan la intención particular que las motiva en virtud de esa desviación misma. No disponemos de signos especiales para marcar las líneas o curvas fluctuantes, aunque intentamos en cada caso una sucinta descripción [5].

---

[5] Debemos agregar algunas aclaraciones acerca de nuestra notación. Cuando el grupo melódico empieza por una o más sílabas inacentuadas, si al primer acento de intensidad le corresponde el tono normal o aproximadamente normal, no señalamos con número el tono más grave de esas sílabas iniciales inacentuadas, a menos que posea carácter especialmente distintivo. El número 2 corresponde al llamado tono «semigrave» por Navarro

1.7.2.   Entonación enunciativa. — *a)*   La entonación enunciativa
es la más neutra, la que corresponde a las oraciones más disociadas
de momentos expresivos y apelativos especiales. Puede consistir en
la comunicación de un hecho pasado o futuro: *Se habían agotado nuestras provisiones; Hoy abren a las cuatro.* En una fórmula matemática:
Dos y tres son cinco. En un principio científico: *El calor dilata los cuerpos.* En un axioma: *El todo es mayor que las partes.* En la formulación
oral de un título, una razón social, un rótulo (frecuentemente constituyen oración sin verbo): *El martirio de San Lorenzo; Lo cierto por lo
dudoso; El secreto a voces; La Unión y el Fénix; Liquidación por tras-
paso.* Cuando, como en estos ejemplos, un solo grupo melódico forma
una oración conclusa, la inflexión que se produce en la primera sílaba
prosódicamente acentuada es ascendente, y la última, realizada en
la última sílaba acentuada, descendente. El cuerpo central de la unidad
melódica, situado entre una y otra inflexión, mantiene la altura musical de la primera sílaba acentuada, sin desviaciones importantes.
Esta uniformidad del tono en el cuerpo central caracteriza la unidad
melódica enunciativa española. Transcribimos con sus notaciones alguna de las frases que acabamos de citar:

[19]   *El* ³↑*tòdo es mayor que las* ¹↓*pàrtes* [6].
[20]   *Lo* ³↑*cièrto por lo du*¹↓*dòso.*

La melodía no es indiferente es muchos casos al orden de colocación de las unidades sintácticas que componen la frase, cuando existe
más de un orden posible. La oración

[21]   *Se ha*³↑*bían agotado nuestras provi*¹↓*siònes*

puede adoptar la forma:

[22]   *Nuestras provisiones se habían agotado,*

Tomás *(Manual de Entonación Española),* separado aproximadamente por
cuatro semitonos del tono normal. El número 1 al tono grave, unos cuatro
semitonos por debajo del 2. El número 4 corresponde al llamado por el mismo autor tono agudo, superior musicalmente en cuatro semitonos al 3, que
es el normal. El tono agudo puede elevarse todavía alrededor de ocho semitonos por encima del tono normal. No empleamos en este caso un número
especial, que sería el 5, por la razón de que la nota, representada por 4, pueda
incrementarse tonalmente en casi todos los casos, según el grado de intensidad de la voz, de la tensión de los órganos articulatorios y según la naturaleza del momento expresivo concomitante.
   [6]   Agregamos algunas observaciones más acerca de la notación empleada.
El número de la nota musical se escribe en la parte alta del renglón, a la
izquierda de la sílaba a la que se refiere. Va seguido inmediatamente de la
flecha vertical que marca la inflexión. Marcamos con acento grave /`/ la vocal
prosódicamente acentuada, en los casos en que está privada de la tilde
ortográfica. Lo hacemos especialmente en la primera y última sílabas acentuadas de la unidad melódica.

en la cual puede mantenerse una modulación análoga a la anterior:

Nuestras provi³⌐siònes se habían ago¹⌐tàdo,

sin inflexión importante hasta la última sílaba acentuada, o bien:

Nuestras provi⁴⌐siònes (,) ²se ha³⌐bían ago¹⌐tàdo,

con elevación al tono agudo en la segunda sílaba con acento de intensidad *(provisiònes)* y luego sensible descenso al tono semigrave, lo que puede dar origen a una fragmentación de la frase en dos unidades melódicas, como en las oraciones complejas de que tratamos después (apartado *d*). La coma entre paréntesis indica esta fragmentación posible, pero no necesaria.

b)   Además de las frases anteriores de aseveración más o menos neutra y categórica, con inflexión final descendente, hay otras en que la última sílaba acentuada conserva la misma nota aproximadamente que la primera sílaba acentuada. Después de ella se produce el descenso al tono grave o semigrave. Esta particularidad melódica, en la que inciden especialmente intenciones apelativas (una advertencia, una puntualización, una conjetura) suele ir asociada a determinadas frases o miembros de frase en los que entra sobre todo la conjunción *que,* agrupada a veces con otra conjunción: *como que,* o formando parte de otras locuciones: *es que, no es que, sí que, ahora que,* etc.:

[23]   *Mamá, mamá, que ahòra /³keào.ra/ estamos so³lì¹⌐tas* (S. y J. Álvarez Quintero, *Olvidadiza,* I.)
[24]   *Nada, hombre, las mujeres, que* [7] *³⌐sòn peores que una epi³dè¹⌐mia* (Arniches y García Álvarez, *La suerte loca,* I, 1).
[25]   *No me hagas salir, a ³⌐nò ser que me lleves ³lè¹⌐jos* (R. Pérez de Ayala, *El curandero de su honra,* ed. 1926, pág. 200).
[26]   *³Nò es exacto que el pueblo no en³tièn¹⌐da* (Unamuno, *Ensayos,* II).
[27]   —*Yo no bailo más.*
      —*A³hòra que se iba animando ³ès¹⌐to* (S. y J. Álvarez Quintero, *El patio,* I).
[28]   *Y ³⌐nò es que yo no tenga confianza en nuestros antiguos y fieles servi³dò¹⌐res* (Unamuno, *Niebla*).
[29]   *Como que ³⌐yò he puesto mi orgullo en la corrección de mi sensibili³dàd¹⌐* (Pardo Bazán, *La sirena negra,* X; con inflexión ascendente-descendente dentro de una misma sílaba, en este y en el siguiente ejemplo).
[30]   *Pues ³⌐sí que hará usted un bonito pa³pèl¹⌐* (R. Pérez de Ayala, *El curandero de su honra,* ed. 1926, pág. 120).

---

[7]   *Que* es aquí conjunción explicativa, no pronombre relativo.

[31] *^{3}Sé que las costumbres inglesas lo ordenan de este ^{3}mò^{1}↓do* (Galdós, *La batalla de los Arapiles*, ed. 1875, VII).

[32] —*Son más adànes* (...).

—*La e^{3}↑dàd que ^{3}tiè^{1}↓nen* (= *hágase usted cargo*) (Sánchez Ferlosio, *El Jarama*, ed. 1956, pág. 97).

[33] —*Con colocar unas cuantas fichas y letreros* [...] *se ha^{3}↑cía usted ^{3}rì^{1}↓co.*

—*^{3}Nò me dejan po^{3}nèr^{2}↓los* (= *¡fíjese!*) (*Ibíd.*, 99) [8].

c) Esta particular modulación enunciativa se asocia con frecuencia, por motivaciones apelativas análogas, a tiempos verbales diferentes:

[34] *^{3}Nò lo ^{1}↓crèo. ^{3}Nùnca lo he cre^{1}↓ído* (la inflexión final descendente tiene como supuesto una creencia firme).

[35] *^{3}Nò lo cre^{4}↑í↓a* (la inflexión ascendente-descendente final no marca una creencia menos firme, sino el hecho de que la creencia ya no es válida en el momento en que se habla = *Pero ahora sí lo creo*, significación frecuente del imperfecto fuera de la narración histórica).

La modulación particular no descendente en la última sílaba acentuada de la frase es muy semejante a la de las frases exclamativas estimativas que hemos de considerar más adelante (§ 1.7.5).

d) En las oraciones de alguna complejidad sintáctica [9], las diferentes unidades melódicas suelen agruparse en dos ramas: la tensiva, con que suele iniciarse la oración, y la distensiva, con que se termina. La primera se desarrolla de ordinario en una línea de tono normal algo más elevada que la segunda. Una y otra pueden contener más de un grupo melódico. La distensiva contrasta frecuentemente con la tensiva por la acumulación en ella [10] de un mayor número de unidades melódicas. Señalamos con un doble trazo vertical (||) la separación entre las dos ramas, y con un solo trazo (|) la separación entre los grupos

---

[8] Es artificial y perturbadora la conservación del tono normal 3 en el último acento en todas las frases enunciativas, fuera de las condiciones señaladas, uso frecuente en algunos locutores *españoles* de la radio y la televisión españolas.

[9] No debemos confundir la oración compleja, por grande que sea el número de sus componentes melódicos, con el período, conjunto de oraciones simples o complejas, separadas unas de otras por punto y seguido. Pero la actividad creadora del lenguaje no está sujeta a reglas melódicas o sintácticas, que permitan determinar con rigor en qué momento podemos dar por conclusa y cerrada una oración compleja.

[10] Esta acumulación de grupos en la rama distensiva puede explicarse por la ley «cuantitativa ascendente» señalada por algunos autores en varias lenguas indoeuropeas, según la cual existe en ellas cierta tendencia a colocar palabras o agrupaciones de palabras más extensas detrás de las más cortas.

melódicos secundarios [11]. El primer signo puede representar una pausa ligeramente más larga que el segundo. La rama tensiva puede ser una frase subordinada o subordinante, una locución preposicional, un sujeto gramatical, un miembro coordinado, un vocativo, etc. He aquí algunos ejemplos de frases complejas que agregamos a algunas del apartado *b* anterior, como las [23], [24] y [25], donde nos habíamos limitado a señalar con una coma la separación de los grupos melódicos:

[36] *Porque e³|xìsten mu⁴|jères ‖ que ³|crèen llevar siempre a los ³hòmbres | a³tàdos al carro de su be¹|llèza* (Jardiel Poncela, *Eloísa está debajo de un almendro*, prólogo).

[37] *³Tòdos piensan de una manera negativa | con el de³|sèo de hacer algo ur⁴|gènte ‖ y ³nò saben ¹|qué* (Ramón J. Sender, *Nocturno de los 14*, ed. 1970, pág. 33).

[38] *³Hày excepciones en ³è¹|so | como en ³|tò¹|do, ‖ aunque el ³|càso es bastante frecuente | para permi³|tìrnos generali¹|zàr* (*Ibíd.*, página 252).

[39] *A³llá, | sobre el hospi⁴|tàl, ‖ nos reu³|nìmos los tácticos | a calcu³|làr la posición de las ¹|tròpas* (Unamuno, *Paz en la guerra*, edición 1952, pág. 144).

[40] *Mau³|rìcio abrió la porte⁴|zuèla ‖ y se abra³|zàron con grandes golpes | al ³piè del ¹|còche* (Sánchez Ferlosio, *El Jarama*, edición 1956, pág. 97).

[41] *Car³|mì²|na, | a³|quèl ⁴|tièmpo ‖ ³ès el único recuerdo maravilloso que conservo | en ³|mèdio de la sordidez en que vi¹|vìmos* (Buero Vallejo, *Historia de una escalera*, ed. 1952, I).

[42] *En ³|èsto de tu ⁴|bòda, | ²mu⁴|chàcha, ‖ es³|tòy por completo a tu ¹|làdo* (Pemán, *Los tres etcéteras de Don Simón*, ed. 1953, pág. 31).

1.7.3. Enumeración enunciativa. — *a*) La enumeración consiste en una serie de unidades melódicas secundarias, sintáctica y tónicamente simétricas. Pueden entrar a formar parte de estas series diversas categorías de palabras o grupos de palabras, pero la simetría sintáctica exige, dentro de cada enumeración, una sola categoría, o bien categorías de función gramatical equivalente. Los grupos de una enumeración no son necesariamente iguales, por lo que se refiere al número

---

[11] La inflexión ascendente que precede inmediatamente al signo (‖) alcanza el tono 4. Así en todos los ejemplos que siguen, menos en [38]. Ante el signo (|), la inflexión ascendente, cuando se produce, como en alguno de los ejemplos siguientes —[36] y [42]—, alcanza una nota intermedia entre 3 y 4. Evitamos, con todo, un número especial, por el deseo de simplificar, y escribimos en estos casos la nota (3 ó 4) a la que más parece acercarse la inflexión. La inflexión descendente que se produce en la última sílaba acentuada de la unidad melódica enunciativa alcanza el tono grave 1. Así en todos los ejemplos siguientes. Constituyen una excepción los ejemplos [44], [45], [46], [52], [53] y [54].

de voces de que se componen. Algunos pueden tener ampliaciones (atributos, complementos preposicionales), que otros no tienen. En la parte inicial de cada grupo hay más uniformidad (determinativos, cuantificantes, etc.). Son más frecuentes las enumeraciones sin formas personales del verbo (v. nota 2 de este capítulo). Véanse a continuación ejemplos de todo ello:

b) [43] *Libre de amor,* | *de* ³↑cè¹↓*lo,* | *de* ³↑ò¹↓*dio,* | *de espe*³↑ràn¹↓*za,* | *de re*³↑cè¹↓*lo* (Fray Luis de León).

[44] *Descami*³↑nà²↓*do,* | *en*³↑fèr²↓*mo,* | *pere*³↑grì²↓*no* (Góngora).

[45] *Don* ³↑Gìl²↓, | *Don* ³↑Juàn²↓, | *Don* ³↑Lò²↓*pe,* | *Don* ³↑Pè²↓*dro,* | *Don Ro*³↑drì²↓*go* (Rubén Darío).

[46] *¿Que qué ha de ser? El len*³↑guà²↓*je,* | *las pa*³↑là²↓*bras,* | *las i*³↑dè²↓*as...* (Julio Camba, *Alemania: Los extranjeros en Alemania*).

Si el último acento coincide con el final de la rama tensiva, su tono normal se mantiene en la sílaba inacentuada siguiente:

[47] *El* ³↑ò¹↓*ro,* | *la mal*³↑dàd¹↓, | *la tira*³↑nì³a* ‖ *del inicuo procede...* (Fernández de Andrada, *Epístola moral a Fabio*).

[48] *Sus i*³↑dè²↓*as,* | *sus* ³↑àc²↓*tos,* | *sus pa*³↑là³bras* ‖ *tendrán solo una calidad ilusoria* (Ortega y Gasset, *El Espectador,* II: *Azorín, o primores de lo vulgar*).

c) Si un grupo melódico contiene dos o más acentos de intensidad, el último desciende al tono grave o semigrave, como en las frases enunciativas [19] y [20] citadas antes:

[49] *Desma*³↑yàr¹↓*se,* | *atre*³↑vèr¹↓*se,* | *es*³↑tàr fu¹↓*rióso,* | *hu*³↑ìr el rostro al claro desen¹↓gàño* (Lope de Vega, *Obras sueltas,* IV, pág. 252).

[50] *Ella sabe, además, que su único fuerte es la fuerza.* ³No *la habili¹↓dàd,* | ³↑nò *la* ¹↓gràcia, | ³↑nò *la diplo¹↓màcia* (Julio Camba, *Alemania: La fuerza alemana*).

[51] ³No *hày dila¹↓ción,* | ³↑nò *hày* ¹↓màrgenes, | ³↑nò *hày* ¹↓ríos (Jorge Guillén, *Cántico,* ed. 1959, pág. 198).

Puede mantenerse, sin embargo, la nota normal en el último acento de un grupo cuando interfieren, como en los ejemplos [23] al [33], momentos especialmente expresivos o apelativos (estimativos, ponderativos, etc.):

[52] *Pero le gusta mucho la* ³↑rò²↓*pa bo*³↑nì²↓*ta,* | *los pen*³↑dièn-²↓*tes de* ³↑ò²↓*ro,* | *los paño*³↑lì²↓*tos de* ³↑sè²↓*da...* (Palacio Valdés, *Santa Rogelia,* II).

[53] *Y como le inspiraba horror el tener que cam*³↑biàr* ²↓*de* ³↑vì²↓*da,* | *que man*³↑dàr a muchos cri*³↑à²↓*dos,* | *que* ³↑ìr *a los bancos por las ma*³↑ñà²↓*nas...* (Francisco Cossío, *La rueda,* s. a., pág. 18).

[54]　*Pancha no es más que una niña voluntariosa* || *que siempre se ha desvivido por lo bonito,* | *por las* ³↑cò²↓sas ³↑lìn²↓das, | *por las* ³↑cò²↓sas ³↑rì²↓cas...* (Rosa Chacel, *La sinrazón*, ed., 1960, pág. 65).

d)　Cuando el último miembro de una enumeración va precedido de la conjunción *y* (enumeración cerrada), la última sílaba acentuada del penúltimo miembro alcanza el tono agudo, que se mantiene en la sílaba siguiente inacentuada. Los restantes miembros de la enumeración, incluido el último, adoptan la línea melódica que les corresponde, según que contienen un solo acento de intensidad (apartado *b* anterior) o más de un acento (apartado *c* anterior):

[55]　*Decidle que* ado³↑lèz¹↓co, | ⁴↑pè⁴no | ¹y ³↑muè¹↓ro (San Juan de la Cruz).

[56]　*Ca*³↑ló el cha¹↓pèo, | requi³↑rió la es¹↓pàda, | mi³↑ró al sos¹↓làyo, | ⁴↑fuè⁴se | ¹y ³↑nò hubo ¹↓nàda (Cervantes).

La inflexión ascendente al tono agudo se traslada al último miembro de la enumeración, cuando precede a la rama distensiva:

[57]　*Con la* ³↑cá¹↓tedra, | *tus pa*³↑pè¹↓les | *y tus ami*⁴↑gò⁴tes || *tenías bastante* (M. Delibes, *Cinco horas con Mario*, ed. 1969, pág. 234).

[58]　*La* ³↑Mò¹↓sa, | *el* ³↑Rhìn¹↓, | *el* ³↑Tà¹↓jo | *y el Da*⁴↑nù⁴bio || *murmuran con dolor su desconsuelo* (Quevedo).

1.7.4.　Entonación interrogativa. — *a*)　La entonación interrogativa se apoya en estructuras sintácticas más específicas que la entonación enunciativa. Hay que distinguir entre pregunta total, absoluta o verbal y pregunta parcial, relativa o pronominal. La primera contiene por lo menos una forma verbal personal que se sitúa en el comienzo de la frase o tiende a acercarse a él lo más posible [12]. Esta misma forma verbal personal aparece en la respuesta (aunque no necesariamente en la misma persona ni en el mismo tiempo), o puede incorporarse a ella: —¿*Ha venido?* —*Sí* (*, ha venido)*, o *Tal vez (haya venido)*, *Creo que no (ha venido)*, etc. La pregunta pronominal se abre con un pronombre o un adverbio interrogativos, solo o precedido de preposición: ¿*(Desde) cuándo?*; ¿*(Por) qué?*; ¿*(Con) cuál?* La respuesta, en contraste con la respuesta a una pregunta verbal, puede consistir y consiste frecuentemente en una oración sin verbo en forma personal (oración nominal; v. nota 2 de este capítulo): —¿*Cuándo?* —*El lunes;*

---

[12]　La colocación del verbo se halla, por lo menos, sujeta a muchas más restricciones que en la frase enunciativa. Se antepone siempre al verbo el adverbio *no*, y casi siempre los pronombres personales inacentuados. El sujeto, nominal o pronominal, suele posponerse al verbo. Para más detalles sobre el orden de los elementos en la frase, véase la tercera parte de esta obra.

—*¿Cuál?* —*El mío;* —*¿Cómo?* —*Llamándolos.* Cuando la pregunta se encabeza con una preposición, esta misma preposición suele encabezar la respuesta: —*¿En dónde los conociste?* —*En Madrid;* —*¿Desde cuándo estás malo?* —*Desde ayer.* Las variantes melódicas en la entonación interrogativa dependen en gran parte de que la pregunta se enderece o no a obtener una respuesta. En el segundo caso interfieren momentos expresivos y apelativos.

b) La entonación de la pregunta verbal se caracteriza por una amplia curva descendente, que va desde la primera sílaba acentuada, en donde la voz alcanza el tono normal, hasta la última sílaba acentuada, o la inacentuada que la precede, en la que la voz baja hasta el tono semigrave 2 o grave 1. A partir de aquí, la última sílaba acentuada, si termina con ella la frase, o en caso contrario ella misma o las sílabas inacentuadas que la siguen, realizan una inflexión gradual ascendente que suele terminar en el tono normal. Las sílabas inacentuadas iniciales de la pregunta se articulan en el tono semigrave:

[59] *¿²Me la po³↑dré llevar a casa un ¹↓dí³↑a?* (Edgar Neville, *El baile*, I).

[60] *¿²Le anun³↑ciàba en ella que iba a pedir el depósito ju¹↓di³↑- ciàl?* (J. M. Pemán, *Paño de lágrimas*, II).

[61] *¿²Calla³↑rèmos ahora para llorar ¹↓des³↑pués?* (Rubén Darío, *Cantos de Vida y Esperanza*).

c) La amplia depresión tonal desaparece en la primera unidad melódica de la pregunta disyuntiva. Además, la primera sílaba acentuada de la unidad se eleva uno o dos semitonos por encima del tono normal [13], lo que puede ocurrir también en la pregunta verbal examinada antes. La inflexión final ascendente, por otra parte, es más acusada que en dicha pregunta verbal y puede llegar al tono agudo e incluso rebasarlo:

[62] *¿³Piènsas de⁴↑círse↑lo | o nò?*

[63] *¿De qué os duele el estómago, | de em³pàcho de liber⁴↑tàd | o de vacío de alimentos?* (Galdós, *O'Donnell*, XX).

[64] *¿Le gusta a usted el ³sièto de ⁴↑cò↑pas | o el dos de espadas?* (Azorín, *Los pueblos*, en *Obras selectas*, 1943, pág. 354) [14].

---

[13] Marcamos, sin embargo, el tono 3 en nuestra transcripción. Compárese la nota 11 anterior.

[14] La segunda unidad melódica, introducida por *o*, de la pregunta disyuntiva se desarrolla en una línea inferior en uno o dos semitonos a la de la primera unidad. La conjunción *o* se articula algo por debajo del tono semigrave, y la primera sílaba acentuada, uno o dos semitonos por debajo del tono normal. La última sílaba o las últimas sílabas inacentuadas descienden por debajo del tono grave, a una octava o más por debajo del tono normal.

Esta pregunta disyuntiva se diferencia de la pregunta absoluta o verbal, examinada antes, no solo melódica y sintácticamente, sino por la circunstancia de que ordinariamente no puede ser contestada por *sí* o *no* [15]. Al mismo tiempo la respuesta consiste muy frecuentemente en una oración nominal, en consonancia con los términos mismos de la disyunción: —*¿Negro o blanco?* —*Blanco,* particularidad que la pregunta disyuntiva comparte con la pregunta pronominal (apartados *a* anterior y *f* siguiente). Algunas veces la pregunta disyuntiva aparece precisamente como desarrollo de una pregunta pronominal. Así en el ejemplo [63] anterior y en otros muchos que podrían citarse.

d) Muy semejante a la primera unidad melódica de la pregunta disyuntiva es un tipo de interrogación que frecuentemente, como la disyuntiva, se sitúa tras de una pregunta pronominal y frecuentemente también, como ella, tiene por contenido oraciones nominales:

[65] *¿Y para qué hizo que el juez me llamase a declarar a mí? ¿Como tes³|tìgo de descargo a¹|cà|so?* (Unamuno, *San Manuel Bueno, Mártir,* XVIII).

[66] *¿Qué cree la gente? ¿Que ³|yò estoy enamorada del profe⁴|sòr|?* (Benavente, *¡No quiero! ¡No quiero!,* III, 15).

La pregunta se desarrolla en una línea melódica, casi uniformemente horizontal, desde el primer acento de intensidad, uno o dos semitonos por encima de la nota normal, hasta la última sílaba acentuada, en donde la voz alcanza el tono agudo, para continuar su inflexión ascendente en las sílabas finales inacentuadas, o dentro de la misma sílaba acentuada final. Aunque esta pregunta puede ser contestada con *sí* o con *no,* lo mismo que la pregunta total, absoluta o verbal, parte de un supuesto diferente. El que emplea la pregunta total trata de conocer una situación que ignora. Con esta otra pregunta, en cambio, trata de ver si se confirma o no la hipótesis que adelanta sobre la situación dada. Anticipa lo que espera, o al contrario, intenta conjurar lo que no desea. Se emplea en fórmulas de invitación: —*¿Quieres acompañarme?* (= *espero que me acompañes*); —*¿No vuelves?* (= *debías volver*); —*¿No te vas?* (= *debías irte*), y en otra variada serie de preguntas: —*¿A Madrid?* (= *¿Ha dicho usted que a Madrid?*), etc.

e) Bastante parecida a la curva melódica que acabamos de examinar es la que desarrollan algunas preguntas suscitadas por las palabras de nuestro interlocutor y en las que se refleja el sentimiento de curiosidad, estupor, incredulidad, burla, desdén, indiferencia, etc., que esas palabras producen en nosotros. Hay cierto margen de vacilación

---

[15] Lógicamente, toda pregunta verbal: *¿sales?,* equivale a una pregunta disyuntiva: *¿sales o entras?* o *¿sales o no sales?* Pero estas fórmulas son enteramente preguntas disyuntivas y usualmente no se contestan con *sí* o *no.*

entre el empleo de una u otra pregunta por el hecho de que ni una ni otra son estrictamente preguntas con expectativa de respuesta. La peculiaridad melódica de la que ahora consideramos consiste en una inflexión descendente en las últimas sílabas inacentuadas de la unidad o en la última sílaba acentuada, si la pregunta termina en palabra aguda, después de haber alcanzado la voz en esa misma sílaba el tono agudo. Esta pregunta de inflexión ascendente-descendente se introduce a veces mediante una conjunción ilativa: *de modo que, de manera que, conque, entonces,* etc., que marca el enlace sintáctico con las palabras oídas y puede incorporarse en todos los casos a la pregunta:

[67]　*¿Conque esa señora, | en opinión tan autorizada, | es³⌐tá me⁴⌐jòr²⌐? | Me felicito, | me felicito* (Valle-Inclán, *El yermo de las almas*).

[68]　*¿De modo que usted —dije a mi amiga— persiste en que yo no tenga dignidad | y me ³⌐vènda a los Empa⁴⌐rà²⌐nes?* (Galdós, *Las tormentas del 48,* XXV).

f) En la pregunta pronominal (apartado *a* anterior) el primer acento de intensidad, situado siempre en el pronombre o adverbio interrogativo con que da comienzo la pregunta, alcanza el tono normal o una nota superior en cinco o seis semitonos al tono normal, según el movimiento del ánimo del que interroga (con la agitación del ánimo se eleva la nota). A partir de entonces y hasta la última sílaba acentuada, en donde la voz desciende al tono grave o por debajo del tono grave, sin variar en las sílabas inacentuadas finales, la línea melódica es muy semejante a la de la entonación enunciativa, con ligero descenso y alturas aproximadamente uniformes. La pregunta pronominal extrae, por consiguiente, sus caracteres interrogativos específicos más de su estructura sintáctica que de cualquier clase de peculiaridad melódica. La oración enunciativa citada por San Juan de la Cruz en la Declaración de la 1.ª estrofa del *Cántico Espiritual* (ms. de Jaén):

[69]　*Muéstrame dónde te apacientas | y dónde te recuestas al mediodía,*

queda convertida, sin más que suprimir *muéstrame* y sin modificar una sola nota, en la pregunta pronominal:

[70]　*¿Dónde te apacientas | y dónde te recuestas al mediodía?,*

como es fácil comprobar articulándolas oralmente.

g) Las preguntas pronominales realizan algunas veces una inflexión final ascendente, muy semejante a la que se produce en las preguntas verbales de que tratamos en el apartado *d* anterior, ejemplos [65] y [66], y por motivos análogos:

[71]　*¿³Dónde ha visto a mi her³⌐mà⁴⌐no?* (= *¿Dónde dice usted que ha visto a mi hermano?*),

en vez de:

[72] *¿⁴Dónde ha visto a mi her¹↓mà¹no?*

En [71], el primer acento de intensidad no suele rebasar el tono normal.

h) No tiene nada que ver con lo que decimos más adelante (§ 1.7.7) acerca del acento enfático o secundario el hecho de que la conjunción copulativa *y,* encabezando una pregunta, funcione a veces lo mismo que un adverbio o un pronombre interrogativo. La equivalencia es sencilla en casos como:

[73] *¿⁴Ỳ tu ¹↓pàdre?* (= *¿Dónde está tu padre?*).

Pero en otros:

[74] *¿⁴Ỳ el ¹↓pàn, | es³↓tá bien ³frì⁴↓to?* (Azorín, *Old Spain*, I),

la sustitución es más difícil (= *¿(Y) qué pasa?* o *¿(Y) qué me dices?*). No se trata aquí, por consiguiente, de un cambio de categoría gramatical: *ỳ = dónde,* sino de un proceso más complicado.

1.7.5. Entonación exclamativa. — *a)* Hemos visto aquí y allí, a lo largo de este capítulo, la acción que ejerce lo «expresivo» sobre la entonación en general, modificando las inflexiones de la voz o agregando otras en determinados puntos de la curva melódica. Al mismo tiempo, la entonación exclamativa se halla algunas veces en correlación con formas o categorías gramaticales específicas. Lo son en primer término las interjecciones, cualquiera que sea su naturaleza, propia o derivada [16], y la intensidad y el signo de su carga expresiva. Lo son también las oraciones en que aparece, como componente suyo, una interjección. He aquí oraciones exclamativas (su curva melódica es descendente, con tono grave o semigrave en el último acento) en algunas de las cuales entra una interjección propia o derivada:

[75] *¡Ay mísero de mí, ay infelice!* (Calderón, *La vida es sueño*, I, 2).
[76] *¡Oh corazón falaz, mente indecisa!* (J. R. Jiménez, *Segunda Antolojía Poética*, ed. 1920).
[77] *¡Vaya si es cierto!* (Baroja, *El mayorazgo de Labraz*, I, 6).
[78] —*Que estaba yo en una esquina y dijo una:* «*Mira el alcalde*»... *Y yo dije (tono maligno):* «*¡Mira... el alcalde!*» [17].

---

[16] No es siempre fácil distinguir entre la llamada interjección derivada, como *¡Bueno!, ¡Diablo!, ¡Anda!, ¡Vaya!,* y la llamada interjección propia, como *¡Oh!, ¡Ay!, ¡Huy!*
[17] El segundo *mira* (interjección) no se limita a repetir el primero (imperativo de *mirar*). Hay, pues, un juego de palabras.

b)   Algunas oraciones, muy semejantes por sus componentes a las preguntas pronominales, son específicamente exclamativas. Así todas aquellas en que entra el adverbio pronominal *qué* (es solo exclamativo, nunca interrogativo, a diferencia del pronombre sustantivo *qué*, el cual es ambivalente: *¿qué dices?* interrogativo, *¡qué dices!* exclamativo):

[79]   *¡Qué bien disimula!* (Tamayo y Baus, *Locura de amor*, I, 7).
[80]   *¡Qué glorioso que está el heno* [...]*!* (Góngora).

Pero la curva melódica no es uniforme siempre. En las oraciones nominales formadas por *qué* + adjetivo, suele oírse una inflexión descendente final cuando el adjetivo tiene valor negativo:

[81]   *¡³Qué ho¹ǀrrible!*,

y suele mantenerse en el último acento de intensidad la nota del primero si el adjetivo tiene valor positivo:

[82]   *¡³Qué admi³rà¹ǀble!* [18].

Sustituyendo *qué* por *es* en estos ejemplos, tendríamos oraciones exclamativas no pronominales con análogo contraste:

[83]   *¡³Ès ho¹ǀrrible!*
[84]   *¡³Ès admi³rà¹ǀble!*

Son también específicamente exclamativas las oraciones desiderativas construidas con el pronombre sustantivo de persona *quién*, del tipo siguiente:

[85]   *¡Quién hubiera tal ventura* [...]*!* (*Romance del Conde Arnaldos*),

y las ponderativas en las que entra el pronombre sustantivo neutro *qué* agrupado con *de* + nombre sustantivo:

[86]   *¡Qué de nudos le está dando*
        a un áspid la invidia torpe! (Góngora, *Angélica y Medoro*).

Se produce modulación decreciente en una y otra clase de oración exclamativa.

c)   *Qué* se despoja de todas sus funciones sintácticas y gramaticales primarias —no es entonces pronombre sustantivo como en *¡qué pasa!*, ni adjetivo como en *¡qué cosas dices!*, ni adverbio pronominal como en *¡qué alegre!*— en determinados enunciados exclamativos, en los que contradice y rechaza una afirmación, acusación, imputación, exigencia, etc. (oración exclamativa de repulsa indignada), como en:

----

[18]   En este caso actúan tal vez, además de los momentos estimativos y expresivos, los apelativos de que hemos hablado en el § 1.7.2*b*, ejemplos [23] a [33].

[87] —*Ya eres el ama, Liberata.* —*¡Qué tengo de ser el ama!* (Valle- Inclán, *Águila de Blasón*, IV, 4).

[88] *No lloraba. Qué había de llorar* (E. Noel, *Las siete cucas*, edición 1967, pág. 64; en discurso indirecto libre),

donde *qué* se convierte en adverbio exclamativo de negación enérgica, equivalente a *cómo*, adverbio interrogativo y exclamativo que, sin despojarse de su función gramatical originaria, concurre con *qué* en esta clase de exclamaciones, dentro de ciertos límites:

[89] *¿Cómo ha de haber ahora alma viviente si es por la madrugada?* (Azorín, *Rivas y Larra*, II).

En uno y otro pasaje, la entonación recorre una línea gradual descendente que llega al tono grave en el último acento de intensidad y comienza en el primero, con tono normal o agudo.

d) Es difícil a veces trazar fronteras entre oraciones interrogativas y exclamativas, especialmente cuando entra en ellas algún adverbio o pronombre de la serie interrogativo-exclamativa común a ambas que acabamos de examinar. Prueba de ello es el vacilante uso que de los signos interrogativos y exclamativos hacen a veces los textos, como se ve en los ejemplos [87] a [89]. Pequeñas diferencias tonales pueden separar unas formas de otras. Probablemente la entonación:

[90] ⁴*Quién lo* ¹|*sà*¹*be,*

está más cerca de la pregunta que de la exclamación, y la entonación:

[91] ³*Quién lo* ¹|*sà*¹*be,*

más cerca de la exclamación que de la pregunta. Pero no es imposible lo contrario.

e) El ejemplo [89] explica el origen sintáctico de las exclamativas con *si:* cláusula subordinada causal o hipotética pospuesta. Cuando se emplea como oración exclamativa independiente, suele articularse con inflexión ascendente en el último acento de intensidad:

[92] *¡Si* ³*yò no me equi*⁴|*vò*¹|*co!* (Luis de Eguílaz, *Lope de Rueda*, I, 6).

Análoga inflexión suele producirse en otras clases de oraciones exclamativas:

[93] *¡Cual*³|*quièra entiende a las mu*⁴|*jè*¹|*res!* (Benavente, *Rosas de Otoño*, I, 1).

1.7.6. **Entonación voluntativa.** — *a)* En la entonación voluntativa, como en la interrogativa, desempeña un papel predominante la función apelativa del lenguaje. Una frase de naturaleza voluntativa halla fácil versión a veces en una pregunta: *Vete de aquí* = *¿Quieres irte de aquí?*, y al revés: *¿Cómo te llamas?* = *Dime cómo te llamas*. La entonación voluntativa se halla también, como la interrogativa (§ 1.7.4), en correlación con formas y estructuras gramaticales específicas: en este caso con los modos verbales imperativo y subjuntivo [19]. Pero fuera de estas estructuras, el «residuo» (v. § 1.7.1a) en que se apoya la entonación voluntativa es gramaticalmente neutro, y acaso por eso, más sensible que la entonación interrogativa a la variada multiplicidad, melódica y fonética, de lo «expresivo», tal como se manifiesta en las frases exclamativas. A pesar de estar adscritos a funciones diferentes, lo expresivo y lo voluntativo aparecen íntimamente relacionados y no es siempre fácil deslindar lo uno de lo otro.

b) Hay que distinguir, dentro de lo volitivo, entre la voluntad que dispone y la que solicita, y como doble réplica a uno y otro movimiento volitivo espontáneo, entre la obediencia y la desobediencia, por un lado, y el otorgamiento o no otorgamiento, por el otro. Las frases de solicitud y sus réplicas se desarrollan, en general, en formas melódicas y con recursos fonéticos (tensión articulatoria, intensidad del acento, etc.), además del tono, más suaves y atenuados que las frases en que se da una orden (salvo los casos de intención irónica). Dentro de cada modalidad volitiva: orden o solicitud, hay también grados relativos de dicción atenuada o enérgica. He aquí algunos ejemplos:

[94] *No, hijo mío, no juguemos tan peligrosamente con las palabras* (C. J. Cela, *Mrs. Caldwell habla con su hijo*, CXXI; exhortación cariñosa, con entonación muy semejante a la enunciativa; el último acento llega al tono grave).

[95] *Decid, Sancho amigo, pasá adelante* (Cervantes, *Quijote*, II, 7; frase alentadora y cordial, sin importantes desviaciones tonales de la línea enunciativa más neutra).

[96] *Apartaros* (= *apartaos*) *del talento superior como de la hermosura* (Ramón y Cajal, *Charlas de café*, V; recomendación de ética profesional que exige en su pronunciación una curva tonal amplia y una inflexión final más grave que en los ejemplos anteriores).

[97] *⁴Nò distra¹¦èr¹se. ⁴Nò se dis¹¦trài¹gan. —Conminó don Esteban, golpeando la regla contra la mesa* (Zunzunegui, *El barco de la*

---

[19] Hay que entender aquí por subjuntivo el de presente y solo cuando actúa fuera de la subordinación, es decir, como subjuntivo independiente (exhortativo, yusivo, prohibitivo). Son también específicamente voluntativas algunas perífrasis verbales que pueden interpretarse como mandatos o prohibiciones referidas al pretérito: *haberlo dicho; no haberlo dicho; pudiste haberme avisado*, etc. En latín se emplean imperfectos y pluscuamperfectos de subjuntivo.

muerte; reprensión viva, con elevación en el primer acento al tono agudo y dicción rápida y enérgica).

[98] *¡No te acerques!* (C. Laforet, *La isla y los demonios,* VII; réplica violenta, con gran declive tonal, unas dos octavas, entre el primer acento y el último).

[99] —*Vive Dios que te mate.* —*Mátame, pero no has de tocar el retrato, que está inocente* (Lope, *Dorotea,* I, en *Obras sueltas,* VII, pág. 39; amenaza que puede articularse abreviando la duración o, al contrario, retardándola y aumentando la tensión muscular en cada sílaba).

[100] —*Pásame el vino, haz el favor, que esto requiere líquido encima* (R. Sánchez Ferlosio, *El Jarama,* ed. 1956, pág. 178; demanda trivial que, formulada serenamente, no rebasaría el tono normal en su primer acento).

[101] *Volved los ojos a mirarme humanos* (Lope de Vega; súplica compatible con tonos más bien graves).

1.7.7. Acento enfático o secundario. — No es rasgo que caracterice la lengua española, fuera del estilo ampuloso y declamatorio del orador político, militar, religioso, etc., el empleo de un acento secundario en una sílaba no acentuada, especialmente en la sílaba inicial de la palabra que por alguna razón se quiere poner de relieve. Acaso lo hace menos necesario que en otras lenguas la relativa libertad con que se organizan las palabras en la frase española. Que el acento secundario es advenedizo en español lo prueba el hecho de que el acento constitutivo se conserva y frente a

[102] ³*És impo*¹|*sìble*

o

³*És impo*³*sì*¹|*ble*

tenemos:

[103] ³*Ìmpo*³*sì*¹|*ble,*

pero nunca o raramente:

³*Ìmpo*¹|*sìble.*

Otros incrementos acentuales, como el expuesto en el § 1.7.4*h*, ejemplos [73] y [74], no tienen nada que ver con el acento secundario.

1.8. ORTOGRAFÍA

1.8.1. Ortografía de los fonemas. — En este párrafo, prescindimos de variantes combinatorias, variaciones libres y alternancias y nos atenemos, en general, al resultado que establecen las oposiciones distintivas, es decir, fijamos un solo signo para cada fonema. De todas esas variedades, de su posición y de las realizaciones fonéticas en el habla, trata el cap. 1.2.

A. *Representación de las vocales.*

1.º Las letras *a*, *e* y *o* transcriben en la escritura española los fonemas vocálicos /a/, /e/ y /o/, tanto si poseen como si no poseen acento de intensidad y cualquiera que sea el lugar que ocupan en el grupo fónico.

2.º La letra *u* transcribe la vocal /u/. Cuando se halla tras de la letra *g* /g/ y delante de *e* o *i*, dentro de la misma sílaba, se escribe con diéresis: *ü*, *güe*, *güi*, lo cual separa a estos grupos de las grafías *gue*, *gui*, donde *gu* no transcribe ya dos fonemas, como en *gü*, sino uno solo, el fonema /g/ [1]. Tenemos, por lo tanto, *güito* /guí.to/ 'sombrero' frente a *guito* /gí.to/ 'animal de carga'; *legüita*, diminutivo de *legua*, frente a *leguita* /le.gí.ta/, diminutivo de *lega; yangüés* 'natural de Yanguas' frente a *sayagués* /sa.ya.gés/ 'natural de Sayago' [2]; *fragüéis* de *fraguar* frente a *traguéis* de *tragar*. Se usa también *ü* cuando el grupo *güi* transcribe el hiato /gu.í/, lo que ocurre solamente en el verbo irregular *argüir* /ar.gu.ír/ y en su compuesto *redargüir*, así como en las restantes formas con hiato de estos verbos: *argüido* participio; *argüimos, argüís* del presente de indicativo; *argüid* del imperativo; *argüía, argüías ... argüían* (todo el imperfecto de indicativo).

---

[1] Por otra parte, el doble valor fonológico de la letra *g:* fricativa velar sorda /x/ como *j*, cuando aparece escrita ante *e* o *i*, y oclusiva velar sonora /g/ ante *a*, *o*, *u*, explica la doble grafía que permite diferenciar *ge*, *gi* /xe/, /xi/ de *gue*, *gui* /ge/, /gi/ y *güe*, *güi* /gue/ /gui/ de *gue*, *gui* /ge/, /gi/. Véanse los apartados B5.º y B6.º de este párrafo.

[2] El antiguo *maguer* /ma.gér/ reapareció como arcaísmo en el siglo XVIII en la forma *magüer*, con olvido de su pronunciación y de su etimología.

3.º   Tanto *i* como *y* [3] representan en la escritura el fonema vocálico /i/. Pero el uso no es indiferente. Se escribe con *y* la conjunción copulativa inacentuada que pronunciamos /i/ [4]. También la /i/ final de las palabras con acento de intensidad, monosilábicas o agudas, que terminan en los diptongos /ái/, /éi/, /ói/ sin coda: *hay, ¡ay!, estay, verdegay, guirigay* (se exceptúa *paipái*); *ley* /éi/, *rey, carey, visorrey, Araduey, Camagüey; doy, estoy, soy, voy, hoy, rentoy, Godoy, Alcoy.*

4.º   En el diptongo /uí/ final de palabra sin coda, solamente la palabra *muy* transcribe la /í/ con la letra *y*, frente a *fui* /í/, *mordihuí* [5]. El diptongo /-úi/, en cambio, aparece casi siempre escrito *-uy* en varios nombres toponímicos de regiones que rodean a Castilla: *Ardanuy* (en territorio limítrofe del catalán y del aragonés, donde se habla catalán); *Espeluy* (provincia de Jaén, tierra de mozárabes); *Bernuy* (Ávila y Segovia, límite de territorios mozárabes). Lo mismo la interjección *¡huy!* /úi/. Estas grafías pueden equipararse a las del subapartado anterior, con vocales que forman diptongos en sucesión decreciente.

5.º   Ha desaparecido casi por completo de la ortografía española el empleo de *y* para representar la vocal griega υ, grafía que se conserva en el nombre de la *m* griega: *my* y en el de *n* griega: *ny*, pero no precisamente en el nombre de esa vocal υ: *ípsilon* (que sería preferible transcribir *ypsilón*) [6].

B.   *Representación de las consonantes.*

1.º   Las letras *f, t, d* y *ñ* transcriben, respectivamente, las consonantes /f/, /t/, /d/ y /n̩/.

2.º   *a)*   Las letras *b* y *v* transcriben la consonante bilabial /b/. Las voces españolas procedentes del latín y escritas en latín clásico

---

[3]   Para *y* consonántica, véase el § 1.8.1B,8.ºa.

[4]   Pero no en compuestos sintácticos: *correveidile, quitaipón, vaivén.* Para el uso de *e* y el de *u*, como conjunciones, véase el § 1.5.4a.

[5]   La acentuación, como decimos en el § 1.4.11b, es vacilante. En *fui* las dos vocales pertenecían en su origen a sílabas diferentes y ha habido dislocación del acento. En *muy* las dos vocales pertenecen por su origen a la misma sílaba (lat. *mul-tum*, con vocalización de *l*), pero el acento procede de la vocal *-ú-*. De aquí la vacilación entre /múi/ y /muí/, como lo prueba la forma vulgar y rústica *mu*. Esto acercaría *muy* fonéticamente a las palabras de que tratamos a continuación.

[6]   Las grafías con *y* y otras consonánticas como *ph, th, ps-*, etc., en palabras de origen griego, han sido casi totalmente eliminadas de la escritura española. En el *Universal Vocabulario* de Alonso de Palencia, 1490, encontramos *philosophia, theatro*, etc. En el Diccionario de la Academia, *filosofía* y *teatro* no aparecen hasta la edición de 1780.

con *b* o con *v* consonántica se transcriben hoy en español [7], en casi todos los casos, con *b* y *v* respectivamente. Así, con *b* los prefijos *ab-, ob-, sub-; haber* (lat. *habēre*), *beber* (lat. *bibĕre*), *deber* (lat. *debēre*), *globo* (lat. *globus*), etc. Con *v* el fonema /b/ tras de los sufijos *ob-, sub-* y *ad-: ob-vio, sub-vertir, ad-viento; vate* (lat. *vates*), *venir* (lat. *vĕnire*), *vivir* (lat. *vivĕre*), *devorar* (lat. *devŏrare*), *vulpeja* (lat. *vulpēcŭla*). No faltan anomalías: *boda* (lat. *vōta*, plural de *vōtum*), *buitre* (lat. *vŭltŭrem*), *maravilla* (del adj. pl. neutro latino *mirabilia*). Se escribe siempre *b*, cualquiera que sea el origen de la palabra, cuando el fonema /b/ precede a *l* o *r* seguidas de vocal en grupo tautosilábico: *doblar; blenda, noble; blindar, hablilla; bloque, doblón; blusa, ablusado; bravo, sobrar; breve, abrevar; brizna, cobrizo; broma, abrojo; brusco, abrumado.* Se emplea también siempre *b* cuando el fonema /b/ es coda final de palabra, cualquiera que sea su origen, lo que ocurre en un reducido número de voces: *Aminadab, baobab, club, nabab* (escrito también *nababo*), *querub* (escrito también *querube*), *rob*, etc. Con *b* o *v* se escriben voces de varia procedencia, de origen no latino, en posición inicial de palabra o entre vocales: *adobar* (del francés), *alcaraván* (de origen árabe), *aleve* (árabe), *vagón* (inglés, a través del francés), *vals*, escrito también *valse* en América (alemán, a través del francés) [8].

2.º   *b*)   La letra *w*, extraña al abecedario latino, pero incorporada al castellano, transcribe a veces el fonema /b/ en voces de varia procedencia, especialmente nombres propios extranjeros, cuando se desconoce el fonema originario representado por *w*, o cuando se evita reproducirlo de propósito aunque se conozca: *Wamba* (gótico), *Weimar* (alemán), *Waterloo* (ciudad de la provincia de Brabante, en Bélgica). Algunas palabras se han escrito con *w* y con *v: walón, valón* 'natural del sur de Bélgica donde se habla francés, y su lengua' (algunos vocabularios españoles del siglo XVII escriben *balón*); *wolframio* y *volframio*, del alemán *wolfram* 'tungsteno'; *vatio* 'unidad de potencia eléctrica' junto a *watt* 'vatio en la nomenclatura internacional' (nombre del ingeniero escocés J. Watt).

3.º   Con las letras *z* y *c* se representa el fonema interdental /θ/ [9], del siguiente modo: se emplea *z* ante las vocales *a, o, u,* formando

---

[7]   En la Edad Media /b/ y /v/ constituían una oposición distintiva: oclusiva bilabial /b/ frente a fricativa bilabial o labiodental /v/. La articulación labiodental de /v/ ha desaparecido en español. Véase, sin embargo, la nota 19 del cap. 1.2.

[8]   Podrían agregarse otras reglas prácticas de carácter formal, menos generales que algunas de las desarrolladas arriba, pero la ortografía entra por los ojos y es más rápido consultar un Diccionario que no rememorar reglas de gramática por muy fáciles y sencillas que nos parezcan.

[9]   Fuera de los territorios «seseantes» o «ceceantes», donde se identifican más o menos los fonemas /θ/ y /s/. Véase el § 1.3.4*b*.

sílaba o comienzo de sílaba con ellas, cualquiera que sea el origen de la palabra, tanto en posición inicial como en posición interior: *zambra, zanahoria, garza; zodíaco* (y *zodiaco*), *zozobra; zumo, azul, anzuelo.* También cuando es coda final o interior de palabra, cualquiera que sea la vocal que precede a *z: faz, nazco, hez, padezco, diez, nuez, feliz, izquierdo, Ruiz, hoz, conozco, luz, reduzco.* Se emplea, en cambio, *c* cuando precede a *e, i,* en posición inicial o interior de palabra: *cena, hacer, aceite, cinta, mancilla, ciento.* Algunas pocas voces usan *z* en organización silábica análoga, letra con la que se transcriben fonemas, más o menos equivalentes a /θ/, procedentes de lenguas antiguas y modernas que no son el latín [10]: *zéjel, zenit* (escrito también *cenit*), *azimut* (también *acimut*), *zeugma, eczema* (también *eccema*), *zendo, enzima* (formado con una raíz griega, voz diferente del adverbio *encima*), *zinc* (escrito también *cinc*). Algunas pocas voces, de carácter no técnico, contravienen la regla ortográfica *ce, ci: zeta* o *zeda* 'nombre de la letra *z*', *zipizape, zigzag, zis zas.*

4.º *a)* Con las letras *c, k* y los grupos *qu* y *ch* se transcribe el fonema /k/, del modo siguiente. Se emplea *qu* (la letra *q* no se emplea hoy nunca en palabras españolas fuera de esta combinación) cuando antecede a *e o i* formando con ellas sílaba o comienzo de sílaba, en posición inicial o interior de palabra y cualquiera que sea su origen: *quedo* /ké.do/, *sequerizo, alambique; quimono, quitar, boquirrubio, quien, quieto, quiste, quisquilloso.* Se emplea *c* en las restantes combinaciones, cualquiera que sea el origen de la palabra. Ante *a, o, u* formando sílaba o comienzo de sílaba, en posición inicial o interior de palabra: *azteca, cambiar, caimán, causa; corambre, costumbre, cohibir, alcor, arco; cumbre, cuesta, cuita, alcuza, encubrir,* etc. Se emplea también *c* cuando forma coda silábica, en interior o final de palabra: *ac-ción, ac-mé, ac-né* (o *ac-ne*), *lec-ción, dic-ción, oc-tubre, conduc-to; vivac* (escrito también *vivaque*), *coñac, tictac.* También cuando precede a *l* o *r* seguidas de vocal, formando los tres fonemas sílaba o comienzo de sílaba, en posición inicial o interior de palabra: *clac, tecla, claustro; bucle, enclenque, teclear; clima, cliente, ínclito; clon, cíclope, cloaca; club, clueca, incluir; cráter; crear, creído, cresta; crisis, criar, crin; croquis, lucro; crudo, cruel, cruz.* La *c* se empleaba también, en posición inicial de palabra, ante *z* en *czar* y sus derivados, grafía procedente del francés *czar* o inglés *czar;* pero se hizo más frecuente escribir *zar, zarina,* etc., que hoy son las únicas formas admitidas. La *c* se usa ante *n* en el derivado *cneoráceo,* del griego *knéōron,* lat. *cneóron,* 'Daphne gnidium', usado por Plinio. V. § 1.4.3*b.*

---

[10] Este fenómeno ortográfico se repite con otros fonemas, pormenor en el que no entramos siempre en esta Fonología y que solamente los diccionarios etimológicos y las obras especiales esclarecen.

4.º *b*)   Lo mismo que *ph*, *th* (v. nota 6), la grafía *ch* ha sido también eliminada de la escritura como transcripción de la oclusiva velar sorda aspirada del griego clásico /kh/ [11] y sustituida por *c* o *qu* [12]. Se emplea, en cambio, para representar el fonema /k/, en coda final de topónimos y patronímicos de origen catalán, alternando con *c*, tanto en catalán como en español: español *Vich* o *Vic*, *Doménech* o *Doménec* [13].

4.º *c*)   La letra *k* transcribe el fonema /k/ en un corto número de palabras de varia procedencia, en posición inicial ante vocal o ante /r/, formando grupo tautosilábico: *ka* 'nombre de la letra *k*'; *káiser* [14], *kantiano*, *krausista* (del alemán); *kermes*, de procedencia árabe (escrito también *quermes*); *kilogramo*, *kilómetro*, *kilociclo*, *kilovatio*, etc. (escritos hoy con preferencia *qui-*), cuyo primer componente es adaptación moderna del griego clásico *khílioi* 'mil'.

5.º   La letra *g* y el grupo *gu* transcriben el fonema velar sonoro /g/ de voces españolas de vario origen. Se escribe *gu* ante las vocales *e*, *i*, formando con ellas sílaba o comienzo de sílaba, en posición inicial o interior de palabra: *guerra*, *ceguera*, *sieguen*, *guiso*, *guinda*, *aguinaldo*, *seguir*. Se emplea *g* en las restantes posiciones. Ante *a*, *o*, *u*, en posición inicial o interior, *garganta*, *gaita*; *gorgojo*, *lago*; *gutapercha*, *guante*, *jaguar*, *aguaitar*, *ambiguo* (ante *e* o *i*, la *u* del grupo *gu* se escribe con diéresis; véanse ejemplos en el subapartado anterior A2.º). Ante *l* o *r* /r/ seguidas de vocal, con las que forman sílaba o comienzo de sílaba, en posición inicial o interior de palabra: *glándula*, *regla*, *gleba*, *figle*, *glicerina*, *glíptica*, *anglicano*, *glotón*, *siglos*, *glucosa*, *deglutir*; *grande*, *consagrar*, *gremio*, *pigre*, *grito*, *grieta*, *agrio*, *grosella*, *ogro*, *grúa*, *grueso*. Forma también coda silábica, regularmente en interior de palabra ante sílaba que comienza por *m* o *n*, muy rara vez ante otra consonante o en posición final de palabra: *agnóstico*, *anagnórisis*, *diagnosis*, *digno*, *dogma*, *fragmento*, *geognosia*, *ígneo*, *ignominia*, *ignorante*, *impregnar*, *incógnito*, *interregno*, *lignito*, *magma*, *magno*, *malig-*

[11]   Cuando no eliminada, se interpretó como signo ortográfico del fonema /č/: *archimandrita* /arči-/, griego /arkhi-/; *archivo*, del lat. tardío *archivum* (donde *arch-* transcribía gr. /arkh-/). De aquí el prefijo español *archi-*. El grupo ortográfico *qui* (reproducción del gr. /khi/), por otra parte, experimentó en algunas palabras la asibilación normal en español, de donde *arcipreste*, *arzobispo*.

[12]   Palabras como *monarca*, *monarquía* (gr. *monárkhēs*, *monarkhía*), todavía aparecen en el *Vocabulario* de Alonso de Palencia, 1490 (compárese la nota 6), y bastante más tarde, *monarcha* y *monarchia* (con acentuación latina probablemente).

[13]   En catalán la grafía con *-c* es más moderna. La transcripción castellana es todavía predominantemente con *-ch*.

[14]   Préstamo, en alemán, del lat. *Caesar*, lo mismo que el ruso *zar* citado antes.

no, prognosis, pugna, signo, zeugma, zigzag. Algunas palabras tienen
g inicial ante *n: gneis, gnomo, gnomon, gnóstico*. V. § 1.4.3*b*.

6.° *a)* Con las letras *g* o *j*, excepcionalmente *x*, escribimos el
fonema velar fricativo sordo /x/ moderno [15]. En determinadas posiciones empleamos exclusivamente *j* (subapartado siguiente). En otras,
ante *e* o *i*, formando con ellas sílaba o comienzo de sílaba, empleamos
g y *j*, pero no indistintamente, sino, en general, según el proceso histórico y el sonido que ha dado origen al fonema moderno /x/, como
veremos a continuación (subapartados 6.°*c* a *g*).

6.° *b)* Se escribe siempre *j* ante *a, o* y *u*, como cabeza de sílaba
inicial o interior: *jamás, jarabe, jarro, jaula, ajajá, agasajar, enjambre,
jornal, arrojo, tejón, jueves, juicio, ajustar*, y como coda silábica final
de palabra en un corto número de voces: *boj* (escrito también *boje*),
carcaj, erraj (escrito también *herraj* y *herraje*), *reloj*.

6.° *c)* En las voces procedentes de palabras latinas con *ge, gi*
(en latín clásico *g* es siempre oclusiva velar sonora, fonema /g/, no
solamente ante *a, o, u*, como en español: *ga, go, gu*) escribimos *g*,
pero con preferencia en palabras cultas, porque en las patrimoniales,
la *g* latina, articulada como [j] o como [y] ya en latín vulgar, desaparece en posición inicial de palabra ante *e* o *i* inacentuadas y se conserva
como /i/ consonántica en la misma posición inicial ante *e* o *i* inacentuadas. En posición intervocálica se pierde. Tenemos así *gemir* (*emer*,
forma antigua patrimonial), *género* (de la misma raíz que la voz patrimonial *yerno*), *gélido* (frente al tradicional *yelo*, escrito hoy *hielo*),
sigilo (de la misma etimología que *sello*), *(número) dígito (dedo)*.
Voces exclusivamente cultas: *gentil, agente, ágil, frágil*, etc. Escribimos, en cambio, *majestad*, lat. *maiestātem* con *ie* equivalente al resultado en latín vulgar de *ge* clásico (en Berceo, *Milagros*, 144*d: magestat*).
Tras de *l, n* o *r* final de sílaba se escribe también *ge, gi* en cultismos [16]
procedentes de voces latinas de esta misma organización silábica:
fulgir (lat. *fulgěre*), *angina* (lat. *angīna*), *surgir* (lat. *surgěre*), *fulge,
surge*, etc. En palabras de análoga estructura procedentes de lenguas

---

[15] En el fonema moderno /x/ se han fundido dos fonemas antiguos de
creación romance, los dos prepalatales, uno sonoro (aproximadamente como
la *j* francesa, pero sin labializar, que transcribimos fonéticamente [ž]) y otro
sordo (aproximadamente como *ch* francesa, pero sin labialización, que transcribimos fonéticamente [š]). Hacia mediados del siglo xvi los dos fonemas
cambian su articulación prepalatal por una articulación velar, y en la segunda
mitad del siglo xvi el sonoro se ensordece, con lo que ambos fonemas se reducen
a uno.

[16] En palabras tradicionales hay otro proceso fonético: *uncir* del lat. *iun-
gěre*, frente al latinismo *ungir*, lat. *ungěre; heñir*, culto *fingir*, los dos del
lat. *fingěre; arienzo* y *argénteo*, lat. *argentěus* (la *i* de *arienzo* procede del diptongo *ie*, de *argᴇnteus*, no de su *g*, que desaparece).

romances encontramos *g* o *j*: *monje (monges*, Berceo, *Milagros*, 317*d*),
del occitano antiguo *monge*, *sargento* (francés *sergeant*), *vergel* (occitano
antiguo *vergier*). Se usa *j* cuando el fonema /x/ procede del grupo
latino *li* intervocálico, situado ante *e* (en latín clásico /li.e/ bisilábico):
ajeno (lat. *aliēnus*), *mujer* (lat. *mŭliĕrem*), pero con *g* en *coger* (lat. *co-
llĭgĕre;* la *g* de *coger* no procede de la *g* latina, sino del grupo *lie* tras
de perderse la *g;* compárese la nota 16). Se usa también *j* en el sufijo
-aje, productivo en español, pero originario del catalán, provenzal o
francés (del latín *-atĭcum*, que produce *-azgo* en español): *viaje* (del
catalán u occitano *viatge*), *homenaje* (provenzal *omenatge*), *visaje*
(fr. *visage*). Se usa *j* ante *e* (lat. *ie*, con *i* consonántica) tras de los prefijos *ad-*, *ob-* y *sub-*: *adjetivo* (lat. *adiectīvus*), *objeto* (lat. *obiectus*),
subjetivo (lat. *subiectīvus*), *sujeto* (lat. *subiectus*).

6.º *d*) Escribimos hoy generalmente *je, ji*, en la Edad Media
con preferencia *ge, gi* (grafía que continúa en algunos casos de épocas posteriores), para representar el resultado velar de un antiguo
fonema palatal fricativo o africado sonoro prevocálico de origen árabe
(escrito ﺰ) de articulación [ž], [ž] o [ǧ]: *aljibe* (en textos del siglo XIII,
algib, algibe), *alfanje* (*alfange* y *alfanje* en Percival, 1626, *Tesoro lexicográfico* de Gili Gaya; Cervantes emplea solo *alfanje*), *berenjena* (*berengena* en la mayor parte de los vocabularios recogidos en el *Tesoro
lexicográfico* a partir de Nebrija, 1492, hasta Covarrubias, 1611; Cervantes usa siempre *berengena*).

6.º *e*) Los cultismos tomados del griego antiguo con *g (gamma)*,
en posición intervocálica o inicial de palabra, se escriben en general
con *g* ante *e* o *i* españolas, tanto si la palabra ha entrado como si no
ha entrado en español a través del latín: *geografía, hegemonía*, escrito
también *heguemonía, enálage, higiene, gimnasia*.

6.º *f*) Con *j* ante *e* o *i* escribimos hoy el resultado del antiguo
fonema prepalatal sordo [š] de que hemos hablado en la nota 15 [17],
de vario origen. En posición intervocálica procede de *x* /ks/ latino,
escrito *x* durante la Edad Media y bastante después de su velarización.
En palabras cultas se ha conservado la letra *x* con el carácter bifone-
mático de *x* latina /ks/. Tenemos así *eje*, ant. *exe*, ya en Berceo < latín
axis (cultismo *axis* 'vértebra del cuello', siglo XVIII); *mejilla* < latín
maxilla, ant. *maxiella, mexilla* (culto *maxilar* ya en Dicc. Ac. 1869;
maxillar en 1555); *ejido* < lat. *exitus*, con cambio acentual, escrito
exido en el *Cántico espiritual* de S. Juan de la Cruz, ms. de Sanlúcar,
1584, y *ejido* en el de Jaén, 1584 (culto *éxito*, siglo XVIII); *ojimel,
ojimiel*, escrito también *oximel* y *oximiel* < lat. *oxÿmel*, procedente

---

[17] En los tres subapartados anteriores *g* y *j* modernas corresponden, en
general, al antiguo fonema prepalatal sonoro /ž/ (v. también la nota 15).

del griego, sustantivo *prójimo*, ant. *próximo* < lat. *proxĭmus*, escrito
con *x* hasta principios del siglo XIX, frente al adjetivo *próximo*. Todos
los pretéritos perfectos fuertes escritos modernamente con *j: dije*
< lat. *dixi*, pertenecen a este grupo. La grafía con *x* se mantiene
todavía en la palabra *México*, pero articulada con *j*, en *Méjico* y probablemente en toda o gran parte de la América de habla española.
Lo mismo otros nombres de ciudades mejicanas, como *Oaxaca* [18].
Algunas palabras latinas han palatalizado también la *s* inicial de
sílaba ante *e* o *i: jeme* < lat. *sēmis* (escrito todavía con *x* en el Diccionario de Autoridades); *jibia* < lat. *sēpia*, mozárabe *xibia*, procedente
del griego; *injerir* < lat. *insĕrĕre; ajenjo* < lat. *absinthium* procedente
del griego; *jilguero*, ant. *sirguero;* ant. *ximio* < lat. *simius*, luego
restablecido *simio*. Algunas palabras procedentes de lenguas indígenas de América han velarizado también una *s* prepalatal: *jícara*,
procedente del nahua *sikalli*, escrita primero *xícalo* y *xícara; jíbaro*,
acaso del taíno *siba*, escrito primero con *g*. Es dialectal (mozárabe,
leonés, aragonés) el paso del grupo *sc* latino intervocálico ante *e* o *i*
a *x* antiguo, hoy *j: mejer, huevo mejido* < lat. *miscēre; peje, pejerrey* <
lat. *pĭscis*. Se escribe hoy también con *j*, antiguo *x*, el fonema prepalatal fricativo sordo representado por ش árabe: *jeque, xeque* en Zurita,
hacia 1580; *Jerez, Xerez* en la *Primera Crónica General*, 309,31.

6.º *g)* Los grupos /xe/ y /xi/ de las formas flexivas, derivadas
o compuestas de voces que terminan en la sílaba *ja* o *jo*, con coda o
sin coda, y cualquiera que sea su origen, se escriben también *je, ji:*
alhajar > *alhajemos, mojar* > *mojéis; reja* > *rejilla, faja* > *fajín; le-*
jos > *lejísimos, ajo* > *ajipuerro, ojo* > *ojinegro*. Las formas flexivas,
de verbos en *-ger, -gir*, que tienen sílabas /xo/, /xa/ han de escribirse
con *j*, por ser esta la única letra que transcribe el fonema /x/ en esa
posición: *coger* > *cojo, cojamos; regir* > *rijo, rijáis* (subapartado 6.º*b*).

7.º *a)* A propósito de la letra *h* española hay que hacer algunas
distinciones. La procedente de *h* latina ha sido siempre en español un
simple signo ortográfico: *honor, deshonor, prohibir, rehabilitar, nihi-*
lismo, sin correspondencia con ninguna clase de articulación, como
llegó a serlo muy pronto en latín [19]. La escritura española omite esta *h*
constantemente desde los primeros textos castellanos: *aver, omne,*

---

[18] Nombres propios griegos con /ks/ inicial de palabra se escriben hoy en
español con *j: Jenófanes, Jenofonte.*
[19] En las primitivas lenguas itálicas la *h* es generalmente continuación
de una fricativa velar sonora aspirada de procedencia indoeuropea. Las
gentes cultas mantuvieron durante algún tiempo la articulación, pero fue
pronto abandonada por las clases populares. La inestabilidad de este fonema
en latín lo prueban contracciones como *debeo* < *de* + *hibeo;* el empleo de *h*
antietimológica, *helare* y su compuesto *anhelus, haurire;* la supresión de *h* etimológica: *anser*, o su reforzamiento con otra velar, como en *nichil* por *nihil*,
de donde el compuesto románico *aniquilar*.

ora, o la empıea a veces sin precedentes latinos: *hedad, huviar* < latín *obviare*, y hasta el *Tesoro* de Covarrubias (1611) no se intenta restablecer la ortografía latina. Siguen existiendo todavía, sin embargo, algunas pequeñas diferencias con el latín. Escribimos hoy en castellano *invierno* (dialectal *ivierno, hibierno*) < lat. *hibernus; otrora*, en contraste con *ahora* y con *ahí* [20]; *aún* < lat. *adhūc; ogaño* junto a *hogaño* < lat. *hōc annō*. Con alguna mayor frecuencia escribimos una *h* que no existía en latín. Así *hallar* (junto a *fallar* [un juicio], con *f* no etimológica) < lat. *afflare; henchir* < lat. *implēre; hinchar* < *inflar; helar*, ant. *elar* < lat. *gelare; hinojos*, ant. *inojos* < lat. *genucŭlum*.

7.º *b*) En contraste con esta *h* «muda», la que sustituyó en la escritura a la *f* antevocálica en posición inicial de palabra transcribía, y transcribe todavía hoy en el habla vulgar de áreas dialectales del español, un fonema cuya articulación consiste generalmente en una aspiración faríngea sorda o sonora que representamos convencionalmente por [h̆] a pesar de sus diversos matices [21]. Así *hacer* ant. *fazer, herir* ant. *ferir, hijo* ant. *fijo, hoja* ant. *foja, hurto* ant. *furto*. La *f* se ha mantenido en palabras cultas o semicultas o simplemente por el predominio de la pronunciación ilustrada: *fama, familia, fe* (pero *he* en la literatura villanesca: *a la he*), *fin, foro, fuga*. En posición interior la *h* procedente de *f* latina se conservó en compuestos cuando el segundo componente podía identificarse con una voz simple que llevaba *h-*: *re-hacer*, en contraste con *afición, refutar; sa-humar*. No hay cambio de *f-* en *h-* ante el diptongo *ue: fuego, fuera*, pero *huesa* < lat. *fŏssa* por influencia semántica de *hueso* < lat. vulgar *ŏssum*, lat. *ŏs, ossis;* y en muchos casos ante el diptongo *ie: fiero, fiesta*, pero *hiel, enhiesto* ant. *infesto, enfesto* < lat. *infĕstus* (para las grafías *hie, hue*, véanse los dos subapartados siguientes 8.º y 9.º).

7.º *c*) El espíritu áspero del griego clásico, en los helenismos adoptados en español, muchas veces a través del latín, en la termino-

---

[20] Si es que el componente *-hí*, escrito en *Mio Cid i, y*, menos veces *hi, hy*, procede del lat. *hic*.

[21] Más que de transformación de *f* latina, la *h* es supervivencia de un arcaísmo autóctono en una región (antigua Cantabria, norte de Castilla la Vieja, la Rioja) que se resiste a la pronunciación de *f* y la suprime o la sustituye por un fonema propio, de equivalencia acústico a la *f*. Con la expansión castellana se propaga la *h* aspirada, y luego se pierde en las zonas originarias (hacia mediados del siglo XVI) o conquistadas primero y se conserva, en cambio, hasta hoy en las liberadas más tarde, en las que subsistía la *f* mozárabe. La aspiración se ha conservado, con más o menos intensidad y continuidad geográfica, en algunas provincias españolas: Santander, oriente de Asturias, Salamanca (en determinados enclaves), provincia de Cáceres, Badajoz (casi toda la provincia), predomina en Córdoba, Granada (sur y oeste), etc. Está documentada en Canarias, Nuevo Méjico, Argentina, Chile, Ecuador, Costa Rica, Puerto Rico. También en Filipinas. La aspiración se acerca a veces al fonema /x/, e inversamente, la articulación de *j* se articula como el sonido de *h* aspirada.

logía científica y técnica de todos los tiempos, ha sido transcrito como la *h* muda latina: *hagiografía, heleno, historia, horóscopo, hipérbole.* En el mismo caso están la *h* aspirada inglesa y alemana, transcrita siempre en español con *h* muda: *¡hurra!, herciano, hanseático.*

8.º *a)* La letra *y* [22] transcribe la consonante palatal sonora /y/, cualquiera que sea su origen [23], fonema que aparece siempre como cabeza de sílaba, con coda o sin coda, algunas veces con diptongo en la sílaba. La sílaba es unas veces inicial de palabra y se agrupa entonces con todas las vocales menos *i*, acentuadas o inacentuadas: *ya, yacer, yantar; yeso, yendo, yesca, yeguada, yesquero; yo, yogui, yos* 'planta euforbiácea de Costa Rica'; *yuca, yute, yugular, yunque, yuxtaponer.* Otras veces en sílaba interior. En estos casos la *y* puede aparecer en posición intervocálica, ante cualquier vocal: *saya(s), rayado, boyante, vayáis; bayeta, royendo, ayer, oyes, reyerta, proyección; rayita, hoyito; cuyo(s), peyorativo, mayor, sayón; ayuno, coyunda, ayuntamiento, hoyuelo.* Por último, la sílaba que precede a *-y* puede terminar en consonante. Esta formación se produce sobre todo con determinados prefijos y con *y* antepuesta a las vocales *a, e, u: adyacente, subyacente; abyección, desyemar, inyectar; cónyuge, disyunción, subyugar.*

8.º *b)* Con la grafía *hi* ante *e* y formando con ella sílaba acentuada terminada o no en consonante, en posición inicial de palabra, representamos también el fonema consonántico /y/ en un reducido número de palabras de origen latino. El grupo vocálico *ie* es resultado de la diptongación normal de *e* breve latina acentuada. La *h* inicial puede ser etimológica, en unos casos de *h* aspirada española procedente de la *f-* latina (subapartado 7.º*b* anterior): *hierro* [24] < latín *fĕrrum; hiero* < lat. *fĕrio; hiendo* < lat. *fĕndo; hiervo* < lat. *fĕrveo; hiel* < lat. *fĕl;* en otros casos, de *h* latina: *hiedra* < lat. *hĕdĕra;* en algún caso, sin razones etimológicas: *hiero* < lat. vulgar *ĕrum,* del lat. clásico *ĕrvum.* En una sola palabra la grafía moderna *hie* procede de *gĕ: hielo* < lat. *gĕlu.*

8.º *c)* En otras voces la diptongación de *ĕ* latina no se ha transcrito por *hie* en español, sino por *ye*, en donde *y* no es sino continuación de *i* latina consonántica. En unos casos la palabra latina originaria tiene *h-* y entonces la palabra española con la grafía *ye-* tiene un duplicado con *hie-*, lo que ocurre en *yedra*, (citada antes), *hiedra* (forma que lleva la definición en el *Dicc.* de la Academia; el artículo *yedra* hace una simple remisión a *hiedra*) y *yerba, hierba* (preferida

---

[22] Para la vocal /i/ escrita *y*, véase el § 1.8.1A, 3.º
[23] Para el cambio de /l/ por /y/, véase el § 1.2.2B y la nota 24 del cap. 1.2.
[24] En América se emplea todavía *fierro: Martín Fierro;* en algunos territorios *fierro*, con *h* aspirada. Véase la nota 21.

también por la Academia; en algunos países de América se usa la grafía *yerba* con especialización semántica: 'hierba mate'). En otros casos la palabra latina empieza por *e* breve sin *h: yegua* < lat. *ĕqua; yermo* < lat. *ĕrĕmus; yero* < lat. vulgar *ĕrum*, lat. clásico *ĕrvum* (citada también antes en la forma *hiero*, que en el Dicc. Ac. remite al artículo *yero*); *yerro*, del lat. *errāre; yesca* < lat. *ĕsca.*

8.º *d)* La única diferencia entre la forma con *hie* y la forma con *ye*, por lo que se refiere a la pronunciación, es que solo la primera, tras de pausa o tras de palabra que termina en vocal dentro del grupo fónico, puede oscilar entre la articulación /ié.dra/ y /yé.dra/ [25]. Pero actúan, en cambio, de un mismo modo tras de palabras que terminan en consonante dentro del grupo fónico: con separación silábica: *las hiedras* /las.yédras/ como *los yermos* /los.yérmos/; *con hielo* /kon.yélo/ como *con yeso* /kon.yéso/. En los compuestos con preposición la solución es la misma: *deshielo* /des.yélo/ como *desyemo* /des.yémo/, *deshierbo* /des.yérbo/ como *desyerbo*. En los compuestos heredados del latín que no tienen forma simple en español no existe separación silábica: *adhiere* (del verbo latino *adhaerēre*) se pronuncia /a.diére/ (§ 1.4.4*b*). Lo mismo pasa con *enhiesto* /e.niésto/, citado antes en 7.º*b*, y en su derivado *enhestar* [26], presente *enhiesto*, articulado /e.niésto/.

9.º *a)* Lo mismo que acabamos de decir acerca de la grafía *hie* se aplica a *hue*, en posición inicial de palabra o en posición interior en comienzo de sílaba, grafía que transcribe el fonema consonántico /w̯/ antepuesto a la vocal *e*. De manera semejante a *hié*, procede casi siempre de diptongación romance castellana: la diptongación de *o* breve latina acentuada. Lo mismo que en el caso de *hié*, la *h* de *hué* es unas veces resultado de *f*- latina: *huelgo* (*fuelgo* en Juan Ruiz) de *holgar* < lat. tardío *fŏllicāre* [27], o de *h* latina, como en *hueste* < latín *hŏstis, huerto* < lat. *hŏrtus;* en otros casos no tiene ninguna representación gráfica en latín: *huérfano* < lat. *ŏrphănus*, de origen griego; *huerco* < lat. *ŏrcus; hueco*, derivado de ant. *ocar* < lat. *occāre* (*hueco* en Juan Ruiz, 1017*d; ueca* y *hueco* en Nebrija, 1492); *hueso* del lat. vulgar *ŏssum*, lat. clásico *ŏs, ŏssis; huevo* < lat. *ōvum*, en pronunciación vulgar con *ŏ*, Berceo *uevos*, compuesto *desovar* (Covarrubias *desovo*, forma flexiva sin diptongar que se ha conservado hasta nuestros días).

---

[25] Acerca de la articulación /ie/ podríamos pensar que en el caso de *hiedra, hiero* y *hielo* está influida por la escritura. En las otras voces citadas en 8.º*b* la articulación con *i* es patente en aquellos territorios donde la *h* procedente de *f* latina se aspira (nota 21).

[26] Latín *infestāre. Enhestar* se halla poco documentado en español, aunque aparece ya en el *Vocabulario* de Alonso de Palencia *(enhestar)*, Berceo *(enfestar)* y raramente en la prosa moderna (*se enhiesta*, en Azorín, *Valencia*, ed. 1941, pág. 147).

[27] Para la conservación normal de *f* ante *-ue*, véase subapartado 7.º*b*.

En algún caso, como en el de *hie* (subapartado 8.º*b*) que procede de *ge*, *hue* tiene como origen *go*: *huero* derivado del verbo dialectal y portugués *gorar*, derivado *enhuerar* [28].

9.º *b*) A diferencia de *hie*, que puede transcribir fonética y fonológicamente lo mismo que transcribe *ye* (*hi* = *y* consonántica), el grupo *hu* de *hue* no tiene equivalente gráfico. Pero el grupo *hue* (también *hua*, nota 28) actúa fonológicamente lo mismo que *hie* tras de consonante con separación silábica: *los huertos* /los.ẉértos/, *un huevo* [ũ.ẉébo], *enhuerar* [ẽ.ẉerár], *los huachos* /los.ẉáchos/. La articulación vulgar *güevo* o *buevo* transforma, sin duda, la consonante /ẉ/ en la variante [w] no silábica de la vocal silábica /u/, pero indirectamente es una prueba a favor de la naturaleza consonántica de ese fonema /ẉ/ [29].

10.º La letra *l* es la única grafía del fonema /l/. La grafía *ll* para /l/ no existe en español. En contraste con *n*, que puede aparecer geminada en posición intervocálica en palabras compuestas, con el valor de /n.n/ (para sus caracteres fonéticos, véase el § 1.4.5*c*), la doble *l* no aparece nunca en el cuerpo de la palabra con el valor de /l/ o de /l.l/, lo que sí ocurre en otras lenguas romances: catalán, francés, italiano. Ocurre, en cambio, dentro del grupo fónico: *el lama, el lego, el límite, el logro, el lucro* con el valor de /l.l/ (§ 1.6.3*d*), lo mismo que /n.n/ en interior de palabra. Pero en el caso de /l.l/ se produce a veces contraste con /l/: *el lama, el ama; el lego, el ego; el logro, el ogro* (nota 15 del cap. 1.4).

11.º La grafía *ll* [30] transcribe el fonema /l/, en posición inicial de sílaba ante vocal (en amplias zonas hispánicas, *ll* transcribe en determinados casos el fonema /y/). Cuando aparece como coda final de palabra, lo que ocurre en palabras de origen catalán, suele articularse en castellano como /l/.

---

[28] La grafía *hue* con el valor fonológico de /ẉe/ se da frecuentemente en voces no procedentes del latín: *alcahuete* del árabe, *cacahuete* del nahua. También la grafía *hua*, en voces americanas de procedencia indígena, transcribe /ẉa/: mejicano *nahua* o *náhuatle*; *huacho* 'surco' del quechua, algunas veces con doble grafía: *huaca* y *guaca* del quechua.

[29] La introducción del fonema consonántico *hu* de *hueco, huevo*, etc., en la fonología de la lengua española puede parecer una innovación. Pero no es original. En su *Manual de gramática histórica española*, Menéndez Pidal cataloga esa *hu* entre las consonantes, haciéndola imprimir en negrita en el ejemplo *huevo* (§ 35, cuadro de las consonantes españolas). Sustituimos solamente el signo fonológico, para evitar la ambigüedad de *w*, que es también vocal no silábica.

[30] Las grafías *ll* y *rr* (para *rr*, véase el subapartado 14.º) son las únicas en la ortografía española, que duplicando un mismo signo, con valor diferente cuando aparece aislado (véase, sin embargo, para *r* el subapartado 14.º), representan un solo fonema.

12.º Con la grafía *ch* [31] escribimos el fonema /ĉ/ (véanse las notas 11 y 13), siempre como cabeza silábica y en palabras de cualquier origen.

13.º La letra *r* transcribe el fonema /r/. Se encuentra, cualquiera que sea la lengua de origen, en posición intervocálica dentro de la palabra, como cabeza silábica, cualquiera que sea la vocal que la precede o la sigue: *ara, haréis, ario, aro, harúspice; era, eres, erizo, eros, erudito*, etc.; tras de consonante labial, dental, velar y la labiodental *f*, formando con ella cabeza silábica, en posición inicial de palabra, o en posición interior tras de vocal o consonante: *prisa, broma, tras, drama, cráneo, gramo, fruto; lepra, obra, otro, odre, ocre, agro, cifra; compra, hambre, contra, vendrá, pulcro, engreído, enfrente;* formando coda silábica en posición interior o final de palabra: *arpa* (escrita también *harpa*), *árbol, arco, ergo; haber, cóndor*, etc.

14.º Las dos grafías *r* y *rr* transcriben el fonema /ř/. La primera en posición inicial de palabra ante vocal: *raudo, renta, rito*, etc., o como cabeza silábica interior de palabra tras de coda simple escrita *b, l, n* o *s: subrayado, alrededor, enredo, desrizar*. La segunda, como cabeza silábica, en posición intervocálica: *arras, perro, mirra, error, herrumbre* y en compuestos: *interregno, antirreumático, contrarrestar, arremeter, derribar, derrocar, derrochar, derruir* < lat. *dirŭĕre*, etc. [32]

---

[31] Es el único signo, en el alfabeto español, que agrupa dos letras diferentes para representar un solo fonema.

[32] En los compuestos con prefijo: *antirreumático, arremeter*, se escribe *rr* aunque el segundo componente, cuando aparece aislado, se escriba con *r-* inicial con el mismo valor que *rr: remeter, reumático*. Pero la regla ortográfica es puramente formal: el sonido /ř/ intervocálico se escribe *rr* y en posición inicial antevocálica se escribe *r-*, según las reglas anteriores (no existe el sonido /r/ en esta posición, como hemos visto). Desde el punto de vista etimológico, la grafía *rr* es producto de asimilación: *arrogante* < lat. *arrogantem*, de *ad* + *rogantem; corregir* < lat. *corrĭgĕre*, de *cum* + *regĕrĕ; corromper* < lat. *corrumpĕre*, de *cum* + *rumpĕre; irreparable* < lat. *irreparabĭlis*, de *in* + *reparabilis; interregno* < lat. *inter* + *regnum*. Pero junto a *arrogante* tenemos *derogar* < lat. *dē* + *rŏgāre;* junto a *corregir, erigir* < lat. *ērigĕre;* junto a *corrupción, erupción* < lat. *eruptiōnem*, de *e* + participio de *rumpĕre*, lo cual es prueba muy verosímil de que *r* inicial latina se articulaba como /r/, no como /ř/ (en otras lenguas románicas solo hay una *r:* así en francés y en la mayor parte de Italia; la grafía *rr* italiana, con valor de /ř/, se escribe solamente con la apoyatura de una *a* que la precede y parece deberse a influencia española). En los compuestos con los prefijos de origen latino *ab-, ob-, sub-*, en los cuales escribimos *r* con valor de *rr*, la delimitación silábica puede ser vacilante y en vez de *ab-rogar*, pronunciado *ab-rrogar*, puede darse *a-brogar*, pronunciado con /r/, no con /ř/, según los principios del subapartado 13. Hoy parece que el sufijo se separa en *ab-rogar*, pronunciado *ab-rrogar*, y en *sub-rayar*, pronunciado *sub-rrayar*. Puede haber vacilación en *subrepticio*, siglo XVIII < lat. *subreptĭcius* (también *surreptĭcius*), de *rapĕre*, y es seguro que *abrupto*, siglo XVI < lat. *abruptus*, de *rumpĕre*, se pronuncia hoy sin separación del sufijo: *a-brupto*. Acaso influye en estos casos la difícil identificación del segundo componente.

15.º La letra *x* es la única del alfabeto que transcribe un grupo de dos fonemas /ks/. Cuando aparece en posición intervocálica, el primer fonema es coda silábica y el segundo cabeza de la sílaba siguiente: *luxación* /luk.sa.θión/, *boxeo* /bok.sé.o/, *axioma* /ak.sió.ma/, *éxodo* /ék.so.do/, *exultación* /ek.sul.ta.θión/ (la pronunciación general es [es-]). Cuando a *x* /ks/ sigue inmediatamente una consonante, los dos fonemas de /ks/ pertenecen a una misma sílaba: *exceso* /eks.θé.so/, *extracto* /eks.trák.to/, *exposición* /eks.po.si.θión/. Lo mismo cuando /ks/ se halla en posición final de palabra: *fénix* /fé.niks/, *flux* /fluks/ (a menudo pronunciado [-s]).

16.º La letra *m* transcribe el fonema /m/, así como el alófono [m] del fonema /n/ cuando en interior de palabra precede a /p/ o /b/ transcrita con *b*. Se escribirán, pues, *tiempo, campo, ambos, cambiar*. Ante *v* gráfica el alófono [m] se representa con *n: invención, convenir, tranvía*. En final de palabra se escriben con *m* latinismos como *álbum, máximum, ultimátum, maremágnum*. Para el grupo inicial *mn*, v. § 1.4.3*b*.

17.º La letra *n* transcribe el fonema /n/, cualquiera que sea su articulación, salvo los casos que se indican en el subapartado 16.º

18.º Con la letra *p* se transcribe siempre el fonema /p/. Para su omisión fonética o gráfica en grupos *pn-, ps-, pt-*, v. § 1.4.3*b*.

1.8.2. Alfabeto español. — Escribimos a continuación el alfabeto español, con letra impresa en tipo redondo, sobreponiendo las mayúsculas a las minúsculas y colocando debajo el nombre de cada letra en bastardilla.

A	B	C	Ch	D	E	F	G	H	I	J	K
a	b	c	ch	d	e	f	g	h	i	j	k
a	*be*	*ce*	*che*	*de*	*e*	*efe*	*ge*	*hache*	*i*	*jota*	*ka*

L	Ll	M	N	Ñ	O	P	Q	R	S	T	U
l	ll	m	n	ñ	o	p	q	r	s	t	u
ele	*elle*	*eme*	*ene*	*eñe*	*o*	*pe*	*cu*	*ere*	*ese*	*te*	*u*
								o			
								erre			

V	W	X	Y	Z
v	w	x	y	z
ve	*ve doble*	*equis*	*i griega*	*zeda*
o	o			o
uve	*uve doble*			*zeta*
u consonante				

1.8.3. Acento ortográfico. — Como hemos visto en otros capítulos, las palabras se caracterizan en la lengua española por un solo acento de intensidad [33] (las inacentuadas constituyen un número muy reducido, véase el § 1.5.4, aunque poseen un elevado índice de frecuencia en el uso), el cual afecta a una sílaba fija de cada palabra. La escritura utiliza en determinados casos el signo ortográfico llamado tilde, que se coloca sobre el núcleo de la cima silábica y se omite en otros, con arreglo al sistema siguiente [34].

A. *Palabras sin diptongos, triptongos ni hiatos.*

1.º *Palabras agudas de dos o más sílabas.* Si terminan en vocal o en una de las consonantes -*s* o -*n*, no agrupadas con otra consonante, se escriben con tilde sobre la última vocal: *bacarrá* (escrito también *bacará*), *parné, jabalí, landó, ombú; alacrán, almacén, alevín, hurón, atún; barrabás, cortés, parchís, intradós, obús.* Si terminan en consonante que no sea *n* ni *s*, no se escribe la tilde: *querub, fondac, pared, rosbif, zigzag, herraj, volapuk, zascandil, harem* (escrito también *harén*), *galop, saber, cenit, cariz.* Si terminan en dos consonantes, aunque la última sea *n* o *s* (o en *x*, que es suma de dos fonemas /ks/), se escriben también sin tilde: *Almorox /-ks/, Mayans, Isern, Isbert* [35].

2.º *Palabras graves de dos o más sílabas.* La regla ortográfica es aquí inversa a la desarrollada en el subapartado anterior. Si la palabra termina en vocal o en una de las consonantes -*n* o -*s*, no se escribe tilde sobre la vocal de la penúltima sílaba: *cota, deporte, casi, cobalto, chistu; polen, mitin, canon, Oyarzun; cantabas, martes, iris, cosmos, humus.* Si termina en otra consonante se escribe la tilde: *césped, álif, móvil, álbum, prócer, superávit, alférez.* Si termina en dos consonantes, aunque la segunda sea *s*, se escribe la tilde: *bíceps, fénix* /ks/.

3.º *Palabras esdrújulas.* Se escribe siempre la tilde sobre la vocal de la antepenúltima sílaba: *ménsula, cómitre, tílburi, árbitro, ímpetu; alhóndiga, mozárabe, intríngulis; matemáticas, efemérides, esperpéntico,* etc.

---

[33] Con las excepciones de que tratamos en el subapartado G4.º Para los acentos expresivos que no marca la escritura, véase el capítulo anterior.

[34] La regulación del empleo de la tilde o de su omisión tiene en cuenta: 1.º, la naturaleza de los fonemas finales de palabra; 2.º, la naturaleza consonántica o vocálica de los fonemas que se hallan en posición inmediata, antes o después de la vocal prosódicamente acentuada; 3.º, el número de sílabas de que constan las palabras; 4.º, la naturaleza misma de la vocal prosódicamente acentuada.

[35] Gran parte de estos nombres propios son catalanes, escritos también sin tilde en la lengua de origen. Pero los que arriba citamos, de origen catalán, son familiares en la lengua española, y no deben entrar en el § 1.8.9, donde tratamos del acento ortográfico en nombres propios extranjeros.

B. *Palabras con diptongos o triptongos en los que entran una vocal de la serie /a, e, o/ y una (o dos, si se trata de triptongos) de la serie /i, u/.* La presencia de diptongos o triptongos no altera, en general, la regulación anterior. Cuando la sílaba prosódicamente acentuada debe llevar tilde en los diptongos o triptongos, se coloca sobre la vocal de la primera serie. En los ejemplos que siguen se imprime en versalitas el diptongo o triptongo prosódicamente acentuado (escrito con tilde o sin ella) y el inacentuado.

1.º *Palabras agudas de dos o más sílabas.*
   a) Con tilde (regla A1.º anterior): *agrav*IÉ (como *agravé*), *sal*IÓ (como *saló* del verbo *salar*), *rac*IÓN (como *razón*), *est*ÁIs *(estás)*, *est*ÉIs *(estés)*.
   b) Sin tilde (regla A1.º anterior): *remed*IAd (como *remedad*), *ser*IEdad (como *heredad*), *cas*UAl *(casal)*, cUArtel *(cartel)*, *hidrom*IEl (también *hidromel*), *uj*IEr, escrito también *hujier* (como *mujer*), *aj*UAr *(ajar)*, *sec*UAz *(sagaz)*.

2.º *Palabras graves de dos o más sílabas.*
   a) Sin tilde (regla A2.º anterior): cIElo (como *celo*), mIEra *(mera)*, sUEña *(seña)*, cUAsi *(casi)*, cUota *(cota)*, hacIA *(haza)*, legUA *(lega)*, ardUo *(ardo)*, albAIda *(albada)*, donAIre (como *donare*, de *donar*), cAUsa *(casa)*, defIENden *(ofenden)*, parIAs *(paras*, de *parar)*.
   b) Con tilde (regla A2.º anterior): hUÉsped (como *césped*), acUÁtil *(dátil)*, réquIEm *(tótem)*, albÉItar *(néctar)*, DIÉguez *(Pérez)*.

3.º *Palabras esdrújulas.* Llevan siempre tilde (regla A3.º): carIÁtide, cIÉnaga, mirIÓpodo, gUÁramo, cUÁdruple, mUÉrdago, cÁustico, enfitÉUtico, etc.

4.º *Excepciones.* Las palabras agudas que terminan en uno de los diptongos /ái/, /éi/, /ói/, o en triptongos de esta misma terminación, se apartan de la regla B1.º a y no llevan tilde en la sílaba final, que se escribe *-ay, -uay, -ey, -iey, -uey, -oy: guirigay, ayayay, Paraguay, carey, maguey, curiey, Araduey, Alcoy, rentoy.* Emplean la tilde, pero escriben *-i* en vez de *-y*, las voces *paipái, samurái* y acaso alguna más. Deben asimilarse a las formas hispánicas con *-y* (no lo son las formas con *-i*) los nombres agudos, generalmente patronímicos de origen catalán, terminados en los diptongos —decrecientes como los anteriores— /áu/, /éu/, /óu/, voces que los catalanes o los descendientes de ellos, dentro y fuera de Cataluña, emplean sin tilde: *Monlau, Abreu, Palou.*

C. *Palabras con hiato en el que entran una vocal de la serie /a, e, o/ y otra de la serie /i, u/.*

1.º La regulación ortográfica del hiato obedece a principios diferentes de los examinados hasta aquí. Es cierto que una letra vocálica marcada con tilde va unida, como siempre, a la condición prosódicamente acentuada del fonema vocálico que representa. Pero la tilde marca, además, una frontera silábica entre vocales que el lector, privado de ese indicio, podría interpretar como vocales agrupadas silábicamente en diptongo. De aquí la distinción, y algunas veces oposición, entre *vario* /bá.rio/ y *varío* /ba.rí.o/. Las reglas ortográficas del hiato no son, a pesar de todo, tan completas como lo son las que ayudan a distinguir unas de otras las voces agudas, graves y esdrújulas, cuando estas voces están privadas de diptongos y de hiatos, como ocurre con las del apartado A, que, por eso, hemos colocado sistemáticamente en cabeza del § 1.8.3. El hiato lo señalamos con tilde, por ejemplo, en *ra-í-da,* pero no en *ri-a-da.* Se señalan, por lo tanto, las vocales de la serie /i, u/, pero no las de la serie /a, e, o/ [36].

2.º En palabras agudas, la /i/ y la /u/ de los hiatos, decrecientes en este caso, llevan siempre tilde sin las distinciones que establecen las reglas del subapartado A1.º Escribimos, por consiguiente, *-í, -ú,* no solo en las voces que según dicha regulación deben llevar tilde, como son las terminadas en vocal o en una de las consonantes *-n, -s: a-hí, ca-í, le-í, mo-hín, sa-ín, a-ún, pa-ís, sonre-ís, pro-ís;* sino también en las que no llevarían tilde según las reglas de A1.º, como son: *ca-íd, ra-íl* (se escribe también como monosílabo *raíl*), *ba-úl, Alta-ír, emba-ír, fre-ír, re-ír, fefa-út, ca-híz, ma-íz.*

3.º En las palabras llanas escribimos también siempre *í, ú,* tanto en el reducido número de voces que, por terminar en consonante, diferente de *n* o *s* (con hiato creciente o decreciente), coinciden con las reglas del subapartado A2.º: *crú-or, flú-or, fí-at, Di-az, Dí-ez, La-ínez,* como en las que, por terminar en vocal, *n* o *s,* se apartan de dichas reglas. Con hiato creciente: *pedí-a, pedí-an, pedí-as, tí-a; li-en, li-es; poderí-o, brí-o; actú-a, actú-an, grú-a, gradú-e, gradú-en, gradú-es; lú-e; insinú-o, bú-ho.* Con hiato decreciente: *a-ína, a-híto, va-hído, le-ído, re-híce, o-ído, pro-híbo, o-íslo, Co-ímbra; bara-húnda, za-húrda, re-úno, re-húso, transe-únte.* Con hiato decreciente-creciente: *ca-í-a, ca-í-an, ca-í-as, ba-hí-a; re-í-a, re-í-an, re-í-as; o-í-a, o-í-an, o-í-as; bo-hí-o.* No quedan exceptuadas del empleo de la tilde sobre *i* o *u,* como lo estaban antes de la entrada en vigor de las *Nuevas normas de Prosodia y Ortografía* (1959), las palabras con hiato en las que, entre *i* o *u* prosódicamente acentuadas y la vocal más abierta inacentuada, se interpone en la escritura la letra *h,* como muestran los ejemplos pertinentes anteriores.

---

[36] Acaso porque el hiato inverso es más frecuente que el hiato normal. Para esta terminología consúltese el § 1.4.6*a.*

4.º En las palabras esdrújulas la *i* de la antepenúltima sílaba, en hiato decreciente o creciente, se escribe siempre con tilde, de acuerdo en todos los casos con la regla general del subapartado A3.º: *ve-hículo, de-ípara, ole-ífero; Prí-amo, endí-adis, mirí-ada, cardí-aco, perí-odo* (para el duplicado en alguna de estas voces con diptongo: *pe-rio-do,* véase el § 1.4.7c).

D. *Palabras con diptongo o hiato en los que entran solamente vocales de la serie /a, e, o/.*

1.º A diferencia de /i/ y de /u/ prosódicamente acentuadas, que llevan siempre tilde cuando forman hiato con otra vocal más abierta, como acabamos de ver, la /e/ y la /o/ prosódicamente acentuadas no llevan siempre tilde cuando forman hiato con la vocal más abierta /a/. La regulación ortográfica se atiene, en estos casos, a los principios generales establecidos en los subapartados A y B. Carecen, pues, de tilde voces como *ca-ed, Isma-el, tra-er, ra-hez, a-eda; le-a, le-an, le-as, mare-a; Ara-oz, ta-hona, ta-honas; lo-a, lo-an, lo-as, Bidaso-a.* Llevan tilde *Ja-én, tra-éis, Ma-hón.* Estas mismas normas generales se aplican cuando es /a/ la vocal prosódicamente acentuada en el hiato, como en *deca-e, deca-en, deca-es; cre-ad, le-al, saque-ar; re-acio, cre-ado,* pero: *arrá-ez, de-án, cre-áis,* y cuando entran solo en el hiato las dos vocales /e/, /o/: *le-ona, empe-ora, co-hete; ro-ed, ro-er, so-ez,* pero *pele-ón, lo-éis,* etc.

2.º Si cualquiera de las tres vocales se halla en la antepenúltima sílaba, formando hiato decreciente o creciente con cualquiera de las otras dos, se aplican las reglas de A sobre la acentuación ortográfica de los esdrújulos, lo mismo que en C4.º: *cará-ota* 'alubia' (Venezuela), *océ-ano* (escrito también *oce-ano* como palabra llana), *meté-oro* (escrito también *mete-oro* como voz llana), *lauré-ola, tró-ade; fre-ático, co-águlo* (articulado también sin hiato *coá-gulo*), *ga-élico, po-ético, ge-ómetra,* etc.

3.º A primera vista cabría preguntarse si una palabra como *área* podría haber sido tratada ortográficamente lo mismo qué *aria,* y *óleo* lo mismo que *olio,* es decir, como palabras llanas escritas sin tilde: *a-rea, o-leo.* Pero *area* podría leerse entonces /a.ré.a/, como *marea* /ma.ré.a/, al paso que *aria* necesitaría una tilde sobre la *i* para adoptar ese esquema prosódico. Por otra parte, *-ia* es siempre diptongo inacentuado cuando aparece detrás de la sílaba prosódicamente acentuada de la palabra a que pertenece: /á.ria/ (§ 1.4.9a), mientras que *-ea,* en esa misma posición, también sin acento prosódico, puede funcionar como diptongo (las más veces lo es), pero también como hiato. La regulación ortográfica ha tenido en cuenta la diferente condición fonológica de las dos series de vocales /i/, /u/ y /a/, /e/, /o/ (§ 1.4.14b) y considera que los grupos *-ea, -eo* y otros semejantes constituyen hiato y cada una de sus vocales se halla separada silábicamente de la contigua, con lo que han venido a ser ortográficamente, aunque casi nunca prosódicamente, voces esdrújulas.

4.º En este caso están algún sustantivo en *-ae,* como *Dá-nae,* en *-ao,* como *cálao* (ave trepadora filipina), *Dá-nao;* algunos sustantivos en *-eo, -ea,* como *crá-neo, hó-rreo, brác-tea, lí-nea;* varios adjetivos en *-eo, -ea: espontá-neo -ea, deleté-reo -ea, ó-seo -ea, ní-veo -ea;* algunos sustantivos en *-oe: á-loe* (escrito también *a-lo-e* con acentuación griega), *hé-roe, á-zoe* [37].

5.º Nombres de varia procedencia terminados en *-ao,* con acento prosódico en la /a/, vacilan entre la articulación /áo/ con diptongo, que es la más frecuente, y la articulación /á.o/ con hiato: *bacalao, Bilbao, Callao, cacao, Menelao, parao* 'embarcación filipina', *sarao,* etc., y con ellos la reducción *-ao* de los participios en *-ado,* que no es siempre exclusivamente vulgar. Si hubiéramos de tratar *-ao* como hiato, la falta de la tilde estaría dentro de las reglas ortográficas generales de las palabras llanas terminadas en vocal. Si se trata como diptongo debería llevar tilde la *a* como las voces agudas que terminan en vocal o en diptongo prosódicamente acentuados: *llamará, paipái, samurái.* El hecho es que el uso tradicional en la lengua escrita omite con regularidad la tilde, con lo que se establece un paralelo entre estas formas y las voces agudas que terminan en *-ay, -ey, -oy* y las que terminan en *-au, -eu, -ou* (v. § 1.8.3B, 4.º).

E. *Palabras con diptongo o hiato en los que entran solamente vocales de la serie /i, u/.*

1.º Los grupos /u i/, /i u/ (§ 1.4.11), tanto si forman diptongo como si forman hiato, reciben el mismo tratamiento ortográfico que los del apartado D anterior. Solo se emplea la tilde cuando lo exigen las reglas generales enunciadas en A y B. Escribimos *huid, huir; buitre, casuista, circuito, cuido, fluido* [38], *fortuito, fuimos, fuisteis, huimos, jesuita, juicio, pruina, ruido, ruina,* pero con tilde: *benjuí, cambuí, mordihuí, huí, huís; huías; casuística, huíamos.*

---

[37] A pesar del tratamiento ortográfico de estas voces, como palabras esdrújulas, el diptongo está casi siempre asegurado por el metro. Según estadísticas realizadas sobre textos poéticos de metro regular en los setenta primeros tomos de la Biblioteca de Autores Españoles, las formas *-eo, -ea,* por ejemplo, aparecen computadas como diptongos en más del 98 por 100 de los casos.

[38] La acentuación ortográfica *flúido* ha sido sustituida por *fluido* desde la edición del Dicc. Ac. de 1956.

2.º Algunos sustantivos, sobre todo topónimos, se diferencian de las palabras que acabamos de ver por el hecho de que el acento prosódico no afecta a la /i/, sino a la /u/ del grupo /u i/, que vacila en su articulación entre hiato /ú.i/, lo más probable en los topónimos, y diptongo /úi/, vacilación entre hiato y diptongo de la que participan algunas de las voces anteriores, pero con acento prosódico en la /i/ generalmente. Las voces que vamos a examinar ahora se diferencian además de aquellas otras por situarse siempre el grupo /u i/ en fin de palabra y escribirse *-uy*. No suele escribirse hoy la tilde sobre la *u*, que se empleaba acaso para señalar el hiato, quizá para señalar la condición de palabra aguda terminada en vocal. Pero la omisión de la tilde en estas voces, que es ahora regla ortográfica [39], las equipara a las terminadas en *-ay, -ey, -oy* de las que hemos tratado en el § 1.8.1A, 3.º: *cocuy* (también *cucuy* y *cocuyo* 'especie de luciérnaga'; voz americana); *Ardanuy, Beranuy, Bernuy, Espeluy, Montanuy, Serraduy*, etc.

3.º Una serie de onomásticos y patronímicos, de origen catalán, algunos muy extendidos en Castilla [40], terminan en *-iu* o *-ius* (con acento prosódico en la vocal *i*), grafía que representa, según lo más probable, una articulación con hiato /í.u/: *Arderius, Codorniu, Feliu, Montoliu, Riu, Rius, Viu*. Deben escribirse sin tilde, por las mismas razones que han sido expuestas a propósito de los nombres *Monlau, Masdeu, Masnou* (§ 1.8.3B, 4.º).

F. *Palabras monosilábicas.*

1.º Los monosílabos dotados de acento de intensidad (para los monosílabos inacentuados, véase el § 1.5.4), con algunas excepciones que veremos después, se escriben sin tilde: *¡ah!, ya, pian* (en la locución *pian, piano*), *vais, guay; fe, pie, cien, diez, ley, buey, fue; ti, muy,*

---

[39] Desde la entrada en vigor de las *Nuevas normas de Prosodia y Ortografía*. El texto definitivo, publicado en el *Boletín de la Real Academia Española*, 1958, págs. 348 y sigs., dice textualmente: «los vocablos agudos terminados en *-ay, -ey, -oy, -uy* ...». Pero, acaso por error de copia, entre los ejemplos que ilustran la regla 14.ª no hay ningún vocablo con terminación *-uy*. Que esta incidencia no invalida la regla, lo prueba el hecho de que en la redacción primera de las *Normas*, incluida en el *Proyecto* (*BRAE*, 1952, pág. 16), la regla 24.ª (14.ª de la redacción definitiva) estaba dirigida de modo exclusivo y precisamente a las únicas voces allí citadas *escuy* y *Espeluy*, sin duda en el supuesto de que la omisión de la tilde había sido ya sancionada por el uso en las voces terminadas en *-ay, -ey* y *-oy* y el propósito se reducía a incluir entre estas voces las terminadas en *-uy*. Hay que añadir que la regla 24.ª del *Proyecto*, entre otras, no fue objeto de reparo alguno ni en el seno de la Real Academia ni en las contestaciones a las consultas que fueron dirigidas a las Academias Correspondientes (*BRAE*, 1958, pág. 334).

[40] Hay 53 casos, por ejemplo, del apellido *Feliu* en la última *Guía telefónica de Madrid*, y 43 de *Rius*, todos escritos sin tilde.

ruin [41], *Luis; ¡o!* interjección (escrita hoy normalmente *oh*), *no, yo, boj, dos, dio, vio, Dios, voy; ¡uf!, cruz, mus.*

2.º Algunas voces presentan dificultades en su delimitación silábica. Esto ocurre con *caos* (lat. *cha.os*, del griego *khá-os*), pero la articulación /cá.os/ no afectaría a la acentuación ortográfica (v. subapartado D) [42]. Lo mismo ocurre con *vaho*. La cuestión es más problemática cuando se trata de nombres propios de persona. *Dí-ez, Sá-iz, Sá-inz* se acomodan, en estas grafías, a las reglas generales de las palabras llanas. Pero junto al bisílabo *Dí-ez* existe el monosílabo *Diez*, que es el mismo apellido que *Dí-ez*, pero con dislocación del acento prosódico, y lo mismo es seguramente posible con *Saiz, Sainz* y otros nombres propios de estructura análoga.

3.º Determinados monosílabos, prosódicamente acentuados, los escribimos con tilde para diferenciarlos de homófonos suyos, también prosódicamente acentuados, que pertenecen a otra categoría o subcategoría gramatical. Así, los demostrativos sustantivos *éste, ése, aquél*, y sus femeninos y plurales, suelen escribirse con tilde, frente a los demostrativos adjetivos *este (libro), esa (mujer)*, etc. Las formas neutras de estos pronombres, que tienen exclusivamente categoría de pronombres sustantivos, se escriben siempre sin tilde. Igualmente se suele escribir con tilde el adverbio *sólo* (= *solamente*), frente al adjetivo *solo* [43]. En los casos restantes de dos acentuaciones, la diferencia se establece entre dos voces homófonas prosódicamente acentuada la una e inacentuada la otra. Así los interrogativos *cómo, cuál(es), cuán, cuándo, cuánto* y *cúyo* (con sus femeninos y plurales), *dónde, qué, quién(es)*, frente a los no interrogativos: *como, cual(es), cuan, cuando, cuanto* y *cuyo* (con sus femeninos y plurales), *donde, que, quien(es)*. Además, *dé* de *dar* y *de* preposición; *él* pronombre personal y *el* artículo; *más* adverbio y *mas* conjunción; *mí, tú* pronombres personales y *mi(s), tu(s)* pronombres posesivos; *sé* de *saber* y *ser*, frente al pronombre personal *se* reflexivo y no reflexivo; *sí* pronombre reflexivo y

---

[41] Es palabra monosilábica, con articulación /uí/. Si no lo fuera, habría de llevar tilde sobre la *i* (no la lleva en el Dicc. Ac.), como toda palabra aguda que termina en vocal, *-n* o *-s* (compárese *hu-i, hu-ís* en el subapartado E1.º anterior). Hoy predomina el diptongo según afirman los ortólogos, lo contrario de lo que ocurría en la poesía clásica. Góngora, entre otros, articula /ru.ín/, sin excepción.

[42] Lope de Vega emplea *caos* como monosílabo por lo menos cinco veces. Pero en un pasaje encontramos *cha-os* con hiato, sugerido tal vez por la grafía culta con *ch-*.

[43] El uso de la tilde es potestativo en los dos casos *(éste, ése, etc., y sólo)*. Es lícito prescindir de ella cuando no existe riesgo de anfibología (reglas 16.ª y 18.ª de las *Nuevas normas de Prosodia y Ortografía*, que entraron en vigor el 1.º de enero de 1959).

adverbio de afirmación, frente a *si* conjunción; *té* sustantivo apelativo y *te* pronombre personal [44].

G. *Palabras compuestas.*

1.º Los compuestos (exceptuados los que veremos después), cualquiera que sea el número y la naturaleza prosódica originaria de sus componentes, acentuada o inacentuada, solo poseen un acento prosódico que afecta al último de sus componentes. El compuesto puede ser agudo, llano o esdrújulo y el uso de la tilde se ajusta a las reglas generales del acento ortográfico (subapartados A-E). Pero el último componente lleva a veces una tilde que no es originariamente suya, sino que se explica por la índole prosódica del compuesto: *aguapié* (*pie*, fuera del compuesto), *altavoz* (*voz*, fuera del compuesto), *amormío* (*mío*), *ganapán* (*pan*), *guardahúmo* (*humo*), *hazmerreír* (*reír*), *maestresala* (*sala*), *pisaúva* (*uva*), *pleamar* (*mar*), *Piedrahíta* (*Hita*), *portaguión* (*guión*), *protohistórico* (*histórico*), *salvavidas* (*vidas*), *sinfín* (*fin*), *sobrehílo* (*hilo*), *también* (*bien*), *trasdós* (*dos*).

2.º Si el acento de intensidad afecta al penúltimo componente, se omite siempre la tilde que le correspondería de haberse empleado fuera del compuesto: *asimismo* (*así*), *penseque* (*pensé*), *piamadre* (*pía*), *Riofrío* (*río*), *tiovivo* (*tío*).

3.º Los compuestos españoles formados sobre modelos griegos y latinos o introducidos directamente como voces cultas, poseen frecuentemente el acento de intensidad en el primer componente (§ 1.5.5*b*, 3.º γ). La tilde recae entonces sobre la sílaba prosódicamente acentuada del primer componente y la palabra, en estos casos, es siempre esdrújula: *írrito, decálogo* (v. § 1.5.5*b*, 2.º).

4.º En los compuestos de dos o más adjetivos que se separan unos de otros con guión (§ 1.8.8*i*), la escritura mantiene la tilde en cada uno de sus componentes cuando la llevan fuera del compuesto (*Nuevas normas de Prosodia y Ortografía*, regla 9.ª), pero la presencia de la tilde no es indicio siempre de que en la pronunciación se haga resaltar el acento prosódico. Hay, por lo menos, vacilación, si se exceptúa el último componente, que conserva en todos los casos su prosodia normal: *cántabro-astur, histórico-crítico-bibliográfico*.

5.º Para el empleo de la tilde en los adverbios en -*mente*, véanse los §§ 1.5.6 y 2.4.10. Para los compuestos con numerales, véanse los §§ 2.9.3*e* y 2.9.5*c*.

---

[44] Algunos textos o algunos autores extienden la regla a casos análogos donde puede haber ambigüedad: *No pára el tren* (J. R. Jiménez, en *Poesía española. Antología 1915-31*, de Gerardo Diego, pág. 120).

H. *El acento ortográfico de las formas verbales con pronombres personales enclíticos.*

1.º Estas formaciones poseen un solo acento prosódico: el del verbo (los enclíticos son palabras inacentuadas). Hay que distinguir dos cuestiones. Por una parte, la presencia o la falta de tilde en el verbo dentro de la formación con enclíticos, comparada con la acentuación ortográfica del verbo cuando se emplea sin enclítico. Por otra parte, la configuración ortográfica acentual del grupo con enclíticos, en relación con las normas generales de la acentuación ortográfica [45]. Por lo que se refiere a la primera cuestión, el verbo conserva en muchos casos su acento ortográfico originario, de una manera constante en las formaciones del núm. 2.º siguiente. Por lo que se refiere a la segunda cuestión, el acento ortográfico de las formaciones con enclíticos está siempre de acuerdo con las reglas generales cuando dicha formación es esdrújula, pero deja de estarlo en algunos casos en que la formación resulta con acentuación llana (los tres últimos ejemplos del núm. 2.º siguiente) y cuando la formación es sobresdrújula (algunos ejemplos del núm. 4.º).

2.º Las formas verbales monosilábicas y las formas agudas, seguidas de un solo enclítico, se atienen en el uso ortográfico de la tilde al mismo régimen que cuando se emplean solas: *da-le, fui-me, decid-me, reír-se, oír-lo; dé-le* (del verbo *dar*), *salí-me, partió-se* (los verbos con el mismo acento ortográfico que cuando se emplean solos: *da, fui, decid, reír*, etc.; pero la formación se atiene a las reglas generales del uso ortográfico solamente en los cinco primeros ejemplos: *dale* como *sale*, de estructura silábica análoga; *fuime* como *fuiste*, etc.; en los tres últimos ejemplos, se aparta de las reglas generales: *déle* diferente acentuación que la palabra *ele* —nombre de la letra *l*—, de estructura silábica análoga; *salíme* diferente de *sublime*, etc.)

3.º Si una forma verbal monosilábica o aguda se agrupa con dos enclíticos, la vocal prosódicamente acentuada del verbo se escribe siempre con tilde, aunque no lo requiera cuando se emplea sola: *dá-se-lo, dí-me-lo, decíd-nos-lo, pedír-me-la* (en contraste con *da, di, decid, pedir*); *partió-se-le, oír-se-lo* (de acuerdo con *partió, oír*). Todas las formaciones se convierten en «supuestas» palabras esdrújulas.

4.º Si una forma verbal llana o esdrújula [46] se agrupa con uno o más enclíticos (v. la nota 9 del cap. 1.5), la vocal prosódicamente acentuada del verbo lleva siempre tilde, lo exija o no cuando se emplea

---

[45] De la naturaleza gramatical de las formaciones de verbos con enclíticos se trata en varios pasajes de esta obra: §§ 1.5.3f, 1.5.4b, etc.

[46] Es hoy especialmente rara la agrupación de enclíticos con formas esdrújulas del verbo.

sin enclíticos: *hablába-se, mirándo-os, quisiéra-lo, viéra-nos; dába-se-le, hablándo-se-lo, permíta-se-me; dijéra-se-me-lo* (en contraste con *hablaba, mirando, quisiera, viera; daba, hablando, permita; dijera*). Pero *decía-me, oía-lo, veía-la; decía-me-lo* (de acuerdo con las formas verbales empleadas solas: *decía, oía, veía*). Todas las formaciones son aquí esdrújulas o sobresdrújulas.

5.º Cuando alguna de estas formaciones se sustantiva, se emplea tilde si la voz resultante es esdrújula, aunque el verbo no la lleve fuera del compuesto: *pésame, pésete.* Inversamente, deja de emplearse tilde si el sustantivo tiene acentuación llana, aunque la lleve la forma verbal cuando se emplea fuera del compuesto: *acabose, cargareme, detente.*

6.º Aparecen sometidos a un régimen ortográfico especial los imperativos plurales de los verbos reflexivos, o en construcción reflexiva, tras de la pérdida de la desinencia *-d* [47]. Formas como *marcha-os, detene-os* han de emplearse sin tilde, a pesar de que la forma verbal es aguda [48] y de que se agrupa con un solo enclítico, en contradicción, por lo tanto, con la regla del núm. 2.º anterior. Pero estos imperativos se igualan así ortográficamente a los nombres terminados en /éo/, /áo/ de que hemos tratado en el § 1.8.3D, 5.º Como ellos, y por las

---

[47] La desaparición de la desinencia *-d* en estos imperativos parece ir unida a la sustitución del enclítico *vos* por *os*, sustitución de la que hay ya testimonio en poetas del siglo XV (*acordaos*, en Jorge Manrique) y muy probablemente antes. Pero la pérdida de *-d*, limitada hoy en la lengua literaria a estas construcciones reflexivas, fue de uso frecuente fuera de ellas en los poetas clásicos: *Morá en los arrabales* (S. Juan de la Cruz), uso que hoy perdura como variante dialectal, aunque no satisfactoriamente explicada, en algunos lugares de España (provincias de Salamanca y Córdoba). Los imperativos sin *-d* se conservan, en cambio, plenamente en las zonas americanas de voseo (v. la nota siguiente y además § 2.14.7*b*), con la particularidad de que los imperativos sin la desinencia *-d*, originariamente plurales, pertenecen siempre en el voseo al número singular e interpelan a un solo interlocutor, mientras que los imperativos en *-aos, -eos, -íos* son plurales en España y en los territorios americanos donde se conservan (hoy se emplean raramente en singular como forma ceremoniosa de tratamiento).

[48] En el voseo americano (v. nota anterior) la pérdida de la *-d* desinencial dio como resultado una forma aguda terminada en vocal, y el empleo de la tilde, cuando el imperativo no lleva enclíticos, es normal. De *tomá* (=*tomad*) pasó la tilde a las agrupaciones con enclítico no reflexivo: *largáme, decíme*, o reflexivo, que es siempre el singular *te: calláte, sentáte*, acaso por la misma razón que hacía preferir a Juan de Valdés (*Diálogo de la lengua*, ed. 1928, pág. 69) la forma *comprad* a la forma *comprá*, porque esta última podía confundirse con el indicativo *compra*. El caso no es hoy comparable al de las formas en *-aos*, porque el enclítico, cuando no es reflexivo, se escribe siempre tras de la forma con *-d* del imperativo: *compradlos, compradme* (en el habla popular y hasta en el habla culta no esmerada es frecuente la sustitución del imperativo por el infinitivo: *comprarlos, comprarme*, y también *compraros por compraos*).

razones que se exponen allí, vacilan entre diptongo e hiato, pero un recuento casi exhaustivo, realizado en los setenta primeros tomos de la Biblioteca de Autores Españoles, da un 80 por 100 de ocurrencias a favor del diptongo (v. nota 37 de este capítulo). Los verbos en *-ir* llevan tilde: *partíos*, a causa del hiato.

1.8.4. De las letras mayúsculas [49]. — *a*) En lo manuscrito no suelen escribirse con letras mayúsculas palabras o frases enteras.

b) En las portadas de los libros impresos, en los títulos de sus divisiones y en las inscripciones monumentales, lo más común es usar de solas mayúsculas, todas, generalmente, de igual tamaño. Los nombres propios, títulos de obras, dicciones y aun cláusulas que se quiera hacer resaltar, pueden escribirse con todas sus letras mayúsculas; pero en cualquier voz en que se haya de emplear letra mayúscula con una o con diferentes minúsculas, aquella ha de ser la inicial o primera de la dicción.

c) Se escribirán con letra inicial mayúscula:
1.º La primera palabra de un escrito y la que vaya después de punto.
2.º Todo nombre propio; v. gr.: *Dios, Jehová, Jesús, Luzbel, Platón, Pedro, María, Álvarez, Pantoja, Apolo, Calíope, Amadís de Gaula; Europa, España, Castilla, Toledo, Madrid, Carabanchel, La Zarzuela; Cáucaso, Himalaya, Adriático, Tajo, Aganipe; Bucéfalo, Babieca, Rocinante.*
3.º Los atributos divinos, como *Criador* y *Redentor;* los títulos y nombres de dignidad, como *Sumo Pontífice, Duque de Osuna, Marqués de Villena;* los nombres y apodos con que se designa a determinadas personas, como *el Gran Capitán, Alfonso el Sabio, García el Trémulo,* y particularmente los dictados generales de jerarquía o cargo importante cuando equivalgan a nombres propios. Así, en las respectivas historias de Paulo V, Felipe III y don Pedro Téllez Girón, v. gr., se escribirán con mayúscula *el Papa, el Rey* y *el Duque* cuantas veces fueren nombrados en esta forma aquellos personajes; pero se deberá usar de minúscula, por ejemplo, en la vulgar sentencia: *El papa, el rey y el duque están sujetos a morir, como lo está el pordiosero.*

---

[49] Casi todas las particularidades gráficas de que vamos a tratar, desde este párrafo hasta el 10 inclusive, se encuentran en relación con fenómenos lingüísticos, unos ya estudiados (los signos de puntuación, § 1.8.5, con las clases de tonemas de que se ocupa el cap. 1.7 anterior; la diéresis y el guión, §§ 1.8.6 y 1.8.8, con la delimitación de las sílabas estudiada especialmente en los caps. 1.4 y 1.6), otros, por estudiar en la Morfología (uso de las mayúsculas, § 1.8.4, en relación con la categoría gramatical de nombre propio, véase el § 2.2.2*b*, pero en relación también con los hechos de entonación del capítulo precedente).

4.º Los tratamientos, y especialmente si están en abreviatura, como *Sr. D. (señor don), Ú. o V. (usted), V. S. (usía),* etc. *Usted,* cuando se escribe con todas sus letras, no debe llevar mayúscula; también domina el uso de minúscula con *señor* y *don* en igual caso.

5.º Ciertos nombres colectivos, en casos como estos: *El Reino representó a S. M. contra tales desórdenes; el Clero lo había hecho antes.*

6.º Los sustantivos y adjetivos que compongan el nombre de una institución, de un cuerpo o establecimiento: *el Supremo Tribunal de Justicia; el Museo de Bellas Artes; el Colegio Naval; la Real Academia de la Historia.*

7.º Los nombres y adjetivos que entraren en el título de cualquier obra: *Tratado de Esgrima; Ortografía Castellana; Historia de los Vándalos,* etc. No se observa esta regla cuando el título es largo; v. gr.: *Del rey abajo, ninguno, y labrador más honrado, García del Castañar.*

8.º En las leyes, decretos y documentos oficiales suelen escribirse con mayúscula todas las palabras que expresan poder público, dignidad o cargo importante, como *Rey, Príncipe, República, Regente, Trono, Corona, Monarquía, Estado, Gobierno, Ministro, Senador, Diputado, Autoridad, Justicia, Magistrado, Juez, General, Jefe, Gobernador, Alcalde, Director, Consiliario, Secretario,* etc.

9.º Cuando no encabecen párrafo o escrito, o no formen parte de un título, se recomienda escribir con minúscula inicial los nombres de los días de la semana, de los meses, de las estaciones del año y de las notas musicales.

10.º Se recomienda que cuando se utilicen mayúsculas, se mantenga la tilde si la acentuación ortográfica lo exige, a fin de evitar errores de pronunciación o confusiones en la interpretación de vocablos. Este mantenimiento es especialmente necesario en las portadas de libros, nombres geográficos, listas de nombres propios, etc.

11.º Suele emplearse mayúscula a principio de cada verso, de donde las letras de esta forma tomaron el nombre de versales. En la poesía moderna es frecuente encabezar los versos con minúscula.

12.º La numeración romana se escribe hoy con letras mayúsculas, y se emplea para significar el número con que se distinguen personas del mismo nombre, como *Pío V, Fernando III,* el número de cada siglo, como el actual, el xx de la era cristiana; también es frecuente para indicar el número de un tomo, libro, parte, canto, capítulo, título, ley, clase y otras divisiones, y el de las páginas en los prólogos y principios de un volumen.

13.º Cuando hubiere de escribirse con mayúscula la letra inicial de voz que empiece con *Ch* o *Ll,* solo se formarán de carácter mayúsculo la *C* y la *L,* que son primera parte de estas letras compuestas o dobles. Escribiremos, pues, *Chinchilla* y *Chimborazo, Llerena* y *Llorente* y de ninguna manera *CHinchilla, CHimborazo, LLerena, LLorente.*

6

1.8.5. De los signos de puntuación. — *a*) Hay necesidad de signos de puntuación en la escritura, porque sin ellos podría resultar dudoso y oscuro el significado de las cláusulas. Los que se usan en castellano son estos: coma (,), punto y coma (;), dos puntos (:), punto final (.), puntos suspensivos (...), principio de interrogación (¿), fin de interrogación (?), principio de admiración (¡), fin de admiración (!), paréntesis (), diéresis o crema (··), comillas (« »; " "; „ "; ' '; ‚ '), guión (-), raya (—), dos rayas (=). La coma, los puntos y paréntesis indican las pausas más o menos cortas que en la lectura sirven para dar a conocer el sentido de las frases; la interrogación y la admiración denotan lo que expresan sus nombres, y la segunda, además, queja, énfasis o encarecimiento; la diéresis sirve en unos casos para indicar que la *u* tiene sonido (§ 1.8.1A, 2.º) y en otros se puede emplear para deshacer un diptongo; las comillas señalan las citas, o dan significado especial a las palabras que comprenden; el guión es signo de palabra incompleta; la raya lo es de diálogo o de separación de palabras, cláusulas o párrafos; las dos rayas solo se usan ya en las copias para denotar los párrafos que en el original van aparte.

b) *De la coma.* 1.º El nombre en vocativo llevará una coma detrás de sí cuando estuviere al principio de lo que se diga, y en otros casos la llevará antes y después; p. ej.: *¡Cielos, valedme!; Julián, óyeme; Repito, Julián, que oigas lo que te digo.*

2.º Siempre que en lo escrito se empleen dos o más partes de la oración consecutivas y de una misma clase, se separarán con una coma para que al leerlas haya de hacerse una leve pausa que separe su sentido, a excepción de los casos en que mediare alguna de las conjunciones *y*, *ni*, *o;* como *Juan, Pedro* Y *Antonio; sabio, prudente* Y *cortés; vine, vi* Y *vencí;* NI *el joven* NI *el viejo; bueno, malo* o *mediano.*

3.º Divídense con ella los varios miembros de una cláusula independientes entre sí, vayan o no precedidos de conjunción: *Todos mataban, todos se compadecían, ninguno sabía detenerse; Al apuntar el alba cantan las aves, y el campo se alegra, y el ambiente cobra movimiento y frescura.*

4.º Cuando una oración se interrumpe, ya para citar o indicar el sujeto o la obra de donde se ha tomado, ya porque se inserta como de paso otra que aclara o amplía lo que se está diciendo, tales palabras, que suspenden momentáneamente el relato principal, se encierran entre dos comas; v. gr.: *La verdad, escribe un político, se ha de sustentar con razones y autoridades; Los vientos del sur, que en aquellas abrasadas regiones son muy frecuentes, ponen en grave conflicto a los viajeros.*

5.º Por igual motivo suelen ir precedidas y seguidas de coma las expresiones *esto es, es decir, en fin, por último, por consiguiente, sin embargo, no obstante* y otras parecidas: *La enfermedad parece grave, es*

*decir, más grave de lo que esperábamos; Tales incidentes, sin embargo,
no se repitieron por entonces.*

6.º Cuando se invierte el orden regular de las oraciones de la
cláusula, adelantando lo que había de ir después, debe ponerse una
coma al fin de la parte que se anticipa; v. gr.: *Donde interviene conocerse las personas, tengo para mí, aunque simple y pecador, que no hay
encantamento alguno.* Como el orden regular de este ejemplo de Cervantes, *Quijote*, I, 37, sería: *No hay encantamento alguno donde interviene conocerse las personas,* importa para la claridad que se haga una
breve pausa en *personas,* la cual se indica con la coma. Pero es de advertir que en las transposiciones cortas y muy perceptibles no se ha
de poner esta señal.

c) *Del punto y coma.* 1.º Cuando los miembros de un período
constan de más de una oración, por lo cual o por otra causa llevan ya
alguna coma, se separarán con punto y coma unos y otros; por ejemplo:
*Vinieron los aquilones de noviembre, glaciales y recios; arrebataron sus
hojas a los árboles, llevándolas, ya rodando por la tierra, ya volando
entre nubes de grueso polvo; se guareció el rabadán en su cabaña, y el
labrador en su alquería; la nieve, descendiendo espesa sobre el monte y
el valle, borró los caminos, llenó los barrancos y cubrió con su triste
blancura todos los matices del suelo, toda la variedad riquísima de la
Naturaleza.*

2.º En todo período de alguna extensión se pondrá punto y coma
antes de las conjunciones adversativas *mas, pero, aunque,* etc.; verbigracia: *Salieron los soldados a media noche y anduvieron nueve horas
sin descansar; pero el fatal estado de los caminos malogró la empresa.*
Cuando la cláusula sea corta, bastará una simple coma antes de la
conjunción; como en *Vendrá, pero tarde; Lo hizo, aunque de mala
gana.*

3.º Siempre que a una oración sigue, precedida de conjunción,
otra oración que, en orden a la idea que expresa, no tiene perfecto
enlace con la anterior, hay que poner al fin de la primera punto y
coma, según lo aclarará el ejemplo siguiente: *Pero nada bastó para
desalojar al enemigo, hasta que se abrevió el asalto por el camino que
abrió la artillería; y se observó que uno solo, de tantos como fueron des-
hechos en este adoratorio, se rindió a la merced de los españoles* (Solís,
Historia de Nueva España, III, 7). Si después de la palabra *artillería*
solo se pusiese coma, la oración *y se observó,* etc., vendría regida de la
preposición *hasta* y cambiaría mucho el sentido.

d) *De los dos puntos.* 1.º Cuando se sienta una proposición
general y en seguida se comprueba y explica con otras oraciones, se
la separa de estas por medio de los dos puntos; como, por ejemplo:
*No aflige a los mortales vicio más pernicioso que el juego: por él gentes
muy acomodadas han venido a parar en la mayor miseria, y aun en el*

patíbulo; por él, además del caudal, pierde el hombre la vergüenza y hasta la estimación de sí propio.

2.º Cuando a una o varias oraciones sigue otra que es consecuencia o resumen de lo que antecede, esta se ha de separar con dos puntos, como en el ejemplo que sigue: *Aquel que por sus riquezas y esplendor fue tan aplaudido como envidiado cuando entraba triunfante por las puertas de Constantinopla, y cuyo nombre era respetado y temido desde la capital del Imperio hasta el confín de los arenales de la Libia, murió ciego, pobre, olvidado y mendigando su alimento de puerta en puerta: ¡raro y espantoso ejemplo de las vicisitudes de la fortuna!*

3.º En los decretos y sentencias, bandos y edictos se ponen dos puntos al final de cada motivo o fundamento de la resolución, aunque estos van en párrafos distintos y principian con letra mayúscula. En certificaciones y memoriales también se ponen dos puntos antes de ciertos párrafos con letra inicial mayúscula.

4.º Citando palabras textuales, se han de poner dos puntos antes del primer vocablo de la cita, el cual suele principiar con mayúscula; v. gr.: *Cicerón en sus Oficios dice a este propósito lo siguiente: No hay cosa que tanto degrade al hombre como la envidia.*

5.º También se emplean los dos puntos después del *Muy señor mío* y otras expresiones semejantes con que se suele dar principio a las cartas; v. gr.: *Muy señor mío: Sírvase usted tomar a su cargo,* etc.; *Amigo mío: En contestación a la estimada de usted,* etc.

e) Después de los dos puntos se escribe indistintamente con letra mayúscula o minúscula el vocablo que sigue.

f) Del punto. 1.º Se pone punto cuando el período forma sentido completo, en términos de poderse pasar a otro nuevo sin quedar pendiente la comprensión de aquel. Es la mayor pausa sintáctica que la ortografía señala. En la lectura, la duración de la pausa indicada por el punto puede variar más o menos, según el sentido y la interpretación del lector; pero en todo caso, es mayor que la que señalan la coma y el punto y coma.

En la escritura, se le llama *punto y seguido* (o *punto seguido*), cuando el texto continúa inmediatamente después del punto en el mismo renglón, o en el siguiente sin blanco inicial; y *punto y aparte* (o *punto aparte*), cuando termina párrafo, y el texto continúa en otro renglón más entrado o más saliente que los demás de la plana. Por último, *punto final* es el que acaba un escrito o una división importante del texto (parte, capítulo, etc.).

2.º Resta advertir que en toda clase de escritos suelen hacerse después del punto final ciertas separaciones o divisiones llamadas *párrafos,* cada una de las cuales ha de empezar en renglón distinto de aquel en que acabe el anterior, y más adentro que las otras líneas de la plana. Deben principalmente usarse tales divisiones cuando se va a pasar a diverso asunto, o bien a considerar el mismo desde otro aspecto.

g) De los puntos suspensivos. 1.º Cuando conviene al escritor dejar la oración incompleta y el sentido suspenso, lo denota con los puntos suspensivos; v. gr.: *Él concitó la plebe contra los patricios; él acaudilló y juramentó a los mozos más corrompidos y perversos de la República para subvertirla con su auxilio; él sobornó con oro y con promesas... Pero ¿a qué repetir lo que a todos es notorio?*

2.º Si en una cláusula de completo sentido gramatical se necesita pararse un poco, expresando temor o duda, o para sorprender al lector con lo inesperado de la salida, se indicará la pausa con puntos suspensivos; v. gr.: *¿Le diré que ha muerto su padre?... No tengo valor para tanto; Se citó a junta, distribuyéronse centenares de esquelas, y llegamos a reunirnos... cuatro personas.*

3.º También se usan dichos puntos cuando se copia algún texto o autoridad los cuales no hace al caso insertar íntegros, indicando así lo que se omite.

h) De la interrogación y la admiración. 1.º Los signos de interrogación y de admiración se ponen al principio y al fin de la oración que deba llevarlos: *¿Dónde estás?; ¿A qué vienes?; ¿Te veré mañana?; ¡Qué asombro!; ¡Ay de mí!*

2.º Si las oraciones con interrogación o admiración son varias, breves y seguidas, no hay necesidad de que, exceptuada la primera, empiecen con mayúscula: *¿Dónde has estado?, ¿qué has hecho en tantos días?, ¿cómo no te pusiste en camino, así que recibiste mi carta?; ¡Cuánto engaño!, ¡cuánta perfidia!, ¡qué impudencia!*

3.º Cuando lo escrito después de la interrogación o la admiración fuere complemento de la pregunta o de la frase admirativa, no comenzará con letra mayúscula: *¿Digo yo que no tengas razón?, contestó Blas a Diego; ¡A las armas!, gritaron todos.*

4.º El signo de principio de interrogación o admiración se ha de colocar donde empieza la pregunta o el sentido admirativo, aunque allí no comience el período; v. gr.: *Privado del racional discurso, ¿qué es el hombre sino una criatura desvalida, inferior a los brutos? Y si la caprichosa fortuna lo encumbra en alto puesto, ¡cuántas lágrimas y ruina y sangre le cercarán en torno!*

5.º El signo de principio de interrogación o admiración refleja el movimiento de la entonación en las frases de este tipo, da claridad a la escritura, y no debe suprimirse por imitar, con mal acuerdo, la ortografía de lenguas extranjeras, que solo usa el signo final.

6.º Hay cláusulas que son al par interrogativas y admirativas, y en ellas podrá ponerse nota de admiración al principio y de interrogación al fin, o viceversa: *¡Que esté negado al hombre saber cuándo será la hora de su muerte? ¿Qué persecución es esta, Dios mío!*

i) Del paréntesis. 1.º Cuando se interrumpe el sentido y giro del discurso con una oración aclaratoria o incidental y esta es larga o tiene conexión escasa con lo anterior, se encierra dentro de un paréntesis, como en el siguiente ejemplo: *Acostados todos en un género de lechos que rodeaban la mesa (pues los romanos comían tendidos y soslayado el cuerpo sobre el codo izquierdo), empezó a echarles en cara la tibieza de su fe,* etc.

2.º En este ejemplo se ha puesto coma después del paréntesis porque allí finaliza el miembro del período con que va unida la oración comprendida en el paréntesis; y al fin de él o dentro se ha de usar, además, la puntuación que la cláusula necesitare. Cuando el paréntesis termine la cláusula de que depende, el punto final irá fuera.

3.º En las obras dramáticas suele encerrarse entre paréntesis lo que los interlocutores dicen aparte. Para que tales paréntesis no se confundan con otros, convendría valerse de los rectangulares, en esta forma [ ], que algunos impresores usaban en el siglo pasado. El punto final de los apartes va colocado dentro del paréntesis.

4.º Empléase también el paréntesis curvo para encerrar en él noticias o datos aclaratorios, explicaciones de abreviaturas, etc.; y el rectangular, para indicar en la copia de códices o inscripciones lo que falta en el original y se suple conjeturalmente. Ejemplos: *El hijo del rayo de la guerra, Carlos V (D. Juan de Austria); Perdió Boabdil a Granada en la hégira 897 (1492); Imp(eratori) Caes(ari) [Nervae] Traiano [Aug(usto)] p(ontifici) m(aximo),* etc.

1.8.6. De la diéresis o crema. — El uso de la diéresis solo es preceptivo para indicar que ha de pronunciarse la *u* en las combinaciones *gue, gui: pingüe, pingüino, argüir* /ar.gu.ír/. Véase el § 1.8.1A, 2.º Queda a salvo el uso discrecional cuando, por licencia poética o con otro propósito, interese una proi unciación determinada [50].

---

[50] Poetas y editores han empleado a veces la diéresis: *quïeto* /ki.é.to/ (Herrera, *Rimas inéditas,* ed. 1948, pág. 177); *inquïeta, Ocĕano* /o.θe.á.no/ (Góngora, *Soledades,* ed. 1936, II, v. 716, y I, v. 405, respectivamente), las dos acentuaciones en la versión definitiva (la grafía *Ocĕano* figura también en la versión primitiva publicada con la definitiva en la edición mencionada, de Dámaso Alonso; se supone que lo mismo ocurre con la palabra *inquïeta,* porque no figura entre las variantes de la versión primitiva). Es curioso este empleo de la diéresis, en los poetas clásicos, acaso porque no estaban aún fijadas las reglas modernas del acento ortográfico. En el metro regular parece innecesaria o casi innecesaria la diéresis. Alguna prueba de su utilidad, aducida en ediciones anteriores de la Gramática de la Academia, aparece en desacuerdo con las reglas modernas de acentuación ortográfica. *Pié* /pi.é/, pretérito perfecto de *piar,* lo mismo que *píe* /pí.e/, subjuntivo, y lo mismo que el sustantivo *pie* /pié/ se atienen a las reglas generales modernas del acento ortográfico. Tanto *pié* como *píe* son palabras bisilábicas, la primera aguda, la segunda llana, como lo indica la tilde, en contraste con *pie* monosilábica, escrita sin tilde como la mayor parte de los monosílabos prosódicamente acentuados

1.8.7. De las comillas. — *a*) Para distinguir las palabras sobre las cuales quiere el que escribe llamar particularmente la atención del lector, se subrayan en lo manuscrito; y en lo impreso se ponen de letra cursiva, y a veces con versales u otras que resalten por su figura o su tamaño. Se practica lo mismo con las voces o citas en idioma extranjero, con el texto literal de citas en castellano, con los títulos de libros y con las dicciones y cláusulas que en las obras de enseñanza y otras se ponen por ejemplo. Mas cuando las cláusulas de este género tienen alguna extensión o llenan varias líneas, se les suelen poner comillas inversas al principio, y en ocasiones al fin; y a veces también comillas ordinarias al principio de cada uno de los renglones que ocupan; v. gr.: *Dice un escritor célebre:* «*El hombre tiene aptitud, por su natura-*»*leza, para habitar en todos los países del mundo: en los arenales del* »*desierto, en los montes más encumbrados, en los climas polares puede* »*vivir y propagarse. No así los animales, que, sujetos a más estrechos* »*límites, perecen fuera de ellos o arrastran vida penosa.*»

b) Las comillas simples (' ' o ، ') se usan al principio y al final de una palabra o frase incluidas como cita o puestas de relieve dentro de un texto entrecomillado más extenso. También se emplean para indicar que una palabra está usada en su valor conceptual o como definición de otra, ejemplo: *espiar* 'acechar'.

1.8.8. Del guión. — *a*) Cada vocablo de por sí, ya simple, como *guardia, poner,* ya compuesto, como *salvaguardia, reponer,* se ha de escribir aislado, o con entera separación del que le preceda o siga. Sin embargo, en la escritura hay necesidad muchas veces de dividir una palabra, y entonces se ha de observar lo siguiente:

b) Cuando al fin del renglón no cupiere un vocablo entero, se escribirá solo una parte, la cual siempre ha de formar sílaba cabal. Así, las palabras *con-ca-vi-dad, pro-tes-ta, sub-si-guien-te,* podrán dividirse a fin de renglón por donde señalan los guiones que van interpuestos en dichas voces, mas no de otra suerte.

c) Esto no obstante, cuando un compuesto sea claramente analizable como formado de palabras que por sí solas tienen uso en la lengua, o de una de estas palabras y un prefijo, será potestativo dividir el compuesto separando sus componentes, aunque no coincida

---

(§ 1.8.3F). La grafía *pïe* con diéresis, para el subjuntivo, es redundante. Gramáticos y ortólogos modernos, en cambio, hacen uso con frecuencia o sistemáticamente de la diéresis. Algunos distinguen dos formas: (¨) y (~). Para los problemas y diferencias del tratamiento ortográfico del hiato en español, véanse especialmente el § 1.8.3C, 1.º y la nota 36 a que remite.

la división con el silabeo del compuesto. Así, podrá dividirse *no-sotros* o *nos-otros, de-samparo* o *des-amparo*.

d) Como cualquier diptongo o triptongo no forma sino una sílaba, no deben dividirse las letras que lo componen. Así, se escribirá *gracio-so, tiem-po, no-ti-ciáis, a-ve-ri-güéis*.

e) Cuando la primera o la última sílaba de una palabra fuere una vocal, se evitará poner esta letra sola en fin o en principio de línea.

f) Cuando al dividir una palabra por sus sílabas haya de quedar en principio de línea una *h* precedida de consonante, se dejará esta al fin del reglón y se comenzará el siguiente con la *h: al-haraca, in-humación, clor-hidrato, des-hidratar.*

g) En las dicciones compuestas de preposición castellana o latina, cuando después de ella viene una *s* y otra consonante además, como en *constante, inspirar, obstar, perspicacia*, se han de dividir las sílabas agregando la *s* a la preposición y escribiendo, por consiguiente, *cons-tan-te, ins-pi-rar, obs-tar, pers-pi-ca-cia.*

h) La *ch* y la *ll*, letras simples en su pronunciación y dobles en su figura, no se desunirán jamás. Así, *co-che* y *ca-lle* se dividirán como aquí se ve. La erre *(rr)* se halla en el mismo caso, y por ello debe evitarse separar los dos signos de que consta, que habrán de ponerse de esta manera: *ca-rre-ta, pe-rro.*

i) Cuando los gentilicios de dos pueblos o territorios formen un compuesto aplicable a una tercera entidad geográfica o política en la que se han fundido los caracteres de ambos pueblos o territorios, dicho compuesto se escribirá sin separación de sus elementos: *hispanoamericano, checoslovaco, afroantillano*. En los demás casos, es decir, cuando no hay fusión, sino oposición o contraste entre los elementos componentes, se unirán estos con guión: *franco-prusiano, germano-soviético.*

1.8.9. De la ortografía de las palabras extranjeras. — Los nombres propios extranjeros se escribirán, en general, sin ponerles ningún acento que no tengan en el idioma a que pertenecen; pero podrán acentuarse a la española cuando lo permitan su pronunciación y grafía originales: *Schlegel* o *Schlégel*, *Wagner* o *Wágner*, *Schubert* o *Schúbert; Lyon* o *Lyón, Windsor* o *Wíndsor*. Si se trata de nombres geográficos ya incorporados a nuestra lengua o adaptados a su fonética, tales nombres no se han de considerar extranjeros y habrán de acentuarse gráficamente de conformidad con las leyes generales: *París, Berlín, Turín, Nápoles, Támesis.*

1.8.10. De la raya. — 1.º Este signo se emplea en los diálogos, como puede verse en el ejemplo siguiente: *Maravillado el capitán del valor de aquel soldado, le mandó venir a su presencia y le dijo:* —¿*Cómo te llamas?* —*Andrés Pereda, contestó el valiente.* —¿*De dónde eres?* —*De Castilla.* —¿*De qué pueblo?* —*De Bercimuel.*

2.º Empléase también al principio y al fin de oraciones intercalares completamente desligadas, por el sentido, del período en que se introducen: *Los celtíberos* —*no siempre habían de ser juguetes de Roma*— *ocasionaron la muerte de los dos Escipiones.*

3.º Sirve asimismo para indicar la palabra que se ha de entender suplida dentro de un mismo renglón; ejemplo: Sanar *de* la enfermedad. —*por* ensalmo. Secar *al* aire. —*con* un paño. Seguir *con* la empresa. —*de* cerca. —*en* el intento. —*para* Cádiz, etc.

O en renglones diferentes, como en el índice alfabético de un libro:

Verbos: intransitivos.
—   transitivos.
—   irregulares.
—   regulares.

1.8.11. De las dos rayas. — Este signo se usaba para dividir algunas palabras compuestas; actualmente se emplea solo en las copias, para denotar que en el original se pasa a párrafo distinto.

1.8.12. De otros signos auxiliares. — *a)* *Apóstrofo* ('). Solía emplearse antiguamente, sobre todo en poesía, colocado a la mayor altura de los palos de las letras, con el fin de indicar la omisión o elisión de una vocal: *d'aquel*, por *de aquel; l'aspereza,* por *la aspereza; qu'es*, por *que es*. Recientemente, y para evitar dudas al lector, se ha restablecido en algunas reimpresiones de obras antiguas, donde palabras de esta clase aparecen como si fuera una sola; v. gr.: *daquel, laspereza, ques.*

b) Párrafo (§). Sirvió en lo antiguo para distinguir los diversos miembros de un escrito, y como signatura de pliegos impresos. Ahora se emplea en los libros, seguido del número que corresponda, para indicar divisiones internas de los capítulos: § 12, § 13, etc.

c) Calderón (¶). Tuvo antiguamente los mismos oficios que el signo anterior. Ahora se emplea en lo impreso para señalar alguna observación especial.

d) Asterisco (*). Es una estrellita que se pone sencilla, doble o triple en ciertas palabras del texto, como llamada a nota que en el margen o al pie de la plana va encabezada con el mismo signo. Para igual fin se emplean letras, números, cruces, etc., en vez de asteriscos. En obras de lingüística se coloca delante de las formas cuya existencia se supone sin estar documentada.

e) *Llave o corchete* ({). Su oficio es abrazar diversas partidas en una cuenta, varios miembros en un cuadro sinóptico, etc., que deben considerarse agrupados y unidos para determinado fin.

f) *Manecilla* (☛). Puesta al margen o en el texto de un escrito, da a entender que lo señalado por ella es particularmente útil o interesante.

1.8.13. De las abreviaturas. — a) El deseo de escribir con mayor rapidez y la necesidad de encerrar en poco espacio muchas noticias, fueron causa de abreviar ciertos vocablos que pudieran adivinarse fácilmente. Los romanos, para quienes tanto significaban las fórmulas, llegaron a establecer un sistema completo de abreviaturas en las inscripciones de monumentos públicos y privados, y en lo manuscrito se valían de breves y oportunos rasgos para dar a entender las terminaciones variables de nombres y verbos. Nosotros recibimos de ellos el alfabeto y la manera de escribir; pero la vida moderna multiplica el número de abreviaturas, unas duraderas, otras de uso efímero u ocasional; además, los técnicos de cada una de las ciencias y profesiones crean sin cesar abreviaturas de empleo reducido entre los especialistas.

b) Para dar a conocer las que son más comunes, y sin carácter preceptivo alguno, ofrecemos la lista siguiente:

Abreviaturas que más comúnmente se usan en castellano [51].

a .... *área.*
(a) .... *alias.*
AA.......................... *autores; Altezas.*

---

[51] En esta lista no es posible seguir la regla de empezar con mayúscula la primera palabra después del punto. Por ejemplo, *dl* es abreviatura de *decilitro;* si porque dichas letras principian artículo hubiéramos impreso *Dl,* esta no sería la abreviatura de *decilitro,* sino la de *decalitro.*

Es imposible sujetar a números y reglas fijas y constantes las abreviaturas, habiendo, como debe haber, justa libertad para convenir en cuantas sean necesarias y oportunas en libros de cierta índole, como diccionarios, catálogos, bibliografías, colecciones epigráficas, etc., donde resultaría molesto el repetir con todas sus letras y hasta la saciedad una o dos docenas de palabras de clasificación o especificación común a muchos artículos del libro. Al frente de tales libros se pone siempre la tabla de abreviaturas.

A. C.	*año de Cristo.*
a. C.	*antes de Cristo.*
a/c.	*a cuenta.*
acept.	*aceptación.*
a. de J. C.	*antes de Jesucristo.*
a D. g.	*a Dios gracias.*
admón.	*administración.*
adm.or	*administrador.*
af.mo *o* afmo., -a, -os, -as	*afectísimo, -a, -os, -as.*
a. J. C.	*antes de Jesucristo.*
a. m.	lat. *ante merídiem* 'antes del mediodía' (frecuente en América, pero no en España).
ap.	*aparte.*
art. *o* art.o	*artículo.*
B.	*beato; bien.*
B. L. M. *o* BLM.	*besalamano.*
c/.	*cargo.*
C.a	*compañía.*
cap.	*capital.*
cap. *o* cap.o	*capítulo.*
c. c.	*centímetro(s) cúbico(s).*
c/c. *o* cta. cte.	*cuenta corriente.*
cénts. *o* cts.	*céntimos, centavos.*
Cf. *o* cfr.	*confer* ('compárese').
c. f. s.	*coste, flete y seguro.*
cg	*centigramo(s).*
cgo.	*cargo.*
Cía., C.ia, cía.	*compañía.*
cje.	*corretaje.*
cl	*centilitro(s).*
cm	*centímetro(s).*
col.	*columna.*
Comp. *o* comp.a	*compañía.*
cta.	*cuenta.*
cte.	*corriente.*
ch/.	*cheque.*
D.	*don.*
D.a	*doña.*
dcha.	*derecha.*
desct.o	*descuento.*
d/f. *o* d/fha.	*días fecha.*
Dg	*decagramo(s).*
dg	*decigramo(s).*
Dl	*decalitro(s).*
dl	*decilitro(s).*

D. m....................	*Dios mediante.*
Dm	*decámetro(s).*
dm	*decímetro(s).*
doc....................	*docena; documento.*
Dr.....................	*doctor.*
dto....................	*descuento.*
dupdo.................	*duplicado.*
d/v...................	*días vista.*
E.....................	*este,* punto cardinal.
ed....................	*edición.*
Ef., ef...............	*efectos.*
E. M.................	*Estado Mayor.*
Em.ª.................	*Eminencia.*
Emmo.................	*Eminentísimo.*
ENE.................	*estenordeste.*
entlo...............	*entresuelo.*
ESE.................	*estesudeste.*
etc.................	*etcétera.*
Exc.ª...............	*Excelencia.*
Excmo., Excma.........	*Excelentísimo, Excelentísima.*
F. C. *o* f. c.........	*ferrocarril.*
f.º *o* fol............	*folio.*
Fr...................	*Fray; Frey.*
g....................	*gramo(s).*
gr., grs.............	*gramo, gramos.*
gral................	*general.*
hect................	*hectárea, hectáreas.*
Hg	*hectogramo(s).*
Hl	*hectolitro(s).*
Hm	*hectómetro(s).*
ib., ibíd...........	*ibídem.*
id..................	*ídem.*
Ilmo., Ilma.........	*Ilustrísimo, Ilustrísima.*
Iltre..............	*Ilustre.*
Imp...............	*imprenta.*
ít................	*ítem.*
izq., izqda........	*izquierda.*
J. C..............	*Jesucristo.*
Jhs...............	*Jesús.*
K *o* Kg	*kilogramo(s).*
Kl	*kilolitro(s)*
l	*litro(s)*
l.................	*ley; libro.*
l. c..............	*loco citato* ('en el lugar citado').
lib...............	*libro; libra.*
lic., Lic., licdo., Licdo...........	*licenciado.*

loc. cit.	*loco citato* ('en el lugar citado').
m	*metro(s).*
m.	*minuto(s).*
M.	*Madre* (título).
mg	*miligramo(s).*
ml	*mililitro(s).*
Mm	*miriámetro(s).*
mm	*milímetro(s).*
m. n.	*moneda nacional.*
Mons.	*Monseñor.*
Mro.	*Maestro.*
ms. *o* M. S.	*manuscrito.*
mss. *o* M. SS.	*manuscritos.*
Mtro.	*Maestro.*
N.	*norte.*
N.ª S.ª	*Nuestra Señora.*
N. B.	*nota bene* ('nótese bien').
NE.	*nordeste.*
n.º	*número.*
NO.	*noroeste.*
nro., nra.	*nuestro, nuestra.*
N. S.	*Nuestro Señor.*
ntro. *o* ntra.	*nuestro, nuestra.*
núm.	*número.*
O.	*oeste.*
O. M.	*Orden Ministerial.*
ONO.	*oesnoroeste.*
onz.	*onza.*
OSO.	*oessudoeste.*
P.	*Padre* (título).
p.	*página.*
P. A. *o* p. a.	*por autorización; por ausencia.*
p.ª	*para.*
pág., págs.	*página, páginas.*
pbro. *o* presb.	*presbítero.*
P. D.	*posdata.*
pdo.	*pasado.*
p. ej.	*por ejemplo.*
P. O., p. o. *o* p/o.	*por orden.*
P. P.	*porte pagado; por poder.*
pral.	*principal.*
prof.	*profesor.*
pról.	*prólogo.*
prov.	*provincia.*
P. S.	*post scríptum* ('posdata').
pta.	*peseta.*

ptas., pts.	*pesetas.*
q. b. s. m.	*que besa su mano.*
q. b. s. p.	*que besa sus pies.*
Q. D. G. *o* q. D. g.	*que Dios guarde.*
q. e. g. e.	*que en gloria esté.*
q. e. p. d.	*que en paz descanse.*
q. e. s. m.	*que estrecha su mano.*
Qm	*quintal(es) métrico(s).*
q. s. g. h.	*que santa gloria haya.*
R. *o* Rev., Rdo. -a, *o* Rvdo. -a...	*Reverendo, Reverenda.*
R. I. P.	*requiéscat in pace ('en paz descanse').*
Rmo., Rma.	*Reverendísimo, Reverendísima.*
R. O.	*Real Orden.*
S.	*San, Santo.*
S. A.	*Su Alteza.*
S. A.	*Sociedad Anónima.*
s. a.	*sin año (de impresión).*
S. A. E.	*Sociedad Anónima Española.*
S. A. R.	*Su Alteza Real.*
S. C. *o* s. c.	*su casa.*
Sdad.	*Sociedad.*
S. E.	*Su Excelencia.*
S. en C.	*Sociedad en Comandita.*
s. e. u. o.	*salvo error u omisión.*
sig., sigs.	*siguiente, siguientes.*
S. L. *o* Sdad. Lda.	*Sociedad Limitada.*
S. M.	*Su Majestad.*
Smo.	*Santísimo.*
S. N.	*Servicio Nacional.*
SO.	*sudoeste.*
S. P.	*servicio público.*
Sr., Sra.	*señor, señora.*
Sres., Srs.	*señores.*
Srta.	*señorita.*
S. S.	*Su Santidad.*
s. s.	*seguro servidor.*
SS. AA.	*Sus Altezas.*
SSE.	*sudsudeste.*
SS. MM.	*Sus Majestades.*
SSO.	*sudsudoeste.*
s. s. s.	*su seguro servidor.*
Sto., Sta.	*santo, santa.*
T. *o* t.	*tomo.*
Tm	*tonelada(s) métrica(s).*
U. *o* Ud.	*usted.*

Uds...............................	*ustedes.*
V.................................	*usted; véase.*
v.................................	*véase; verso.*
V. A.............................	*Vuestra Alteza.*
V. A. R.........................	*Vuestra Alteza Real.*
Vd., Vds........................	*usted, ustedes.*
Vda.............................	*viuda.*
V. E............................	*Vuestra Excelencia, Vuecencia.*
V. g. *o* v. gr..................	*verbigracia.*
V. I............................	*Usía Ilustrísima.*
V. M...........................	*Vuestra Majestad.*
V.º B.º.........................	*visto bueno.*
vol., vols.......................	*volumen, volúmenes.*
V. R............................	*Vuestra Reverencia.*
vra., vro........................	*vuestra, vuestro.*
V. S............................	*usía, Vuestra Señoría.*
V. S. I.........................	*Usía Ilustrísima.*
vta., vto........................	*vuelta, vuelto.*
VV..............................	*ustedes.*

SEGUNDA PARTE

MORFOLOGÍA

2.1. GENERALIDADES

2.1.1. Palabra, forma lingüística y morfema. — *a*) Hemos examinado en la primera parte la naturaleza de los elementos mínimos del discurso, su clasificación, la capacidad de cada elemento para agruparse con otro en posición inmediata dentro de la secuencia del habla y la función identificativa y distintiva que desempeñan. Ninguno de ellos posee por sí mismo, considerado aisladamente, una significación dada, pero agrupado con otros y en virtud de esa función identificativa y distintiva contribuye cada uno a individualizar el relieve acústico de una sucesión de fonemas y a hacer posible, en condiciones dadas, la relación biunívoca entre el significante y el significado de un signo lingüístico. Un elemento lingüístico que es casi siempre (en español) de mayor extensión que el fonema constituye, por consiguiente, el terreno propio de la significación, y de esos elementos superiores vamos a ocuparnos en lo sucesivo.

b) Una clase de ellos la constituyen las palabras. Todo acto de elocución se compone de una o varias palabras. Las palabras pueden generalmente ser individualizadas en virtud de uno de sus caracteres más relevantes: el de la separabilidad. Separabilidad quiere decir posibilidad de aislarse unas de otras dentro del cuerpo del discurso mediante una pausa que no aparece en la elocución normal y que recibe por eso el nombre de pausa virtual. No es pura casualidad que estas pausas elocutivas se correspondan casi siempre en la escritura tradicional con los espacios que también aíslan gráficamente lo que la idea más generalizada ha entendido siempre por palabras. Hemos visto que los fonemas han recibido del mismo modo —especialmente en la lengua española— una representación en gran parte inequívoca. Nada tiene de extraño que a pesar de su gran complejidad, la realidad de la lengua haya sido adecuadamente analizada por los que la emplean como instrumento.

c) En contraste con la pausa virtual, la pausa normal aparece constantemente delimitando porciones del discurso diferentes en extensión. Lo más frecuente es que dos pausas normales sucesivas delimiten lo que en fonología conocemos por grupo fónico, inscrito en una determinada curva tonal. Como la palabra, el grupo fónico es elemento significativo. Una y otro pertenecen a lo que desde ahora llamaremos **formas lingüísticas** o **formas gramaticales**, o más abreviadamente **formas**. Existe, sin embargo, una importante diferencia entre la palabra y el grupo fónico, en cuanto formas. Decimos que el grupo fónico es una forma **libre** porque constituye un enunciado, en condiciones normales de emisión y audición [1]. De una sola palabra no podemos decir lo mismo, a menos que esa palabra sea susceptible a su vez de constituirse en grupo fónico. Decimos entonces que es una palabra **independiente**. Así, por ejemplo: —*Vamos;* —*Ahora;* —*Bueno;* —*Sí.* Pero muchas palabras carecen de esa capacidad. Así, en general, las palabras inacentuadas, como artículos, preposiciones, conjunciones, pronombres personales enclíticos o proclíticos. De las palabras incapaces de constituirse en enunciados decimos que son **dependientes** [2].

d) Hay que considerar todavía una tercera forma lingüística, a saber, la **mínima forma**, la más pequeña sucesión de fonemas dotada de significación. Esta forma lingüística ha recibido varios nombres técnicos, entre ellos el de **formante** y **morfema**. El morfema puede coincidir en muchos casos con una palabra: *sol, mar, siempre.* Hablamos entonces de **palabras radicales**. En otros casos el morfema es parte de una palabra, como en *sol-ar* (adjetivo), *carcel-ero, latigu-illo, gana-d-er-ía, hond-on-ada, mar-es, pudié-se-mos* y por eso mismo no se halla situado entre pausas virtuales. A la inseparabilidad o inmovilidad de esta clase de morfemas alude el término de morfemas **trabados**.

---

[1] Grupo fónico, desde el punto de vista sintáctico, no equivale siempre a oración, verbal o no verbal. Otras agrupaciones de palabras, que por su estructura gramatical reciben el nombre de **frases**, constituyen también grupos fónicos, aunque a diferencia de una oración, su sentido se haga solo inteligible, en la mayor parte de los casos, por la situación: *¡Dios mío!; Mala suerte,* o bien por el contexto del diálogo: *— ¿En qué trabajas? —En lo de siempre,* o por el contexto de una oración compleja: *Aquí me tienes, / siempre en espera de tus órdenes,* por un contexto literario: *El balcón, los cristales. Unos libros, la mesa* (Jorge Guillén), o bien por otra clase de contextos escritos: *El sí de las niñas; Entre naranjos,* etc. Lógicamente, el concepto de grupo fónico parece adscribirse al acto de la comunicación oral, pero hay que otorgarle la ampliación de sentido que implican las últimas clases de contextos mencionados, no solamente porque lo escrito sea susceptible en cualquier momento de comunicación oral, sino fundamentalmente porque, en otro caso, habría que aplicar diferentes criterios lingüísticos a la lengua que se habla y a la lengua que se escribe, lo cual puede ser verdad en muchos aspectos.

[2] Las palabras independientes aparecen en los mismos contextos que las frases (v. nota anterior). En contextos de carácter lingüístico, en lo que los lógicos llaman lenguaje de segundo grado (en este caso la lengua aplicada a los fenómenos de la lengua), también una palabra dependiente y hasta un morfema inmovilizado o parte de un morfena pueden constituir un grupo fónico: *— ¿Qué has puesto aquí? —Por.*

Es cierto que algunos componentes de estas palabras aparecen también fuera de ellas como palabras relacionadas en la secuencia sintáctica con otras palabras. Así *sol, mar, cárcel*. Por la significación identificamos también sin dificultad en los otros ejemplos *látigo, ganado, hondo* [3]. Sin embargo, en el interior de las estructuras que examinamos aparecen solamente en relación con morfemas trabados y poseen esa misma condición. Al estudio de los morfemas trabados, sus clases y su organización en el cuerpo de las palabras atiende en lo esencial la morfología.

2.1.2. Morfemas derivativos. — *a*) Los morfemas que ocupan el

último o los últimos lugares en las palabras examinadas antes se distribuyen en dos grupos: los morfemas **derivativos** llamados también **sufijos** y los morfemas **flexivos** llamados también **desinencias**. Unos y otros constituyen en español repertorios reducidos y limitados y afectan a clases extensas de palabras. Los derivativos, sin embargo, forman series de palabras numéricamente desiguales. Así el sufijo *-oso* forma una serie de palabras derivadas que pertenecen, entre las de otras series, a la clase de nombres adjetivos:

mañ-oso, cel-oso, tumultu-oso ...

y el sufijo *-dad* otra serie de palabras que pertenecen a la clase de nombres sustantivos:

bel-dad, bon-dad, mal-dad ...

Cuando las series son algo extensas, sobre todo si el sufijo posee vitalidad para la derivación, no suelen constituir series cerradas. Un mismo sufijo puede formar adjetivos y sustantivos:

banc-ario, presidi-ario.

Por otra parte, no es ley general que una misma palabra pueda asociarse a más de un morfema derivativo como ocurre con *alto* en:

alt-ivo, alt-ura, alt-eza ...

Los flexivos, en cambio, forman series cerradas de idéntica extensión. El repertorio entero de morfemas flexivos verbales, por ejemplo, afecta a todas y cada una de las palabras que constituyen la clase extensa denominada verbo:

amamos, amaríamos, amasen ...

Todos los miembros de cada una de estas series, numéricamente idénticas, se organizan, en el plano de la lengua, en un cuadro siste-

---

[3] En español pierden la forma que poseen como palabras independientes. Incluso /sól/ y /kár.θel/ de los ejemplos de arriba modifican su organización silábica y pierden su acento: /so.lár/, /kar-θe-lé-ro/.

mático, llamado paradigma, con diferentes categorías gramaticales (personas, tiempos, modos), cada una de las cuales posee propiedades particulares de relación en la organización sintáctica[4]. Los morfemas derivativos, en suma, tienen un carácter predominantemente léxico, los flexivos predominantemente gramatical.

b) Si suprimimos de una palabra nominal todos los sufijos, lo que queda se denomina radical o raíz, especialmente cuando es parte de una forma verbal, como en:

ven-id-ero, quer-e-ncia, salv-a-mento, holg-orio

y más frecuentemente tema o base de derivación en los otros casos:

sombr-ero, varie-dad, tard-ío, contr-ario.

En estos derivados, como vemos, la base se identifica con un sustantivo, un adjetivo, un adverbio, una preposición... Damos a estas palabras el nombre de palabras primitivas o simplemente vocablos primitivos, o bien nombres primitivos, adjetivos primitivos, etcétera, si pertenecen a la misma categoría que el derivado. Un derivado, por otra parte, puede ser base de otro derivado:

escrib-an-ía (escribano > escribanía), cas-al-icio
(casal > casalicio), segrega-cion-ista, etc.,

pero la operación no puede extenderse normalmente a más de tres o cuatro derivados. Se dan otras limitaciones en el orden de sucesión de los sufijos. Algunos son siempre terminales, como *-ez: sordid-ez.* No es frecuente que dos sufijos determinados sean capaces de aparecer, pero siempre en palabras de etimología diferente, en posición inversa, como ocurre con *-oso,* que se agrega a *-dad* para formar adjetivos: *bondad/ bondadoso* e inversamente con *-dad,* que se agrega a *-oso* para formar sustantivos: *nuboso/nubosidad.* El último morfema derivativo decide, cualquiera que sea la base de derivación, la categoría de la palabra, que puede ser más de una, como hemos visto en el apartado *a.* Decide también la acentuación del derivado. Los morfemas flexivos, en los

---

[4] El repertorio de morfemas de número que afecta a casi todas las clases extensas de nombres y pronombres solo comprende tres morfemas: *ø/s/es.* El signo ø (cero), que ya hemos interpretado en la Fonología, tiene aquí un valor semejante: equivale a la ausencia de morfema. Las series, de idéntica extensión, están constituidas solo por dos miembros:

sing. *calor* + ø	pl. *calor* + *es*
viento + ø	*viento* + *s*
crisis + ø	*crisis* + ø

Los morfemas *es/s/ø* son variantes del morfema *s* de plural. El morfema ø es único morfema de singular.

derivados nominales, lo mismo que en las palabras radicales, se sitúan siempre en posición final. Así los morfemas de número en los sustantivos y adjetivos, los de género en los adjetivos, etc.

c) Algunos morfemas, como los sufijos diminutivos en *-ito*, reciben un tratamiento especial. Afectan a varias clases extensas de palabras: *hombrecito, bajito, andandito, ahicito, cerquita, casicito*, etc. Por otra parte, en contraste con los otros derivados, las palabras que forman no representan cosas diversas de las palabras de que se derivan [5] y pertenecen siempre unas y otras a la misma categoría gramatical, circunstancia que los acerca a los morfemas flexivos [6]. Sin embargo, a diferencia de estos, no son gramaticales, ni entran dentro de ninguna categoría gramatical. Algo semejante ocurre con los superlativos en *-ísimo* y sus variantes, que aun limitados en general a la categoría de los adjetivos, ni tienen carácter gramatical, ni constituyen nunca base de derivación [7]. Su posición es siempre terminal, inmediatamente antes de los morfemas de género y número. Los estudiamos, con todo, dentro de la flexión, aunque no constituyen propiamente morfemas flexivos. Las terminaciones de plural, finalmente, y la variación genérica *-o/-a* pueden considerarse como el único resto [8] de la flexión latina nominal y pronominal en español y los incluimos, como morfemas flexivos, en los capítulos correspondientes de la flexión [9].

2.1.3. **Morfemas flexivos.** — *a*) La organización de cada una de las formas que componen el paradigma verbal es muy semejante a la de las palabras derivadas, aunque más fija y regular, y con un repertorio de morfemas muy reducido. Los morfemas de número y persona, con el nombre de desinencias —nombre que se aplica también a los morfemas de caso en la flexión de los pronombres personales— ocupan el último lugar en la estructura de las formas verbales. Los mor-

---

[5] Funcionan, no obstante, aunque limitadamente, en la derivación normal: *bueno/bonito, manga/manguito, señor/señorito*.
[6] Se les ha dado, por todas estas particularidades, el nombre de sufijos homogéneos.
[7] Otra cosa ocurre con los comparativos y superlativos heredados: *mejor, peor... supremo, máximo...*, los cuales, lo mismo que las construcciones sintácticas que han sustituido en romance a las formas latinas en *-ior* e *-issimus*, poseen un régimen sintáctico y, por consiguiente, carácter gramatical. Sin embargo, en contraste con los superlativos o elativos en *-ísimo*, las otras formas heredadas se emplean en muchos casos como base de derivación: *mayor-ía, ultim-idad*, etc.
[8] Sin contar la flexión de los pronombres personales.
[9] La literatura gramatical española les da con más frecuencia el nombre de accidentes gramaticales, como a todos los morfemas flexivos, con lo cual reúne a unos y a otros dentro de una misma categoría morfológica sin confundir flexión con derivación. Podemos optar, por consiguiente, entre uno y otro nombre.

femas de tiempo y de modo, llamados generalmente características, preceden, en determinado orden, a la desinencia. Lo que queda, suprimidas desinencias y características, es la raíz o radical del verbo:

aull-a-mos, trag-a-ba-is, dec-ía-n.

La unión del radical con la característica o las características se denomina t e m a (de presente, de pretérito, de pretérito de subjuntivo...).

b) Las características pueden agruparse además con una forma
nominal, lo cual introduce en el verbo el procedimiento de la derivación. La palabra base es generalmente un sustantivo o un adjetivo:

razon-a-mos, contrari-a-ba-is.

Tras de la base nominal de derivación o tras del radical aparecen
también especiales morfemas derivativos de carácter verbal:

ox-e-a-se-n, flor-ec-ía-n, profund-iz-a-ba-n.

Las formas no personales del verbo no tienen desinencias ni características y el morfema final derivativo que decide la categoría de la palabra aparece detrás del radical o detrás del tema de presente.

c) Los pronombres personales inacentuados ofrecen algunas particularidades por lo que se refiere a su autonomía como palabras. Se
sitúan inmediatamente detrás (posición enclítica) o delante (posición
proclítica) del verbo que los rige, siempre detrás de algunas formas
verbales, entre ellas el imperativo, el infinitivo y el gerundio, indistintamente delante o detrás de las restantes formas personales del paradigma, aunque regularmente delante en los usos hablados y siempre en
determinadas construcciones. Cuando concurren dos, con menos frecuencia tres, mantienen entre ellos un orden fijo de colocación, que
es el mismo en posición proclítica y enclítica. *Se,* por ejemplo, se antepone a todos, y los que empiezan por *l-* se posponen a todos. De manera
que cada uno de ellos aparece más alejado del verbo o más próximo a él
según que la posición es proclítica o enclítica (el caso de *se*) e inversamente (el caso de *lo, la, le,* etc.). Ninguno de los pronombres personales
se presenta, pues, inmovilizado como los morfemas derivativos y
flexivos y no hay, al parecer, razones para dejarlos de considerar como
palabras. A pesar de ello, la escritura los fusiona con el verbo, pero
solamente cuando funcionan como enclíticos, no como proclíticos. Esta
fusión parece tener explicación en determinadas construcciones aisladas. Así en casi todas las construcciones del tipo *senta-os* (con elisión
de la desinencia: *senta(d)* + *os*) y en las construcciones como
callémo-nos (con elisión del último fonema de la desinencia: *callémo(s)*
+ *nos*), construcciones en las que, en realidad, el elemento verbal que
precede al pronombre aparece como forma trabada. La incorporación

a la estructura verbal es, por lo tanto, efectiva en estos casos y podemos hablar de la doble naturaleza de los pronombres inacentuados *os* y *nos* [10].

2.1.4. Composición. — *a*) Dos o más palabras pueden entrar en la formación de una palabra. Esta estructura recibe el nombre de composición. Las palabras compuestas pertenecen a casi todas las categorías gramaticales (se exceptúan los verbos, en los que solo entran a formar parte del tema de derivación): *pasa-mano* (sustantivo), *agri-dulce* (adjetivo), *cual-quiera* (pronombre), *diec-i-séis* (numeral), *tam-poco* (adverbio), *aun-que* (conjunción), pero los sustantivos y los adjetivos son los más numerosos. Son también diversas las categorías de palabras que entran en la composición y las combinaciones posibles entre ellas, como veremos más adelante.

b) La composición **impropia** tiene carácter sintáctico. Sus formaciones son enunciados con más de una palabra, o parte de enunciados: *ganapán, amormío, porsiacaso, correveidile, vanagloria*. En el segundo caso los componentes se presentan a veces fuera del compuesto en algunos contextos iguales a los del compuesto: *no hay qué hacer/no hay quehacer* (pero *el quehacer, los quehaceres*). En la composición **propia** no presentan ninguna clase de organización de carácter sintáctico, son exclusivamente formaciones léxicas, en muchos casos atenidas a modelos recibidos: *bocamina, ganapierde, viandante*. Compuestos propios e impropios aparecen como temas de derivación nominal y verbal: *dieciseis-avo, vanaglori-ar(se), malquist-ar, hojalat-ero, pasaman-er-ía*. Grupos de palabras que solo aparecen fuera de la derivación como secuencias sintácticas, no como compuestos ni como derivados, se encuentran también a veces como base en la derivación nominal y verbal: *pordios-ero, ensimism-ar(se)*.

c) Se distinguen, por otra parte, los compuestos **endocéntricos** de los **exocéntricos**. En los primeros se da una relación semántica de identidad entre el compuesto y uno de sus componentes o ambos: *camposanto* es una clase de campo; *sordomudo* alguien que es sordo y mudo. En los segundos no se da esa relación. El compuesto alude a algo que no está mencionado en el compuesto: *ciempiés* 'algo con muchos pies', *pasatiempo* 'algo que hace pasar el tiempo', *pasilargo*

---

[10] La fusión, menos variada o compleja que en algunos dialectos italianos o que en griego moderno, ofrece en español la particularidad de que solo alcanza a pronombres personales en construcción reflexiva y no debemos olvidar que el pronombre reflexivo forma con el verbo en muchos casos una unidad conceptual más estrecha que con otros pronombres personales. Los pronombres reflexivos en las lenguas románicas son equiparables en determinadas construcciones a las desinencias latinas mediopasivas.

'el que da largo el paso'. Reciben también el nombre de **elípticos** y además el de compuestos **posesivos** por la fórmula 'que tiene' con que pueden interpretarse [11], pero que no conviene a todos, como podemos ver. Por otra parte, muchos compuestos quedan fuera de esa clasificación, especialmente en la composición impropia.

d) Entre los miembros de los compuestos propios e impropios se dan varias clases de relación sintáctica: **copulativa** en *ciaboga* (composición propia), *dieciséis* (c. impropia); **atributiva** en *malvarrosa* (c. impropia endocéntrica), *ojinegro* (c. propia exocéntrica); de **verbo y complemento directo** en *botasilla* 'toque de clarín para que los soldados ensillen los caballos' (c. propia exocéntrica); de **verbo y complemento circunstancial** en *mampuesto* 'puesto a mano' (c. propia), etc.

e) En contraste con los sufijos, los llamados **prefijos** no son siempre morfemas trabados. No lo son las preposiciones propias, es decir, las que pueden entrar en la formación del verbo y al mismo tiempo regir nombres o pronombres, como *con: contribuir* y *con él, con tiempo*. Por otra parte, y en contraste también con los sufijos, pueden afectar a varias clases extensas de palabras. Finalmente, los elementos a los que se anteponen no suelen sufrir alteración en su estructura fonológica. Ateniéndonos al método tradicional, consideramos las palabras en que entran tanto preposiciones propias: *contra-hacer, ante-cámara, sin-razón* como impropias: *hiper-democracia* como palabras compuestas.

f) En la formación de un derivado puede entrar un compuesto como base de derivación: *vanaglori-ar*. Por otra parte, especialmente en la composición con prefijos de que hablamos en el apartado anterior, el segundo elemento puede consistir en una palabra derivada, como en: *im-prorrogable*. A ninguno de estos patrones se ajusta, por ejemplo, la estructura de palabras como *desalmado* y *ensuciar*, entre otras muchas. En ninguno de nuestros dos ejemplos descubrimos un primer elemento compuesto: *desalm(a)* + ..., *ensuci(o)* + ... o un segundo elemento derivado: ... + *almado*, ... + *suciar*. En la estructura de estas palabras, llamada **parasíntesis**, se dan de manera solidaria derivación y composición sin que la palabra central, que no es sufijo ni prefijo, en este caso *alma* y *sucio*, participe más de la una que de la otra.

2.1.5. Del acento y de otros caracteres generales de compuestos y derivados tratamos en los capítulos siguientes.

---

[11] De la Gramática india procede la denominación tradicional *bahuvrîhi*, que es un ejemplo sánscrito de esta clase de compuestos: 'que tiene mucho arroz'.

2.2. DEL NOMBRE SUSTANTIVO Y SU GÉNERO

2.2.1. De las partes de la oración. — La distribución de las palabras en clases o partes de la oración o del discurso puede hacerse con criterios morfológicos o sintácticos, es decir, atendiendo exclusivamente a la forma de la palabra o bien a su función sintáctica. Frecuentemente uno y otro criterio se superponen: la forma implica la función e inversamente. En otros casos ambos criterios contribuyen a la clasificación, de manera complementaria. El significado constituye también un criterio de clasificación, no la significación específica de esta o la otra palabra, sino lo que se entiende por significación **gramatical**, es decir, la que es común a todas las palabras o a todas las formas de una misma clase o subclase. En español y en otras lenguas de sistema análogo al español, el criterio morfológico puede bastar por sí solo para clasificar todas las palabras de la lengua en dos grandes grupos: las variables y las invariables. Son variables las palabras que poseen morfemas flexivos [1], aunque algunas veces, como hemos visto en el capítulo anterior, resulta difícil la delimitación entre unos y otros. La significación gramatical, sin embargo, va asociada a la clasificación de los morfemas flexivos dentro de una clase o subclase de palabras, así las diferencias aspectuales, temporales y modales en el verbo, o las diferencias de significación entre los morfemas de singular o plural. El criterio que se basa en las categorías de la Lógica no es suficiente. Una disciplina como la Lógica del lenguaje no existe o no ha llegado, por lo menos, a su plena madurez científica. En la caracterización que intentamos en los capítulos siguientes, procuraremos atenernos a criterios exclusivamente morfológicos, siempre que sea posible.

2.2.2. Nombres sustantivos y adjetivos. — *a)* La denominación común con que suelen designarse estas dos categorías de palabras: no m b re sustantivo, no m b re adjetivo, prueba que todavía se conside-

---

[1] *Accidentes* los llama la Gramática tradicional, como hemos visto en el capítulo anterior, del lat. *accidentia*, versión latina del término griego *ptōseis* 'caídas', aludiendo a la desviación de la forma flexionada en relación con el nominativo en el nombre y el pronombre, o al infinitivo en el verbo, considerados como la forma fundamental del paradigma. La palabra latina *cāsus* tiene la misma etimología que *accidentia* y es término gramatical equivalente, o en parte equivalente, a *accidentia*.

ran como perteneciendo a una categoría superior, la del nombre, aunque hoy aparezcan casi siempre enumeradas como partes independientes de la oración [2]. Adjetivo y sustantivo poseen, en efecto, muchos caracteres comunes. Tienen unos mismos morfemas de número y las variantes de estos morfemas aparecen condicionadas por los mismos contornos fonológicos. Los morfemas derivativos de uno y otro no son en muchos casos diferentes y algunos de ellos se caracterizan por la propiedad de poder formar, a partir de un mismo tema de derivación, un sustantivo y un adjetivo. Así ocurre, por ejemplo, con los nombres gentilicios: *toled-ano*, *malagu-eño*, *bilba-íno*. En estos casos, la construcción sintáctica decide la categoría. Pero a veces tampoco es decisiva la función. Así ocurre en la lengua española en muchos casos en que uno de estos nombres actúa como complemento predicativo. Si decimos o escribimos: *Los españoles pierden*, la agrupación con el artículo, además de la función de sujeto, nos indica que *españoles* es aquí sustantivo, a menos que el pasaje anterior sea un miembro disyecto de una frase más extensa, por ejemplo: *Los jugadores italianos ganan y los españoles pierden*, en donde el artículo *los* puede ser un artículo anafórico y equivaler a *los jugadores*, con lo que *españoles* sería aquí adjetivo [3], lo mismo que en la frase *los jugadores españoles*. Pero si decimos *son españoles*, fallan los criterios sintácticos para decidir si *españoles* es nombre sustantivo o adjetivo. Tenemos entonces un caso de indistinción o sincretismo entre dos categorías [4].

b) Existe, sin embargo, una importante diferencia entre nombres sustantivos y nombres adjetivos: solamente a los nombres sustantivos conviene la distinción entre nombres a p e l a t i v o s y p r o p i o s [5].

2.2.3. Género de los sustantivos. — Por el género [6], los nombres sustantivos se dividen en español en femeninos y masculinos. La cate-

---

[2] En las teorías gramaticales sobre las partes de la oración que proceden de la Antigüedad clásica, el adjetivo no constituye una categoría independiente. Aún perdura esta tradición en Nebrija. El adjetivo no es más que un accidente del nombre: la calidad: «Calidad esso mesmo en el nombre se puede llamar aquello por lo cual el adjectivo se distingue del substantivo» (*Gramática castellana*, lib. III, cap. II).

[3] Sería impropio hablar en este caso de sustantivación, ni siquiera de sustantivación ocasional.

[4] No se da esta confusión en inglés ni en alemán, lenguas en que adjetivo y sustantivo presentan importantes diferencias formales. Por eso las gramáticas inglesas y alemanas los mantienen aparte, como categorías independientes.

[5] Es difícil fundamentar esta distinción con criterios gramaticales, probablemente porque nada tiene que ver con la Gramática. En varios pasajes de esta obra se hacen observaciones acerca del diferente tratamiento que reciben estas dos clases del nombre.

[6] Con el término *génos* se designa en griego tanto el término gramatical *género* como el sexo de los seres vivos. La misma doble significación tiene

goría nominal del neutro no existe en la lengua española. Decimos que un nombre es femenino o masculino cuando las formas respectivamente femeninas o masculinas del artículo y de algunos pronombres, caracterizadas las primeras por el morfema de género *-a*, y las segundas por el morfema de género *-o*, *-e* o por ningún morfema, se agrupan directamente con el sustantivo en construcción atributiva o aluden a él fuera de esta construcción. Con arreglo a esta definición [7] son femeninos *la* mujer, *la* vestal, *la* perdiz, *aquella* flor, *No hay* ocasión *como esta*, y son masculinos *el* hombre, *el* adalid, *el* ratón, *algún* mal, *Estos son mis* poderes.

2.2.4. Significación del género de los nombres de persona. — Si los nombres sustantivos apelativos son de persona, tenemos la idea de que femeninos y masculinos, tal como acabamos de definirlos, designan respectivamente mujer y varón, o hembra y macho de algunas especies animales. Esta idea se acerca bastante a la verdad, sobre todo si más que a los sustantivos la aplicamos a las formas del artículo y de los pronombres de que acabamos de hacer mención, incluyendo entre ellas las formas del pronombre personal de tercera persona, en los casos o en la mayor parte de los casos en que unas y otras realizan por sí mismas una mención de persona [8], es decir, fuera de la construcción

el término *Geschlecht* en alemán. De aquí la terminología *género natural* y *género gramatical*, no enteramente adecuada en español, donde *género*, como el inglés *gender*, significa exclusivamente género gramatical.

[7] Este principio, formulado ya en la Antigüedad por autores y gramáticos griegos y latinos, se encuentra todavía en Nebrija, por ejemplo, en sus *Introductiones in Latinam grammaticam*, de donde traducimos: «¿Qué es nombre masculino? El que se declina con *hic*... ¿Qué es nombre femenino? El que se declina con *haec*...» Con mayor rigor todavía se expresa Francisco Sánchez el Brocense en su *Minerva*, utilizando las desinencias del adjetivo (véase, para el adjetivo, nuestro capítulo 2.4), de donde traducimos: «Los nombres adjetivos no tienen género, sino terminaciones... y si no hubiese nombres adjetivos, o tuviesen una sola terminación, nadie hablaría de género gramatical.» Y con pareja diafanidad dice Andrés Bello: «La clase a que pertenece el sustantivo, según la terminación del adjetivo con que se construye [...], se llama género [...]. Es evidente que si todos los adjetivos tuviesen una sola terminación en cada número, no habría género en nuestra lengua.» La lingüística moderna coincide en este punto al pie de la letra con la Gramática tradicional, a propósito de la lengua española y de otras lenguas de morfología análoga: el nombre sustantivo tiene un género o pertenece a un género, los pronombres y los adjetivos poseen morfemas flexivos de género.

[8] Una particularidad conviene anticipar, acerca de las formas acentuadas del pronombre personal de tercera persona *él*, *ella*, *ellos*, *ellas*. Cuando se emplean con preposiciones pueden realizar menciones de persona y de cosa. En cambio, cuando desempeñan función de sujeto, su mención es casi de un modo exclusivo de persona. Esta limitación no existe ni para las formas inacentuadas del pronombre personal de 3.ª persona, ni para los restantes pronombres.

174 MORFOLOGÍA 2.2.4-6

atributiva: *Hoy* la *he visto*, la *he visto y me ha mirado* (Bécquer); *A* ese *le arreglo yo las cuentas*, etc. Solo existe una limitación a este principio. Los plurales masculinos, *los, ellos, estos*, etc., designan una pluralidad de varones, pero también pueden designar conjuntamente una pluralidad de hembras y varones, cualquiera que sea el número de ellos y de ellas, lo que se produce en virtud de la idea general o genérica que es inherente al masculino. Los nombres apelativos de persona, en cambio, tienen estas y otras limitaciones. No solamente los plurales masculinos, como *hijos, hermanos*, pueden significar varones y hembras conjuntamente. El singular masculino *hombre* equivale a varón, pero también designa mujeres y varones empleado como término general o genérico. Por otra parte, ha habido en español antiguo y clásico, y hay todavía en la lengua literaria y en los dialectos, algunos nombres femeninos que designan varón, o que pueden designar mujer o varón indistintamente: *la centinela, la guarda, la lengua* 'intérprete', *la guía, la vela, la imaginaria*. El empleo metafórico de nombres femeninos o masculinos de cosa para designar persona puede dar también nacimiento a nombres de varón del género femenino: *esa mala cabeza*, o masculinos de mujer: *ese pendón*. Fuera de este uso metafórico, los nombres masculinos de mujer son escasos: *el marimacho*.

2.2.5. **Significación del género de los nombres de cosa.** — Cuando el sustantivo es de cosa, las mismas formas pronominales diferenciadas femeninas y masculinas se refieren a él [8] o se construyen con él atributivamente, pero la correlación del género con los contenidos semánticos es casi siempre problemática y de ningún modo constante y regular. De contenidos semánticos puede hablarse, en cierto modo, en los casos de atracción genérica ejercida por un nombre sobre otro cuando los dos se hallan dentro de una misma esfera de significación, como ocurre con el femenino *lumbre*, que era neutro en latín y ha sido atraído en español por su sinónimo femenino *luz*[9], o con el anticuado masculino *prez*, atraído al género del femenino *honra*[10]. Muchos conceptos de cosa poseen, junto a su designación propia y específica, una designación más que incluye a varios, como el género incluye en lógica a las especies. El género del nombre más general se comunica a veces, en estos casos, a los nombres particulares. Así ocurre con los nombres de los días de la semana, de los meses, de los colores, de los números cardinales, o con los nombres propios de ríos, que son masculinos como las denominaciones generales *día, mes, color, número, río*, o con las letras del alfabeto, que son femeninas como el sustantivo *letra*. En

---

[9] Sin excluir la posibilidad de que haya sido decisiva la confusión con el sufijo derivativo *-umbre*, que da nombres abstractos femeninos.
[10] Es menos verosímil explicar el cambio por analogía con el femenino plural *preces*, de la misma estructura fonética, pero de significado y etimología diferentes.

todos estos casos la correlación no es absoluta, sino relativa, porque en último término la correlación entre el significado y el género del nombre que se comunica a los otros queda sin explicar [11].

2.2.6. Forma de los nombres en relación con el género. Nombres de persona. — *a)* En contraste con los pronombres y artículos, los sustantivos apelativos de persona carecen de una forma fija que esté en correlación con la diferencia de sexo. Poseen muy variadas terminaciones, especialmente los masculinos de varón: *monje, canciller, alférez, abad, bufón, adalid.* Algunas terminaciones aparecen exclusivamente en nombres femeninos de mujer como *-triz: institutriz, actriz, meretriz,* o en masculinos de varón, como *-dor, -tor, -sor: arrendador, coadjutor, asesor.* La distinción del sexo se asocia con mucha más frecuencia en los nombres de persona a las terminaciones *-a* y *-o,* inacentuadas, pero ni una ni otra es privativa de nombres femeninos de mujer o masculinos de varón. En primer lugar, hay una larga serie de nombres en *-a,* y una menos extensa de nombres en *-o* que designan indistintamente por sí mismos varón y mujer, y en estos casos la determinación del sexo la realizan los pronombres y artículos masculinos o femeninos que se unen atributivamente a dichos nombres o que hacen referencia a ellos. La Gramática los denomina c o m u n e s. Así *el, la (guía, artista, pianista, albacea, nómada; soprano, testigo)* [12]. Que la terminación en *-o* o en *-a* de los nombres apelativos de persona [13] no es decisiva para la diferenciación del sexo lo prueba también la extensa serie de nombres masculinos de varón en *-a: el recluta, el auriga, el profeta, el hortera, el brigada, el granuja, el guardia, el tronera, el déspota, el colega,* etc., y algún caso aislado de nombre femenino de mujer en *-o: la virago.* Tenemos, por otra parte, para designar indistintamente varón o hembra algunos femeninos con *-a: la víctima, la criatura, la persona, la máscara, una tarabilla, estas almas de Dios* [14] y algunos masculinos

---

[11] En gran parte de los casos, los nombres arrastran el género que tenían en latín o en la lengua del préstamo.

[12] Hay nombres comunes con otras terminaciones: *el mártir, la mártir; el tiple, la tiple; el cantante, la cantante; el panoli, la panoli.*

[13] Son muy frecuentes los nombres propios femeninos de mujer que proceden de masculino en *-o* con significación de cosa: *Olvido, Rosario, Patrocinio.*

[14] Muchos nombres masculinos o femeninos que no son propiamente de persona se emplean con esta significación, como términos injuriosos, en determinadas construcciones, especialmente como complementos predicativos: *Eres un basilisco, un monstruo, un animal, una fiera, una calamidad.* Conservan el género gramatical originario, lo mismo si aluden a mujer que a varón, como una subclase de epicenos, pero algunos adoptan el género gramatical que alude a uno u otro sexo, o vacilan entre este y el originario: *esta animal, ese bestia, un o una mala cabeza.* Véanse algunos de los ejemplos de arriba. Otros nombres de idéntico origen, como los masculinos *el cura,*

con -a: *los antípodas, los parias* y con -o: *vejestorio, dueño, mamarracho.*
Estos apelativos que no determinan el sexo ni por sí mismos ni con
el auxilio de formas pronominales y a los que la Gramática denomina
e p i c e n o s, son más frecuentes como designación de especies animales:
la calandria, el gorila, el jilguero [15].

b) La diferencia de sexo, en algunos nombres de persona y de
animales, se expresa mediante palabras o raíces diferentes (h e t e r o-
n i m i a): *varón, mujer; marido, mujer; yerno, nuera; padre, madre;
macho, hembra; toro, vaca; carnero, oveja.* Con más frecuencia, un nombre masculino de varón o de macho cambia o alarga su terminación
para formar el correspondiente nombre femenino de mujer o de hembra
(m o c i ó n) : *gallo, gallina; héroe, heroína; jabalí* o *jabalín* (en Andalucía
y Salamanca), *jabalina; rey, reina; abad, abadesa; juglar, juglaresa;
príncipe, princesa; histrión, histrionisa; actor, actriz.* Es más frecuente
el empleo de la terminación *-a,* que se agrega a un nombre masculino
terminado en consonante: *huésped, huéspeda* [16]; *menestral, menestrala;
oficial, oficiala; león, leona; patrón, patrona; autor, autora; director,
directora; dios, diosa,* o sustituye a la terminación *-e* del nombre masculino: *comediante, comedianta; jefe, jefa; monje, monja; presidente, pre-
sidenta; sirviente, sirvienta,* o a la terminación *-o: abogado, -a; bando-
lero, -a; bibliotecario, -a; catedrático, -a; demagogo, -a; empresario, -a;
farmacéutico, -a; heredero, -a; ingeniero, -a; licenciado, -a; ministro, -a;
pordiosero, -a; secretario, -a; tabernero, -a; zapatero, -a.* La moción es
heredada [17], pero ha alcanzado extraordinario desarrollo en español.
En algunos casos, a pesar de la identidad de la raíz, no se produce una
simetría semántica perfecta entre masculino y femenino *(crío, cría;
doncel, doncella).* No son personajes equivalentes, a pesar de que los
dos asisten a otro, *el asistente* y *la asistenta. La generala, la militara*
no son mujeres que ejerzan mando de general o pertenezcan a la milicia,
sino la mujer del general, del militar. La formación contraria, el cambio de *-a* en *-o,* es muy rara: *viuda, viudo.* Como en otros casos examinados antes, el plural masculino de estos nombres, menos veces el
singular, tiene valor genérico, es en realidad un nombre epiceno: *los
padres, los dioses, los autores.*

---

el cabecilla, el vista de aduanas, se entienden por sí mismos como nombres de
persona, acaso por carecer de calificación. El cambio de género no se da si el
término, en vez de ser injurioso, es positivo y encomiástico: *es una belleza,*
aludiendo a hombre o a mujer.

[15]　Con otras terminaciones, de personas: *el personaje, las autoridades;*
de especies animales: *el delfín, el cóndor, la serpiente, la perdiz,* etc.

[16]　*Huéspeda* ha sido registrado en el Diccionario manual de la Academia.
Es forma antigua (Alejo Venegas, *De las diferencias de libros,* 1540, y hay
testimonios mucho más antiguos), pero *huésped* se usa también como epiceno,
y algunas veces como común, como en este pasaje: *Eterna huésped del verano*
(Menéndez Pelayo).

[17]　Es rara en latín fuera de los temas en *-o: clienta, hŏspĭta.*

2.2.7. **Forma de los nombres en relación con el género. Nombres de cosa.** — *a*) Son más variadas las terminaciones que aparecen en los nombres de cosa que en los de persona y más frecuente el hecho de que una misma forma por su terminación aparezca en nombres masculinos y femeninos: *el bien, la sien; el mal, la sal; el sol, la col; el matiz, la cerviz; los cauces, las fauces* [18]. Con algunos sufijos derivativos se asocia un determinado género gramatical. Son femeninos, por ejemplo, los nombres en -*triz: cicatriz, bisectriz*. También, lo mismo que en latín, los nombres en -*ie(s)* procedentes de la 5.ª declinación latina, todos ellos heredados y cultos: *serie, intemperie, caries, efigie* y como ellos los en -*icie*, del sufijo latino -*itiēs* que da en latín nombres femeninos de cualidad derivados de adjetivos, de donde *calvicie, molicie* (pero no heredado: *burricie*) y los en -*ez*, forma del mismo sufijo anterior más evolucionada y productiva: *estupidez, ñoñez, delgadez*. Son también femeninos como en latín los nombres en -*dad, -idad* [19], sufijo que forma sustantivos abstractos derivados principalmente de adjetivos: *barbaridad, soledad, brutalidad, mismidad, capitalidad*, y los abstractos derivados de verbos con el sufijo -*ión: legión, región, opinión*, todos heredados, o con los sufijos productivos -*sión, -ción* (y la variante de este último más evolucionada -*zón*): *introversión, dejación, consumición, razón, cerrazón, virazón*. También los cultismos en -*tud*, tomados del nominativo [20] de los femeninos abstractos latinos en -*tŭdo, -tŭdĭnis: longitud, multitud* y con ellos las formas tradicionales o semicultas en -*tumbre, -dumbre* construidas con una variante del sufijo anterior en el caso acusativo: *costumbre, servidumbre, reciedumbre, muchedumbre*. Son masculinos los diminutivos con sufijo -*ón* derivados de sustantivos: *notición, butacón;* con sufijo -*ete: bracete* y todos los demás apelativos en -*ete* de cualquier origen que sean: *sorbete, zoquete, banquete;* los nombres con sufijo -*dor, -tor, -sor: colador, tractor, cursor;* con el sufijo -*il* acentuado: *atril, redil, tamboril*, etc.

b) Es más importante formalmente el dato de que casi todos los nombres apelativos de cosa en -*o* o con morfemas derivativos terminados en -*o* son masculinos. Pocas veces se ha conservado en español el género femenino originario: *la mano, la nao* (f. cat. *nau*). La terminación -*o* ha impuesto el masculino, por un lado, a los nombres de árboles de la 2.ª declinación latina, todos femeninos en latín, que han pasado

---

[18] En el género de los nombres influyen factores formales, semánticos, etimológicos y analógicos. La filiación del género exige muchas veces un estudio histórico pormenorizado para cada sustantivo.

[19] Tienen -*tad* las formas cultas con -*t* tras de consonante en latín: *voluntad, libertad*, pero también sin esta condición: *lealtad*, en contraste con *igualdad*.

[20] O por analogía con el sufijo -*tud*, lat. -*tūs, -tūtis*. Pero estos nombres femeninos son cinco solamente en latín, de los cuales han pasado al español como voces cultas *juventud, senectud* y *virtud*. No es muy probable, por consiguiente, la analogía.

al español: *el olmo, el chopo;* por otro lado, a las voces cultas en *-ago* (pero algunas esdrújulas por cambio de acento): *el lumbago, el fárrago, el cartílago, el vértigo,* procedentes de femeninos latinos con el sufijo *-āgo, -āginis* y *-īgo, -ĭginis.* El femenino se ha conservado a veces en estos nombres cuando no es el nominativo el que ha pasado al español: *la calígine, la vorágine, la imagen, De su origen primera esclarecida* (Fr. L. de León), *la sartén* (el fem. *virago* que citamos en el § 2.2.6*a* tiene el mismo sufijo que estos nombres, pero ha conservado el género por tratarse de nombre de mujer). *La libido* freudiana, con sufijo latino de derivación *-ĭdo, -ĭdinis,* análogo a los anteriores, es un cultismo muy reciente que tal vez solo por eso conserva todavía en español el género gramatical originario (de la misma etimología, *la libídine*). Son pocos más los nombres de cosa en *-o* femeninos: los que proceden de la abreviación de algunos femeninos compuestos: *moto(cicleta), foto(grafía), polio(mielitis), radio(difusión), (máquina) magneto(eléctrica)* y los que mantienen el género femenino de la denominación más general: *la o, la rho* (letras). *Dínamo* (escrito también *dínamo*) acaso por el género del nombre griego de que procede. La casi total exclusión de *-o* de los nombres apelativos femeninos de cosa coincide con el mismo fenómeno que hemos observado en los apelativos femeninos de persona (§ 2.2.6*a*).

c)   Los nombres apelativos de cosa en *-a* o con morfemas derivativos terminados en *-a* son en general femeninos, pero los masculinos en *-a* abundan más que los femeninos en *-o* de que hemos tratado en el apartado anterior. Varios femeninos en *-a* adoptan el género masculino cuando designan color: *el escarlata, el lila, el naranja, el rosa* y otros cuando designan vinos: *un borgoña, un málaga, un rioja excelente.* Muchos neutros griegos en *-ma* han pasado al español en diferentes épocas, directamente o a través del latín, especialmente como tecnicismos o para componer tecnicismos. Por su terminación *-a* adoptaron en general, como en latín, el género femenino: *la lágrima, la calma, la chusma, la estratagema, Las seyscientas apotegmas* (Juan Rufo, 1596); *¿Qué enigma es esta?* (Calderón, *Los tres afectos de amor*, III), pero la tendencia culta, considerando acaso que el género masculino, por su indeterminación, estaba más próximo al neutro que no el femenino (v. nota 21), impuso, en diversas épocas, el género masculino a varios de ellos: *el enigma, el drama, el anatema, el dilema, el epigrama, el esquema, el poema, el problema, el sistema, el estigma, el pentagrama* (también *pentágrama*), *el telegrama,* etc. En otros casos se han conservado los dos géneros, según el uso vulgar o erudito, a veces con diferencias de significación: *el crisma, la crisma; el tema, la tema.* Hay, por último, casos aislados de masculinos en *-a: el planeta, el cometa* (*la cometa* con otra significación), *el día, el tranvía, el delta, el pijama* o *piyama, el jipijapa* y algunos más. No está, pues, excluida totalmente o casi totalmente de los nombres apelativos masculinos **la terminación**

-*a*, lo que está de acuerdo con lo que hemos observado a propósito de los apelativos masculinos de persona [21] (§ 2.2.6*a*).

d) Es muy frecuente que dos nombres apelativos de cosa, uno femenino en -*a* y otro masculino con -*o*, tengan una misma raíz o una misma base de derivación. Las diferencias semánticas entre el masculino y el femenino son a veces comunes a varias de estas parejas: *olivo, oliva; manzano, manzana; naranjo, naranja* (el árbol y su fruto); *fruto, fruta; huevo, hueva; leño, leña* (el femenino es colectivo); *cuchillo, cuchilla; huerto, huerta; río, ría* (el femenino designa algo más extenso que el masculino). Por otra parte, sin contar los homónimos, es decir, dos o más nombres de una misma forma pero etimología diferente: m. *haz* 'leña atada' (lat. m. *fascis*), f. *haz* 'tropa ordenada' (lat. f. *aciēs*), f. *haz* 'faz' (lat. f. *faciēs*); *el corte* (de *cortar*), *la corte* (de *cohorte*); *el coma* (gr. n. *kôma*), *la coma* (gr. n. *kómma*), son muchos los nombres de cosa, denominados ambiguos, que con una misma forma adoptan los dos géneros. El plural impone a veces un determinado género, asociado o no a diferencias de significación frente al singular: *las dotes, los mares, las artes, los azúcares*. El empleo del masculino o del femenino con el singular es pocas veces indiferente, como en *azúcar rosado, azúcar blanca*. La no elección o la preferencia a favor del masculino o del femenino las deciden motivos de índole muy variada. En muchos casos existen diferencias de significación: *el cólera* y *la cólera, el cometa* y *la cometa, el frente* y *la frente, el lente* y *la lente, el clave* y *la clave, el orden* y *la orden, el Génesis* y *la génesis, el doblez* y *la doblez, Arte poética* 'Poética' y *arte español*. El uso lo decide también el ámbito social o profesional o el dialecto. *La mar* es expresión de gentes de mar: *alta mar, plenamar*. Los abstractos en -*or*, que eran masculinos en latín, conservan este mismo género, excepto *labor*, en el español culto. Los femeninos, como *la calor* y *la color*, son vulgares o quedan relegados al habla campesina de algunas regiones. Pero *la mar* y otros femeninos como *la fin* aparecen ocasionalmente en la lengua literaria o poética.

---

[21] Nada tiene que ver con todo lo que hemos dicho hasta aquí la particularidad de que en la sustantivación o en un determinado grado de sustantivación de palabras no propiamente nominales, como adverbios, preposiciones, conjunciones, infinitivos, o de grupos de palabras se emplee de un modo casi exclusivo el género masculino: *el antes y el ahora, el ayer y el mañana, el pro y el contra, el norabuena* (Sta. Teresa), *Más vale un toma que dos te daré*. El masculino posee un carácter general que está ausente del femenino, y este carácter es muy semejante al que hemos reconocido en el masculino, singular y plural, llamado genérico: *los padres* pueden significar *padre y madre; hijo* puede significar *hijo o hija; hijos* puede significar *hijos* e *hijas*. Nada de esto es posible con el femenino. El masculino desempeña mayor número de funciones, posee más extensión semántica y, por consiguiente, más indeterminación que el femenino. La Gramática moderna, en casos como este de concurrencia o competencia posible entre dos elementos que pertenecen a un mismo paradigma o a una misma categoría gramatical, llama negativo, extenso o no marcado al elemento o término de mayor indeterminación, en nuestro caso el masculino, y positivo, intenso o marcado al de mayor determinación, en nuestro caso el femenino.

2.3. NÚMERO DEL NOMBRE SUSTANTIVO

2.3.1. Número de los nombres sustantivos. — Hemos visto en el capítulo anterior de qué manera el género gramatical de los sustantivos apelativos se hace patente en ellos mediante diversas formas de terminación y cómo en multitud de casos la forma del sustantivo es por sí misma indiferente al género. En contraste con el género, el número gramatical constituye en sus grandes líneas un sistema coherente que afecta por igual a todos los sustantivos apelativos [1]. En singular [2] carecen de morfema. En plural hay tres morfemas, o más exactamente, tres variantes de un solo morfema: (I) -es, (II) -s, (III) carencia de morfema, o con otras palabras, morfema cero [3]. Para formar el plural se agrega al singular de cada nombre una de las variantes del morfema del plural, no cualquiera de ellas, sino la que resulta impuesta por la estructura fonológica del singular: según el sonido en que termina, según su acentuación y según sea o no monosilábico [4]. De esta regulación tratan los párrafos siguientes.

2.3.2. Apelativos terminados en consonante. — *a)* Cuando el singular de un nombre polisílabo termina en la consonante -s, inmediatamente precedida o no de otra consonante, y su acentuación no es aguda, para la formación del plural se emplea la variante cero (III). Se produce entonces, por consiguiente, indistinción o sincretismo de singular y plural. En estos casos, lo mismo que ocurre con los sustan-

[1] Como veremos en otros capítulos, el plural y el singular de otras partes de la oración dotadas de número, como el adjetivo, el pronombre y el participio, se forma lo mismo que el del sustantivo.

[2] El mismo lenguaje gramatical denuncia el diferente carácter de las categorías de género y número. Decimos de un sustantivo que *está en* plural o singular, pero que *es* masculino o femenino. La expresión *está en* declara la naturaleza flexional del número.

[3] Lo mismo que el fonema cero en Fonología, puede representarse el morfema cero por el signo ø.

[4] Los morfemas de plural se hallan, por consiguiente, en distribución complementaria (§ 1.3.1b) lo mismo que las variantes o alófonos de un morfema. De aquí la conveniencia de poner esta particularidad de relieve mediante el término variantes de morfema o alomorfos, como también se denominan.

tivos que carecen de terminación especial masculina o femenina, el sincretismo se resuelve en la secuencia sintáctica con el auxilio de las formas de número diferenciadas de que están dotados la mayor parte de los pronombres y adjetivos. La lista de sustantivos apelativos que pueden incluirse en este grupo, de muy diverso origen, algunos formados en español, es muy numerosa: *el, los atlas; el, los papanatas; el, los lunes (martes, miércoles*, etc.), *caries, quepis, dosis, crisis, mantis, glotis, litis, brindis, perdis, intríngulis, virus, ántrax, tórax, bíceps, fórceps* [5], etc. Especialmente numerosa es la serie de tecnicismos en *-sis*, procedentes del nominativo singular [6] de abstractos verbales griegos del género femenino con sufijo *-sis*, gen. *-seōs*, recibidos casi todos a través del latín, construidos algunos modernamente, como los híbridos de raíz nominal latina *adiposis, silicosis*. Algunos han pasado al masculino en español en diferentes épocas o han vacilado entre los dos géneros: *la, las anagnórisis; el, los análisis* (también fem., pero hoy predominantemente masc.); *las catarsis, las diagnosis, los énfasis, los éxtasis, las metempsicosis* (también *metempsícosis*, con acentuación griega), *los paréntesis, las sintaxis, las síntesis, las esclerosis, las anquilosis, las cirrosis, las elefantiasis, las trombosis* [7], etc. Al mismo grupo pertenecen los femeninos procedentes de femeninos griegos en *-ītis*, gen. *-ítidos*, o configurados modernamente según el modelo griego: *artritis, nefritis, pleuritis, faringitis, laringitis, neuritis, otitis, peritonitis, sinusitis, mieditis* (de uso familiar), etc.

b) Los apelativos con singular en *-s* que no se hallan en el caso anterior, por lo tanto, no solamente los monosílabos en *-s*, sino también los polisílabos terminados en *-s* con acento prosódico en la última sílaba, tienen el morfema *-es* (I) en plural: *mies, mieses; lis, lises; cabás, cabases; revés, reveses; país, países*. Siguen la misma formación *-es* de plural los sustantivos que terminan en una de las consonantes *-d, -z, -l, -r* y *-n* no agrupadas con otra consonante [8], cualquiera que sea la acentuación y el número de sílabas del sustantivo: *red-es, faz/faces, sol-es, mar-es, don-es; pared-es, raíz/raíces, corcel-es, alcor-es, rehén/rehenes; áspid-es, lápiz/lápices, ángel-es, prócer-es, númen-es* [9]. El

---

[5] Estos grupos /ks/ y /ps/, en posición final, es decir, como grupos de consonantes tautosilábicos, suelen reducir la primera consonante en la pronunciación. V. § 1.4.2*b*.

[6] Los nombres de la lista anterior de origen griego o latino, excepto lat. *litis*, proceden también del nominativo singular.

[7] De vez en cuando se emplea un plural *-es*, según el nom.-acus. *-es* de la declinación latina de los nombres en *-is*, a la que se adaptan en latín estos helenismos: sing. *apófisis*, pl. *apófises;* sing. *catacresis*, pl. *catacreses* (Menéndez Pelayo). La misma forma de plural se emplea en inglés: *hypothesis, hypotheses.*

[8] Constituyen, con *-s*, el tipo normal de coda silábica final de palabra en las voces patrimoniales. V. § 1.4.2*a*.

[9] Es fenómeno común a casi todas las regiones hispánicas, no solamente en la pronunciación vulgar, la supresión de la consonante *-d* en los singula-

plural mantiene el acento prosódico en la misma sílaba que el singular,
si se exceptúa *carácter*, adaptado a la acentuación latina, cuyo plural
caracteres [10] está de acuerdo con la acentuación griega y la latina, y
con exclusión también de los escasos esdrújulos terminados en *-n:*
régimen, espécimen, que en plural desplazan el acento a la sílaba siguiente: *regímenes, especímenes* (poco usado). Al mismo esquema se
ajustan además algunas pocas voces patrimoniales con terminación
diferente de *-d, -z, -s, -l, -r, -n*, como *boj, erraj, carcaj* (de uso literario)
y *reloj*, que pierde la *-j* en la pronunciación corriente, lo que produce
en la pronunciación una asimetría singular *-ó*, plural *-ojes*, análoga a
la de *-á, -ades* que hemos visto en la nota 9 (el pl. *relós* se emplea en
varios territorios españoles y americanos). Otros sustantivos adoptaron *-e* en singular, como *troje* (más empleado que *troj*), y varios de
origen francés u occitánico terminados en *-et* en la lengua de origen
fueron hispanizados en diversas épocas con la terminación *-ete* en singular: *billete, birrete, bonete, cadete, herrete, motete* (ya en Juan Ruiz),
con lo cual pasan al grupo de los que terminan en vocal (v. § 2.3.3).

c) En época moderna, y con intensidad creciente a partir del
siglo XIX [11], se ha generalizado en la escritura, algunas veces también
en la pronunciación, un plural *-s* (II) para determinados sustantivos
que terminan en consonante. Se trata en su mayor parte de extranjerismos de vario origen, sobre todo galicismos y anglicismos, no hispanizados todavía, que por su particular estructura se acomodan difícilmente a patrones morfológicos y fonológicos españoles del acervo patrimonial. Análoga dificultad de acomodación ofrecen por su estructura
varios sustantivos cultos griegos y latinos, introducidos en diversas
épocas: *hipérbaton, desiderátum, memorándum, réquiem, déficit, superá-*
vit, etc. Para los neutros griegos y latinos podría recomendarse el
plural en *-a*, que se ha usado aisladamente alguna vez (hoy ha sido
adoptado en algún tecnicismo científico, como *los quanta*). De *hipér-*
baton se ha empleado el plural anómalo *hipérbatos*, más respetable
que el barbarismo *hipérbatons*. Otros de los enumerados arriba, y con
ellos *exequátur, fíat, plácet, quórum, ínterin, tedéum, tuáutem*, la mayor
parte de los cuales ni siquiera son formas nominales en latín, se emplean pocas veces en plural, y cuando se emplean, pueden muy bien

---

res con acentuación aguda, o su reducción con diferentes grados de relaja-
miento (v. § 1.2.2*A*). Solo se exceptúan algunos sustantivos de escaso uso,
como *lid, alud, laúd, ardid, Talmud*. La relajación no afecta en general a
la *-d-* del plural. Se da así en la pronunciación la asimetría *verdá, verdades;*
virtú, virtudes.

[10] *Carácteres* es acentuación clásica.

[11] Ya en 1868 extrañaba Galdós el plural insólito (*La Fontana de Oro*,
cap. XXXIII): «Advertimos, para que el lector no extrañe la singularidad
de este plural, que la dama para explicarla aseguraba que no decía *clubs*
por lo mismo que no decía *candils* ni *fusils*, con lo cual no estaba del todo
descaminada.»

quedar invariables: *los memorándum, los tuáutem,* que es lo que se hace muchas veces al pronunciarlos [12]. Los plurales *armóniums, máximums, mínimums* y *médiums,* no infrecuentes en textos literarios, deben desecharse, existiendo como existen *armonios, máximos, mínimos* y *medios. Pimpampum* solo se emplea en singular. El plural de *álbum* es *álbumes.*

d) El mayor número de plurales con *-s* (no siempre articulada al hablar) tras de una o dos consonantes [13] lo forman los extranjerismos. La grafía española reproduce o trata de reproducir la entera estructura fonológica del plural y del singular extranjero, pero más veces la estructura gráfica, como en el caso de varios anglicismos: *girl, standard, Lord,* cuya *-r-* no se pronuncia en inglés [14], lo que prueba que se trata de palabras cuya pretendida hispanización no es producto de impresión acústica, como lo son *sorche* (ingl. *soldier), pailebot* (ingl. *pilot's boat),* sino pura transliteración. En el galicismo *complot, complots* omitimos en la pronunciación la *t* tanto en singular como en plural (en francés se omiten aquí todas las consonantes finales), por lo que sería mejor hispanizarlo en la forma *compló, complós,* como se ha hecho con otros nombres de análoga terminación *-t, -ts: carné(s), cliché(s)* o *clisé(s), chalé(s), chaqué(s), parqué(s),* a menos que las formas francesas resulten más elocuentes e inequívocas para la vista. Pero no hay que engañarse sobre el hecho de que entonces empleamos una palabra extranjera. Otros extranjerismos han recibido cuño español, en algunos casos respetando la forma del singular y creando otra nueva que haga posible la formación de un plural atenido a la morfología española: *vivaque(s)* junto a *vivac, fraque(s)* junto a *frac, gongo(s)* junto a *gong, pailebote(s)* junto a *pailebot, paquebote(s)* junto a *paquebot, filme(s)* (análoga transformación exigiría *vals: valse(s),* como se emplea en Colombia, Ecuador, Venezuela, etc.), *ponche(s), estándar(es)* (no *standard), chelín(es), mítin(es),* etc. De *club* debe emplearse el plural *clubes,* muy extendido en el español de América. La adaptación fonética resulta especialmente difícil en otras voces, como ocurre con *sándwich* (¿*sánhuich?,* ¿*sángüich?; sánduches* es el plural

---

[12] El plural *-es* que les correspondería por terminar en consonante produce una estructura insólita y desapacible para el oído español: *hiperbátones, memorándumes,* etc. Lo son ya por su cambio de acento en plural las formas *regímenes, especímenes* citadas en el apartado anterior, pero apoyadas por lo menos en plurales como *volúmenes, cármenes,* aunque sin variación acentual. De aquí la marca de plural *-s* con que aparecen anómalamente en la escritura *hipérbaton, memorándum,* etc.

[13] El frecuente uso en la Edad Media de sustantivos apocopados, uso favorecido por influjo francés: *duc, puent, romanz,* no afectó nunca a los plurales, que seguían la formación normal en *-es: duques, puentes, romances.*

[14] Es curioso el caso del plural español *Lores,* singular *Lord,* plural en el que se conserva la *-r-* inglesa muda y desaparece la *-d* inglesa articulada. En el inglés americano, en contraste con el inglés británico, se articula la *-r-* en este y otros casos.

empleado en algunos países de América), que en plural, como otras palabras extranjeras, suelen mantener la forma del singular, aunque la escritura agregue la desinencia -*s*, anómala en español en estos y otros casos. Como la desinencia -*es*, por otra parte, produce en estas voces formas ingratas al oído, especialmente cuando la formación exige un cambio acentual (v. nota 12), puede asegurarse como lo más probable que los extranjerismos examinados aquí tienen en español en su mayor parte un estatuto lingüístico especial: el de palabras extranjeras. Muchos de ellos han encontrado, si no acomodación fonética viable, adecuada traducción española: *azafata* (ingl. *air-hostess*), *marca* (ingl. *record*), *deporte* (ingl. *sport*), *jardín de la infancia* (al. *Kindergarten*), *asalto* (ingl. *round*), *presentación* (fr. *debut*).

2.3.3.   Apelativos terminados en vocal. — *a*) Los apelativos de acentuación llana o esdrújula cuyo singular termina en vocal simple (no en diptongo) forman el plural en -*s* (II): *carta, cartas; arte(s), mapamundi(s), pasto(s), cámara(s), trébede(s), álcali(s), páramo(s), espíritu(s)*.

b) Los monosílabos y los polisílabos agudos que terminan en singular en diptongo -*ay* (escrito raramente -*ai*), -*ey*, -*oy* [15], o en el triptongo -*uey*, adoptan en plural -*es* o -*s*. Las voces más antiguas han consolidado en la lengua común [16] el plural en -*es* [17]: *rey, reyes; virrey, virreyes; ley, leyes; grey, greyes* (poco usado en plural); *buey, bueyes; ay, ayes*. Extranjerismos de vario origen y numerosos indigenismos americanos vacilan con frecuencia entre -*es* y -*s*: *estay: estáis*, más frecuentemente *estayes; coy: cois, coyes; carey, careyes* (J. E. Rivera, *La vorágine*), *caney, caneyes (Ibíd.)*. En los indigenismos del Perú se encuentra además un plural en -*aes: pacay: pacayes, pacáes* (Dicc. Ac. 1956). El plural de *lay, guirigay, jersey, paipái, rentoy* es con -*s (y* pasa a *i): guirigáis, jerséis, paipáis, rentóis*. Los escasos sustantivos que terminan en los diptongos y triptongos -*au, -ui, -iau, -uau* tienen el morfema -*s: vau(s), guau(s), benjuí(s), miau(s), guau(s)*.

c) Gran parte de los polisílabos agudos terminados en una sola vocal, especialmente -*á, -í, -ú*, han adoptado la desinencia -*es* de plural, en competencia, como los sustantivos del apartado anterior, con la desinencia -*s*. La primera parece gozar hoy de mayor prestigio literario, en contraste con la segunda, más coloquial y espontánea.

---

[15] V. § 1.4.9*c*.
[16] Son formas antiguas y hoy dialectales *reis, leis, bueis*, etc.
[17] Se produce en estos casos una disociación de las vocales del diptongo. La vocal cerrada se incorpora, como consonante /y/, a la sílaba siguiente. La separación silábica /lei.es/, como sabemos, es imposible en español.

Sustantivos en *-á: albalá, albalaes; faralá, faralaes* [18]; *jacarandá, jacarandaes* (así escrito en textos hispanoamericanos). Se exceptúan *mamás, papás* y son de uso más frecuente *sofás, bajás* que las formas cultas *sofaes, bajaes.*

Sustantivos en *-í: alfolí-es* (B. Soler, *Patapalo*), *alfolí-s; bigudí-es, bigudí-s; cequí-es, cequí-s; frenesí-es, frenesí-s; hurí-es, hurí-s* (*de las huríes del profeta*, G. A. Bécquer); *maniquí-es* (*negros maniquíes de sastre*, García Lorca, *Romancero gitano*), *maniquí-s; quiquiriquí-es* (R. Pérez de Ayala, *El curandero de su honra*), *quiquiriquí-s; rubí-es, rubí-s; zaquizamí-es, zaquizamí-s* (Juan de los Ángeles), etc. [19]. Se emplean, en cambio, de modo casi exclusivo: *bisturís, chacolís, esquís, gachís, gilís, pirulís, popurrís.*

Sustantivos en *-ú: bambú-es, bambú-s; bantú-es, bantú-s; ombú-es* (Florencio Sánchez, *La gringa*), *ombú-s; tabú-es, tabú-s; zulú-es, zulú-s.* Pero los nombres de mayor uso se emplean de modo casi exclusivo con el morfema *-s: ambigús, canesús, champús, menús, tisús.*

Han consolidado, en cambio, el plural *-s* los polisílabos terminados en *-é, -ó: cafés, canapés, chapós, dominós, gachós, landós, paletós, rondós.*

De *maravedí* se encuentra en textos antiguos y clásicos el plural *maravedís* y otro plural de segundo grado configurado sobre este: *maravedises.* El plural *maravedí-es*, que citan las gramáticas, no es frecuente. Son vulgarismos otros plurales dobles, como *cacahueses* [20], *cafeses, jabalises, parneses. Chisgarabises* (Gracián, Quevedo) es el plural de *chisgarabís.* Es formación regresiva del singular *chisgarbís* el singular moderno *chisgarabí*, con su plural *chisgarabís*, que deben considerarse incorrectos.

d) Los monosílabos terminados en vocal vacilan también en la formación del plural: *yoes* (Amado Nervo) y *yos* (Unamuno); *proes* (Mena); *cúes* (constantemente en Gómara, Fernández de Salazar, Bernal Díaz del Castillo). Más frecuente y más culto es el empleo de la desinencia *-es* para los nombres de las vocales: *aes, íes, oes, úes.* Con los nombres de otras letras que empiezan por consonante se emplea más la desinencia *-s: bes, ces, kas, rhos.* Con otros monosílabos, la desinencia *-es*, como en *piees, fees*, está hoy en franco desuso. Con los nombres de las notas del pentagrama se emplea exclusivamente *-s: dos, res, mis,* etc.

2.3.4. **El número y su significación.** — *a)* Tenemos la idea de que el significado del número plural en los nombres apelativos, puede

---

[18] También *faralares* (Ricardo de la Vega, Rafael Alberti, etc.).

[19] En las *Guerras civiles de Granada* de Pérez de Hita se encuentra solamente el plural *zegríes* de *zegrí*, pero *almoradís* y *almoradíes* de *almoradí.*

[20] Son vulgarismos los plurales *cacahués* (de un singular *cacahué*, no castellano) y *cacahueses.* Las formas castellanas son *cacahuete*, pl. *cacahuetes.*

reducirse a la fórmula $a + ... + a$, en el sentido de que cada uno de los nombres a en esta serie designa la misma cosa que la designada por el singular a. Esta idea, sin embargo, está necesitada de corrección en algunos casos. Lo que entendemos por *tenazas* (o *alicates* o *gafas*), por ejemplo, no consiste en una tenaza más otra tenaza, sino en una herramienta que se compone de dos piezas, articuladas, y es en este *dos* únicamente donde reside la idea de pluralidad. En alguno de estos casos el concepto de la forma de plural: *unas tenazas, unos alicates*, coincide exactamente con el significado de la forma de singular: *una tenaza, un alicate* (aunque en general menos usado) y entonces el sentido gramatical de la oposición singular/plural se desdibuja totalmente. De modo análogo, *las aguas (del mar)* no es *el agua (del mar)* acumulada a otra *agua (del mar)* un número x de veces, sino más bien una forma empleada en especiales contextos, o utilizada con intenciones poéticas o expresivas. Por otra parte, un singular no implica siempre un plural e inversamente. Ya en los párrafos anteriores de este capítulo hemos subrayado más de una vez el hecho de que determinados sustantivos se emplean exclusivamente, o casi exclusivamente, en singular. Podrían agregarse otros muchos: *cenit, este, oeste, eclíptica, sed, salud*. A veces un singular adopta un significado especial: *la Creación*, frente al singular de significación más general con su plural correspondiente: *creación, creaciones*. Más frecuente es la ausencia o el casi desuso del singular: *ambages, andas* (*anda* en varios territorios americanos), *díceres* (en América), *entendederas, exequias, facciones* (del rostro), *hablillas, plácemes, veras, víveres*. Estos plurales se emplean con mucha frecuencia en locuciones con preposición: *a horcajadas, a sus anchas, a tientas, de bruces, de mentirijillas, por (a, en) las mientes* [21].

b) Tiene importancia sintáctica la distribución de los nombres apelativos en dos grupos, semánticamente diferenciados: los que designan seres o cosas discretas, discontinuas, que se pueden contar, como *hombre, caballo, árbol*, y los que designan cosas continuas que se pesan y miden, como *sangre, frío, humo*. Ciertas construcciones son diferentes con unos y con otros. Con los segundos (nombres de s u s t a n c i a o m a t e r i a), pero no con los primeros, decimos: *tiene sangre, tiene mucha (bastante, más, un poco de) sangre*. Con los primeros (nombres d i s c o n t i n u o s, c o n t a b l e s o n u m e r a b l e s), no con los segundos, decimos: *tiene caballos, tiene un caballo, tiene muchos (pocos, más, bastantes) caballos*. Los nombres abstractos se asimilan a los de sustancia: *mucho odio, poca vergüenza*. Pero muchos nombres de sustancia y muchos abstractos funcionan también como nombres contables o numerables: *un edificio de ladrillo* o *de ladrillos;* los abstractos, con

---

[21] Los sustantivos empleados exclusivamente o casi exclusivamente en singular o en plural la Gramática los designa con los términos latinos tradicionales de *singularia tantum* y *pluralia tantum*.

diferencias de significación: *mucho interés, muchos intereses; la amistad, las amistades; en paz, hacer las paces.* El plural de los nombres de sustancia suele designar especialmente la clase, modalidad o tipo: *almacén de chocolates, aguas de mesa.*

c) Son en realidad nombres de cosas numerables los llamados nombres colectivos, como *ejército, grupo.* Se atienen a la fórmula *a* + ... + *a*, usados en plural. Lo mismo que de *un árbol, dos (tres ...) árboles* hablamos de *un ejército, dos (tres ...) ejércitos.* Pero al mismo tiempo designan en singular un conjunto, en plural varios conjuntos (colectivos propios) de personas o cosas, unas veces numéricamente determinadas: *matrimonio, trío,* otras veces indeterminadas: *asamblea, agrupación.* Unos son específicos, implican la índole de las personas o cosas que son unidades del conjunto: *cabildo, coro, arboleda;* otros no: *conjunto, serie, multitud.* En contraste con todos ellos, una corta serie de nombres numerables y de sustancia que en las acepciones fundamentales y etimológicas se emplean en singular y en plural atenidos al sistema estudiado, pueden pasar metafóricamente a designar conjuntos, como colectivos específicos, pero solo en singular (colectivos impropios) y para situaciones muy concretas: *la plata, la porcelana, la loza* (los objetos de plata, porcelana o loza que pertenecen a un ajuar); *la cuerda, la madera, el metal* (los instrumentos de cuerda, madera o metal que forman parte de una orquesta). Una posición intermedia ocupan *gente* y *público,* que son nombres de sustancia: *mucha (poca ...) gente, bastante (menos ...) público,* y al mismo tiempo colectivos específicos, pero en plural, como los nombres de sustancia, designan la clase. En varios países americanos *gente* se ha desarrollado, además, como nombre numerable para designar el individuo: *una gente (= una persona), cien gentes* (M. Magdaleno, *La Tierra Grande*).

d) Se halla en cierto modo relacionada con la significación gramatical de los nombres colectivos la que adopta el singular de los nombres de seres o cosas numerables, incluso el singular de los colectivos propios específicos, para designar genéricamente (singular genérico) todos los seres o todas las cosas de una misma clase o especie. No se trata siempre en estos casos de un conjunto, indeterminado o no numéricamente, sino de la totalidad de los seres o cosas que llevan ese nombre. El sistema gramatical del número queda aquí modificado en el sentido de que singular y plural son términos equivalentes. Alternan frecuentemente dentro de un mismo contexto: *Se han cometido atropellos con* los indígenas (Ciro Alegría, *El mundo es ancho y ajeno,* pág. 302); *La explotación innominada que se consuma con* el indígena *(Ibíd.,* pág. 303); La mujer, *con ser muy frágil, / es firme roca en querer. /* Los hombres, *con ser tan fuertes, / adoran a cuantas ven (Canción popular).*

Dentro de la categoría del singular genérico, la Gramática distingue
un singular concreto y actualizado, más propiamente colectivo, con
el que se designan las fuerzas o la potencia enemiga: *el faccioso, el
carlista, el turco (= los facciosos, los carlistas, los turcos)*, hoy más en
desuso que en otras épocas, con la excepción de *el enemigo* [22], y otro
llamado genérico con más propiedad, como el de los pasajes citados
antes. Los dos tienen carácter predominantemente literario.

2.3.5. Algunas particularidades y excepciones. — *a*) Entre los
variados tipos y grados de sustantivación tiene especial interés, por
lo que afecta al número, la que se realiza en forma de cita. La cita
supone, en su acepción lingüística, no el empleo normal en una palabra
(significante) para aludir a una realidad del mundo objetivo (significado), sino un empleo especial en virtud del cual la palabra alude a la
palabra misma, al discurso o a un elemento o a varios elementos del
discurso: *tu «mañana» insistente; los «no me digas»; los «ya te veré»*.
Cuando la cita consiste en una sola palabra que no es nombre sustantivo y aparece en plural, la forma del plural es vacilante. Muy frecuentemente se emplea la palabra entre comillas: *Se ha dejado de qués y
solo busca cómos* (Galdós, *De Cartago a Sagunto*); *Los adiós se perdían
entre cascabeles* (J. R. Jiménez); *Los «tú» llenos de afecto* (Gómez de la
Serna, *El torero Caracho*). El empleo de nombres extranjeros no es-
pañolizados posee también en parte el carácter de cita, cita de una
palabra de otra lengua, como lo prueba la frecuente escritura en
bastardilla o entre comillas. Por eso, cuando se emplean en plural es
preferible, como hemos dicho en el § 2.3.2c a propósito de algunos
helenismos y latinismos, escribirlos en singular, antes que acudir a un
morfema extraño a nuestros usos.

b) El uso normal de los nombres propios de persona y de los
apellidos constituye un modo de mención muy diferente del que realizan los nombres apelativos. Los *hombres* y los *caballos* son seres que
pertenecen a especies diferentes y poseen caracteres biológicos diferentes propios de cada especie. *Los Mendozas* no se diferencian de *los
Osorios* por ninguna clase de rasgos, unos comunes a *los Mendozas* y
otros a *los Osorios*. Hablando paradójicamente, *los hombres* se llaman
así porque son *hombres*. *Los Mendozas* son *Mendozas* porque se llaman
así. Acaso este hecho explica la vacilación que ha existido en algunas
épocas, y que hoy es franca inhibición, para adjudicar a estos nombres
el morfema de plural cuando se designa con ellos a los individuos de
una familia o de una estirpe que llevan el mismo apellido. Al paso que
los historiadores nombran sin titubeos a *los Gracos, los Escipiones*,

<hr/>

[22] El colectivo *hueste* procede del singular latino *hostis* empleado con
este mismo valor de singular genérico.

los Antonios, los Habsburgos y *los Borbones*, y los dramaturgos del Siglo de Oro a *los Tellos de Meneses* y a *los Porceles de Murcia*, la lengua escrita de nuestros días, a los artistas del siglo pasado y del presente, los nombra con el morfema cero de plural: *los Madrazo, los Quintero, los Machado, los Zubiaurre, los Solana* (pero: *Mis cuatro primos Heredias*, en García Lorca, *Romancero gitano*), por considerarlo más culto y ceremonioso contra todos los usos y estilos españoles. La impropiedad llega a dictar frases como: *aparición de presuntos Solana, comercio de falsos Solana* (de un rotativo de Madrid). Es verdad que los patronímicos formados con el sufijo *-z*, especialmente los de acentuación no aguda, no han tenido nunca otra forma de plural que el morfema cero, por razones fonéticas y morfológicas no bien conocidas [23]: *los Álvarez, los Sánchez, los Sáiz, los Muñoz, los Muñiz*, en contraste con los apelativos: *lápiz, lápices; cahíz, cahíces*. Algunos otros nombres propios y patronímicos escapan también a las reglas generales de la formación del plural, por ejemplo, los terminados en *-s* con acentuación aguda: *los Valdés, los Solís*, en contraste con *anís, anises; compás, compases*, y los patronímicos que no son de origen castellano empleados en español: *los Bécquer, los Llorens, los Asiain*, etc.

---

[23]   Acaso por tratarse de formas derivadas con un sufijo no heredado de la lengua latina, cuyas declinaciones nominales han suministrado a la española las desinencias de plural, si se exceptúa el morfema cero en los tecnicismos griegos examinados en el § 2.3.2a. O tal vez por el hecho de que los apelativos de acentuación llana no brindaban, por su extremada escasez e infrecuencia, un modelo de plural en el que encajar los plurales de los *Sánchez* y los *Martínez*. La relativa abundancia de apelativos y adjetivos agudos terminados en *-z* facilitó, en cambio, un esquema a los patronímicos de la misma terminación, haciendo posible, dentro de la rareza que es siempre el uso en plural de nombres propios y patronímicos, que al oído español no disuene, como expresiones de confianza y familiaridad, oír hablar de los *Ortices* y de los *Orgaces*.

2.4. DEL NOMBRE ADJETIVO

2.4.1. El nombre adjetivo. — *a*)   Como hemos visto en el cap. 2.2, adjetivos y sustantivos poseen caracteres comunes, tanto funcionales como formales. Actúan unos y otros como predicativos con determinados verbos; por ej.: *ser*. En su formación entran, en gran parte, sufijos comunes de derivación. Muchos nombres son adjetivos y sustantivos: *amigo, vecino*. Con independencia, además, de los nombres que se hallan en este caso, varios adjetivos aparecen tratados como sustantivos en determinados contextos, con diferentes grados de sustantivación, especialmente los que tienen significación de persona, o se emplean con esta significación, sobre todo en plural: *los mejores, los invencibles*. Los sustantivos, a su vez, desempeñan una de las funciones más caracterizadas del adjetivo, la de atributo: *vida padre, ciudad satélite, un día fenómeno*, aunque este cambio de categoría es en español mucho menos frecuente que el de la sustantivación [1].

b) El empleo como **atributo** es la función más importante del nombre adjetivo. Hay construcción atributiva no solamente cuando el adjetivo se coloca en posición inmediata al sustantivo de que depende: *las buenas gentes*, o coordinado con otro adjetivo que se halla en esta posición: *ojos claros, serenos; un día puro, alegre, libre quiero*, o separado del sustantivo por razón del orden más libre que adoptan las palabras en la lengua poética: *Y entre las nubes mueve / su carro Dios ligero y reluciente* (Fr. L. de León, *A Felipe Ruiz*), sino también cuando se agrupa con un artículo o un pronombre que remite anafóricamente al sustantivo de que depende y lo representa: *el hombre nuevo y el antiguo; unos días buenos y otros malos*. Otra de las construcciones típicas del adjetivo, escasamente compartida por el sustantivo, es su agrupación en número singular y género masculino con el artículo neutro *lo: Lo cortés no quita lo valiente*. Con verbos y

---

[1] Presenta a veces, por otra parte, caracteres especiales: o una inmovilización en cuanto al número del presunto atributo: *ciudades satélite*, lo que parece alejarlo de la función atributiva, o una acomodación de géneros cuando se trata de sustantivo con moción: *día perro, vida perra*, lo que parece aproximarlo, en cambio, a la función atributiva.

adverbios especialmente comparte la propiedad de agruparse con adverbios de grado y de modo. De todas estas particularidades trata la tercera parte de esta Gramática.

2.4.2. **El adjetivo y el género gramatical.** — Por su forma genérica los adjetivos se dividen en tres grupos: los que son genéricamente invariables (grupo primero); los que poseen femenino *-a*, masculino *-o* (grupo segundo), y los que tienen un femenino *-a* y un masculino que no es *-o* (grupo tercero). Por otra parte, la formación *-ísimo*, *-ísima* de superlativo (§ 2.4.8), que adoptan gran parte o la mayor parte de los adjetivos, dota a los que no lo tenían ya, especialmente a los de la clase primera, del morfema de género *-o*, *-a*, que es así un morfema flexivo que caracteriza a la clase entera de los adjetivos.

2.4.3. **Adjetivos invariables (grupo primero).** — *a*) Son genéricamente invariables los adjetivos que terminan en *-a* en singular. Se trata casi siempre de nombres que además de funcionar como adjetivos: *mirada, gesto hipócrita; arma, puñal homicida; pueblo, población indígena; idea, pensamiento suicida*, etc., actúan también como sustantivos comunes [2]: *el, la hipócrita; el, la homicida*, etc., especialmente nombres gentilicios: *azteca, celta, croata, escita, hitita, israelita, maya, persa*, etc.; de sustantivos de color, que pueden funcionar también como adjetivos: *escarlata, lila, malva*, etc., y de algunos pocos nombres que se emplean exclusivamente o predominantemente como adjetivos: *agrícola, hortícola, selvícola, vinícola; cosmopolita, universalista*, etc. Son también invariables en cuanto al género los adjetivos en *-i*, casi todos ellos de acentuación aguda, en gran parte sustantivos apelativos comunes al mismo tiempo y especialmente gentilicios como los en *-a: alfonsí, baladí, carmesí, cursi, israelí, marroquí, muladí, zegrí*, etc., y los adjetivos en *-ú*, también gentilicios: *hindú, zulú*, etc.

b) La mayor parte de los adjetivos terminados en *-e*, muy superiores en número a los del apartado anterior, son también invariables. Entre ellos los formados con el sufijo *-ble, -bre: agradable, deleznable, ingobernable, probable, salubre*, etc.; con el sufijo *-ense, -iense*, que forma gentilicios: *almeriense, bonaerense, hispalense, matritense* y otras clases de nombres: *camaldulense, capsiense, magdaleniense* (en contraste con *-és*, del mismo origen); con el sufijo *-ante, -ente, -iente: constante, patente, independiente*, en contraste con los sustantivos de las mismas terminaciones, algunos de los cuales adoptan la moción *-a*, y otros más de variada formación, procedentes en su mayor parte de temas latinos en *-i: árabe, blandengue, breve, cafre, congénere,*

---

[2] Para los sustantivos comunes, véase § 2.2.6a.

dulce, humilde, limítrofe, mapuche, múltiple, pusilánime, salvaje, terrestre, torpe, trilingüe, triste, etc., en contraste con algunos sustantivos de persona en *-e* dotados de moción genérica.

c) Son también invariables en cuanto al género la mayor parte de los adjetivos que terminan en consonante y entre ellos en *-az, -iz, -oz,* casi todos heredados del latín: *agraz, audaz, contumaz, feraz, lenguaraz, montaraz* [3], *rapaz* [4], *torcaz* [5]; *atroz, veloz; feliz;* los adjetivos agudos formados con el sufijo *-al, -ar: elemental, fenomenal, meridional; bacilar, celular, tubular;* los adjetivos llanos terminados en *-il* (lat. *-ilis*), casi todos heredados: *ágil, errátil, contráctil;* los agudos (lat. *-ilis*): *pueril, mujeril, caciquil* (en contraste, unos y otros, con algún sustantivo de la misma terminación o del mismo sufijo dotado de moción genérica); los comparativos: *mejor, peor, mayor, menor, superior, inferior, interior, exterior, ulterior, citerior;* varios adjetivos aislados, algunos de los cuales funcionan también como sustantivos o predominantemente como sustantivos: *(des)cortés, gris; azul, cruel, (in)fiel; común, hebén, ruin; joven, virgen; astur, ligur; mártir, prócer, (im)púber,* y algunos adjetivos compuestos cuyo segundo elemento es en latín, en español o en ambas lenguas un nombre sustantivo: *ab-origen, a-fin, im-par, bi- tri- multi-color,* etc.

2.4.4. Adjetivos con femenino -a y masculino -o (grupo segundo).

— Los adjetivos que distinguen un masculino *-o* y un femenino *-a* constituyen en español el grupo más numeroso. En este paradigma, cada uno de los miembros presupone por regla general al otro, de tal manera que un nombre terminado en *-o* privado de la forma correlativa en *-a* es en español casi siempre nombre sustantivo: *hominicaco, cuadradillo* [6]. En la forma de un determinado adjetivo se cruza a veces el paradigma de uno de los otros dos grupos, o se suceden en el tiempo. Así el clásico *alerto, alerta* (oído *alerto,* Cervantes; *espíritus alertos,* Villaviciosa; *centinelas alertos,* A. Machado), que es ahora y acaso ha sido siempre de escasa vitalidad, aparece junto al más moderno *alerta, alertas* (grupo primero): *Con los cinco sentidos alertas*

---

[3] En contraste con *montaraz* sustantivo, de significación 'guarda', 'mayordomo', que da origen al femenino *montaraza.*

[4] Junto al sustantivo *rapaz* 'muchacho' (según lo más probable de la misma etimología que el adjetivo) hay el femenino *rapaza,* formado probablemente partiendo del antiguo masculino *rapaço.*

[5] Parece más antiguo el adjetivo de dos terminaciones *torcazo, torcaza,* empleado en algunos territorios.

[6] Pero lo contrario no es cierto, es decir, si existen las dos formas puede tratarse ciertamente de un adjetivo perteneciente al grupo que examinamos: *paterno, -na,* pero también de un nombre sustantivo con moción: *sobrino, -na,* de las dos cosas a la vez: *extraño, extraña (un cuerpo extraño, una cosa extraña; un extraño, los extraños, una extraña),* o de pares de sustantivos con significación de cosa: *barreno, barrena; cuadro, cuadra,* sin nada en común más que la base.

(García Márquez, *Cien años de soledad*). El moderno *holgazán, holga-zana* sucede al antiguo *holgazano, holgazana,* y *ruán, ruana* convive hoy con *roano, roana.*

2.4.5. Adjetivos con femenino -a y masculino que no es -o (grupo tercero). — *a)* Entre los adjetivos que se derivan, mediante los sufijos expresivos *-ete* y *-ote,* de nombres casi siempre adjetivos, hay algunos que tienen femeninos en *-a* [7]. Las formas tanto masculinas como femeninas se emplean sobre todo con significación de persona [8]: *guapete, -ta; morenete, -ta* (A. Vençeslada, *Vocabulario andaluz*); *regordete, -ta; brutote, -ta; guapote, -ta; toscote, -ta,* etc. Idéntica propiedad poseen algunos de los adjetivos que se derivan —también principalmente de nombres adjetivos— mediante los sufijos expresivos *-ín* y *-ón: guapín, -ina; pequeñín, -ina; grandón, -ona; guap-et-ón, -ona; pobr-et-ón, -ona,* y con ellos otros adjetivos de otro origen o ajustados a otro tipo de derivación: *cantarín, -ina; saltarín, -ina; chillón, -ona; llorón, -ona; ramplón, -ona.* Algunos pocos nombres terminados en *-án* que funcionan indistintamente o preferentemente como adjetivos o sustantivos tienen también la desinencia *-a* del género femenino. Así *alazán, -ana; holgazán, -ana;* asturiano (también antiguo) *ruán, -na* (v. § 2.4.4).

b) Todos los adjetivos (no algunos, en contraste con los anteriores) formados con el sufijo *-dor, -tor, -sor* desarrollan, como los del grupo segundo, un paradigma general masculino/femenino mediante la desinencia *-a,* cualquiera que sea la significación de estos adjetivos: *espíritu creador, mente creadora; receptor, -ra; tensor, -ra,* etc. [9]; con ellos todos los gentilicios formados con el sufijo *-és,* frente a los derivados con la variante culta *-ense, -iense* de este sufijo: *cordobés, francés, portugués* [10] y un reducido número de otros gentilicios terminados

---

[7] Los que no lo tienen no pertenecen por eso al grupo primero. No son indiferentes en cuanto al género, como lo son *grande, libre,* etc., los cuales pueden referirse indistintamente a un sustantivo masculino o femenino, sino que se emplean solamente para aludir a varones o a nombres masculinos: *pobrete, vanidosete.*

[8] También cuando funcionan como sustantivos, lo que es bastante frecuente.

[9] En español estos adjetivos, como otros de los terminados en consonante, eran genéricamente invariables: *cinchas duradores (Mio Cid); alma peccador* (Berceo, *Milagros*). Se ha usado y se usa también para la forma femenina de estos adjetivos el sufijo *-triz,* ant. *-driz,* empleado en la moción de los sustantivos: *conservadriz* (Villena, *Los doce trabajos de Hércules*); *señora cantatriz* (Lope de Vega, *Epistolario*); *línea directriz,* etc.

[10] También *montañés, -esa,* que es gentilicio y al mismo tiempo derivado de un apelativo de lugar. En este segundo caso se encuentra *burgués, -esa* y *montés,* más empleado como invariable en la lengua común *(correrías monteses,* en Unamuno, *Andanzas y visiones españolas; cabras monteses,* en E. Noel, *Diario íntimo)* y fuera de algunas zonas lingüísticas *(cabra montesa* en Andalucía y otros territorios), y *cortés, descortés,* que es invariable.

también en consonante: *andaluz, -za; español, -la; alemán, -na; catalán, -na; sajón, -na*, etc. [11]. Debemos observar que la mayor parte de los adjetivos que componen este grupo tercero tienen significación de persona y que muchos de ellos funcionan al mismo tiempo como sustantivos, dotados de la capacidad de formar sustantivos femeninos con -*a*.

2.4.6. El adjetivo y el número gramatical. — Las variantes del morfema de plural y los principios fonomorfológicos de su distribución son en general comunes al sustantivo y al adjetivo. El morfema cero no es frecuente, sin embargo, en el adjetivo: *triángulo, triángulos isósceles; Una madre mochales* (E. d'Ors, *El secreto de la filosofía); Moza serrana, rubiales y pecosa* (Valle-Inclán, *Viva mi dueño*) [12]. Apenas existen adjetivos terminados en vocal con el morfema -*es: carmesíes, muladíes*.

2.4.7. Apócope del adjetivo. — *a)* Los masculinos singulares *bueno* y *malo* se reducen a *buen* y *mal* respectivamente en toda construcción atributiva cuando preceden inmediatamente a la palabra que es núcleo de la construcción atributiva (sustantivo o palabra que haga sus veces) y cualesquiera que sean los fonemas a los que preceden: *al buen tuntún; buen entendedor; de buen ver; mal aspecto; mal cuerpo*, etc. Los femeninos singulares *buena* y *mala* pierden, en las mismas condiciones, la vocal -*a*, pero solo en la frase *en buen hora, en mal hora* (se dice también *en buena, en mala hora*). De la naturaleza de los fonemas contiguos depende, en cambio, en gran parte el uso de *grande* y de su forma apocopada *gran*, con pérdida en este caso de la última sílaba. La forma apocopada es casi la única usada ante nombre que empieza por consonante: *gran triunfo, gran derrota. Grande* es de escaso uso en esta posición: *grande lienzo* (G. Miró, *La novela de mi amigo*, V). Pero es la única que se emplea en la perífrasis de superlativo: *la más grande ilusión, el más grande saqueo*. Ante nombre que empieza por vocal hoy se emplea mucho más *gran* que *grande: gran empeño, gran infamia*, y bastante más también de lo que fue empleada por los clásicos. Hoy *grande* es de uso casi exclusivamente literario.

b) Las gramáticas suelen tratar en este punto de la forma *san* ante el nombre propio del varón reconocido por santo bajo el Nuevo Testamento: *San Juan, San Lucas, San Pedro*. Sin duda es esta una

---

[11] Algunos de estos gentilicios tienen los mismos sufijos o las mismas terminaciones que los del apartado anterior, lo que explica las propiedades morfológicas comunes a unos y otros. Con terminaciones diferentes los gentilicios son invariables. Así *provenzal, balear, peninsular*, como los adjetivos en -*al, -ar* (§ 2.4.3), o *astur, ligur* (ibíd.).

[12] Estos nombres en -*ales* funcionan también como sustantivos.

construcción atributiva, pero *san* tiene aquí un carácter lingüístico especial análogo al de *don* en *Don Pedro, Don Juan,* etc. Se trata de un título, empleado para aludir a una tercera persona gramatical, pero también para dirigirse con él a la persona que lo ostenta. Tanto *san* como *don* (lat. *domĭnus*) y otras voces análogas como *doña* (lat. *domĭna*), *so, ño, ña (señor, señora),* proceden de un nombre sustantivo, a diferencia con el uso de *santo* ante nombre apelativo: *santo varón, Santo Oficio,* en donde es propiamente adjetivo. Ese título, dentro de la curva tonal que le corresponde en la interpelación, pierde su acento por su posición proclítica y frecuentemente se reduce o apocopa. A pesar de la proclisis, no se ha producido la apócope en los casos de *Santo Tomás, Santo Tomé, Santo Toribio* y *Santo Domingo.* Al mismo tipo de construcción y de categoría elocutiva y sintáctica pertenecen otras fórmulas sin reducción ni apócope del título: *padre Juan, tío Lucas, señor García,* con la diferencia sintáctica además de que, fuera de la interpelación, en estos casos se antepone a la fórmula el artículo: *el padre Juan,* etc. (§ 1.5.4c).

2.4.8. **Superlativo absoluto o elativo.** — *a)* Dentro del repertorio de adjetivos pertenecientes a cualquiera de las tres clases examinadas en los §§ 2.4.3 a 2.4.5, algunos significan, más que otros, una cualidad que puede presentarse en diferentes grados de plenitud o intensidad. La gradación se expresa con el auxilio de un adverbio cuantitativo: *nada firme, poco firme, algo firme, bastante firme, muy firme.* A esta última frase equivale, por su significación, la palabra *firmísimo, -ma.* Difieren, sin embargo, en el hecho de que el superlativo *-ísimo, -ísima* (lat. *-issimus, -issima*) [13] conserva en parte el carácter de formación culta y literaria que tuvo en la época de su introducción en España. Lo tienen sobre todo los que proceden de los superlativos latinos en *-limus, -rimus,* variante morfológica de *-issimus,* pero de diferente origen indoeuropeo. El carácter de palabra culta, y en cierto modo rara y excepcional, se agudiza para la conciencia idiomática española cuando el adjetivo incorporado en el superlativo aparece en su forma latina o más próximo a su forma latina [14].

---

[13] Algunos pronombres y adverbios, y los participios en construcción verbal, adoptan a veces el morfema *-ísimo.* Los adjetivos procedentes de participios se incluyen aquí. También se usan nombres sustantivos, apelativos y propios en forma superlativa, especialmente con intención cómica y burlesca, o como parodia del estilo declamatorio y altisonante. Buen ejemplo de esto último es el episodio de la Dueña Dolorida, en el cap. XXXVIII de la segunda parte del *Quijote,* donde en pocas líneas se acumulan seis sustantivos en forma superlativa: *cuitísima, don Quijote de la Manchísima, escuderísimo, don Quijotísimo, dueñísima, servidorísimos,* amén de la forma verbal *quisieridísimis,* que extrema el disparate.

[14] En varios territorios la versión vulgar de *-ísimo* es *-ismo,* más próxima a lo que habría sido la evolución natural del lat. *-issimus.*

b)   El uso tiende a introducir la forma española del adjetivo en el cuerpo del superlativo. Pero a veces se mantienen sin competencia las formaciones cultas tradicionales, fieles a su origen. En los siguientes casos hay formas dobles: una de carácter más literario y otra de carácter más coloquial y popular (colocamos en primer lugar la más culta): *amic-ísimo* y *amigu-ísimo, aspér-rimo* y *asper-ísimo, crudel-ísimo* y *cruel-ísimo, difícil-imo* (lat. *difficil-limus*) y *difícil-ísimo, integér-rimo* e *integr-ísimo, nigér-rimo* y *negr-ísimo, paupér-rimo* y *pobr-ísimo; pulquér-rimo* y *pulcr-ísimo, simplic-ísimo* y *simpl-ísimo*. En los siguientes solo existen formas cultas, algunas de las cuales no se emplean o se emplean poco en el habla corriente, sin más opción entonces que con la fórmula *muy* + adjetivo: *antiquísimo* (de *antiguo*), *celebérrimo* (de *célebre*), *fidelísimo* (de *fiel*), *iniquísimo* (de *inicuo*), *libérrimo* (de *libre*), *misérrimo* (de *mísero*), *salubérrimo* (de *salubre*). Los adjetivos españoles en -*ble* conservan en el superlativo la forma latina, aunque la mayor parte de los adjetivos latinos en -*bilis* no se empleaban en la inflexión superlativa: *amable, amabil-ísimo; noble, nobil-ísimo*. Se exceptúan *feble, feblísimo* y *endeble, endeblísimo*, no tomados directamente del latín. Algunos superlativos están aislados, sin el adjetivo positivo correspondiente, como *meritísimo* (del adjetivo antiguo *mérito;* pero *inmeritísimo*, de *inmérito*, poco usados tanto el superlativo como el positivo, y *benemeritísimo*, también de poco uso, de *benemérito*), o como *ubérrimo*, sin más relación etimológica que con el sustantivo *ubre*. Eustasio Rivera, en *La vorágine*, ha usado un positivo *úbera: sabanas úberas*, sin precedentes en la tradición española, a imitación del sustantivo latino adjetivado *uber* 'ubre', o del adjetivo *uber* (proceso todavía discutido por los autores). El superlativo *acérrimo* guarda escasa relación semántica con el positivo español *acre* (lat. *acer*).

c)   El morfema -*ísimo*, -*ísima* agrupado con adjetivos españoles es el único morfema de superlativo dotado de vitalidad, cualquiera que sea el origen y la forma del adjetivo, si se exceptúan los que luego veremos, y con las limitaciones que impone el uso y la significación del adjetivo. En todos los casos el superlativo tiene los morfemas de género -*o*, -*a*, aun cuando el adjetivo positivo sea genéricamente invariable, como ya dijimos en el § 2.4.2. El morfema se agrega directamente a los adjetivos terminados en consonante: *habil-ísimo, comun-ísimo, familiar-ísimo, feroc-ísimo*. Si terminan en una sola vocal, esta vocal desaparece: *competent-ísimo, dulc-ísimo, endebl-ísimo, febl-ísimo* (para los restantes adjetivos en -*ble*, véase el apartado anterior), *prudent-ísimo, rot-ísimo, vast-ísimo*, etc. Pierden la última vocal los terminados en -*ue*, -*uo* inacentuados: *tenue, tenu-ísimo; exiguo, exigü-ísimo*. Los que terminan en el diptongo -*io* pierden el diptongo: *amplio, ampl-ísimo; limpio, limp-ísimo; sucio, suc-ísimo*. Los en -*ío* pierden la -*o: frío, fri-ísimo; pío, pi-ísimo* (lat. *piissimus*); *vacío, vaci-ísimo*. Es único por su formación el superlativo *cursi-l-ísimo*, de *cursi*, y muy poco recomendable insertar en el superlativo la -c- propia de diminutivos y aumentativos: *burlon-c-ísimo, joven-c-ísimo, serie-c-ísimo*. Los nombres de colores en -a genéricamente invariables que funcionan como adjetivos: *rosa, malva*, etc., carecen de inflexión superlativa, así como los adjetivos terminados en -*i: carmesí, baladí*. También la mayor parte de los adjetivos esdrújulos terminados en -*eo*, -*ico: férreo, colérico* y muchos compuestos, heredados o no, especialmente cuando la significación española o latina del primer componente es cuantitativa o valorativa: *agri-dulce, belí-gero, bien-quisto, carni-voro, frugífero, magn-ánimo, multi-color, mal-sano, mirí-fico, solí-cito* (lat. *sollicitus*, pero *solicitadísimo*), *terrori-fico*, etc.

d) El morfema -*ísimo* es esdrújulo y, por consiguiente, el adjetivo pierde su acentuación. Como consecuencia de ello y de la ley fonológica española de alternancias vocálicas, las sílabas acentuadas del adjetivo en las que hay diptongo -*ie*- o -*ue*-, procedente el primero de sílaba acentuada latina con -*ae*- o -*e*- breve, y el segundo de sílaba acentuada latina con -*o*- breve, en el superlativo aparecen respectivamente con -*e*- y con -*o*- inacentuadas. Pero el uso tiende a introducir el diptongo en el superlativo. Aquí también se dan algunas formas dobles, una coloquial y popular diptongada, otra culta y más literaria sin diptongar (colocamos esta última en primer lugar): *cierto: certísimo y ciertísimo; diestro: destrísimo y diestrísimo; tierno: ternísimo y tiernísimo; bueno: bonísimo y buenísimo; fuerte: fortísimo y fuertísimo; grueso: grosísimo y gruesísimo; nuevo: novísimo y nuevísimo*. En algún caso hay tendencia a cierta diferenciación semántica. No es lo mismo *sombrero novísimo* que *sombrero nuevísimo*. Pero el principio de la alternancia vocálica no presenta tanta regularidad en la formación de los superlativos como en la derivación, y la conservación del diptongo es regular fuera de los casos anteriores: *cieguísimo, fierísimo, prietísimo, recientísimo, viejísimo; cuerdísimo, huequísimo, huerísimo, muellísimo, puerquísimo* en contraste con las formas derivadas: *ceguedad, feroz, apretar, vejez, oquedad, mollera, porquerizo*. No entra en este grupo el latinismo *quieto, quietísimo* cuya -*i*- procede del grupo bisilábico -*i-e*-: *quietus, quietissimus*, escrito ya *quetus* en inscripciones latinas por eliminación de -*i*-, de donde *quedo, quedísimo*. El diptongo se conserva también en el superlativo de los adjetivos o participios que proceden de participios de perfecto latinos, los cuales diptongan casi regularmente en español: *abiertísimo; a-, dis-, com-, re-puestísimo; cubiertísimo; despiertísimo; re-sueltísimo*, etc., en contraste con *abertura, -posición, despertar, resolver, soltar*.

e) Los adjetivos que proceden de participios latinos de presente de la 2.ª y la 3.ª conjugación latinas (nom. -*ens*, acus. -*entem*) o asimilados a ellos no diptongan con la misma regularidad que los procedentes de participios de perfecto, acaso porque esos adjetivos han dejado de pertenecer en español a la flexión verbal. Así, al paso que el gerundio de los verbos españoles en *-er*, *-ir* procedentes de dichas conjugaciones latinas aparece regularmente con la terminación *-iendo* (lat. *-endo*): *imponiendo, compitiendo*, los adjetivos que proceden del participio de presente latino *(-entem)* dejan de diptongar la *-e-* latina acentuada en la mayor parte de los casos: *imponente, competente*.

Caen fuera de los casos que examinamos los adjetivos españoles en *-iente* que proceden de participios de presente latinos en *-iens, -ientem* (4.ª conjugación latina y 3.ª con presente *-io*): *conveniente, paciente*, porque el grupo *-ie-*, tanto en el positivo como en el superlativo español, es etimológico. Como ha escrito un gramático ilustre, sería un error pretender que el superlativo culto y latino de *paciente* es *pacentísimo* y no *pacientísimo*.

No diptongan los superlativos de los adjetivos *ardiente* (lat. *ardentem*), *caliente* (lat. *calentem*), *luciente* (lat. *lucentem*) y *valiente* (lat. *valentem*): *ardentísimo, calentísimo, lucentísimo* (hoy de poco uso) y *valentísimo*. No desaparece, en cambio, el diptongo del positivo en varios superlativos: *complacientísimo, corrientísimo, influyentísimo, pendientísimo*.

f) Los superlativos puramente literarios y enteramente latinos *benevolentísimo, beneficentísimo, magnificentísimo* y *munificentísimo* (lat. *benevolentissĭmus, beneficentissĭmus, magnificentissĭmus* y *munificentissĭmus*) deben considerarse como pertenecientes a los paradigmas de los adjetivos positivos *benévolo, benéfico, magnífico* y *munífico* (lat. *benevŏlus, benefĭcus, magnifĭcus* y *munifĭcus*), como lo eran en latín clásico, y no al de los adjetivos derivados de participios *benevolente* (lat. *benevolentem*), *beneficente* (lat. *beneficentem*), *magnificente* (lat. *magnificentem*) y *munificente* (lat. *munificentem*), raros o desusados en español (solo los dos últimos aparecen registrados en el Diccionario de la Academia) y olvidados como arcaísmos en latín, a partir de la época clásica [15].

g) A diferencia de los morfemas derivativos, de naturaleza léxica, *-ísimo* es de naturaleza gramatical; no acrecienta el vocabulario, sino que presenta como una modalidad, un accidente de una palabra; como las desinencias verbales, o las de género y número en adjetivos, pronombres y participios, afecta a una clase entera de palabras, no a una ínfima parte de ella. Por eso se considera aquí *-ísimo* como morfema flexivo.

2.4.9. **Los grados de la comparación.** — *a)* No han pasado al español los comparativos latinos en *-ior* equivalentes a la fórmula

---

[15] Tanto Bello, en su *Gramática de la lengua castellana*, como Cuervo, en *Apuntaciones críticas sobre el lenguaje bogotano*, han prevenido contra la adulteración de estos paradigmas, exclusivamente latinos y cultos.

sintáctica española *más* + adjetivo, fuera del reducido grupo de formas que examinaremos ahora. Por otra parte, los superlativos latinos con el morfema *-issimus* y variantes han conservado en español, como hemos visto, su valor de superlativos absolutos, pero han perdido el de superlativos relativos equivalentes a la fórmula *el más* + adjetivo. A estas dos frases se reduce, por consiguiente, el sistema de gradación adjetiva en español, si se exceptúan los cuatro paradigmas heredados:

bueno	*mejor*	*óptimo*
malo	*peor*	*pésimo*
grande (lat. *magnus*)	*mayor*	*máximo*
pequeño (lat. *parvus*)	*menor*	*mínimo*

Este sistema de gradación, con diferentes raíces latinas en dos o en los tres grados (si se exceptúa *magnus*), era ya en latín un sistema anómalo e irregular. *Optimus, pessimus, maximus* y *minimus* perdieron pronto en la lengua coloquial su valor superlativo. En español se emplean casi exclusivamente como elativos: *óptimo = muy bueno,* y la función relativa la desempeñan las frases con el comparativo y el artículo: *el (la, lo ...) mejor, el (la, lo ...) peor,* o bien *el (la, lo ...) más bueno, buena,* etc. Los comparativos alternan con *más* agrupado con el positivo: *más bueno = mejor,* algunas veces con diferencias de significación y de organización sintáctica (la concurrencia del comparativo con *magis* + positivo es ya latina, especialmente cuando la terminación del adjetivo es refractaria a la formación normal).

b) Carecen de grado positivo otras formas de gradación heredadas que presentan el morfema *-ior* de comparativo y morfemas de superlativo diferentes —como los de *óptimo* y *mínimo* en los paradigmas anteriores— de los examinados en el § 2.4.8. Los comparativos, por su contenido semántico, se organizan en parejas, en cada una de las cuales, los términos designan posiciones en el espacio o momentos en la sucesión temporal correlativos y opuestos: *interior / exterior, inferior / superior, anterior / posterior, citerior / ulterior.*

En latín eran derivados de adverbios y preposiciones de lugar y tiempo, y la oposición la establecían los morfemas indoeuropeos *-ero, -tero (in-ter-, ant-er-)* que al degradarse de su significación fueron ampliados con *-ior.* No pertenecen, pues, propiamente a la comparación, sino a la derivación.

La lengua los trata algunas veces como positivos: *más* o *menos inferior,* y alguno tiene capacidad para formar elativos: *muy superior, superiorísimo.* El par *inferior / superior,* aparte de su significación locativa: *el estrato inferior, la planta superior,* funciona como comparativo de *malo / bueno: inferior = peor,* o como elativo: *superior = muy bueno.* Por otra parte, estos comparativos tienen un régimen sintáctico con *a: superior a, inferior a* en contraste con *mejor que, más extraño que.* Los superlativos de este sistema deficiente se derivan de las mismas bases que los comparativos o de otras análogas: *íntimo* (como *interior*), *extremo* (como *exterior*), *ínfimo* (como *inferior*), *supremo* (como *superior*), *postremo* (como *posterior*), *sumo, último, próximo,* sin formar con ellos un sistema regular de gradación comparativa. Algunos de ellos funcionan como adjetivos normales: *muy íntimo, más íntimo, muy próximo, menos próximo* y forman elativos: *extremísimo, ultimísimo. Ínfimo* ha venido a ser elativo de *bajo* (en su acepción estimativa) o *malo: de ínfima calidad; sumo* de *alto* (en su acepción estimativa) o adjetivos análogos: *suma bondad.* Solo algunas de estas formas superlativas, como *supremo, último,* conservan el régimen sintáctico con *de* de los superlativos relativos: *lo supremo del Universo, el último de todos.*

2.4.10. Adverbios en -mente. — *a)* La mayor parte de los adjetivos españoles, cualquiera que sea su origen, variables o no variables genéricamente, poseen la propiedad de formar adverbios de modo mediante su agrupación con el morfema *-mente.* La formación procede del sustantivo femenino latino *mens, mentis* 'mente, espíritu, intención' empleado como ablativo instrumental y precedido de un adjetivo o participio, en construcción atributiva: *pia mente* (Plinio), *bona mente* (Quintiliano), *simulata mente* (Virgilio). Debilitada la significación del sustantivo, los dos términos llegaron a formar una unidad léxica con valor de adverbio de modo en la mayor parte de la Romania (Península Ibérica, Francia, Italia). Del origen de la formación quedan todavía como residuos: 1.º. La posibilidad de emplear el simple adjetivo en vez de la forma adverbial cuando esta aparece coordinada con otro adverbio en *-mente: pura y simplemente,* en vez de *puramente y simplemente.* La supresión de *-mente* afecta hoy siempre al primer término de la coordinación y es preferentemente de uso literario. 2.º El mantenimiento de la acentuación prosódica en los dos componentes del adverbio, y por lo tanto, la aplicación al adjetivo de las reglas generales relativas al acento ortográfico: *sutilmente, cortésmente, débilmente, erróneamente* (v. § 1.8.3). Esta particularidad acentual es muy probablemente una consecuencia inevitable de la organización sintáctica *pura y simplemente,* antiquísima en español, de que hemos hablado antes. 3.º La concurrencia de la formación adverbial en *-mente* con locuciones adverbiales de modo en las que aparece la preposición *con: hábilmente = con habilidad,* lo que procede del origen instrumental de dicha formación.

b) El adjetivo, siempre en concordancia femenina y singular con *-mente,* es susceptible de aparecer en el adverbio no solo en su forma positiva *rápidamente,* sino con el morfema *-ísimo: rapidísimamente.* Gran parte de los comparativos y superlativos que carecen de adjetivo positivo, de que hemos tratado en el § 2.4.9, pueden también formar adverbios en *-mente: interiormente, exteriormente, íntimamente, sumamente, últimamente, próximamente,* y hasta alguno de los comparativos en *-or,* y de los superlativos correspondientes, del sistema de comparación heredado: *mayormente* (Cervantes), *óptimamente, pésimamente.* También alguno de los elativos anómalos examinados en el § 2.4.8*b*: *libérrimamente, fidelísimamente.*

c) Por estas particularidades acentuales, morfológicas y sintácticas, y además por el hecho de afectar a toda una clase extensa de palabras, la formación en *-mente* se separa de la composición y de la derivación. Teniendo, además, en cuenta que toda la morfología del adverbio en *-mente* se reduce a la morfología del adjetivo, nos decidimos a incluirla en este capítulo, aunque solo sea de un modo provisional, lo mismo que a los superlativos en *-ísimo* entre los morfemas flexivos del nombre adjetivo.

2.5. DEL PRONOMBRE PERSONAL Y DEL POSESIVO

2.5.1. Los pronombres. — *a*) Los pronombres constituyen en español una clase extensa de palabras dotadas de caracteres morfológicos y sintácticos, algunos de los cuales comparten con sustantivos y adjetivos, o exclusivamente con una de estas clases, pero otros son específicamente pronominales. Por otro lado, no todos los pronombres participan por igual en dichos caracteres. Muchos de ellos poseen morfemas de número y de género masculino y femenino. Es común a varios pronombres el morfema de género neutro. Unos funcionan exclusivamente como atributos, otros aparecen privados de esta función, lo que va unido en general a su incapacidad para agruparse con atributos; otros funcionan indistintamente de una y otra manera. Es específicamente pronominal la declinación, aunque privativa de un solo grupo de pronombres, así como la distinción de personas gramaticales, que este mismo grupo comparte con el verbo. La distinta participación en unos y otros caracteres y la manera de combinarse determina la subdivisión del pronombre en varias subclases: personales, posesivos, demostrativos, relativos, interrogativos, indefinidos y cuantitativos. Agrupamos con ellos, por las razones que veremos después, el artículo y los numerales.

b) Hay una propiedad común a todos los pronombres que no es morfológica ni propiamente sintáctica, aunque tenga consecuencias de orden sintáctico. Son nulos o escasos los contenidos semánticos del pronombre. No sabemos lo que significa el pronombre *esto*, por ejemplo, pero sí para lo que sirve: para señalar a algo que está ante nuestros ojos o a algo que acabamos de pronunciar o escribir, sin mentar su concepto. A estas dos funciones aludía la Gramática griega al decir que todo pronombre es deíctico (señala inconceptualmente a lo que vemos o recordamos) o anafórico (remite a lo que se acaba de enunciar). El pronombre *yo* señala deícticamente al que está diciendo *yo*, el relativo *que* remite anafóricamente a su antecedente en el contexto. No es cómodo hablar de sustitución, para caracterizar la función pronominal, porque no hay sustitución en muchos casos. Podríamos afirmar que en la frase *El hombre nuevo y el antiguo* el segundo *el* sustituye a *el hombre* porque la sustitución en sentido inverso es posible: *El hombre nuevo y el hombre antiguo.* En *Eso de que me hablas* la sustitución inversa: *Eso de eso me hablas* es imposible. Mejor que hablar de sustitución será decir que los pronombres señalan, remiten a algo o lo representan, o más cómodamente, con las palabras tradicionales, que son deícticos o anafóricos.

2.5.2. **Pronombres personales.** — *a*) El término «personal» no se opone aquí a lo «no personal» en el sentido en que persona se opone a cosa, sino que alude a las personas del discurso, es decir, al diferente papel que personas y cosas desempeñan en el acto de la palabra. Las personas del discurso son tres: *yo* (1.ª persona) señala al mismo que pronuncia o escribe esta palabra, *tú* (2.ª persona) a la persona o cosa a la que interpela la primera persona, *él* (3.ª persona) a la persona o cosa que no es *yo* ni *tú*. Las mismas distinciones hace el verbo, valiéndose de las desinencias de persona, y los señalamientos que realiza, deícticos o anafóricos, son de la misma naturaleza que los del pronombre personal.

b) Los signos lingüísticos que representan estas tres personas del discurso tienen morfemas de número. Hay una primera persona de singular y otra de plural; una segunda de singular y otra de plural, etcétera. Pero la interpretación semántica de estos plurales no es igual en todos los casos. *Vosotros = tú + ... + tú; ellos = él + ... + él.* Pero *nosotros = yo + este* [*+ este* ...].

c) Los pronombres de 1.ª y 2.ª persona carecen de distinción genérica, fuera de las formas compuestas *nos-otros, vos-otros,* etc., que no se generalizan hasta después de la Edad Media. *Nos* se emplea todavía en vez de *nosotros, nosotras* en algunas zonas de la región leonesa. Con el valor de *yo* (plural mayestático) se ha usado y se usa en escritos, cartas, decretos emanados de los monarcas o de los altos dignatarios de la Iglesia. *Vos,* con valor de 2.ª persona de singular, es una forma de tratamiento que se conserva en extensos territorios americanos, y fuera de ellos, solo como reminiscencia lírica y literaria en la lengua escrita. Tampoco hacen distinción de género los dativos de 3.ª persona en sus formas etimológicas. La variante *se* de dativo (= *le*), empleada solamente cuando precede inmediatamente a otro pronombre que empieza por *l-: se lo, se las,* etc., es común al singular y al plural. Las diferencias de persona gramatical no se expresan, como en el verbo, mediante desinencias, sino mediante un cambio de raíz. La diferencia entre singular y plural, en los pronombres de 1.ª y 2.ª persona, se produce también por cambio de raíz: *yo / nosotros,* y a veces también la diferencia de caso dentro de cada uno de estos pronombres: *yo / me.* Unas formas pronominales tienen acento de intensidad y otras no. Distinguimos unas de otras en el cuadro siguiente.

			Caso nominativo	Caso preposicional	Caso acusativo	Caso dativo
1.ª	Sing.		*yo*	*mí, conmigo*	*me*	
	Pl.	m. f.		*nosotros* *nosotras*	*nos*	
2.ª	Sing.		*tú*	*ti, contigo*	*te*	
	Pl.	m. f.		*vosotros* *vosotras*	*os*	
3.ª	Sing.	m. f. n.	*él* *ella* *ello*		*lo (le)* *la* *lo*	*le, se* *le (la), se* *le, se*
	Pl.	m. f.	*ellos* *ellas*		*los (les)* *las*	*les, se* *les (las,), se*

Formas acentuadas   Formas inacentuadas

En la primera columna de la izquierda figuran los números (1.ª, 2.ª, 3.ª) correspondientes a las diferentes personas; en la segunda, la indicación del número gramatical (sing., pl.); en la tercera, la del género (m., f., n.). Los epígrafes del encabezamiento designan los cuatro casos de la declinación española: caso nominativo (caso sujeto), caso preposicional (pronombre en dependencia de una preposición), caso acusativo, caso dativo. Los dos primeros casos (nominativo y preposicional) solo se diferencian entre sí en el singular de los pronombres de 1.ª y 2.ª persona. Los dos últimos casos (acusativo y dativo) solo se diferencian entre sí en el pronombre de 3.ª persona, singular y plural.

d) Algunos acusativos y dativos del pronombre de 3.ª persona tienen dos formas, por ejemplo, el acus. sing. m.: *lo (le).* Colocamos en primer lugar la forma etimológica; en segundo lugar, encerrada entre paréntesis, la no etimológica. Las formas etimológicas se usan, con predominio sobre las no etimológicas, en Asturias, Aragón, norte de la Península, Canarias y en la mayor parte de los territorios americanos de habla española. Las no etimológicas, que aparecen ya en los primeros textos de la Edad Media y llegan a hacerse de uso casi regular en León y Castilla, representan una tendencia de la lengua a introducir en el pronombre de 3.ª persona una diferenciación genérica: *le* para el acusativo masculino, *la* para el femenino, *lo* para el neutro, a costa de la diferenciación casual. Pero la tendencia no llega a su pleno desarrollo. El dativo neutro *le* se mantiene inalterable. No prospera tanto el acusativo plural *les* como el singular *le*. Incide también en algunas zonas más que en otras de León y Castilla, o como una preferencia personal, la distinción entre un acusativo *le* referido a personas y el acusativo etimológico *lo* referido a cosas. Conviven, pues, en esos territorios dos sistemas inconciliables y ninguna acción de política lingüística parece más conveniente, en beneficio del orden y la claridad, que la de dar paso, en lo posible, a las formas etimológicas. La lengua literaria que no reproduce el habla espontánea suele evitar hoy con bastante cuidado el dativo femenino *la*, *las*, de mucho uso en el Siglo de Oro, sobre todo en la literatura dramática, como reproducción acaso de la lengua coloquial: *La he dado algunos azotes* (Lope de Vega, *La Dorotea*); *Comprólas costosa casa* (Tirso, *Por el sótano y el torno*). Otros desajustes son más inofensivos, bien por tratarse de usos que hoy se consideran plebeyos, como el de *lo/los* dativo, aunque antiguo en la literatura: *Dar les batalla e estorvar los su camino* (*General Estoria*, I, 12, 349a); *Si algunos, lo que no los consejo* (Juan Ruiz, ed. Corominas, página 79, ms. S), o de usos muy minoritarios, como el empleo de *le* como acusativo femenino en Ecuador y Paraguay (donde el acusativo masculino *le* es popular), y en escritores españoles de origen no castellano, especialmente vascos: *Mi madre se ponía donde yo no le viera* (Unamuno, *La tía Tula*); *Unos acudían a ella y otros le huían* (B. Soler, *Patapalo*).

2.5.3. **Caso preposicional.** — *a*) Tras de preposición se emplean en español unas veces formas pronominales que son palabras independientes § 2.1.1): *para ellos, con él, sin nosotros*, y otras veces formas que no lo son: *en ti, para mí*, lo que no autoriza a considerar *ti* y *mí* como formas trabadas (§ 2.1.1). Si en *conmigo, contigo* se ha consumado la fusión en una palabra es por la dificultad de identificar el componente *-go* (lat. *cum*) o el grupo *-migo*. Los pronombres *mí* y *ti* constituyen, por consiguiente, un caso de la declinación pronominal española entre otros y no hay razón para hacerlos aparecer en el paradigma flexivo acompañados de una o de muchas preposiciones: *de, en, por, sin, sobre, tras mí*, y mucho menos para dar a estos grupos la denominación de «caso ablativo», ni siquiera por consideraciones etimológicas, porque latín *trans* = esp. *tras* y lat. *super* = esp. *sobre* rigen acusativo en latín.

b) Las fórmulas *a él, a ella, a mí, a ti*, etc. no son sino un caso particular de la fórmula preposición + pronombre. A la equivalencia *a él = le, lo; a mí = me*, etc., que es tanto como considerar esas fórmulas como modalidades o variantes de acusativo o dativo, se opone, además de las aducidas en el apartado anterior, la consideración siguiente. Los dos miembros de cada una de esas igualdades no son casi nunca intercambiables. Ni siquiera podría decirse, en términos generales, que *a él*, por ejemplo, es un refuerzo de *le*, o que su presencia da origen a cierta especie de pleonasmo, por el hecho de que casi siempre aparece en la misma oración que *le*, lo que no ocurre, por otra parte, con mucha frecuencia. *Me es fácil* implica *no me es difícil*, pero *a mí me es fácil* implica *a ti o a otro no le sería tan fácil*. En español antiguo y clásico encontramos el uso de *a él, a mí*, etc. sin el séquito de *le, me*. Pero basta echar la vista a cualquiera de esos pasajes para comprobar que se trata casi siempre del mismo tipo de enunciado discriminatorio o excluyente *(a mí sí, pero a ti no)* o de contraste *(a mí esto, a ti lo otro)*: *A mí dio rumiar salvado, / él comió el pan más duz* (Juan Ruiz, 118); *Véela e dexa a mí para siempre* (*Celestina*, I); *Que yo os doy el parabién / [...] y a ella licencia doy / para que os dé mano y brazos* (Lope de Vega, *La corona merecida*, v. 948). Cámbiese *a mí* por *me, a ella* por *le* y se verá que el sentido de estos pasajes resulta deficiente. Digamos si queremos, que estas fórmulas con *a* + caso preposicional acompañan algunas veces a los acusativos o dativos pronominales, no de otra manera que *a* + sustantivo puede acompañar a esos mismos dativos y acusativos, sin necesidad de convertir ni una ni otra fórmula en dativos y acusativos pronominales o nominales.

c)   La fórmula *a* + caso preposicional no asociada necesariamente al dativo es una construcción regular con verbos, especialmente en construcción reflexiva, que significan dirección, movimiento o acercamiento, propio o figurado: *Acercándose más a mí* (Galdós, *Lo prohibido*, I, 1); *Es por lo que a vos me arrimo* (Lope, *El dómine Lucas*, II, 3); *Para dirigirse a ti* (Palacio Valdés, *Tiempos felices*, I, 18); *Llegándose a él* (Cervantes, *Persiles*, II, 5); *abandonarse, abrazarse, entregarse, humillarse, presentarse, rendirse, someterse, sujetarse a él*. Tanto esta fórmula preposicional como el dativo que suele reemplazarla en estas construcciones: *acercándoseme, llegándosele, rindiósele*, etc., constituyen complementos de dirección o de término del movimiento.

d)   Análogas consideraciones aconsejan no encuadrar la fórmula *para* + caso preposicional dentro del caso dativo. Es verdad que el dativo puede parafrasearse a veces apelando a dicha fórmula, pero no en todas las construcciones en que aparece el dativo, sino en muy restringido número de ellas. La frase *Le compré un vestido* es una construcción ambigua. Si se refiere a una operación entre el comprador y el vendedor, la glosa *Compré para él* es imposible. Si se refiere a la prestación de un servicio, parafraseamos con *por encargo suyo*. Solamente si se trata de un regalo podremos decir que *Le compré un vestido* equivale a *Compré un vestido para ella*. Pero estas incidencias pueden llevarnos más lejos, porque de la significación del dativo *le, me*, etc. pueden dar cuenta otras preposiciones que no son *para*: *Non vos lo quiero tan aína creer* (Berceo, *Milagros*) = *no lo quiero creer de vos;*

Su cuñada se les apartó (Miró, *El obispo leproso*) = *se apartó de ellos; El poncho delante eché | y cuando le puso el pie* (J. Hernández, *Martín Fierro*) = *puso el pie sobre él, o encima de él; Le supone al vulgo unas nociones que no tiene* (Unamuno) = *supone en el vulgo; Le notaron ese aire que tienen los difuntos* (J. L. Borges, *Infamia*) = *notaron en él*. No hay paráfrasis explicativa ninguna en otras construcciones: *le conviene callarse, le duele la cabeza*. Todavía el dativo, como los que estamos examinando, y el acusativo pueden acompañarse de *a* + caso preposicional, pero la paráfrasis *para* + caso preposicional, en los pocos casos en que es posible, no puede ir en el séquito del dativo: *Le compré a ella un vestido* no puede parafrasearse con: *Le compré para ella un vestido*, sin cambiar la significación de la frase.

2.5.4. **De las funciones del pronombre personal.** — De las funciones de los pronombres trata la Sintaxis. Pero debemos hacer aquí todavía algunas aclaraciones, en relación con el cuadro sinóptico del § 2.5.2c. Los acusativos son el caso que corresponde al complemento directo pronominal. Esta es su función sintáctica más frecuente, pero no la única. El neutro *lo* actúa como predicado, reproduciendo anafóricamente cualquier clase de predicados no pronominales y referido a sujetos de cualquier género y número: *Aquello es algo admirable, pero esto no lo es; Esas flores están ajadas, pero estas no lo están*. Como *lo* es el único acusativo que aparece en esta función, cabría considerar este *lo* predicativo como variante del nominativo *ello*. Los acusativos *lo, la, los, las* pueden funcionar como complementos de precio: *Costó mil duros, pero hoy no los vale;* como complementos de duración: *Toda la noche la pasé despierto*. El dativo funciona como complemento indirecto, pero además como dativo de interés: *Cébales un mate a estos caballeros* (E. Barrios, *Gran Señor y Rajadiablos*); *Virgo por quien tantas maravillas son, | acábame este perdón* (*María Egipciaca*, v. 530); como dativo posesivo: *Le cerraron los ojos = Cerraron sus ojos* (Bécquer); *Huye y se me desliza de las manos* (Herrera) = *se desliza de mis manos;* como dativo ético: *No se me acalore* (Valle-Inclán, *Gerifaltes de antaño*). El caso preposicional con *a* funciona también como complemento directo e indirecto, sin ser, como hemos dicho, ni acusativo ni dativo. Se exceptúa el neutro *ello*, no empleado nunca en función de complemento directo, pero sí en función de complemento indirecto: *Como no pareciese suficiente lo declarado por los testigos, se creyó necesario agregar a ello el reconocimiento de los peritos* (A. Bello, *Gramática de la lengua castellana*, 903), y los masculinos y femeninos *él, ella, ellos, ellas*, que casi nunca funcionan con *a* como complementos directos ni indirectos cuando se refieren a nombres de cosa. No se emplea el caso preposicional de estos pronombres agrupado con *a*, a diferencia del acusativo, en función de predicado, ni como complemento de precio o duración. Pueden, en cambio, acumularse al dativo en algunas otras de las funciones de este caso examinadas antes, pero casi siempre con el valor de contraste o exclusión de que hemos hablado en el § 2.5.3*b*. Solo un reducido número de adjetivos (especialmente *mismo, solo, todo*) pueden acompañar como atributos al pronombre personal: *nosotros mismos, ella sola, todo yo*.

2.5.5. Los pronombres personales reflejos. — Cuando el verbo de una frase verbal pertenece a la misma persona y al mismo número gramatical que sus complementos pronominales, preposicionales o no, decimos que estos pronombres son reflexivos o reflejos, o están en construcción reflexiva o refleja. Todas las formas del pronombre personal de 1.ª y 2.ª persona que no sean exclusivamente formas de nominativo, por consiguiente todas menos *yo* y *tú*, pueden entrar en la construcción reflexiva, en calidad de pronombres reflexivos. El pronombre de 3.ª persona adopta, para singular y plural, en la construcción reflexiva, las formas especiales: acusativo y dativo *se*, caso preposicional *sí, consigo*. Este *se* (lat. *se*) es solo homónimo del *se* (lat. *illi, illis*) no reflexivo. El concepto de lo reflejo no debe entenderse en gramática como el proceso que consiste en dirigir hacia uno mismo el acto que normalmente se dirige a los demás: *Lo vi perdido, Me vi perdido*, aunque este significado sea el origen del tecnicismo. Como forma gramatical, el término reflejo o reflexivo tiene como único presupuesto las condiciones dichas: identidad de persona y número en el verbo y su complemento pronominal. Estas condiciones se dan tanto en el ejemplo anterior como en el uso con verbos que solo se emplean en la construcción refleja: *Me arrepiento, Nos arrepentimos*, o que funcionan además como intransitivos: *Te vas, Os vais*. En la construcción con *se*, por la indistinción de número que caracteriza a este reflexivo, se hace solo patente la identidad de persona: *Se arrepiente, Se arrepienten; Se va, Se van; Se acaba todo, Se acaban todos; Se adivina la intención, Se adivinan las intenciones; Se vivía mejor*, etc., lo que ocurre también con el caso preposicional *sí: Habla para sí, Hablan para sí; Lo trae consigo, Lo traen consigo*, frente a *Lo traigo conmigo, Lo traemos con nosotros*.

2.5.6. Sincretismos. — Decimos que hay sincretismo entre dos o más miembros de un mismo paradigma con función diferente el uno del otro cuando estos miembros son iguales. En el caso de *se* que acabamos de examinar decimos que el sincretismo de número es resoluble por el hecho de que en otros paradigmas de la misma categoría, con funciones idénticas, los miembros correspondientes diferencian el número, o bien por el principio general de la concordancia de persona y número entre verbo y pronombre en la construcción reflexiva. El sincretismo de caso entre acusativo *me* o *te* y dativo *me* o *te*, por el contrario, solo es resoluble mediante el procedimiento de la conmutación: en *Me conviene hacerlo*, o en *Nos conviene hacerlo*, conmutamos *me* o *nos* por otro pronombre personal, el de 3.ª persona, que diferencia el caso: *Le conviene hacerlo*, *Les conviene hacerlo* (dativo); *Nos abruma oírlo*, *Los (Les) abruma oírlo* (acusativo). Pero otras veces el sincretismo es irresoluble. En *Me bebí el vaso* la conmutación es imposible, porque ni *Le bebí el vaso* ni *Lo bebí el vaso* son frases de la misma significación. Los reflexivos pertenecen también a un sincretismo de caso irresoluble en *Me voy, Te vas*. Todos los sincretismos pronominales son resolubles en determinadas construcciones. Por eso, en el cuadro del § 2.5.2c, colocamos *me*, por ejemplo, en la casilla del acusativo, pero además en la casilla del dativo. No es conveniente fijar una rúbrica que los abarque a los dos, por ejemplo, la de complemento-objeto.

2.5.7. Pronombres posesivos. — *a)* Los pronombres posesivos no tienen raíces que no pertenezcan también a los pronombres personales. Se diferencian de ellos morfológicamente por carecer de flexión casual. Se caracterizan además por la propiedad sintáctica de aparecer siempre, fuera de su función como predicados, en construcciones atributivas, a diferencia de los pronombres personales, que están privados de esta propiedad. (La subdivisión del nombre en dos subclases, nombre sustantivo y nombre adjetivo, es también aplicable a los pronombres, con la única diferencia de que los pronombres son o exclusivamente sustantivos, como los personales, o exclusivamente adjetivos, como los posesivos, o indistintamente lo uno y lo otro, como *alguno, mucho*. Los nombres, en cambio, son predominantemente sustantivos o adjetivos y el paso de una subclase a otra, con diferentes grados de sustantivación o de adjetivación, es fácil y frecuente en esta categoría de palabras.)

b) Los elementos que entran en la formación de los pronombres posesivos desempeñan diferente función gramatical. Por su raíz, los posesivos distinguen la categoría de persona (1.ª, 2.ª y 3.ª) y son deícticos o anafóricos, no de otra manera que los pronombres personales. Sin embargo, este elemento radical no distingue nunca el sexo o el género gramatical de la persona o nombre a que señala, y en algunos casos, ni el género ni el número. *Nuestro* señala deícticamente a un plural, y en ese sentido es plural pronominalmente, pero alude lo mismo a *nosotros* que a *nosotras* (*nuestro = de nosotros, de nosotras*). *Su* y *suyo* señalan indistintamente a un plural o a un singular, a un masculino, un femenino o un neutro (*suyo = de él, de ella, de ellos, de ellas, de ello*). Por el morfema de número, como en *mi, mis*, y en otros casos por los morfemas de género y número, como en *míos, mías*, se relacionan con el nombre, o palabra que haga sus veces, concertando con él en número y decidiendo a veces el género gramatical a que pertenece dicho nombre (v. § 2.2.6a) en los casos en que carece de forma genérica específica, como en *idólatras suyos* y *secuaces nuestros*.

c) Están, pues, implicadas en el pronombre posesivo una referencia a alguien o algo que posee, tiene, incluye en sí o está en determinada relación con alguien o algo, y una relación con la persona o cosa poseída, tenida, incluida, etc., representada por la palabra de que el posesivo es atributo. La palabra «posesivo» es un término convencional, pues aunque *nuestro* puede parafrasearse casi siempre por *de nosotros*, la preposición *de* tiene en la paráfrasis muy variadas significaciones: *nuestro dinero, nuestro hijo, en nuestra busca (nos buscan), nuestra marcha (marchamos)*. A pesar de lo cual, para mayor claridad, en el cuadro del apartado siguiente distinguimos unas formas de otras con las rúbricas *un poseedor, varios poseedores*.

d) Como los pronombres personales, los posesivos distinguen formas acentuadas e inacentuadas, y contrastando con aquellos, formas apocopadas (todas proclíticas) y formas plenas. Las proclíticas son inacentuadas y preceden inmediatamente a la palabra de que son atributo. Las acentuadas van detrás de ella, o del artículo o actúan como predicados.

1.ª persona	Un poseedor	*mío, mía* *míos, mías*	*mi* *mis*
	Varios poseedores	*nuestro, nuestra* *nuestros, nuestras*	
2.ª persona	Un poseedor	*tuyo, tuya* *tuyos, tuyas*	*tu* *tus*
	Varios poseedores	*vuestro, vuestra* *vuestros, vuestras*	
3.ª persona	Uno o varios poseedores	*suyo, suya* *suyos, suyas*	*su* *sus*
		Formas acentuadas	Formas inacentuadas

En Asturias, León y Castilla la Vieja, las formas *mi, mis, tu, tus, su, sus* se pronuncian con acento de intensidad.

e) No es nuevo decir que los pronombres posesivos son exclusivamente pronombres adjetivos desterrando la denominación de pronombres sustantivos, posesivos sustantivados, aplicada a las fórmulas *el mío, los tuyos, las suyas*. La lengua inglesa tiene posesivos sustantivos, nunca usados en función atributiva: *hers, yours, ours*, etc. El hecho de que se correspondan en español con *el suyo, la suya* (= *el de ella, la de ella*), etc. no convierte estas fórmulas españolas, sin más, en pronombres sustantivos. El artículo es en ellas un artículo anafórico, como en construcciones análogas con cualquier clase de nombres adjetivos: *Su mundo no es el nuestro (el* reproduce el sustantivo *mundo: Su mundo no es nuestro mundo)* lo mismo que: *La vida moderna no es como la antigua (como la vida antigua).* La sustantivación solo es posible cuando el posesivo, como cualquier otro adjetivo, aparece en plural con significación de persona acompañado del artículo, que en este caso no es anafórico: *los suyos = sus partidarios, sus adeptos.*

f) Para evitar la ambigüedad que resulta en el empleo de *su, suyo* (= *de él, de ella, de ellos, de ellas, de ello*) suele sustituirse el posesivo por las fórmulas preposicionales: *Miraba su propio retrato en los ojos de él* (Unamuno, *Tres novelas ejemplares*), sustitución supeditada a la naturaleza de las construcciones y a la clase de relación «posesiva» que representa *de.* En la construcción antigua *su madre de Celestina* (hoy solo conservada con el complemento *usted: su hijo de usted*) hay un cruce de *su madre* y *la madre de Celestina.* La debilitación en español del valor reflexivo originario de *su, suyo,* causa de la ambigüedad, se corrige reforzando el valor reflexivo del pronombre con la adición del adjetivo *propio,* como en la primera parte del pasaje de Unamuno.

g) El sistema pronominal descrito en los párrafos anteriores experimentó profundos cambios en los países americanos de habla española (v. cap. 2.14). Es casi total la sustitución de *vosotros* por *ustedes.* Con *vosotros* ha desaparecido *os.* Se emplean raramente las formas acentuadas *sí, consigo* del reflexivo de 3.ª persona. Los pronombres posesivos *nuestro, suyo* son sustituidos por las fórmulas sintácticas *de nosotros, de él, de ellos,* etc.

2.5.8. **Mismo.** — *a)* El adjetivo *mismo, misma, mismos, mismas* no es un pronombre. Carece de la función deíctica y anafórica de los pronombres, de que hablamos en el § 2.5.1*b.* Se asocia siempre, sin embargo, a palabras de naturaleza pronominal: artículo, demostrativos, pronombres personales, posesivos, indefinido *uno* y adverbios pronominales, con variadas significaciones y en construcciones diversas de que trata la Sintaxis. La razón de que hagamos mención de él en este capítulo se debe a la curiosa particularidad de ser casi el único adjetivo que se une como atributo a los pronombres personales, reflexivos o no reflexivos, en sus formas acentuadas: *yo mismo, nosotros mismos, para ella misma,* unión atributiva que resuelve de paso el sincretismo de género gramatical: *yo mismo, yo misma; consigo mismo, consigo misma,* etc. Cuando *mismo* parece actuar como anafórico: *Entra en la calle de los Estudios. Pasa por la misma una mujer* (Azorín,

La voluntad), lo que hace no es más, en realidad, que acompañar a un anafórico: el artículo *la*.

b) Conviene llamar la atención sobre el empleo abusivo que la prosa administrativa, periodística, publicitaria, forense y algunas veces la prosa técnica hacen hoy del anafórico *el mismo, la misma*, por considerarlo acaso fórmula explícita y elegante. Pero no pasa de vulgar y mediocre, y cualquiera otra solución: pronombre personal, posesivo, etc., es preferible: *Fue registrado el coche y sus ocupantes* (no: *los ocupantes del mismo*); *La fecha es ilegible, pero se lee claramente su firma debajo de ella* (no: *debajo de la misma*); *Trazado y apertura de hoyos* (no: *trazado de hoyos y apertura de los mismos*). El pasaje que hemos citado antes de Azorín no está en esta censura: *mismo* tiene allí valor discriminante: *precisamente por la misma calle*.

2.6. DEL PRONOMBRE DEMOSTRATIVO Y DEL ARTÍCULO

2.6.1. Pronombres demostrativos y artículo. — Las tres series de demostrativos:

este,	*esta,*	*estos,*	*estas,*	*esto*
ese,	*esa,*	*esos,*	*esas,*	*eso*
aquel,	*aquella,*	*aquellos,*	*aquellas,*	*aquello*

y el artículo:

el,   la, el,   los,   las,   lo

poseen unos mismos caracteres morfológicos en lo que se refiere a las variaciones de número y género: *-s* para el plural; *-o* para el género neutro; *-a* para el femenino singular y plural; *-o* para el masculino plural, y una terminación que no es *-a* ni *-o* para el masculino singular y para un uso especial del artículo femenino singular. Difieren, en cambio, en el acento. Los demostrativos son siempre (pero v. el § 2.6.4*e* y *f*) palabras acentuadas prosódicamente. Los artículos, inacentuadas. Difieren también, aunque solo en parte, en cuanto a su empleo como sustantivos o adjetivos. Todas las formas del demostrativo y del artículo masculinas y femeninas pueden agruparse con un nombre sustantivo o con la palabra que haga sus veces, las del artículo precediéndole: *el mar, la mayor injusticia, el buen vivir, el cómo y el cuándo,* las del demostrativo antepuestas o pospuestas: *este negocio, aquella verdad, el hombre ese.* Pero son incompatibles en posición inicial: *el hombre ese,* como acabamos de ver, pero no: *el ese hombre.* Por otra parte, todas las formas del demostrativo pueden actuar ilimitadamente como sustantivos (las neutras solo como sustantivos). En estos casos carecen, lo mismo que los pronombres personales, de la propiedad de ir acompañadas por atributos, si se exceptúa un reducido número de adjetivos: *estos mismos, aquella sola, todos esos* (compárese § 2.5.4, al final).

2.6.2. Las maneras de señalamiento. — *a*) Por su condición pronominal, los demostrativos realizan diferentes clases de señalamiento. Ante varios objetos de una misma clase, situados al alcance de nuestra vista, destacamos con el pronombre sustantivo o con el adjetivo uno de entre ellos, en actos de opción o discriminación: *Yo prefiero ese, Aquel es el mío, Esta casa es nueva;* o con los pronombres de la primera serie alude el que habla o escribe al lugar o al período de tiempo en que se encuentra en el momento que habla o escribe: *esta casa, esta ciudad, este año, este siglo;* o mediante un proceso de rememoración señalamos a algo alejado de nosotros en el tiempo y en el espacio (empleamos preferentemente *aquel* en este caso): *aquel día, en aquel momento, en aquella ciudad, la mujer aquella;* o bien para aludir a lo que no está presente, lo determinamos valiéndonos de datos que lo especifiquen (aquí empleamos sobre todo *ese*): *uno de esos ángeles sin alas, esas tierras por descubrir, esas urbanizaciones modernas.* Tanto los demostrativos sustantivos como los adjetivos realizan también señalamientos textuales, remitiendo a lo que se acaba de decir o anticipando lo que va a decirse: *Eso no es cierto; No olvides esto: soy tu padre; Vivía de sus rentas y ese no era mal negocio.*

b) Las formas del artículo masculinas y femeninas realizan un género especial de señalamiento a un sustantivo del contexto o a algo presente en la situación, agrupándose entonces con un adjetivo. El adjetivo no es propiamente atributo del artículo, sino del sustantivo que el artículo representa: *El mundo nuevo y el antiguo; ¡Qué memoria la mía!* Los demostrativos masculinos y femeninos realizan pocas veces este género de señalamiento: *Me ofrecen ese coche, pero yo prefiero este negro.* Pero tanto el artículo como los demostrativos deícticos o anafóricos pueden introducir cláusulas de relativo: *los que fueron, esos que ves;* hoy raramente el artículo cuando precede al relativo una preposición: *aquél (con, de, en ...) que; el de ahora, lo de marras.*

2.6.3. **El artículo como atributo.** — *a)* La capacidad deíctica y anafórica del artículo aparece notablemente disminuida cuando actúa como atributo, antepuesto al nombre sustantivo o a la palabra que haga sus veces. Contrasta especialmente con la deixis demostrativa el empleo del artículo con valor genérico, agrupado con un sustantivo en singular o en plural: *El mal que nos hacen; El odio al árbol; Las verdades amargan.* Fuera de la mención genérica, el artículo es una palabra determinativa, más que deíctica, a pesar de concurrir en algunos casos con los demostrativos. Pero el uso no es indiferente. No hay equivalencia entre *El niño no se encuentra bien* y *Ese niño no se encuentra bien,* en el caso de que estas dos oraciones tengan como supuesto una misma situación objetiva y no tratemos con la segunda de oponer *este niño* a otros niños presentes o ausentes. Pero la intención discriminatoria con que habitualmente usamos el demostrativo le comunica, en nuestro ejemplo y en situaciones semejantes, determinado matiz afectivo que es extraño al artículo.

b) Una propiedad sintáctica casi privativa del artículo neutro, apenas compartida por los demostrativos neutros *esto, eso, aquello*, es la de agruparse con un adjetivo en su forma singular masculina, o con un adjetivo en singular, si el adjetivo es invariable genéricamente, e incluso en algunas construcciones con adjetivos de cualquier género y número: *lo nuevo; lo más difícil; lo extraños que parecen; lo graciosas que son*. Artículo neutro y demostrativos neutros se igualan, sin embargo, en su capacidad para acompañarse de cláusulas de relativo y de frases preposicionales, especialmente con *de: lo de siempre; esto de ahora; lo que dijiste; aquello que pasó*.

2.6.4. **Variantes, contracciones y composición.** — *a)* El artículo singular femenino tiene dos formas etimológicas (lat. *illa*): *la* y *el*. No se trata, por consiguiente, de nada semejante a los desajustes que se han producido en la declinación del pronombre personal: *le* por *lo*, *la* por *le*, ni siquiera de razones de fonética sintáctica: *el alma* por *la alma*, aunque la fonética sintáctica haya intervenido en el doble desarrollo del lat. *illa*. Se emplea el femenino *el* inmediatamente delante de sustantivo que empieza con *a-* cuando sobre esta vocal recae el acento de intensidad: *el águila, el álgebra, el ánima, el área, el ascua, el ave, el Ática*. La misma regla se aplica a los nombres femeninos que empiezan por la sílaba acentuada *ha-*, cuando la *h-* no representa ninguna clase de articulación: *el habla, el hada, el hampa, el harpa* (escrita más comúnmente *arpa*), *el haz* (variante fonética del fem. *faz*). De esta regla quedan exceptuados los nombres propios y los patronímicos, cuando designan mujer, y las letras del alfabeto: *la Ana, la Ángela, la Álvarez, la a, la hache*.

b) Según la regla del apartado anterior, la interposición de cualquier palabra entre el artículo y el sustantivo impide el uso de *el: el habla*, pero *la dulce habla*. Quedan también fuera de la regla los adjetivos: *la agria polémica, la árida llanura*, no solamente cuando el adjetivo es atributo de un sustantivo, como en los ejemplos anteriores, sino cuando acompaña al artículo anafórico: *Es más peligrosa la marea baja que la alta*. En *la Alta*, usado como nombre propio de lugar o como apodo de mujer, el nombre sigue siendo adjetivo, y además el artículo, aunque fuera de su organización sintáctica más común, no se despoja enteramente de su fuerza deíctica originaria *(la mujer alta, la calle alta)*. Con los escasos nombres apelativos de personas o de animales que unen a su estructura con *a-* prosódicamente acentuada la condición de ser nombres sustantivos comunes, ya funcionen indistintamente como sustantivos y adjetivos o exclusivamente como sustantivos, debe emplearse el artículo femenino *la* si se quiere distinguir el sexo: *la árabe, la ánade, la ácrata* (frente a *el árabe*, etc.).

En el habla de varias regiones españolas y americanas (leonesa,
aragonesa, navarra, rioplatense, chilena, mejicana, también en judeoespañol) se encuentra más o menos extendido el uso de *la* en vez de *el*,
lo que a veces se indica en los textos con el signo ortográfico del apóstrofo: *l'ansia* (Carlos Reyles); *l'habla* (Gabriela Mistral); *la agua (Martín
Fierro*, pero el metro exige *l'agua)*. Era el uso de Fernando de Herrera, debido a influencia italiana: *l'alba*, *l'alma* (Petrarca, *Il Canzoniere*).

c) La sinalefa que normalmente se produce cuando las dos vocales
contiguas son inacentuadas ha sido sancionada por la escritura en el
caso del grupo *de* + artículo *el* masculino o femenino: *los malhechores
del bien; el salario del hambre*. La escritura parece evitar dos contracciones seguidas: *Los sublevados se apoderaron de el* [palacio] *del duque
de Ascoli* (Duque de Rivas, *Masaniello;* citado por Andrés Bello). La escritura suele suprimir también la contracción cuando el artículo forma
parte de un nombre propio: *la región de El Bierzo, de El Ática*. No se
trata, en cambio, de sinalefa, sino de reducción vocálica en el caso de
a + artículo *el* masculino o femenino: *al anochecer; al alba*. Se escribe
a el lo mismo que *de el* y en los mismos casos: *Llegaron a El Tiemblo*.

d) De *el agua* han salido por analogía *este agua* y *aquel agua*. Con
este agua se trata, además, probablemente de dar solución a un problema de fonética sintáctica: la difícil sinalefa *esta agua* [éstágua],
con dos acentos de intensidad sucesivos, o el incómodo hiato /-a.á-/,
solución en cierto modo análoga a la arbitrada por los que emplean *la*
ante sustantivo femenino con *a-* prosódicamente acentuada: *l'alma*.
En el empleo de *aquel* por *aquella: aquel alma, aquel agua*, algo más
frecuente que el de *este* por *esta*, actúan razones no solamente analó-
gicas o de fonética sintáctica, sino acaso puramente formales y etimológicas, puesto que el segundo elemento del compuesto *aqu-el* procede del mismo pronombre latino que el artículo, aunque el artículo
haya perdido el acento de intensidad originario como palabra proclítica. A pesar de todo, *este* y *aquel* femeninos deben evitarse. Afean la
dicción y pueden contribuir a la confusión del género del nombre.

e) Los demostrativos de las dos primeras series aparecen con
frecuencia inmediatamente antepuestos al pronombre *otro*, y en esa
posición puede debilitarse y hasta perderse su acento de intensidad,
de lo que son prueba los compuestos antiguos *estotro* /estótro/, *es-
totra*, etc.; *esotro, esotra*, etc., empleados hoy todavía, aunque raramente, en la prosa literaria. En la Edad Media y en el siglo xvi se
usaron con bastante mayor frecuencia los compuestos *aquese, aqueste*,
etcétera, equivalentes a los demostrativos *este, ese*, etc., pero pronto
fueron sentidos como arcaísmos —ya Quevedo se burla de los que
usan *aqueste* en lugar de *este*— y hoy parecen casi desterrados del
lenguaje corriente.

f) Todas las formas del pronombre demostrativo son palabras con acento de intensidad (véase, sin embargo, el apartado anterior): *aquel* en la última sílaba, las formas restantes en la penúltima *(este, aquellos)*. Las reglas generales de la acentuación ortográfica eximirían a todos, por su estructura, del empleo de la tilde en la sílaba prosódicamente acentuada (v. apart. F, 3.º del § 1.8.3). La norma académica estableció, sin embargo, para los demostrativos una regulación ortográfica especial basada en la diferente función que desempeñan: se emplea la tilde cuando el pronombre es sustantivo *(éste, aquél)* y no se emplea cuando es adjetivo *(este lugar, aquel día)*. Las *Nuevas Normas de Prosodia y Ortografía* de la Academia, aprobadas en la Junta de 29 de mayo de 1952, tratan de allanar las dificultades en su art. 16 con las palabras siguientes: «[...] será lícito prescindir de ella [*la tilde*] cuando no exista riesgo de anfibología».

2.6.5. Tal y tanto.

	Sing.	Pl.			Sing.	Pl.
m.	*tal*	*tales*		m.	*tanto*	*tantos*
f.	*tal*	*tales*		f.	*tanta*	*tantas*
n.			*tal*	n.		*tanto*

Todas las formas de estos dos pronombres tienen acento de intensidad en la primera o en la única sílaba. Lo mismo que *este, ese* y *aquel*, funcionan como pronombres sustantivos o adjetivos (preferentemente como adjetivos). El primero (ponderativo de cualidad) carece de variación genérica. El segundo (ponderativo de cantidad) posee variación genérica *-o, -a.* Los dos tienen morfema de número y además una forma neutra que, en contraste con el neutro del artículo y de los demostrativos, no es diferenciada, sino idéntica al singular *tal* y al masculino singular *tanto*, pero funciona sintácticamente lo mismo que las formas neutras diferenciadas: —*Aunque digas lo contrario.* —*No digo yo tal* (= no digo eso); *Aquello es tanto como nada*. También, como *este, ese* y *aquel*, pueden señalar estos pronombres a lo que está dentro de nuestro horizonte sensible: *¿Qué hacen aquí tantas gentes?*, o hacer referencia a lo que se ha dicho o escrito: *Yo no he dicho tal cosa*. Pero *tal* y *tanto* tienen una sintaxis más complicada que los restantes demostrativos. Además son también adverbios, lo que da lugar con frecuencia a interferencias entre las dos categorías. Con *tanto* adjetivo puede emplearse el elativo *-ísimo: tantísimo, tantísima*, etc.

2.7. DEL PRONOMBRE RELATIVO Y DEL INTERROGATIVO

2.7.1. Pronombres relativos. — Los pronombres relativos heredados del latín son *que, quien, cual, cuyo* y *cuanto. Que* es invariable. *Quien* adoptó en español el plural *quienes,* raro todavía en el siglo XVI. *Cual* conserva la variación latina de número: *cual, cuales. Cuyo,* procedente del relativo *cuius -a -um,* conserva los morfemas de género y número: *cuyo, cuya, cuyos, cuyas. Cuanto* conserva, además, una forma neutra idéntica al masculino singular: *cuanto, cuanta, cuantos, cuantas,* neutro *cuanto.* Todos estos pronombres relativos son inacentuados.

2.7.2. Funciones del pronombre relativo. — Como otros pronombres, los relativos realizan señalamientos anafóricos a palabras o complejos sintácticos del contexto. Se diferencian de todos los restantes pronombres por el hecho de funcionar simultáneamente, en la mayor parte de los casos, como nexos de subordinación. El relativo, como nexo de subordinación, forma parte de la cláusula subordinada. Como anafórico, crea una relación con la cláusula subordinante, a la cual o a uno de cuyos elementos representa. Este elemento o complejo de elementos recibe el nombre de a n t e c e d e n t e del relativo. Por otra parte, el relativo puede ser pronombre adjetivo: *cuya idea, cuantas personas,* o sustantivo fuera de esta construcción. Cuando funciona como sustantivo puede ocurrir que el antecedente aparezca en forma expresa como término independiente: *la persona que..., el hombre que...,* o que esté implicado en la idea misma del relativo: *quien calla otorga* = *la persona que calla...* Nos ocupamos primero de los sustantivos relativos con antecedente expreso.

2.7.3. Relativos sustantivos con antecedente expreso. — *a)* De los relativos heredados del latín entran en esta categoría *que* y *quien, que* exclusivamente en esta categoría. La frecuencia en el uso de *que* excede con mucho a la de los restantes pronombres, cualquiera que sea la categoría o las categorías a que pertenezcan. Por otra parte, *que* y *quien* no son casi nunca intercambiables. El empleo del uno o del otro, como el de los restantes pronombres, depende de múltiples factores de que se ocupa la Sintaxis. La esfera de acción de *que* es más amplia que la de *quien*. A diferencia de *quien*, puede tener como antecedente una cláusula. Además, cuando el relativo no depende de una preposición y tiene un antecedente pronominal inmediato se emplea *que*, no *quien: Yo que los vi; Aquellos que partían.* Se emplea también *que* (regularmente sin preposición) y no *quien* cuando el relativo tiene por antecedente el artículo. En este último caso, las construcciones y las clases de señalamiento que realiza el artículo son de muy variada naturaleza: *Este año y el que viene* (el artículo es aquí anafórico); *Bienaventurados los que han hambre y sed de justicia* (el artículo tiene aquí significación de persona general); *Quizá la muerte ha llegado / de la que habéis amparado* (Lope de Vega, *La reina doña María*, II; el artículo alude a persona determinada por la situación); *Eso es lo que yo no permito* (el neutro *lo* hace referencia al demostrativo neutro anterior); *Nombre de injuria no des, / Álvaro, a lo que el rey hace* (Lope de Vega, *La lealtad en el agravio*, III; *lo* hace referencia a la situación), etc. [1].

b) Pero el grupo entero *el que, la que ..., lo que* puede actuar también como relativo con antecedente expreso: *Varias cosas a las que atender; La casa en la que nací; Algo a lo que no podía acostumbrarse.* La diferencia entre el uso que acabamos de examinar en el apartado anterior (I) y el que ahora examinamos (II) puede esquematizarse así:

	Antecedente	Relativo
I	*el*	*que*
II	elemento sustantivo	*el que*

A esta situación acompañan otros datos formales:

1.º En algunos casos el artículo en (I) equivale a un demostrativo y puede ser reemplazado por él: *Lo que me dijiste = Aquello que me dijiste; El que me persigue = Ese que me persigue*, lo que no ocurre nunca en (II).

2.º Solo en (I) puede anteponerse al artículo el pronombre *todo, todos ...: Los que le tratan = Todos los que le tratan; Lo que dice = Todo lo que dice.*

3.º En (I) puede emplearse el artículo sin ir precedido de preposición, lo que es raro y poco recomendable en (II): *Sancho Ramírez, el que tomó a Barbastro.*

4.º Solo *el que* en (II) y nunca *que* en (I) puede sustituirse en determinadas circunstancias por otro de los relativos sustantivos que

---

[1] Otras lenguas románicas (catalán, francés, italiano) emplean demostrativos y no artículos en casi todas estas construcciones.

funcionan con antecedente expreso: *La mujer de la que me hablaste = de que me hablaste = de quien me hablaste.*

Esta última particularidad permite considerar en (II) el grupo *el que, la que,* etc., como un relativo compuesto, composición que no ha sido sancionada por la escritura [2].

c) Lo mismo que acabamos de decir de *el que, la que* ... cabe decir de los grupos *el cual, la cual, los cuales, las cuales, lo cual,* tanto más cuanto que el artículo + *cual,* a diferencia del artículo + *que,* no aparecen nunca en posición inmediata y en relación sintáctica directa si no es para desempeñar esta función de pronombre relativo compuesto: *La ciudad en la cual pasé mi infancia = en la que pasé = en que pasé; El pintor al cual me presentaron = al que me presentaron = a quien me presentaron,* etc. [3].

d) El repertorio de relativos sustantivos que funcionan con antecedente expreso en español consiste, por consiguiente, en:

> *que*
> *quien, quienes*
> *el que, la que, los que, las que, lo que*
> *el cual, la cual, los cuales, las cuales, lo cual.*

De estas cuatro series de relativos, solamente los de la última tienen acento de intensidad, que recae sobre el diptongo *-ua-* de todas las formas. *Que* es invariable, pero puede tener antecedentes masculinos y femeninos, singulares y plurales: *el día que..., los días que..., la hora que..., las horas que...* *Quien* y *quienes,* sin morfemas de género, pueden también hacer referencia a antecedentes masculinos y femeninos. El singular *quien* se emplea a veces en lugar del plural *quienes,* que es de formación tardía (v. § 2.7.1). Los neutros *que, lo que* y *lo cual* se emplean con antecedentes que son a su vez formas neutras o cláusulas: *Supo lo que pasa, de que tuvo gran sentimiento* (Mariana, *Historia de España,* XII, 1) *= de lo que, de lo cual.* Solamente *el cual, los cuales,* etc. puede agruparse con *todo, todos,* etc.: *De todo lo cual doy fe; A todos los cuales he felicitado,* etc.

2.7.4. Relativos sustantivos sin antecedente. — *a)* *Quien,* preferentemente en singular, puede llevar implícito su antecedente. Equivale entonces a la fórmula antecedente + *que,* con la que alterna en determinadas proposiciones. Como antecedente en la fórmula se em-

---

[2] Son diferentes los grupos *a mí, a ti, a él* ... que no representan sino un caso particular de la construcción preposición + caso preposicional.

[3] Hay formaciones semejantes en otras lenguas románicas: port. *o qual,* cat. *el qual,* fr. *lequel,* it. *il quale.* La ortografía francesa ha fundido los dos elementos en una palabra.

plea generalmente el artículo, más raramente *aquel*. En algunos casos, un pronombre indefinido. Hay que distinguir tres usos diferentes:

1.º Tanto el relativo *quien* como el artículo de la fórmula *el que* tienen significación de persona, algunas veces de persona general: *Quien dice Juan dice Pedro = El que dice Juan dice Pedro; A quien Dios se la diere San Pedro se la bendiga = Al que Dios se la diere...; Tú, niña, a seguir queriendo a quien quieres = al que quieres; Quienes le precedieron le aventajan = Los que le precedieron... = Aquellos que le precedieron...; Quien calla otorga = El que calla otorga*, etc.

2.º En las oraciones perifrásticas con *ser*, en las que se pone de relieve uno de los términos de una oración más simple, expresa o no [4], el artículo de la fórmula es anafórico o catafórico, alude a un nombre o pronombre que le precede o que le sigue. Lo que caracteriza el uso de *quien* en estas construcciones es que se emplea, más frecuentemente que en otras, no solo con significación de persona, sino con significación de cosa: *No es ella quien exige que me vaya* (Valle-Inclán, *El yermo de las almas*) = *la que exige; Es la realidad quien hace las apariencias* (Unamuno, *Ensayos*, II) = *la que hace.*

3.º El antecedente de la fórmula es un pronombre indefinido no expreso con significación de persona. El relativo *quien* funciona como complemento directo de un corto número de verbos: *haber, hallar, tener*, etc.: *Donde hallase quien me diese lo necesario* (Cervantes, *Rinconete*) = *a alguien que; No tengo quien me preste = a nadie que.*

b) Los plurales *cuantos* y *cuantas*, como pronombres sin antecedente, se emplean con señalamiento anafórico a un nombre sustantivo que le precede, del mismo género y número gramatical que el relativo, pero también de número singular. *Cuantos* y *cuantas* equivalen a las fórmulas *todos los que, todas las que*, con las que alternan: *La historia más inverosímil de cuantas se conocen = de todas las que se conocen; Un poeta que aventajaba a cuantos produjo el gran siglo = a todos los que.* Más frecuente es el uso de *cuantos = todos los que* sin anáfora y con significación de persona: *Séanme testigos cuantos están aquí* (Cervantes, *Quijote*); *Cuantos le conocen le idolatran*, etc., y mucho más frecuente el empleo del neutro *cuanto = todo lo que: Cuanto dicen y mandan es altivez y soberbia* (Fr. L. de León, *Exposición del Libro de Job*); *Aquella casa y cuanto estaba en ella todo era suyo* (Cervantes, *El casamiento engañoso*).

2.7.5. **Relativos adjetivos.** — *a)* Cada uno de los masculinos y femeninos, singulares y plurales del relativo *cuyo* se antepone como

---

[4] *Yo lo mando* se convierte en la cláusula con relieve: *Soy yo el que lo manda* o *Soy yo quien lo manda* o *Quien lo manda soy yo*, etc. «Relieve» es un término lingüístico que se aplica a este tipo de oraciones.

adjetivo a un nombre apelativo, con significación de persona o de cosa, de la cláusula subordinada. Simultáneamente remite a un nombre sustantivo apelativo o propio o a determinados pronombres de naturaleza sustantiva que forman parte de la cláusula subordinante. La relación entre *cuyo* y el sustantivo al que acompaña es idéntica a la relación sintáctica y semántica entre el posesivo *su, suyo,* y el sustantivo de que depende: *cuya hacienda,* lo mismo que *su hacienda* o *la hacienda suya,* implica la preposición *de: la hacienda de* (complemento posesivo); *cuya victoria, su victoria: la victoria de* (complemento subjetivo); *cuya derrota, su derrota: la derrota de* (complemento objetivo), etc. *Cuyo,* lo mismo que *su,* es determinativo o definido, y no puede construirse directamente con nombres que aparecen en forma indeterminada o indefinida. Así, por ejemplo, *un hijo de* no es ni *cuyo hijo* (en la construcción con pronombre relativo) ni *su hijo* (en la construcción con simple posesivo), sino *uno de cuyos hijos* o *un hijo del cual* (en la construcción con pronombre relativo) y *un hijo suyo* o *uno de sus hijos* (en la construcción con simple posesivo). A esta común propiedad, *cuyo* añade la de ser nexo hipotáctico. Por eso se le ha llamado «relativo posesivo» [5].

b) Dentro de ciertos límites, el grupo *del cual, de la cual,* etc. (menos veces *del que, de la que,* etc.), concurre con el relativo adjetivo *cuyo,* hoy con alguna más frecuencia que en la lengua clásica: *Pudo [...] cercar la ciudad por todas partes, el presidio de la cual era tan débil que [...]* (Carlos Coloma, *Guerras de los Estados Bajos*) = *cuyo presidio; Unas tabernas, a las puertas de las cuales* (Baroja, *Juan Van Halen*) = *a cuyas puertas; Poesías de las que ya conocemos las fuentes directas* (D. Alonso, *La poesía de San Juan de la Cruz*) = *cuyas fuentes directas.* Si el sustantivo agrupado con *cuyo* aparece subordinado, mediante la preposición *de,* a otro nombre sustantivo, solo puede emplearse *cuyo: Muchos y notables fueron estos doctrinarios, la mayor parte de cuyos nombres no son extraños* (A. Ferrari, *Fernando el Católico,* II, pág. 89).

c) Cuando el antecedente está alejado del relativo o puede serlo más de una palabra, el antecedente se repite a veces en la cláusula

---

[5] Entre los varios oficios que puede desempeñar el relativo sustantivo, como cualquiera otra palabra sustantiva, está el de ser complemento preposicional. Así, por ejemplo, en el pasaje: *En un lugar de la Mancha del cual no quiero acordarme, el cual* es un complemento preposicional del predicado introducido por *de.* En esta variación del mismo pasaje: *En un lugar de la Mancha del nombre del cual no quiero acordarme, el cual* aparece también como complemento preposicional introducido por *de,* pero aquí no como complemento del predicado, sino como complemento de otro complemento del predicado. Es complemento de complemento y se halla por consiguiente, respecto del predicado, en una dependencia o subordinación de segundo grado. Esta es la naturaleza gramatical de *cuyo:* es un relativo adjetivo en segundo grado de dependencia preposicional (con *de*), equivalente a un relativo sustantivo de esta naturaleza *(del cual): En un lugar de la Mancha de cuyo nombre no quiero acordarme* (v. el § 2.7.5*b*).

subordinada precedido de *el cual, la cual* ..., que funciona entonces como relativo adjetivo: *Vieron a un hombre del mismo talle y figura* [...]; *el cual hombre, cuando los vio, sin sobresaltarse, estuvo quedo* (Cervantes, *Quijote*, I, 27). Es incorrecto en estos casos emplear *cuyo* en vez de *el cual.*

d)   La construcción que consiste en anteponer un masculino o femenino, singular o plural, de la serie *cuanto, cuanta*, etc. a un sustantivo: *cuanta presunción, cuantas veces*, es una construcción excepcional, no tanto por el hecho de preceder el relativo a su antecedente (lo que también ocurre en el § 2.7.5*c*), sino por la particularidad de que en el relativo aparecen subentendidos elementos que pertenecen por un lado al relativo y por otro al antecedente, como se deja ver en la fórmula equivalente *toda ... que, todas las ... que*, con la que concurre la construcción que examinamos: *Morían cuantos indios se acercaban* (Solís, *Conquista de Méjico*, III, 17) = *todos los indios que se acercaban; Cree a pie juntillas cuanto embuste le dicen* (Menéndez Pelayo, NBAE, XIV, pág. 287) = *todo embuste que le dicen*. De uso hoy casi exclusivamente literario, parece haber sufrido el mismo desgaste que las construcciones con pronombres correlativos, de las que en gran parte procede.

2.7.6.   **Pronombres correlativos.** — Constituyen sin duda formas de hipotaxis, como todas las examinadas en este capítulo, las construcciones en que un demostrativo de la serie *tal* o *tanto*, situado en la cláusula subordinante, se corresponde en la subordinada con un relativo de la serie *cual* o *cuanto*, respectivamente. El demostrativo ha recibido también aquí el nombre de antecedente del relativo, pero solo por extensión del término. Antecedente y relativo, en las construcciones que hemos examinado hasta ahora, poseen la propiedad de representar un mismo concepto de persona o de cosa, en una misma extensión. El relativo es un relativo de identidad. No así en todos los casos de la correlación, como lo prueba el hecho de poder referirse uno y otro a conceptos diferentes: *Que cuantos fueron mis años | tantos serán mis tormentos* (Góngora). Por otra parte, los relativos correlativos han sido sustituidos casi por completo, incluso en la lengua literaria, por la conjunción pronominal *como*. De la correlación trata la Sintaxis en los capítulos 3.20 y 3.21.

2.7.7.   **Interrogativos.** — *a*)   En lo esencial, los pronombres interrogativos no son diferentes por su forma de los relativos. Pero su repertorio es más reducido. Quedan fuera las formas de los relativos compuestos *el cual, la cual* ..., y de la serie *el que, la que* ... tienen algunas carácter dialectal y coloquial. Las más generalizadas son *el* *que, lo que,* en determinada clase de pregunta. Por otra parte, todos los interrogativos, a diferencia de los relativos, poseen acento de intensidad, que la escritura señala con la tilde. Hay que distinguir, además, la pregunta directa de la indirecta, es decir, de la que se formula en cláusula subordinada.

b) En la pregunta directa se emplean los interrogativos:

> *qué*
> *quién, quiénes*
> *cuál, cuáles*
> *cuánto, cuánta, cuántos, cuántas* y neutro *cuánto*
> *cúyo, cúya, cúyos, cúyas.*

De todos ellos solamente *quién, quiénes,* el neutro *cuánto* y *cúyo, cúya* ... se emplean de modo exclusivo como interrogativos sustantivos o predicativos. *Quién, quiénes* carecen de variación genérica. El neutro *cuánto* puede ser adverbio, pero lo es solo aparentemente cuando actúa como complemento de duración: *¿Cuánto tardarás?*, lo mismo que un nombre sustantivo sin preposición: *Tardó una hora;* o como complemento de precio: *¿Cuánto te cuesta? (Me cuesta una fortuna). Cúyo, cúya* ..., empleados antes como adjetivos y como predicativos de *ser: Tu dulce habla ¿en cúya oreja suena?* (Garcilaso), hoy se emplean solamente en esta segunda función, y exclusivamente en la lengua literaria: *¿Cúya es esta cabeza soberbia?* (Rubén Darío, *Cantos de vida y esperanza*). Los restantes interrogativos pueden funcionar indistintamente como pronombres sustantivos y adjetivos. *Qué* es invariable, pero como adjetivo se agrupa con sustantivos masculinos y femeninos, singulares y plurales. Como *quién, quiénes, cuál* y *cuáles,* carecen de variación genérica (el femenino *cuála, cuálas* y el masculino y neutro *cuálo* son vulgares y rústicos). El uso de *cuál, cuáles,* como adjetivo, es hoy muy limitado, en comparación con la lengua antigua y clásica, y en esta función se emplea casi siempre *qué.*

c) Lo que distingue a los interrogativos frente a los relativos y frente a los restantes pronombres es el hecho de que sirven primordialmente como instrumentos a la función apelativa del lenguaje. La naturaleza de su señalamiento no es propiamente textual, sino apelativa. Apuntan al nombre de la persona o cosa inquirida mediante la pregunta, y en este sentido, entre el concepto implicado en el interrogativo y el nombre o pronombre con que es contestado en la respuesta, se da una relación de identidad, semejante a la que existe entre relativo y antecedente, semejanza que se explica por el origen común a una y otra clase de pronombres (para otro acercamiento entre interrogativos y relativos, véanse los dos apartados siguientes). No es extraño, por otra parte, a los interrogativos el señalamiento textual. Especialmente *cuál* y *cuáles* exigen la presencia en el campo sintáctico de un nombre al que referirse anafóricamente: —*Para recordarle un ofrecimiento que me hizo y del cual se ha olvidado.* —*Yo sé cuál es* (Valle-Inclán, *Sonata de invierno*). Cuando no se dan estas circunstancias se emplea *qué*: *¿Quedó algo por sellar en mi casa? ¿Qué no era mío?* (J. R. Jiménez, *Platero y yo*, LX) [6].

d) No son diferentes de los que hemos examinado hasta aquí los pronombres interrogativos empleados en la interrogación indirecta. Se observa, sin embargo, en español una tendencia muy señalada a introducir oraciones de relativo en la interrogación indirecta, tendencia que, por otra parte, no es extraña a otras lenguas: *Ya sabes qué colina digo* (J. R. Jiménez, *Platero y yo*, LXXXIV) frente a: *Sé el camino que lleva al mundo* (J. M. Pemán, *De Madrid a Oviedo*). Solo parecen encontrar resistencia las cláusulas interrogativas dubitativas: *A esto no supo Rafael qué contestar* (Blasco Ibáñez, *Entre naranjos*, I, 3). En el latín de transición se produce confusión entre el interrogativo *quid* y el relativo *quod*, a lo que se debe la vacilación entre *que* acentuado y *que* no acentuado en la construcción *que* + infinitivo, vacilación que se refleja a veces en la ortografía: *No tengo que darte* y *No tengo qué darte* [7].

e) Las oraciones exclamativas pronominales no son tampoco en lo esencial diferentes de las interrogativas, directas o indirectas, que hemos considerado en este párrafo. A la pregunta se asocian con facilidad elementos expresivos subyacentes, elementos que adquieren mayor prominencia a medida que se atenúa o desdibuja la voluntad inquisitiva con que la pregunta se formula. Podemos hablar de oraciones exclamativas pronominales puras, cuando la curva melódica en que se inscriben pierde la capacidad de incremento tonal (§ 1.7.5) que va asociada a la pregunta. En ellas el repertorio de los pronombres interrogativos con función exclamativa se reduce considerablemente. Dejan en general de emplearse o se emplean raras veces *quién, quiénes; cuál, cuáles,* y totalmente *cúyo, cúya* ... y el interrogativo sustantivo *qué*. Este mismo pronombre sustantivo forma, sin embargo, con la preposición *de* una construcción que es específica de la oración exclamativa pronominal, enteramente extraña a la pregunta: *¡Qué de cosas no dijo!* Por otra parte, el cambio de formas interrogativas por formas relativas que en la pregunta se produce solamente, como hemos visto, en la interrogación indirecta, en la oración exclamativa no está ligado a la naturaleza subordinada de la cláusula y lo mismo ocurre en cláusula subordinada que en oración independiente: *El disgusto que tengo...* (Valle-Inclán, *Viva mi dueño*, IV); *¡Lo que le habrá enseñado!* (Unamuno, *Tres novelas ejemplares*).

[6] Ha sido señalada también una relación estrecha semejante entre los interrogativos sustantivos franceses *lequel, laquelle*, etc. y el campo sintáctico.

[7] Al mismo origen se remonta la perífrasis verbal *tengo que* + infinitivo, pero en ella *que* se ha despojado enteramente de su carácter pronominal y es siempre inacentuado prosódicamente.

2.8 DE LOS PRONOMBRES INDEFINIDOS Y CUANTITATIVOS

2.8.1. Naturaleza de los pronombres indefinidos y cuantitativos. — *a)* Un dato común a los pronombres de que se ocupa este capítulo los sitúa en el extremo opuesto a todos los estudiados hasta aquí: personales, demostrativos, artículo, relativos e interrogativos. Con el empleo de los pronombres personales, demostrativos, etc., identifica o trata de identificar el que habla cosas, personas, grupos, de una manera inequívoca, frente a otras cosas, personas, grupos del mismo género o especie. Es una mención orientada hacia lo individual y determinado, lo mismo si la individualización se produce de una manera ocasional: *yo, estos,* que si se produce de una manera fija y constante: *el sol.* Al mismo tiempo esta clase de mención se produce, por modo paradójico, mediante el empleo de palabras que carecen de contenidos conceptuales extraídos de la realidad, fuera de los que representan los morfemas de género y número que son comunes a todas las categorías nominales y pronominales de palabras. Con indefinidos y cuantitativos, en cambio, ocurre exactamente lo contrario, en los dos sentidos. Por un lado, poseen componentes conceptuales, lo que explica el hecho de que sus radicales entren más frecuentemente que el de los restantes pronombres en el mecanismo de la derivación y la composición: *reunir, hidalgo, nadería, anonadar, poquedad, apocamiento, demasía, menospreciar, menoscabo,* y el hecho de que algunos de estos pronombres se empleen también como nombres sustantivos: *la nada, un cualquiera, un don Nadie, el todo, el más y el menos* [1]. Por otro lado,

---

[1] El elemento conceptual de la raíz equipara en cierto modo a estos pronombres, cuando aparecen como atributo de un nombre sustantivo, a la categoría del nombre adjetivo. «Adjetivo» los denominan algunas gramáticas, con el aditamento de «pronominal». Sin embargo, a pesar de que como pronombres adjetivos están privados de la función deíctica o anafórica que es propia de los pronombres en todos los casos, no dejan por eso de poseer los datos de indefinición e indeterminación que caracterizan a los pronombres de su clase. Por otra parte, la propiedad de funcionar indistintamente como sustantivos y adjetivos, o exclusivamente como sustantivos o adjetivos, presta una mayor cohesión a la categoría del pronombre. Como dice Bello en su *Gramática de la lengua castellana:* «El pronombre, a semejanza del nombre, se divide en sustantivo y adjetivo.» Véase también la nota 7 de este capítulo.

la mención que realizan deja sin identificar personas y cosas, bien porque no importa o no conviene o no es posible esta operación. La denominación de indefinidos conviene, pues, a todos los pronombres de que tratamos en este capítulo, incluso a los numerales de que se ocupa el siguiente. No solo *alguien* deja sin determinar si se trata de este o aquel, de Juan o Pedro. También *dos* puede ser pronombre indefinido porque, aunque determina el número, deja sin decidir si se trata de este o aquel, de Juan o Pedro. En la frase nominal *los dos*, la determinación está a cargo del artículo.

b)   La denominación de cuantitativos suele aplicarse especialmente a los indefinidos que designan un número indeterminado de objetos: *muchos días, pocas esperanzas*, o una cantidad indeterminada o un grado indeterminado de algo: *bastante agua, demasiado calor*. Esta noción cuantitativa y numérica hace posible ordenar estos pronombres en series de mayor a menor número, cantidad, grado o inversamente (incluyendo a los numerales): *uno, dos, tres ... pocos, muchos, todos; bastante, mucho, demasiado, todo*. Algunos pronombres indefinidos, a los que no suele aplicarse esa denominación, no dejan de poder incluirse en la escala creciente o decreciente de los cuantitativos. No solamente *algunos* representa un número indeterminado de unidades, *alguien* y *alguno* una sola unidad, *algo* una cantidad mayor o menor. También *nadie* y *nada* representan el número «cero» y la cantidad «cero» de la escala: *nadie, alguien, dos, tres ... varios, muchos; nada, algo, poco, bastante, demasiado*. Los términos «indefinido» y «cuantitativo» son, por consiguiente, compatibles en muchos casos.

c)   Por su capacidad de gradación cuantitativa, algunos de estos pronombres, en su forma neutra, actúan también como adverbios cuantitativos. La distinción entre pronombre y adverbio, en estos casos de identidad de forma, no es siempre fácil. Con verbos intransitivos o usados como intransitivos: *Lloraba mucho, Reía poco; mucho* y *poco* son adverbios. Con verbos transitivos, en determinados contextos: *Ganó mucho, Perdió poco en el cambio*, son pronombres cuantitativos neutros. En otros: *Leía mucho, poco*, pueden ser una cosa u otra, según la intención del que habla (= *Leía constantemente*, adverbio; = *Leía muchos libros*, pronombre). Lo mismo con verbos intransitivos que pueden llevar complementos nominales o pronominales de duración: *Vivió mucho (Vivió intensamente* o *Vivió muchos años)*. Podemos decir que en estos casos y en otros más difíciles se produce neutralización o sincretismo entre las dos categorías.

d)   A los anteriores datos específicos que caracterizan a los pronombres indefinidos y cuantitativos se suman los caracteres generales comunes a todos los pronombres. Por un lado, la propiedad de actuar exclusivamente como pronombres sustantivos: *alguien, nadie, quien-*

quiera, o indistintamente como sustantivos y adjetivos: *uno, alguno,* etc.
(v. nota 1). Por otro lado, la función señaladora. El señalamiento lo
realizan cuando actúan solos como pronombres sustantivos: *Una especie puede engendrar otra; Citaron a todos los testigos, pero muchos no
comparecieron,* y cuando actúan también como pronombres sustantivos,
pero agrupados con un atributo o complemento que lo es del término
que representan: *Escuchamos varias composiciones del mismo género,
algunas inacabadas; dos principios, uno variable y otro permanente.*
Sin dejar de ser indefinidos, algunos de estos pronombres se agrupan
frecuentemente en la anáfora con pronombres demostrativos, artículos y pronombres personales, o se asocian a complementos introducidos
por *de* que consisten en pronombres personales o demostrativos, con
el fin de hacer la anáfora más precisa, directa y orientada: *Prefieren una
pérdida de cien mulas en cada tropa por este camino, a la decadencia
que padece toda ella conducida por los altos* (Concolorcorvo, *El Lazarillo
de ciegos caminantes*); *Dos señoritas rusas, escritoras, una de ellas
hombruna* (Baroja, *La ciudad de la niebla*); *Nos sentíamos enemigos el
uno del otro* (Unamuno, *Niebla*), junto a *Se sentaron uno frente de otro*
(J. M. Pemán, *Obras completas,* II, 932).

e) Otro de los caracteres generales de los pronombres es el de
poseer género neutro, que solo en dos indefinidos aparece con forma diferenciada: *algo, nada.* En otros es idéntica a la del masculino singular:
todo, mucho, poco, demasiado, uno, otro, o a la forma singular, cuando
el pronombre carece de variación genérica: *bastante,* o a la única
forma de los pronombres invariables: *más, menos, demás.* Cuando
alguna de estas formas aparece combinada con *lo: lo uno, lo otro, lo
demás, lo más, lo menos, lo bastante, lo poco que* = *qué poco, lo mucho
que* = *cuánto,* creemos que el pronombre puede considerarse como forma neutra, interpretación que cabría aplicar también al nombre adjetivo masculino singular con *lo.* Las formas neutras suelen diferenciarse
por su función de las formas no neutras con las que fonéticamente
coinciden. Las formas no neutras actúan como pronombres sustantivos, como los neutros, pero reproducen un término del contexto, o el
nombre de algo dado o aludido en la situación: *Y así estuve con ella
aquel día y otro (Lazarillo); El juego, poco e bueno* (refrán antiguo,
en *Seniloquium*); *Corrí a él, rodeéle todo* (Cervantes, *Coloquio de los
perros*). Los neutros no realizan esta clase particular de referencia: *Es
cosa saludable ... cenar poco* (*Buscón,* I, 3); *Sacar no más que cumplidí-
simo disgusto* (Suárez de Figueroa, *El Pasajero,* III); *Todo lo dora un
buen fin* (Gracián, *Oráculo manual*); *La posesión daba bastante para
alimentarnos* (Palacio Valdés, *Papeles del Doctor Angélico*).

2.8.2. **Otras particularidades.** — a) Los indefinidos neutros poseen la propiedad, lo mismo que el artículo neutro *lo,* de poder regir

nombres adjetivos: *Algo malo habrás hecho; Nada bueno promete; Darle algo caliente* (Muñoz Seca, *El Pajarito*, I), y pronombres indefinidos adjetivos, lo mismo que los demostrativos y los interrogativos neutros (*esto más, ¿qué más?, ¿cuánto más?;* para *lo más*, véase el § 2.8.1e): *No me contento con nada menos que los brazos* (Tamayo y Baus, *Locura de amor*, I, 2), lo que hace presumir que son los neutros de los indefinidos, cuando no tienen forma especial, los que aparecen en combinaciones semejantes, siempre que no realicen señalamientos anafóricos, como se dice en el mismo apartado: *poco más, mucho menos, bastante menos.*

b) Las formas no neutras de los indefinidos, por su parte, tienen una extraordinaria capacidad para combinarse entre sí o con pronombres no indefinidos: *alguien más, alguno más, muchos más, muchos otros, otros muchos, otra cualquiera, cualquier otro, uno cualquiera; otras tantas, otros cuantos, otro tal, otros varios, cada cual.* En estas combinaciones, como en las anteriores, es a veces difícil establecer cuál es el término regente (sustantivo) y cuál el término regido (adjetivo).

2.8.3. **Clases de indefinidos y sus formas.** — 1.º El indefinido *uno* tiene variación de género y número: *uno, una, unos, unas,* neutro *uno.* Todas las formas poseen acento de intensidad en la penúltima sílaba. El neutro *uno* es hoy de empleo escaso y exclusivamente literario: *Una cosa es lo natural; otra lo sobrenatural. Uno, la rutina; otro, la libertad del día feriado. Uno, el pan nuestro de cada día; otro, la golosina* (R. Pérez de Ayala, *El curandero de su honra*). Cuando el singular funciona como pronombre adjetivo, se emplea la forma *un* de la manera siguiente. Para el masculino se emplea siempre *un* y no *uno*, tanto si precede inmediatamente al nombre sustantivo o a la palabra o grupo de palabras que funcionen como tal nombre: *un pueblo, un imposible, un sí es no es, un tira y afloja, por un quítame allá esas pajas,* como si precede a los atributos antepuestos al nombre: *un buen día, un extraño y poderoso maleficio,* y hasta a ciertas partículas comparativas: *Un como plebeyismo ambiente* (Ortega y Gasset, *El Espectador*, I) [2]; *Un a modo de calendario luctuoso* (López Róberts, *La novela de Lino Arnaiz*) [3]. Como femenino se emplea *un*, y bastantes menos veces *una*, ante nombre sustantivo femenino singular que empieza por el fonema vocálico /a/, escrito *a-* o *ha-*, cuando posee acen-

---

[2] Pero no faltan ejemplos de *uno como* en la literatura clásica y en la hispanoamericana de hoy.

[3] Aisladamente se ha empleado *un* como pronombre sustantivo, cuando va agrupado con un nombre que es atributo del término reproducido por *un*, uso atestiguado por Cuervo con ejemplos clásicos (nota 113 a la *Gramática* de Bello).

to de intensidad y sigue inmediatamente al indefinido: *un ave, un aria, un aula, un hacha* [4].

En su función adjetiva, el indefinido *un, una, unos, unas* recibe la denominación gramatical de artículo indeterminado (o indefinido), por el hecho de que entre él y el artículo, llamado por contraposición determinado, se establecen ciertos contrastes semánticos y sintácticos: *a un lado, al lado; un libro, el libro*, o determinada concurrencia en el uso, por ejemplo, en el singular genérico: *Un hombre (el hombre) tiene derecho a pensar como la razón le dicta*, y hasta oposición y contraste con la falta de artículo (artículo cero): *por la noche, una noche, de noche*. La situación es diferente cuando el artículo y el indefinido actúan como sustantivos, porque entonces el indefinido se emplea casi siempre solo, mientras que el artículo no aparece nunca separado de los atributos o complementos que corresponden al término al que representa. Falta, por consiguiente, una perfecta simetría sintáctica entre ellos.

Por otra parte, el indefinido experimenta diversos cambios de categoría gramatical. El más importante (aparte de su empleo como numeral, que es el originario) consiste en el uso de *uno* o *una* como pronombre personal indefinido, con el carácter de persona general. Se diferencian así: *persiguen a uno* (a cierto hombre; indefinido) y *le persiguen a uno* (a cualquiera, a mí; pronombre personal general). La posibilidad de interpolar el anticipador o anafórico *le* en el segundo ejemplo y no en el primero establece la diferencia. Aparece también, en singular y en plural, como nombre adjetivo con varias significaciones: *Las penas que daban a los ladrones no eran todas unas* (idénticas) (Antonio de Guevara, *Epístolas familiares*, LVI); *España es una* (indivisa). Para el numeral *uno*, véase el capítulo siguiente.

2.º Los indefinidos compuestos con *uno: alguno* y *ninguno*, forman una oposición: término positivo/término negativo, sin que existan entre ellos otras diferencias semánticas. Pero *alguno* se emplea también como término negativo en determinadas construcciones, especialmente en la lengua literaria: *en parte alguna* (= *en ninguna parte*), *en modo alguno* (= *de ningún modo*), y en otras construcciones los dos indefinidos son intercambiables (se produce neutralización entre ellos): *sin esperanza ninguna, sin esperanza alguna*, asociados en este caso a una palabra negativa. No se diferencian tampoco morfológicamente. Los dos tienen variaciones de género y número:

alguno,	*alguna,*	*algunos,*	*algunas*
ninguno,	*ninguna,*	*ningunos,*	*ningunas*

---

[4] Este *un* femenino parece ser de uso más frecuente que *una* en todas las épocas. En la Edad Media y en el Siglo de Oro aparece aisladamente fuera de las condiciones dichas: *No tardará Francisco un ora* (Lope de Vega, *Epistolario*, IV).

y todas las formas tienen acento de intensidad en la sílaba -*u*-. Los singulares adoptan la forma *algún*, *ningún* en las mismas condiciones que *uno*, *una*. Pero *alguna*, *ninguna* son de uso más frecuente que *una*: *Alguna ave noctámbula* (Arguedas, *Raza de bronce*, II); *Alguna alma* (Ciro Alegría, *El mundo es ancho y ajeno*). Tanto las formas positivas como las negativas se emplean indistintamente como pronombres sustantivos o adjetivos, con significación de persona o de cosa. Con *alguno* y *ninguno* sustantivos y con valor de persona compiten los indefinidos invariables *alguien* y *nadie*. Los neutros correspondientes a cada una de las series positiva y negativa tienen la forma especial *algo* y *nada*. Se emplean también como nombres sustantivos: *un algo*, *muchos algos*, *una nada*, *la nada*.

3.º El indefinido compuesto *cualquiera* no solo deja sin individualizar y sin identificar el objeto de su mención, como todos los indefinidos, sino que además, en virtud de un acto de inhibición estimativa que es su correlato psíquico, lo coloca en el mismo plano que los demás de su mismo género o especie ('lo mismo da uno que otro'). *Cualquiera* funciona indistintamente como pronombre sustantivo, con significación de persona o de cosa. Cuando es adjetivo y va antepuesto al nombre, en posición inmediata o no inmediata, se emplea la forma *cualquier*, sin distinción de género. El uso de *cualquiera* ante nombre femenino: *Cualquiera parte* (Menéndez Pelayo, *Orígenes de la novela*), es hoy muy poco frecuente. Pero en la locución pronominal en la que *cualquier(a)* se agrupa con *otro*, *otra*, la forma *cualquiera* es más frecuente que *cualquier* ante nombre femenino: *Cualquiera otra persona menos poética* (Baroja, *Los últimos románticos*); *Otra cualquiera modificación corporal* (E. d'Ors, *El secreto de la filosofía*), y casi inusitada ante nombre masculino: *Cualquiera otro gravamen* (*Reglamento del Impuesto de Derechos Reales* de 28-II-1927). Pospuesto al nombre se emplea exclusivamente *cualquiera*. Al nombre sustantivo precede siempre en este caso un pronombre indefinido: *una persona cualquiera*, *un mortal cualquiera*. En función sustantiva, con mención de persona o de cosa, con señalamiento anafórico o sin él, solo o agrupado con cláusulas de relativo o con complementos partitivos con *de*, se emplea hoy exclusivamente *cualquiera*: *cualquiera diría*; *cualquiera que lo vea*; *cualquiera de vosotros*; *De todos sus libros, cualquiera es mejor que este*, etcétera. Pero la locución con *otro*, en función sustantiva, adopta siempre la forma *cualquiera otra* para el femenino y *cualquier otro* para el masculino.

El plural de *cualquiera* y *cualquier* es *cualesquiera* y *cualesquier*, enteramente limitado a la lengua escrita. Pero el uso de este plural con valor de singular se halla, en cambio, muy extendido en el habla vulgar de España y América. La lengua literaria que no persiga como fin especial el reproducir usos populares y vernáculos debe evitarlo, así como el uso contrario del singular por el plural.

Quienquiera, quienquier y su plural *quienesquiera*, con significación de persona, es hoy de empleo muy restringido y exclusivamente literario. Lo era también en la prosa del siglo XVI.

Cualquiera se emplea también como nombre sustantivo con intención descalificante: *un cualquiera, una cualquiera* y su plural es entonces *cualquieras*.

4.º El indefinido cuantitativo *todo*, con morfemas de género y número: *todo, toda, todos, todas*, y un neutro *todo* (con acento de intensidad en la penúltima sílaba de todas las formas), se emplea indistintamente como sustantivo y adjetivo, con mención de persona o de cosa y realiza señalamientos de naturaleza textual o extratextual. Una de sus propiedades específicas es la de poder anteponerse al nominativo de los pronombres personales: *todo yo, todo tú, todos nosotros*, etc., a los demostrativos y al artículo cuando funcionan como pronombres sustantivos: *todos estos, todos los que le escuchan*, y a estos mismos pronombres y a algunos más cuando unos y otros funcionan como adjetivos (en algunos casos exclusivamente en singular): *toda esa familia, todos los años, todas sus ocupaciones, todo un hombre, toda otra observación*, etc.

Funciona en todos estos casos como pronombre adjetivo del término pronominal que le sigue: *todos ellos, todo el que*, o del grupo entero pronombre adjetivo + nombre sustantivo en los casos restantes: *todos + los años, todas + sus ocupaciones*. Podría pensarse que en *todo el que le escucha, todos los que lleguen, todo* y *todos* son antecedentes de los relativos compuestos *el que, los que*. Pero a esta interpretación se opone el principio general de que los relativos compuestos españoles *el que* y *el cual* no se emplean nunca sin preposición en cláusulas de relativo especificativas, como lo serían *todo el que, todos los que*.

Por otro lado, es muy frecuente que *todo*, cuando actúa como sustantivo con señalamiento anafórico, reproduzca términos de su propia oración, propiedad sintáctica de la que participan los pronombres personales y en menor grado otros pronombres: *Los afiliados de Irún todos eran jóvenes* (Baroja, *El escuadrón del brigante*, I, 1); *Asoma el jubón de franela amarilla el pescuezo todo nuez* (Valle-Inclán, *Los cuernos de don Friolera*).

La forma *todo, todos* se emplea también como nombre sustantivo: *La imaginación construye todos de cada una de estas partes* (Menéndez Pelayo, *Ideas estéticas*, VII); *La contemplación del Todo* (J. Cortázar, *Rayuela*, 9). Su adverbialización, en cambio, no presenta rasgos tan seguros e inconfundibles como la de otros indefinidos y como en otras lenguas románicas. De la combinación, por ejemplo, de *todo* con un nombre adjetivo, femenino o plural: *Todo llorosa* (Juan Rodríguez de la Cámara, *Bursario*), se dan escasas muestras en todos los tiempos. Si el adjetivo es masculino singular, como en *El traje estaba todo deshilachado*, se trata de la construcción recién examinada.

5.º Los indefinidos cuantitativos *más* y *menos* son invariables, pero se agrupan con nombres sustantivos de cualquier género y número, predominantemente en singular con nombres de sustancia: *más, menos agua*, y en plural con nombres de cosas numerables: *más, menos árboles*, lo mismo que la mayor parte de los pronombres cuantitativos. Cuando actúan, como en estos casos, en función de pronombre adjetivo, se combinan también con otros indefinidos, cuantitativos, con numerales y con pronombres de otras clases, pospuestos a ellos: *alguien más, nadie más, alguno más, otro más, dos menos, quién más*, etc., o tras de nombres sustantivos a los que precede alguna de esas mismas palabras pronominales o algún numeral: *algunos, bastantes, cinco días más*. Fuera de estas agrupaciones, reproducen anafóricamente un nombre del contexto o anticipadamente un complemento partitivo: *Mi opinión de los grandes y abnegados médicos no puede ser mejor. En el pasado había más* (Gómez de la Serna, *Automoribundia*, 693); *más, menos de veinte personas*, etc. Son neutros cuando no representan ningún nombre del contexto o de las cosas dadas en la situación o cuando se agrupan con otros pronombres neutros: *qué más, esto más, lo más, lo menos*. Como otros cuantitativos, funcionan también como adverbios: *¡Oh más dura que mármol a mis quejas!* (Garcilaso); *Cuando uno menos se espera* (M. Vargas Llosa, *La casa verde*, III, 2). Pueden sustantivarse ocasionalmente, como todas las palabras cuando funcionan como nombres de sí mismas: *un más; un menos; el más; el menos*. Pero con artículo plural actúan anafóricamente: *Impresas unas en latín, otras en italiano, las menos en la lengua patria* (Menéndez Pelayo, *Ideas estéticas*, VI); *Las más de las gentes* (Unamuno, *Ensayos*, VI). El artículo es también aquí anafórico, pero esta circunstancia no priva a *más* y *menos*, en estas construcciones, de su condición de palabra vicaria, y por consiguiente, pronominal.

En todos los casos examinados *más* y *menos* se articulan con acento de intensidad, *menos* en la penúltima sílaba.

6.º *Mucho, mucha, muchos, muchas* y *poco, poca, pocos, pocas* se separan de *más* y *menos* por el hecho de poseer morfemas de género y número, pero no enteramente por sus funciones. Como *más* y *menos*, pueden actuar anafóricamente agrupados con el artículo (véanse los dos últimos ejemplos, de Menéndez Pelayo y Unamuno, en el apartado 5.º anterior), pero en estas construcciones, a diferencia de *más* y *menos*, aparecen casi siempre como antecedentes de un relativo: *Hay pocos teólogos, y los pocos que hay, amancebados* (Valle-Inclán, *Cara de plata*); *Otro grupo de viajeros, de los muchos que transitan en tal época por aquellos lugares* (Luis Maldonado, *Del campo y de la ciudad*). Por otra parte, como pronombres anafóricos, pueden agruparse con los artículos y los complementos que propiamente corresponden al nombre que representan, construcción rarísima con *más* y *menos: muchos libros malos y pocos buenos*, o *pocos de los buenos*. Rigen frecuentemente

complementos de naturaleza partitiva como otros pronombres cuantitativos: *muchos de ellos; hay poco de eso*. El neutro *poco* en alguna de
estas construcciones adopta la forma *un poco: ¡Tenga usted un poco de
piedad para esta pobre criatura!* (Valle-Inclán, *El yermo de las almas*);
Pediríamos al autor un poco de interés dramático (Ortega y Gasset, *Ideas
sobre la novela*); (desde el punto de vista semántico, *poco* es concepto
contrario de *mucho*, *un poco de nada*). La concordancia con el complemento partitivo se halla muy extendida en el habla vulgar: *una poca de
agua*, frecuentemente con pérdida de la preposición: *una poca agua;
¿Iría a la casa de Nodales o aguardaría un poco tiempo?* (posible errata)
(Azorín, *Memorias inmemoriales*, LVI). En estos y otros casos es muy
acusada la tendencia a la conversión de *mucho* y *poco* en nombre adjetivo: *Harto puede maravillar que este poco recato no hubiese hecho advertir
al Rey más fundamentalmente* (Carlos Coloma, *Guerras de los Estados Bajos*, II); *Perdió la poca sangre que le quedaba* (C. J. Cela, *La Colmena*, II);
Es un castigo por sus muchas faltas (Zunzunegui, *¡Ay... estos hijos!*).

7.º El indefinido *otro, otra, otros, otras*, con morfemas de género
y número [5] y acento de intensidad en la penúltima sílaba de todas las
formas, puede significar persona o cosa y actuar como pronombre
sustantivo y adjetivo, indistintamente. Por su contenido semántico,
presupone que algo ha sido mencionado ya o va a mencionarse, o está
implícito en el enunciado o en la situación, algo que pertenece al mismo
género, especie o clase a que pertenece el objeto de su propia mención [6].
Esta alusión de naturaleza semántica no debe confundirse con el señala-
lamiento anafórico o situacional, porque *otro* la realiza no solo cuando
actúa anafóricamente como pronombre sustantivo, sino también cuando actúa como pronombre adjetivo agrupado con un nombre: *Si es
poco, daré l'alma, y si tuviera / otra cosa mayor, también la diera*
(Herrera, *Canción IV*, vv. 132-3, de *Rimas inéditas*, 1948). En el caso
de señalamiento textual o extratextual, sin embargo, el término de
su señalamiento coincide con el término de su alusión semántica: *Un
viejo resplandor en el oriente y otro en el occidente* (J. L. Borges, *La
muerte y la brújula*). Por obra de este contenido semántico, *otro* se
acerca en ocasiones a un numeral ordinal. *Otro es el segundo* (lat. *alter*),
aquello que se menciona después de lo primero: *otra vez = una segunda
vez*, y equivale a *(uno)... más*, por el hecho análogo de que *más* es

---

[5] Forma neutra solo puede considerarse hoy la agrupada con otro
pronombre neutro: *esto otro, lo otro*. En español antiguo y clásico se empleó
un neutro *otro* fuera de estas condiciones: *No se diga uno y se sienta otro*
(= *una cosa, otra cosa*) (Lope de Vega, *Epistolario*, III, 325).
[6] En el ingrediente conceptual de *otro* no entra necesariamente ningún
dato que se refiera a la semejanza o desemejanza entre los dos términos
que pertenecen a un mismo género, especie, clase, etc. Pero algunas veces se
hace ostensible este dato secundario. Así *otro Aquiles* puede equivaler a *un
segundo Aquiles*, semejante o muy parecido a Aquiles, o a una nueva interpretación de Aquiles, muy diferente de la concebida hasta ahora.

también aditivo y acumulativo. Con esta última fórmula es *otro* muy frecuentemente intercambiable: *otra vez = una vez más; No faltaba otra cosa = No faltaba más; Sin otra preocupación que la de bañarse = Sin más preocupación* (R. Pérez de Ayala, *La pata de la raposa*, página 188, ed. 1923). Pero la lengua distingue dos clases de formas, según que los términos correlativos son dos (por naturaleza, como los brazos del hombre, o porque la mente no considera más que dos) o según que los términos son más de dos. En el primer caso se emplea el pronombre tras del artículo: *el otro, la otra ...* (lat. *alter*). En el segundo caso sin artículo (lat. *alius*): *De las dos ventanas superiores, una aparecía abierta y la otra daba el tono del ojo ciego* (E. Mallea, *Las águilas*, I); *De ese cuarto pasaba a otro cuarto exactamente igual* (otro entre varios más) (G. García Márquez, *Cien años de soledad*, pág. 124, edición 1968). Pero con frecuencia se confunden las dos fórmulas, como en latín *alter* y *alius*. El indefinido sustantivo *uno*, que constituye muchas veces el primer término de la correlación, se agrupa también frecuentemente con el artículo: *el uno ... el otro*.

8.º El indefinido invariable *demás* es sinónimo de *otro*, pero a diferencia de *otro* se emplea casi exclusivamente con artículo plural, lo mismo cuando actúa anafóricamente como pronombre sustantivo: *Un buen hombre es un hombre bueno para los demás* (Unamuno, *Ensayos*, VII), como cuando se agrupa con un nombre: *Si tú vinieras, Platero, con los demás niños, a la miga, aprenderías el a, b, c* (J. R. Jiménez, *Platero y yo*, VI), o cuando se emplea sin referencia con significación de persona en general: *Nunca fui como los demás* (E. Pardo Bazán, *La sirena negra*, VIII). Se agrupa raramente con artículo singular, agrupado con un nombre colectivo o con un nombre que significa pluralidad, generalmente femenino: *La demás gente de casa toda se había ido a comer* (Cervantes, *Quijote*, I, 33); *No salen al trabajo con la demás chusma* (*Ibíd.*, 40). Por otra parte, *los otros* alude generalmente a cierto grupo, mientras que *los demás* se refiere a todo el resto de la serie (lat. *cēteri*), a pesar de lo cual alternan en el uso los dos pronombres, especialmente cuando se emplean sin artículo: *Y demás camelos estúpidos* (A. D. Cañabate, *Historia de una taberna*, pág. 96); *Y otras lindezas semejantes* (*Ibíd.*, pág. 77), uso con *demás* sin artículo que no es probablemente anterior al siglo XVIII. *Otro* posee, además, una capacidad combinatoria extraña a *demás: otros muchos* o *muchos otros, estos otros, tantos otros, algunos otros*, etc. El neutro aparece con artículo: *lo demás*, y sin artículo, tras de una enumeración de cosas más o menos heterogénea: *Pragmáticas, cédulas, decretos y demás* (*Novísima Recopilación*, 1846, I, pág. XLII).

9.º El indefinido distributivo *cada* se emplea exclusivamente como pronombre adjetivo ante nombres de objetos numerables en singular: *Para cada alma hay una idea que la corresponde* (Unamuno, *Ensa-*

yos, VII), y ante plurales inmediatamente precedidos de un numeral cardinal que no sea *un* (*cada un año* es fórmula antigua y clásica): *cada tres días* [7]. Son fórmulas elípticas, propias de los usos coloquiales, expresiones como: *tres pesetas cada*, en que *cada* actúa aparentemente como pronombre sustantivo señalando el objeto que se compra o se vende. Pero el señalamiento textual o extratextual lo realizan normalmente las combinaciones *cada cual* y *cada uno*, verdaderos pronombres compuestos, como lo prueba la pérdida casi normal del acento de intensidad en *cada* en estas agrupaciones (compárese fr. *chacun*, it. *ciascuno*). Los dos son pronombres sustantivos, con anáfora textual o extratextual, y frecuentemente sin anáfora, con significación de persona: *Por cada uno de los infinitos poros soltaba una onza o centén* (Galdós, *Misericordia*, XXVI); *Cada uno está contento en el lugar en que está* (Santa Teresa, *Libro de la vida*, X); *E las siete Pleyas que Atlas otea /.../ cada qual guarda qualquier ley que sea* (Mena, *Laberinto de Fortuna*, 8); *Cada cual echa el mochuelo al prójimo y procura zafarse* (Unamuno, *Ensayos*, VII). Los dos pronombres son en algunos casos intercambiables, pero *cada cual* parece que insiste más que *cada uno* en lo individual y diferencial. Por otra parte, a diferencia de *cada uno*, *cada cual* no se emplea hoy con complementos partitivos.

10.º Son pocos más los pronombres indefinidos con que podría completarse el repertorio. *Bastante, bastantes* y *demasiado, -a, -os, -as* son pronombres cuantitativos que actúan de manera muy semejante a la de los restantes cuantitativos y como ellos funcionan también como adverbios. Todas las formas se articulan con acento de intensidad en la penúltima sílaba. El plural *varios, varias*, a diferencia del singular, que es nombre adjetivo, funciona como pronombre, y en los casos en que actúa como pronombre sustantivo reproduce o anticipa términos del contexto: *Por el fondo aparecen varias de ellas* (García Lorca, *Mariana Pineda*, III), o se emplea sin anáfora con la significación de persona, como otros pronombres: *Cuando en esto vi que aparecían por el puente varios a caballo* (R. Sánchez Mazas, *Pedrito de Andía*, LVII). Algunas gramáticas incluyen *cierto* entre los pronombres indefinidos, pero *cierto* carece en absoluto de las propiedades anafóricas de los pronombres.

---

[7] Acaso puede discutirse la clase de palabras a que pertenece *cada*, dado que en los usos normales no aparece como pronombre sustantivo con función anafórica, si no es en los compuestos con *una* y *cual*. Pero debe tenerse en cuenta que no existe ninguna otra palabra de naturaleza nominal o de cualquiera otra clase capaz de reemplazar a *cada* en las fórmulas con numerales ordinales: *cada tres días*, formando con los otros términos de la fórmula un grupo de sentido, con función análoga a la de *cada*, y no una aproximación fortuita. Otros pronombres, en cambio, son capaces de tal sustitución: *estos tres días, los tres días, unos tres días, otros tres días*, criterio este de sustitución y distribución del que no puede nunca prescindirse si se quiere determinar con rigor la categoría gramatical de las palabras. Acaso *cada* conserva bastante de su naturaleza preposicional, que es etimológicamente la originaria (griego *katá*).

2.9. DE LOS NUMERALES

2.9.1. Los numerales y su categoría gramatical. — En los numerales hay que considerar dos aspectos: el que se deriva de su naturaleza gramatical y el que procede de su naturaleza semántica. Por su contenido conceptual, por hallarse estrechamente vinculados a un lenguaje formal, el de la aritmética, los numerales forman una clase de palabras semánticamente homogénea. Al mismo tiempo, sus morfemas flexivos y derivativos y sus funciones sintácticas no son en lo esencial diferentes de los morfemas y de las funciones que caracterizan a la categoría del nombre y del pronombre. La adscripción que hacemos en lo sucesivo de unos u otros numerales a la categoría del nombre o del pronombre, sustantivos o adjetivos, no es, por consiguiente, arbitraria [1]. En ningún caso puede hablarse de sustantivación o adjetivación ni de nada semejante, porque el carácter gramatical con que se presentan determinadas clases de numerales no es algo accidental que les acaece a unos sí y a otros no, sino un hecho permanente y general dentro de una clase determinada. Pero la naturaleza numérica de los numerales, aunque ella sola no sea capaz de agruparlos en categoría gramatical y rigurosamente diferenciada, como la del nombre, el pronombre o el verbo, influye a veces en la gramática de los numerales, como tendremos ocasión de ver. Por otra parte, palabras como *uno, dos, tres,* en contraste con otras palabras [2], ofrecen la particularidad de corresponderse en la escritura con dos formas gráficas de naturaleza diferente: un signo lingüístico: *uno, dos, tres,* y un signo aritmético:

---

[1] Que la palabra *quinto* 'soldado en período de instrucción' y *media* 'calzado de punto que cubre el pie y la pierna...' sean nombres sustantivos no impide que también lo sean *un quinto* (1/5) y *la media (aritmética).* En el primer caso se trata de nombres sustantivos, etimológicamente relacionados con numerales o que en su origen fueron numerales. En el segundo caso se trata también de nombres sustantivos, o de palabras que pueden ser consideradas como nombres sustantivos, pero con el carácter adicional de numerales y con todos los rasgos gramaticales privativos que esta condición les confiere (algunos, a diferencia de los primeros, funcionan indistintamente como sustantivos y adjetivos, etc.).

[2] Esta particularidad no es exclusiva de los numerales. Pero otras formas lingüísticas de carácter análogo, como las correspondientes a las fórmulas químicas, son de uso rarísimo fuera de la literatura técnica, lo contrario de lo que ocurre con los numerales, y por eso no se estudian en esta obra.

1, 2, 3. No podría decirse que *1* es forma reducida de *uno,* a la manera como *Sr.* es abreviatura de *Señor,* sino más bien que *uno* constituye la expresión lingüística de *1,* o de la entidad matemática que *1* representa. No es tampoco abreviatura sino forma mixta, que se corresponde precisamente con la doble naturaleza del numeral, la escritura que hacemos de los ordinales agregando a *1, 2* ... una *a* o una *o* voladitas: *1.º, 2.ª* ... para transcribir *primero, segunda,* etc. Examinamos a continuación las diversas subclases de numerales y las categorías gramaticales en las que pueden encuadrarse.

2.9.2. **Los numerales cardinales.**—1.º   Cada uno de los numerales *uno, dos, tres, cuatro, cinco* ... *nueve, cero* es nombre sustantivo apelativo cuando designan cada uno de los diez guarismos *1, 2, 3* ... *0.* Como tales nombres sustantivos, pertenecen al género masculino. Su género gramatical lo determina el género del sustantivo *número* o *guarismo,* que es el nombre del concepto general que incluye a los diez signos aritméticos, del mismo modo que *el Manzanares* es masculino por razón del término genérico *río,* o *el violeta* por el término *color.* Decimos *un uno, este uno, el uno,* pero también *un número uno, el número uno,* con una construcción apositiva de idéntica naturaleza a la de *el río Manzanares* o *el color violeta.* Como apelativos de cosa de la que existen varios ejemplares, oponen normalmente un singular a un plural. La formación del plural sigue las reglas generales del nombre sustantivo: *uno-s, cuatro-s, cinco-s, cero-s* y *dos-es, tres-es,* pero suele evitarse *seis-es,* acaso por su homonimia con la palabra del mismo origen *seise-s.* Nombrar guarismos se hace sobre todo verbalmente, para dictar o cotejar cifras: *con el dos delante; Añada todos los ceros que usted quiera; cuatro cuatros seguidos; Empieza en uno y termina en dos.*

2.º   Son también nombres sustantivos los numerales *uno, dos, tres* ... *quince* ... *veinte* ... *ciento* ... *mil* ... cuando designan los números enteros positivos de la serie ilimitada *1, 2, 3* ... *15* ... *20* ... *100* ... *1.000* ... Por sus caracteres gramaticales y morfológicos no se diferencian, en lo esencial, de los anteriores y de los que estudiamos a continuación en el apartado 3.º Su género gramatical, como el de los nombres de los guarismos, lo determina el término genérico, pero en este caso no solamente *número,* sino otros nombres masculinos y femeninos: *el veinte, el número veinte; Ha salido premiado el 15.500, el número 15.500; la Generación del 98, del año 98; la música del XVI, del siglo XVI; la siete, la lección siete; la cincuenta, la página cincuenta.* La mención del nombre genérico es usual en algunos casos más que en otros: *el paralelo 41 de latitud norte; el folio 40; finca número 1900 del Registro de la Propiedad.* El plural es de poco uso: *Se han retirado los onces* ('los tranvías del disco once') (D. Alonso, *Poemas puros*), especialmente cuando en la representación aritmética del número hay más de dos guarismos. Empleamos un plural por aproximación o de valor incierto en fórmulas como: *La serie de los cincuenta mil ha sido anulada.* No es idiomático en español, en cambio, el plural *los treinta, los cuarenta,* o *los treintas, los cuarentas,* etc. para designar, como en inglés, los años del siglo comprendidos entre 30 y 39, 40 y 49, etc. Los introductores del reciente neologismo han tenido que idear una fórmula más explícita y elocuente: *los años treinta* o *treintas,* que sigue siendo tan inexpresiva y malsonante para oídos españoles como la fórmula reducida e idiomática del inglés. Resulta, además, innecesaria, existiendo como existe, por lo menos desde el siglo XVI, el término *decenio,* y hasta el más reciente *década* en esta acepción.

3.º Hasta aquí hemos visto empleados los numerales cardinales para nombrar cada uno de los guarismos o para nombrar cada uno de los números enteros positivos o el que de ellos ha sido asignado a un objeto entre varios con el fin de distinguir este objeto de los otros de la misma especie y darle su lugar en un conjunto *(la página dos, el año dos mil).* Otra cosa es cuando los empleamos como cómputo de los objetos de que se compone un conjunto *(dos páginas, dos mil años).* Funcionan entonces de manera casi idéntica a como funcionan los pronombres indefinidos y cuantitativos (v. capítulo anterior), pero carecen de morfemas de género y número, a excepción de los que examinaremos después. A partir de *dos,* sin embargo, rigen nombres plurales, masculinos y femeninos: *dos años, cien veces,* y cuando realizan señalamientos textuales o extratextuales en función sustantiva, designan también pluralidad, excepto *uno:* [El experimento] *se repitió después en cuatro colegios. En tres fue casi total el fracaso* (J. L. Borges, *El jardín de los senderos que se bifurcan);* —*Déjame una novela para la siesta.* —*Tienes dos mías que no me has devuelto* (I. Aldecoa, *Gran Sol); Pedís precio, os dan uno exorbitante* (E. Noel, *Diario íntimo).* Lo mismo que *otros* en la oposición *los otros / otros,* agrupados con el artículo designan una cantidad determinada de cosas ya mentada o supuesta: *los tres (de que venimos hablando),* en contraste con *tres (de ellos).* Así en la fórmula elíptica *las tres (las tres horas* en los horarios oficiales), en donde *tres* representa la cantidad de horas transcurridas desde la medianoche y no el número entero *tres,* que habría dado probablemente la fórmula *la hora tres* o *la tres,* como en los casos análogos del apartado 2.º anterior.

En función adjetiva, *ciento* pierde la última sílaba, aunque precedan al nombre sus atributos: *las cien mejores poesías.* Es incorrecta, en cambio, la apócope cuando *ciento* actúa como sustantivo: *Quien hace un cesto hará cien (ciento* en la versión tradicional del refrán); *Llovían las piedras como si hubiese cien por cada bando* (R. Sánchez Mazas, *Pedrito de Andía); ¿Cuántos hombres, entre cien, saben cómo funcionan las locomotoras?* (A. Nervo, *Mis filosofías); Le doy desquite de los cien* (R. Güiraldes, *Don Segundo Sombra*). Pero el uso parece muy extendido, especialmente en América. En España predomina *ciento*, incluso en la literatura dramática de carácter más popular: *¡Y otro [billete] de ciento!* (M. R. Carrión, *El pan nuestro de cada día*); *¡Un ciento por ciento, qué barbaridad!* (M. Echegaray, *Gigantes y cabezudos*), y hasta en modismos y refranes de uso frecuente: *ciento y la madre, ciento y pico, ciento y raya; Un loco hace ciento; Más vale pájaro en mano que ciento volando* (*cien* en versiones judeoespañolas de este refrán). *Veintiún, treinta y un*, etc., como atributos, se construyen con el nombre en plural: *veintiún días*, aunque el singular ha predominado sobre el plural en determinadas épocas (así en textos del siglo XIII). Lo mismo el femenino *-una: Veintiuna banderas* (Carlos Coloma, *Guerras de los Estados Bajos*, III).

Ambos, ambas, su variante *entrambos, entrambas* y la menos frecuente *ambas a dos*, todas ellas de uso literario, equivalen a *(el) uno y (el) otro, (la) una y (la) otra*. Funcionan como los restantes numerales cardinales: *En el ligero caballo / suben ambos* (Góngora); *Habiéndose confundido y disuelto una en otra entrambas vidas* (R. Pérez de Ayala, *El curandero de su honra*); *¿Y creéis que él quería lo mismo a entrambas?* (Galdós, *El abuelo*, III); *La crianza de los muchachos y el aumento de la fortuna, fines ambos conyugales* (L. Maldonado, *Del campo y de la ciudad*). Dada la equivalencia con *el uno y el otro* resultan absurdas e impropias frases como *el primero de ambos autores, el más antiguo de ambos monumentos*, pues la sustitución daría *el primero de uno y otro autor*. Mucho más desusadas son hoy las variantes *entrambos a dos, entrambas a dos*.

2.9.3. **Forma de los numerales cardinales.** — *a*) Considerado en su organización interna (con independencia, por lo tanto, de su función sintáctica), un cardinal consiste en una sola palabra *(nueve)* o en dos o más palabras que son a su vez numerales cardinales *(nueve mil: nueve, mil)*. Podemos también descomponerlo en grupos de dos o más palabras, realizando cortes en cualquier tramo de su enunciado: *nueve mil quinientos ochenta: nueve mil, nueve mil quinientos, mil quinientos ochenta*, etc. Conviene, pues, distinguir entre numerales cardinales simples: aquellos que no pueden segmentarse lingüísticamente en otros numerales, cualquiera que sea su valor numérico, y aquellos otros que pueden someterse a esta segmentación, a los que denominaremos compuestos. En este sentido son numerales simples los que van de *uno* a *quince*, la serie de las decenas: *veinte, treinta ... noventa*, los numerales *quinientos, mil* y la serie *millón, billón*, etc. Son equiparables a ellos los numerales *doscientos, trescientos ...*, cuyo morfema *-cientos*, plural de un numeral colectivo (v. § 2.9.7*d*), no aparece nunca aislado de *dos, tres ...* en la expresión de los numerales cardinales. Constituye, pues, forma trabada, lo mismo que *-cientas* en *doscientas*,

trescientas ..., con tanta más razón en este caso cuanto que el morfema
-*cientas* no aparece aislado ni en la forma lingüística de un numeral
cardinal ni fuera de ella.

  b) Carecen de variación de género los cardinales simples. Se exceptúan *un(o)*, *una* y *doscientos, doscientas; trescientos, trescientas*, etc. El
género lo determina el nombre sustantivo que es término genérico
(v. apart. 2.º del § 2.9.2): *la página mil doscientas*, o el nombre de que
el numeral es atributo o al que alude en su señalamiento (v. apart. 3.º
del § 2.9.2): *mil doscientas páginas, mil doscientas; tres mil doscientos
libros, tres mil doscientos; una página, una; un libro, uno.* Existe, sin
embargo, la siguiente diferencia. Los plurales *doscientos, doscientas;
trescientos, trescientas*, etc., acomodan siempre su género al del sustantivo al que se refieren, tanto si le preceden inmediatamente: *doscientos kilos, trescientas toneladas*, como si se hallan separados de él, en
el interior de un cardinal complejo: *doscientos mil kilos, trescientas mil
toneladas.* Los singulares *un, una*, en cambio, conciertan en género con
el sustantivo solo en el primer caso: *un kilo, una tonelada; veintiún
kilos, treinta y una toneladas.* En el segundo caso, existe hoy cierta
vacilación. La práctica tradicional y más general consiste en emplear el
masculino *un* cualquiera que sea el género del sustantivo: *veintiún mil
kilos, treinta y un mil toneladas.* Creemos que es un uso reciente, contrario a la tradición, la concordancia de género con el sustantivo femenino: *veintiuna mil pesetas, treinta y una mil toneladas.* Los cardinales carecen también de variación de número. Se exceptúan *uno, una* cuando
el nombre de que son atributo no se emplea más que en plural: *unos
tirantes, unas gafas*, y la serie *millón, billón* ...: *un millón, dos millones,
trescientos millones* ... Por otra parte, cuando el singular *millón, billón* ...
o el plural *millones, billones* preceden inmediatamente al sustantivo,
este se une al numeral mediante la preposición *de: un millón de habitantes, doscientos millones de hectáreas*, pero sin ninguna preposición en otro
caso, como los restantes cardinales: *un millón trescientos mil habitantes.*

  c) Como acabamos de decir, los cardinales simples, a excepción
de *un(o), una* y de las centenas *doscientos, doscientas; trescientos,
trescientas* ..., carecen de variación genérica, como varias clases de nombres adjetivos. Los restantes no solo carecen de esa variación, sino que,
a diferencia de los nombres sustantivos, no pertenecen al género masculino ni al femenino. Se exceptúan, sin embargo, *millón, billón* ... que
imponen el género masculino a los únicos cardinales dotados de variación genérica que inmediata o no inmediatamente les preceden: *un
millón, doscientos millones, trescientos mil millones*, etc.

  d) La posición contigua de dos cardinales simples, en la forma
lingüística de un cardinal compuesto, significa adición aritmética
cuando el situado en primer lugar es por su valor numérico superior

al que le sigue: *mil ocho* (= *1.000* + *8*), y multiplicación cuando es inferior: *ocho mil* (= *8* × *1.000*). En los grupos aditivos se emplea normalmente *y* entre los dos elementos cuando el primero es una decena: *cuarenta y seis* (lo mismo que en *veintiuno, dieciséis*) y raramente en otros grupos: *ochocientos y un días; Las mil y una noches*. El grupo unido por adición funciona lo mismo que un cardinal simple: en *ciento dos mil ciento uno (102.101)*, no *dos*, sino el grupo *ciento dos* formado por adición, es multiplicador de *mil*.

e) Esta peculiar manera de organizarse los numerales cardinales compuestos, con estrecha vinculación a los principios aritméticos de la notación decimal, tiene una importante consecuencia lingüística. El numeral que funciona como multiplicador simple o compuesto pierde su acento o sus acentos de intensidad: *ocho mil* (pronunciado *ocho míl*) frente a *(ócho)* cuando funciona como numeral simple, aunque sea en construcción atributiva: *(ócho hijos); cien mil, doscientos mil, diez y seis mil* (pronunciados *cien míl*, no como en *cién dúros; doscientos míl*, no como en *doscièntos líbros, diez y seis míl*, no como en *diez y séis páginas*). En los grupos aditivos con *y* se produce la misma proclisis del primer elemento: *cuarenta y seis* (pronunciado *cuarenta y séis*, no *cuarénta*). Estas formas de proclisis, que en algunos casos forman verdaderos compuestos: *veintiuno, veintidós*, hacen perfectamente inteligibles al oído los grupos aditivos y multiplicativos que forman un numeral más complejo, impidiendo la interpretación, por ejemplo, de *doscientos mil* como dos numerales independientes agrupados por coordinación asindética, o la interpretación de *diez y seis mil* como *diez y seis mil*. La forma lingüística del numeral, en virtud de su estructura fonética, cobra así cierta unidad formal que la aproxima hasta cierto punto a la naturaleza de una palabra compuesta, sin que sus componentes pierdan del todo en ella su propia autonomía. Solo *ciento* y la serie *doscientos, trescientos ...* conservan su acento de intensidad cuando ocupan el primer lugar de un multiplicador complejo: *doscientas cincuenta mil* (pronunciado *doscièntas cincuenta míl*).

f) Todos los numerales simples poseen acento de intensidad cuando no aparecen en las combinaciones que acabamos de examinar. Diremos, por último, que *ciento* se apocopa también cuando funciona como multiplicador de *mil* (lo que completa las noticias sobre su apócope dadas en el apart. 3.º del § 2.9.2). En pronunciación descuidada se dice *ventiuno, ventidós ...* en vez de *veintiuno, veintidós*, pero no es forma aceptable, y mucho menos literaria. Tampoco lo es *nuevecientos, nuevecientas* en vez de *novecientos, novecientas*.

2.9.4. **Categoría gramatical de «uno».**—Acerca de la categoría gramatical de *uno*, hemos tratado en el apartado 1.º del § 2.8.3. Solo nos queda por examinar el problema de la delimitación de *uno*, pronombre indefinido o artículo indeterminado, frente a *uno*, numeral cardinal. Es numeral cuando se contrapone a otro de mayor valor numérico, explícito o implícito: *Más vale un toma que dos te daré; Discutían sobre si habían de pedir una libra para cada uno o una libra para los dos* (I. Aldecoa, *Gran Sol*). En la forma plural *unos, unas* es exclusivamente indefinido, excepto en los casos examinados en los apartados 1.º y 2.º del § 2.9.2, y cuando se refiere a nombres que solo se emplean o que en determinadas acepciones solo se emplean en plural: *unas castañuelas, unos prismáticos, unas andas, unas aguaderas* (v. el § 2.9.3*b*). En este último caso, el plural *unos, unas* puede ser numeral o indefinido, en condiciones semejantes al singular.

2.9.5. Numerales ordinales. — *a*) Los numerales ordinales pertenecen a la categoría del nombre. Se emplean casi siempre como adjetivos en construcción atributiva: *el segundo mandamiento, la octava maravilla, la cuarta dimensión*, en *noveno lugar*, o fuera de ella con artículo anafórico: *No importa no haberle visto fregar el primer plato si le has visto fregar el segundo y aun el centésimo* (Cervantes, *La ilustre fregona*). Algunas veces se emplean anafóricamente sin artículo, lo mismo que los numerales cardinales: *En primer lugar / no tiene un real, ni de dónde / le venga* [...]. *En segundo...* (Bretón de los Herreros, *Un novio a pedir de boca*, I, 5); *El Villalón que Rosarito lleva de segundo apellido lo lleva el Madrileño de cuarto* (J. M. Pemán, *Obras completas*, II, 973). Fuera de estas condiciones actúan como sustantivos, unas veces agrupados con el artículo, frecuentemente con valor de persona: *Se acercó el primero a la asamblea* (Concolorcorvo, *El Lazarillo de ciegos caminantes*, VIII); *Era el segundo o la segunda en clase*. Otras veces, precedidos o no de un artículo, de un pronombre o de un numeral adjetivos, se emplean con variadas significaciones de cosa, uso que procede de una construcción atributiva, por elipsis del nombre sustantivo. En algunos casos puede interpolarse el nombre: *la septuagésima (domínica), Viajaba siempre en tercera (clase), Estudiaba segundo (curso) de Medicina*. En otros no suele interpolarse o es desconocido: *A las primeras de cambio, A la tercera va la vencida, Un intervalo de séptima aumentada*.

b) Como sustantivos pertenecen a un género gramatical y poseen morfemas de número. Como adjetivos poseen morfemas de género y de número. Pero el plural del adjetivo es de uso poco frecuente: *Nunca segundas partes fueron buenas*. Se exceptúa *primeros, primeras*, especialmente para designar, de manera imprecisa, el primero, el segundo, el tercero ... de la serie: *en los primeros días de julio, las primeras nevadas, mis primeras letras*. Son plurales análogos *los últimos, los postreros* y algunos de adjetivos no numerales, como *los anteriores, los posteriores, los siguientes.* Los adjetivos *primero, tercero* y *postrero* pierden la *-o* del masculino singular cuando están situados delante del nombre sustantivo, aunque preceda inmediatamente al nombre otro adjetivo [3]: *al primer intento; Al postrer gorjeo de las aves* (A. Arguedas, *Raza de bronce,* I, 5); *Al primer octavo día* (Íñigo de Mendoza, *Vita Christi*), pero no cuando los dos adjetivos aparecen coordinados por *y: su primero y único hijo.* Es antigua [4], pero no frecuente, más frecuente en América que en España, la apócope de *-a* de los singulares femeninos *primera, tercera, postrera,* no condicionada, a diferencia del empleo de *el* femenino, por el fonema inicial del sustantivo al que se antepone: *la primer ansia; Nuestra tercer jornada de arreo* (R. Güiraldes, *Don Segundo Sombra,* XXIV); *La postrer tierna mirada* (A. Montiel Ballesteros, *Cuentos uruguayos,* citado por Charles E. Kany en su *American-Spanish Syntax*). En contraste con los cardinales, los ordinales en su forma de singular masculino pueden construirse con *lo: lo primero, lo segundo. Primero,* sin artículo, funciona también como adverbio, generalmente con la significación de *antes: Primero es la obligación que la devoción; Pídanle permiso primero a la Chunga* (M. Vargas Llosa, *La casa verde*), y forma la conjunción compuesta *primero que* = *antes que.* Por último, como adjetivo adopta el morfema *-ísimo: primerísimo, primerísima, primerísimos...,* y el morfema *-mente* adverbial: *primeramente.*

c) Los ordinales, como los cardinales, comprenden formas que no pueden descomponerse en otros ordinales y formas compuestas. Son formas simples del 1.º al 12.º: *primero (primo,* comúnmente, solo en determinadas combinaciones: *prima tonsura, obra prima, a prima tarde), segundo, tercero (tercio* en ordinales compuestos), *cuarto, quinto, sexto, séptimo (y sétimo), octavo, noveno (nono,* por lo común, en ordinales compuestos y en combinaciones especiales: *Pío nono, la hora de nona), décimo, undécimo* y *duodécimo;* los ordinales correspondientes a las decenas, del 20.º al 90.º: *vigésimo (y vicésimo), trigésimo* (también *tricésimo* y *trecésimo), cuadragésimo, quincuagésimo, sexagésimo, septuagésimo, octogésimo, nonagésimo,* y los correspondientes a las centenas, del 100.º al 900.º: *centésimo, ducentésimo, tricentésimo, cuadringentésimo, quingentésimo, sexcentésimo, septingentésimo, octingentésimo, noningentésimo (y nongentésimo).* Además *milésimo, millonésimo, billonésimo,* etc. Con estas formas simples se forman los ordinales intermedios,

---

[3] No es enteramente desusado en español antiguo y clásico el masculino sin apocopar, aunque la forma apocopada haya predominado en todas las épocas. Lope de Vega, entre otros, lo emplea con relativa frecuencia: *primero movimiento, primero bozo (La Dorotea); el primero día, el primero ordinario (Epistolario,* III, 67 y 95).

[4] No es enteramente rara la forma apocopada del femenino en la poesía del Siglo de Oro, acaso por razones de métrica (Lope de Vega, Juan Ruiz de Alarcón, Calderón, etc., ya en el *Cancionero* de Juan del Encina, 1496: *la primer vez que me viste).*

escritos habitualmente algunos de ellos en una sola palabra, así los que van del 13.º al 19.º: *decimotercio* (y *decimotercero*), *decimocuarto*, *decimoquinto*, *decimosexto*, *decimoséptimo* (y *decimosétimo*), *decimoctavo*, *decimonoveno* (y *decimonono*). Los femeninos son *decimocuarta* o *decimacuarta*, etc. Aunque de una manera menos regular que los cardinales, los ordinales que ocupan el primer lugar en un ordinal compuesto son prosódicamente inacentuados, pero llevan siempre acento ortográfico cuando se escriben separados del segundo ordinal: *decimaoctava*, pero *décima octava*. La lengua hablada, también frecuentemente la literaria (fuera de la titulación de capítulos, ordenanzas, leyes), evita el uso de los ordinales, muy especialmente de los compuestos, y emplea en su lugar cardinales: *la segunda representación de Tosca*, pero *la ciento cincuenta representación; el capítulo segundo*, pero *el capítulo dieciséis; La treinta y una bancada / en pequeñas compañías* (Ramón de la Cruz, *La tertulia hecha y deshecha*). El uso, sin embargo, aparece fijado en muchos casos, con independencia de estas condiciones: *Alfonso diez* o *décimo*, pero *Alfonso doce; el primero* o *el uno de julio*, pero *el diez de julio*.

d) No tienen relación ninguna etimológica con los numerales los nombres adjetivos heredados *último* y *postremo* y algunas formaciones secundarias como *postrero, postrimero, cabero, trasero*, etc., pero funcionan como los ordinales y semánticamente presuponen, como ellos, cosas o personas colocadas en un lugar de una serie ordenada.

e) Según el modelo de los distributivos latinos se crearon ordinales con el sufijo *-eno* (no solamente *noveno*, que desplazó a *nono*), muy usados en la literatura antigua y clásica y hoy casi enteramente en desuso, no siendo en alguna fórmula o refrán tradicionales: *El onceno no estorbar*. Con los femeninos se formaron numerales colectivos (§ 2.9.7*d*).

2.9.6. Numerales fraccionarios.—*a*) Los números quebrados 1/5, 2/6, 8/10 ... se expresan lingüísticamente con dos numerales: un cardinal en función adjetiva que designa el numerador del quebrado: *un, dos, ocho*, y un numeral ordinal en función sustantiva que designa el denominador: *quinto, sexto, décimo*. Así, decimos *cuatro novenos, tres cuartos, dos décimos*. De la serie de los ordinales se emplean solamente los que van de *tercio* (no *tercero*) a *décimo*, y *centésimo, milésimo, diezmilésimo, cienmilésimo* y demás palabras compuestas de formación análoga para las fracciones decimales sucesivas. Para las restantes fracciones se emplean comúnmente formas derivadas con el sufijo *-avo*, procedente del ordinal *octavo*, agregado al numeral cardinal: *onzavo* (u *onceavo*), *dozavo* (o *doceavo*), *trezavo* (o *treceavo*), *catorzavo* (o *catorceavo*), *quinzavo* (o *quinceavo*), *dieciseisavo* ... *veintavo* (o *veinteavo*), *treintavo* ... *treintaicincoavo, treintaiseisavo* ... *doscientosavo, trescien-*

tosavo, etc. Son de menos uso los ordinales para designar el denominador que representa las decenas: de *vigésimo* a *nonagésimo*, y las centenas: de *ducentésimo* a *nongentésimo*. Así es más común decir *un cincuentavo* que *un quincuagésimo*, o *un ochocientosavo* que no *un octingentésimo*. Son más comunes también *un onzavo* y *un dozavo* que *un undécimo* y *un duodécimo*. Inversamente se dice con más frecuencia *un sexto* que *un seisavo* [5].

b) Los fraccionarios se emplean también como adjetivos agrupados con el nombre sustantivo *parte*, en concordancia femenina: *una dozava parte, dos cuartas partes, una octava parte* [6]. De estas construcciones procede el empleo de los fraccionarios en su forma femenina y en función sustantiva, especialmente en determinadas mediciones: *veinte grados y tres décimas sobre cero, una milésima de segundo, una cuarta (de vara)*, pero *un cuarto de kilo*.

c) El numeral exclusivamente fraccionario *medio* se emplea casi siempre como fraccionario adjetivo agrupado con nombres sustantivos masculinos y femeninos de variada significación y no exclusivamente con *parte* como los fraccionarios de origen ordinal: *medio kilo, media naranja, medio Madrid*, en plural con sentido figurado casi siempre: *medias palabras, medias tintas*. El singular masculino es también adverbio: *medio muerto, a medio vestir*. La locución adverbial *en medio* equivale a *entre* o *en el centro*: *en medio de la plaza*. Con esta última acepción aparece también esporádicamente el adjetivo *medio*, uso que puede muy bien ser latinismo: *Fueron a instalarse en media plaza* (A. Arguedas, *Raza de bronce*, I, 1); *Hubo que dejar su cadáver abandonado en media pampa* (Ciro Alegría, *El mundo es ancho y ajeno*).

d) *Mitad*, numeral fraccionario sustantivo, se emplea con señalamiento textual o extratextual: *la mitad más uno; la mitad de sus bienes; A la mitad del camino / cortó limones redondos* (García Lorca, *Romancero gitano*); agrupado a veces con un adjetivo que es atributo del término de su referencia: *Una campesina vieja, mitad saludadora, mitad mendiga* (O. A. López, *El amor amargo;* también se emplea *medio* en esta construcción: *Tras de la rota sandía / media sol y luna media*, de R. Alberti, *Cal y canto*). La locución adverbial *en mitad* tiene las mismas significaciones que *en medio:* *en mitad de la calle*.

e) Alguno de los ordinales en *-eno* se ha conservado como fraccionario con valor especial: *Unos [campos] están sujetos a la carga del*

---

[5] *Céntimo* y *centavo* se emplean casi exclusivamente para designar fracciones de monedas. Así también *ochavo*.

[6] En español antiguo y clásico se decía también *las dos partes* por *las dos terceras partes, las tres partes* por *las tres cuartas partes*, etc., como en el pasaje de Cervantes: *Consumían las tres partes de su hacienda* (*Quijote*, I, 1).

onceno (J. Costa, *Colectivismo agrario*, ed. 1898, pág. 255). Es impropio, en cambio, el empleo de los fraccionarios en *-avo* como ordinales: *Ese treceavo paisaje* (E. d'Ors, *Cézanne*).

2.9.7. Numerales multiplicativos, distributivos y colectivos. — *a*) La serie de los numerales multiplicativos terminados en *-ble*, *-ple: doble, simple, triple. cuádruple, quíntuple*, más el término genérico *múltiple*, es solo un poco más reducida que la serie latina originaria. Estas formas se emplean como adjetivos, con variación de número gramatical, para significar que el objeto mentado por el nombre sustantivo de que son atributo se compone de dos, tres ... unidades, elementos, medidas iguales o equivalentes, o implica repetición, etc., o se presenta sin repetición ni composición (en el caso de *simple*): *cuerpos simples, letra doble, doble imagen, operación triple, triple alianza, cuádruple alianza, parto quíntuple, múltiples efectos*, etc. Como sustantivos se emplean generalmente en singular y agrupados con el artículo: —*Pues todo eso es un ochavo comparado con lo que él sabía..., él sabía... ¡el triple!* —*No puede ser.* —*Y el cuádruple* (García Lorca, *La zapatera prodigiosa*, II); *La casa parece el doble de grande* (Íd., *Doña Rosita la soltera*, III). *El doble (de algo), el doble (de grande)*. Se expresa también mediante la fórmula: *dos veces (más) (de algo), dos veces (más) (de grande)*: *Cerca de tres veces la extensión de la propiedad territorial* (Joaquín Costa, *Colectivismo agrario*, 1898, pág. 326); *La sacarina endulza quinientas veces más que el azúcar* (Baroja, *La casa de Aizgorri*, IV), fórmula que, por otra parte, suple los términos que faltan en la serie multiplicativa: *siete, ocho, nueve ... veces más* [7]. Tanto en función adjetiva como en función sustantiva los multiplicativos pueden acumular los complementos de la comparación: *Con dos orejas dobles que las tuyas* (J. R. Jiménez, *Platero y yo*, VI); *Su ventana tenía doble luz que todas las ventanas* (Gómez de la Serna, *Automoribundia*, XVI); *El número de los* [adjetivos] *antepuestos* [...] *es casi el doble de los pospuestos* (D. Alonso, *La poesía de San Juan de la Cruz*, V) [8].

b) Desaparecidos los adverbios latinos multiplicativos, la única fórmula española para significar el número total de ocurrencias en el

---

[7] Equivale a *dos veces el número...* la forma antigua y clásica *dos tanto, dos tantos...: Los otros eran diez tantos que ellos* (= *diez veces el número de ellos*) *(Caballero Zifar*, ed. 1929, pág. 500, 14); *Donde pagará con el cuatro tanto en la muerte las partidas de que no se hubiere hecho cargo en la vida* (Cervantes, *Quijote*, II, 42).

[8] Son de uso poco frecuente y casi exclusivamente literario los multiplicativos en *-plo: duplo, triplo, cuádruplo, quíntuplo, séxtuplo, séptuplo, décuplo* y *céntuplo*, a excepción del término que designa toda la especie: *múltiplo*. Lo mismo puede decirse de *dúplice* y *tríplice*, que en contraste con los otros multiplicativos y con las fórmulas sintácticas que hacen sus veces no llevan casi nunca complementos comparativos con *de* o *que*.

tiempo es la palabra *vez, veces,* pospuesta a un cardinal: *una sola vez;
Fue tres veces diputado,* frente al uso de los ordinales para significar
cada una de las ocurrencias en su orden sucesivo: *la primera vez, la
quinta vez.*

c) De los distributivos latinos solo ha pasado al español *sendos*
'uno (para, de, en ...) cada uno de dos o más de dos': *Llevando ella y
sus compañeras sendas coronas de oliva* (= *una corona cada una de ellas*)
(Pérez de Hita, *Guerras de Granada,* I, 9); *Nuestros sendos secretos*
(= *el secreto de cada uno de nosotros*) (Unamuno, *Ensayos,* VII); *A
un lado y otro, el corcel blanco de Girón y el águila de Pimentel, con
sendos gritos de guerra* (= *un grito cada uno*) (A. Marichalar, *Riesgo
y ventura del duque de Osuna,* II). Por tratarse de una palabra culta
y desconectada de un sistema de numerales distributivos, *sendos* ha
sido empleado algunas veces, sobre todo en época moderna, como equivalente de *repetidos, descomunales,* o con la acepción también impropia de *uno cada uno (de dos).* El verdadero distributivo español es
cada, procedente de la preposición griega *katá,* usada ya con valor
distributivo en el latín de transición a partir de la Vulgata.

d) Algunos de los numerales relacionados en este capítulo, o de
formación análoga, se emplean como colectivos de significación general o específica. Así, alguna de las formas con el sufijo *-eni* de los distributivos latinos o configuradas sobre ellas para designar las unidades
de segundo y tercer orden de la notación decimal: *decena, decenas;
centena, centenas,* o simplemente para designar conjuntos de diez,
doce, veinte ... cosas o personas como colectivos generales: *decena(s),
docena(s), veintena(s), treintena(s); Una cincuentena de indios* (Ciro
Alegría, *El mundo es ancho y ajeno,* V). Algunas de estas formas se
emplean principalmente como colectivos específicos: *novena* 'ejercicio
devoto que se practica durante nueve días', *quincena* 'espacio de quince
días', entre otras acepciones especiales, *cuarentena.* El plural *cientos,*
más que el singular, es también colectivo general: *cientos de personas,
cientos de duros,* especialmente como plural expresivo y ponderativo
para significar una gran cantidad. En los territorios donde es frecuente
el cardinal *cien* por *ciento,* se encuentra un colectivo *cienes: Cuentan
cienes de pasadas* (F. Buitrago Morales, *Lo que he visto al pasar*)
(v. § 2.9.2, 3.º). *Miles* y *millones* se emplean también como *cientos* con
intención ponderativa.

2.10. DEL VERBO. TEMAS Y DESINENCIAS

2.10.1. **El verbo. Consideraciones generales.** — *a)* El verbo, por sus caracteres formales, es aquella parte de la oración que tiene morfemas flexivos de número, como el nombre y el pronombre, morfemas flexivos de persona, como el pronombre personal, y además, a diferencia del nombre y del pronombre, morfemas flexivos de tiempo y de modo. Suele aplicarse la denominación de desinencias a los morfemas de número y persona, el de características a los de modo y tiempo. Suprimidas de una forma verbal desinencias y características, lo que queda es la raíz o radical del verbo. La agrupación de la raíz con la característica recibe el nombre de tema modal o temporal (v. § 2.10.4). En *am-á-ba-mos* la desinencia es *-mos* (en este caso, 1.ª persona de plural). La agrupación de la raíz *am-* con la característica *-a-* de presente de indicativo constituye el tema de presente de indicativo *amá-*. La agrupación de este tema con la característica *-ba-* de imperfecto de indicativo constituye el tema de imperfecto de indicativo *amába-*. La raíz puede ser simple, como en *am-ábamos;* derivada, como en *llorique-ábamos;* compuesta, como en *salpiment-ábamos;* parasintética (derivada y compuesta a la vez), como en *pordiose-ábamos.* La serie entera de las formas verbales con una raíz común, es decir, todas las formas de un verbo determinado, constituyen la flexión o conjugación de ese verbo. Dentro de ella se incluyen también, por las razones que luego veremos, tres formas privadas por lo menos de desinencias verbales de número y persona: el infinitivo, el participio y el gerundio.

b) Todos los verbos poseen unas mismas categorías de morfemas flexivos. Su forma, sin embargo, varía más o menos sensiblemente en algunos casos de unos verbos a otros. Se exceptúan las desinencias, que son comunes a todos los verbos. De algunas características existen dos o tres variedades: doble variedad, por ejemplo, en *am-ába*-mos frente a *tem-ía*-mos y *part-ía*-mos; triple en *am-a*-mos, *tem-e*-mos, *part-i*-mos. Esta triple variación, que con rigurosa simetría aparece en algún otro morfema modal y temporal: *am-a*-d, *tem-e*-d, *part-i*-d, permite clasificar todos los verbos españoles en tres tipos: los de la

1.ª, la 2.ª y la 3.ª conjugación, llamadas también conjugación en -*ar*, -*er*, -*ir* por el hecho de que esa triple variación se repite de manera simétrica en los infinitivos correspondientes: am-*ar*, tem-*er*, part-*ir*.

c) En estos tres verbos y en la mayor parte de los verbos españoles la raíz se mantiene invariable a lo largo de la flexión, si se exceptúa la posición del acento de intensidad, que unas veces afecta a la última sílaba de la raíz: *compart-o* (pronunciado *compárto*) y otras veces a la primera sílaba que sigue a la raíz: *compart-i-mos* (pronunciado *compartímos*), *compart-i-a-mos*. En el primer caso hablamos de formas fuertes, en el segundo de formas débiles. Son muchos, sin embargo, los verbos que además de esta variación acentual presentan en su raíz variaciones vocálicas: *sient-o*, *sent-*imos, o consonánticas: *luzc-o*, *luc-*imos, o vocálicas y consonánticas al mismo tiempo: *dig-o*, *dec-*imos; *pon-*emos, *pus-*e. Estos cambios de la raíz son de muy variada naturaleza y, por otra parte, algunos de ellos aparecen con frecuencia dentro de un mismo verbo en diferente proporción o afectan a veces a uno o a muy pocos verbos, todo lo cual haría no solo complicada y difícil la tarea de formar con ellos nuevos tipos homogéneos de flexión, como los de *amar*, *temer*, *partir*, sino en cierto modo inútil, porque ninguno de esos verbos de raíz variable deja de pertenecer, por la regularidad de sus morfemas modales y temporales, a alguna de las flexiones en -*ar*, -*er*, -*ir* dotadas de raíz invariable. Estos tres tipos de flexión constituyen la conjugación r e g u l a r (cap. 2.11). Bajo el nombre de conjugación i r r e g u l a r (cap. 2.12) se comprenden las diversas modalidades de las variaciones de la raíz y juntamente con ellas los casos, no muy frecuentes, en que varía el tema, y aquellos otros, raros también, en que un mismo verbo presenta una o más raíces de diferente origen etimológico, a lo que se da el nombre de s u p l e t i v i s m o [1].

2.10.2. Desinencias. — a) En cada una de las desinencias están representados al mismo tiempo una persona y un número gramatical determinado, sin que sea posible deslindar en la forma de cada desinencia los componentes fonológicos que corresponden a la persona y los que corresponden al número. Debe hablarse, por consiguiente, con más propiedad de morfemas de persona-número. Examinamos a continuación las desinencias generales y las especiales del perfecto simple y del imperativo.

---

[1] Históricamente consideradas, las variaciones de los morfemas modales y temporales y las variaciones de la raíz tienen carácter diferente. Las primeras son, en su conjunto, heredadas y la acción romance se ha limitado a simplificarlas, reduciendo a tres las cuatro conjugaciones latinas regulares. Las múltiples variaciones de la raíz propias de los verbos españoles constituyen, por el contrario, un fenómeno lingüístico secundario, debido a las leyes fonéticas romances que han actuado sobre el sistema entero de la lengua.

b)   I. Desinencias generales   II. Del perfecto   III. Del imperativo
simple

		I.	II.	III.
Sing..	1.ª pers.	-	-	
	2.ª pers.	-*s*	-*ste*	-
	3.ª pers.	-	-	
Pl....	1.ª pers.	-*mos*	-*mos*	
	2.ª pers.	-*is*	-*steis*	-*d*
	3.ª pers.	-*n*	-*ron*	

Como vemos en este cuadro, la 1.ª y la 3.ª persona de singular de los cuadros I y II, así como la única persona (2.ª) de singular del cuadro III, carecen de desinencia. Expresamos lo mismo, pero empleando una forma positiva, si decimos que las desinencias de esas personas son de signo cero. En el presente, perfecto simple y futuro de indicativo, a pesar de la falta de desinencia, las formas de 1.ª y 3.ª persona de singular no son iguales, en virtud de la variación del tema respectivo: *amo, ama; temo, teme; parto, parte; amé, amó; temí, temió; partí, partió; amaré, amará; temeré, temerá; partiré, partirá.* En los tiempos restantes, los temas carecen de variación y se produce confusión o sincretismo de personas: *amaba* (1.ª y 3.ª de singular), *temía, partía; ame, tema, parta; amaría, temería, partiría,* etc. El sincretismo se resuelve en gran parte mediante la anteposición de los pronombres personales: *yo amaba, él amaba,* muchísimo más frecuente con estas formas que con todas las formas diferenciadas [2].

c)   Solamente las desinencias -*mos* y -*ron* constituyen sílaba. Las restantes son parte de sílaba: -*s*, -*is*, -*n*, -*d*, o se componen de una sílaba entera y de una consonante que es coda de la sílaba anterior: -*s-te*, -*s-teis*. El empleo de -*stes* (*tú amastes*) por la forma regular -*ste* (*tú*

---

[2]   Puede prestarse a discusión el corte que hacemos en las formas verbales tratando de aislar la desinencia, si entramos a considerar el origen latino (o todavía más remoto) de algunas de ellas. El término impreciso «terminaciones» por desinencias que emplean algunas gramáticas no hace más que soslayar la dificultad. Es bien sabido que en la 3.ª persona de singular del perfecto simple *amó, temió,* etc., que aquí consideramos como formas con desinencia cero, la -*ó* final representa exclusivamente la parte final del tema de perfecto latino *amaui-t* reducido vocálicamente a *amó* en español, con pérdida de la desinencia. Pero no es lo mismo en el caso de *ama-ron* o de *ama-ste,* formas en que tanto la -*r*- como la -*s*- que son parte de nuestras desinencias se identifican, según lo más probable, por su común origen con la -*r*- y la -*s*- de algunos temas latinos: *amaveram, amaverim.* Más discutible es la naturaleza de la vocal -*o* en el presente de indicativo *amo,* forma que nosotros consideramos como variante del tema de presente español (v. § 2.10.4*a*,1.º) propia de la 1.ª persona de singular. En último término, el cuadro de las desinencias que hemos trazado responde a la estructura del verbo español y está de acuerdo, en todo lo más importante, con el análisis morfológico de Menéndez Pidal en su *Manual de gramática histórica española.*

amaste) se halla bastante extendido en el habla descuidada y vulgar, y especialmente arraigado en determinados territorios, pero constituye grave solecismo como forma literaria. Véase, sin embargo, para algunas modalidades de esta y de otras desinencias el cap. 2.14 sobre el tratamiento.

d) Algunas desinencias presentan una variante regular en determinados contextos. Así *-mos* adopta la forma *-mo* cuando va acompañada del pronombre enclítico *nos* (por consiguiente, en construcciones reflexivas y recíprocas de 1.ª persona de plural), posición que es obligada cuando se trata del subjuntivo exhortativo. En formas no exhortativas: *Estámonos muy de reposo* (J. de Valdés, *Diálogo de doctrina cristiana*); *Démonos o no de esto cuenta* (Unamuno, *Del sentimiento trágico*, VIII) (mucho más frecuente hoy la proclisis en estos casos: *nos estamos, nos demos*), pero siempre *Alegrémonos; Arrepintámonos; Démonos prisa* (A. Machado). Suele evitarse la sucesión de dos *-s-* en la forma escrita de otras construcciones poco frecuentes: *digámoselo*, frente a la más regular *digámosselo*, de acuerdo con el hecho de que la geminación *-ss-* no se realiza casi nunca en el habla. Es regular también la pérdida de la desinencia *-d* de imperativo ante el pronombre enclítico *os* (por consiguiente, también en construcciones reflexivas y recíprocas, como la del exhortativo *alegrémonos*): *amaos; partíos; Dormíos, blancas doncellas* (R. Alberti), pero se exceptúa el imperativo del verbo *ir: idos* (no *íos*).

e) Es uso más o menos extendido en el habla vulgar de todos o casi todos los territorios de España y América el traslado de la desinencia de 3.ª persona de plural al pronombre enclítico: *Márchesen*, o su repetición: *Márchensen*, especialmente en estas construcciones reflejas, pero también, en algunas regiones, fuera de ellas: *Demen* (= *Denme*); *Dígamen* (= *Díganme*); ¡*Ayúdenmen!* (Florencio Sánchez, *Cédulas*); ¡*Lárguenlon* (= *lárguenlo*) *no más!* (R. Güiraldes, *Don Segundo Sombra*, VII).

2.10.3. Tiempos, modos y formas infinitas. — a) La flexión de los verbos españoles comprende formas simples y formas compuestas. Con cada una de las formas simples —si prescindimos solo del imperativo— se corresponde con notable simetría, que no es simplemente formal, una forma compuesta, de la que entran a formar parte la forma simple correspondiente del auxiliar *haber* y el participio del verbo conjugado: *amo: he amado; amaba: había amado; amé: hube amado*, etc. Si nos atenemos a los principios lingüísticos más rigurosos, estas formas llamadas compuestas no constituyen tema propio de la Morfología, sino de la Sintaxis, ni más ni menos que otras perífrasis verbales. Para la inclusión de las formas compuestas en el cuadro de la flexión, como hacemos en esta parte de la Morfología, hemos de tener en cuenta, primero: que el participio aparece siempre en ellas en la forma invariable *-do*, privado así de las variaciones de género y número con que funciona en otras perífrasis: *tengo decidido, decidida, decididos, decididas; fue decidido, decidida, fueron decididos, decididas; estoy decidido, decidida,* etc., y fuera de las perífrasis: *levantada la sesión, oídas las partes,* etc. En segundo lugar, aunque no existen a favor de los grupos *he amado, había amado,* etc., las razones acentuales que permiten considerar el futuro y el condicional, *amar + (h)é, amar + (h)ía,* como formas compuestas, a saber, la pérdida del acento de intensidad en el primer elemento de la combinación, sin embargo, las formas de *haber* que acompañan al participio: *he, había, hube,* etc., no menos que *-(h)é, -(h)ía* en el futuro y condicional, han perdido su contenido semántico originario para convertirse en «mero signo formal», como dice Cuervo. Que esto es así lo prueba también el hecho de que el complemento directo y los acusativos pronominales que se construyen con verbos transitivos, por ejemplo, *he amado, había amado,* etc., no son hoy, para el sentimiento lingüístico, complementos directos de *he, había,* etc., como lo fueron en sus orígenes, sino del grupo entero sentido como unidad, como cualquier forma flexiva simple. Diremos, por último, que el relativo margen de equivalencia con que funcionan a veces algunos pares de formas simples y compuestas: *amé = he amado, amara = había amado, amara = hubiese amado,* nos autoriza, con algún fundamento, a no separar las segundas del cuadro morfológico de la flexión.

b) La flexión comprende tres modos verbales: indicativo, subjuntivo e imperativo. El indicativo comprende cinco tiempos simples: presente, pretérito imperfecto, pretérito perfecto simple, futuro y condicional. El subjuntivo, tres tiempos simples: presente, pretérito imperfecto, futuro. El imperativo, uno solo: presente. Con cada uno de los tiempos simples, a excepción del imperativo, se corresponde uno compuesto, en el que entran los elementos de que hemos hablado en el apartado anterior. Finalmente, en la flexión se incluyen tres formas desprovistas de morfemas verbales de número y persona, llamadas infinitas o no personales: infinitivo, participio y gerundio, que pueden ser también simples y compuestas.

2.10.4. Temas y características. — *a)* En la conjugación se distinguen dos temas fundamentales, llamados así por el hecho de que cada uno de ellos da lugar a la formación de varios tiempos y modos: el *de presente* aparece en el presente de indicativo, en el imperfecto de indicativo de la I conjugación y en el imperativo (también en el infinitivo) (§ 2.10.4*a*, 1.º, 2.º y 3.º); el *de perfecto,* en el pretérito perfecto simple de indicativo y en el imperfecto y futuro de subjuntivo

(§ 2.10.4*b*). El presente de subjuntivo, así como el imperfecto de indicativo de la II y III conjugación, tienen temas especiales (§ 2.10.4*a*, 4.º y 5.º). El futuro de indicativo y el condicional presentan una formación especial (§ 2.10.4*c*). Para las formas infinitas o no personales, véase el § 2.10.4*e* [3].

1.º El *tema de presente* de indicativo aparece en las tres conjugaciones con variaciones vocálicas y acentuales. (En todos los cuadros que siguen señalamos con acento ortográfico la sílaba sobre la que recae el acento prosódico.)

I. Sing...	1.ª *ámo* 2.ª *áma-s* 3.ª *áma*		Pl...	1.ª *amá-mos* 2.ª *amá-is* 3.ª *áma-n*	
II. Sing...	1.ª *témo* 2.ª *téme-s* 3.ª *téme*		Pl...	1.ª *temé-mos* 2.ª *temé-is* 3.ª *téme-n*	
III. Sing...	1.ª *párto* 2.ª *párte-s* 3.ª *párte*		Pl...	1.ª *partí-mos* 2.ª *partí-s* 3.ª *párte-n*	

Las variaciones del tema son, pues:

I.	*ámo*	*áma-*	*amá-*
II.	*témo*	*téme-*	*temé-*
III.	*párto*	*párte-*	*partí-*

La vocal que precede a la desinencia es la característica del tema de presente de indicativo.

2.º En el imperfecto de indicativo de la I conjugación se agrega a la variante *amá-* del tema de presente la característica de imperfecto de indicativo *-ba-*. El tema presenta en este tiempo una sola variante vocálica y acentual: *amá-ba-*.

3.º El singular del imperativo se basa en la segunda variante del tema de presente de indicativo: *ama, teme, parte*. El plural, en la tercera variante: *ama-d, teme-d, partid*. Esta última aparece también en los infinitivos de las tres conjugaciones: *amar, temer, partir*.

4.º El tema de *presente de subjuntivo* aparece formado por la característica *-e-* para la I y *-a-* para la II y la III conjugación unidas

---

[3] Lo que hemos dicho de las desinencias en el § 2.10.2*a* puede aplicarse también a las características modales y temporales. Las características del presente de indicativo que estudiamos a continuación lo son simultáneamente de presente y de indicativo, sin que sea posible deslindar lo uno de lo otro. Y lo mismo puede repetirse de la característica *-ba-* de imperfecto de indicativo de la primera conjugación y así sucesivamente. Debemos hablar, por consiguiente, con más propiedad de características y temas modo-temporales. Otra cosa es el hecho de que el tema de presente o el de perfecto sea la forma básica que da origen a otros temas modales y temporales.

directamente a la raíz. Las dos primeras personas del plural son formas débiles: *am-é-mos, am-é-is; tem-á-mos, tem-á-is; part-á-mos, part-á-is.* Las restantes son formas fuertes: *ám-e, tém-a, párt-a,* etc. Los temas de la II y la III conjugación son, pues, idénticos.

5.º Tanto el *imperfecto de indicativo de la II conjugación* como *el de la III* forman su tema con la característica *-ia-* unida directamente a la raíz, sin variación acentual: *tem-ía. part-ía,* etc. Como en el presente de subjuntivo, se da identidad de tema entre la II y la III conjugación.

Este grupo *-ia-* es normalmente bisilábico. La dislocación del acento, lo mismo que en otras formas con hiato, es, sin embargo, fenómeno usual en el habla. lo que se refleja con frecuencia en la métrica del verso.

b) 1.º El *tema de perfecto simple* tiene variaciones vocálicas, pero el acento de intensidad no varía de sílaba:

	Sing				Pl		
I.	Sing...	1.ª	*amé*	Pl...	1.ª	*amá-mos*
		2.ª	*amá-ste*		2.ª	*amá-steis*
		3.ª	*amó*		3.ª	*amá-ron*
II.	Sing...	1.ª	*temí*	Pl...	1.ª	*temí-mos*
		2.ª	*temí-ste*		2.ª	*temí-steis*
		3.ª	*temió*		3.ª	*temié-ron*
III.	Sing...	1.ª	*partí*	Pl...	1.ª	*partí-mos*
		2.ª	*partí-stᵉ*		2.ª	*partí-steis*
		3.ª	*partió*		3.ª	*partié-ron*

La vocal o el diptongo que precede a la desinencia constituye la característica de perfecto. También en este tiempo, como podemos observar, es idéntico el tema de la II y la III conjugación.

2.º Tanto el imperfecto como el futuro de subjuntivo se forman agregando a la variante del tema de perfecto de la 3.ª persona de plural, *amá-, temié-, partié-,* las características *-se-* y *-ra-* en el primer caso y *-re-* en el segundo. El acento de intensidad se mantiene siempre en la sílaba del tema originario.

  I.   amá-se, amá-ra. amá-re; amá-se-s, amá-ra-s, amá-re-s, etc.
  II. temié-se, temié-ra. temié-re; temié-se-s, temié-ra-s, temié-re-s, etc.
  III. partié-se, partié-ra, partié-re; partié-se-s, partié-ra-s, partié-re-s, etc.

Aquí también la II y la III conjugación uniforman sus temas.

c) El *futuro de indicativo* y el *condicional* tienen su origen en dos perífrasis verbales en las que entran el infinitivo del verbo conjugado y el presente e imperfecto de indicativo, respectivamente, del verbo *haber* en sus formas contractas. Los dos componentes debieron conservar, durante mucho tiempo, su plena autonomía en las formas sintéticas *amaré, amaría*, de lo que es prueba el haber convivido con ellas, con más o menos intensidad, hasta época relativamente reciente, una forma analítica en la que, entre el infinitivo y los tiempos de *haber*, se interponen pronombres personales inacentuados: *amaros he, partir vos edes* (= *habedes, habéis*), *amarle hía* (= *había*). Pero en las formas sintéticas que acabaron por prevalecer llegó a perderse la significación y el carácter funcional de palabra regente que tenía *haber* en la perífrasis (como en *han de* + infinitivo, ant. *an a* + infinitivo), para quedar reducidas las formas *he, ha-s*, etc., a pura característica temporal. El infinitivo, a su vez, perdió el carácter funcional de término regido y su categoría gramatical, hasta conservar exclusivamente su contenido semántico, como una raíz verbal [4].

En las tres conjugaciones el acento de intensidad recae uniformemente sobre la misma sílaba, dentro de cada tiempo: sobre la última del tema de futuro: *amará-s, temerá-s, partirá-s;* sobre la penúltima del tema de condicional: *amaría-s, temería-s, partiría-s*.

d) Los *perfectos fuertes* pertenecen a la conjugación irregular. Forman dentro de ella un grupo caracterizado por el hecho de que no solo en los cambios de su raíz, propios de la conjugación irregular, sino también en la estructura de sus temas y características se apartan de las formas regulares, hecho casi excepcional dentro de la conjugación irregular. Por otra parte, a pesar de esta particularidad y de que los cambios de la raíz son de muy variada naturaleza: vocálicos, consonánticos y las más de las veces vocálicos y consonánticos a la vez, todos los perfectos fuertes se ajustan a un modelo temático especial que es estrictamente regular (con una sola excepción que afecta a una sola persona), lo que hace de los perfectos fuertes un grupo singularmente homogéneo. Esta es la razón por la que los hacemos figurar entre los cuadros de todos los demás temas y características. Nos limitamos

---

[4] A pesar de esta «formalización», el análisis del futuro y del condicional no puede ser llevado muy lejos, si queremos obtener resultados equivalentes a los que arroja el análisis de las otras formas verbales, de acuerdo con el sistema morfológico de la conjugación regular. Si pensamos que en *tem-erá-s* y *tem-ería-s*, por ejemplo, la raíz es *tem-*, común a todo el paradigma, y las características *-erá-* y *-ería-*, resultará que los futuros y condicionales irregulares, como *ten-drá-s, ten-dría-s* aparecen con la irregularidad en la característica, no en la raíz, lo que solo ocurre muy aisladamente en la conjugación irregular. Si consideramos que la raíz es *temer-* en las dos formas: *temer-á-s, temer-ía-s*, resultará que la raíz aparece con variantes vocálicas y consonánticas, lo que es contrario al sistema de la conjugación regular. Acaso lo mejor, como hacemos arriba, es explicar históricamente la formación del futuro y del condicional, limitándonos a describir el tema, sin entrar en más pormenores.

aquí (para las variedades de la raíz, v. el § 2.12.8) a comparar las características de los perfectos regulares (o débiles) con las características de los perfectos fuertes, señalando en todas las formas la situación del acento prosódico (obsérvese que las características de los perfectos fuertes, a pesar de que estos pueden pertenecer a verbos de las tres conjugaciones: *andar, haber, decir,* se ajustan a un solo modelo, en contraste con las características de los perfectos regulares, que se ajustan a dos modelos diferentes; para ejemplificar la posición del acento prosódico de los perfectos fuertes escogemos uno cualquiera de entre ellos).

			Singular			Plural		
			1.ª	2.ª	3.ª	1.ª	2.ª	3.ª
Perfectos débiles.	I conjugación.		*am-é*	*-á-*	*-ó*	*-á-*	*-á-*	*-á-*
	II y III conjugación...	*tem-í* *part-í*		*-í-*	*-ió*	*-í-*	*-í-*	*-ié-*
Perfectos fuertes.	I, II y III conjugación...		*andúv-e*	*-í-*	*-o*	*-í-*	*-í-*	*-ié-* *-é-*
			(*-é-*, 3.ª pers. plural, en los perfectos fuertes cuya raíz termina en *-j: traj-é-ron, dij-é-ron, conduj-é-ron*)					

e) Del sistema latino de formas infinitas o no personales solo han pasado a la lengua española el infinitivo, el gerundio y el participio; el primero solo en su forma activa y de presente; el gerundio como forma invariable, privado de sus morfemas de flexión nominal, y el participio, privado también de ellos, como todas las palabras nominales en español, pero con variación de género y número, como los nombres adjetivos, cuando funciona fuera de las formas compuestas de la flexión (v. § 2.10.3*a*). El infinitivo y el gerundio de los verbos transitivos pueden acompañarse de complementos directos e indirectos nominales, o de acusativos y dativos pronominales; los de los verbos intransitivos, de dativos pronominales o de complementos con *a* equivalentes a ellos, no de manera diferente, en uno y otro caso, a como lo hacen las formas personales de las mismas clases de verbos. Estos complementos constituyen el carácter más genuino del régimen verbal. Infinitivo, participio y gerundio, asociados a formas personales, entran en diferentes clases de perífrasis para expresar conceptos de naturaleza verbal que las formas sintéticas de la conjugación española expresan ya en parte (modalidad, tiempo y aspecto verbal) y que otras lenguas desarrollan más ampliamente que la nuestra con recursos puramente morfológicos. Existe, pues, una estrecha relación entre el campo semántico de las formas de la conjugación y el de las construcciones perifrásticas verbales, que la Sintaxis trata de precisar.

Los tres infinitivos *amar, temer* y *partir* mantienen (§ 2.10.4*a*) la característica del tema de presente de indicativo en su forma débil. Los participios *amado, temido, partido* son formas nominales que estudiaremos al tratar de la Derivación. De los participios irregulares con acentuación fuerte: *puesto, visto,* etc., tratamos en la conjugación irregular (v. § 2.12.11). Los gerundios de la I, *amando,* y de la III, *partiendo,* conservan el vocalismo latino en la sílaba acentuada; el de la II, *temiendo,* ha adoptado el vocalismo de la III española. Como vemos, la II y la III conjugación se uniforman también en el participio y el gerundio.

Las formas procedentes del participio latino se emplearon esporádicamente durante algún tiempo, sobre todo en la Edad Media, con su pleno régimen verbal, como los infinitivos y los gerundios. Al fin, perdido este carácter, conservaron exclusivamente su naturaleza nominal, con la categoría de adjetivos o sustantivos derivados. El vocalismo de la sílaba acentuada, en los procedentes de la II y III conjugación española, coincide en unos casos con el de los gerundios: *teniente, teniendo* de *tener; maldiciente, maldiciendo* de *maldecir.* En otros casos, los procedentes de la II conjugación española conservan su vocal *-e-* originaria, en desacuerdo con el vocalismo del gerundio: *descendente* (también *descendiente*), *descendiendo* de *descender; yacente, yaciendo* de *yacer.* Inversamente, algunos procedentes de verbos de la III conjugación presentan la vocal *e: urgente, urgiendo,* de *urgir.* De estas particularidades se tratará en el capítulo sobre Derivación.

2.10.5.   **El acento en el verbo.** — Como resulta de las descripciones que hacemos en este capítulo, la acentuación esdrújula solo aparece dentro del verbo español en algunas formas débiles: *am-ábamos, am-aríamos,* etc., nunca en las formas fuertes, que son nueve en total (singular y 3.ª persona de plural de los presentes de indicativo y subjuntivo, y 2.ª persona de singular del imperativo): *am-o ..., am-e ...* y *am-a.* Esa razón explica el contraste acentual entre los sustantivos y adjetivos *lástima, líquido, fórmula, íntimo,* entre otros muchos, y las formas fuertes de los verbos correspondientes: *lastima, liquido, formula, intimo*[5]. Debemos decir, por lo tanto, *alineo, alineas, alinee, delineo,*

---

[5]   La acentuación esdrújula aparece en algunos textos medievales, asegurada por el metro: *significa, sacrifica,* en Berceo. Es frecuente hoy en italiano, en verbos de origen culto, sustraídos a la evolución tradicional: *crítico* (1.ª pers. sing. del pres. de indicativo de *criticare*), acentuado como el adjetivo *crítico; immàgini* (2.ª pers. sing. del pres. de indicativo de *immaginare*), como el plural femenino *immàgini.*

etcétera, y no *alíneo, alíneas, alínee, delíneo,* como va siendo cada vez más frecuente oír y leer [6].

---

[6] Contrasta esta acentuación viciosa con la acentuación, siempre regular, de los verbos derivados en *-ear: aireo, paseo.* La explicación de la resistencia a acomodar *alinear* y *delinear* a este modelo acentual está en que, aun presentando unos y otros verbos idéntica estructura, tienen formación diferente. *Alinear* y *delinear* son los dos únicos verbos que proceden por derivación directa (y composición parasintética) de una palabra como *línea,* semejante en la organización de sus dos últimas sílabas a los numerosos adjetivos derivados en *-eo, -ea* esdrújulos: *ígneo, ígnea; férreo, férrea.* Las dos últimas vocales la pronunciación normal las convierte con frecuencia en diptongo impropio, con lo que todas estas palabras pasan a ser por su acento bisílabas llanas. Las formas fuertes de *alinear* y *delinear* acaban así ajustando su acentuación a la de todos los verbos derivados de nombres con acentuación llana: *casa > caso, casas; rabia > rabio, rabias; línea > (a)líneo,(a)líneas.* Pero la forma ortográfica *alíneo, delíneo,* etc., aunque encubra una realidad fonética, contradice las reglas morfológicas de la derivación y las reglas formales de la acentuación ortográfica. La solución *alinia, delinia,* a la que se ha llegado también (para esta forma de resolver el hiato *-ea* y para todo lo concerniente a los verbos vocálicos en *-ear, -iar,* etc., v. el cap. 2.13), está en contradicción con la forma básica *línea.*

2.11. DE LA CONJUGACIÓN REGULAR

2.11.1. De la conjugación regular. Terminología. — *a*) Desarrollamos en este capítulo los tres paradigmas regulares en *-ar, -er, -ir*. (Para el concepto de conjugación regular, véase el § 2.10.1c.) Como el lector observará, la disposición y la terminología con que figuraban estos paradigmas en la edición anterior de la *Gramática* de la Academia aparecen ahora ligeramente retocadas. No ha cambiado el orden sucesivo de las formas (tras las de presente, las del imperfecto; tras del indicativo, el subjuntivo, etc.); pero se sustituye la división en cinco grupos llamados modos que se hacía de todas ellas por otra división en dos grupos fundamentales, más atenida a la realidad morfológica: formas impersonales y formas personales. según que carecen o no de morfemas de persona. Desaparece, por lo tanto, el llamado modo infinitivo *(amar, amando, amado)* y desaparece también el modo condicional *(amaría, temería, partiría)*, que se incorpora, como un tiempo más, al modo indicativo. El imperativo queda reducido a dos formas: la del singular y la del plural de la 2.ª persona: *ama, amad.* Como hemos hecho hasta aquí —siempre que no ha sido necesario manejar conceptos lingüísticos nuevos—, cuidamos ahora de no modificar las denominaciones de tiempos y modos verbales, respetando así una tradición que ha llegado en general a imponerse en todos los grados de la Enseñanza oficial española. Nos limitamos a suprimir la calificación «indefinido» que acompañaba hasta ahora al término «pretérito»; pero a fin de evitar la nueva designación de «pretérito», término genérico que conviene por igual a todas las formas del pasado, adoptamos la de «pretérito perfecto simple», y llamamos «pretérito perfecto compuesto» al que en ediciones anteriores se denominaba solo «pretérito perfecto». Por otra parte, atendiendo al hecho de que la terminología de Bello [1] para los tiempos verbales se halla vigente en algunos países americanos, hemos considerado conveniente hacerla figurar en los cuadros de la flexión, agregándola entre paréntesis a nuestras denominaciones.

---

[1] La terminología de Bello es especialmente afortunada cuando para dar una denominación a las formas compuestas antepone el prefijo *ante-* a las denominaciones de las formas simples correspondientes. Los tiempos com-

b) En Lingüística, como en la mayor parte de las disciplinas científicas, la terminología es convencional. Por feliz que sea la palabra con que bautizamos un concepto científico nuevo, apoyándola en el sistema significativo de la lengua (raíces, morfemas derivativos, usos metafóricos, etc.), el término no es nunca enteramente connotativo, exige una definición previa. Solamente el uso acaba uniendo estrechamente la forma de una palabra al contenido que estaba dado en la definición. En este aspecto, los conceptos científicos con que opera la Lingüística son en parte, por su propia naturaleza, diferentes de los que constituyen el sistema de otras disciplinas. Es cierto que algunas de las denominaciones lingüísticas se corresponden como elementos que no son significativos por sí mismos y que el término *fonema* o *sílaba* exige una definición tan rigurosa como la de *átomo* o *protón*. Pero en otros muchos casos se trata de elementos o unidades que ya expresan algo. El término «presente», como denominación temporal, parece no agregar nada nuevo a la significación general que atribuimos a formas como *amo, temo, parto*. A pesar de todo, las denominaciones de las categorías gramaticales siguen siendo en este y en la mayor parte de los casos nada más que convencionales y aproximadas y solo en apariencia transparentes. *Amo* es, en efecto, un presente, pero también un futuro, o un tiempo histórico en determinado tipo de narración, y hasta una forma con significación irreal, a pesar de que para expresar la irrealidad existen las formas específicas de subjuntivo. (§ 3.14.1). *Amaría* es, en efecto, un futuro de pretérito (pospretérito según la terminología de Bello), pero también un optativo o desiderativo, y hasta un presente de conjetura o de modestia (§ 3.14.9). Un subjuntivo simple como *amara* puede ser un pluscuamperfecto de indicativo *(había amado)* y un perfecto simple de indicativo *(amé)* y un optativo *(amaría)* y un pluscuamperfecto de subjuntivo *(hubiese amado)* (§ 3.15.6). No cabe, pues, ser muy exigente en la elección de los términos gramaticales y toda discusión acerca de su propiedad o impropiedad resulta en último término una discusión bizantina. No queda más que la comodidad de emplearlos para distinguir una forma de otra.

c) Para la conjugación del verbo irregular *haber* empleado como auxiliar en los tiempos compuestos, véase apart. **[I]** (§ 2.12.4, 1.º).

---

puestos son, efectivamente, tiempos que expresan anterioridad en relación con los tiempos simples a que cada uno de ellos corresponde. La simetría del sistema *simple/compuesto* (v. § 2.10.3) es, en este sentido, perfecta. Pero esa particularidad no es todo en dicha correlación. Podemos decir, refiriéndonos a una misma persona, *está y ha estado antes.* Pero si sustituimos en esta frase el verbo *estar* por un verbo de aspecto verbal perfectivo, como *morir*, la correlación de anterioridad no se cumple. *Muere y ha muerto antes* es un enunciado absurdo, si empleamos la palabra *morir*, por supuesto, en su acepción propia, que es la realmente perfectiva, y no en una acepción figurada.

2.11.2. Primera conjugación. Modelo: amar.

A. Formas no personales:

Simples:

Infinitivo *amar*
Gerundio *amando*
Participio *amado*

Compuestas:

haber amado
habiendo amado

B. Formas personales:

Modo indicativo

Tiempos simples:

Presente
(Bello: Presente)

amo
amas
ama
amamos
amáis
aman

Pretérito imperfecto
(Bello: Copretérito)

amaba
amabas
amaba
amábamos
amabais
amaban

Pretérito perfecto simple
(Bello: Pretérito)

amé
amaste
amó
amamos
amasteis
amaron

Tiempos compuestos:

Pretérito perfecto compuesto
(Bello: Antepresente)

he amado
has amado
ha amado
hemos amado
habéis amado
han amado

Pretérito pluscuamperfecto
(Bello: Antecopretérito)

había amado
habías amado
había amado
habíamos amado
habíais amado
habían amado

Pretérito anterior
(Bello: Antepretérito)

hube amado
hubiste amado
hubo amado
hubimos amado
hubisteis amado
hubieron amado

Futuro
(Bello: Futuro)

amaré
amarás
amará
amaremos
amaréis
amarán

Futuro perfecto
(Bello: Antefuturo)

habré amado
habrás amado
habrá amado
habremos amado
habréis amado
habrán amado

Condicional
(Bello: Pospretérito)

amaría
amarías
amaría
amaríamos
amaríais
amarían

Condicional perfecto
(Bello: Antepospretérito)

habría amado
habrías amado
habría amado
habríamos amado
habríais amado
habrían amado

Modo subjuntivo

Presente
(Bello: Presente)

ame
ames
ame
amemos
améis
amen

Pretérito perfecto
(Bello: Antepresente)

haya amado
hayas amado
haya amado
hayamos amado
hayáis amado
hayan amado

Pretérito imperfecto
(Bello: Pretérito)

amase o amara
amases o amaras
amase o amara
amásemos o amáramos
amaseis o amarais
amasen o amaran

Pretérito pluscuamperfecto
(Bello: Antepretérito)

hubiese o hubiera amado
hubieses o hubieras amado
hubiese o hubiera amado
hubiésemos o hubiéramos amado
hubieseis o hubierais amado
hubiesen o hubieran amado

Futuro
(Bello: Futuro)

amare
amares
amare
amáremos
amareis
amaren

Futuro perfecto
(Bello: Antefuturo)

hubiere amado
hubieres amado
hubiere amado
hubiéremos amado
hubiereis amado
hubieren amado

Modo imperativo

Presente

ama
amad

2.11.3. **Segunda conjugación. Modelo: temer** [2].

A. Formas no personales:

Simples

Infinitivo | *temer* |
Gerundio *temiendo*
Participio *temido*

Compuestas:

haber temido
habiendo temido

B. Formas personales:

Modo indicativo

Tiempos simples:

Presente
(Bello: Presente)

temo
temes
teme
| *tememos* |
| *teméis* |
temen

Tiempos compuestos:

Pretérito perfecto compuesto
(Bello: Antepresente)

he temido
has temido
ha temido
hemos temido

habéis temido
han temido

Pretérito imperfecto
(Bello: Copretérito)

temía
temías
temía
temíamos
temíais
temían

Pretérito pluscuamperfecto
(Bello: Antecopretérito)

había temido
habías temido
había temido
habíamos temido
habíais temido
habían temido

[2] Como ya hemos hecho ver (§ 2.10.4*a*, *b* y *e*), las características modales y temporales coinciden en casi todas las formas de la 2.ª y la 3.ª conjugación, de tal manera que estas dos conjugaciones están muy cerca de constituir un solo paradigma. Para dar mayor realce a esta particularidad se marcan tipográficamente, en este y en el siguiente paradigma, las únicas formas que difieren. No hacemos lo mismo en el futuro y el condicional por las razones expuestas en la nota 4 del capítulo anterior.

Pretérito perfecto simple
(Bello: Pretérito)

temí
temiste
temió
temimos
temisteis
temieron

Pretérito anterior
(Bello: Antepretérito)

hube temido
hubiste temido
hubo temido
hubimos temido
hubisteis temido
hubieron temido

Futuro
(Bello: Futuro)

temeré
temerás
temerá
temeremos
temeréis
temerán

Futuro perfecto
(Bello: Antefuturo)

habré temido
habrás temido
habrá temido
habremos temido
habréis temido
habrán temido

Condicional
(Bello: Pospretérito)

temería
temerías
temería
temeríamos
temeríais
temerían

Condicional perfecto
(Bello: Antepospretérito)

habría temido
habrías temido
habría temido
habríamos temido
habríais temido
habrían temido

Modo subjuntivo

Presente
(Bello: Presente)

tema
temas
tema
temamos
temáis
teman

Pretérito perfecto
(Bello: Antepresente)

haya temido
hayas temido
haya temido
hayamos temido
hayáis temido
hayan temido

Pretérito imperfecto
(Bello: Pretérito)

temiese o temiera
temieses o temieras
temiese o temiera
temiésemos o temiéramos
temieseis o temierais
temiesen o temieran

Pretérito pluscuamperfecto
(Bello: Antepretérito)

hubiese o hubiera temido
hubieses o hubieras temido
hubiese o hubiera temido
hubiésemos o hubiéramos temido
hubieseis o hubierais temido
hubiesen o hubieran temido

Futuro
(Bello: Futuro)

temiere
temieres
temiere
temiéremos
temiereis
temieren

Futuro perfecto
(Bello: Antefuturo)

hubiere   temido
hubieres temido
hubiere   temido
hubiéremos temido
hubiereis temido
hubieren temido

Modo imperativo

Presente

teme

temed

2.11.4.   Tercera conjugación. Modelo: **partir.**

A. Formas no personales:

Simples:

Infinitivo *partir*
Gerundio *partiendo*
Participio *partido*

Compuestas

haber   partido
habiendo partido

B. Formas personales:

Modo indicativo

Tiempos simples:

Presente
(Bello: Presente)

parto
partes
parte
partimos
partís
parten

Tiempos compuestos:

Pretérito perfecto compuesto
(Bello: Antepresente)

he   partido
has   partido
ha   partido
hemos partido

habéis partido
han   partido

Pretérito imperfecto
(Bello: Copretérito)

partía
partías
partía
partíamos
partíais
partían

Pretérito pluscuamperfecto
(Bello: Antecopretérito)

había   partido
habías partido
había   partido
habíamos partido
habíais partido
habían partido

Pretérito perfecto simple
(Bello: Pretérito)

partí
partiste
partió
partimos
partisteis
partieron

Pretérito anterior
(Bello: Antepretérito)

hube   partido
hubiste   partido
hubo   partido
hubimos   partido
hubisteis partido
hubieron partido

Futuro
(Bello: Futuro)

partiré
partirás
partirá
partiremos
partiréis
partirán

Futuro perfecto
(Bello: Antefuturo)

habré   partido
habrás   partido
habrá   partido
habremos partido
habréis   partido
habrán   partido

Condicional
(Bello: Pospretérito)

partiría
partirías
partiría
partiríamos
partiríais
partirían

Condicional perfecto
(Bello: Antepospretérito)

habría   partido
habrías   partido
habría   partido
habríamos partido
habríais   partido
habrían   partido

Modo subjuntivo

Presente
(Bello: Presente)

parta
partas
parta
partamos
partáis
partan

Pretérito perfecto
(Bello: Antepresente)

haya   partido
hayas   partido
haya   partido
hayamos   partido
hayáis   partido
hayan   partido

Pretérito imperfecto
(Bello: Pretérito)

partiese   o partiera
partieses   o partieras
partiese   o partiera
partiésemos o partiéramos
partieseis o partierais
partiesen   o partieran

Pretérito pluscuamperfecto
(Bello: Antepretérito)

hubiese   o hubiera   partido
hubieses   o hubieras   partido
hubiese   o hubiera   partido
hubiésemos o hubiéramos partido
hubieseis o hubierais   partido
hubiesen   o hubieran   partido

Futuro (Bello: Futuro)	Futuro perfecto (Bello: Antefuturo)	
partiere	hubiere	partido
partieres	hubieres	partido
partiere	hubiere	partido
partiéremos	hubiéremos	partido
partiereis	hubiereis	partido
partieren	hubieren	partido

Modo imperativo

Presente

parte

partid

2.11.5. **Caracteres distintivos.** — *a)* De los tres grupos en que pueden clasificarse los verbos españoles según la conjugación a que pertenecen, el primero es con mucha diferencia el más numeroso. Es también el más estable y productivo. Todos los verbos en -ar heredados proceden de la conjugación latina en -āre. Todos los verbos creados en español por derivación directa se acomodan a la 1.ª conjugación. La derivación con sufijos verbales da también formaciones en -ar: -ear, -ficar, -izar, -ntar, y casi todos los compuestos nuevos siguen también la 1.ª conjugación. Fuera de estos casos, únicamente los verbos incoativos en -scĕre de la 3.ª conjugación latina, extinguida en romance, sirvieron de modelo para la formación de incoativos españoles en -cer, formación que tuvo mucha vitalidad desde los orígenes del idioma y aún la conserva en parte. Estos verbos en -cer, a diferencia de los formados mediante los sufijos derivativos de la 1.ª conjugación, son todos irregulares (apart. [J] del § 2.12.4, 2.º).

b) De la estabilidad de la 1.ª conjugación no han participado la 2.ª y la 3.ª Causa probable de ello fue la extinción en romance del paradigma latino -ĕre, cuyos verbos se acomodaron a la conjugación -er o -ir española, en muchos casos sin razones claras a favor de la una o de la otra. De los dos verbos latinos, de idéntica estructura en la parte final de la raíz: *tangĕre* y *plangĕre*, el primero hizo *tañer* y el segundo *plañir*. Verbos de una misma raíz, unos fueron a -er y otros a -ir, como *correr* y *ocurrir*. En español antiguo es frecuente la vacilación entre -er e -ir, de lo que todavía quedan algunas muestras en la conjugación irregular. La casi total igualación entre los paradigmas de la 2.ª y la 3.ª conjugación española (v. nota 2 de este capítulo y §§ 2.11.3 y 2.11.4) facilitó probablemente el trasiego. Varios verbos en -ir son defectivos (v. § 2.12.13) y algunos entraron en competencia con formaciones incoativas, que los desplazaron pronto: *bastir, bastecer; en-*

flaquir, enflaquecer; escarnir, escarnecer; gradir, gradecer. En la conjugación regular solo un verbo, de introducción reciente (1775-81, en Benito Bails, *Elementos de Matemáticas*), vacila entre *-er* e *-ir*, o dicho más bien, es de doble conjugación: *converger, convergir.* No ocurre lo mismo con el verbo *divergir*, de la misma raíz que el anterior y de introducción también reciente, aunque no ha dejado de incluirse la variante *diverger* en algunos diccionarios, como en el de *Argentinismos* de Lisandro Segovia, 1911. En contraste con *divergir* es la forma *emerger* la que se mantiene hasta hoy, a pesar de que algunos diccionarios recogen también la variante *emergir* [3].

c) Tratamos a continuación de caracterizar fonológicamente los verbos regulares de las tres conjugaciones atendiendo al vocalismo de su raíz (penúltima sílaba del infinitivo).

1.º Son regulares todos los verbos de la 1.ª conjugación que tienen *a, i o u* en la raíz, excepto *andar*, su compuesto *desandar* y *jugar.*

2.º Son regulares todos los verbos de la 1.ª conjugación que tienen diptongo en la penúltima sílaba del infinitivo. Todos los diptongos propios pueden figurar en esta posición: *envainar, peinar, cohibir, defraudar, adeudar; apiadar, inquietar, gestionar, aguantar, frecuentar; arruinar, enviudar.* A veces también diptongos impropios: *ahorrar, ahogar, empeorar.* Son escasos los que deshacen el diptongo en las formas fuertes: *co-hibo*, a veces *arru-ino.* El diptongo impropio se deshace siempre en esas formas: *a-horro, a-hogo, empe-oro.*

3.º Son regulares todos los verbos de la 1.ª conjugación cuyo infinitivo termina en *-aar, -ear, -iar, -oar, -uar.* Este carácter no va nunca unido al del punto anterior, excepto en *desahuciar* y en algún otro verbo de uso muy raro, como *acuantiar.*

4.º Ningún verbo, regular ni irregular, presenta vocalismo *i-er* ni *u-er* en la 2.ª conjugación.

5.º Los escasos verbos de la 3.ª conjugación que presentan diptongo en la penúltima sílaba del infinitivo, son todos regulares: *aplaudir, disuadir, persuadir, reunir* y algún otro.

---

[3] J. Corominas salva la errata de *emergir* por *emerger* que se deslizó en el *Diccionario crítico etimológico de la lengua castellana* (IV, 1957, página 275*b* 10) en su *Breve diccionario etimológico de la lengua castellana* (1961, página 529*b*).

2.12. DE LA CONJUGACIÓN IRREGULAR

2.12.1. De la conjugación irregular. Introducción. — *a*) Como ya hemos visto (§ 2.10.1*c*), las irregularidades que se presentan en la conjugación española, con raras excepciones de que hablaremos más adelante, afectan a la raíz verbal. Son pocos los casos en que estos cambios de la raíz proceden de la lengua latina. Así, en parte, los perfectos fuertes. En su conjunto, las irregularidades son resultado de la acción de las leyes fonéticas sobre el sistema entero de la lengua española. El estudio de esta acción compleja, en todas sus fases históricas, está reservado a obras especiales. En la exposición que sigue nos limitamos, dentro de lo posible, a la determinación de los caracteres puramente formales que definen y clasifican una irregularidad dada, entendiéndose que el empleo de fórmulas genéticas como «se agrega a», «procede de», «tiene prelación sobre», etc., no pasa de ser un recurso convencional al que acudimos en defecto de fórmulas adecuadas para la descripción de un estado, no un proceso, lingüístico [1].

Para la entera descripción de una irregularidad determinada hay que tener en cuenta dos series de datos: 1.º, los que se refieren a su estructura fonológica, y 2.º, los que se refieren a su extensión (formas flexivas, conjugaciones y verbos en que aparece). Los examinamos sumariamente a continuación.

b) La irregularidad puede ser vocálica, consonántica o mixta.

1.º *Irregularidad vocálica.* La forma irregular presenta en la raíz una vocal más cerrada, pero del mismo timbre, que la vocal de la raíz, tal como esta raíz aparece en el infinitivo: de p*e*d-ir, p*i*d-ió; de m*o*r-ir, m*u*r-ió; o un diptongo creciente, siempre con vocal silábica *e*: de qu*e*r-er, qu*ie*r-o; de v*o*lv-er, v*ue*lv-o; de inqu*i*r-ir, inqu*ie*r-o; de j*u*g-ar, j*ue*g-o. Estas seis irregularidades o variaciones: *e*/*i* (I), *o*/*u* (II),

---

[1] En la lengua general se hace un constante uso metafórico de verbos de movimiento para describir formas, figuras, estructuras, en defecto de verbos estáticos (su repertorio es especialmente escaso en español). Cuando en la descripción se emplean tiempos verbales del pasado, el contraste *perfecto simple* / *pretérito imperfecto* hace posible distinguir una cosa de otra: *Torcimos a la izquierda, El camino torcía a la izquierda; El animal se levantó de un salto, La cordillera se levantaba en el horizonte; Arrojaron sus armas, Arrojaban su sombra*, etc.

e/ie (III), *o/ue* (IV), *i/ie* (V), *u/ue* (VI), se presentan con cierta simetría fonológica, simetría que reaparece en la manera de estar distribuidas dentro de la flexión, como veremos.

2.º *Irregularidad consonántica.* Puede consistir en la sustitución de una consonante por otra (la consonante de la forma irregular es siempre sonora): hac-er, ha*g*-a; ha*b*-er, ha*y*-a (VII), o en la adición de una consonante a la consonante final de la raíz del infinitivo: nac-er, naz*c*-o; sa*l*-ir, sal*g*-o; ve*n*-ir, ven*g*-o (VIII), o en la adición de una consonante a la última vocal de la raíz del infinitivo: h*u*-ir, h*uy*-o; o-ír, o*y*-e (IX).

3.º *Irregularidad mixta.* Se produce por la sustitución de una vocal y una consonante por otra vocal y otra consonante, simultáneamente: dec-ir, di*g*-o [2]; sa*b*-er, se*p*-a; ca*b*-er, que*p*-a (X), o por la agregación del grupo -*ig*- a la última vocal de la raíz: o-ír, o*ig*-o; tra-er, tra*ig*-a (XI).

4.º En los párrafos finales de este capítulo se examinan las irregularidades que afectan al tema *(di, haz ... doy, voy ...)*, o al tema y a la raíz simultáneamente (perfectos fuertes), así como algunas otras irregularidades de carácter excepcional por ser de sistematización más difícil que las examinadas hasta aquí: contracciones, verbos con más de una raíz, futuros y condicionales irregulares, participios y gerundios irregulares (§§ 2.12.6 a 2.12.12). En casi todos estos casos la irregularidad no suele presentarse sola, sino asociada a otra o a otras irregularidades dentro del verbo o de los pocos verbos a que se extiende.

c) Para la distribución de cada una de estas clases de irregularidad entre las formas del verbo y la conjugación a que pertenecen hay que atenerse a los datos siguientes:

1.º Las cuatro irregularidades vocálicas que consisten en un diptongo: variaciones (III), (IV), (V) y (VI) (apart. 1.º del § 2.12.1*b* anterior), afectan exclusivamente a las nueve formas fuertes del verbo, es decir, a las formas con acento de intensidad en el radical, que son: todo el singular y la 3.ª persona de plural de los dos presentes (indicativo y subjuntivo) y el singular del imperativo (v. § 2.10.5). Así de *acertar*: *acierto, aciertas, acierta, aciertan; acierte, aciertes, acierte, acierten; acierta.* Estas irregularidades se hallan siempre, por lo tanto, condicionadas por el acento de intensidad. Aparecen en verbos que pertenecen a las tres conjugaciones -*ar*, -*er*, -*ir*, en la distribución que veremos.

---

[2] Hablar de cambio simultáneo, para describir la irregularidad *decir / digo*, como ya hemos advertido en el § 2.12.1*a*, es una expresión convencional. Por otra parte, la *i* del presente *digo* representa con mayor fidelidad fonética la vocal de la raíz del lat. *dīcere* que no la *e* del infinitivo español *decir*, producida por disimilación. Pero en este, como en todos los casos, partimos del infinitivo español para nuestras descripciones, como la forma básica.

2.º   Las irregularidades vocálicas (I) y (II) afectan a todas las formas en que la sílaba que sigue a la raíz no contiene *i* silábica, que son: todo el singular y la 3.ª persona de plural del presente de indicativo, así de *pedir: pido, pides, pide, piden;* todo el subjuntivo: *pida, pidas, pida, pidamos, pidáis, pidan;* el singular del imperativo: *pide;* las 3.ᵃˢ personas del perfecto simple: *pidió, pidieron;* todas las formas derivadas del mismo: *pidiera ... pidiese ... pidiere ...,* y el gerundio: *pidiendo* [3], en contraste con las formas en que la sílaba que sigue a la raíz es una -*i*- silábica: ped-*i*-mos, ped-*i*-a, ped-*i*-r, ped-*i*-do, etc. Por consiguiente, esta irregularidad se halla condicionada, con independencia del acento de intensidad, por la presencia o no presencia de -*i*- silábica en el tema y, según esto, pertenece a verbos de la 3.ª conjugación.

3.º   A estas mismas formas —exceptuado el pretérito perfecto simple, sus tiempos derivados y el gerundio— afecta la irregularidad consonántica (IX) (apart. 2.º del § 2.12.1*b* anterior). Así de *huir: huyo, huyes, huye, huyen; huya, huyas, huya, huyamos, huyáis, huyan; huye* (para la -*y*- del gerundio *huyendo* y del perfecto simple y tiempos afines: *huyó, huyeron,* etc., véase § 2.12.1*f*, 1.º) en contraste con *hu-i-mos, hu-i-s,* etc. Por razón análoga a la del apartado anterior, esta irregularidad se extiende solo a verbos de la 3.ª conjugación.

4.º   Las restantes irregularidades consonánticas y las mixtas (aparts. 2.º y 3.º del § 2.12.1*b* anterior) se producen, con independencia del acento, en las formas con *o* temática del presente de indicativo y al mismo tiempo en las formas con *a* temática del presente de subjuntivo. Afectan, por consiguiente, a verbos de la 2.ª y la 3.ª conjugación. Así de *valer: valgo, valga ...;* de *salir: salgo, salga ...;* de *oír: oigo, oiga;* de *caber: quepo, quepa ...*

d)   Varía notablemente el número de verbos a que se extiende cada una de las irregularidades examinadas hasta aquí. Algunas se producen en uno o dos verbos. Así la variación *u/ue* (VI): *jugar* [4], o la variación *i/ie* (V): *inquirir* y *adquirir.* En algunos casos todos los verbos que poseen, con exclusión de otros, una determinada irregularidad presentan en el infinitivo una estructura común a partir de la vocal radical. Es el caso de *inqu-irir* y *adqu-irir.* Hablamos entonces resumidamente de verbos terminados en -*irir,* porque todos ellos, y solo ellos, contienen la variación de que se trata. Lo mismo ocurre con los verbos

---

[3]   En total treinta y dos formas, cifra máxima de formas verbales a que se extiende una irregularidad en la conjugación española.

[4]   Hablar de diptongación de *u* a propósito de la variación *u/ue* es especialmente impropio, como son más o menos impropias, repetimos, muchas de las expresiones de índole genética empleadas en la descripción de un estado de lengua (§ 2.12.1*a*). En rigor, *juego,* del antiguo verbo *iogar,* procede como *ruego* de la diptongación de una *o* abierta, y no de una *u,* que no diptonga nunca en español.

en -*uir*, cerca de cuarenta en total, del grupo (IX) (variación *u*/*uy*). Hablamos también de verbos en -*edir* porque todos los que presentan esta estructura aparecen sometidos a la variación *e*/*i* del grupo (I). Pero en este caso y otros semejantes, de la misma variación participan otros verbos de diferente, aunque análoga estructura: verbos en -*egir*, -*etir*, etc. La situación no es la misma, en cambio, por lo que hace a los verbos con variación vocálica *e*/*ie*, *o*/*ue*, grupos (III) y (IV). No existe para ellos la posibilidad de una caracterización formal que los abarque a todos bajo un infinitivo de estructura común, o bajo diversos infinitivos de estructuras análogas, como en el caso del grupo (I). De los dos verbos *renovar* e *innovar*, por ejemplo, de una misma estructura y hasta de una misma etimología, el primero diptonga y el segundo no. Lo mismo ocurre con otros pares: *defender*, *ofender*. Hablamos entonces de verbos en -*o-ar* (apart. [C]), -*e-ar* (apart. [B]), etcétera [5], recurriendo a una fórmula demasiado general que no caracteriza al grupo heterogéneo, pero que es útil a veces en nuestra exposición [6].

e) Ocurre con alguna frecuencia en la conjugación irregular española que dentro de un verbo o de un determinado grupo de verbos aparezcan dos o más irregularidades de clases diferentes. Todos los perfectos fuertes (excepto *anduve*) y los futuros y condicionales (para unos y otros, v. §§ 2.12.9 y 2.12.10), por ejemplo, pertenecen a verbos en los que se da alguna otra o algunas otras irregularidades. Llamamos especialmente la atención sobre el hecho de que algunas formas verbales aparecen sometidas a dos clases de irregularidades. Si las dos concurren dentro de un mismo verbo, una de ellas deja de actuar necesariamente. En la concurrencia de las irregularidades (VIII) y (III), como en *tener* y *venir*, (VIII) tiene la preferencia [7]:

tengo	*tenga*
tienes	*tengas*
tiene	*tenga*
.....	*tengamos*
.....	*tengáis*
tienen	*tengan*

---

[5] Otra estructura general es la de verbos de vocalismo -*e-ir*, a propósito de la variación *e*/*i* (I). Véase el apart. [A].

[6] En los párrafos que siguen no prescindimos nunca, en todo caso, de enumerar de la manera más completa posible todos los verbos englobados dentro de una misma irregularidad, aunque existan para ellos estructuras generales o estructuras análogas, las cuales han de figurar también al frente de cada catálogo. Lo mismo se hace en el *Índice* de verbos que figura al final de este capítulo.

[7] La teoría sobre el *orden de preferencia* en las irregularidades del verbo castellano fue formulada por Bello en el párrafo 505 de su *Gramática*.

(van en cursiva las formas en que deja de actuar (III), es decir, en ellas *tien-* cede en favor de *teng-*).

En la concurrencia de (I) con (III), por el contrario, como en *sentir* y otros muchos verbos, tiene la preferencia (III):

siento	*sienta*
sientes	*sientas*
siente	*sienta*
.....	sintamos
.....	sintáis
sienten	*sientan*

(en cursiva las formas en que deja de actuar (I), es decir, en ellas *sint-* cede en favor de *sient-*).

f) No parece necesario advertir que en la clasificación de las irregularidades no entran para nada las variaciones simplemente ortográficas, como *sigo/sigue, dirigimos/dirijamos, hice/hizo,* etc. *Nazco* no es una variante de *nace* por la presencia de *z* (tanto la *z* de *nazco* como la *c* de *nace* en este caso representan el fonema /θ/), sino por la *c*, representación aquí del fonema /k/. La variación es, por consiguiente, /θ/ ~ /θk/ [8].

Algunas aparentes anomalías obedecen a principios generales fonológicos del sistema español y no constituyen tampoco, por consiguiente, irregularidad. Las enumeramos a continuación.

1.º Los verbos regulares *leer, proveer, creer* y los irregulares en *-uir,* así como *caer, oír* y sus compuestos tienen consonante *y* en el gerundio, en el tema de perfecto (3.ᵃˢ personas) y en el de los tiempos derivados del mismo: *le-yendo, le-yó, le-ye-ron, le-ye-se ... o-yó ... hu-yó ... ca-yó ...* etc., en vez de la vocal *i* de los verbos cuya raíz termina en consonante: *tem-iendo, tem-ió, tem-ie-ron, tem-ie-se ... durm-ió, durm-ie-se ... val-ió, val-ie-se,* etc. La imposibilidad de la delimitación silábica /lei.ó/ o /le.ió/, lo mismo que en el caso del plural de *rey* /r̄éy/: /r̄éi.es/ o /r̄é.ies/, explica fonológicamente las formas *le-yó, re-yes,* con consonante *y*.

2.º Por razones análogas, tanto *hierro, hiervo,* de *herrar, hervir,* como *yerro, yergo,* de *errar, erguir,* son producto de la variación *e/ie* (I), pero con el fonema consonántico *y*, no con el vocálico no silábico *i-*.

---

[8] El proceso histórico es aquí enteramente de sentido contrario si decimos, dadas las dificultades para describir un estado lingüístico, que la forma irregular /náθ-ko/ «agrega» una /k/ a la variante básica del infinitivo /naθ-ér/. Aquí lo originario etimológicamente es /k/, tanto en el infinitivo latino /náski/ = *nacer* como en la 1.ᵃ persona del presente de indicativo /náskor/ = *nazco*. Solo al asibilarse y hacerse interdental /θ/ el fonema latino /k/, ante *i* o *e*, surgen las formas españolas *nacer, nace,* etc., interdental que pasa analógicamente a los presentes *nazco, nazcas,* etc.

3.º En el perfecto simple (3.ᵃˢ personas), en sus tiempos afines y en el gerundio de los verbos *tañer*, *atañer* y de los terminados en *-añir*, *-iñir*, *-uñir* y *-ullir*, todos ellos regulares, y en las mismas formas de los terminados en *-eñir*, todos irregulares, no se escribe la *i* propia del tema de los verbos de la 2.ᵃ y la 3.ᵃ conjugación [9].

g) Los tiempos compuestos no tienen más irregularidades que las del auxiliar *haber* y las de algunos participios. De unas y otras tratamos en epígrafes especiales de este capítulo (apart. [I] y § 2.12.11).

2.12.2. Caracterización general de los verbos irregulares. — 1.º Todos los verbos irregulares en *-ar*, con muy pocas excepciones, no tienen más irregularidades que una de las dos variaciones *e/ie* (III), *o/ue* (IV) y solo esa.

2.º Los verbos de la 3.ᵃ conjugación de estructura *-e-ir*, con muy raras excepciones, son todos irregulares (aparts. [A] y [B], 3.º).

3.º Los imperfectos de indicativo carecen de irregularidades, salvo muy raras excepciones, que se reducen casi exclusivamente a los imperfectos, heredados del latín, *era* e *iba*, de los verbos de raíz múltiple *ser* e *ir* (§ 2.12.8).

4.º Existe cierto grado de simetría formal en las irregularidades, como hemos observado ya especialmente en las irregularidades vocálicas, su distribución y su concurrencia. Refiriéndose a las irregularidades del verbo castellano hablaba ya Bello (nota XI de su *Gramática*) de la «regularidad... de sus mismas irregularidades».

2.12.3. Irregularidades vocálicas. — [A] Variación *e/i* (I). Aparece *i* y no *e* en la raíz cuando el vocalismo de la sílaba siguiente no es simplemente *-i-* (es decir, no consiste en *i* silábica). Esta irregularidad se extiende solamente a verbos de la 3.ᵃ conjugación (esquema: *-e-ir*).

Presentes...........
- *pid*-o   *pid*-a
- *pid*-e-s   *pid*-a-s
- *pid*-e   *pid*-a
- *ped*-i-mos   *pid*-a-mos
- *ped*-í-s   *pid*-á-is
- *pid*-e-n   *pid*-a-n

---

[9] Los fonemas *ll* y *ñ* son, en varios casos, resultado de *n* y *l* ante vocal *e* o *i* no silábica (vocal a la que la Fonética da el nombre de semiconsonante y la Gramática histórica el de «yod»): lat. *seniorem > señor*, lat. *mirabilia > maravilla*. Se explica así la equivalencia acústica *señor/seníor, maravilla/maravillia* y la conciencia lingüística de que en *ñ* y *ll* hay embebido o latente un sonido [j]. La eliminación de esta [j] no se produce solo en el verbo. Todos los adjetivos españoles con el sufijo *-ento* (lat. *-ēntum*), excluidos algunos latinismos en *-lento*, adoptan la forma *-iento: sediento, ceniciento*, excepto precisamente los que tienen *ll* o *ñ* ante el sufijo: *amarillento, pezuñento*, etc.

Imperativo.......... { pid-e
                       ped-i-d

Perfecto simple...... { ped-í
                        ped-i-ste
                        pid-ió
                        ped-i-mos
                        ped-i-steis
                        pid-ie-ron

Tiempos derivados del { pid-ie-ra, pid-ie-ra-s ... pid-ie-se,
perfecto simple.... {   pid-ie-se-s ...
                         pid-ie-re, pid-ie-re-s ...

Formas no personales. pedir, pedido, pid-iendo.

Se extiende esta irregularidad [10] a los verbos *servir* y *deservir* [11] y además a todos los verbos cuyo infinitivo presenta en su estructura una de las terminaciones siguientes (algunas de ellas pertenecen a un verbo único):

-*ebir:*   *concebir.*
-*edir:*   *medir, desmedirse, comedir, descomedirse, remedir; pedir, despedir, impedir, expedir* y *reexpedir.*
-*egir:*   *elegir, reelegir, colegir, recolegir; regir, corregir.*
-*eguir:*   *seguir, conseguir, perseguir, proseguir, reseguir* y *subseguir.*
-*emir:*   *gemir.*
-*enchir:* *henchir, rehenchir* [12].
-*endir:*   *rendir.*
-*eñir:*   *ceñir, desceñir, receñir; constreñir* (o *costreñir*), *estreñir; heñir; reñir; teñir, desteñir, reteñir* [13].

---

[10] Atendiendo solamente a la cantidad vocálica y al tipo de conjugación, los verbos a que se extiende la variación *e/i* proceden de matrices latinas diferentes: *mētior, mētīri (medir); impleo, implēre (henchir); concĭpio, concĭpĕre (concebir); vĕstio, vĕstīre (vestir); repĕto, repĕtĕre (repetir); rĕgo, rĕgĕre (regir); elĭgo, elĭgĕre (elegir),* etc.; pero solo aquellas en que se dan al mismo tiempo dos requisitos: la cantidad de la vocal radical latina: *ĕ* o *ĭ,* y la presencia de una «yod» (nota anterior) en el tema (1.ª pers. de singular del presente de indicativo y todo el subjuntivo), como en *mētior* o *impleo,* son las que han dado origen a las formas con *i* en el radical español. Son fenómenos secundarios y analógicos, en cambio, la propagación de esta *i* a todas las formas fuertes del presente de indicativo: *mides, mide, miden,* por influencia de la distribución de las irregularidades III y IV, y la extensión del paradigma entero a otros muchos verbos *(vĕstio, rĕgo,* etc.) por influencia de la estructura vocálica -*e*-*ir.*

[11] Para *hervir* y *rehervir,* de la misma terminación que *servir,* véase más adelante apart. **[D].**

[12] La supresión de *i* (nota 13) se produce también algunas veces en estos dos verbos, y en los textos clásicos parece ser predominante.

[13] Para la supresión de *i* no silábica [j], en el tema de los pretéritos de estos verbos: *ciñ-ó* (no *ciñ-ió*), *ciñ-e-se* (no *ciñ-ie-se*), v. § 2.12.1*f,* 3.° con la nota 9 correspondiente.

-estir: vestir, desvestir, investir, revestir, sobrevestir, travestir; embestir.
-etir: derretir; competir, repetir [14].

Todos los verbos terminados en -eír, que son: *desleír; engreírse; freír, refreír, sofreír; reír, sonreír* [15], se acomodan a este mismo paradigma. Agregan siempre, por otra parte, la irregularidad vocálica que consiste en suprimir la *i* de los diptongos *io, ie*, propios de los temas de perfecto (3.ª² personas), y la *i* del diptongo *ie*, propio de todas las formas flexivas derivadas del perfecto simple y del gerundio (señalamos con asterisco esta irregularidad secundaria y con un punto, como hicimos en el cap. 1.4, el límite silábico entre vocales, para marcar bien el hiato de estos verbos).

Presentes		
rí-o		rí-a
rí.e-s		rí.a-s
rí.e		rí.a
re.í-mos		ri.a-mos
re.í-s		ri.á-is
rí.e-n		rí.a-n

Imperativo.............. { rí.e
                          re.í.d

Perfecto simple .... { re.í
                          re.í-ste
                          *ri.ó
                          re.í-mos
                          re.í-steis
                          *ri.e-ron

Tiempos derivados del { *ri.e-ra, *ri.e-ra-s ... *ri.e-se, *ri.e-se-s ...
perfecto simple ...... { *ri.e-re, *ri.e-re-s ...

Formas no personales...   re.ír, *ri.endo, re.ído.

Esta supresión de la *i* no silábica del tema no está condicionada, como en el caso de los verbos en -eñir (v. notas 9 y 13 de este capítulo),

---

[14] Como acabamos de ver, casi todos los verbos a los que se extiende la variación *e/i* pueden catalogarse por terminaciones. Queremos decir: ninguno de los verbos terminados en -edir, -eñir, etc., escapa a la irregularidad *e/i*. Con los restantes verbos irregulares no siempre puede hacerse lo mismo, como veremos a continuación.

[15] *Reír* y *freír*, por la cantidad originaria de la vocal radical (lat. *rīdēre, frīgĕre*), debían haber mantenido *i* en todo el presente de indicativo, sin distinción de formas fuertes o débiles, como el verbo regular *vivir* (lat. *vīvĕre*): *vivimos, vivís*, en contraste con *reímos, reís*. Su incorporación analógica al paradigma irregular de *pedir* puede haber sido favorecida por la tendencia a disimilar formas tan excepcionales en español como serían *ri.imos, ri.ís*.

por razones fonológicas de alcance general y debe considerarse como verdadera irregularidad [16].

Para el verbo *decir* y sus compuestos, a los que se extiende también la variación *e/i*, pero como irregularidad mixta y asociada además a otras clases de irregularidad, véase el § 2.12.14 [17].

[B]   Variación *e/ie* (III). La raíz presenta *ie* en vez de *e* en todas las formas fuertes de la flexión (singular y 3.ª persona de plural de los dos presentes y singular del imperativo) [18].

1.º   Verbos de la 1.ª conjugación (esquema: *-e-ar*).

	aciert-o	aciert-e
	aciert-a-s	aciert-e-s
Presentes....	aciert-a	aciert-e
	acert-a-mos	acert-e-mos
	acert-á-is	acert-é-is
	aciert-a-n	aciert-e-n

Imperativo...	{	aciert-a
	{	acert-a-d

---

[16]   La lengua medieval y clásica mantenían frecuentemente el tema *-ió*, *-ie-* del perfecto en su integridad, pero entonces la *i* pasaba a desempeñar función consonántica *(y)*, según el principio fonológico que hemos examinado en el § 2.12.1*f*, 1.º: *riyeron, riyese*, etc., formas que hoy perviven solamente como arcaísmos en el habla de algunas zonas dialectales de España y América.

[17]   *Decir*, por su matriz latina *(dīcĕre)*, debe agruparse con *reír* y *freír* (nota 15), por lo que hace a la variación vocálica *e/i*.

[18]   La variación *e/ie* coordinada con la oposición sílaba *inacentuada/acentuada* es acaso el rasgo fono-morfológico más general y constante de la lengua española, como hemos visto ya y tendremos ocasión de seguir viendo en esta segunda parte. Por eso la variación *acertamos/aciertan, regamos/riegan*, por ejemplo, se repite en otras clases de palabras de la misma etimología: *acertadamente/cierto, regadío/riego*. Sin embargo, esta correspondencia no se produce siempre y la existencia de una palabra con diptongo o sin él no es indicio, en todos los casos, de que el verbo diptongue o no diptongue. Así, por ejemplo, a pesar de *cumplimiento*, el verbo de la misma etimología *cumplimentar* no diptonga, ni *conservar* < lat. *consĕrvare* a pesar de *siervo* < lat. *sĕrvus*, y al contrario *arrendar* 'dar en arriendo' diptonga a pesar de *renta*, ant. *renda*. La diptongación es normal en sílaba acentuada procedente de *e* breve latina, pero se extiende analógicamente a sílaba de diferente vocalismo, no de otra manera que la *i* de la variación *e/i* (nota 10): *piense* (del lat. *pēnsare*) y no *pense* (forma usada en la Edad Media y todavía hoy en judeoespañol), que sería la forma normal (como *pese*, de la misma etimología); *riegue* (lat. *rīgare*) y no *regue*, etc. Algunas formas hoy sin diptongar, que conviven con las diptongadas o son exclusivamente populares o dialectales, representan la forma primitiva etimológica: *estregue, plegue*, etc. Por otra parte, la diptongación normal no se produce generalmente en los numerosos casos en que el verbo es de introducción tardía, sustrayéndose así a la evolución fonética normal: *contentes* (s. XVI) frente a *tientes* (s. XIII); *alimentes* (s. XVI) frente

Se extiende esta irregularidad a los verbos siguientes:

acertar, desacertar;
adestrar [19];
alebrarse 'acobardarse';
alentar, desalentar;
apacentar;
apernar, despernar, entrepernar;
apretar [20], *desapretar, reapretar;*
arrendar 'dar o tomar en arriendo', *desarrendar, subarrendar;*
arrendar 'sujetar por las riendas';
aterrar 'derribar, abatir' [21], *desterrar, enterrar, desenterrar, soterrar;*
atravesar;
calentar, recalentar;
cegar;
cerrar, encerrar, desencerrar;
cimentar [22];
comenzar;
concertar, desconcertar;
confesar;
dentar 'echar los dientes', 'formar dientes a una cosa', *endentar, des-*
　　dentar [23];
derrengar [24];
deslendrar;
desmembrar;
despertar;
despezar [25];

---

a *escarmientes* (s. XII); *profeses* (s. XVI) frente a *confieses* (s. XIII); *alternes* (s. XV) frente a *gobiernes* (s. X).

No se incluyen en nuestras listas algunos verbos que dejaron de diptongar de una manera casi general, como *aferrar*, *arredrar* (en Venezuela se usan todavía formas diptongadas), *aterrar* 'aterrorizar', *atestar* 'henchir', etc. Para *templar* y *destemplar*, v. nota 34.

[19] A partir sobre todo del siglo XVIII se emplea también *adiestrar*.

[20] El empleo de las formas fuertes sin diptongo: *apreto, apretas*, etc., presente muy rara vez en textos medievales, es hoy vulgarismo en España y América.

[21] *Aterrar* en la acepción de 'aterrorizar', influido por *terror*, ha dejado de diptongar a partir del siglo XVIII.

[22] Es verbo de poco uso. Predominan las formas sin diptongar (Vicente de la Fuente, Amós de Escalante, E. Pardo Bazán, Zorrilla San Martín).

[23] Hay tendencia a emplear estos tres verbos con diptongo en toda su flexión.

[24] Se emplea también el verbo regular, sin diptongación, que es el etimológico (lat. vulgar *derēnicare*) y el más antiguo, pero algo menos frecuente que el irregular, usado sobre todo a partir del siglo XVII.

[25] Existen pocos testimonios literarios del irregular *despezar*, término de Arquitectura, como es frecuente en palabras que pertenecen a léxicos especiales. Por otra parte, el posverbal *despezo* (junto a *despiezo*) es indicio

emparentar [26];
empedrar, desempedrar;
empezar;
encomendar, recomendar;
enhestar 'poner enhiesto';
enmendar, remendar;
enlenzar;
ensangrentar;
errar [27];
estregar, restregar;
fregar, refregar, transfregar (o *trasfregar*) [28];
gobernar, desgobernar;
helar, deshelar;
herbar, desherbar;
herrar, desherrar, reherrar;
incensar;
infernar;
invernar (o *hibernar,* hoy menos frecuente), *desinvernar* [29];
manifestar;
melar, amelar, desmelar, enmelar;
mentar [30];
merendar;
negar, abnegar [31], *denegar, desnegar, renegar, derrenegar;*
nevar, desnevar;
pensar [32], *repensar;*
plegar, desplegar, replegar [33];
quebrar, aliquebrar, perniquebrar, requebrar, resquebrar;
recentar 'poner la levadura';
regar, sorregar;
regimentar 'reducir a regimientos varias compañías o partidas sueltas';

---

probable de que existe un *despezar* sin diptongación. Se emplea además el regular *despiezar* con significación análoga.

[26]   A partir del siglo XIX se emplea casi siempre sin diptongar (Joaquín Costa, Ricardo Rojas, J. Sánchez Cantón, R. Sánchez Mazas, V. Aleixandre, etc.).

[27]   Las formas diptongadas son: *yerro, yerras,* etc. (v. § 2.12.1f, 2.º). En muchos países de América (Argentina, Colombia, Costa Rica, Chile) se halla muy extendido el uso del verbo sin diptongar: *Si nuestras pasiones no erran* (J. L. Borges, *Ficciones*). Con la acepción originaria de 'vagar' (no de 'cometer error'), que es menos frecuente, se emplea a veces sin diptongo, como puro latinismo.

[28]   *Transfregar* (o *trasfregar*) con rarísimos testimonios literarios.

[29]   Se emplean hoy más como regulares, sin diptongar.

[30]   Es muy frecuente el uso de las formas sin diptongar.

[31]   De uso muy escaso en todas las épocas.

[32]   También en la acepción de 'dar pienso a los animales'.

[33]   Se han usado y se usan, sobre todo desde el siglo XVIII, sin diptongar, que es la forma etimológica.

retentar 'volver a amenazar la enfermedad' (lat. *retentāre*);
reventar;
salpimentar;
sarmentar;
segar, resegar;
sembrar, resembrar, sobresembrar;
sentar, asentar, desasentar;
serrar, aserrar;
sosegar, desasosegar;
templar, destemplar [34];
tentar (lat. *temptāre*), *atentar* [35], *desatentar* 'hacer perder el tiento',
destentar 'quitar la tentación';
trasegar;
tropezar;
ventar, aventar, desventar, reaventar.

Se extiende también a todos los verbos cuyo infinitivo termina en
-*emblar*, que son: *temblar* y su compuesto *retemblar.*

2.º Verbos de la 2.ª conjugación (esquema: -*e-er*).

Presentes....
$\left\{\begin{array}{ll}
\text{tiend-o} & \text{tiend-a} \\
\text{tiend-e-s} & \text{tiend-a-s} \\
\text{tiend-e} & \text{tiend-a} \\
\text{tend-e-mos} & \text{tend-a-mos} \\
\text{tend-é-is} & \text{tend-á-is} \\
\text{tiend-e-n} & \text{tiend-a-n}
\end{array}\right.$

Imperativo...
$\left\{\begin{array}{l}
\text{tiend-e} \\
\text{tend-e-d}
\end{array}\right.$

Se extiende esta irregularidad a los verbos:

ascender, descender, transcender (o *trascender*), *condescender;*
defender;
encender;
heder;
hender [36];

---

[34] Dejaron de diptongar en España después de la Edad Media, pero las formas diptongadas se conservan hoy en el habla de varios territorios americanos, como uso más o menos extendido y correcto.

[35] En la acepción de 'tentar' es hoy dialectal. En la acepción de 'cometer un atentado' no diptonga, es verbo regular.

[36] Todo lo que decimos en la nota siguiente se aplica a *hendir*, preferido desde el siglo XIX a *hender* en España y América (J. N. Gallego, G. Gómez de Avellaneda, Bécquer, Güiraldes, Gómez de Baquero, Laín Entralgo, etc.), a

tender, atender, contender, distender, entender, extender, subtender, coex-tenderse, desatender, desentenderse, sobreentender (o *sobrentender*), *subentender;*

y además a todos los verbos cuyo infinitivo presenta en su estructura una de las terminaciones siguientes (algunas de ellas pertenecen a un verbo único):

-erder: perder;
-erner: cerner [37];
-erter: verter, reverter 'rebosar, verter, derramar' [38], *sobreverterse, tras-verter.*

Poseen esta misma variación, pero asociada a otras irregularidades los verbos *querer, tener* y sus compuestos (v. § 2.12.14).

3.º   Verbos de la 3.ª conjugación (esquema: *-e-ir*).

	discier-o	discier-a
	discier-e-s	discier-a-s
Presentes....	discier-e	discier-a
	discern-i-mos	discern-a-mos
	discern-í-s	discern-á-is
	discier-e-n	discier-a-n
Imperativo...	discier-e	
	discern-i-d	

---

pesar de que el Diccionario de la Academia considera a *hendir* de 'poco uso'. Para *hendir*, v. apart. 3.º siguiente.

[37] Además de *cerner* (Berceo), existe el verbo *cernir* desde finales del siglo XV (Nebrija), de la misma etimología y significación que *cerner*, pero más extendido hoy que *cerner* en el habla y en la lengua escrita de varios territorios. Los dos verbos tienen en común la irregularidad de la diptongación en las formas fuertes. Por otra parte, las restantes formas de su flexión son idénticas, si se exceptúan precisamente los dos infinitivos *cerner, cernir* y las tres formas *cernemos, cernéis, cerned* (de *cerner*) y *cernimos, cernís, cernid* (de *cernir*) (v. nota 2 del capítulo anterior para la semejanza entre los paradigmas de la 2.ª y la 3.ª conjugación). Es producto, por consiguiente, de grave confusión realizar una amalgama con los dos verbos, como ocurre en algunos manuales que desarrollan la conjugación de *cerner* (no la de *cernir*) incluyendo entre sus formas *cernimos, cernís, cernid* (no *cernemos, cernéis, cerned*). Es también impropio decir, cosa frecuente en la literatura gramatical, que *cernir* es una variante del infinitivo *cerner*. Se trata, repetimos, de dos verbos de la misma etimología, aunque pertenecientes a diferente conjugación y aunque entre ellos no se haya producido un distanciamiento semántico, como es el caso entre el regular *competer* y el irregular *competir* o entre los irregulares *reverter* y *revertir*. Para *cernir*, v. el apartado 3.º siguiente y la nota 39.

[38] *Reverter* no debe confundirse con *revertir*, aunque de la misma etimología, incluido en el apart. [D]; tienen irregularidades y significaciones diferentes.

Siguen esta irregularidad:

cernir [39], *discernir, concernir* [40];
hendir [41].

Poseen esta misma irregularidad, pero asociada a otras, el verbo
venir y sus compuestos (v. § 2.12.14).

[C]   Variación *o/ue* (IV). La raíz presenta *ue* en vez de *o* en todas
las formas fuertes de la flexión (singular y 3.ª persona de plural de los
dos presentes y singular del imperativo) [42].

1.º   Verbos de la 1.ª conjugación (esquema: *-o-ar*).

Presentes....
$$\begin{cases}
\text{suen-o} & \text{suen-e} \\
\text{suen-a-s} & \text{suen-e-s} \\
\text{suen-a} & \text{suen-e} \\
\text{son-a-mos} & \text{son-e-mos} \\
\text{son-á-is} & \text{son-é-is} \\
\text{suen-a-n} & \text{suen-e-n}
\end{cases}$$

Imperativo...
$$\begin{cases}
\text{suen-a} \\
\text{son-a-d}
\end{cases}$$

Se extiende esta irregularidad a los verbos siguientes:

abuñolar;
acordar 'poner de acuerdo', *concordar* 'estar de acuerdo', *desacordar*
   'estar en desacuerdo', *discordar* 'discrepar';
acordar 'volver uno en su juicio, despertar' [43], *acordarse* 'recordar';
acornar, descornar, mancornar;

---

[39]   El verbo *cernir*, a causa de su estructura vocálica *-e-ir*, suele mostrarse
atraído por los verbos del apart. [A], sumando a la variación *e/ie* la variación *e/i*, pero en ninguna parte con la normalidad y constancia de los verbos
de ese grupo. Formas como *cirnió, cirnieron*, etc., deben considerarse aberran-
tes y poco recomendables (v. nota 37).
[40]   *Concernir* se incluye también entre los defectivos (§ 2.12.13a).
[41]   Debe aplicarse a *hendir* lo que decimos de *cernir* en la nota 39.
[42]   Acerca de la variación *o/ue* pueden hacerse observaciones semejantes
a las que hemos hecho en la nota 18 acerca de la variación *e/ie*. El diptongo *ue*,
procedente de *o* breve latina acentuada, se extiende por analogía a verbos
de otro vocalismo: *consuelas* (lat. *consōlari*); *re-suellas* (lat. *sūfflare*) y no
resollas, forma etimológica que se encuentra en español antiguo; *demueles*
(lat. *demōliri*) y no *demoles*, por influencia de *mueles* (lat. *mōlere*), etc. La diferente antigüedad de dos verbos procedentes de una misma matriz latina (con *o*
breve acentuada) da lugar o no a diptongación: *ruegas* (s. XII) frente a *derogas*
(s. XV); *renuevas* (s. XIII) frente a *innovas* (s. XVI); *aluengas* (s. XII) frente a
prolongas (s. XV), etc.
[43]   Con esta acepción es hoy de poco uso.

acostar [44], *recostar;*
almorzar;
amoblar [45];
amolar;
apostar [46];
asolar 'poner por el suelo, destruir, arrasar' [47];
avergonzar, desvergonzarse;
azolar;
clocar, aclocar, enclocar [48];
colar, escolar, recolar, trascolar;
consolar, desconsolar, desolar [49];
contar, descontar, recontar;
costar;
degollar;
denostar;
derrocar 'derribar' [50];
descollar;
descordar, encordar, desencordar;
desflocar [51];
desmajolar;
desollar;
desosar [52];
dolar;
emporcar;
encorar 'cubrir con cuero' [53];
encovar 'encerrar, guardar' [54];

---

[44] Se emplea sin diptongo como término marítimo, con la acepción de 'acercarse a la costa'.
[45] Es verbo reciente, usado como irregular sobre todo en América. Se emplea más el regular *amueblar*.
[46] En la acepción de 'poner a alguien en un lugar' es regular y reciente (no se deriva de *puesta* como en la acepción anterior, sino del italiano *pòsta*).
[47] Desde el siglo XIX se observa cierta tendencia a emplear *asolar* sin diptongación (España, Argentina, Costa Rica, Chile, Méjico, Perú).
[48] Se emplea también el regular *encluecar*.
[49] De *desolar* se emplea sobre todo el participio, como ya en latín clásico.
[50] Los textos medievales y clásicos dan siempre *derrueco, derruecas, derrueca, derruecan, derrueque*, etc., formas que en época moderna se encuentran en Montalvo y Pérez de Ayala. La Biblia de Ferrara (*a* 1553) ofrece los ejemplos fidedignos más antiguos sin diptongo *(derroque, derroquen)*. Desde fines del siglo XVIII dominan *derroca, derrocas, derroque*, etc., atestiguadas en Iglesias de la Casa, Mora, Nicasio Gallego, Zorrilla, la Avellaneda. Picón, Rubén Darío y otros.
[51] Se emplea más el regular *desflecar*.
[52] Se emplea mucho más el verbo regular *deshuesar*.
[53] El regular *encuerar* se emplea en la acepción de 'dejar en cueros'.
[54] También *encuevar*. Pero abundan más los testimonios literarios, antiguos y modernos, de formas fuertes y débiles con *-o-*.

engorar, de *güero* (también *huero*) [55];
engrosar [56], *desengrosar;*
entortar;
follar y *afollar* 'soplar con fuelle';
forzar, esforzar, reforzar;
hollar, rehollar [57];
mostrar, demostrar;
poblar, despoblar, repoblar;
probar, aprobar, comprobar, desaprobar, improbar [58], *reprobar;*
recordar 'despertar' [59], 'tener recuerdo de algo';
regoldar;
renovar;
resollar;
rodar;
rogar;
solar, sobresolar;
soldar, desoldar;
soltar;
sonar, asonar 'asonantar' [60], *consonar, disonar, malsonar, resonar;*
soñar, ensoñar, trasoñar [61];
tostar, retostar;
trascordarse [62];
trocar [63], *destrocar, trastrocar* y *trastocar* [64];
tronar, atronar, retronar [65];
volar, revolar, trasvolar;
volcar, revolcar;

y además a todos los verbos cuyos infinitivos presentan en su estructura una de las terminaciones siguientes (la segunda pertenece a un solo verbo):

---

[55] Se emplean hoy más los verbos regulares *engüerar* y *enhuerar.*
[56] Menos frecuente y mucho más moderno que el irregular *engrosar* (s. XII) es el regular *engruesar* (s. XVIII), que hoy parece especializarse en la significación de 'engordar'. Por otra parte, un *engrosar* regular, que ya se empleaba en el siglo XV, aunque con menos frecuencia que el irregular *engrosar*, tiende hoy a especializarse en la acepción de 'acrecentar el número de algo'.
[57] De uso muy raro.
[58] Desusado en España desde el siglo XVIII, pero no en América (Bolívar, Sarmiento, Montalvo).
[59] Anticuado en esta acepción.
[60] Es más empleado *asonantar.*
[61] *Trasoñar* es de empleo rarísimo.
[62] Se emplea sobre todo el participio, en varias clases de construcciones. Pero son rarísimos los testimonios literarios de formas personales fuertes: una sin diptongo en Juan de Lucena *(se trascordan)*, otra con diptongo en el argentino Ernesto L. Castro *(trascuerda).*
[63] Es verbo que, al parecer, no ha diptongado en toda la Edad Media. Desde fines del siglo XVI se emplea casi exclusivamente como irregular.
[64] Tan antiguo como *trastrocar*, pero menos frecuente.
[65] Verbo de uso muy restringido.

-olgar: colgar, descolgar; holgar;
-ontrar: encontrar.

2.º   Verbos de la 2.ª conjugación (esquema: *-o-er*):

Presentes....	vuelv-o	vuelv-a
	vuelv-e-s	vuelv-a-s
	vuelv-e	vuelv-a
	volv-e-mos	volv-a-mos
	volv-é-is	volv-á-is
	vuelv-e-n	vuelv-a-n

Imperativo...	vuelv-e
	volv-e-d

Se extiende esta irregularidad a los verbos *cocer, escocer, recocer* y además a todos los verbos cuyo infinitivo presenta en su estructura una de las terminaciones siguientes:

-oler: oler; doler, condoler; moler, demoler; soler.
-olver: absolver, disolver, resolver; volver, devolver, envolver, revolver, desenvolver.
-orcer: torcer, retorcer.
-order: morder, remorder.
-over: llover; mover, conmover, promover, remover.

El verbo *poder* participa también de esta irregularidad, asociada a otras irregularidades (v. § 2.12.14).

[D]   La variación *e/i* (I) y la variación *e/ie* (III) concurren en un mismo verbo. En cuanto a la distribución de las variantes (v. § 2.12.1*e*), se emplea *-i-* en todas las formas en que es de uso en un verbo con variación *e/i* (apart. [A]), pero cede en favor de *-ie-* en todas las formas fuertes de los presentes y del imperativo; en las formas restantes se emplea *-e-*.
Afecta, por consiguiente, a verbos de la 3.ª conjugación.

Presentes..........	sient-o	sient-a
	sient-e-s	sient-a-s
	sient-e	sient-a
	sent-i-mos	sint-a-mos
	sent-í-s	sint-á-is
	sient-e-n	sient-a-n

Imperativo..........	sient-e
	sent-i-d

Perfecto simple.......
$$\begin{cases} \text{sent-í} \\ \text{sent-i-ste} \\ \textit{sint}\text{-ió} \\ \text{sent-i-mos} \\ \text{sent-i-steis} \\ \textit{sint}\text{-ie-ron} \end{cases}$$

Tiempos derivados del
perfecto simple..... { sint-ie-ra, sint-ie-ra-s ... sint-ie-se,
sint-ie-se-s ... sint-ie-re, sint-ie-re-s ...

Formas no personales..   sentir, sentido, sint-iendo.

Se extiende esta concurrencia de irregularidades a los verbos *hervir* y *rehervir* y además a todos los verbos que presentan en su estructura una de las terminaciones siguientes:

-entir: arrepentirse; mentir, desmentir; sentir, asentir, consentir, disentir, presentir, resentir, desconsentir.

-erir: adherir; conferir, deferir, diferir, inferir, preferir, proferir, referir, transferir (y *trasferir*); *digerir, ingerir* 'introducir alimentos por la boca'; *sugerir; herir, malherir, reherir* 'rebatir', *zaherir; injerir* 'insertar'; *requerir.*

-ertir: advertir, controvertir, convertir, divertir, invertir, pervertir, revertir, subvertir, desadvertir.

Erguir [66] suele conjugarse como los verbos de este grupo:

yergo, yergues, yergue, erguimos, erguís, *yerguen;*
yerga, yergas, yerga, irgamos, irgáis, yergan;
yergue, erguid;
erguí, erguiste, *irguió,* erguimos, erguisteis, *irguieron;*
irguiese, irguieses ... irguiera, irguieras ... irguiere, irguieres ...;
erguir, erguido, *irguiendo.*

Pero las formas fuertes de los presentes y del imperativo aparecen frecuentemente, sobre todo desde el siglo XIX, con vocal *-i-*, como las de un verbo con variación *e/i* (v. apart. [A]): *irgo, irgues ... irga, irgas ...* [67].

---

[66] *Erigir* (lat. *ērigĕre*), verbo culto correspondiente a *erguir* (ant. *erzer*), es regular, pero el simple *regir* (del simple lat. *rĕgĕre*) y su compuesto *corregir* (v. apart. [A]) pertenecen al grupo de verbos con variación *e/i*. No es probable que las formas con *i* de estos verbos hayan influido sobre las de *erguir*, relativamente tardías en su conjunto.

[67] No parecen existir, en cambio, testimonios de diptongación de las formas débiles: *yergamos, yergáis* ..., diptongación, por otro lado, «tan contraria a nuestra fonética», como decía Cuervo aludiendo a *yergamos,* etc. (nota 84 a la *Gramática* de Bello).

[E]   La variación *o/u* (II) y la variación *o/ue* (IV) concurren en un mismo verbo [68]. La distribución de las tres variantes *o/u/ue* entre las diferentes formas es simétrica a la de las variantes *e/i/ie* del grupo anterior **[D]**:

Presentes...........	duerm-o	duerm-a
	duerm-e-s	duerm-a-s
	duerm-e	duerm-a
	dorm-i-mos	durm-a-mos
	dorm-í-s	durm-á-is
	duerm-e-n	duerm-a-n

Imperativo..........	duerm-e
	dorm-i-d

Perfecto simple......	dorm-í
	dorm-i-ste
	durm-ió
	dorm-i-mos
	dorm-i-steis
	durm-ie-ron

Tiempos derivados del { durm-ie-ra, durm-ie-ra-s ... durm-ie-se,
perfecto simple.... { durm-ie-se-s ... durm-ie-re, durm-ie-re-s ...

Formas no personales.   dormir, dormido, durm-iendo

Se extiende esta doble variación a todos los verbos terminados en *-orir* y *-ormir*, que son:

morir, entremorir, premorir;
dormir, adormir.

[F]   Variación *i/ie* (V). Se emplea *-ie-* en las formas fuertes de los presentes y en el imperativo:

---

[68] A diferencia de *e/i* (I), la variación *o/u* (II) no aparece nunca sola, sino concurriendo siempre con *o/ue* (IV). Los antiguos verbos en *-o-ir* con variación *o/u* han adoptado la vocal *-u-* en todas las formas, a diferencia de los en *-e-ir* con variación *e/i*. Contrasta hoy, por eso, la flexión de *mido ... medimos ... miden* con la de *subo ... subimos* (ant. *sobimos*)... *suben*. Solo el verbo *pudrir* conserva de una manera muy incompleta la antigua variación, por su infinitivo *podrir* (muy frecuente en América), que alterna con *pudrir*, y por su participio *podrido*, la única forma que se ha salvado hasta ahora de la nivelación vocálica. Por su carácter popular y expresivo el compuesto *repudrirse* en su acepción metafórica de 'consumirse uno interiormente' suele conjugarse sin *-o-* en todas sus formas.

Presentes....
$$\begin{cases} \text{adqu}i\text{er-o} \\ \text{adqu}i\text{er-e-s} \\ \text{adqu}i\text{er-e} \\ \text{adquir-i-mos} \\ \text{adquir-í-s} \\ \text{adqu}i\text{er-e-n} \end{cases}$$
adqu*i*er-a
adqu*i*er-a-s
adqu*i*er-a
adquir-a-mos
adquir-á-is
adqu*i*er-a-n

Imperativo..
$$\begin{cases} \text{adqu}i\text{er-e} \\ \text{adquir-i-d} \end{cases}$$

Poseen esta irregularidad los verbos en *-irir*, que son: *adquirir* e *inquirir*.

[G] Variación *u/ue* (VI). Se emplea la variante *-ue-* en lugar de *-u-* en todas las formas fuertes de los presentes y del imperativo. Esta irregularidad aparece solo en el verbo *jugar* (v. nota 4):

Presentes......
$$\begin{cases} \text{j}ue\text{g-o} \\ \text{j}ue\text{g-a-s} \\ \text{j}ue\text{g-a} \\ \text{jug-a-mos} \\ \text{jug-á-is} \\ \text{j}ue\text{g-a-n} \end{cases}$$
j*ue*gu-e
j*ue*gu-e-s
j*ue*gu-e
jugu-e-mos
jugu-é-is
j*ue*gu-e-n

Imperativo.....
$$\begin{cases} \text{j}ue\text{g-a} \\ \text{jug-a-d} \end{cases}$$

2.12.4. Irregularidades consonánticas. — 1.º Sustitución de una consonante por otra (variación VII).

[H] Variación $/\theta/ \sim /g/$, escrita *c/g* (VII). Se emplea la variante $/g/$ en lugar de $/\theta/$ en la 1.ª persona de singular del presente de indicativo y en todo el presente de subjuntivo:

ha*g*-o
hac-e-s
hac-e
hac-e-mos
hac-é-is
hac-e-n

ha*g*-a
ha*g*-a-s
ha*g*-a
ha*g*-a-mos
ha*g*-á-is
ha*g*-a-n

Poseen esta irregularidad el verbo *hacer* y sus compuestos *contrahacer, deshacer* y *rehacer*.

A la irregularidad consonántica señalada se asocian en estos verbos la apócope en el singular del imperativo (v. § 2.12.7):

haz,

el perfecto fuerte (v. § 2.12.9), con las formas de subjuntivo que de él se derivan (v. § 2.10.4a):

> *hice, hiciste, hizo, hicimos, hicisteis, hicieron;*
> *hiciera, hiciese, hiciere; hicieras, hicieses, hicieres,* etc.,

y el futuro y el condicional basados en el infinitivo contracto *har-* (v. § 2.12.10):

> *haré, harás; haría, harías,* etc.

Sigue este mismo paradigma *satisfacer,* que conserva la *-f-* del latín *facĕre* (= *hacer*) en todas las formas de la flexión:

> *satisfago,* satisfaces ... *satisfaga, satisfagas* ... etc.;
> *satisfaz* (pero también sin apocopar: satisface);
> satisfacía, satisfacías, etc.;
> *satisfice, satisficiste,* etc.;
> *satisficiera, satisficiese, satisficiere; satisficieras, satisficieses, satisficieres,* etc. [69]

El verbo *yacer* tiene una 1.ª persona de singular del presente de indicativo y un presente de subjuntivo con la misma irregularidad que *hacer: yago; yaga, yagas, yaga, yagamos, yagáis, yagan* (v. apart. [K] siguiente).

[I]   Variación *b/y* (VII). Se emplea la variante *y* en el presente de subjuntivo:

> ha*y*-a
> ha*y*-a-s
> ha*y*-a
> ha*y*-a-mos
> ha*y*-á-is
> ha*y*-a-n

Solo el verbo *haber* posee esta irregularidad. Se asocian, además, a ella las siguientes:

Contracción en el presente de indicativo. Algunas personas presentan doble forma, regular e irregular. Se imprimen en cursiva las irregulares [70]:

---

[69] *Licuefacer* y *rarefacer,* que, según algunos autores, se conjugan como *satisfacer,* son tecnicismos empleados especialmente durante los siglos XVI y XVII de cuyas formas flexivas personales apenas existen testimonios.

[70] En las formas fuertes solo se conserva la vocal *-a-* de la raíz —transformada en *-e-* en la 1.ª persona de singular— y la desinencia. En las formas débiles, en cambio, se conservan la vocal temática y las desinencias.

he
has
ha
hemos, habemos
heis, habéis
han

Tiene también perfecto fuerte (v. § 2.12.9), con las formas de subjuntivo que de él se derivan (v. § 2.10.4a):

hube, hubiste, hubo, hubimos, hubisteis, hubieron;
hubiera, hubiese, hubiere; hubieras, hubieses, hubieres, etc.,

y futuro y condicional sincopados (v. § 2.12.10):

habré, habrás, habrá, habremos, habréis, habrán;
habría, habrías, habría, habríamos, habríais, habrían.

El imperativo carece de singular.

El verbo *haber* desempeña las siguientes funciones principales (v. a continuación los apartados 1 y 2):

1.   Sus formas simples entran en la composición de los tiempos compuestos de todos los verbos (regulares e irregulares; transitivos, intransitivos y reflexivos) y en las perífrasis verbales con *de* + infinitivo: *he amado ... había amado ... hube amado ...* etc.; *he de amar ... había de amar... hube de amar...* etc. Hoy se emplea raramente en la lengua común el presente regular *habemos* en vez del irregular *hemos* del cuadro anterior (*habemos de comenzar*, Ortega y Gasset, *Obras completas*, I, ed. 4.ª, 1906, pág. 39), y es acaso más inusitado todavía o completamente inusitado el irregular *heis* en vez del regular *habéis* del mismo cuadro.

2.   Las 3.ªs personas de singular de los tiempos simples y compuestos de *haber* (casi no se usa *hubo habido*) se emplean en frases sin sujeto, con un complemento directo nominal o pronominal más frecuentemente indeterminado, para designar la existencia, situación, acaecimiento, etc., de lo significado por el complemento directo: *Ha habido alguien, Hubo muchos contratiempos, Habrá fiesta, Había mucho por hacer, mucho que decir*, etc. Al mismo origen se remonta la fórmula *Habría que hacer mucho* (procedente de *Habría mucho que hacer*), extendida luego a verbos intransitivos: *Habría que irse*. En estos y otros casos análogos el presente adopta la forma *hay: Hay nieve, Hay que ver, Hay quien dice, No las hay ahora*, etc.

Se emplea también el presente *ha* en vez de *hay* en fórmulas hechas: *No ha lugar*, y fuera de ellas: *Allá no ha misericordia* (J. Hernández, *Martín Fierro*). También para fijar el transcurso de un tiempo determinado (lo mismo que *había, habrá*): *No ha mucho tiempo que vivía un hidalgo* (Cervantes, *Quijote*, I, 1); *Habrá ocho días que una espía doble dio noticia de mi habilidad* (Íd., *Rinconete y Cortadillo*).

3. El uso de las restantes formas de *haber*, simples o compuestas, con valor transitivo (= *tener*) y en construcciones con sujeto gramatical es enteramente extraño al español de hoy, fuera de algunas reliquias de la época antigua y clásica: *No he menester de...*, *Mal haya mi suerte, Allá se las haya, Habida cuenta...*, etc.

4. El verbo *haber* es, por consiguiente, un verbo defectivo (v. § 2.12.13): en su función de auxiliar solo utiliza los tiempos simples (punto 1 anterior) y en su función de impersonal solo utiliza las 3.ª³ personas de singular de todos los tiempos (punto 2 anterior) [71].

2.º Adición de una consonante a la consonante final de la raíz (variación VIII).

[J] Variación $/\theta/ \sim /\theta k/$, escrita *c/zc* (VIII). Se emplea $/\theta k/$ en lugar de $/\theta/$ en la 1.ª persona de singular del presente de indicativo y en todo el subjuntivo:

parezc-o	parezc-a
parec-e-s	parezc-a-s
parec-e	parezc-a
parec-e-mos	parezc-a-mos
parec-é-is	parezc-á-is
parec-e-n	parezc-a-n

Se extiende esta irregularidad a todos los verbos en *-ecer* (exceptuados los regulares *mecer* y *remecer*), todos ellos incoativos heredados del latín o formados en español según modelos latinos [72]. De la misma irregularidad participan, además de los verbos en *-ecer* (el más extenso de todos los grupos de verbos irregulares españoles, con más de dos-

---

[71] El pretérito imperfecto de indicativo de *haber* posee también formas contractas: (hab)*ía*, (hab)*ías*, (hab)*ía*, (hab)*íamos*, (hab)*íais*, (hab)*ían*, formas que entran en la composición de los condicionales (regulares e irregulares), no de otra manera que los presentes de indicativo contractos en la composición de los futuros. Pero a diferencia de estos, no funcionan además como palabras (dependientes), sino exclusivamente como partes de palabras (morfemas trabados; v. § 2.1.1*d*).

[72] Los presentes incoativos son una de las formaciones características de la 3.ª conjugación latina. El sufijo *-sc-* no pasa al tema de perfecto, si se exceptúa algún verbo como *posco, poposci*. Ninguna de estas condiciones se da en el verbo de la 2.ª conjugación latina *misceo*, perfecto *miscui*, de donde el español *mecer*. Sin embargo, *-sc-* suele considerarse aquí también incoativo (griego *misgō*). En todo caso, *mecer* se ha ajustado en época antigua y clásica a la flexión irregular de los incoativos: *mezco, mezcas*, etc., aunque hoy prevalezcan las formas regulares *mezo, mezas*, de modo especial en la lengua común y literaria.

cientos verbos hoy en uso), los incoativos también heredados *nacer* y *renacer; pacer* y *repacer; conocer, reconocer, preconocer* (este de poco uso, como ya en latín) y *desconocer*, formado en español.

Se extiende analógicamente esta irregularidad al verbo heredado, pero no incoativo en latín, *lucir* y a sus compuestos de origen latino *entrelucir, prelucir, relucir, traslucir* (y *translucir*) y a los compuestos de la misma etimología formados en español: *deslucir* y *enlucir*.

También participan por analogía de esta irregularidad los verbos heredados, tampoco incoativos en latín, todos ellos de un mismo étimo: *aducir, conducir, deducir, educir, inducir, introducir, producir, reducir, seducir* y *traducir*.

A esta irregularidad se asocia en estos últimos verbos un perfecto fuerte (v. § 2.12.9), con las formas de subjuntivo que de él se derivan:

aduje, adujiste, adujo, adujimos, adujisteis, adujeron;
adujera, adujese, adujere; adujeras, adujeses, adujeres, etc.

Se acomodan también a la conjugación de los incoativos, aunque tampoco lo eran en latín, *placer, complacer* y los compuestos españoles *aplacer, desplacer* y *displacer* [73]:

plazc-o	plazc-a
plac-e-s	plazc-a-s
plac-e	plazc-a
plac-e-mos	plazc-a-mos
plac-é-is	plazc-á-is
plac-e-n	plazc-a-n

Son regulares en los demás tiempos y modos, pero junto al perfecto simple regular *plací, placiste, plació* ... y las formas de subjuntivo que se derivan de él: *placiera, placiese, placiere* ..., se usa, y sobre todo se usó, en las 3.ᵃˢ personas (especialmente en las de singular) un perfecto simple fuerte (v. § 2.12.9):

plugo; pluguiera, pluguiese, pluguiere,

y para la 3.ᵃ persona de singular del presente de subjuntivo una forma *plega* (v. apart. [Q]) usada como *plazca* [74].

---

[73] Los tres últimos son muy poco usados.
[74] Las formas con -*g*- no se emplean hoy en la lengua hablada, pero tienen estado literario, a pesar de su carácter marcadamente arcaico. A veces se prohíjan formas que probablemente no se han empleado nunca o se han empleado raras veces, como en los dos últimos pasajes: *Pluguiese a Dios* (Pérez de Ayala, *Belarmino y Apolonio*); *Le plugo elegir el departamento de los novios* (G. Miró, *Libro de Sigüenza*); *Complúgose aquel en aparecer extraño* (Unamuno, *Paz en la guerra*); *Tampoco me despluguiera* (E. d'Ors, *Arriba*, 26-III-1947).

El verbo *yacer*, tampoco incoativo, ha desarrollado también por analogía una serie de presentes con -*zc*- (v. apart. **[J]**):

yazco; yazca, yazcas, yazca, yazcamos, yazcáis, yazcan

(véase también apart. **[K]** siguiente).

[K]   Variación $/\theta/ \sim /\theta g/$, escrita *c*/*zg* (VIII). Se emplea $/\theta g/$ en lugar de $/\theta/$ en la 1.ª persona de singular del presente de indicativo y en todo el subjuntivo:

yaz*g*-o	ya*z*g-a
yac-e-s	ya*z*g-a-s
yac-e	ya*z*g-a
yac-e-mos	ya*z*g-a-mos
yac-é-is	yaz*g*-á-is
yac-e-n	ya*z*g-a-n

Esta irregularidad es privativa del verbo *yacer*, que posee, además de esta serie de presentes con -*zg*-, otra serie con -*zc*- (apart. **[J]** anterior) y una tercera con solo -*g*- (apart. **[H]**): *yago; yaga, yagas, yaga, yagamos, yagáis, yagan.*

[L]   Variación *s*/*sg* (VIII). Se emplea *sg* y no *s* en la 1.ª persona de singular del presente de indicativo y en todo el presente de subjuntivo:

a*sg*-o	a*sg*-a
as-e-s	a*sg*-a-s
as-e	a*sg*-a
as-i-mos	a*sg*-a-mos
as-í-s	a*sg*-á-is
as-e-n	a*sg*-a-n

Esta irregularidad es privativa del verbo *asir* y de su compuesto *desasir* [75].

[M]   Variación *n*/*ng* (VIII). Se emplea *ng* y no *n* en la 1.ª persona de singular del presente de indicativo y en todo el presente de subjuntivo:

po*ng*-o	po*ng*-a
pon-e-s	po*ng*-a-s
pon-e	po*ng*-a
pon-e-mos	po*ng*-a-mos
pon-é-is	po*ng*-á-is
pon-e-n	po*ng*-a-n

---

[75]   Los dos escasamente usados en sus formas irregulares.

Se extiende esta irregularidad a todos los verbos terminados en
-oner, que son *poner* y sus compuestos *anteponer, componer, contraponer, deponer, disponer, exponer, imponer, interponer, oponer, posponer,
preponer, proponer, reponer, sobreponer, suponer, superponer, transponer* (y *trasponer*), *yuxtaponer, descomponer, recomponer, indisponer,
predisponer, presuponer.*

Todos ellos tienen un perfecto fuerte (v. § 2.12.9) con las formas
de subjuntivo de él derivadas:

puse, pusiste, puso, pusimos, pusisteis, pusieron;
pusiera, pusiese, pusiere; pusieras, pusieses, pusieres, etc.

Tienen futuro y condicional irregulares (v. § 2.12.10):

pondré, pondrás, pondrá... pondría, pondrías, pondría...,

y un imperativo singular sin vocal temática (v. § 2.12.7):

pon.

Poseen también la misma variación *n/ng* en los presentes todos los
verbos terminados en *-ener*, que son *tener* y sus compuestos *abstenerse,
atenerse, contener, detener, entretener, mantener, obtener, retener* y *sostener*, pero concurre con ella en los presentes la variación vocálica *e/ie*
(III), de tal modo que en la 1.ª persona de singular de indicativo y
en todo el presente de subjuntivo aparece la irregularidad consonántica con la variante *ng* en vez de *n*, y en las restantes formas fuertes
del presente de indicativo la irregularidad vocálica con la variante *ie*
en vez de *e:*

ten*g*-o	ten*g*-a
*ti*en-e-s	ten*g*-a-s
*ti*en-e	ten*g*-a
ten-e-mos	ten*g*-a-mos
ten-é-is	ten*g*-á-is
*ti*en-e-n	ten*g*-a-n

El singular del imperativo carece de vocal temática, como el del
verbo anterior *poner* (v. § 2.12.7), y además no diptonga a pesar de
ser forma fuerte (v. el paradigma de la variación *e/ie* en el apartado **[B]** 2.º:

ten.

Por otra parte, *tener* y sus compuestos se caracterizan además por
un perfecto simple fuerte (v. § 2.12.9), del que se derivan las formas
del subjuntivo en *-ra, -se, -re:*

tuve, tuviste, tuvo, tuvimos, tuvisteis, tuvieron;
tuviera, tuviese, tuviere; tuvieras, tuvieses, tuvieres ...

y por un futuro y un condicional irregulares (v. § 2.12.10):

tendré, tendrás … tendría, tendrías …

La misma irregularidad n/ng se extiende finalmente a los presentes de todas los verbos terminados en -*enir*, que son *venir* y sus compuestos *avenir, contravenir, convenir, devenir, intervenir, prevenir, provenir, revenir, sobrevenir, subvenir, supervenir, desavenirse, desconvenir, disconvenir* y *reconvenir*, con la que concurre, como en el grupo anterior de *tener* y sus compuestos, la irregularidad vocálica e/ie y en las mismas condiciones:

veng-o	veng-a
vien-e-s	veng-a-s
vien-e	veng-a
ven-i-mos	veng-a-mos
ven-í-s	veng-á-is
vien-e-n	veng-a-n

La forma del singular del imperativo es análoga a la de *tener* (v. § 2.12.7):

ven.

El perfecto simple es fuerte (v. § 2.12.9):

vine, viniste, vino, vinimos, vinisteis, vinieron,

y de él se derivan las formas en -*ra*, -*se*, -*re* de subjuntivo:

viniera, viniese, viniere; vinieras, vinieses, vinieres, etc.

El futuro y el condicional son irregulares (v. § 2.12.10):

vendré, vendrás, vendrá … vendría, vendrías, vendría …

[N]   Variación l/lg (VIII). La variante lg se emplea en las mismas personas de presente que sg y ng (aparts. [L] y [M]):

salg-o	salg-a
sal-e-s	salg-a-s
sal-e	salg-a
sal-i-mos	salg-a-mos
sal-í-s	salg-á-is
sal-e-n	salg-a-n

Afecta a todos los verbos terminados en -*alir*, que son *salir* y sus compuestos *resalir* y *sobresalir.*

Además, el imperativo de singular carece de vocal **temática**
(v. § 2.12.7):

sal,

y son irregulares el futuro y el condicional (v. § 2.12.10):

saldré, saldrás ... saldría, saldrías ...

La misma variación se presenta en todos los verbos terminados
en -*aler*, que son *valer* y sus compuestos *equivaler* y *prevaler:*

va*lg*-o	va*lg*-a
val-e-s	va*lg*-a-s
val-e	va*lg*-a
val-e-mos	va*lg*-a-mos
val-é-is	va*lg*-á-is
val-e-n	va*lg*-a-n

con futuro y condicional irregulares (v. § 2.12.10):

valdré, valdrás ... valdría, valdrías ...

El imperativo *val* es hoy más bien arcaico.

[O]   Variación *u/uy* (IX). Se emplea *uy* y no *u* en todas las formas fuertes del presente de indicativo, en todo el presente de subjuntivo y en el imperativo singular:

	hu*y*-o	hu*y*-a
	hu*y*-e-s	hu*y*-a-s
Presentes....	hu*y*-e	hu*y*-a
	hu-i-mos	hu*y*-a-mos
	hu-í-s	hu*y*-á-is
	hu*y*-e-n	hu*y*-a-n

Imperativo...	hu*y*-e
	hu-i-d

La irregularidad se extiende a todos los verbos cuyo infinitivo
termina en -*uir*, que son:

argüir, redargüir;
circuir;
concluir, excluir, incluir, recluir;
constituir, destituir, estatuir, instituir, prostituir, restituir, sustituir;
construir, destruir, instruir, obstruir, reconstruir;
derruir, irruir;
diluir 'desleír';

disminuir;
fluir, afluir, confluir, difluir, influir, refluir;
fruir;
gruir;
huir, rehuir;
imbuir;
inmiscuir;
intuir;
luir 'redimir';
luir 'rozar, ludir';
tribuir, atribuir, contribuir, distribuir, retribuir [76].

Para la aparente anomalía *huyó, huyera...*, v. § 2.12.1*f*, 1.º

Análoga a la anterior es la variación *o/oy* (IX). Se extiende a todos los verbos cuyo infinitivo termina en *-oír*, que son *oír* y sus compuestos *desoír, entreoír* y *trasoír*. Pero en los verbos de este grupo concurre con la irregularidad mixta *o/oig* (XI) —v. apart. [R]—, de manera que la variante *oy* solo aparece en las formas fuertes del presente de indicativo, excluida la 1.ª persona de singular, y en el imperativo singular, y la variante *oig* en esta 1.ª persona del presente de indicativo y en todo el subjuntivo:

	oig-o	*oig*-a
	oy-e-s	*oig*-a-s
Presentes......	*oy*-e	*oig*-a
	o-í-mos	*oig*-a-mos
	o-í-s	*oig*-á-is
	oy-e-n	*oig*-a-n
Imperativo...	*oy*-e	
	o-í-d	

Para la aparente anomalía *oyó, oyera* ..., véase la referencia antes citada.

2.12.5. Irregularidades mixtas. — [P] Variación /eθ/ ∼ /ig/ (X). Se emplea /ig/ en lugar de /eθ/ en la 1.ª persona de singular del presente de indicativo y en todo el subjuntivo:

d*ig*-o	d*ig*-a
	d*ig*-a-s
	d*ig*-a

---

[76] Algunos de los verbos de este grupo, especialmente los simples como *fruir, luir, tribuir,* etc., se emplean hoy raramente. Los autores parecen evitar las personas verbales que tienen irregularidades.

dec-i-mos   di*g*-a-mos
dec-í-s   di*g*-á-is
         di*g*-a-n

En esta irregularidad mixta concurren la variación vocálica *e/i* (I) —v. apart. [A]— y la variación consonántica /θ/ ~ /g/ —apart. [H]—. Por eso la vocal *i* se mantiene en las restantes formas fuertes de indicativo:

di*g*-o   di*g*-a
di*c*-e-s   di*g*-a-s
di*c*-e   di*g*-a
dec-i-mos   di*g*-a-mos
dec-í-s   di*g*-á-is
di*c*-e-n   di*g*-a-n

Se extiende esta irregularidad al verbo *decir* y a sus compuestos: *antedecir, contradecir, desdecir, interdecir, predecir, bendecir* y *maldecir*. El imperativo singular de *decir* no solo pierde la vocal del tema, sino la consonante radical que la antecede: *di* [77], pero los compuestos tienen un imperativo regular: *contradice, desdice*, etc. A todos los verbos de este grupo les corresponde un perfecto simple fuerte (v. § 2.12.9) con las formas irregulares de subjuntivo que de él se derivan:

dije, dijiste, dijo, dijimos, dijisteis, dijeron;
dijese, dijera, dijere; dijeses, dijeras, dijeres, etc.

El condicional y el futuro de *decir* y de sus compuestos se basa en un infinitivo reducido *dir-* (v. § 2.12.10) que nunca aparece fuera de esta composición:

diré, diría ... contradiré, contradiría ...;
pero *bendecir* y *maldecir* tienen futuro y condicional regulares:
bendeciré, bendeciría ... maldeciré, maldeciría ... [78].

Es supervivencia del español antiguo la fórmula *diz que* (= *dicen que*), hoy dialectal o rústica, muy extendida en los territorios americanos de habla española [79]: *Un cura diz que taba queriendo mucho onde una niña* (Ciro Alegría, *Los perros hambrientos*, I).

---

[77] Procede directamente del lat. *dic.*
[78] Hoy no faltan ejemplos de futuros y condicionales regulares en los compuestos que no son *bendecir* ni *maldecir: desdeciré* (Fernández Lizardi), *desdeciría* (Pardo Bazán), *contradeciría* (Gómez de la Serna). Pero en el artículo *contradecir* del *Diccionario de construcción y régimen* de Cuervo no hay más que un pasaje con forma regular (*contradeciría* de Clemencín) y ningún pasaje con forma regular en el artículo *desdecir.*
[79] *Diz* puede ser resultado de la forma pasiva latina empleada sin sujeto *dicitur* (= *se dice*), y más probablemente de la activa *dicit* (= *dice*), empleada ya en latín con valor indefinido lo mismo que *inquit* (v. nota del § 3.5.6a).

[Q] Variación *ab/ep* (**X**). Se emplea *ep* y no *ab* en la 1.ª persona de singular del presente de indicativo y en todo el presente de subjuntivo:

que*p*-o	que*p*-a
cab-e-s	que*p*-a-s
cab-e	que*p*-a
cab-e-mos	que*p*-a-mos
cab-é-is	que*p*-á-is
cab-e-n	que*p*-a-n

Afecta esta irregularidad al verbo *caber*. A ella se asocia un perfecto fuerte (v. § 2.12.9) y las formas irregulares de subjuntivo que de él se derivan:

cupe, cupiste, cupo, cupimos, cupisteis, cupieron;
cupiese, cupiera, cupiere; cupieses, cupieras, cupieres, etc.,

y un futuro y condicional irregulares (v. § 2.12.10):

cabré, cabrás ... cabría, cabrías ...

La misma irregularidad aparece en el verbo *saber* y su compuesto *resaber* [80], pero limitada al subjuntivo:

sep-a
sep-a-s
sep-a
sep-a-mos
sep-á-is
sep-a-n

La 1.ª persona de singular del presente de indicativo es una forma reducida en la que se ha perdido la vocal del tema y la consonante que la precede, con cambio de la vocal radical, como en *he* de *haber:*

sé.

Posee, como *caber*, un perfecto fuerte (v. § 2.12.9) y las formas irregulares de subjuntivo que se derivan de él:

supe, supiste, supo, supimos, supisteis, supieron;
supiese, supiera, supiere; supieses, supieras, supieres, etc.,

además de un futuro y un condicional irregulares (v. § 2.12.10):

sabré, sabrás ... sabría, sabrías ...

---

[80] Verbo de uso muy limitado.

Una irregularidad mixta semejante, con variación /aθ/ ~ /eg/, se da en la 3.ª persona de singular del presente de subjuntivo del verbo *placer* y sus compuestos:

plega (también *plegue* por adaptación a *pese*),

que alterna en el uso con *plazca* (v. apart. [J]).

[R] Variación *a/aig* (XI). Se emplea *aig* en lugar de *a* en la 1.ª persona de singular del presente de indicativo y en todo el presente de subjuntivo:

c*aig*-o	c*aig*-a
ca-e-s	c*aig*-a-s
ca-e	c*aig*-a
ca-e-mos	c*aig*-a-mos
ca-é-is	c*aig*-á-is
ca-e-n	c*aig*-a-n

Afecta esta irregularidad al verbo *caer* y a sus compuestos *decaer* y *recaer*.

La misma irregularidad aparece en los presentes del verbo *traer* y de sus compuestos *abstraer, atraer, contraer, detraer, distraer, extraer, retraer, retrotraer, substraer* (y *sustraer*), *desatraer:*

traigo; traiga, traigas, traiga, traigamos, traigáis, traigan.

Los verbos de este último grupo tienen, además, un perfecto fuerte (v. § 2.12.9) con las formas irregulares de subjuntivo que de él se derivan:

traje, trajiste, trajo, trajimos, trajisteis, trajeron;
trajese, trajera, trajere; trajeses, trajeras, trajeres, etc.

Presenta esta misma irregularidad el verbo *raer:*

raigo; raiga, raigas, raiga, raigamos, raigáis, raigan,

además de la variación *a/ay* (apart. [O]) que tiene lugar en las mismas personas que la *a/aig:*

rayo; raya, rayas, raya, rayamos, rayáis, rayan,

de menos uso que las anteriores.

[S] Del verbo *roer* se dice *roo, roigo* y *royo* en el indicativo; y *roa, roas, ..., roiga, roigas, ...,* y *roya, royas, ...,* en el subjuntivo. En el indicativo (poco usado) es preferible *roo* (que consta, como *loo,* en los Diccionarios de Rengifo y Peñalver) a *roigo* y *royo.* En el subjuntivo no hay razón para desechar *roa, roas* (*Yo te untaré mis versos con tocino/por que no me los* ROAS, *Gongorilla,* Quevedo). El compuesto *corroer* es regular.

2.12.6.   Contracciones. — En contraste con la simetría:

le-o; le-a, le-as ... = *ve-o; ve-a, ve-as* ...

hay asimetría entre otras formas correlativas de estos mismos verbos:

le-er; le-es, le-e ... ≠ *v-er, ve-s, ve* ...

Desde el punto de vista de la estructura formal, decimos que hay contracción o reducción silábica en las formas del segundo verbo en las que falta una sílaba [81]. La contracción aparece en el infinitivo, el gerundio, el presente de indicativo (exceptuada la 1.ª persona de singular) y el imperativo del verbo *ver* y de sus compuestos *antever, entrever, prever* y *rever:*

Presentes.......	veo	vea
	ves	veas
	ve	vea
	vemos	veamos
	veis	veáis
	ven	vean
Imperativo.....	ve	
	ved	
Infinitivo.......	ver	
Gerundio.......	viendo	

Ver y sus compuestos tienen además un perfecto fuerte (v. § 2.12.9) y las formas irregulares de subjuntivo que de él se derivan:

vi, viste, vio, vimos, visteis, vieron;
viese, viera, viere; vieses, vieras, vieres, etc. [82].

La misma reducción silábica que en *ve, ved, ver, viendo* (frente a *vea, veas* ...) de *ver* se observa en las formas *sé, sed, ser, siendo* (frente a *sea, seas* ...) del verbo de raíz múltiple *ser* (v. su conjugación completa en el § 2.12.8a) [83].

---

[81]   La reducción silábica es un fenómeno romance. Desaparece la vocal del tema en las formas que fueron fuertes y la vocal de la raíz en las que fueron débiles. Es decir, desaparece la vocal inacentuada.

[82]   El verbo *proveer,* de la misma etimología, es regular.

[83]   Formas sin reducción silábica se dan, en cambio, en los verbos *poseer* y *sobreseer,* del mismo origen latino que las formas *sé, sed, ser, siendo* (*possi-*

Reducciones silábicas análogas a las que nos revela el contraste *has, ha* ... ≠ *hayas, haya* ... del verbo *haber* (para estas contracciones y para la conjugación de *haber*, v. apart. **[I]** con la nota 70 correspondiente) se repiten en las formas *vas, va* ... frente a *vayas, vaya* ... del verbo de raíz múltiple *ir* (§ 2.12.8*b*).

Para la reducción en el presente *sé* de *saber*, v. apart. **[Q]**. Para el imperativo *di* de *decir*, v. apart. **[P]** con la nota 77.

Las reducciones silábicas que se dan en los futuros y condicionales irregulares pueden verse en el § 2.12.10.

2.12.7. Irregularidades que afectan al tema. — Como hemos visto en el párrafo anterior, algunas de las contracciones o reducciones afectan a la vocal del tema: desaparece en *ha-n* de *haber* o en los imperativos *ve, sé* de *ver, ser* (antiguos *vee, see*).

Resulta, en cambio, ampliada, formando diptongo con la vocal no silábica *i* (escrita *y*), en las 1.ªs personas de singular del presente de indicativo *doy, estoy, soy, voy* de los verbos *dar, estar, ser* e *ir* (para *ser* e *ir*, v. párrafo siguiente).

Afecta, por otra parte, tanto a la vocal del tema como a la raíz, el hecho de que en los presentes de *estar* y en el imperativo no exista distinción acentual entre formas fuertes y débiles (todas son débiles), hecho excepcional en la conjugación irregular española [84]:

Presentes.......	*estoy*	*esté*
	estás	*estés*
	está	*esté*
	estamos	*estemos*
	estáis	*estéis*
	están	*estén*
Imperativo.....	*está*	
	estad	

Tanto el verbo *dar* como *estar* tienen, además, la irregularidad del perfecto fuerte (v. § 2.12.9) con las formas irregulares del subjuntivo que de él se derivan:

---

dĕre es un compuesto de *sĕdĕre*, con inflexión vocálica): *posee, poseed, poseer, poseyendo; sobresee, sobreseed, sobreseer, sobreseyendo*, que son regulares, como *proveer* frente a *ver*.

[84] La falta de distinción entre formas fuertes y débiles en el verbo *estar* es ya latina. Se debe al monosilabismo de los presentes en el singular, en la 3.ª persona del plural y en el singular del imperativo: *sto, stas, stat,* ... *stant; stem, stes, stet, stent* y *sta*. El acento no ha cambiado de sílaba en español, a pesar de las nuevas formas bisílabas. Los verbos procedentes de compuestos latinos con *stāre: constar, distar, prestar, restar*, etc., son regulares en español. Los presentes y el imperativo de *dar* conservan en español las mismas formas monosílabas que en latín.

di, diste, dio, dimos, disteis, dieron;
diese, diera, diere; dieses, dieras, dieres, etc.;
estuve, estuviste, estuvo, estuvimos, estuvisteis, estuvieron;
estuviese, estuviera, estuviere; estuvieses, estuvieras, estuvieres, etc.

La vocal del tema desaparece también por apócope en los imperativos singulares *sal, pon, ten, ven* y *haz* (de los verbos *salir, poner, tener, venir* y *hacer*). La vocal del tema y la consonante final de la raíz desaparecen en el imperativo *di* de *decir* (la apócope *dic* es ya latina).

2.12.8. **Verbos con más de una raíz.** — *a*) SER. Gran parte de las irregularidades de *ser* proceden del latín. En primer lugar, su doble raíz: *fu-* para el perfecto simple y tiempos afines: *fui, fuiste ... fuera ... fuese ... fuere ...,* y *s-* o *es-* para los tiempos no perfectos: *soy; es.* En segundo lugar, el imperfecto de indicativo —único en la flexión latina— *era,* basado en la misma raíz *es-.* En tercer lugar, las anomalías que ofrece el pequeño grupo de verbos latinos con flexión atemática: lat. *sum, es* frente a lat. *lego, legis.* En romance se han suprimido algunas: *somos, sois, son* frente a lat. *sumus, estis, sunt,* pero se han introducido otras nuevas. Así, en el presente la 2.ª persona de singular *eres,* procedente del futuro latino *(eris),* y el empleo de formas del verbo *sedēre* en la flexión del presente de subjuntivo, del imperativo y en las formas nominales *ser, siendo* [85], con lo que el verbo *ser* español tiene tres raíces [86]. El perfecto simple es fuerte (v. § 2.12.9). El futuro y el condicional son regulares.

Desarrollamos a continuación la flexión de *ser* en sus tiempos simples. Para los tiempos compuestos *he sido, había sido, haya sido,* etcétera, véase el cap. 2.11, donde basta sustituir por *sido* el participio de cualquiera de las tres conjugaciones en los tiempos compuestos. Se emplea *ser* más que cualquier otro verbo predicativo en la perífrasis pasiva de la lengua española y todavía hoy alguna vez como auxiliar de los tiempos perfectos de verbos intransitivos o reflexivos.

	Indicativo	Subjuntivo
	soy	*sea*
	eres	*seas*
Presente......	*es*	*sea*
	somos	*seamos*
	sois	*seáis*
	son	*sean*

---

[85] Incluido el participio analógico *sido.*
[86] Para la contracción de las formas españolas procedentes de *sedēre,* véase § 2.12.6 con su nota 83.

	Indicativo	Subjuntivo
Pretérito imperfecto.....	*era* *eras* *era* *éramos* *erais* *eran*	*fuese o fuera* *fueses o fueras* *fuese o fuera* *fuésemos o fuéramos* *fueseis o fuerais* *fuesen o fueran*
Pretérito perfecto simple.	*fui* *fuiste* *fue* *fuimos* *fuisteis* *fueron*	
Futuro........	*seré* *serás* *será* *seremos* *seréis* *serán*	*fuere* *fueres* *fuere* *fuéremos* *fuereis* *fueren*
Condicional....	*sería* *serías* *sería* *seríamos* *seríais* *serían*	

Imperativo

sé
sed

Formas no personales

Infinitivo.	*ser*
Gerundio.	*siendo*
Participio.	*sido*

b) IR. El verbo *ire* latino, a diferencia de *esse*, poseía una sola raíz (con variantes vocálicas cuantitativas), pero el romance sustituyó las formas flexivas de sus dos presentes y del imperativo singular por las procedentes del verbo latino *vadĕre*, y su perfecto simple y las formas de subjuntivo afines del mismo por *fui ... fuese ... fuera ... fuere* (v. apart. anterior) del verbo *ser*, con lo que el verbo *ir* es también, como *ser*, un verbo de triple raíz. De la raíz originaria solo se han conservado en español las formas *id*, *ir* (y sus compuestos), *yendo*, *ido* y el imperfecto *iba, ibas* ..., único por su estructura en el cuadro de la conjugación latina y de la española. Exponemos a continuación las formas simples de *ir*.

	Indicativo	Subjuntivo
Presente......	voy	vaya
	vas	vayas
	va	vaya
	vamos	vayamos
	vais	vayáis
	van	vayan
Pretérito imperfecto.....	iba	fuese o fuera
	ibas	fueses o fueras
	iba	fuese o fuera
	íbamos	fuésemos o fuéramos
	ibais	fueseis o fuerais
	iban	fuesen o fueran
Pretérito perfecto simple.	fui	
	fuiste	
	fue	
	fuimos	
	fuisteis	
	fueron	
Futuro........	iré	fuere
	irás	fueres
	irá	fuere
	iremos	fuéremos
	iréis	fuereis
	irán	fueren
Condicional....	iría	
	irías	
	iría	
	iríamos	
	iríais	
	irían	

Imperativo

ve
id

Formas no personales

Infinitivo.	*ir*
Gerundio.	*yendo*
Participio.	*ido*

El presente de subjuntivo *vaya, vayas* ... (lat. *vadam*) es analógico de *haya, hayas* ... (lat. *habeam*), no etimológico. En la 1.ª persona del plural, junto a la forma analógica *vayamos*, existe la procedente de la forma etimológica: *vamos* (lat. *vadāmus*), idéntica a la de indicativo (lat. *vadĭmus*). Su empleo ha quedado hoy reducido en general [87] a las frases exhortativas: *¡vamos!, ¡vámonos!*, mientras que *vayamos* es la forma de la subordinación: *No consienten que nos vayamos*. En el imperativo singular había que haber esperado *vae*, como *cae*, dada la simetría morfológica entre los imperativos latinos *vade* y *cade*. Es vulgar el imperativo *ves*, muy frecuente en la lengua hablada.

2.12.9. **Perfectos fuertes.** — Del extenso repertorio de perfectos fuertes latinos solo un reducido número ha pasado al español. La acentuación fuerte se ha mantenido solo en la 1.ª y 3.ª persona de singular [88]. En las formas de subjuntivo derivadas del perfecto ha desaparecido totalmente. La 3.ª persona de singular ha adoptado la *-o* de los perfectos débiles: dij*o* como amó. Solo *andar*, sin tener perfecto fuerte en latín, lo ha creado analógico en español: *anduve;* acaso también *querer* [89]. El radical latino, por otra parte, ha experimentado también transformaciones vocálicas y consonánticas. Enumeramos a continuación los perfectos fuertes que hoy pertenecen a la lengua general, ordenándolos por la vocal de la raíz:

con *a:*	*traje, trajo*	(de *traer*)
con *i:*	*dije, dijo*	(de *decir*)
	hice, hizo	(de *hacer*)
	quise, quiso	(de *querer*)
	vine, vino	(de *venir*)
con *u:*	*anduve, anduvo*	(de *andar*)
	conduje, condujo	(de *conducir*)
	cupe, cupo	(de *caber*)
	estuve, estuvo	(de *estar*)
	hube, hubo	(de *haber*)

---

[87] En América sobre todo la distinción es menos precisa: *Apóyate en mí para que vamos* (A. Güiraldes, *Xaimaca*), como en español antiguo y clásico: *Bien está, que yo os daré/en qué vais* (Cervantes, *El laberinto de amor*, I); *Será bien que vamos un poco más adelante* (Íd., *Quijote*, I, 20).

[88] Como es sabido, el acento de intensidad de los perfectos latinos terminados en *-āvī, -ēvī* e *-īvī* —perfectos débiles— (1.ª, 2.ª y 4.ª conjugación) recaía sobre la *-ā,* la *-ē* y la *-ī,* o sobre la sílaba siguiente. Cuando el perfecto se formaba con solo *-ī-* (acompañada de reduplicación de la sílaba radical o alargamiento de su vocal) o con *-uī, -sī* —perfectos fuertes de las cuatro conjugaciones— el acento afectaba al radical de algunas personas del perfecto.

[89] En latín era perfecto débil: *quaesīvī,* pero se supone que fue en su origen un tema en *-sī: *quaessī*.

plugo	(de *placer*)
pude, pudo	(de *poder*)
puse, puso	(de *poner*)
repuse, repuso	(de *responder*)
supe, supo	(de *saber*)
tuve, tuvo	(de *tener*)

La reducción de la 1.ª y 3.ª persona de singular de tres perfectos simples a formas monosílabas, producto de diversos procesos históricos, encubre el carácter de perfectos fuertes que fueron en su origen:

vi, vio (de *ver*); *di, dio* (de *dar*); *fui, fue* (de *ser* y de *ir*) [90].

La uniformidad morfológica que observábamos en los temas temporales de los perfectos fuertes (v. § 2.10.4*d*) se quiebra aquí, tanto en las 1.ªs personas con terminación -*i*, más cerca que -*e* de la terminación latina, como en la 3.ª persona *fue*, la única 3.ª persona de un perfecto fuerte que no ha sucumbido a la analogía de los perfectos débiles (con -*ó*). (Véase la flexión completa de estos tres tiempos en los §§ 2.12.6, 2.12.7 y 2.12.8*a* y *b*, respectivamente.)

El verbo *responder*, además de su perfecto simple regular *respondí*, conserva su perfecto fuerte originario *repuse, repusiste...* (antiguo *respuse* del lat. **responsi* por *respondi*) que coincide hoy con el perfecto fuerte de *reponer*. Esta coincidencia es causa de que la lengua literaria emplee a veces con la acepción de 'replicar' otros tiempos de *reponer*, no solo *repuse*.

El imperfecto y el futuro de subjuntivo de los verbos dotados de perfecto fuerte se forma sobre el tema de la 3.ª persona de plural de dicho perfecto, lo mismo que el de los verbos regulares (v. apartado 2.º del § 2.10.4*b*).

2.12.10. **Futuros y condicionales irregulares.** — Un reducido número de verbos sincopan la -*e*- y la -*i*- de las terminaciones -*er* -*ir* de infinitivo cuando este entra en la formación del futuro y del condicional. Los verbos *poner, tener, valer* de la 2.ª conjugación y sus compuestos, y *salir, venir* de la 3.ª y sus compuestos, interponen además la oclusiva *d* entre la última consonante de la raíz y la *r* del infinitivo:

pondré,	*pondría*
tendré,	*tendría*
valdré,	*valdría*
saldré,	*saldría*
vendré,	*vendría*

---

[90] *Vio,* del antiguo *ví-o,* con dislocación del acento; *fui,* del lat. *fu-i,* con diptongación, etc.

Los verbos *haber, caber, saber, querer* y *poder* sincopan la vocal, sin interposición de consonante:

habré, habría
cabré, cabría
sabré, sabría
querré, querría [91]
podré, podría

Más profunda transformación experimentan *hacer* y *decir*, que pierden con la vocal *e* o *i* la consonante final de la raíz y modifican (o han modificado alguna vez) la vocal radical:

haré, haría
diré, diría [92]

2.12.11. **Participios irregulares.** — *a*) Los participios irregulares se caracterizan por el hecho de que su acento de intensidad afecta a la última sílaba de la raíz. Comparten, pues, con los perfectos simples irregulares una misma particularidad acentual: son también participios **fuertes**. El verbo antiguo *conquerir* (lat. *conquirĕre*), por ejemplo, tenía un participio regular *conquerido* y al mismo tiempo [93] un participio irregular *conquisto* [94]. El primero, como también los participios en *-ado*, tiene el acento de intensidad sobre la vocal que sigue inmediatamente a la raíz: *conquer-ído* (señalamos con tilde el acento de intensidad). Es, pues, un participio débil. El segundo tiene el acento sobre la última vocal de la raíz: *conquís(-to)*, variante de la raíz del infinitivo *conquer(-ir)*. Es un participio fuerte. La misma diferencia se da entre *malquerido* y *malquisto*.

b) Todos los participios fuertes españoles, como casi todos los perfectos fuertes, son heredados del latín y constituyen como ellos un repertorio limitado, por lo menos en cuanto a los verbos simples. Los enumeramos por orden alfabético de los sufijos:

dicho, de *decir* (y sus compuestos, menos *bendecir* y *maldecir;* véanse en el apart. [P]).
hecho, de *hacer* (y sus compuestos; véanse en el apart. [H]).

---

[91] La duplicación de la simple *-r-* da por resultado el fonema /r̄/, en este y otros verbos antiguos: *morremos* de *morir; conquerré* de *conquerir*, etc.
[92] *Feré* (= *haré*) se encuentra desde el siglo X (*Glosas Emilianenses* y *Silenses, Mio Cid*, etc.).
[93] Los dos aparecen, por ejemplo, en la *General Estoria* de Alfonso el Sabio.
[94] El verbo regular *conquistar* es un derivado de este participio *conquisto*.

impreso, del regular *imprimir*.
preso, del regular *prender*.
abierto, del regular *abrir* (y sus compuestos *entreabrir* y *reabrir*) [95].
absuelto, de *absolver* (y los verbos de la misma etimología; véanse en el apart. [C] 2.º).
cubierto, del regular *cubrir* (y sus compuestos *descubrir*, *encubrir* y *recubrir*).
-dito, de *ben-decir* y *mal-decir*.
escrito, del regular *escribir* (y sus compuestos *adscribir*, *describir*, *inscribir*, *manuscribir*, *prescribir*, *proscribir*, *rescribir*, *suscribir*, *transcribir*, también *trascribir*).
frito, de *freír* (y sus compuestos; véanse en el apart. [A]).
muerto, de *morir* (y sus compuestos; véanse en el apart. [E]).
puesto, de *poner* (y sus compuestos; véanse en el apart. [M]).
roto, del regular *romper*.
visto, de *ver* (y sus compuestos; véanse en el § 2.12.6).
vuelto, de *volver* (y sus compuestos; véanse en el apart. [C] 2.º).

c) Junto a alguno de estos participios fuertes hay un participio débil, en general de creación romance: *provisto* y *proveído*, de *proveer; preso* y *prendido*, de *prender; impreso* e *imprimido*, de *imprimir; frito* y *freído*, de *freír* [96]. Otras veces el participio débil acaba eliminando al participio fuerte: *expendido* a *espeso*, *arrepentido* a *repiso*, *dividido* a *diviso*, *nacido* a *nado* [97], o lo relega a la mera condición de adjetivo, privándolo de la capacidad para formar los tiempos compuestos y también casi siempre de la capacidad para formar la voz pasiva: así *abstraído* a *abstracto*, *concluido* a *concluso*, *convencido* a *convicto*, *elegido* a *electo*, *incurrido* a *incurso*. Suele ocurrir que el participio fuerte sobreviva como única forma del verbo a que perteneció en su origen *(fijo* del lat. *figĕre, harto* del lat. *farcīre, suelto* del esp. *solver)* y que el participio débil de un verbo en *-ar* derivado del participio fuerte desempeñe el mismo papel que el participio débil en los casos que acabamos de examinar, despojando al participio fuerte de su condición verbal. Así, *fijado* del verbo *fijar* derivado de *fijo*, *hartado* del verbo *hartar* derivado de *harto*, *soltado* de *soltar* derivado de *suelto*. Esta forma de derivación ayuda a explicar el proceso contrario, en virtud del cual un verbo en *-ar* es base de derivación de un adjetivo: *can-*

[95] La pérdida en español de una sílaba del infinitivo latino: *a-per-íre, a-pér-tus* > *a-brír, a-biér-to* (señalamos con tilde el acento de intensidad), produce una asimetría acentual que no existe en la mayor parte de los casos: *de-cír, dí-cho* y que puede enmascarar en el primer momento el carácter de participio fuerte de *abierto*.
[96] No son del todo equivalentes. Se dice: *Han provisto una vacante* y *El gobierno ha proveído y proveerá*. En el caso de *preso* e *impreso* las diferencias semánticas son más considerables. *Freído* se emplea menos que *frito*.
[97] Lo contrario ha ocurrido por excepción con *roto* frente a *rompido*, aunque *rompido* no ha dejado enteramente de usarse.

sar > part. *cansado* > adj. *canso*. *Fijo* desempeña frente a *fijado* el mismo papel que *canso* frente a *cansado* [98].

d) Bendito y *maldito*, compuestos con una variante del participio fuerte *dicho*, son adjetivos y no se emplean en los tiempos compuestos de los verbos *bendecir* y *maldecir*, pero sí en las construcciones pasivas con *ser* y subjuntivo independiente, en general con el adjetivo anticipado: *bendito, maldito sea*.

e) Muerto, con significación de persona, suple casi siempre al participio de *matar* en la voz pasiva, menos veces en los tiempos compuestos.

2.12.12. Gerundios. — Los gerundios de los verbos con variación *e/i* (v. aparts. [A] y [D]) y de los verbos con variación *o/u* (apartado [E]) tienen todos la irregularidad vocálica propia del verbo a que pertenecen: emplean *i* en vez de *e* y *u* en vez de *o* en la raíz porque el vocalismo de la sílaba siguiente no consiste en *i* silábica: *pidiendo* como *pidió* de *pedir*, *durmiendo* como *durmió* de *dormir*. Fuera de la irregularidad de estos gerundios no hay otra, dentro de la flexión española, que la representada por las dos formaciones excepcionales *viniendo* y *pudiendo* basadas en el tema de perfecto fuerte de los verbos *venir* [99] y *poder*.

2.12.13. Verbos defectivos o incompletos. — *a)* Algunos verbos presentan incompleto su cuadro flexivo. Este hecho, que puede afectar lo mismo a verbos regulares que a irregulares, se produce por causas variadas y está relacionado con diversas categorías gramaticales. Existen determinadas frases en las que no entran más que sujetos con significación de cosa y, por consiguiente, quedan fuera las 1.as y 2.as personas. Así el regular *atañer*, los irregulares *concernir, acontecer, acaecer*, etc. [100]. Algo semejante ocurre con verbos que en su empleo más corriente se construyen sin sujeto o sin referencia a sujeto: *nevar, atardecer*, etc. Con los verbos *acostumbrar* y *soler* es la categoría del aspecto verbal la que decide la exclusión de los tiempos perfectivos.

---

[98] Estos participios, llamados «reducidos» o «truncos», son mucho menos frecuentes en español que en italiano y no pertenecen, como en este idioma, a la lengua literaria.

[99] La forma *viniendo* se explica acaso por analogía con el gerundio de los verbos de estructura *-e-ir*, que tienen variación *e/i*: *viniendo*, como *pidiendo* de *pedir* o *sintiendo* de *sentir*.

[100] En textos antiguos *acaecer* y *caecer* aparecen alguna vez en 1.ª y 2.ª persona, pero con la significación de 'hallarse en un lugar' (*caeçí en un prado*, Berceo, *Milagros*, 2b), que no es la moderna.

b) Algunos verbos se han detenido en su desarrollo, bien por tratarse de vocablos técnicos muy especiales, como ocurre con los latinismos *adir* y *usucapir*, o porque desde el principio ha predominado la idea nominal, sobre todo la de persona, y solo o casi solamente ha llegado a emplearse el participio [101]: *aguerrido* [102], *buido, denegrido, desolado* (v. nota 49), *despavorido, desvaído* [103], *embaído* 'ofuscado', *embebecido, empedernido, sarpullido, trascordado* (nota 62).

c) De una serie de verbos en *-ir* solo están en uso el infinitivo y el participio y de algunos de ellos, además, las formas o algunas de las formas restantes que —lo mismo que el infinitivo y el participio— tienen *i* inmediatamente después de la raíz [104]. Damos aquí esta serie ordenando los verbos por la vocal de la raíz:

> *a:* *desabrir* [105]
> *fallir* [106]
> *manir* 'ablandar'
>
> *e:* *agredir* [107]
> *arrecir* [108]

---

[101] De todas las formas en *-do* incluidas en este apartado, menos de *buido* y *desvaído*, el Diccionario de la Academia recoge el correspondiente infinitivo.

[102] No anterior al siglo XVIII, del francés *aguerrir* (s. XVI).

[103] El participio se conoce desde principios del siglo XVII. Otras formas verbales no aparecen hasta el siglo XIX (*se desvaía*, Lugones; *se desvaían*, Palacio Valdés; v. *BRAE*, VIII, págs. 489-90).

[104] No se puede hablar en rigor de regularidad ni de irregularidad a propósito de los verbos de este y del apartado anterior teniendo incompleto como tenemos su cuadro flexivo. Las irregularidades vocálicas, por ejemplo, no podrían reconocerse sino en las formas con acentuación fuerte, que son precisamente las que faltan.

[105] Cuervo recogió en su *Diccionario de construcción y régimen* 71 pasajes con el verbo *desabrir*. En 23 de ellos encontramos el infinitivo y en los 48 restantes el participio.

[106] En los textos clásicos y modernos, en contraste con los antiguos, no aparecen formas flexivas personales de *fallir*. Solo el participio *fallido* tiene hoy algún uso.

[107] El *Diccionario Histórico de la Lengua Española* (fascíc. VIII, 1968, página 1028*a*) cita dos formas fuertes de *agredir* con *e*, una de la publicación *Jornada* (Valencia, 6-VI-1953): *agrede*, y otra del diario *A B C* (19-IX-65, página 47*a*): *agreda*. A esas formas fuertes de *agredir*, cultismo adoptado en las postrimerías del siglo XIX (lat. *aggrĕdi*), habría que agregar *agride* (*A B C*, 1-III-1958, pág. 36) y *agriede* (B. Soler, en *A B C*, 5-V-1955, pág. 3). Se ve que la variación vocálica *e/i* y la concurrencia de las variaciones vocálicas *e/i, e/ie* no han dejado de actuar cada una por su lado en el desarrollo de *agredir*, como era de esperar, dado que a todos los verbos de estructura *-e-ir*, con la sola excepción de los regulares *convergir, divergir* y *sumergir*, se extiende una u otra de dichas variaciones. Después de todo, *agride* y *engríe* serían formas gramaticalmente gemelas si las dos proceden de una raíz común, lo que no es seguro.

[108] Por su parte, el verbo *arrecir* ha sucumbido simultáneamente en algún dialecto a la variación *e/i* y a la variación consonántica /θ/ ~ /θk/ en la

> *aterir*
> *preterir*
> *transgredir*
>
> o: *abolir* [109]
> *colorir* [110]
> *descolorir*
>
> u: *compungir* [111]

d) *Balbucir*, como los verbos en *-ir* del apartado anterior, ofrece resistencia al empleo de las formas fuertes, si se exceptúa *balbuce* (Unamuno, *Amor y pedagogía*, X); (Cuervo, *Apuntaciones al lenguaje bogotano*, § 318). Compárese también la nota 101. La dificultad se allana en este caso mediante el empleo del derivado *balbucear* (siglo XIX, casi tres siglos después de los primeros usos de *balbucir*), cuya estructura no repugna las formas de acentuación fuerte. De aquí *balbucir*, *balbucido*, *balbuciendo*, *balbucimos*, *balbucí*, *balbució*, *balbuciese*, *balbucid*, y por otro lado, *balbuceo*, *balbucea*, *balbucee*, etc. Pero *balbucear* se emplea algunas veces por *balbucir*: *balbuceó* (Valle-Inclán, *Gerifaltes de antaño*, XVIII); *balbuceando* (Maragall, 1898, *Obras completas: Artículos*, II, Barcelona, 1912, pág. 143).

e) Un caso semejante al anterior es el de *garantizar*, empleado en toda su flexión, pero además para suplir las formas fuertes de *garantir*, con la diferencia de que *garantir* se usa muy poco en España, en contraste con los pueblos americanos, que dicen *garanto*, *garantes*, etc.

2.12.14. Índice de los verbos irregulares y defectivos citados en este capítulo.

Abierto.—V. § 2.12.11.
Abnegar.—V. Negar.
Abolir.—V. § 2.12.13.
Absolver.—V. apart. [C] 2.º (§ 2.12.3) y § 2.12.11.
Abstenerse.—V. Tener.

---

forma *arrizco*, a pesar de que esta última irregularidad es propia casi exclusivamente de verbos de estructura *-a-cer*, *-e-cer*, *-o-cer*, *-u-cir* (v. apart. [J]) y a pesar de que el participio *arrecido* es muy antiguo.

[109] En el artículo *abolir* (verbo que aparece en el siglo XVI) del *Diccionario Histórico de la Lengua Española* no aparecen más formas personales que *abolió* y *aboliesen* (fascíc. II, 1961, pág. 113*b*).

[110] De *colorir*, poco posterior a *abolir*, no parece que hay testimonios escritos de formas personales fuertes, y tampoco abundan las formas débiles *(colorió)*.

[111] De los 24 pasajes de *compungir*, reunidos por Cuervo en su *Diccionario de construcción y régimen*, solo uno tiene acentuación en la raíz *(compunge)*.

Abstraer.—V. § 2.12.11 (v. Traer).
Abuñolar.—V. apart. [C] 1.º (§ 2.12.3).
Acaecer.—V. apart. [J] (§ 2.12.4, 2.º) y § 2.12.13.
Acertar.—V. apart. [B] 1.º (§ 2.12.3).
Aclocar.—V. Clocar.
Acontecer.—V. apart. [J] (§ 2.12.4, 2.º) y § 2.12.13.
Acordar ¹.—V. apart. [C] 1.º (§ 2.12.3).
Acordar ².—V. apart. [C] 1.º (§ 2.12.3).
Acordarse.—V. Acordar ².
Acornar.—V. apart. [C] 1.º (§ 2.12.3).
Acostar.—V. apart. [C] 1.º (§ 2.12.3).
Acostumbrar.—V. § 2.12.13.
Adestrar.—V. apart. [B] 1.º (§ 2.12.3).
Adherir.—V. apart. [D] (§ 2.12.3).
Adir.—V. § 2.12.13.
Adormir.—V. Dormir.
Adquirir.—V. apart. [F] (§ 2.12.3).
Adscrito.—V. § 2.12.11.
Aducir.—V. apart. [J] (§ 2.12.4, 2.º) y § 2.12.9.
Advertir.—V. apart. [D] (§ 2.12.3).
Afluir.—V. Fluir.
Afollar.—V. Follar.
Agredir.—V. § 2.12.13.
Aguerrir.—V. § 2.12.13.
Alebrarse.—V. apart. [B] 1.º (§ 2.12.3).
Alentar.—V. apart. [B] 1.º (§ 2.12.3).
Aliquebrar.—V. Quebrar.
Almorzar.—V. apart. [C] 1.º (§ 2.12.3).
Amelar.—V. Melar.
Amoblar.—V. apart. [C] 1.º (§ 2.12.3).
Amolar.—V. apart. [C] 1.º (§ 2.12.3).
Andar.—V. § 2.12.9.
Antedecir.—V. apart. [A] (§ 2.12.3), apart. [P] (§ 2.12.5) y §§ 2.12.9, 2.12.10 y 2.12.11,
Anteponer.—V. Poner.
Antever.—V. Ver.
Apacentar.—V. apart. [B] 1.º (§ 2.12.3).
Apernar.—V. apart. [B] 1.º (§ 2.12.3).
Aplacer.—V. apart. [J] (§ 2.12.4, 2.º).
Apostar.—V. apart. [C] 1.º (§ 2.12.3).
Apretar.—V. apart. [B] 1.º (§ 2.12.3).
Aprobar.—V. Probar.
Argüir.—V. apart. [O] (§ 2.12.4, 2.º).
Arrecir.—V. § 2.12.13 y nota 108.
Arrendar¹.—V. apart. [B] 1.º (§ 2.12.3).
Arrendar².—V. apart. [B] 1.º (§ 2.12.3).

Arrepentirse.—V. apart. **[D]** (§ 2.12.3) y § 2.12.11.
Ascender.—V. apart. **[B]** 2.º (§ 2.12.3).
Asentar.—V. Sentar.
Asentir.—V. Sentir.
Aserrar.—V. Serrar.
Asir.—V. apart. **[L]** (§ 2.12.4, 2.º).
Asolar.—V. apart. **[C]** 1.º (§ 2.12.3).
Asonar.—V. Sonar.
Atañer.—V. § 2.12.13.
Atardecer.—V. apart. **[J]** (§ 2.12.4, 2.º) y § 2.12.13.
Atender.—V. Tender.
Atenerse.—V. Tener.
Atentar.—V. Tentar.
Aterir.—V. § 2.12.13.
Aterrar.—V. apart. **[B]** 1.º (§ 2.12.3).
Atraer.—V. Traer.
Atravesar.—V. apart. **[B]** 1.º (§ 2.12.3).
Atribuir.—V. Tribuir.
Atronar.—V. Tronar.
Avenir.—V. Venir.
Aventar.—V. Ventar.
Avergonzar.—V. apart. **[C]** 1.º (§ 2.12.3).
Azolar.—V. apart. **[C]** 1.º (§ 2.12.3).

Balbucir.—V. § 2.12.13.
Bendecir.—V. apart. **[A]** (§ 2.12.3), apart. **[P]** (§ 2.12.5) y §§ 2.12.9
   y 2.12.11.
Buido.—V. § 2.12.13.

Caber.—V. apart. **[Q]** (§ 2.12.5) y §§ 2.12.9 y 2.12.10.
Caer.—V. apart. **[R]** (§ 2.12.5).
Calentar.—V. apart. **[B]** 1.º (§ 2.12.3).
Cegar.—V. apart. **[B]** 1.º (§ 2.12.3).
Ceñir.—V. apart. **[A]** (§ 2.12.3).
Cerner.—V. apart. **[B]** 2.º (§ 2.12.3).
Cernir.—V. Discernir.
Cerrar.—V. apart. **[B]** 1.º (§ 2.12.3).
Cimentar.—V. apart. **[B]** 1.º (§ 2.12.3).
Circuir.—V. apart. **[O]** (§ 2.12.4, 2.º).
Clocar.—V. apart. **[C]** 1.º (§ 2.12.3).
Cocer.—V. apart. **[C]** 2.º (§ 2.12.3).
Coextenderse.—V. Tender.
Colar.—V. apart. **[C]** 1.º (§ 2.12.3).
Colegir.—V. apart. **[A]** (§ 2.12.3).
Colgar.—V. apart. **[C]** 1.º (§ 2.12.3).
Colorir.—V. § 2.12.13.

Comedir.—V. apart. **[A]** (§ 2.12.3).
Comenzar.—V. apart. **[B]** 1.º (§ 2.12.3).
Competir.—V. apart. **[A]** (§ 2.12.3).
Complacer.—V. apart. **[J]** (§ 2.12.4, 2.º).
Componer.—V. Poner.
Comprobar.—V. Probar.
Compungir.—V. § 2.12.13.
Concebir.—V. apart. **[A]** (§ 2.12.3).
Concernir.—V. apart. **[B]** 3.º (§ 2.12.3) y § 2.12.13.
Concertar.—V. apart. **[B]** 1.º (§ 2.12.3).
Concluir.—V. apart. **[O]** (§ 2.12.4, 2.º) y § 2.12.11.
Concordar.—V. Acordar[1].
Condescender.—V. Ascender.
Condoler.—V. Doler.
Conducir.—V. Aducir.
Conferir.—V. apart. **[D]** (§ 2.12.3).
Confesar.—V. apart. **[B]** 1.º (§ 2.12.3).
Confluir.—V. Fluir.
Conmover.—V. Mover.
Conocer.—V. apart. **[J]** (§ 2.12.4, 2.º).
Conquisto (ant.).—V. § 2.12.11 (nota 91).
Conseguir.—V. Seguir.
Consentir.—V. Sentir.
Consolar.—V. apart. **[C]** 1.º (§ 2.12.3).
Consonar.—V. Sonar.
Constituir.—V. apart. **[O]** (§ 2.12.4, 2.º).
Constreñir.—V. apart. **[A]** (§ 2.12.3).
Construir.—V. apart. **[O]** (§ 2.12.4, 2.º).
Contar.—V. apart. **[C]** 1.º (§ 2.12.3).
Contender.—V. Tender.
Contener.—V. Tener.
Contradecir.—V. apart. **[A]** (§ 2.12.3), apart. **[P]** (§ 2.12.5) y §§ 2.12.9,
2.12.10 y 2.12.11.
Contraer.—V. Traer.
Contrahacer.—V. Hacer.
Contraponer.—V. Poner.
Contravenir.—V. Venir.
Contribuir.—V. Tribuir.
Controvertir.—V. Advertir.
Convenir.—V. Venir.
Convertir.—V. Advertir.
Convicto.—V. § 2.12.11.
Corregir.—V. apart. **[A]** (§ 2.12.3).
Costar.—V. apart. **[C]** 1.º (§ 2.12.3).
Costreñir.—V. Constreñir.
Cubierto.—V. § 2.12.11.

Dar.—V. §§ 2.12.7 y 2.12.9.
Decaer.—V. Caer.
Decir.—V. apart. [A] (§ 2.12.3), apart. [P] (§ 2.12.5) y §§ 2.12.6, 2.12.7, 2.12.9, 2.12.10 y 2.12.11.
Deducir.—V. Aducir.
Defender.—V. apart. [B] 2.º (§ 2.12.3).
Deferir.—V. Conferir.
Degollar.—V. apart. [C] 1.º (§ 2.12.3).
Demoler.—V. apart. [C] 2.º (§ 2.12.3).
Demostrar.—V. Mostrar.
Denegar.—V. Negar.
Denegrir.—V. § 2.12.13.
Denostar.—V. apart. [C] 1.º (§ 2.12.3).
Dentar.—V. apart. [B] 1.º (§ 2.12.3).
Deponer.—V. Poner.
Derrenegar.—V. Negar.
Derrengar.—V. apart. [B] 1.º (§ 2.12.3).
Derretir.—V. apart. [A] (§ 2.12.3).
Derrocar.—V. apart. [C] 1.º (§ 2.12.3).
Derruir.—V. apart. [O] (§ 2.12.4, 2.º).
Desabrir.—V. § 2.12.13.
Desacertar.—V. Acertar.
Desacordar.—V. Acordar[1].
Desadvertir.— V. Advertir.
Desalentar.—V. Alentar.
Desapretar.—V. Apretar.
Desaprobar.—V. Probar.
Desarrendar.—V. Arrendar[1].
Desasentar.—V. Sentar.
Desasir.—V. Asir.
Desasosegar.—V. Sosegar.
Desatender.—V. Tender.
Desatentar.—V. Tentar.
Desatraer.—V. Traer.
Desavenirse.—V. Venir.
Descender.—V. Ascender.
Desceñir.—V. Ceñir.
Descolgar.—V. Colgar.
Descolorir.—V. § 2.12.13.
Descollar.—V. apart. [C] 1.º (§ 2.12.3).
Descomedirse.—V. apart. [A] (§ 2.12.3).
Descomponer.—V. Poner.
Desconcertar.—V. Concertar.
Desconocer.—V. Conocer.
Desconsentir.—V. Sentir.
Desconsolar.—V. Consolar.

Descontar.—V. Contar.
Desconvenir.—V. Venir.
Descordar.—V. apart. [C] 1.º (§ 2.12.3).
Descornar.—V. Acornar.
Descrito.—V. § 2.12.11.
Descubierto.—V. § 2.12.11.
Desdecir.—V. apart. [A] (§ 2.12.3), apart. [P] (§ 2.12.5) y §§ 2.12.9,
2.12.10 y 2.12.11.
Desdentar.—V. Dentar.
Desempedrar.—V. Empedrar.
Desencerrar.—V. Cerrar.
Desencordar.—V. Descordar.
Desengrosar.—V. Engrosar.
Desentenderse.—V. Tender.
Desenterrar.—V. Enterrar.
Desenvolver.—V. Volver.
Deservir.—V. apart. [A] (§ 2.12.3).
Desflocar.—V. apart. [C] 1.º (§ 2.12.3).
Desgobernar.—V. Gobernar.
Deshacer.—V. Hacer.
Deshelar.—V. Helar.
Desherbar.—V. Herbar.
Desherrar.—V. Herrar.
Desinvernar.—V. Invernar.
Desleír.—V. apart. [A] (§ 2.12.3).
Deslendrar.—V. apart. [B] 1.º (2.12.3).
Deslucir.—V. Lucir.
Desmajolar.—V. apart. [C] 1.º (§ 2.12.3).
Desmedirse.—V. apart. [A] (§ 2.12.3).
Desmelar.—V. Melar.
Desmembrar.—V. apart. [B] 1.º (§ 2.12.3).
Desmentir.—V. Mentir.
Desnegar.—V. Negar.
Desnevar.—V. Nevar.
Desoír.—V. Oír.
Desolar.—V. apart. [C] 1.º (§ 2.12.3) y § 2.12.13.
Desoldar.—V. Soldar.
Desollar.—V. apart. [C] 1.º (§ 2.12.3).
Desosar.—V. apart. [C] 1.º (§ 2.12.3).
Despavorir.—V. § 2.12.13.
Despedir.—V. Pedir.
Despernar.—V. Apernar.
Despertar.—V. apart. [B] 1.º (§ 9.12.3).
Despezar.—V. apart. [B] 1.º (§ 2.12.3).
Desplacer.—V. apart. [J] (§ 2.12.4, 2.º).
Desplegar.—V. Plegar.

Despoblar.—V. Poblar.
Destemplar.—V. Templar.
Destentar.—V. Tentar.
Desteñir.—V. Teñir.
Desterrar.—V. apart. [B] 1.º (§ 2.12.3).
Destituir.—V. Constituir.
Destrocar.—V. Trocar.
Destruir.—V. Construir.
Desvaído.—V. § 2.12.13.
Desventar.—V. Ventar.
Desvergonzarse.—V. Avergonzar.
Desvestir.—V. Vestir.
Detener.—V. Tener.
Detraer.—V. Traer.
Devenir.—V. Venir.
Devolver.—V. Volver.
Diferir.—V. Conferir.
Difluir.—V. Fluir.
Digerir.—V. apart. [D] (§ 2.12.3).
Diluir.—V. apart. [O] (§ 2.12.4, 2.º).
Discernir.—V. apart. [B] 3.º (§ 2.12.3).
Disconvenir.—V. Venir.
Discordar.—V Acordar[1].
Disentir.—V. Sentir.
Disminuir.—V. apart. [O] (§ 2.12.4, 2.º).
Disolver.—V. Absolver.
Disonar.—V. Sonar.
Displacer.—V. apart. [J] (§ 2.12.4, 2.º).
Disponer.—V. Poner.
Distender.—V. Tender.
Distraer.—V. Traer.
Distribuir.—V. Tribuir.
Divertir.—V. Advertir.
Diviso (ant.).— V. § 2.12.11.
Dolar.—V. apart. [C] 1.º (§ 2.12.3).
Doler.—V. apart. [C] 2.º (§ 2.12.3).
Dormir.—V. apart. [E] (§ 2.12.3) y § 2.12.12.

Educir.—V. Aducir.
Elegir.—V. apart. [A] (§ 2.12.3) y § 2.12.11.
Embaír.—V. § 2.12.13.
Embebecer.—V. § 2.12.13.
Embestir.—V. apart. [A] (§ 2.12.3).
Emparentar.—V. apart. [B] 1.º (§ 2.12.3).
Empedernir.—V. § 2.12.13.
Empedrar.—V. apart. [B] 1.º (§ 2.12.3).

Empezar.—V. apart. [B] 1.º (§ 2.12.3).
Emporcar.—V. apart. [C] 1.º (§ 2.12.3).
Encender.—V. apart. [B] 2.º (§ 2.12.3).
Encerrar.—V. Cerrar.
Enclocar.—V. Clocar.
Encomendar.—V. apart. [B] 1.º (§ 2.12.3).
Encontrar.—V. apart. [C] 1.º (§ 2.12.3).
Encorar.—V. apart. [C] 1.º (§ 2.12.3).
Encordar.—V. Descordar.
Encovar.—V. apart. [C] 1.º (§ 2.12.3).
Encubierto.—V. § 2.12.11.
Endentar.—V. Dentar.
Engorar.—V. apart. [C] 1.º (§ 2.12.3).
Engreírse.—V. apart. [A] (§ 2.12.3).
Engrosar.—V. apart. [C] 1.º (§ 2.12.3).
Enhestar.—V. apart. [B] 1.º (§ 2.12.3).
Enlenzar.—V. apart. [B] 1.º (§ 2.12.3).
Enlucir.—V. Lucir.
Enmelar.—V. Melar.
Enmendar.—V. apart. [B] 1.º (§ 2.12.3).
Ensangrentar.—V. apart. [B] 1.º (§ 2.12.3).
Ensoñar.—V. Soñar.
Entender.—V. Tender.
Enterrar.—V. apart. [B] 1.º (§ 2.12.3).
Entortar.—V. apart. [C] 1.º (§ 2.12.3).
Entreabierto.—V. § 2.12.11.
Entrelucir.—V. Lucir.
Entremorir.—V. Morir.
Entreoír.—V. Oír.
Entrepernar.—V. Apernar.
Entretener.—V. Tener.
Entrever.—V. Ver.
Envolver.—V. Volver.
Equivaler.—V. Valer.
Erguir.—V. apart. [D] (§ 2.12.3).
Errar.—V. apart. [B] 1.º (§ 2.12.3).
Escocer.—V. Cocer.
Escolar.—V. Colar.
Escrito.—V. § 2.12.11.
Esforzar.—V. Forzar.
Espeso (ant.).—V. § 2.12.11.
Estar.—V. §§ 2.12.7 y 2.12.9.
Estatuir.—V. Constituir.
Estregar.—V. apart. [B] 1.º (§ 2.12.3).
Estreñir.—V. Constreñir.
Excluir.—V. Concluir.

Expedir.—V. Pedir.
Exponer.—V. Poner.
Extender.—V. Tender.
Extraer.—V. Traer.

Fallir.—V. § 2.12.13.
Fijo (de *figĕre*).—V. § 2.12.11.
Fluir.—V. apart. [O] (§ 2.12.4, 2.º).
Follar.—V. apart. [C] 1.º (§ 2.12.3).
Forzar.—V. apart. [C] 1.º (§ 2.12.3).
Fregar.—V. apart. [B] 1.º (§ 2.12.3).
Freír.—V. apart. [A] (§ 2.12.3) y § 2.12.11.
Fruir.—V. apart. [O] (§ 2.12.4, 2.º).

Garantir.—V. § 2.12.13.
Gemir.—V. apart. [A] (§ 2.12.3).
Gobernar.—V. apart. [B] 1.º (§ 2.12.3).
Gruir.—V. apart. [O] (§ 2.12.4, 2.º).

Haber.—V. apart. [I] (§ 2.12.4, 1.º) y §§ 2.12.6, 2.12.7, 2.12.8*b*, 2.12.9 y 2.12.10.
Hacer.—V. apart. [H] (§ 2.12.4, 1.º) y §§ 2.12.7, 2.12.9, 2.12.10 y 2.12.11.
Harto (de *farcire*). V. § 2.12.11.
Heder.—V. apart. [B] 2.º (§ 2.12.3).
Helar.—V. apart. [B] 1.º (§ 2.12.3).
Henchir.—V. apart. [A] (§ 2.12.3).
Hender.—V. apart. [B] 2.º (§ 2.12.3).
Hendir.—V. apart. [B] 3.º (§ 2.12.3).
Heñir.— V. apart. [A] (§ 2.12.3).
Herbar.—V. apart. [B] 1.º (§ 2.12.3).
Herir.—V. apart. [D] (§ 2.12.3).
Herrar.—V. apart. [B] 1.º (§ 2.12.3).
Hervir.—V. apart. [D] (§ 2.12.3).
Hibernar.—V. Invernar.
Holgar.—V. Colgar.
Hollar.—V. apart. [C] 1.º (§ 2.12.3).
Huir.—V. apart. [O] (§ 2.12.4, 2.º).

Imbuir.—V. apart. [O] (§ 2.12.4, 2.º).
Impedir.—V. Pedir.
Imponer.—V. Poner.
Impreso.—V. § 2.12.11.
Improbar.—V. Probar.
Incensar.—V. apart. [B] 1.º (§ 2.12.3).
Incluir.—V. Concluir.

Incurso.—V. § 2.12.11.
Indisponer.—V. Poner.
Inducir.—V. Aducir.
Inferir.—V. Conferir.
Infernar.—V. apart. [B] 1.º (§ 2.12.3).
Influir.—V. Fluir.
Ingerir.—V. Digerir.
Injerir.—V. apart. [D] (§ 2.12.3).
Inmiscuir.—V. apart. [O] (§ 2.12.4, 2.º).
Inquirir.—V. apart. [F] (§ 2.12.3).
Inscrito.—V. § 2.12.11.
Instituir.—V. Constituir.
Instruir.—V. Construir.
Interdecir.—V. apart. [A] (§ 2.12.3), apart. [P] (§ 2.12.5) y §§ 2.12.9,
2.12.10 y 2.12.11.
Interponer.—V. Poner.
Intervenir.—V. Venir.
Introducir.—V. Aducir.
Intuir.—V. apart. [O] (§ 2.12.4, 2.º).
Invernar.—V. apart. [B] 1.º (§ 2.12.3).
Invertir.—V. Advertir.
Investir.—V. Vestir.
Ir.—V. §§ 2.12.6, 2.12.7, 2.12.8b y 2.12.9.
Irruir.—V. Derruir.

Jugar.—V. apart. [G] (§ 2.12.3) y nota 4.

Licuefacer.—V. § 2.12.13 y nota 69.
Lucir.—V. apart. [J] (§ 2.12.4, 2º).
Luir[1].—V. apart. [O] (§ 2.12.4, 2.º).
Luir[2].—V. apart. [O] (§ 2.12.4, 2.º).

Llover.—V. apart. [C] 2.º (§ 2.12.3) y § 2.12.13.

Maldecir.—V. apart. [A] (§ 2.12.3), apart. ͳP] (§ 2.12.5) y §§ 2.12.9
y 2.12.11.
Malherir.—V. Herir.
Malquisto.—V. § 2.12.11.
Malsonar.—V. Sonar.
Mancornar.—V. Acornar.
Manifestar.—V. apart. [B] 1.º (§ 2.12.3).
Manir.—V. § 2.12.13.
Mantener.—V. Tener.
Manuscrito.—V. § 2.12.11.
Mecer (med. y clás.).— V. apart. [J] (§ 2.12.4, 2.º) y nota 72.
Medir.—V. apart. [A] (§ 2.12.3).

Melar.—V. apart. **[B]** 1.º (§ 2.12.3).
Mentar.—V. apart. **[B]** 1.º (§ 2.12.3).
Mentir.—V. apart. **[D]** (§ 2.12.3).
Merendar.—V. apart. **[B]** 1.º (§ 2.12.3).
Moler.—V. apart. **[C]** 2.º (§ 2.12.3).
Morder.—V. apart. **[C]** 2.º (§ 2.12.3).
Morir.—V. apart. **[E]** (§ 2.12.3) y § 2.12.11.
Mostrar.—V. apart. **[C]** 1.º (§ 2.12.3).
Mover.—V. apart. **[C]** 2.º (§ 2.12.3).

Nacer.—V. apart. **[J]** (§ 2.12.4, 2.º) y § 2.12.11.
Negar.—V. apart. **[B]** 1.º (§ 2.12.3).
Nevar.—V. apart. **[B]** 1.º (§ 2.12.3) y § 2.12.13.

Obstruir.—V. Construir.
Obtener.—V. Tener.
Oír.—V. apart. **[O]** (§ 2.12.4, 2.º) y apart. **[R]** (§ 2.12.5).
Oler.—V. apart. **[C]** 2.º (§ 2.12.3).
Oponer.—V. Poner.

Pacer.—V. apart. **[J]** (§ 2.12.4, 2.º).
Parecer.—V. apart. **[J]** (§ 2.12.4, 2.º).
Pedir.—V. apart. **[A]** (§ 2.12.3) y § 2.12.12.
Pensar.—V. apart. **[B]** 1.º (§ 2.12.3).
Perder.—V. apart. **[B]** 2.º (§ 2.12.3).
Perniquebrar.—V. Quebrar.
Perseguir.—V. Seguir.
Pervertir.—V. Advertir.
Placer.—V. apart. **[J]** (§ 2.12.4, 2.º), apart. **[Q]** (§ 2.12.5) y § 2.12.9.
Plegar.—V. apart. **[B]** 1.º (§ 2.12.3).
Poblar.—V. apart. **[C]** 1.º (§ 2.12.3).
Poder.—V. apart. **[C]** 2.º (§ 2.12.3) y §§ 2.12.9, 2.12.10 y 2.12.12.
Podrir.—V. Pudrir.
Poner.—V. apart. **[M]** (§ 2.12.4, 2.º) y §§ 2.12.7, 2.12.9, 2.12.10 y 2.12.11.
Posponer.—V. Poner.
Preconocer.—V. Conocer.
Predecir.—V. apart. **[A]** (§ 2.12.3), apart. **[P]** (§ 2.12.5) y §§ 2.12.9, 2.12.10 y 2.12.11.
Predisponer.—V. Poner.
Preferir.—V. Conferir.
Prelucir.—V. Lucir.
Premorir.—V. Morir.
Preponer.—V. Poner.
Prescrito.—V. § 2.12.11.
Presentir.—V. Sentir.

Preso.—V. § 2.12.11.
Presuponer.—V. Poner.
Preterir.—V. § 2.12.13.
Prevaler.—V. Valer.
Prevenir.—V. Venir.
Prever.—V. Ver.
Probar.—V. apart. [C] 1.º (§ 2.12.3).
Producir.—V. Aducir.
Proferir.—V. Conferir.
Promover.—V. Mover.
Proponer.—V. Poner.
Proscrito.—V. § 2.12.11.
Proseguir.—V. Seguir.
Prostituir.—V. Constituir.
Provenir.—V. Venir.
Provisto.—V. § 2.12.11.
Pudrir.—V. nota 68.

Quebrar.—V. apart. [B] 1.º (§ 2.12.3).
Querer.—V. apart. [B] 2.º (§ 2.12.3) y §§ 2.12.9 y 2.12.10.

Raer.—V. apart. [O] (§ 2.12.4, 2.º) y apart. [R] (§ 2.12.5).
Rarefacer.—V. § 2.12.13 y nota 69.
Reabierto.—V. § 2.12.11.
Reapretar.—V. Apretar.
Reaventar.—V. Aventar.
Recaer.—V. Caer.
Recalentar.—V. Calentar.
Recentar.—V. apart. [C] 1.º (§ 2.12.3).
Receñir.—V. Ceñir.
Recluir.—V. Concluir.
Recocer.—V. Cocer.
Recolar.—V. Colar.
Recolegir.—V. Colegir.
Recomendar.—V. Encomendar.
Recomponer.—V. Poner.
Reconocer.—V. Conocer.
Reconstruir.—V. Construir.
Recontar.—V. Contar.
Reconvenir.—V. Venir.
Recordar.—V. apart. [C] 1.º (§ 2.12.3).
Recostar.—V. Acostar.
Recubierto.—V. § 2.12.11.
Redargüir.—V. Argüir.
Reducir.—V. Aducir.
Reelegir.—V. Elegir.

Reexpedir.—V. Pedir.
Referir.—V. Conferir.
Refluir.—V. Fluir.
Reforzar.—V. Forzar.
Refregar.—V. Fregar.
Refreír.—V. Freír.
Regar.—V. apart. **[B]** 1.º (§ 2.12.3).
Regimentar.—V. apart. **[B]** 1.º (§ 2.12.3).
Regir.—V. apart. **[A]** (§ 2.12.3).
Regoldar.—V. apart. **[C]** 1.º (§ 2.12.3).
Rehacer.—V. Hacer.
Rehenchir.—V. Henchir.
Reherir.—V. Herir.
Reherrar.—V. Herrar.
Rehervir.—V. Hervir.
Rehollar.—V. Hollar.
Rehuir.—V. Huir.
Reír.—V. apart. **[A]** (§ 2.12.3).
Relucir.—V. Lucir.
Remedir.—V. apart. **[A]** (§ 2.12.3).
Remendar.—V. Enmendar.
Remorder.—V. Morder.
Remover.—V. Mover.
Renacer.—V. apart. **[J]** (§ 2.12.4, 2.º).
Rendir.—V. apart. **[A]** (§ 2.12.3).
Renegar.—V. Negar.
Renovar.—V. apart. **[C]** 1.º (§ 2.12.3).
Reñir.—V. apart. **[A]** (§ 2.12.3).
Repacer.—V. Pacer.
Repensar.—V. Pensar.
Repetir.—V. apart. **[A]** (§ 2.12.3).
Repiso (ant.).—V. § 2.12.11.
Replegar.—V. Plegar.
Repoblar.—V. Poblar.
Reponer.—V. Poner.
Reprobar.—V. Probar.
Requebrar.—V. Quebrar.
Requerir.—V. apart. **[D]** (§ 2.12.3).
Resaber.—V. Saber.
Resalir.—V. Salir.
Rescrito.—V. § 2.12.11.
Resegar.—V. Segar.
Reseguir.—V. Seguir.
Resembrar.—V. Sembrar.
Resentir.—V. Sentir.
Resolver.—V. Absolver.

Resollar.—V. apart. [C] 1.º (§ 2.12.3).
Resonar.—V. Sonar.
Responder.—V. § 2.12.9.
Resquebrar.—V. Quebrar.
Restituir.—V. Constituir.
Restregar.—V. Estregar.
Retemblar.—V. Temblar.
Retener.—V. Tener.
Retentar.—V. apart. [B] 1.º (§ 2.12.3).
Reteñir.—V. Teñir.
Retorcer.—V. Torcer.
Retostar.—V. Tostar.
Retraer.—V. Traer.
Retribuir.—V. Tribuir.
Retronar.—V. Tronar.
Retrotraer.—V. Traer.
Revenir.—V. Venir.
Reventar.—V. apart. [B] 1.º (§ 2.12.3).
Rever.—V. Ver.
Reverter.—V. Verter.
Revertir.—V. Advertir.
Revestir.—V. Vestir.
Revolar.—V. Volar.
Revolcar.—V. Volcar.
Revolver.—V. Volver.
Rodar.—V. apart. [C] 1.º (§ 2.12.3).
Roer.—V. apart. [S] (§ 2.12.5).
Rogar.—V. apart. [C] 1.º (§ 2.12.3).
Roto.—V. § 2.12.11.

Saber.—V. apart. [Q] (§ 2.12.5) y §§ 2.12.6, 2.12.9 y 2.12.10.
Salir.—V. apart. [N] (§ 2.12.4, 2.º) y §§ 2.12.7 y 2.12.10.
Salpimentar.—V. apart. [B] 1.º (§ 2.12.3).
Sarmentar.—V. apart. [B] 1.º (§ 2.12.3).
Sarpullir.—V. § 2.12.13.
Satisfacer.—V. apart. [H] (§ 2.12.4, 1.º) (v. Hacer).
Seducir.—V. Aducir.
Segar.—V. apart. [B] 1.º (§ 2.12.3).
Seguir.—V. apart. [A] (§ 2.12.3).
Sembrar.—V. apart. [B] 1.º (§ 2.12.3).
Sentar.—V. apart. [B] 1.º (§ 2.12.3).
Sentir.—V. apart. [D] (§ 2.12.3).
Ser.—V. §§ 2.12.7, 2.12.8a y b y 2.12.9.
Serrar.—V. apart. [B] 1.º (§ 2.12.3).
Servir.—V. apart. [A] (§ 2.12.3).
Sobreentender.—V. Tender.

Sobrentender.—V. Tender.
Sobreponer.—V. Poner.
Sobresalir.—V. Salir.
Sobresembrar.—V. Sembrar.
Sobresolar.—V. Solar.
Sobrevenir.—V. Venir.
Sobreverterse.—V. Verter.
Sobrevestir.—V. Vestir.
Sofreír.—V. Freír.
Solar.—V. apart. [C] 1.º (§ 2.12.3).
Soldar.—V. apart. [C] 1.º (§ 2.12.3).
Soler.—V. apart. [C] 2.º (§ 2.12.3) y § 2.12.13.
Soltar.—V. apart. [C] 1.º (§ 2.12.3) y § 2.12.11.
Sonar.—V. apart. [C] 1.º (§ 2.12.3).
Sonreír.—V. Reír.
Soñar.—V. apart. [C] 1.º (§ 2.12.3).
Sorregar.—V. Regar.
Sosegar.—V. apart. [B] 1.º (§ 2.12.3).
Sostener.—V. Tener.
Soterrar.—V. Enterrar.
Subarrendar.—V. Arrendar[1].
Subentender.—V. Tender.
Subseguir.—V. Seguir.
Substraer.—V. Traer.
Subtender.—V. Tender.
Subvenir.—V. Venir.
Subvertir.—V. Advertir.
Sugerir.—V. Digerir.
Superponer.—V. Poner.
Supervenir.—V. Venir.
Suponer.—V. Poner.
Suscrito.—V. § 2.12.11.
Sustituir.—V. Constituir.
Sustraer.—V. Traer.

Temblar.—V. apart. [B] 1.º (§ 2.12.3).
Templar.—V. apart. [B] 1.º (§ 2.12.3).
Tender.—V. apart. [B] 2.º (§ 2.12.3).
Tener.—V. apart. [B] 2.º (§ 2.12.3), apart. [M] (§ 2.12.4, 2.º) y §§ 2.12.7, 2.12.9 y 2.12.10.
Tentar.—V. apart. [B] 1.º (§ 2.12.3).
Teñir.—V. apart. [A] (§ 2.12.3).
Torcer.—V. apart. [C] 2.º (§ 2.12.3).
Tostar.—V. apart. [C] 1.º (§ 2.12.3).
Traducir.—V. Aducir.
Traer.—V. apart. [R] (§ 2.12.5) y § 2.12.9.

Transcender.—V. Ascender.
Transcrito.—V. § 2.12.11.
Transferir.—V. Conferir.
Transfregar.—V. Fregar.
Transgredir.—V. § 2.12.13.
Translucir.—V. Lucir.
Transponer.—V. Poner.
Trascender.—V. Ascender.
Trascolar.—V. Colar.
Trascordarse.—V. apart. [C] 1.º (§ 2.12.3) y § 2.12.13.
Trascrito.—V. § 2.12.11.
Trasegar.—V. apart. [B] 1.º (§ 2.12.3).
Trasferir.—V. Conferir.
Trasfregar.—V. Fregar.
Traslucir.—V. Lucir.
Trasoír.—V. Oír.
Trasoñar.—V. Soñar.
Trasponer.—V. Poner.
Trastocar.—V. Trocar.
Trastrocar.—V. Trocar.
Trasverter.—V. Verter.
Trasvolar.—V. Volar.
Travestir.—V. Vestir.
Tribuir.—V. apart. [O] (§ 2.12.4, 2.º).
Trocar.—V. apart. [C] 1.º (§ 2.12.3).
Tronar.—V. apart. [C] 1.º (§ 2.12.3) y § 2.12.13.
Tropezar.—V. apart. [B] 1.º (§ 2.12.3).

Usucapir.—V. § 2.12.13.

Valer.—V. apart. [N] (§ 2.12.4, 2.º) y § 2.12.10.
Venir.—V. apart. [B] 3.º (§ 2.12.3), apart. [M] (§ 2.12.4, 2.º) y §§ 2.12.7, 2.12.9, 2.12.10 y 2.12.12.
Ventar.—V. apart. [B] 1.º (§ 2.12.3).
Ver.—V. §§ 2.12.6, 2.12.7, 2.12.9 y 2.12.11.
Verter.—V. apart. [B] 2.º (§ 2.12.3).
Vestir.—V. apart. [A] (§ 2.12.3).
Volar.—V. apart. [C] 1.º (§ 2.12.3).
Volcar.—V. apart. [C] 1.º (§ 2.12.3).
Volver.—V. apart. [C] 2.º (§ 2.12.3) y § 2.12.11.

Yacer.—V. apart. [H] (§ 2.12.4, 1.º), apart. [J] (§ 2.12.4, 2.º) y apartado [K] (§ 2.12.4, 2.º).
Yuxtaponer.—V. Poner.

Zaherir.—V. Herir.

2.13. DE LOS VERBOS VOCÁLICOS

2.13.1. De los verbos vocálicos. — De los doce tipos de verbos vocálicos que tiene la lengua española, son irregulares los en *-aer*, *-eír*, *-oír* y *-uir* y defectivos los en *-air* (aparts. [R], [A], [O] y [R], [O] y § 2.12.13, respectivamente, del capítulo anterior). Todos los restantes: en *-aar*, *-ear*, *-iar*, *-oar*, *-uar*, *-eer* y *-oer* [1] son regulares. Los terminados en *-iar* y *-uar* ofrecen problemas de delimitación silábica entre las dos vocales y existe alguna interferencia entre *-iar* y *-ear*. Dedicamos este capítulo a las dos cuestiones.

2.13.2. Verbos que terminan en -iar. — Según la acentuación de sus formas fuertes (todo el singular y la 3.ª persona de plural de los dos presentes y el singular del imperativo) los verbos en *-iar* se dividen en dos clases: los que acentúan prosódicamente la *-i-* como *amnistío* y los que acentúan prosódicamente la sílaba anterior como *angustio*. En el primer caso, el grupo *io* aparece fragmentado en dos sílabas, en el segundo forma un diptongo inacentuado. La primera clase de verbos es menos extensa que la segunda. Un reducido número de verbos vacila entre las dos acentuaciones. Examinamos a continuación unos y otros.

2.13.3. Tipo -ío. — Pertenecen a esta clase los verbos siguientes:

1.º Los verbos como *criar, liar, piar,* cualquiera que sea su origen o formación, y sus compuestos:

ciar;
criar, recriar, malcriar;
fiar, confiar, porfiar, desafiar, desconfiar;
guiar;
liar, aliar, desliar, reliar;
piar 'cantar de algunas aves'.

---

[1] *Roer* es regular e irregular (v. apart. [S] del § 2.12.5).

La misma acentuación y el mismo hiato se dan en latín en los verbos, tan escasos como los españoles, que se corresponden con el modelo anterior: lat. *pi-o* 'expiar', *pi-as*, *pi-at*, etc. como esp. *crí-o*, *crí-as*, *crí-a*, etc. Cuando los verbos españoles en *-iar* que proceden de verbos latinos o que se han formado según modelos latinos tienen por lo menos una sílaba más en el infinitivo, la correspondencia entre el latín y el español sigue manteniéndose en la mayor parte de los verbos en cuanto al acento: lat. *obvio*, esp. *obvio*, con *ob-* acentuado en los dos casos. Pero la distribución silábica es diferente: lat. *ob-vi-o* (trisílabo), esp. *ob-vio* (bisílabo) con diptongo en la última sílaba. Por eso, *ob-vio* no es una excepción a la ley acentual (v. § 2.10.5) según la cual los presentes latinos con formas esdrújulas pierden su condición de esdrújulos en español.

2.º Los derivados de sustantivos o adjetivos bisílabos en *-io*, *-ía*:

arriar 'inundar' (de *río*);
aviar, *desviar*, *enviar*, *extraviar*, *desaviar*, *reenviar* (de *vía*) [2];
desliar 'separar las heces del mosto' (de *lía*);
enfriar, *resfriar* (de *frío*);
expiar (del adj. *pío*) [3].

3.º Los derivados de nombres sustantivos de más de dos sílabas terminados en *-io*, *-ía*, cualquiera que sea su origen:

amnistiar (de *amnistía*);
averiar (de *avería*);
enlejiar (de *lejía*);
espiar (de *espía*);
estriar (de *estría*);
fotografiar, *litografiar*, *radiografiar*, etc. (de *fotografía*, *litografía*, *radiografía*) y por analogía otros de la misma composición: *telegrafiar*, *cablegrafiar*, etc.;
hastiar (de *hastío*);
vigiar (de *vigía*).

4.º Verbos derivados de nombres sustantivos, cualquiera que sea su origen, cuya última sílaba tiene una cima simple que es *i*, acentuada o no prosódicamente:

esquiar (de *esquí*);
extasiarse (de *éxtasis*).

---

[2] Los verbos latinos tardíos *desviare*, *inviare* pueden haber estado presentes en la formación, aunque es la palabra española *vía* la que impone su acento: *envío* (pero lat. *invio*), *desvío* (pero lat. *dévio*), lo que no deja de hacer de *vía* una base de derivación.

[3] Lat. *expiare* (v. nota anterior).

5.º El verbo *arriar* 'bajar velas de un buque' conserva el mismo acento y la misma organización silábica que *arrear* 'adornar' *(arrí-o, arre-o)*.

6.º Verbos cuya pertenencia al tipo *-io* no se explica, como en los apartados anteriores, por derivación:

descarriar;
chirriar[4];
rociar [5];
ataviar.

7.º Verbos que por su formación pertenecen al tipo siguiente: *contrariar* derivado de *contrario* como *sumariar* de *sumario,* pero se apartan de él por su acentuación: *contrarí-o* frente a *suma-rio* (v. § 2.13.4, 1.º):

contrariar (de *contrario*) [6];
variar (de *vario*) [7] y su compuesto *desvariar;*
ampliar (de lat. *ampliare*) [8];
inventariar (de *inventario*).

2.13.4. **Tipo -io.** — Pertenecen a este grupo:

1.º Verbos introducidos como cultismos en diferentes épocas, que son traslado de verbos latinos en *-iare* (estos verbos latinos, como su réplica española, tienen el acento prosódico de sus formas fuertes en la sílaba que antecede a la *-i-),* así: *excoriar* (lat. *excoriare*): esp. *excória,* lat. *excóriat; compendiar* (lat. *compendiare*), etc., y verbos derivados o compuestos de nombres sustantivos en *-ia, -ie, -io* y de adjetivos en *-io, -ia,* como *sentenciar* (de *sentencia*), *seriar* (de *serie*), *refugiar* (de *refugio*), *entibiar* (de *tibio*) o compuestos de otros verbos en *-iar,* así *desagraviar* (de *agraviar*). Los verbos derivados de nombres españoles o compuestos con verbos españoles son muchos más en número que

---

[4] Probablemente por influencia del acento de *chirrido,* que es forma analógica de *rugido, mugido,* etc.
[5] *Rocío* parece derivarse de *rociar,* y no al revés.
[6] Algunos ejemplos muestran diptongo, no hiato, en las formas débiles: *contra-ria-do.* Como, por otra parte, casi todos los pasajes literarios del período anteclásico presentan el verbo *contrallar,* podemos pensar que el grupo *-io, -ia, -ie* de las formas fuertes fuera monosilábico en un principio.
[7] Es muy probable que *variar* sea continuación del lat. *variare,* más que derivado del adjetivo *vario.*
[8] *Amplio* se deriva de *ampliar,* pero con el acento del ant. *amplo,* anterior a *amplio* cronológicamente.

los tomados directamente del latín [9]. A continuación recogemos los de mayor uso, ordenados alfabéticamente por la consonante o grupo inicial de consonantes que precede a la *-i-*:

abreviar, agraviar, aliviar, cambiar, desagraviar, diluviar, enlabiar, enrubiar, enturbiar, obviar, rabiar, resabiarse;

abrenunciar, acariciar, acuciar, agenciar, agraciar, ajusticiar, anunciar, apreciar, arreciar, asociar, auspiciar, beneficiar, circunstanciar, codiciar, comerciar, conferenciar, congraciar, denunciar, depreciar, desahuciar [10], *desgraciar, desperdiciar, despreciar, diferenciar, diligenciar, disociar, distanciar, divorciar, engraciar, enjuiciar, enranciar, ensuciar, enunciar, enviciar, espaciar, evidenciar, iniciar, licenciar, maleficiar, maliciar, menospreciar, negociar, noticiar, oficiar, potenciar, preciar, presenciar, pronunciar, propiciar, ranciar, renunciar, residenciar, reverenciar, saciar, sentenciar, silenciar, substanciar (o sustanciar), terciar, viciar;*

asediar, comediar, compendiar, custodiar, demediar, entremediar, envidiar, estudiar, fastidiar, incendiar, incordiar, intermediar, insidiar, irradiar, mediar, odiar, parodiar, promediar, radiar, remediar, salmodiar;

atrofiar, hipertrofiarse;

arpegiar, colegiarse, contagiar, desprestigiar, elogiar, plagiar, presagiar, prestigiar, privilegiar, refugiar;

exiliar, expoliar (o espoliar), foliar;

agremiar, apremiar, encomiar, premiar, vendimiar;

calumniar, congeniar, endemoniar, ingeniar, matrimoniar, miniar, testimoniar;

acopiar, apropiar, columpiar, copiar, expropiar, limpiar, principiar, repropiarse, tapiar;

obsequiar;

asalariar, endemoniarse, excoriar (o escoriar), feriar, injuriar, seriar, sumariar, vanagloriar;

anestesiar, asfixiar;

angustiar, enmustiar, mustiarse, sitiar;

industriar.

2.º Verbos que pertenecen al tipo *-io*, pero con formación diferente de los del apartado anterior:

---

[9] De casi todos los primeros existe un verbo latino correlativo del español y de casi todos los segundos existe un nombre sustantivo que es derivado suyo. Así, lat. *anxiare* en el primer caso, junto a *ansiar* derivado de *ansia; alivio* derivado del esp. *aliviar,* procedente a su vez del lat. *alleviare.* Pero la cronología es difícil de establecer en algunos casos y por eso prescindimos de señalar la procedencia de cada verbo en *-iar.*

[10] Compuesto del antiguo *ahuziar,* compuesto y derivado del ant. *huzia* < lat. *fiducia* 'confianza'.

agobiar;
desquiciar [11];
empapuciar;
escanciar;
escariarse;
lidiar [12];
lisiar [13];
rumiar [14].

2.13.5. Verbos que vacilan entre la acentuación -ío y la acentuación -io. — Casi todos ellos proceden de una base española de derivación nominal (como la mayor parte de los recogidos en los §§ 2.13.3, 7.º y 2.13.4, 1.º): así *conciliar* (de *concilio*), *historiar* (de *historia*), etc. Los ordenamos alfabéticamente a continuación y señalamos las excepciones [15]:

afiliar (no anterior al s. xix, compuesto de *filiar* o derivado del lat. *filius*, como el mismo *filiar*). *Afilio* es la acentuación más corriente.

agriar (de un supuesto verbo latino-vulgar **acriare;* el adjetivo *agrio* procede de *agriar*, según lo más probable). Hoy es más frecuente *agrío* que *agrio*.

ansiar. La acentuación *ansío* es más corriente que *ansio* [16].

auxiliar. La acentuación *auxilio* es rara.

cariar. Verbo muy moderno de poco uso, defectivo de persona. La forma *carí-a* es la recomendada por Cuervo.

conciliar y su compuesto *reconciliar*. Más frecuentes *concilio* y *reconcilio*.

filiar (de lat. *filius*). Más usado *filio*, como *afilio*.

expatriar y *repatriar*. Se emplean más las formas en *-ío*.

gloriarse. En contraste con *vanagloriarse* (v. § 2.13.4, 1.º), se emplea más *glorío* que *glorio*.

---

[11] De un supuesto verbo latino. *Quicio* se deriva del verbo y no al revés.

[12] Procede por desarrollo fonético del lat. *lītĭgare*, con la conservación en las formas fuertes del acento prosódico en la *-i-*: *lídio* < lat. *lītĭgo* /lítigo/, en contraste con la variante culta *litigo*, que demora el acento según el principio sobre la acentuación de los presentes que hemos examinado en el § 2.10.5.

[13] Acaso del nominativo latino *laesio* (*-ōnis*) con su acento: *li-sio*, como el verbo *desperdiciar* del apartado anterior, procedente de un nominativo latino *disperditio* (*-ōnis*), no bien asegurado.

[14] Del lat. *rūmĭgare*, como *lidiar* de *lītĭgare* (nota 12).

[15] No recogemos los verbos cuya acentuación anómala se halla limitada a algunos territorios y está además tachada de incorrecta, como: *chi-rria, descon-fio, escanci-a, espaci-o, exta-sio, ro-cio, rumi-o, saci-o, siti-o,* etc.

[16] Cuervo encuentra siete pasajes de *an-sio* frente a seis de *ansi-o*, a pesar de tratarse de un verbo muy reciente, no anterior al siglo xviii, lo mismo que *agriar*. Robles Dégano se fija en la organización de las formas débiles, como *ansiaba, ansiando, ansiado,* y encuentra 104 pasajes con diptongo y ninguno sin diptongo, lo que es favorable a la acentuación *an-sio*.

historiar. Historio e *historío.*
paliar. Palio o *palío.*
vaciar. Está muy extendido *vacio,* sobre todo en el habla popular. En
la lengua literaria lo más general es *vacío* [17].
vidriar. Lo más usado es *vidrío.*
zurriar 'zumbar'. Suele darse preferencia a *zurrío* [18].

2.13.6. Resumen. — Como hemos visto, la sílaba acentuada en
las formas fuertes de los verbos en *-iar* coincide, en la mayor parte de
los casos, con la de la base del verbo o con la del verbo latino que este
reproduce. Cuando no es así, la asimetría surge casi sin excepción por
retrasarse el acento hasta la sílaba *-i-,* en virtud de causas no del todo
conocidas. Los verbos en *-ear,* que acentúan siempre la *-e-* en las formas
fuertes, pueden haber influido analógicamente en la dilación acentual
de los verbos en *-iar* cuando esta dilación se produce. Como origen de
un verbo en *-iar* del tipo *-io* se encuentra incluso a veces un verbo en
-ear (para *arreo > arrío,* v. § 2.13.3, 5.º). Es posible también que en
determinadas épocas los verbos franceses en *-ier,* que acentúan siempre la *-i-* en las formas fuertes, basten para explicar el fenómeno: fr. *con-
trari(e) >* esp. *contraría, histori(e) > historia, expatri(e) > expatría,*
etcétera. La anticipación del acento ocurre solo en el verbo *vaciar*
(v. nota 17 y texto correspondiente), acaso por la atracción que ha
ejercido sobre él la gran masa de verbos en *-ciar* que diptongan en
su totalidad (v. § 2.13.4, 1.º). En resumen, el número de verbos en
-iar que diptongan es muy superior al de los verbos en *-iar* que emplean el hiato (§ 2.13.2).
    Pero donde se da mayor afinidad es entre los verbos en *-iar* del
tipo *-io* y los verbos en *-ear,* verbos que en el habla popular de algunos
territorios, especialmente americanos, han llegado a una fusión más
o menos completa de sus formas silábicas y acentuales. En el gau-
chesco de Argentina, por ejemplo, un verbo como *ladear* conserva su
estructura tradicional en las formas fuertes, con acento prosódico
en *e* y separación silábica entre las dos vocales: *ladeo* /ladé-o/, *ladea,
ladean,* pero sus formas débiles son como las de un verbo en *-iar* del
grupo *-io: ladiamos* /la-diá-mos/, *ladiara, ladiar,* etc. (lo mismo que
lidiamos, lidiara, lidiar). Inversamente, el verbo *lidiar* conserva la
estructura tradicional en sus formas débiles: *lidiamos* /li-diá-mos/,
lidiara, lidiar, etc., pero sus formas fuertes son como las de un verbo
en *-ear: lideo* /lidé-o/, *lidea, lidean* (como *ladeo, ladea, ladean*), etc., con
lo que los dos paradigmas, acentual y silábicamente, resultan iguales.

---

[17] El adjetivo, en cambio, ha tenido siempre como predominante la
acentuación etimológica: *vací-o* (lat. *vacĭvus*).
[18] Voz de origen onomatopéyico. La acentuación *zurrí-o* parece sugerida
por el acento en la *-i-* de *zurrído* (v. nota 4).

2.13.7.   **Verbos en -uar.** — Los verbos terminados en *-uar* se dividen también en dos grupos: *-úo* y *-uo*, pero en contraste con los verbos en *-iar*, su pertenencia a uno u otro grupo no depende del acento de la base. *Perpetuar, individuar, atenuar*, por ejemplo, se derivan de *perpetuo, individuo, tenue*, pero sus formas fuertes no son *perpetuo, individuo, atenuo*, sino *perpetúo, individúo, atenúo* [19]. Su clasificación se hace más bien según la consonante que precede a la *u:* si es *c* o *g* pertenecen al grupo *-uo*. Así tenemos *apropincuo, averiguo*, pero *gradúo, insinúo, valúo, usufructúo*, etc. Ocasionalmente se produce alguna vacilación: *licúo* (a pesar del lat. *liquo*), *promiscúo* (a pesar del adjetivo *promiscuo*). *Puar* y *ruar* representan un tipo morfológico análogo al de *fiar* y *guiar* (v. § 2.13.3, 1.°) y son los únicos verbos en *-uar* que pertenecen, por razones de derivación *(púa* y *rúa)*, al tipo *-úo*.

---

[19]   Ni siquiera *desvirtúo* debe su acento a *virtud*, que no es su base de derivación. El modelo *desvirtuar* debió formarse con arreglo a la siguiente fórmula: *actual : actuar :: virtual : (des)virtuar*.

2.14. DEL TRATAMIENTO

2.14.1. Del tratamiento y de los cambios de persona. — *a*) Como hemos tenido ocasión de ver, tres categorías de palabras: el verbo, el pronombre personal y el posesivo, realizan por igual, mediante morfemas especiales, la clase de función deíctica que consiste en señalar el que habla a los protagonistas, activos o pasivos, del diálogo: a sí mismo, al destinatario de su palabra y al que no lo es (v. §§ 2.5.2*a*, 2.5.7*b* y 2.10.2*a*). Hemos distinguido, por ese orden, tres clases de morfemas, llamados de 1.ª, de 2.ª y de 3.ª persona. Los morfemas de persona aparecen agrupados con morfemas de número singular *(lo)* y plural *(lo-s)* o amalgamados con ellos de modo indisoluble *(ama-mos)*. A cada uno de los miembros que componen los paradigmas del verbo, del pronombre personal y del posesivo se les da, según esto, simétricamente la denominación de 1.ª persona de singular, 1.ª persona de plural[1], 2.ª persona de singular, etc. Con todos los miembros de una misma persona de estos paradigmas pueden formarse paradigmas de persona.

b) Los fenómenos de cambio y sustitución de personas gramaticales no presentan siempre el mismo carácter. En unos casos, se trata de usos ocasionales, determinados por intenciones expresivas o hábitos estilísticos. Así, por ejemplo, el empleo de una 3.ª persona de singular por la 1.ª: *Un servidor no lo sabe* (= *Yo no lo sé*), o el uso de un plural por un singular: *Decíamos ayer* (= *Yo decía ayer*), o las dos cosas a la vez: *¿Cómo estamos?* (= *¿Cómo estás?*), fórmulas que encontramos ya, con otras semejantes, en griego y latín clásicos[2]. Llegan, en cambio, a generalizarse en el uso y logran una mayor gramaticalización, algunas veces alterando los morfemas pronominales, las que empiezan a crearse desde época más reciente para designar a determinados destinatarios con especial cortesía, respeto, acatamiento o reverencia. A estas diferencias y a la variedad de sistemas que ellas suponen alude el término de t r a t a m i e n t o, en su acepción más restringida y gramatical, con que se las designa.

---

[1] Con la 1.ª persona de plural señala el que habla a sí mismo y por lo menos a otra persona más.
[2] De estos variados usos trata la tercera parte de este *Esbozo*.

c) No tendría sentido, por consiguiente, hablar de tratamiento si nos refiriésemos a lenguas que, como el latín y el griego clásicos, poseían exclusivamente para designar al interlocutor las formas heredadas, o como el inglés moderno, que a pesar de haber alterado el paradigma original, suplió la pérdida del singular con el plural del pronombre *(you)* [3]. La duplicidad de sistemas para designar un solo destinatario surge tardíamente en Roma, hacia el siglo III d. de J. C., con la adopción del plural *vos*, como forma especial de respeto, en contraste con el singular *tu*. Este *vos* pasó a las lenguas romances con vario destino. Se conservó hasta hoy en francés, como forma de uso más extendido que *tu*, y en italiano, junto a otras formas modernas de tratamiento. Acabó desapareciendo de la lengua común en el español peninsular y de Canarias y en portugués (también en alemán) [4]. Más reciente todavía es la transposición de la 3.ª persona para desempeñar la función de la 2.ª, con diferentes soluciones. En alemán y otras lenguas germánicas se emplea el plural del verbo y el pronombre correspondiente tanto para uno como para varios interlocutores. El italiano adopta el singular [5] del verbo y el pronombre singular femenino *(lei)* para un solo interlocutor, y el plural del verbo y el del pronombre *(loro*, no diferenciado genéricamente) para varios interlocutores. El español distingue también, como el italiano, singular y plural, pero los asocia no a los pronombres heredados, sino a frases nominales en que entran nombres de dignidad, título, preeminencia, virtud, etc. El portugués funciona aproximadamente en este punto como el español.

2.14.2. «**Tú-vosotros**». — *a)* Desarrollamos a continuación el paradigma tradicional de 2.ª persona. La diferencia entre singular y plural, en el pronombre posesivo, por la que se distingue un solo destinatario de varios destinatarios, se refiere exclusivamente, como es lógico, al morfema de persona, y no al morfema de número propio de la categoría adjetiva del posesivo (v. § 2.5.7*b*).

	Singular	Plural
Verbo	*amas, amabas, amaste* ...	*amáis, amabais, amasteis* ...

---

[3] Cabe hablar de «tratamiento» en sentido lato, con perspectiva histórica, en estos casos de reducción de un paradigma o en el caso contrario de fusión de varios paradigmas en uno, como ocurre con el voseo rioplatense.

[4] El uso del plural es extraño a la Antigüedad. Se generaliza, en cambio, en otras lenguas modernas de Europa y de fuera de Europa del tronco indoeuropeo.

[5] En la difusión y auge de la 3.ª persona en Italia durante el siglo XVI influyó poderosamente el uso español.

12

	Singular	Plural
Pronombre personal:		
Nominativo	*tú*	*vosotros, vosotras* [6]
Dativo y acusativo	*te*	*os*
Caso preposicional	*ti, contigo*	*vosotros, vosotras*
Pronombre posesivo	*tu, tuyo, tuya, tuyos, tuyas*	*vuestro, vuestra, vuestros, vuestras*
Pronombre reflexivo	(todas las formas anteriores, menos *tú*)	(todas las formas anteriores)

b) Este paradigma de tratamiento se ha mantenido en España hasta hoy desde los orígenes de la lengua, con alguna alteración en reducidas zonas. El nominativo *vosotros, vosotras* es sustituido por *ustedes* en Andalucía occidental, especialmente en el uso hablado: *¿Ustedes habéis visto lo que pasa aquí?* (Muñoz Seca, *El roble de la Jarosa,* III). Se atenúa el tono vulgar de la combinación con el empleo de la 3.ª persona verbal: *¿Ustedes saben...?*, corriente en ese mismo territorio y en Canarias en sustitución de *vosotros sabéis,* lo que da origen a un paradigma mixto, con formas originarias de 2.ª persona para un solo interlocutor *(tú amas)* y formas originarias de 3.ª persona para varios interlocutores *(ustedes aman).* Los pronombres plurales han desaparecido en la Andalucía occidental, Canarias y en toda el área americana de habla española, no solo de aquellos territorios donde se practica el voseo (v. § 2.14.7).

c) Una ley constante, en el uso de *tú,* es que todos los tratamientos de cortesía y de respeto impuestos por consideraciones o exigencias sociales desaparecen con ellas. En la lengua literaria, los entes irreales, los espíritus, las divinidades gentiles reciben en general el *tú.* Así habla el barbero a Don Quijote con voz temerosa, todo cuanto la supo formar: *¡Oh caballero de la Triste Figura! No te dé afincamiento la prisión en que vas* (*Quijote,* I, 46). La muerte suprime también los tratamientos corteses. Así habla Sancho a Don Quijote, al que trata siempre de *vuestra merced,* cuando le cree muerto: *¡Oh flor de la caballería, que con solo un garrotazo acabaste la carrera de tus tan bien gastados años! (Ibíd.,* 52). Las cosas, presentes o ausentes, en la invocación son tratadas de *tú: ¡Castilla, tus decrépitas ciudades!* (A. Machado); *¡Tú, tú, tú, mi incesante Primavera profunda!* (Jorge Guillén). El enojo y toda alteración violenta, las maldiciones, suprimen también

---

[6] Es posible que la fijación del compuesto *vos-otros, vos-otras* haya sido favorecida por la tendencia de la lengua a evitar la neutralización entre *vos* (forma de cortesía para un solo interlocutor) y *vos* (plural de *tú* para varios interlocutores). El compuesto *nos-otros, nos-otras* sería entonces resultado de la analogía.

el tratamiento cortés; así, el Conde de Albrit, desafiando al Prior, al que ha tratado hasta este momento de *usted: Abusas, tú, Prior, de la desigualdad de nuestras fuerzas* (Galdós, *El abuelo*, jorn. IV, pág. 267). Lo mismo don Juan Tenorio a don Gonzalo, al que ha tratado de *vos: Que no sé cómo he tenido | calma para haberte oído | sin asentarte la mano* (Zorrilla, *Don Juan Tenorio*). Lázaro al Clérigo, al que se ha dirigido siempre de *vos: ¡Tal te la dé Dios!*

2.14.3. «Vos». — *a)* Trazamos a continuación el paradigma de *vos* para un solo destinatario. Escribimos el dativo y el acusativo tal como empezó a generalizarse a partir del siglo XVI *(os,* no *vos)* y tal como aparece hoy escrito en obras modernas, en los pocos casos en que se emplea todavía como forma literaria. Este paradigma solo se diferencia del anterior (del que se deriva) en el nominativo y en el caso preposicional [7].

Singular

Verbo	(un solo destinatario)
	amáis, amabais, amasteis ...

Pronombre personal:
Nominativo	*vos*
Dativo y acusativo	*os*
Caso preposicional	*vos*

Pronombre reflexivo	(como los anteriores)
Pronombre posesivo	*vuestro, vuestra, vuestros, vuestras*
Pronombre posesivo reflexivo	(como los anteriores)

Este tratamiento es ya usual y frecuente en los primeros textos literarios castellanos. La forma *vos* de este paradigma se registra 261 veces en el *Cantar de Mio Cid;* la forma *vos* con valor de plural, paradigma «*tú-vos(otros)*» (§ 2.14.2*a*), 114 veces; solo 10 veces la forma *tú*. Sin duda, la alta condición de los personajes del *Cantar* basta para explicar esta desproporción numérica entre el uso de *vos* reverencial y el uso de *tú* y *vos(otros)* del mencionado paradigma. Pero en una obra de carácter tan diferente como el *Libro de Buen Amor,* por el que desfilan personajes de toda clase y condición, aunque predomina *tú, vos* es muy abundante.

b) El avance del tratamiento con 3.ª⁵ personas y la expansión de *vuestra merced* y sus variantes a partir del siglo XVI, casi equiparó el *tú* y el *vos* para el trato de confianza. En España y gran parte de

---

[7] Véase, sin embargo, la nota siguiente.

América se impuso el *tú*, dejando fuera de curso el *vos* y las 2.ᵃˢ personas gramaticales de plural para un solo interlocutor. De su prestigio quedó un eco literario que aún perdura, no solo en obras de acción retrospectiva, sino en muchas cuya acción se finge ocurrida en nuestros días, como en *Mrs. Caldwell habla con su hijo*, de C. J. Cela (pág. 112): *Las mujeres, entre las que quiero incluiros* (la persona a la que se dirigen estas palabras tan poco halagadoras es Mrs. Caldwell). No deja tampoco de emplearse este tratamiento en algunos actos solemnes. En 1883, contestando un discurso de ingreso, decía Castelar: *Creedlo, amado compañero*. La desaparición de *vos*, como forma coloquial, quedó consumada probablemente hacia fines del siglo XVIII, con la excepción de algunas zonas dialectales del leonés [8]. En la provincia cubana de Camagüey parece haberse conservado hasta hace poco el tratamiento de *vos* en su forma más pura.

2.14.4.   **Tratamiento de tercera persona.** — A diferencia de lo que ocurre en los paradigmas anteriores de 2.ᵃ persona, en el llamado de 3.ᵃ (v. § 2.14.5) no funciona como sujeto ni como caso preposicional [9] el nominativo del pronombre de 3.ᵃ persona heredado: *él, ella, ellos, ellas* [10]. En su lugar, se emplea una variada serie de frases nominales que podemos reducir a tres tipos.

1.º   La frase tiene un nombre sustantivo de persona como núcleo: *Sepa el buen Antonio que yo le quiero mucho* (Cervantes, *Persiles*, I, 5); *Ruego al señor licenciado me diga qué es la causa que le ha traído por estas partes* (Íd., *Quijote*, I, 29). El nombre sustantivo de persona puede ser, como vemos, propio o apelativo. A su vez, el apelativo puede tener carácter más bien genérico (*señor, señora, amigo, paisano,* etc.) o designar más específicamente una profesión, cargo, título, gradación (*doctor, juez, duque, general,* etc.). Con los nombres de persona, propios y apelativos, se combinan como atributos, en diferente proporción, artículos, demostrativos *(este)*, pronombres posesivos de 1.ᵃ persona, nombres adjetivos y determinados títulos genéricos: *don, doña, señor, hermano, fray,* etc., formando grupos variados de dos, tres o más miembros: *La señorita quiere que el señorito vaya a buscar a don Ba-*

---

[8] Es curioso el hecho de que en el asturiano de Felechosa se dice *facelo* (= *facedlo*) *vosotros*, fórmula en la que *vosotros* puede designar a varios interlocutores, pero también a uno solo, varón o hembra. Es decir, en Felechosa, *vosotros* equivale a *vos*.

[9] V. § 2.5.2c.

[10] Existen pequeñas zonas dialectales en la Península del uso de *él, ella* ... como forma regular de tratamiento respetuoso. Se encuentra también en judeoespañol. Durante los siglos XVI y XVII sobre todo, no es infrecuente el caso preposicional con *él, ella*... que trata de evitar la repetición de la fórmula nominal que funciona como pronombre: —*Señor, ¿quiere vuestra merced darme licencia que departa un poco con él?* (Cervantes, *Quijote*, I, 21).

silio (el *señorito* es el interpelado) (Clarín, *Su único hijo*, X); —*Si don Juan Bautista rehúsa* [...] —*¡No rehúso!* (Valle-Inclán, *Baza de espadas*, III, 9); —*¿El padrino trae maquinada alguna industria?* (Íd., *Viva mi dueño*, III, 12); —*El señor Barón me permitirá que le pregunte el dictamen emitido por los forenses* (*Ibíd.*, V, 23); —*¿Acaso mi General tomó parte en la noche aciaga?* (E. Rivera, *La vorágine*, 245); —*Calle el tunante o le mato* (González del Castillo, *El café de Cádiz*); —*¿En qué piensa mi señora la Marquesa?* (J. y S. Álvarez Quintero, *El genio alegre*, I).

2.º El sustantivo de la fórmula es un nombre abstracto femenino heredado del latín en la mayor parte de los casos, que designa virtud, cualidad o facultad positiva de las personas: *alteza, beatitud, bondad, caridad, celsitud, eminencia, excelencia, gracia, grandeza, magnificencia, majestad, merced, nobleza, paternidad, prudencia, reverencia, santidad, serenidad, señoría*. Con este nombre, en singular o en plural, se alude de una manera indirecta al destinatario o a los destinatarios del discurso como a las personas a quienes se atribuye dicha cualidad [11]. Pero la referencia gramatical a la 2.ª persona del discurso la realiza propiamente el pronombre posesivo que se asocia siempre en esta fórmula al sustantivo abstracto: *vuestra majestad = la majestad de vos* [12] y sin el cual no existiría tratamiento. Como en el grupo anterior, a la frase nominal se incorporan a veces artículos determinados o adjetivos frecuentemente en grado superlativo que acaban funcionando como nombres abstractos: *vuestra real magestad* (Juan del Encina, *Cancionero*. Prohemio); *vuestra real ecelencia* [...]; *vuestra muy alta*

---

[11] El que habla intenta identificar hiperbólicamente la persona de su destinatario y la virtud que le atribuye. En *Este joven es una eminencia*, los dos conceptos están disociados, no así en la fórmula *vuestra eminencia*. No debe sorprendernos, por lo tanto, que el nombre abstracto imponga a veces su género femenino a toda palabra dotada de morfemas de género que alude a él dentro de la misma frase, tanto si el destinatario es mujer como si es varón, lo que ocurre sobre todo en los comienzos de este tratamiento: *Las gracias que Vuestra Señoría Ilustrísima me da por el cuidado que tengo de avisarla* (Juan de Valdés al cardenal Gonzaga, 1535). Pero pronto se consuma la identificación y el grupo entero *vuestra señoría*, o *vuestra majestad* o *vuestra merced*, etc., en virtud de una especie de paradoja gramatical, funciona lo mismo que un nombre común.

[12] Estas fórmulas con *vuestro, vuestra, vuestros, vuestras* presuponen, por consiguiente, el tratamiento de *vos*. El empleo del posesivo *tú* en estas fórmulas, muy raro siempre en español, se basa a su vez en el tratamiento tradicional con *tú*: —*¿Quién viene contigo, señor Menenno?* —*Talega, criado de tu merced* (Timoneda, *Menemnos*, IV). De modo semejante, la creciente sustitución de *vuestro* ... por *su* desde el siglo XVI hasta nuestros días está basada en el tratamiento con 3.ª persona, como lo prueba este pasaje de Cervantes (*Quijote*, II, 7): *Ea, señor don Quijote mío, hermoso y bravo, antes hoy que mañana se ponga vuesa merced y su grandeza en camino* (es decir: *la grandeza de vuesa merced*). La gradual sustitución, por ejemplo, de *vuestra señoría* por *su señoría*, operada en los usos parlamentarios, puede seguirse paso a paso en las Actas de las Sesiones de Cortes.

señoría (*Ibíd.*, dirigiéndose al príncipe don Juan); *vuestra magnificencia* (Santillana, dirigiéndose al condestable de Portugal); *vuestra señoría reverendísima* (Juan de Valdés, en su correspondencia con el cardenal Gonzaga); *no se olvide Vuestra reverendísima* [...]; *ya supliqué a Vuestra paternidad reverendísima* (Góngora, *Epistolario*, cartas a fray Hortensio Paravicino), etc.

3.º De todas estas denominaciones, usadas al principio con alguna indiscriminación [13], las más fueron especializándose hasta quedar vinculadas a determinados personajes de alta condición, a veces a un reducido número de ellos o a personajes únicos *(santidad, majestad, alteza)*. El tratamiento *vuestra merced* o *vuessa merced* logró, en cambio, gran difusión [14] convirtiendo a *vos* en fórmula no respetuosa [15], y lo recibieron, o se lo arrogaron, todos aquellos que no estaban en posesión de títulos nobiliarios, cargos o preeminencias. La frecuencia de su uso [16] explica tal vez la reducción de *vuestra merced* a *usted* [17]. Reducción análoga es la de *vuestra excelencia* > *vuecencia* y *vuestra señoría* > *usía*. Se diferencian, sin embargo, de *usted* en que van desapareciendo cada vez más de la lengua hablada. Por otra parte, *tú/vosotros (voso-*

---

[13] Ya vimos arriba, cómo en 1496 Juan del Encina emplea tres denominaciones para dirigirse al príncipe don Juan, además de *vuestra alteza*, que fue el tratamiento aplicado en adelante cada vez de modo más exclusivo a príncipes e infantes. La etiqueta llegó a ser tan rigurosa que don Juan de Austria, por su condición de bastardo, fue tratado oficialmente de *Excelencia*.

[14] De la fuerza avasalladora del nuevo estilo de tratamiento, llega a tener conciencia Lope de Rueda, que pone en boca de un personaje la siguiente parrafada burlesca: *Querría suplicar a vuesa merced que vuesa merced me hiciese merced de me hacer merced — pues estas mercedes se juntan con esotras mercedes que vuesa merced suele hacer — me hiciese merced de prestarme dos reales* (*El Deleitoso*, mediados del siglo XVI). Dos generaciones separan a Lope de Rueda, nacido en los primeros años del XVI, de Juan del Encina y de Lucas Fernández, nacidos hacia 1470, en cuyas obras dramáticas, con personajes de no diferente condición social que los de Lope de Rueda, no se encuentra ni rastro de *vuestra merced*.

[15] El tratamiento de *vuestra merced* fue desde el principio más cortés y respetuoso que el *vos*. Lázaro se dirige al lector con *vuestra merced*, y también al escudero y al alguacil, al paso que trata de *vos* al ciego y al calderero. Todos estos personajes tratan a Lázaro de *tú*. *A los más altos como yo no les han de tratar menos de: Beso las manos de vuestra merced*, dice el escudero a Lázaro (*Vida de Lazarillo de Tormes*, 1554).

[16] La inclusión de la fórmula en el contexto de la frase era inexcusable si se quería deshacer la ambigüedad procedente de emplear las mismas desinencias verbales para aludir a la 3.ª y a la 2.ª persona del discurso. Todavía hoy es mucho más frecuente el empleo de *usted* que su omisión. En 50 páginas de *Los últimos románticos* de Baroja, un escrito tan atenido a los usos hablados, se cuentan 72 apariciones de *usted(es)* como sujeto, frente a un solo caso en que se omite. Parece haberse observado que la omisión es mucho más frecuente en América.

[17] Hoy es general la pronunciación *usté*, frente al plural *ustedes*. Se dice *vusté* en algunos territorios de Colombia, Ecuador y Venezuela. El mismo proceso de reducción presenta el cat. *vostè* y el port. *vocè*.

tras) y *usted/ustedes* son las dos únicas formas de tratamiento general en España. *Usted/ustedes*, mucho más lexicalizado que *vuecencia* y *usía* (que conviven todavía con las formas no reducidas *vuestra excelencia*, *vuestra señoría*) y privado como los pronombres personales tradicionales de una plena función de vocativo (frente a ¡*excelencia!*, ¡*señoría!*) y con morfemas de número como los pronombres tradicionales (en contraste con *vuecencia* y *usía; usías* es plural del sustantivo *usía*), debe ser considerado como un pronombre, sin otras formas propias, es cierto, que el nominativo y el caso preposicional.

2.14.5. «Usted-ustedes». — Desarrollamos a continuación el paradigma de tratamiento de 3.ª persona, adoptando para el nominativo y el caso preposicional la forma que es hoy más frecuente y regular. El lector puede sustituirla por cualquiera de las fórmulas a las que hemos pasado revista en el párrafo anterior.

	Singular	Plural
Verbo	*ama, amó, ha amado...*	*aman, amaron, han amado ...*
Pronombre personal:		
Nominativo	*usted*	*ustedes*
Dativo	m. *le, se* f. *le (la), se*	m. *les, se* f. *les (las), se*
Acusativo	m. *lo, le* f. *la*	m. *los, les* f. *las*
Caso preposicional	*usted*	*ustedes*
Pronombre posesivo	*su, suyo, suya* *sus, suyos, suyas*	*su, suyo, suya* *sus, suyos, suyas*
Pronombre reflexivo	*se* prep. + *sí* (además todos los anteriores, menos nominativo, dativo y acusativo)	*se* prep. + *sí* (además todos los anteriores, menos nominativo, dativo y acusativo)

2.14.6. «Tú» y «usted». — En el trato personal, el *tú* es la forma en que se expresa la intimidad, el amor y la ternura. Por eso a todos los niños, y a veces a los adolescentes [18], los mayores los tratan de *tú*. Sin

___

[18] *Pues mira, hijito... y perdóname que te apee el tratamiento; pero no sé decirle de usted a la gente joven* (S. y J. Álvarez Quintero, *Puebla de las mujeres*). En cambio, Miró (*Libro de Sigüenza*) refiere: *Entré a los ocho años en Santo Domingo y me pasmaba tanto «usted» y tanto «señor» en boca de aquellos sabios*

ir necesariamente asociado a estos sentimientos, el tratamiento de *tú* tiene un extenso uso en español. Es el lenguaje no solamente de la amistad y de la familia, sino también de la camaradería y se extiende a muchas situaciones en que se arrostran y conllevan idénticos riesgos, trabajos y afanes (universidades, cuarteles, centros fabriles, etc.). Hay, por otra parte, un *tú* popular, que rebasa estos límites, pero también un *tú* aristocrático y de buen tono. El tratamiento con *usted*, una pieza importante todavía en la vida de relación española, ha sufrido algunos retrocesos en lo que va de siglo. Lo ha desalojado en ocasiones, por ejemplo, un *tú* de matiz político. Los jóvenes de sexo diferente hoy se tutean con mucha más holgura que hace medio siglo, en todos las ocasiones, más o menos pasajeras, que se presenten. Las mujeres sin íntima amistad se tutean y se han tuteado siempre con más facilidad que los hombres. Se ha atenuado bastante la costumbre antigua de que el niño y el adolescente y hasta el hombre maduro hablen a sus padres y abuelos de *usted*, costumbre que hoy subsiste de manera parcial, aunque probablemente solo en el campo y en sectores del mundo obrero en la ciudad. Como contrapartida, tiende a suprimirse el hábito arraigado de tratar de *tú* (sin reciprocidad) a los sirvientes domésticos y a cualquier persona que presta un servicio manual (camareros, peluqueros, etc.). El *tú* es solo recíproco cuando las ayas o sirvientes han conocido a sus señores desde que eran pequeños.

Las diferencias señaladas se atenúan o desaparecen tan pronto como el trato deja de ser personal, es decir, cuando el que habla o escribe se dirige al lector, al oyente o al público en general. Algunas de las instrucciones que el «Metro» de Madrid dedica a los viajeros, por ejemplo, han pasado del *tú* al *usted* en pocos años, precisamente en una época de auge del *tú: En beneficio de todos entrad y salid rápidamente* reza ahora: *Entren y salgan*... La Comisaría de Tráfico, que regula la circulación, dice unas veces: *¡Por favor, sea prudente y conduzca con prudencia!*, y otras veces: *Peatón, la acera es tuya*, sin que sea necesario pensar en un plus de cortesía a favor del conductor.

2.14.7. **Voseo.** — *a*) Según hemos visto (§ 2.14.3*b*), el *vos* fue desplazado del trato respetuoso por *vuestra merced* > *usted*, compitió con el *tú* como tratamiento de confianza y en España fue desalojado por él. Pero en gran parte de América formó con el *tú* tradicional un solo paradigma para un solo destinatario, paradigma al que se agregaron las formas de tratamiento de 3.ª persona para varios destinatarios. Ocurrió, pues, un hecho insólito: la fusión de los tres paradigmas españoles, que durante dos o más siglos (XVI y XVII) habían convivido

---

sacerdotes gravísimos [...] *cuando en mi casa me tuteaban las criadas.* El hecho podemos situarlo en el último decenio del siglo XIX, pero es costumbre que acaso perdura en algunos colegios.

en la Península, en un solo paradigma de persona, verbal y pronominal, con lo que hasta cierto punto dejó de existir lo que, en su acepción más rigurosa, hemos definido como tratamiento (v. § 2.14.1b y nota 3). Desarrollamos a continuación el paradigma más frecuente de *voseo:*

	Singular	Plural
Verbo	*sabés, hagas* ...	*saben, hagan*
Pronombre personal:		
Nominativo	*vos*	*ustedes*
Dativo	*te*	*les*
Acusativo	*te*	*los, las*
Caso preposicional	*vos*	*ustedes*
Reflexivo	*te*	*se*
Posesivo reflexivo y no reflexivo	*tu, tuyo, tuya, tuyos, tuyas*	*de ustedes*

b) Las formas verbales para un solo destinatario (columna de la izquierda), es decir, las asociadas a *vos*, consisten, para el presente y perfecto simple de indicativo, en plurales sin diptongar: *sabés* (= *sabéis*), *matastes* (= *matasteis*); para el imperativo, en el plural sin desinencia: *decí (decid)*. Todas ellas son formas que dejaron de usarse en España a lo largo de los siglos XVI y XVII. En los imperfectos de indicativo y subjuntivo se emplean los singulares: *sabías, supieras* y en los tiempos restantes hay vacilación entre el singular y el plural. Las formas verbales para varios destinatarios (columna de la derecha) son los plurales, como en el tratamiento español de 3.ª persona [19].

c) El cuadro anterior da a conocer la modalidad más extendida del voseo, la practicada más de común acuerdo por todas las clases sociales de un país. Esta modalidad tiene por principal escenario los territorios del Río de la Plata (voseo rioplatense) y América Central. Otras modalidades conservan las formas diptongadas del plural español *(sabéis)*, o tienen plurales no diptongados pero con vocalismo

---

[19] El término *voseo* suele aplicarse rigurosamente al empleo de *vos* para un solo destinatario y a su amalgama con plurales y singulares verbales originarios y con formas del pronombre *tú*. Agregamos aquí, sin embargo, a ese paradigma las únicas o casi las únicas formas de tratamiento que existen en América para varios destinatarios. No es mucho que, si lo que entendemos por *tuteo* abarca el plural *vosotros*, el *voseo* americano, por su parte, incluya el plural *ustedes* (véase, además, lo que decimos en la nota 3). Agregaremos, entre paréntesis, que los argentinos dicen también *tutearse* por tratarse de *vos*. (Véase Güiraldes, *Don Segundo Sombra*, XXV.)

diferente del rioplatense *(sabís)*, o emplean el singular en todos los tiempos *(sabes)*. Pero muchas de ellas conviven, en mayor o menor grado, con las formas españolas de tratamiento, bien por influencia literaria, bien por la acción de los gramáticos americanos. El contacto con España, en los territorios en donde funcionaron las cortes virreinales más antiguas, como Méjico y Perú, ha mantenido vigentes hasta hoy, con mayor o menor grado y extensión, los usos españoles, y de una manera total en Cuba, Santo Domingo y Puerto Rico.

TERCERA PARTE

SINTAXIS

3.1. DE LA ORACIÓN Y SUS ELEMENTOS
EN GENERAL

3.1.1.   Contenido de la Sintaxis. — La Morfología abstrae las palabras de su contexto para clasificarlas en diferentes grupos según las funciones de que son capaces, estudia las diferentes formas que pueden adquirir para representar las categorías gramaticales y establece los medios que el idioma emplea para enriquecer su léxico formando nuevas palabras a base de las ya existentes. A la Sintaxis corresponde estudiar el contexto como tal, es decir, las agrupaciones de palabras conexas o relacionadas entre sí, con los medios para significar sus relaciones mutuas, y señala y clasifica las unidades o agrupaciones que la intención del hablante establece en el conjunto de la elocución.

Es fácil comprender que la separación entre Morfología y Sintaxis es arbitraria y solo fundada en la conveniencia metódica de examinar el lenguaje desde diferentes puntos de vista. Cuando, p. ej., la Morfología clasifica las palabras como *partes de la oración*, se vale a menudo de conceptos funcionales o sintácticos. Cuando la Sintaxis establece las reglas de la concordancia, no hace más que ajustar, repitiéndolo, el sistema de las desinencias estudiado en la Morfología. Por esto en los capítulos que siguen, dedicados a la Sintaxis española, encontrará el lector numerosas repeticiones sobre el uso, significado y función de las formas nominales y verbales, que ya quedaron dichos en la Morfología, y esta, a su vez, tuvo que explicar tales conceptos por su función oracional. Esta penetración recíproca de las partes en que suele dividirse la Gramática explica que la investigación lingüística se valga a veces de denominaciones mixtas como *morfofonología, fonosintáctico, morfosintáctico,* etc.; tales distinciones, aunque útiles, quedan fuera de los fines de este libro.

3.1.2.   La oración. — La intención del hablante divide la elocución en unidades de sentido completo en sí mismas llamadas *oraciones.* Tener sentido completo en sí mismas quiere decir que contienen una enunciación (afirmativa o negativa), una pregunta, un deseo o un mandato.

Para aclarar y completar esta definición necesitamos referirnos a otras unidades del lenguaje explicadas ya en los capítulos anteriores.

La unidad fonética mínima del habla real es la sílaba. El concepto de fonema se obtiene por abstracción de los elementos fónicos que la componen. Pronunciamos sílabas, no fonemas sueltos, y aun en los casos en que la sílaba no contenga más que un solo fonema (como en *a-mor*), se profiere como entidad silábica, es decir, como unidad de impulso espiratorio y articulatorio que define fisiológicamente la sílaba. Las palabras no son unidades fonéticas, puesto que en la cadena del habla se enlazan unas con otras en sucesión silábica, dentro del grupo fónico en que se hallan *(pron-to-lle-ga-re-mo-sa-ca-sa)*. Las palabras son unidades de significado, aunque su significado puede ser complejo, como en *cantábamos*, que engloba la significación del verbo *cantar*, de imperfecto de indicativo, de primera persona y de plural.

Al indagar las unidades sintácticas que el hablante establece en su elocución, hallamos como unidad intencional de primer plano la *oración*, que ya puede ser definida del modo siguiente: *la oración es la unidad más pequeña de sentido completo en sí misma en que se divide el habla real*. Las oraciones se van sucediendo en el discurso; pero cada una de ellas es autosuficiente para decir que enunciamos, preguntamos, deseamos o mandamos algo. La unidad de intención con que se produce cada oración tiene además signos exteriores que la aseguran para el hablante y para el oyente. Tales son: las inflexiones de la entonación (v. cap. 1.7); la trabazón que la concordancia indica entre las palabras que la componen; el enlace que señalan las partículas; el orden fijo o libre con que se suceden las palabras y las frases. Fuera de los límites de cada oración no funcionan ya estos recursos expresivos de su unidad interna: la curva melódica es otra; desaparece la concordancia (salvo en referencias anafóricas), y no actúan ya ni el régimen de las preposiciones ni el enlace conjuntivo, excepto en algunas conjunciones continuativas. Estos factores indican en todos los casos los límites de una oración. Al definirla como la menor unidad sintáctica del habla no debe pensarse en su extensión: hay oraciones cortas que contienen una sola palabra y otras, largas, que comprenden muchas palabras y frases. Lo que importa es que cada una de ellas tenga sentido completo en sí misma y exprese una enunciación, una pregunta, un deseo o un mandato.

3.1.3. Sujeto y predicado. — Con mucha frecuencia la oración establece una relación lógica entre dos términos o miembros: *sujeto* y *predicado*. El sujeto es la persona o cosa de la cual decimos algo; por predicado entendemos todo lo que decimos (predicamos) del sujeto. Ejemplo: EL CLIMA DE AQUELLA COMARCA *es frío y seco; Por asuntos comerciales viajaba mucho* MI HERMANO MAYOR *entre España y América; ¡Está en casa* TU PAPÁ? Van en versalitas las palabras que constituyen el sujeto, y en cursiva las que componen el predicado de cada uno de estos ejemplos. Las oraciones que se formulan gramaticalmente estableciendo una relación entre sujeto y predicado se llaman *bimembres*. Son las que principalmente han servido y sirven de base para el análisis sintáctico.

3.1.4. Oraciones unimembres.

— No es indispensable que las oraciones adopten la forma dual de relación entre sujeto y predicado. Cuando decimos *llueve, nevaba, tronó mucho*, u otras expresiones con verbos unipersonales, no pensamos en sujeto alguno. Al saludar a una persona con la palabra *¡adiós!*, no se nos ocurre hoy que empleamos una forma reducida de los saludos antiguos *¡Quedad a Dios!* o *¡A Dios te encomiendo!* En *¡Qué bonito!, ¡Qué pena!, ¡Cuánta miseria!*, no tenemos de ordinario en la mente más palabras que las que decimos. Sin embargo, nada falta a tales expresiones para ser unidades sintácticas completas en sí mismas. Son, pues, oraciones unimembres, que abundan especialmente en el habla coloquial y también en ciertas obras literarias modernas que se esfuerzan por dar una impresión primaria de las cosas sin las trabas que impone una construcción más o menos lógica; p. ej.: *La Secretaría del Casino. Anaqueles y legajos, incómoda y aparatosa sillería de brocatel, gran mesa oficinesca provista de plumas, lacre, cuadradillos, raspadores, obleas, campanilla de plata. — Cabildo de fortunones antillanos* (Valle-Inclán, *Viva mi dueño*, libro 2.º, XII); *¡Nada de ruiseñores enamorados, nada de jardín versallesco, nada de panoramas sentimentales! Aquí, los responsos de sapos hidrópicos, las malezas de cerros misántropos, los rebalses de caños podridos. [...] Aquí, de noche, voces desconocidas, luces fantasmagóricas, silencios fúnebres* (J. Eustasio Rivera, *La vorágine*, 3.ª parte).

3.1.5. La frase.

— En sentido gramatical llamamos *frase* a cualquier grupo de palabras conexo y dotado de sentido. Según esta definición, las oraciones son *frases*, pero no viceversa. Expresiones como *las recias murallas de la ciudad; en aquella playa solitaria y lejana; con habilidad sorprendente*, etc., son frases y no oraciones, porque su sentido no es completo en sí mismo. Las *locuciones* son también frases hechas que se repiten como fórmulas fijas con valor adverbial, prepositivo, conjuntivo, verbal, etc.: *de vez en cuando, cada lunes y cada martes, a cada paso, a fin de que, por entre, en contra de*. Las frases que no son oraciones son a menudo elementos constitutivos de oración [1].

---

[1] En Lingüística la *frase* se denomina *sintagma*, y su definición es la misma que damos en el texto. También entre lingüistas se llama *sintagma*, en sentido estricto, la fórmula o esquema de estructura que se repite en el idioma con independencia de las palabras que contenga. Por ejemplo, las oraciones

3.1.6. Oraciones simples y compuestas. — Al final del § 3.1.3 decíamos que las oraciones bimembres son las que principalmente han servido y sirven de patrón para el análisis sintáctico, en cuanto establecen una relación formal entre los dos términos del juicio lógico: sujeto y predicado. Cada uno de ellos puede llevar complementos propios que lo determinan y desarrollan, y que se articulan en torno al sujeto o en torno al predicado, como núcleos esenciales de la oración gramatical. Con este criterio podemos definir la oración como *forma sintáctica que expresa la relación entre sujeto y predicado.* Esta definición estricta no contradice la definición más amplia que hemos dado hasta aquí, sino que facilita un instrumento de análisis tan convencional como se quiera, pero que ha sido utilizado con eficacia por la Gramática de todos los tiempos.

No olvidemos que definíamos la oración como unidad del habla real con sentido completo en sí misma. Cada una de estas unidades puede contener un solo juicio *(oración simple)* o más de uno *(oración compuesta).* Considerando que el verbo es la palabra más característica de la oración —puesto que muchas veces contiene en sí al sujeto y es siempre el nexo entre los dos términos del juicio—, podemos concretar nuestro pensamiento diciendo que, para la práctica del análisis sintáctico, donde hay un verbo hay una oración simple; donde haya dos o más verbos trabados entre sí, tenemos una oración compuesta. Naturalmente, ciertas perífrasis con un verbo auxiliar cuentan como un solo verbo: *he visto, está dicho, estoy diciendo, tengo que estudiar, iba diciendo,* etc.

Ejemplos de oraciones simples: *Mi casa está cerca de aquí; Todavía no han llegado los excursionistas.* Ejemplos de oraciones compuestas: *Quisiera complacerte, pero no puedo; Todavía no han llegado los excursionistas que esperamos, porque sin duda habrán salido muy tarde; Aunque el tiempo sea malo, iremos de caza en cuanto amanezca.* En los cinco últimos capítulos de este libro trataremos de los diferentes tipos de oraciones compuestas.

---

condicionales con la prótasis en imperfecto de subjuntivo se amoldan, en español moderno, al sintagma *«si -ra o -se, -ría» (Si pudiera o pudiese, iría; Si sembraras o sembrases a tiempo, cosecharías más).* El sintagma *«ser +* participio» da significación pasiva a cualquier verbo: *La noticia fue pronto conocida en la ciudad; Era hombre estimado por todos.*

3.2. CLASIFICACIÓN Y NOMENCLATURA DE LAS ORACIONES SIMPLES

3.2.1. Criterios de clasificación. — En el capítulo anterior insistimos en que la intención del hablante separa e individualiza las oraciones para decir que en cada una de ellas se enuncia, pregunta, desea o manda algo. En el análisis de cualquier oración debemos distinguir, por consiguiente, entre el contenido de la representación psíquica, lo que en ella se dice, y la actitud del que habla con respecto a dicho contenido. La oración *Mañana se reunirá la junta* implica por parte del hablante una afirmación que también podría expresarse diciendo: *Creo (Digo, Afirmo) que mañana se reunirá la junta. ¡Mañana se reunirá la junta!* puede indicar sorpresa, mandato, temor, alegría, etc., según el gesto, la entonación, la situación de los interlocutores o el contexto. *¿Mañana se reunirá la junta?* o *¿Se reunirá la junta mañana?* son preguntas. *Quizá se reúna la junta mañana* indica duda o posibilidad. *¡Ojalá se reúna mañana la junta!* es la expresión de un deseo. El contenido objetivo de la representación psíquica *(la reunión de la junta mañana)* es el mismo en todas estas oraciones; pero es diferente en cada una la actitud del hablante al enunciarlo. Llamamos *dictum* al contenido representativo, a lo que se dice en cada oración; y llamamos *modus* a la actitud subjetiva. El *modus*, o manera de decir, puede hallarse implícito y deducirse del contexto o de la situación; o puede hallarse explícito en el gesto, las variaciones fonéticas, o los signos léxicos y gramaticales que la lengua posee, entre ellos los *modos* del verbo, que por esto se llamaron así. La actitud del hablante es, pues, un criterio para clasificar las oraciones.

Desde otro punto de vista, la naturaleza gramatical y semántica del sujeto y del predicado tienen exigencias formales que originan diversos tipos de oraciones que nos ofrecen un segundo criterio clasificador.

3.2.2. Cuadro sinóptico de las oraciones simples.

I. Según la actitud del hablante.....	Enunciativas. Exclamativas. De posibilidad. Dubitativas. Interrogativas. Desiderativas. Exhortativas.

II. Según la naturaleza gramatical del predicado..................

> Con verbo copulativo.
> Intransitivas.
> Transitivas.
> Pasivas.
> Reflexivas.
> Recíprocas.
> Impersonales.

La primera clasificación corresponde al *modus;* la segunda, al *dictum;* y, como ambos valores se dan siempre juntos en la realidad del habla, para caracterizar plenamente cualquier oración tendremos que superponer, por lo menos, dos denominaciones tomadas de una y otra clasificación, y decir, p. ej., que es enunciativa, exclamativa, etc., y además intransitiva, o reflexiva, o pasiva, etc.

La actitud subjetiva del hablante afecta tanto a las oraciones simples como a las compuestas. En cambio, las exigencias de naturaleza estrictamente gramatical que figuran en nuestro segundo esquema, enteramente válidas para las oraciones simples, necesitarán ser considerablemente ampliadas cuando tratemos de la oración compuesta. Esto justifica la separación tradicional que, en las gramáticas de idiomas de alta cultura, se establece entre sintaxis de la oración simple y sintaxis de la oración compuesta.

Por último, advertimos al lector que las denominaciones incluidas en cada uno de nuestros dos esquemas no son clasificaciones rigurosas en las cuales los términos se excluyan entre sí, porque en la realidad lingüística se superponen y crean zonas intermedias que pueden exigir mayor número de matices en la nomenclatura. Estos matices serán debidamente atendidos en las páginas que siguen.

ACTITUD DEL HABLANTE

3.2.3. **Oraciones enunciativas (afirmativas y negativas).** — Expresamos con ellas la conformidad o disconformidad lógica del sujeto con el predicado. Las gramáticas las llaman también *declarativas* o *aseverativas.* Como el hablante atribuye realidad objetiva a la relación entre los dos términos del juicio, estas oraciones llevan el verbo en modo indicativo. Las afirmativas no tienen forma especial; antes bien, por su gran frecuencia, sirven de patrón común para determinar los caracteres de las demás clases de oraciones.

Para afirmar en estas oraciones que el predicado conviene al sujeto, no necesitamos emplear palabra especial alguna; basta la mera enunciación de los dos, referidos uno a otro; v. gr.: *He oído eso; He podido dormir; Eso es verdad;* mas para afirmar que el predicado no conviene al sujeto, nos hemos de servir de un adverbio de negación; v. gr.: *Nunca he oído eso; No he podido dormir; Eso no es verdad.*

a) Como se ve en los últimos ejemplos, el adverbio *no* precede inmediatamente al verbo; pero si este lleva uno o más pronombres proclíticos se colocan estos entre el adverbio y el verbo; v. gr.: *No le he oído eso; No la he podido ver; A mi padre no se le ha de tocar en modo alguno* (Cervantes, *Quijote.* I, 41).

b) También pueden interponerse entre *no* y el verbo otras palabras, ya sean sujeto, ya complemento; v. gr.: *No todos pueden reír a todas horas; Que no a todos es dable la ventaja | De comprar al futuro y al contado | Sin un real en la bolsa ni en la caja* (Bretón, *Epístola*). El complemento interpuesto puede ser una oración; v. gr.: *Y no porque a los bélicos azares | Sucedan los primores de la pluma | Faltan héroes. Nos sobran a millares (Ibíd.).*

c) Detrás de una enunciativa negativa con *no*, podemos emplear los adverbios *nunca, jamás*, o los pronombres indefinidos *nadie, ninguno, nada*, y también otras locuciones que refuercen la negación; v. gr.: *No lo he visto nunca; No lo haré jamás; No veo a nadie; No quiero nada; No le ofendí en mi vida; No he podido dormir en toda la noche.* Estas palabras y locuciones refuerzan, como se ve, la negación, dándole un sentido absoluto que no tiene sin ellas, pues no es lo mismo *No lo he visto* que *No lo he visto nunca.*

d) Los vocablos que en los ejemplos del apartado anterior se emplean para reforzar la negación *no*, conservan en dichas locuciones el valor positivo que *todos, menos nunca*, tienen en su origen; pues *jamás* equivale a *ya más; nada* a *todas las cosas nacidas; nadie*, a *todas las personas nacidas*, y *ninguno* a *ni uno*. Así que al decir *No quiero nada*, venimos a decir *No quiero cosa nacida*, y *No lo haré jamás* es como decir *No lo haré ya más.* Por esto se ha dicho que dos voces que expresan negación niegan con más fuerza. Lo que ha ocurrido es que dichas palabras, por emplearse constantemente en oraciones negativas, han venido a tomar el valor de la negación; y sucede que cuando las empleamos delante del verbo, designamos con ellas lo contrario de lo que etimológicamente significan, o sea que denotamos negación en oraciones de forma afirmativa; v. gr.: *Nada quiero; A nadie veo; Jamás lo haré.* Y lo mismo sucede con las locuciones semejantes; v. gr.: *En mi vida le ofendí (El condenado por desconfiado*, II, 2); *En toda la noche he podido dormir.*

e) Una vez equiparada la significación de *jamás* a la de *nunca*, que siempre la tuvo negativa, empleamos este por aquel, y decimos: *No lo he visto nunca.* Y así juntamos en una misma oración dos, tres y hasta cuatro vocablos de significación negativa, que vienen a expresar la negación con más fuerza; v. gr.: *No haré eso nunca jamás; No recibe nunca a nadie; No regaló jamás nada a nadie.*

f) *Jamás* se junta con el adverbio *nunca* y las locuciones *por siempre* y *para siempre;* v. gr.: *Nunca jamás lo haré; Por siempre (o para siempre) jamás me acordaré.* La significación de las dos frases es enteramente contraria, pues la última equivale a *Perpetuamente,* o *en todo tiempo, me acordaré.*

g) El adjetivo *ninguno* puede anteponerse o posponerse al sustantivo cuando la oración empieza por el adverbio *no;* v. gr.: *No tengo ningún libro; No viene hombre ninguno.* Pero puede también ir al principio de la oración; v. gr.: *Ningún hombre viene.* Empleado como pronombre equivale a *nadie.* Así, *Ninguno viene* significa lo mismo que *No viene ninguno,* o *Nadie viene.*

h) Cuando en la oración se emplean dos o más voces negativas y una de ellas es *no,* va esta sola delante del verbo, y las demás detrás; v. gr.: *No lo he visto nunca.* Si no hay *no* pueden distribuirse las demás negaciones como se quiera, pero siempre precediendo una de ellas al verbo; v. gr.: *Jamás regaló nada a nadie; A nadie regaló nunca nada; Nada regaló jamás a nadie.* Es raro que se pongan dos negaciones delante del verbo; así: *Jamás a nadie regaló nada.*

i) Como se ve en los anteriores ejemplos, las negaciones que se usan juntas son siempre de distinta naturaleza. Así, *nada,* negativo de cosa, junto a *nadie,* negativo de persona; *nunca,* negativo de tiempo, con *nada,* negativo de sustancia; *jamás,* de tiempo también, con *nadie,* de persona. La única excepción es la que forma la locución *nunca jamás,* en que los dos adverbios son de tiempo; pero téngase en cuenta lo que decimos en el apartado *e,* y su significación contraria a la de *por siempre jamás.*

j) Para reforzar la negación suelen emplearse también, sobre todo en lenguaje familiar, palabras que denotan objetos de poco valor, como *pepino, comino, pizca, bocado, un pelo, un cabello,* etc.; v. gr.: *No se le da un pepino de eso,* o *por eso;* es decir, *no le importa nada;* y en Cervantes, *Quijote,* II, 50: *No sé leer migaja.*

k) Cuando el verbo de una oración negativa vaya seguido de un complemento con la preposición *sin,* destruye esta el valor de la negación. Así, *No lo dijo sin misterio* equivale a decir *Lo dijo con misterio.* La negación puede también construirse junto con el complemento; v. gr.: *Sirvió no sin gloria en la última guerra;* es decir, *Sirvió con gloria.* Lo mismo ocurre cuando el adverbio de negación modifica a adjetivos con prefijos negativos o privativos, como *des-, in-, a-: una casa no deshabitada, una fama no intachable, un niño no anormal.* Nótese, sin embargo, que en estos casos se trata de un eufemismo que rebaja, sin negarlo por completo, el sentido negativo; p. ej., *un niño no anormal* da a entender que está cerca de la anormalidad.

l) La negación *no* puede preceder también a otro elemento de la oración que no sea el verbo que se quiere negar; en este caso la negación recae solo sobre la palabra o frase a que se antepone. Así, *Puede usted no haberlo visto bien* no es lo mismo que *Usted no puede haberlo visto bien;* y *Puede no ser verdad* es distinto de *No puede ser verdad.* En la primera construcción se afirma el hecho como posible; en la segunda se niega la posibilidad. Algunos sustantivos abstractos admiten *no,* p. ej.: *la no existencia, la no conformidad.* Este uso es, en general, moderno, culto y muy restringido; en los sustantivos así modificados, *no* equivale a un prefijo negativo, como si dijéramos *la inexistencia, la disconformidad.* Algunos de estos casos son calcos evidentes de lenguas extranjeras: *la no beligerancia, la no proliferación de armas nucleares.*

3.2.4. Oraciones exclamativas. — La expresión directa de emociones se distingue principalmente por la entonación, muy modulada por los grandes intervalos, a menudo bruscos, que recorre la voz. La forma de la curva melódica es muy variada, en armonía con la gran variedad de sentimientos que pueden expresar (sorpresa, admiración, ira, alegría, dolor, pesadumbre, etc.). La entonación emocional suele desarrollarse por encima o por debajo del tono normal de voz, de manera que el oyente se da cuenta de que su interlocutor habla fuera de su registro habitual medio. A estos caracteres melódicos hay que añadir un aumento frecuente de la intensidad y la cantidad de las sílabas acentuadas y aun de la palabra entera que se siente como más expresiva. Por último, el *tempo* de la dicción tiende a acelerarse o retardarse según el sentimiento dominante. Aparte de estos rasgos fonológicos, la oración exclamativa no tiene exigencias especiales de estructura que la distingan de las demás oraciones; sino que cualquier oración puede ser pronunciada como exclamativa.

Abundan en esta clase de oraciones las de tipo unimembre, que contienen una sola palabra, como las interjecciones *(¡Ah!, ¡Oh!, ¡Ea!, ¡Hola!)* o cualquier vocablo usado con valor interjectivo *(¡Ánimo!, ¡Diablo!, ¡Bien!, ¡Fuera!).* Con un análisis incipiente de la representación psíquica, formamos frases como *¡Por Dios!, ¡Pero hombre!, ¡Qué asco!, ¡Pobres de nosotros!, ¡Hermosa noche!* En un grado de mayor diferenciación, las oraciones exclamativas adoptan la disposición bimembre: *¡Estoy en un buen aprieto!, ¡Ha llegado el momento!, ¡Y tú, dale que dale!*

Por analogía con las interrogativas, contienen con frecuencia algunos pronombres interrogativos y adverbios relativos, que encabezan la oración y están fuertemente acentuados; p. ej.: *¡Qué bonito!,*

¡Cuánto me alegro!, ¡Cuán desdichada era!, ¡Cómo me fastidia ese hombre! La lengua moderna usa únicamente como exclamativos *qué, cuánto, cuán* y *cómo*. La forma apocopada *cuán* no se emplea más que como exclamativa y en lenguaje literario; el habla coloquial la sustituye por *qué*: compárense, p. ej., las expresiones *¡Cuán felices son!* y *¡Qué felices son!* En algunos textos modernos afectadamente arcaizantes encontramos *cuál* con el sentido exclamativo de *cómo: ¡Cuál gritan esos malditos!* (Zorrilla, *Tenorio*, I, esc. 1.ª); sin embargo, los ejemplos de este uso de *cuál* son raros entre los escritores clásicos, p. ej.: *¡Cuál iba yo, viento en popa!* (Ruiz de Alarcón, *Los favores del mundo*, II, esc. 4.ª).

3.2.5. Oraciones de posibilidad y dubitativas. — *a)* Cuando el que habla cree que su juicio corresponde a la realidad objetiva, formula su pensamiento con una oración afirmativa o negativa, según quedó dicho cuando tratamos de las enunciativas. Pero si lo siente únicamente como posible, probable o dudoso, expresa su vacilación mediante los recursos gramaticales que vamos a reseñar. El lector debe notar que aquí tratamos solo de oraciones independientes, porque en las subordinadas la expresión gramatical tiene otras exigencias, que serán explicadas cuando tratemos del modo subjuntivo (cap. 3.15).

b) La posibilidad y la probabilidad en el presente y en el pasado inmediato se expresan con los futuros simple y compuesto de indicativo, respectivamente; p. ej.: *Serán las diez; Estará en casa* (probablemente *son* las diez, o *está* en casa); *Cara más hipócrita no la habrás visto en tu vida; Habrán llegado ya* (posiblemente *no la has visto*, o *han llegado ya*).

c) Para la posibilidad o probabilidad de un hecho pasado o futuro empleamos el condicional simple; p. ej.: *Serían las siete* (probablemente *eran*); *Viviríais muy contentos en aquel país* (probablemente o posiblemente *vivisteis* o *viviréis*); *Tu proyecto sería aceptado enseguida* (supongo que *fue* o *será aceptado*). Solo el sentido general de la conversación puede determinar en cada caso si se trata de pasado o futuro. Cuando la probabilidad se enuncia en pasado perfecto, usamos el condicional perfecto o el pluscuamperfecto de subjuntivo; por ejemplo: *Nunca me lo habría figurado* (o *me lo hubiera*); *Su padre se habría* (o *hubiera*) *enfadado mucho con tales palabras.*

d) La expresión concesiva se vale a veces de los mismos medios para expresar la posibilidad de algo que nuestro interlocutor afirma o niega (v. §§ 3.14.7*b* y 3.14.9*g*).

e) Con algunos verbos modales, como *poder, deber* y la locución *deber de*, las formas verbales en *-ra* y en *-ría* pueden sustituirse entre sí; p. ej.: *La casa podría* (o *pudiera*) *ser más cómoda; A estas horas mi hermano debería de estar ya en casa* (o *debiera de estar*). La lengua moderna limita a corto número de verbos esta sustitución; en los clásicos era mucho más extensa: expresiones como *La noticia me alegrara mucho* (por *me alegraría*) se sienten hoy como arcaicas, excepto en algunos países hispanoamericanos. En cambio, usamos sin tacha de arcaísmo los tiempos compuestos; p. ej.: *La noticia me habría alegrado mucho* (o *me hubiera alegrado*).

f)   La oración dubitativa simple se enuncia con adverbios de duda *(acaso, quizá, tal vez)* seguidos de subjuntivo o de indicativo; por ejemplo: *Acaso mejore el tiempo* (o *mejorará*); *Tal vez se hayan enterado todos* (o *se han enterado*); *Quizá no vuelva más* (o *no volverá*). El empleo del subjuntivo aumenta el sentido dubitativo de la oración; con el indicativo la duda se atenúa y se acerca a la afirmación o a la negación. Nótese la diferencia expresiva entre *Tal vez conozcas a este hombre* y *Tal vez conoces a este hombre.*

g)   En estas oraciones con adverbio de duda, la sustitución de las formas en *-ra* y *-ría* no solo tiene pleno uso en la lengua moderna, sino que se ha extendido hasta la forma en *-se* del imperfecto de subjuntivo. Nótese la equivalencia de estas oraciones: *Tal vez sería* (o *fuera* o *fuese*) *cierta la noticia; Quizá le conocerías (conocieras, conocieses) en Valparaíso.*

3.2.6.   **Oraciones interrogativas.** — Cuando nos dirigimos a uno o varios oyentes para que nos resuelvan una duda o nos digan algo que ignoramos, formulamos oraciones interrogativas directas [1], caracterizadas por su entonación inconfundible. Pueden ser *generales* o *parciales.*

a)   Cuando preguntamos sobre la verdad o falsedad del juicio, la pregunta es *general;* p. ej.: *¿Recibió usted mi carta?, ¿Conoces a ese señor?* Nuestra pregunta se dirige a saber la conformidad o disconformidad entre el sujeto y el predicado. La respuesta esperada es *sí* o *no,* u otra expresión equivalente afirmativa o negativa.

b)   El verbo puede anteponerse o posponerse al sujeto y a los demás elementos de las interrogativas generales, con la misma libertad de construcción que en las enunciativas, de las cuales no se diferencian más que en la entonación. Podemos decir, pues: *¿Ustedes están*

---

[1]   Las interrogativas *indirectas* son compuestas y están subordinadas a otro verbo, como en *Dígame si su hermano está; Pregunta cuánto vale,* etc. De ellas trataremos en su lugar correspondiente (v. § 3.19.8).

conformes?, o *¿Están ustedes conformes?*; *¿Jugaban mis hijos en el jardín?*, o *¿Mis hijos jugaban en el jardín?*, o *¿En el jardín jugaban mis hijos?* El interés del momento regula en cada caso la posición de los elementos oracionales, con tendencia a anteponer el que se siente como más importante o expresivo.

c) En las *interrogativas parciales* no preguntamos por el predicado, sino por el sujeto o por cualquiera de los demás elementos de la oración. Al decir, p. ej., *¿Quién ha venido?* sabemos que *ha venido* alguien, pero ignoramos el sujeto. Estas oraciones llevan alguno de los pronombres o adverbios interrogativos siguientes: *qué, quién, cuál, cuándo, dónde, cuánto* y *cómo*; p. ej.: *¿Qué quieres?*; *¿Con quién hablabas?*; *¿Cuáles prefieren ustedes?*; *¿De dónde vienes a estas horas?*; *¿Cómo está usted?*, etc. El interrogativo *cúyo*, hoy anticuado, era frecuente entre los poetas del Siglo de Oro: *Tu dulce habla ¿en cúya oreja suena?* (Garcilaso, *Égloga I*). En el mismo caso se halla *dó*, si bien no es raro que lo empleen algunos poetas modernos: *¿Quién sois?*, *¿dó vais?*, *¿de dónde sois venidos?* (Zorrilla, *Poes.: Vigilia*).

d) Las interrogativas parciales sugieren a veces una respuesta negativa, es decir, adquieren sentido de negación implícita: *¿De la pasada edad, qué me ha quedado?* (*Epístola moral a Fabio*) da a entender que no me ha quedado *nada*; *¿Quién hubiera imaginado tanta maldad?* significa *nadie*; *¿Cómo podíamos sospechar de él?* quiere decir *de ningún modo*; *¿Quién pensara jamás, Teresa mía, / que...?* (Espronceda, *Canto a Teresa*).

e) Las oraciones dubitativas y de posibilidad, estudiadas en este capítulo, pueden formularse como interrogativas, con lo cual refuerzan su sentido dudoso o posible; p. ej.: *¿Qué habrá ocurrido?*; *¿Será cierta mi sospecha?*; *¿Eres acaso un hada?* (García Lorca, *El maleficio de la mariposa*, II, 5); *¿Llegarían tarde?* Todas ellas pueden llevar palabras enfáticas que refuerzan la pregunta, como *no*, *si* (dubitativos), *¿verdad que...?*; p. ej.: *¿Si estaré yo equivocado?* El uso de *no* al principio o al fin de la oración suele indicar que se espera o insinúa una respuesta afirmativa: *¿No sería mejor marcharse?*; *¡Ah! ¿No es cierto, ángel de amor...?* (Zorrilla, *Tenorio*, IV, esc. III).

3.2.7. **Oraciones desiderativas.** — *a)* Expresamos con ellas el deseo de que ocurra o no un hecho. Se las llama también *optativas*, y se caracterizan por llevar el verbo en subjuntivo. Con el presente, la realización del hecho que deseamos va referida al presente o al futuro: *¡Ojalá llueva!* (ahora o mañana); *¡Así reviente!*; *En paz descanse.* Con el imperfecto de subjuntivo, la realización deseada puede referirse al pasado o al futuro, y solo el contexto puede determinar su situación temporal; p. ej., en *¡Así se arruinase ese avaro!*, la *ruina* pudo haberse producido en el pasado, o deseamos que se produzca en el porvenir. *¡Oh muerte que das vida! ¡Oh dulce olvido! | Durase en tu reposo, | sin ser restituido | jamás aqueste bajo y vil sentido* (Fr. L. de León, *A Salinas*); el poeta declara su anhelo de sumergirse, entonces y siempre, en el dulce olvido de sí mismo. Cuando el deseo de ahora se refiere al futuro, podemos servirnos del presente o del imperfecto de subjuntivo: *¡Ojalá llueva mañana!, ¡Ojalá lloviera o lloviese mañana!* Con los tiempos compuestos, la realización del hecho queda en el pasado: *Dios le haya perdonado; ¡Así lo hubieras oído!*

b) Con frecuencia estas oraciones se pronuncian como exclamativas, según puede verse en muchos ejemplos del apartado anterior. Aunque son oraciones simples, se inician a menudo con el *que* anunciativo, por analogía con las subordinadas desiderativas: *Que sea enhorabuena; Que Dios le oiga; Que tengan ustedes buen viaje; Que se alivie.*

3.2.8. **Oraciones exhortativas.** — Son las que indican exhortación, mandato o prohibición.

a) La exhortación es un mandato atenuado, un mandato sin la crudeza del imperativo, el cual se emplea solo cuando nos dirigimos a otro que consideramos igual o inferior en autoridad o poder [2]. Es un mandato que a la vez incluye ruego, y por eso se expresa con el presente de subjuntivo. Así, dice en el *Quijote*, II, 44, la duquesa a don Quijote: *Desnúdese vuestra merced y vístase a sus solas;* y así decimos: *Tengamos la fiesta en paz; Honremos la memoria de Calderón.*

b) El mandato, en castellano, queda reducido a la segunda persona, y en el caso en que, como se dice en el apartado anterior, sea esta considerada como igual o inferior al que habla. Así, decimos: *Socorre a los menesterosos; Reverencia a los ancianos; Niños, estudiad.* Mas cuando esta segunda persona tenga cierta autoridad sobre nosotros, o le concedamos ciertos respetos, no usamos el imperativo, sino el presente de subjuntivo en tercera persona; y así, decimos: *Ande despacio, señor; Vístase vuestra merced*, convirtiendo el mandato en exhortación o ruego. Y del mismo modo empleamos esta tercera persona cuando hablamos de un ausente; v. gr.: *Los soberbios sean confundidos; El negligente pague su dejadez.* En este caso vienen a confundirse estas oraciones con las desiderativas.

---

[2] Sin embargo, cuando nos dirigimos a Dios, a la Virgen o a los santos, usamos el imperativo en segunda persona del singular o del plural: *¡Oh, Dios, oye nuestro clamor!*, o bien *oíd nuestro clamor.*

c) En las plegarias religiosas empleamos el imperativo dirigiéndonos a Dios y a los santos, y así en el padrenuestro decimos: *El pan nuestro de cada día dánosle hoy; Señor, Dios mío, ... hinche este seno que tú criaste; ... todo me lo guarda para allá* (Fr. L. de Granada).

d) Siendo la prohibición lo contrario del mandato, parece que lógicamente deberíamos emplear en la expresión de aquella el mismo modo de que nos servimos para la enunciación de este; mas no sucede así. Decimos *Estudia tú; Venid vosotros;* pero no podemos decir *No estudia tú; No venid vosotros,* sino *No estudies tú; No vengáis vosotros,* o simplemente *No estudies, No vengáis.* De modo que en la prohibición empleamos el presente de subjuntivo aun en segunda persona [3]. La negación puede ser el vocablo *no* u otra palabra de significación negativa; v. gr.: *Nunca te guíes por la ley del encaje* (Cervantes, *Quijote,* II, 42). Pueden también emplearse dos o más negaciones; v. gr.: *No salga nadie; No engañes nunca a nadie.*

e) Cuando el mandato o la prohibición se expresen de un modo absoluto, sin relación a tiempo o lugar, podemos sustituir el imperativo o el subjuntivo, en segunda persona, por el futuro simple de indicativo; v. gr.: *Amarás a tu Dios sobre todas las cosas; No matarás; No jurarás en vano.* Y también sin la anterior limitación, aunque más raramente, empleamos en el mandato coactivo el futuro en tercera persona; v. gr.: *Me traerás la respuesta; Irá usted; Vendrán ustedes a las diez.*

f) También se usa a veces, en el habla coloquial poco esmerada, el infinitivo para exhortar, mandar o prohibir, y así, suele decirse: *¡Callar!, ¡Obedecer!,* en vez de *¡Callad!, ¡Obedeced!,* o *Callen ustedes;* y de igual modo, *¡No correr!, ¡No alborotar!, ¡No mentir!,* en vez de *No corras* o *No corráis, No alborotes* o *No alborotéis, No mientas* o *No mintáis.* Con este valor se usa también el infinitivo con la preposición *a;* v. gr.: *¡A callar!, ¡A cenar!;* y junto con un nombre que toma entonces el mismo valor de imperativo; v. gr.: *¡Paciencia y barajar!; ¡Mucho ánimo y a luchar!* Del mismo modo decimos con el nombre solo: *¡Paciencia!,* por *Ten,* o *tened, paciencia; ¡Silencio!,* por *Calla, Callad,* o *Guardad silencio.*

g) Para suavizar la aspereza del mandato o expresar el deseo con modestia y cortesía, nos servimos a veces de los verbos *querer* y *desear*

---

[3] Son raros los casos en que el castellano haya usado la segunda persona del imperativo en las oraciones prohibitivas. Conocemos el refrán que dice: *Ni fía ni porfía, ni entres en cofradía;* y dos ejemplos que trae Cuervo en sus notas a la *Gramática* de Bello: uno de *El conde Lucanor,* que dice: *Non fablad, callad;* y otro de un romance del conde Dirlos, que dice así: *No mirad a vuestra gana, / Mas mirad a don Beltrane.*

en el condicional o en la forma *-ra* del pretérito imperfecto de subjuntivo, y decimos: *Desearía pedirte un favor; Quisiera decirle dos palabras.* Por analogía con las subordinadas de la misma clase, las exhortativas simples se encabezan a menudo con la conjunción *que:* ¡*Que pase!*, ¡*Que se vaya!*, ¡*Que no se repita!*

h) Por su carácter sintético, el mandato tiende a expresarse en oraciones unimembres y fuertemente acentuadas, con verbo o sin él: ¡*Aquí!*, ¡*A las siete!*, ¡*Adelante!*, ¡*Venga!*, ¡*Vamos!*, ¡*A mí todos!*, etc.

3.3. ORACIONES DE PREDICADO NOMINAL

3.3.1. Predicado nominal y predicado verbal. — *a*) En toda oración bimembre se establece, como ya dijimos, una relación entre sujeto y predicado. Hay dos clases de predicados: *nominal* y *verbal*. El primero se compone de un *verbo copulativo (ser* o *estar)* y un *complemento predicativo*, formado esencialmente por un nombre (adjetivo o sustantivo) que es el núcleo o base del predicado. Por ejemplo, la oración *mi padre está enfermo* se analiza así: *mi padre* (sujeto), *está enfermo* (predicado), que a su vez se analiza así: *está* (verbo) y *enfermo* (complemento predicativo). En la oración *estos jóvenes son estudiantes* distinguimos: *estos jóvenes* (sujeto), *son estudiantes* (predicado); y en el predicado: *son* (verbo) y *estudiantes* (complemento predicativo).

b) En los predicados verbales, el núcleo o palabra esencial es un verbo; p. ej., en *el jardinero poda los árboles, las ovejas pacían en el prado*, los verbos *poda* y *pacían* son el núcleo de la predicación, es decir, de todo lo que declaramos del sujeto.

3.3.2. Oraciones con verbo copulativo. — *a*) Son las de predicado nominal. Constituyen el primer grupo de nuestra clasificación según la naturaleza gramatical del predicado (§ 3.2.2). Estas oraciones enuncian cualidades del sujeto, es decir, conceptos adjetivos que pueden designarse por medio de un adjetivo propiamente dicho *(Juan es alto; Mis hijos estaban contentos);* de un sustantivo, que puede ser pensado como un conjunto de cualidades o como un concepto unitario dentro del cual se clasifica al sujeto *(Juan es militar);* de una frase adjetiva cualquiera *(Juan es de Madrid; Juan es el que sabe);* de un adverbio adjetivado *(Juan es así);* de un pronombre *(Juan es aquel),* y en general por palabras o frases de valor nominal. Por consiguiente, el predicado nominal califica o clasifica al sujeto; y es tan estrecha la unión entre ambos, que en español el sujeto y el complemento predicativo conciertan en género y número, y en latín concertaban además en caso nominativo.

b) Los verbos intransitivos *ser* y *estar*, que nuestra lengua emplea en esta clase de oraciones, se llaman *copulativos* porque su papel principal en ellas consiste en servir de nexo entre el sujeto y el complemento predicativo; pero expresan también tiempos, modos y aspectos, como todos los verbos: *Juan es, era, fue, será sabio; hubiera sido sabio si...; aunque fuese sabio...,* etc.; *Juan está, estuvo, estaría, quizá estuviese enfermo.*

c) El verbo copulativo falta a menudo, como en *¡Hermoso día!; ¡Qué linda!; Mañana, fiesta.* No debe pensarse que en tales casos el verbo haya sido omitido por elipsis voluntaria, sino que no ha estado en la mente del que habla. Con la mayor frecuencia falta el verbo en los refranes que expresan juicios permanentes e intemporales; p. ej.: *Perro ladrador, nunca mordedor; El mejor camino, el recto; Cual la madre, tal la hija; Mal de muchos, consuelo de tontos.* Asimismo se enuncian sin verbo copulativo numerosas oraciones interrogativas y exclamativas, en las cuales los sentimientos dominantes de irritación, asombro, alegría, etc., se sobreponen a toda idea de tiempo: *¡Qué tonto!; ¿Tú, amigo suyo?; ¡Qué bien!; ¿Quién más honesto y más valiente que el famoso Amadís de Gaula?* (Quijote, II, 1); *¡Tú libre, tú sano, tú cuerdo; y yo loco, y yo enfermo, y yo atado! (Ibíd.).*

3.3.3. «Ser» y «estar» como verbos copulativos. — *a)* Cuando el complemento predicativo es sustantivo, pronombre, adjetivo determinativo o infinitivo, empleamos siempre *ser*. Ejemplos: *Este es Luis; Juan es pintor; Aquel libro era mío; Mi intención fue otra; Los sentidos corporales son cinco; Las dificultades serían muchas; Eso es mentir.* El uso depende también de la naturaleza del sujeto gramatical: los infinitivos y las subordinadas-sujeto introducidas por *que,* se construyen solo con *ser;* p. ej.: *Es difícil saberlo; Es raro que lo sepa.* El sujeto de estas oraciones es, respectivamente, *saberlo* y *que lo sepa.*

Se encuentran ejemplos esporádicos de *estar* con complemento sustantivo: *A fe que estás gentilhombre* (Lope de Vega, *El villano en su rincón,* III, esc. 17), aludiendo a la vestimenta de un personaje; también aparece en ciertas expresiones del habla coloquial contemporánea como *estar pez, estar fenómeno, estar trompa, estar cañón:* —*¿Cómo me encuentras?* —*Estás cañón, como tú dirías* (M. y A. Machado, *La prima Fernanda,* II, 1); —*¿Los arábigos?* —*preguntaba doña Gabriela, que en Geografía estaba pez* (Á. de Laiglesia, *Se prohíbe llorar).* Pero en todos estos casos los sustantivos se hallan claramente adjetivados, y generalmente aluden, en sentido figurado, a determinadas cualidades de las cosas que designan.

b) Los adjetivos calificativos pueden construirse en general con *ser* o con *estar;* pero la vivencia que motiva una u otra construcción es diferente. No se trata de la calidad objetiva del juicio, sino de la manera con que el hablante concibe y enuncia la realidad en cada caso concreto. En los calificativos que admiten las dos construcciones (que son la mayoría), la opción entre *ser* y *estar* depende de lo que la Gramática filosófica llama *forma interior del lenguaje*.

En este sentido, cuando pensamos la cualidad como un cambio, alteración o mudanza, real o posible, que sobreviene al sujeto, usamos *estar*: decimos que un niño *está alto* cuando pensamos que ha crecido en relación con sus años o con nuestro recuerdo de su estatura anterior; decimos que una persona *está vieja* si, no teniendo edad para ello, presenta caracteres propios de la vejez, y, aun teniendo la edad, si estos caracteres seniles nos parecen muy acentuados; *El salón estaba lujosísimo* relaciona el adjetivo con una circunstancia determinada. Si en los ejemplos anteriores sustituyéramos *estar* por *ser*, veríamos la cualidad como no susceptible de mudanza. Dicho en otros términos, la cualidad que predicamos con *estar* va inserta en una circunstancia de tipo, lugar, causa, acción, etc., mientras que con *ser* la sentimos como independiente de toda circunstancia. Compárense, por ejemplo, las expresiones: una persona *es* o *está alegre, delgada, tuberculosa, soltera;* el cielo *es* o *está azul;* las telas *son* o *están caras;* los negocios *son* o *están difíciles, trabajosos,* etc. Las circunstancias existen siempre en la realidad objetiva, pero pueden ser atendidas o desatendidas por el hablante: en el primer caso emplearemos *estar;* en el segundo, *ser*. Por esto es imposible reducir a normas objetivas que prevean sin residuo, desde fuera del hablante, el uso de *ser* y *estar*. Las reglas que con este fin traen las gramáticas, especialmente si están destinadas a extranjeros, no pasan de ser guías generales, más o menos acertadas y eficaces, que necesitan a menudo ser glosadas cuando se aplican a los casos particulares del habla oral y escrita. Por ejemplo, las reglas basadas en las oposiciones entre *permanente* (ser)-*transitorio* (estar), *permanente-desinente, inherente-accidental* y otras, tienen utilidad práctica indudable, pero limitada, y se prestan a interminables discusiones sobre el sentido con que deben entenderse los términos de cada pareja; porque todas estas oposiciones dimanan de la forma interior con que el hablante vive la preferencia por uno u otro verbo copulativo. Para hispanohablantes no hay vacilaciones en el uso propio ni en la interpretación del habla ajena.

c) Por otra parte, la forma de estas oraciones va encajada en el sistema sincrónico general de la lengua, y este sistema tiene exigencias que pueden favorecer o dificultar en cada caso la construcción con *ser* o con *estar*. Así ocurre, por ejemplo, que el significado de ciertos adjetivos como *lleno* [1], *vacío, maduro, intacto, roto,* los presenta a la

---

[1] La frase *Llena eres de gracia* es versión tradicional de *gratia plena* en el avemaría.

mente como resultado de una acción o cambio, y consiguientemente no admiten más que *estar*. Por motivos semánticos parecidos, algunos adjetivos con varias acepciones exigen hoy *ser* o *estar* en cada una de ellas; p. ej.: *ser bueno* o *malo* (de carácter), *estar bueno* o *malo* (de salud); *ser vivo* (rápido, inteligente), *estar vivo* (vivir, gozar de vida); *ser listo* (inteligente, agudo), *estar listo* (preparado, dispuesto); *ser fresco*, en sentido figurado (despreocupado, cínico), *estar fresco*, con ironía (en situación difícil).

Por último, la cualidad intemporal que tiene por sí mismo el verbo *ser* y la temporal del verbo *estar*, presentan el predicado bien como indiferente a toda circunstancia, o bien como relacionado de algún modo con una circunstancia temporal u ocasional; p. ej.: *El agua es transparente* en general y siempre, pero *está turbia* ahora o en ocasión determinada. Pero la cualidad intemporal o temporal que el verbo copulativo comunica al predicado no depende solo de su significado, sino también del tiempo verbal perfecto o imperfecto con que se use en cada caso [2]. No hay duda, p. ej., en percibir la diferencia entre *Esta señora es elegante* y *Esta señora está elegante;* pero si enunciamos el verbo en tiempo perfecto, se debilita o se borra la diferencia: compárense las expresiones *Esta señora fue* (o *ha sido*) *elegante* y ... *estuvo* (o *ha estado*) *elegante; Quizá hubieras sido* (o *hubieras estado*) *más afortunado en otra profesión*. Es decir, el tiempo imperfecto o perfecto en que se emplee favorece o neutraliza total o parcialmente el valor semántico del verbo copulativo. En estos casos, para resolver la vacilación, la lengua prefiere generalmente *ser*, dando más valor al aspecto perfectivo del tiempo empleado que a la significación intemporal o temporal del verbo copulativo.

3.3.4. **«Ser» y «estar» como verbos predicativos y auxiliares.** — Además del uso copulativo que acabamos de reseñar, ambos verbos forman oraciones intransitivas de predicado verbal, con significado propio. Trataremos separadamente de cada uno de ellos, y a continuación nos referiremos a su empleo como verbos auxiliares.

a) *Ser* recobra a veces su significado primitivo de *existir, efectuarse, ocurrir, suceder;* v. gr.: *Los pocos sabios que en el mundo han sido* (Fr. L. de León); *Tal señora no es en el mundo* (*Quijote*, II, 32); y las frases usuales: *Eso será si yo quiero; Sea lo que sea,* o *lo que fuere; Fuese como fuese; ¡Así sea!,* etc. Con *que* anunciativo tienen pleno uso en la lengua moderna expresiones del tipo: *Es que no quiero; Es que trataban de otro asunto; Era que no estaban de acuerdo,* con las cuales indicamos

---

[2] Son imperfectos todos los tiempos simples de la conjugación española, con excepción del pretérito perfecto simple. Son perfectos el perfecto simple y todos los tiempos compuestos con el auxiliar *haber* (§ 3.13.8).

réplica o contrariedad. En tono de pregunta, *¿Es que...?* tiende a convertirse en fórmula interrogativa fija: *¿Es que no estás contento?; ¿Es que no les habían dejado pasar?*, siempre con matiz de sorpresa o réplica.

b) Ser tuvo en la lengua medieval el significado de situación local, que poco a poco fue absorbido por *estar: ¿Dónde es la vaquera / de la Finojosa?* (Santillana, *Serranillas*). Este significado sobrevive hoy en algunas frases como *Aquí es la almoneda; Mañana seré contigo* [3]; *Por lo tanto, luego que ustedes hayan comido, alargaré mi paseo hasta allá. No es muy lejos* (Galdós, *Gloria*, parte I, cap. XXXII).

c) Estar significa comúnmente permanencia, situación o posición local: *No está en casa; El río de la Plata está en América del Sur.* Este significado se aplica también al tiempo: *¿A cuántos estamos del mes?; Estamos en el año de gracia de 1805* (Hartzenbusch, *La visionaria*, I, 9); y se extiende a varios usos metafóricos: *El enfermo está a 38 grados de temperatura; Las acciones mineras estaban a la par.*

d) Ser y estar, tanto en su uso predicativo como en el copulativo, admiten a veces construcciones seudorreflejas, lo mismo que otros verbos intransitivos (*irse, morirse*, etc.), p. ej., en las fórmulas tradicionales con que empiezan los cuentos: *Érase, o érase que se era; Asno se es de la cuna a la mortaja* (Cervantes, *Quijote*, prólogo); *Érase un hombre a una nariz pegado* (Quevedo). *Me soy* significa 'soy de mío, soy por naturaleza, por condición': *Yo me soy hombre pacífico; No quiere usted dejarme ser yo, salir de la niebla, vivir, vivir, vivir, verme, oírme, tocarme, sentirme, dolerme, serme* (Unamuno, *Niebla*, XXXI). Con *estar*, el uso seudorreflejo es algo más frecuente: *Te estarás en casa todo el día; Madre, el humo se está quieto, / las nubes parecen mármol...* (M. Machado, *Mariposa negra*); *A la hora de descansar hicimos un alto, y nos dejaron estarnos en el suelo un rato y platicar* (F. L. Urquizo, *Tropa vieja*, IX).

e) Con participios, *ser* y *estar* desempeñan con frecuencia la función de verbos auxiliares de pasiva: *El puente será construido por el Ayuntamiento; Estará terminado a fin de año. Napoleón fue vencido en Waterloo; Napoleón estuvo confinado por los ingleses en la isla de Santa Elena.* Los participios de verbos permanentes [4] prefieren generalmente el auxiliar *ser*; p. ej.: *ser estimado, querido, aborrecido, conocido, respetado.* Los participios de verbos desinentes se unen con frecuencia

---

[3] La frase que en el texto latino de los Evangelios es *Hodie mecum eris in paradiso* (S. Lucas, XXIII, 43) ha sido traducida hasta años recientes por *Hoy serás conmigo en el paraíso* (P. Scío y Nácar-Colunga). La edición Bover-Cantera (1947) traduce ya: *Hoy estarás conmigo en el paraíso.*

[4] Para los compuestos de verbos permanentes y desinentes, véase § 3.13.6.

a *estar;* p. ej.: *estar escrito, firmado, terminado, avergonzado, consumado, roto.* La preferencia por uno u otro auxiliar depende en cada caso del significado del participio y de la acepción en que se use; pero hay además una relación recíproca entre el auxiliar cuyo empleo se prefiera y el aspecto perfecto o imperfecto de los tiempos en que es posible usarlo. Así, decimos que un proyecto *está estudiado* por la comisión, cuando *ha sido estudiado;* que *estaba estudiado,* cuando *había sido estudiado;* que *estará estudiado,* cuando *haya sido estudiado.* Es decir, que los tiempos imperfectos del auxiliar *estar* se corresponden con los perfectos del auxiliar *ser.* Resulta, por lo tanto, que en la pasiva con *ser,* la acción verbal que el participio expresa se produce en el tiempo en que se halla el verbo auxiliar: *El jefe es, fue, será respetado.* Con *estar,* la acción se da como terminada y cumplida antes del tiempo que indica el verbo auxiliar: cuando una avería *ha sido reparada,* decimos que *está reparada;* cuando *haya sido reparada,* decimos que *estará reparada;* es decir, *estar reparada* es el resultado de *haber sido reparada.* En conclusión, la pasiva con *estar* significa término, resultado o consecuencia de la acción que el sujeto recibe o sufre.

Para el concepto de verbo auxiliar y los pormenores de la construcción pasiva, véanse los §§ 3.12.2 y 3.12.8 a 3.12.10, respectivamente.

3.3.5. **Complemento predicativo con otros verbos.** — En las oraciones de que tratamos en este capítulo, otros verbos, además de los copulativos *ser* y *estar,* pueden desempeñar el oficio de nexo o enlace entre el sujeto y el complemento predicativo. Si decimos, p. ej.: *El niño duerme tranquilo,* el adjetivo enuncia una cualidad o estado del sujeto, pero significa conjuntamente una modificación adverbial del verbo, como si dijéramos que duerme *con tranquilidad* o *tranquilamente.* Esta construcción es frecuente con numerosos verbos de estado, de situación, de movimiento, de apariencia y de otras significaciones, como: *Sus padres vivían felices; Los huéspedes quedaron contentos; Mi amigo se halla exiliado en Francia; Los perros llegaron sedientos; La yegua venía cansada: Aquella niña parecía enfermiza,* etc. Tales verbos conservan generalmente su significado propio, aunque no siempre, puesto que en expresiones como *anda enamorado, entusiasmado, loco, pensativo,* el verbo *andar* no conserva su sentido de «moverse de un lugar a otro». Lo mismo ocurre con otros verbos de movimiento, como *ir,* en las frases *iban cavilosos, preocupados,* etc.

Nótese que las oraciones que forman estos verbos tienen de común con las de *ser* y *estar* la concordancia del adjetivo con el sujeto; pero se diferencian de ellas en que el núcleo de la predicación recae en el verbo. Por consiguiente, constituyen un tipo oracional de transición entre las de verbo copulativo y las de predicado verbal que serán estudiadas en el capítulo siguiente.

3.4. ORACIONES DE PREDICADO VERBAL

3.4.1. Predicación completa e incompleta del verbo. — El verbo de una oración puede bastar por sí solo para expresar todo lo que queremos decir del sujeto, o bien puede llevar palabras que completen la predicación. En el primer caso, el verbo es de *predicación completa;* no hay en el predicado más palabra que él; p. ej.: *El niño duerme; El perro huyó; Escribiré; ¡Estudia!* En el segundo caso, acompañan al verbo otras palabras que, por completar todo lo que deseamos decir del sujeto, se llaman *complementos;* el verbo es entonces de *predicación incompleta.* Ejemplos: *El niño duerme en la cuna; El perro huyó por aquella calle; Escribiré una carta a mi padre; ¡Estudia la lección de mañana!* Desempeñan el papel de complementos todos los elementos sintácticos que componen el predicado fuera del verbo. A veces los complementos son objetivamente necesarios para el sentido del verbo. Si decimos, p. ej., *La niña ha dado,* hace falta añadir algo más para comprender la oración *(un juguete, una limosna).* Ordinariamente, sin embargo, la presencia o ausencia de uno o más complementos depende de necesidades subjetivas de la expresión. Solo algunos verbos exigen casi siempre algún complemento por necesidad de su propio significado. Por lo general, al hablar de predicación completa o incompleta nos referimos a cada caso concreto, y no a la naturaleza del verbo en cuestión, según hemos visto en los ejemplos anteriores, donde un mismo verbo puede llevar complementos o carecer de ellos.

3.4.2. Palabras que pueden ser complemento del verbo. — El verbo es la palabra que por su propia naturaleza exige y admite más complementos que ninguna otra parte de la oración. Las palabras que pueden desempeñar el oficio de complementos del verbo son:

a) Un adjetivo, como complemento predicativo (v. § 3.3.2.), o usado como adverbio, o sustantivado.

b) Un adverbio o locución adverbial; v. gr.: *aquí duermo; ayer mañana murió; vive lejos; estoy bien; vamos a oscuras; llegaremos al anochecer,* etc.

c) Un nombre o pronombre, con preposición o sin ella; v. gr.: *tengo amigos; deseo libros; vengo de Valencia; voy a Cádiz; me persiguen; te calumnian; se quejan de ti; he venido por ti; En las escuelas no aprendiste nada* (L. Fernández de Moratín, *Lección poética*).

d) Otro verbo en infinitivo o en gerundio, con preposición o sin ella; v. gr.: *quiero aprender; estudio para saber; salgo a pasear; vino corriendo; está estudiando; En rebuznando yo, rebuznaban todos los asnos del pueblo* (Cervantes, *Quijote*, II, 27).

e) Una oración entera; v. gr.: *quiero que vengas; deseo que me ayudes; se queja de que no le hagan caso.*

3.4.3. **División de los complementos del verbo.** — Cuando decimos *Juan dio*, la expresión no queda completa: puede dar muchas y diversas cosas. Si decimos *Juan dio una limosna*, precisamos más el concepto expresado; y si decimos *Juan dio una limosna a nuestro vecino*, todavía lo precisamos más, y más aún si decimos *Juan dio una limosna a nuestro vecino ayer;* donde se ven los distintos complementos que puede tener el verbo, y que, por cierto, no son todos de la misma índole. Llamamos *complemento* u *objeto directo* al vocablo que precisa la significación del verbo transitivo, y denota a la vez el objeto (persona, animal o cosa) en que recae directamente la acción expresada por aquel; en el ejemplo anterior es el nombre *limosna*. Se designa con el nombre de *complemento* u *objeto indirecto* el vocablo que expresa la persona, animal o cosa en que se cumple o termina la acción del verbo transitivo ejercida ya sobre el objeto directo; en el ejemplo anterior es el nombre *vecino*. Nótese que las palabras *directo* e *indirecto* deben entenderse en el sentido estrictamente gramatical con que se aplican a los complementos objetivos del verbo. El primero se llama directo, porque en él se cumple y termina la acción del verbo, y ambos forman una unidad sintáctica: «verbo + objeto directo». Esta unidad puede llevar otro complemento (indirecto), que será indirecto en relación con el verbo solo, y directo en relación con el conjunto unitario formado por el verbo y su acusativo. Este es el sentido tradicional de los términos gramaticales *directo* e *indirecto*. En la crítica de estos términos suele cometerse el sofisma de decir que en *Le pegó una paliza*, la persona representada por *le* no recibe indirectamente la paliza, sino muy directamente: es un fácil juego de palabras a base de dos significaciones diferentes. Y llamamos *complemento circunstancial* al vocablo, locución o frase que determina o modifica la significación del verbo, denotando una circunstancia de lugar, tiempo, modo, materia, contenido, etc., y que en el ejemplo citado es el adverbio *ayer*. Solo los verbos transitivos o usados como tales pueden llevar los tres complementos indicados. Los intransitivos no pueden tener el directo, pero sí los circunstanciales.

3.4.4. **El complemento directo.** — *a*) La división de los verbos
en transitivos e intransitivos se funda en la aptitud de los mismos para
poder tener o no lo que hemos llamado complemento directo. División
necesaria en latín y perfectamente definible, porque en esa lengua la
forma de expresión del complemento directo (acusativo) es distinta
de la del complemento indirecto (dativo). Pero, como el español perdió
la declinación latina (excepto en los pronombres personales de tercera
persona), el valor funcional de cada uno de los complementos hay que
deducirlo del sentido de la oración, de la colocación de los elementos
que la componen y, sobre todo, del uso de las preposiciones. Un procedimiento práctico y sencillo para distinguir en castellano si una
palabra es complemento directo o indirecto, consiste en invertir la
construcción de la oración, poniendo el verbo en pasiva y como sujeto
la palabra que dudamos si es o no complemento directo. Así, en el
ejemplo del párrafo anterior podremos decir: *Limosna fue dada a
nuestro vecino;* pero no *Nuestro vecino fue dado una limosna.* Y del
mismo modo: *Juan estima a Pedro; Pedro es estimado por Juan.*

b) En documentos latinos de la época preliteraria española aparece con cierta frecuencia la preposición *ad* con acusativos de persona,
por confusión con el dativo y considerando a la persona como intere-
sada en la acción. El romance hereda esta confusión vacilante de los
dos casos latinos, y ya en la época arcaica encontramos ejemplos de
ella; p. ej.: *Veré a la mugier* (*Mio Cid*, v. 228 *b*). En la Edad Moderna se
halla muy generalizada la tendencia a construir con la preposición *a* los
complementos directos de persona, y sin preposición, como en latín,
los de cosa. Como veremos en el párrafo siguiente, la evolución continúa hoy todavía, pero sin llegar a normas fijas, y con numerosas
excepciones motivadas generalmente por la analogía dentro del sistema de la lengua.

3.4.5. **La preposición «a» en los complementos directos.** — Las
reglas que como predominantes pueden darse para el empleo de la
preposición *a* con el complemento directo son las siguientes:

a) Con nombres propios de personas o de animales irracionales:
*César venció a Pompeyo; Don Quijote cabalgaba a Rocinante; Estimo
a Pedro; He visto a Juana.*

b) Con nombres propios que no sean de personas o animales,
cuando no lleven artículo: *He visto a Cádiz; Deseo ver a Roma;* pero
Atravesó el Ebro; César pasó el Rubicón; He visto La Coruña. Sin
embargo, con nombres de países, comarcas y ciudades ha existido en
todas las épocas gran vacilación. En el *Cantar de Mio Cid* encontramos

Gañó a Valençia, Quiero a Valencia, junto a *Dexaremos Burgos, El que Valençia gañó* (vv. 1212, 3474, 1438 y 3221). En el habla usual de nuestros días son frecuentes los casos sin preposición: *Conozco Colombia; Hemos visitado Barcelona; Veremos Buenos Aires.* He aquí algunos ejemplos literarios: *La misma noche en que abandonaron Lima* (R. Palma, *Tradiciones peruanas: Una aventura del virrey-poeta*); *Sin duda quedó en mí sembrado el deseo de visitar Florencia* (P. Baroja, *Ensayos: Ciudades de Italia*, prólogo); *Nos conviene ir a juntarnos con ellos antes de que tomen Zacatecas* (M. Azuela, *Los de abajo*, parte 1.ª, XIII).

c) Con los pronombres *él, ella, ellos, ellas, este, ese, aquel, alguien, nadie, quien*, y con *uno, otro, todo, ninguno* y *cualquiera*, cuando se refieren a personas: *no conozco a nadie; no quiere a ninguno; ese a quien tú has visto*, etc. Sin embargo, hay construcciones en que se omite *a* obligatoriamente antes de *quien*, y con frecuencia antes de *nadie* y *alguien: No tengo quien me preste; Busco [a] alguien para encargarle...*

d) Con nombres apelativos de personas o de animales que lleven artículo u otro complemento que los precise y determine de tal manera que en la mente del que habla vengan a convertirse en designaciones individualizadas equivalentes a las de los nombres propios; así: *Busco a mi criado; Busco al criado de Juan; Llamaron al mejor médico de la ciudad; He visitado al Capitán General; He visto al Presidente del Consejo de Ministros; Fue a castigar a la moza, creyendo sin duda que ella era la ocasión de toda aquella armonía* (Cervantes, *Quijote*, I, 16). *Tienen por Dios al vientre* (Puente, *Medicina*, III, 7), donde el objeto directo es *vientre* [1].

3.4.6. **Excepciones.** — Las excepciones a estas reglas se fundan todas en los dos principios siguientes:

1.º *a)* Pueden llevar la preposición *a* los nombres de cosas que personificamos, o que usamos como complemento de verbos que por lo regular llevan complemento de persona con dicha preposición. Así, se dice: *Llamar a la muerte; Calumniar a la virtud; Más temen a los historiadores que a sus enemigos; más a la pluma que al acero* (Saavedra Fajardo, *Empresa 15*); *Hemos de matar en los gigantes a la soberbia; a la envidia, en la generosidad y buen pecho; a la ira, en el reposado continente y quietud del ánimo; a la gula y al sueño, en el poco comer que comemos y en el mucho velar que velamos* (Cervantes, *Quijote*, II, 8). El

---

[1] En la Edad Media y en nuestros clásicos vemos construcciones en que no se cumple esta regla, y que hoy nos disuenan; v. gr.: *No disgustemos mi abuela* (Lope de Vega, *La fuerza lastimosa*, III, 18); *Llegó a Ávila con harto deseo de conocer la Madre Teresa de Jesús* (Yepes, *Vida de Santa Teresa*, II, 24).

grado de personificación que se atribuye al complemento directo decide en cada caso el empleo u omisión de *a:* estilísticamente no es lo mismo *temer la muerte* que *temer a la Muerte; respetar la justicia* (como virtud) y *respetar a la Justicia* (como institución).

b) La llevan también los colectivos de persona, pero solo cuando la acción que denota el verbo se ejerce sobre los individuos. Así, decimos: *conmover y deleitar a la plebe; entretener al pueblo; halagar a la muchedumbre; no exasperar a las gentes.*

c) Asimismo la empleamos en casos en que haya que evitar ambigüedad, y especialmente en las comparaciones; v. gr.: *Tripas llevan pies, que no pies a tripas; Acompaña al examen de las obras la noticia de muchos de sus autores* (L. Fernández de Moratín, *Orígenes*, prólogo); *Todos le temen como al fuego* (Cervantes, *La ilustre fregona*, 8) [2].

2.º *a*) Por el contrario, deja de usarse la preposición *a* con nombres no propios de persona cuando estos son complemento de verbos que, por lo general, llevan como objeto directo un nombre de cosa; v. gr.: *De esta manera la gracia... tiene esta maravillosa virtud de transformar el hombre en Dios* (Granada, *Guía*, I, 14); *La escuela de la guerra es la que forma los grandes capitanes* (Bello, *Gramática*, 350, *h*).

b) Cuando haya que distinguir el complemento directo de otro que no lo sea y deba llevar la preposición *a*, se calla esta ante aquel; v. gr.: *Prefiero Barcelona a Madrid.*

c) Si el objeto directo es nombre propio de persona, no puede omitirse la preposición; lo que suele hacerse entonces es construir el complemento directo junto al verbo y delante del indirecto; v. gr.: *Allí se daría orden de llevar a Dorotea a sus padres* (Cervantes, *Quijote*, I, 29). Si ambos complementos son nombres propios, debe emplearse otro giro, aunque se hallen en nuestros clásicos ejemplos como los siguientes: *Di a Diana a Don Sancho* (Tirso, *El celoso prudente*, II, 7); *A Celia | Demos a Carlos* (Lope de Vega, *El saber puede dañar*, III, 21).

d) La misma ambigüedad puede presentarse cuando ambos complementos, sin ser nombres propios, designan personas, como en los ejemplos siguientes: *Ha sido forzoso dejar al enemigo en rehenes al conde.* ¿Quién es aquí el dado en rehenes? *Recomiende usted a mi sobrino al señor director.* ¿Quién es el recomendado, el *director* o el *sobrino?* Para resolver esta dificultad, es frecuente colocar el comple-

---

[2] Por no llevar la preposición puede resultar oscuro el siguiente pasaje de Lista, *Poesías filosóficas*, 1: *Triunfad: el mundo entero | Subyugue el entusiasmo que os anima.*

mento directo junto al verbo y sin preposición, seguido del indirecto con *a*, y decir, p. ej.: *Ha sido forzoso dejar el conde en rehenes al enemigo; Recomiende usted mi sobrino al señor director.*

3.4.7. El complemento indirecto. — El complemento indirecto puede ir con verbos transitivos, y lleva siempre las preposiciones *a* o *para*, excepto cuando sea un pronombre átono.

a) Los verbos transitivos que además del complemento directo llevan el indirecto son: *dar, entregar, ofrecer, repartir* (juguetes a los niños); *traer, llevar, suministrar* (noticias al jefe); *achacar, imputar* (algo a alguien); *prestar, pagar, deber* (algo a alguien); *hacer, aderezar* (la comida al huésped); *poner, prender* (una cinta a la novia); *quitar, robar, defraudar* (la fama a alguien); *hacer, traer* (algo a alguien); *comunicar, manifestar, referir, contar, participar, denunciar* (algo a alguien), etc.

b) A veces se calla el objeto directo, por deducirse fácilmente del contexto, y aparece solo el indirecto con el verbo transitivo; v. gr.: *Escribo a mi padre* (una carta); *No quiso abrir al juez* (la puerta); otras se calla el verbo y quedan los dos complementos: *Piedad, piedad a mi llanto,* | *Socorre esta triste nave* (Moreto, *San Franco de Sena*, III, 11); es decir, *ten piedad*, etc.

c) Con verbos intransitivos, o usados como tales, designa este complemento la persona, animal o cosa a quien se refiere la acción, en el concepto general de daño o provecho; v. gr.: *agradar, placer, gustar a todos; desagradar, desplacer a muchos.*

d) La preposición *para* puede indicar también el complemento indirecto; v. gr.: *Han traído un encargo para usted; Compraremos un juguete para el niño.*

3.4.8. Las formas átonas de los pronombres, como complementos directo e indirecto del verbo. — La función sintáctica de las distintas formas pronominales, tónicas y átonas, debe ser examinada en su conjunto, y no diseminada en diferentes capítulos de la Sintaxis. Por esta razón de claridad expositiva, y para evitar repeticiones, remitimos a los lectores al cap. 3.10.

3.4.9. Los complementos circunstanciales. — Denotan el modo, lugar, tiempo, causa, medio o instrumento de la acción verbal. En la oración simple, los medios más usuales para expresar estas relaciones circunstanciales son los siguientes:

a)   Adverbios o locuciones adverbiales: *Enrique llegará mañana;
Se expresaba difícilmente; He cumplido de buena gana el encargo de
usted; Trabajaban a regañadientes.*

b)   Sustantivos o frases sustantivas introducidos por alguna de
las preposiciones *bajo, con, de, desde, en, hacia, hasta, por, sin, sobre,
tras,* etc.; p. ej.: *Desde mi casa veo la torre de la iglesia; Escribo con la
pluma nueva; Vienen de Galicia; Por motivos de salud no puedo asistir
a la junta.* También las preposiciones *a* y *para* pueden expresar relaciones circunstanciales; p. ej.: *Estaba sentado al sol; El barco saldrá
para Montevideo.*

c)   Frases de significado temporal o cuantitativo, sin preposición
alguna; v. gr.: *Estuve dos meses en Sevilla; Anduvo siete días a pie;
Pasó toda su vida adulando a los poderosos; He contado el dinero veinte
veces; Llovió el día entero.*

3.5. CLASIFICACIÓN Y NOMENCLATURA DE LAS ORACIONES DE PREDICADO VERBAL

3.5.1. Oraciones de verbo transitivo e intransitivo. — *a*) Decíamos en el capítulo anterior (§ 3.4.1) que hay oraciones cuyo verbo es de predicación completa, dice todo lo que nos proponíamos decir del sujeto; p. ej.: *Antonio murió; El alumno estudia.* En ellas el verbo carece de complementos de cualquier clase que sean. Otras veces falta el complemento directo (y consiguientemente el indirecto, según la definición que de este hemos dado en el capítulo anterior), aunque puede llevar uno o varios complementos circunstanciales; p. ej., *Antonio murió en el hospital; El alumno estudia con ahínco.* Aquí el verbo ya no es de predicación completa, puesto que lleva complementos que lo determinan.

Los verbos que no llevan complemento directo se llaman *intransitivos*, aunque los acompañen otros complementos. Si tienen complemento u objeto directo, se llaman *transitivos*. En los ejemplos citados en el apartado anterior todos los verbos son *intransitivos*. Poniéndoles un objeto directo pasarán a ser *transitivos*; v. gr.: *Antonio murió en el hospital una muerte piadosa; El alumno estudia con ahínco las lecciones.* Obsérvese que, en los casos que acabamos de aducir, los verbos están usados como intransitivos o transitivos según la intención expresiva del hablante en cada ocasión concreta del habla real. Es frecuente aplicar la denominación de *absoluto* al verbo que siendo transitivo por naturaleza, aparece empleado sin complemento directo.

b) Sin embargo, los diccionarios registran con acierto el uso transitivo o intransitivo en cada una de las acepciones de un verbo determinado. Debe entenderse que esta calificación gramatical define el empleo predominante, pero no puede prever todas las situaciones en que el verbo puede hallarse construido. Cuando un verbo o acepción tienen ambos usos, suelen indicar los diccionarios que un verbo transitivo se usa también como intransitivo, o viceversa.

c) El empleo predominante, transitivo o intransitivo, que los diccionarios indican, depende sobre todo de la significación. Fácilmente se comprende que el significado de algunos verbos impide, o dificulta por lo menos, que puedan tener un objeto directo externo al sujeto. Verbos como *morir, vivir, quemar, dormir,* etc., se prestan mal a que haya una persona o cosa *muerta, vivida, quemada, dormida,* distinta del sujeto. Pero en ocasiones cabe extraer de la propia significación del verbo un complemento directo; p. ej.: *Morir una muerte gloriosa; Dormir un sueño tranquilo; Vivir una vida miserable.* Hay siempre en ello cierta tautología, que a veces tiene valor estilístico. Estos verbos son intransitivos por naturaleza.

d) Otros verbos se inclinan, también por naturaleza, a llevar un complemento directo, como *dar, entregar, dejar, abandonar, mostrar,* los cuales difícilmente pueden prescindir de enunciar la cosa *dada, entregada, dejada, abandonada, mostrada.* Muchos verbos transitivos se construyen a menudo como absolutos, sin complemento directo, por ser este innecesario o hallarse sobrentendido. Decimos de un ciclista que *abandonó* en la segunda etapa de su carrera; un cartero puede decir, al terminar su trabajo, que *ha repartido.* En el refrán: *Contra el vicio de pedir, hay la virtud de no dar,* los dos infinitivos están empleados como absolutos.

e) Numerosos verbos transitivos pueden emplearse con significación *causativa* o *factitiva.* En tales casos el sujeto no realiza por sí mismo la acción del verbo, sino que ordena, encarga, dirige o costea la acción que otro ejecuta; v. gr.: *Carlos III construyó la Puerta de Alcalá; Me hago un traje nuevo; El general X ha ganado una batalla importante; El municipio erigirá un monumento a Cervantes.* Un verbo normalmente intransitivo como *dormir,* toma significado transitivo-causativo en *dormir a un niño.*

3.5.2.   **Oraciones de verbo en construcción pasiva.** — *a)* Cuando el interés principal del que habla está en el objeto de la acción y no en el sujeto, suele expresarse el juicio por medio del verbo en construcción pasiva. El sujeto en estas oraciones recibe o sufre la acción verbal que otro ejecuta; por esto se denomina *sujeto paciente;* v. gr.: *El actor fue aplaudidísimo; Juan es respetado; La noticia era ya conocida.* Cuando interesa el *agente* o productor de la acción, este se añade al verbo como complemento introducido por medio de las preposiciones *por* o *de;* p. ej.: *El actor fue aplaudidísimo por la concurrencia; Juan es respetado por sus vecinos; La noticia era ya conocida por* (o *de*) *todos.* En los textos literarios primitivos es general el empleo de la preposición *de* con el agente de pasiva: *Del rey so ayrado* (*Mio Cid,* v. 156); *De Dios seré reptado* (Berceo, *Santo Domingo,* v. 52a). En la época clásica se usa *de* con mayor frecuencia que en nuestros días: *El que a muchos teme, de muchos es temido* (Saavedra Fajardo, *Empresa 38*).

Hoy se prefiere generalmente la preposición *por: La noticia ha sido divulgada por las agencias.*

b) Tratándose de verbos intransitivos, la construcción «*ser* + participio» se empleó, sin fijeza alguna, en español antiguo; p. ej.: *El día es exido, la noch querie entrar* (*Mio Cid*, v. 311); *¡Et que agora seamos venidos a tan gran estremo de ceguedad!* (A. de Valdés, *Diálogo de las cosas ocurridas en Roma*, 1.ª parte). Pero el significado de tales perífrasis no es pasivo, sino activo, ni más ni menos que en francés y otras lenguas románicas, donde la conjugación activa emplea en los tiempos compuestos los auxiliares *haber* o *ser* según la naturaleza del verbo [1].

c) En comparación con otras lenguas modernas, el uso de la construcción pasiva es poco frecuente en español, y está sujeto a algunas restricciones que han influido en que ordinariamente se prefiera la construcción activa. De ello nos ocuparemos al tratar especialmente de la voz pasiva en el cap. 3.12.

3.5.3. Pasiva refleja. — Con el sujeto en tercera persona del singular o del plural, se emplea con frecuencia creciente en nuestra lengua la *pasiva refleja*, con *se* y el verbo en activa: *La paz fue firmada por los embajadores* equivale a *Se firmó la paz por los embajadores;* la construcción activa *Las agencias han divulgado estas noticias* tiene en pasiva las expresiones: *Estas noticias han sido divulgadas por las agencias.* Si desaparece el interés por el agente, diremos *Se firmó la paz* y *Se han divulgado estas noticias.* En este último caso nos hallamos en los límites que separan las oraciones de pasiva refleja de las impersonales, como veremos luego.

3.5.4. Oraciones de verbo reflexivo. — *a)* En las oraciones que llevamos estudiadas en este capítulo, el sujeto es agente (activas) o paciente (pasivas). En las de verbo reflexivo, el sujeto es a la vez agente y paciente. Se expresan con el verbo en activa acompañado de las formas átonas de los pronombres personales: *me, te, se* (singular y plural de tercera persona), *nos* y *os*, las cuales desempeñan el papel de complemento directo o indirecto del verbo. En la oración *Yo me lavo*, el pronombre *me* es complemento directo del verbo *lavo;* en *Yo*

---

[1] En los ejemplos citados, la construcción moderna exigiría el verbo *haber: El día ha salido, la noche quería entrar; ¡Y que ahora hayamos venido a tan gran extremo de ceguedad!* Aunque sería fácil reunir numerosas citas parecidas del uso de *ser* en la conjugación activa de tiempos compuestos, nunca llegaron a cuajar como norma general, ni siquiera en los mismos textos. Indican una tendencia iniciada de modo titubeante, pero no continuada y extendida como en otras lenguas romances.

me lavo las manos, el complemento directo es *las manos,* y *me* es complemento indirecto. Por esto las oraciones de verbo reflexivo suelen llamarse *directas* o *indirectas* según que el pronombre átono ejerza en ellas la función de uno u otro complemento; v. gr.: *Luisa se ha peinado; Tú te vistes,* son reflexivas directas. *Luisa se ha puesto un sombrero nuevo; Esa señora se tiñe el cabello,* son indirectas. Existen también ciertas construcciones reflexivas con las formas tónicas de los pronombres precedidas de preposición, como: *Hablaba consigo mismo; Habla para sí; Decía entre mí.*

b) Los ejemplos del apartado anterior representan el tipo reflexivo puro o primario, porque la acción vuelve de un modo u otro sobre el sujeto que la realiza. Pero en los verbos causativos el sujeto no es propiamente agente, sino que interviene o influye en la acción que otro ejecuta: *Tú te haces un traje; Me construí una casa,* indican únicamente que el sujeto encarga, ordena o costea la acción, sin que él la realice por sí mismo. De un modo análogo la reflexión del acto puede atenuarse de tal manera que los pronombres no sean ya complemento directo o indirecto, sino que indiquen, con más o menos vaguedad, una participación, relación o interés en la acción producida.

c) Aunque volveremos a ocuparnos con más pormenores de estos matices de la función pronominal (v. cap. 3.10), diremos aquí que las gradaciones que atenúan y aun llegan a borrar su carácter reflexivo primario son muy numerosas y frecuentes. Van desde los llamados *dativos ético* y *de interés (Ella* SE *tomó el café; Se* LE *hundió el mundo; No te* ME *vayas),* hasta las expresiones con verbos intransitivos, que se llaman *seudorreflejas* por sentirse ya muy distantes del significado reflexivo propiamente dicho, como: *Me voy; Nos estamos en casa; Mi vecino se ha muerto; Me salí del despacho.* En estos ejemplos, el leve matiz de percepción o participación, que el pronombre denota, distingue con claridad estas oraciones de las activas o de estado que se obtendrían suprimiendo el pronombre: *Voy; Estamos en casa; Mi vecino ha muerto; Salí del despacho.* En ciertos casos se llega a tal distancia del sentido reflexivo, que para dar a entender que el agua sale de la bañera o la lluvia atraviesa el tejado, decimos que *La bañera se sale* o *El tejado se llueve.* Curioso es el siguiente pasaje del *Quijote* (II, 7), donde se alude a dos acepciones pronominales del verbo *salir:* —*Mi amo se sale, sálese sin duda.* — *Y ¿por dónde se sale, señora? ¿Hásele roto alguna parte de su cuerpo? —No se sale sino por la puerta de su locura; quiero decir, señor bachiller de mi ánima, que quiere salir otra vez a buscar por ese mundo lo que él llama venturas.*

d) Hay verbos que actualmente no admiten más forma de expresión que la pronominal. Tales son *arrepentirse, atreverse, quejarse, jactarse.* Decimos actualmente, porque algunos de estos verbos, como *jactarse* y *atreverse*, son transitivos en latín, y como tales los vemos usados alguna vez en nuestros clásicos. Ejemplos: *Que no jacto valor de mis pasados;* | *Propia virtud es calidad gloriosa* (Ruiz de Alarcón, *La cueva de Salamanca*, I); *Hoy verás que Dios* | *Soberbias confunde,* | *Que el cielo atrevían* | *Locas pesadumbres* (Tirso, *El rey D. Pedro en Madrid*, II, 20) [2].

e) A partir de su edición 19.ª (1970), el Diccionario de la Real Academia Española califica como *pronominal* a todo verbo o acepción que se construye en todas sus formas con pronombres reflexivos. «Hay verbos —dice— exclusivamente *pronominales*, como *arrepentirse*. Otros adoptan determinados matices significativos o expresivos en las formas reflexivas: *caerse, morirse*, frente a las formas no reflexivas: *caer, morir*.» La calificación de *reflexivo*, que el mismo Diccionario aplicaba antes uniformemente a estos verbos, no era propia para todos estos matices significativos o expresivos, como acabamos de explicar en el presente capítulo. En cambio, la de *pronominal*, aunque atiende únicamente a la forma, abarca los significados reflexivos y los que no lo son.

3.5.5. Oraciones de verbo recíproco. — Son una especie de las reflexivas, de las cuales no se distinguen por la forma, sino porque dos o más sujetos ejecutan la acción del verbo y a la vez la reciben mutuamente. Los verbos de estas oraciones han de ser transitivos, porque si fueran intransitivos no podría verificarse la reciprocidad. La oración *Pedro y Juan se quejan* expresa dos acciones distintas; pero en *Pedro y Juan se tutean* denotamos acción recíproca, como en *El fuego y el agua se repelen; Vosotros os odiáis; Los seres se olfateaban antes de verse* (M. A. Asturias, *El Señor Presidente*, cap. XII). Para hacer claro el significado recíproco añadimos a veces palabras o frases que eviten toda ambigüedad: *Pedro y Juan se atormentan mutuamente* (o *recíprocamente*, o *uno a otro*, o *el uno al otro*, o *entre sí*); *Se abrigaban entre ellos, prestándose mutuamente el calor de sus cuerpos* (C. Alegría, *Los perros hambrientos*, cap. I).

---

[2] En el habla corriente y popular existe fuerte tendencia a construir como pronominales muchos verbos, transitivos e intransitivos, que no suelen usarse así en el habla culta y literaria; p. ej.: *Ya se murió*, frente a *Ya murió*. En los novelistas hispanoamericanos hallamos abundantes ejemplos que reproducen el lenguaje coloquial de los medios populares; v. gr.: *Enseguida se regresó a la Casa Grande* (R. Gallegos, *Pobre negro: El salto más allá del límite*); ¿*Y si nos juyéramos de aquí?* (F. L. Urquizo, *Tropa vieja: Los montados*); *Veo a su hija en peligro, y solo se me ocurre gritarle que no se robe las nueces* (J. Lezama Lima, *Paradiso*, cap. III).

3.5.6. Oraciones impersonales. — *a)* Cuando el sujeto no se expresa ni se sobrentiende por el contexto o la situación de los interlocutores, la oración se llama *impersonal*. Todos los verbos, transitivos e intransitivos, pueden usarse impersonalmente en la voz activa, bien por desconocerse el sujeto, bien por callarse intencionadamente, o bien por carecer de todo interés para los interlocutores; v. gr.: *Llaman a la puerta,* o *al teléfono* (sujeto desconocido); *Me han regalado un reloj* (sujeto callado intencionadamente); *No permiten pasar* (sujeto sin interés). El verbo va siempre en tercera persona del plural, aunque el que habla sepa que el sujeto es una sola persona: *Dispararon un tiro; Le han dado un palo en la cabeza.* El carácter indeterminado del sujeto puede comprobarse en las siguientes oraciones: *Aquí cantan, allá ríen; Dicen* [3] *que han llegado tropas; Cuentan pormenores alarmantes de lo ocurrido; Lo tienen por tonto; Este año recogerán buena cosecha.*

b) Con el verbo en voz pasiva, se calla el agente o productor de la acción cuando es desconocido o no interesa mencionarlo, tanto en la pasiva perifrástica con *ser* como en la pasiva refleja: *La paz fue aceptada* equivale a *La paz se aceptó.* Si el sujeto pasivo estuviese en plural, diríamos respectivamente, *Las paces fueron aceptadas* o *Las paces se aceptaron.* El uso de la pasiva refleja aparece consolidado desde los primeros textos literarios: *Non se faze assí el mercado* (*Mio Cid*, v. 139); *Hobo Santa María siete placeres muy grandes del su fijo, que se cantan en santa eglesia* (*Partidas*, prólogo), y sigue en progresión creciente hasta nuestros días. Tratándose de cosas, esta construcción no ofrecía dificultad; pero cuando se aplicaba a personas, nacía ambigüedad entre los significados reflexivo, recíproco y de pasiva refleja. Así ocurre, con el sujeto pasivo en plural, en los siguientes textos: *Viendo la muchedumbre de cristianos que cada día se mataban* (Granada, *Símbolo*, II, 12); *Que el señor del castillo era un follón y mal nacido caballero, pues de tal manera consentía que se tratasen los andantes caballeros* (*Quijote*, I, 3). Para resolver esta ambigüedad posible, el idioma fue extendiendo la práctica de poner el verbo en singular acompañando al sujeto pasivo con la preposición *a.* Por ejemplo, la frase ambigua *Se obsequian las señoras* se convierte en *Se obsequia a las señoras,* donde no hay duda posible. Pero entonces, inmovilizado el verbo en singular y acompañando *las señoras* con la preposición *a,* las construcciones de este tipo quedaron convertidas en oraciones

---

[3] Nótese la expresión impersonal *diz que* por *dicen que,* que en la actualidad se usa en el habla popular de varias zonas de España y América. Se encuentra en textos del Siglo de Oro: «Dezimos *diz que* por *dizen,* y no parece mal» (J. de Valdés, *Diálogo de la lengua*). Entre los escritores modernos se emplea en estilo arcaizante o con intención humorística.

activas de sujeto indeterminado *(se)* y un complemento directo de persona con la preposición *a (a las señoras)*.

c) Generalizada ya esta construcción con complementos de persona, tiende a propagarse con complementos de cosa, claro está que sin preposición en este caso. La vacilación que en nuestros días se produce entre *Se venden botellas* y *Se vende botellas*, *Se alquilan coches* y *Se alquila coches*, tan discutida por los gramáticos, depende de que prevalezca la idea de que las botellas *son vendidas* (impersonal pasiva) concertando el verbo con su sujeto pasivo, o bien de que un sujeto indeterminado *vende botellas* (impersonal activa). La construcción pasiva es la tradicional, la que recomiendan los gramáticos y domina enteramente en la lengua literaria; la impersonal activa se abre camino en el habla corriente, sin que esto quiera decir que falten ejemplos de uno y otro uso en ambas zonas del idioma actual. Con todo, hoy por hoy parece recomendable atenerse al uso culto, literario y más generalizado. En singular no hay signo gramatical que revele cuál es la representación o intención predominante; y así, en la oración *Se ha divulgado la noticia*, cabe pensar que alguien *la ha divulgado* (impersonal activa) o que *ha sido divulgada* (impersonal pasiva). Únicamente el contexto podría aclarar la duda.

d) El pronombre *se* con un verbo intransitivo, o transitivo en uso absoluto, es de uso general con valor de sujeto indeterminado en oraciones como: *Por estas asperezas se camina / de la inmortalidad al alto asiento* (Garcilaso, *Elegía I*); *Vívese con trabajo; Se vive tranquilo; Se duerme mal allí; Aquí se canta y se baila; Se tratará de un asunto importante.* Estas construcciones se hallan emparentadas con las seudorreflejas (§ 3.5.4c); por su carácter intransitivo o absoluto no pueden originar confusión con las de pasiva refleja.

e) Con los verbos que son siempre pronominales no cabe emplear el *se* impersonal ni el pasivo. Suele sustituírsele entonces por el indefinido *uno, una;* p. ej.: *Se atrevería uno a hacer lo mismo; A veces se queja uno sin razón.* Lo mismo ocurre con las acepciones pronominales de los verbos transitivos: *Se acostumbra uno a todo, Se despeina una con ese viento.*

3.5.7. **Oraciones de verbo unipersonal.** — a) Son una modalidad de las impersonales, de las cuales únicamente se distinguen porque los verbos *unipersonales* solo se usan, con su significado propio, en la tercera persona de singular y en las formas no personales. El grupo más numeroso de estos verbos expresa fenómenos naturales, como *llover, nevar, granizar, tronar, relampaguear, alborear, amanecer, anochecer*, etc., en los cuales es muy difícil personificar un sujeto distinto de la acción misma. De igual manera que en los verbos de estado cabe extraer un complemento directo de su propia significación *(Vivíamos una vida feliz)*, podemos decir también *Llovía una lluvia helada;* pero no es necesario ni frecuente este pleonasmo. Cuando quiere atribuirse la acción a otro sujeto, como causante o productor del fenómeno, hay que designarlo expresamente: *Júpiter tronaba en el espacio; Amanecerá Dios y medraremos; Aunque lloviese Dios reinos sobre la tierra (Quijote, I, 7).*

b) Cuando están empleados en sentido figurado, pierden estos verbos su carácter impersonal, y por consiguiente pueden conjugarse en cualquier persona del singular y del plural; p. ej., cuando decimos *Amanecerán días mejores; Amanecerán y no anochecerán los malvados; Después de aquel día de excursión, amanezco con los bríos enconados* (T. Carrasquilla, *Hace tiempos,* II, cap. VI); *Amanecí en el cuartel y anochecí a doce leguas de mi pueblo* (M. Azuela, *Los de abajo,* parte 1.ª, VI); *Llovían injurias de su boca; Y tus ojos, Señor, relampagueaban* (Zorrilla, *Poes.: Impresiones de la noche).*

c) En su uso impersonal, *haber, hacer* y *ser* adoptan construcciones iguales a las de los verbos que expresan fenómenos de la naturaleza; p. ej.: *Hubo fiestas, Hace calor, Es temprano,* donde las palabras *fiestas, calor, temprano* son complemento de los verbos respectivos. El sujeto queda indeterminado, algo así como [*la gente, el pueblo*] *tuvo fiestas;* [*la estación, el tiempo*] *hace calor;* [*el momento a que me refiero*] *es temprano.* La tercera persona de singular del presente de indicativo de *haber,* como unipersonal, es *ha* cuando denota transcurso de tiempo; v. gr.: *Tres años ha, Mucho tiempo ha,* y en las frases *ha lugar* y *no ha lugar.* En cualquiera otro caso es *hay,* como en *Hay paso, Hay indicios.*

d) *Haber* y *hacer* tienen entre sus varias acepciones la de indicar vagamente existencia o presencia, análoga a la que corresponde a los verbos *ser* y *estar: No hay nadie; Hace mucho frío.* Esta significación indeterminada explica que en algunas provincias españolas de Levante, y en numerosos países hispanoamericanos, se interpreten con verbos personales y se diga *Hubieron fiestas, Habían muchos soldados, Hicieron grandes heladas,* concertando el verbo con su complemento plural, porque no es sentido como complemento, sino como sujeto. Encontramos ejemplos esporádicos de esta construcción en textos españoles antiguos: *Algunos ouieron que, o con mala voluntad o non sintiendo discretamente, quisieron disfamar al rey de Navarra* (F. Pérez de Guzmán, *Generaciones y semblanzas: Don Álvaro de Luna); Hoy hacen, señor, según mi cuenta, quince años, un mes y cuatro días que llegó a esta posada una señora en hábito de peregrina* (Cervantes, *La ilustre fregona).* Entre los escritores españoles modernos no hallamos ejemplos de este uso. Los escritores hispanoamericanos lo evitan generalmente cuando hablan por su cuenta, quizá porque los gramáticos lo han censurado siempre; pero en la novela y el teatro hacen hablar a sus personajes en estilo directo y abundan extraordinariamente los ejemplos; v. gr.: *Yo no sé que hayan más modos, misiá Rosita* (T. Carrasquilla, *Hace tiempos,* I, cap. III); —*Hacen días que está en nuestro poder...* —*¿De modo que hacen días?* (R. Gallegos, *Pobre negro: La inútil sangre*); *¡Tiene unos papeles!... Hacen días que se los vide en su baúl (Ibíd.: Candiles en la oscuridad); Hubieron tamales* (M. A. Asturias, *El Señor Presidente,* cap. XXIV). Sería fácil multiplicar las citas semejantes. Tal abundancia demuestra, por lo menos, la extensión y arraigo de esta construcción en el habla coloquial de aquellos países.

3.6. CONCORDANCIA

3.6.1. Generalidades. — *a*) En el cap. 3.1 definíamos la oración como la menor unidad de sentido, completa en sí misma, que se produce en el habla real. Los elementos de que se compone la unidad oracional guardan entre sí relaciones internas que se manifiestan en las inflexiones de la entonación, en los grupos de intensidad, en el uso de preposiciones y conjunciones, en la concordancia y en el orden con que se suceden dichos elementos. Todos estos factores de unidad se hallan presentes en la expresión del que habla y son percibidos, como signos lingüísticos, por el oyente o lector.

b) La *concordancia* es en nuestra lengua la igualdad de género y número entre adjetivo o artículo y sustantivo, y la igualdad de número y persona entre el verbo y su sujeto. Con la pérdida de la declinación latina quedaron muy simplificadas las leyes de la concordancia en las lenguas romances, las cuales se limitan al ajuste entre las categorías gramaticales de género, número y persona. En español, además, por el hecho de estar contenido el sujeto en la desinencia verbal, la concordancia de verbo y sujeto rige únicamente para los casos de determinación y desarrollo del sujeto fuera del verbo que lo contiene. Estos casos son frecuentes en tercera persona, pero son innecesarios y generalmente poco usuales en las personas primera y segunda, que están presentes en el diálogo, según veremos en el lugar correspondiente (§ 3.10.2).

3.6.2. Reglas generales de la concordancia gramatical. — *a*) Andrés Bello ordenó sistemáticamente la materia de este capítulo en los dos grandes grupos o reglas generales que, siguiendo su doctrina, insertamos a continuación:

1.ª regla general. Cuando el verbo se refiere a un solo sujeto, concierta con él en número y persona; y cuando el adjetivo se refiere a un solo sustantivo, concierta con él en género y número. Ejemplos: *El niño jugó toda la tarde en el jardín; Las niñas jugaron toda la tarde en el jardín; Pasó por mi calle un caballo blanco; Pasaron por mi calle unos caballos blancos.*

2.ª *regla general.* Cuando el verbo se refiere a varios sujetos, debe ir en plural. Si concurren personas verbales diferentes, la segunda es preferida a la tercera, y la primera a todas.

Cuando el adjetivo se refiere a varios sustantivos, va en plural. Si los sustantivos son de diferente género, predomina el masculino.

Ejemplos: *Juan y tú viajaréis juntos; Juan, tú y yo viajaremos juntos; Salieron en el examen problemas y preguntas muy dificultosos.*

b) Estas reglas generales rigen la concordancia *gramatical*, es decir, la que los hablantes aspiran a realizar según la norma colectiva, más o menos consciente, que la lengua impone a todos como imagen o modelo ideal. Es también, en consecuencia, la que los gramáticos aconsejan como correcta en los casos de duda. Pero en el habla real aparecen a veces desajustes y vacilaciones entre el pensamiento y su expresión, es decir, discordancias gramaticales motivadas, bien por impericia o poco esmero del hablante, o bien por la naturaleza misma del significado y el significante. Por esto, la rapidez improvisadora del habla coloquial favorece la aparición de discordancias, mientras que la expresión escrita fortalece el sentido de la norma gramatical. A medida que el idioma iba acreciendo su tradición literaria a lo largo de su historia, se confirmaban las reglas generales, y al mismo tiempo se delimitaba el alcance de las anomalías que el uso sancionaba como posibles en la expresión correcta. Tales anomalías en la concordancia regular fueron legitimadas, en parte, por gramáticos y retóricos con el nombre de *silepsis*, que fue incluida en el catálogo de las *figuras de construcción*. A continuación expondremos los casos especiales de concordancia refiriéndolos a cada una de las dos reglas generales explicadas en el apartado anterior.

3.6.3. **Casos especiales de concordancia. Primera regla general.** — Se clasifican en tres grupos: *a*) cuando hay discrepancia entre el sexo de la persona y el género gramatical de los tratamientos o del sustantivo con que se las designa; *b*) concordancia de los colectivos; *c*) discordancia deliberada con fines estilísticos.

3.6.4. **Sexo y género gramatical.** — *a*) Los títulos y tratamientos como *usted, usía, señoría, excelencia, eminencia, alteza, majestad,* etc., conciertan con adjetivo masculino o femenino, según el sexo de la persona a quien se aplican: *Usted es muy generoso o generosa; Su Ilustrísima está muy satisfecho; Su Majestad está informado del caso y resuelto a hacer justicia; Su Santidad se muestra deseoso de recibiros; Su Excelencia, el Presidente de la República, se halla decidido a convocar elecciones en breve plazo; ¿Ves aquel paternidad, | Tan grave y tan reverendo...?* (J. Iglesias de la Casa, *Letrilla*).

b) Cuando una persona aparece designada ocasionalmente con un sustantivo de género distinto al de su sexo, los adjetivos pueden concertar con este; p. ej.: *Bien sea venido la flor y la nata de los caballeros andantes* (*Quijote*, II, 31); *Tales prójimas eran en la calle un mamarracho, un reverendo adefesio* (R. Palma, *Tradiciones peruanas*, 1.ª serie: *Las Cayetanas*). La aposición puede tener género y número distintos al del sustantivo a que se aplica; p. ej.: *¡Ay!, ¿pues usted qué se creía? ¡Qué inocente! Siempre el mismo D. Ramón, la virginal doncella* (Galdós, *Miau*, cap. XI). Igualmente las denominaciones cariñosas o irónicas del tipo *vida mía, corazón, luz de mis ojos, cielito,* etc., no impiden la concordancia con el sexo de la persona a quien se dirigen.

3.6.5. **Concordancia de los colectivos.** — *a*) Cuando el sustantivo es un nombre colectivo y está en singular, el verbo se ha de poner en el mismo número; pero puede usarse en el plural, considerando en el colectivo, no el número singular que representa su forma, sino el de las cosas o personas que incluye. Cuando dice Cervantes: *Finalmente, todas las dueñas le sellaron* (a Sancho) *y otra mucha gente de casa le pellizcaron* (*Quijote*, II, 69), el verbo *pellizcaron* está en plural, concertando con el sustantivo *gente,* que significa muchedumbre de personas. En los escritores antiguos son muy comunes expresiones como esta: *Acudieron a la ciudad multitud de gente;* pero conviene usar con parsimonia y tino de tales licencias.

b) No obstante lo dicho en el apartado anterior, cuando el nombre colectivo venga determinado por un complemento en plural que indique las personas o cosas de que consta el conjunto, es muy común poner el verbo en plural; v. gr.: *Comenzaron a entrar por el jardín adelante hasta cantidad de doce dueñas* (*Quijote*, II, 38); *Que obligó a que por entonces ninguno de los que escuchándole estaban le tuviesen por loco* (*Ibíd.*, I, 37), donde los plurales *comenzaron* y *tuviesen* conciertan realmente con los complementos del sujeto *dueñas* y *los que.* Pero no faltan ejemplos de singular; v. gr.: *Escasísima cantidad de obras maestras tiene una fama que jamás se marchita* (Valera, *Dafnis y Cloe,* introducción, pág. 6); *Yo tengo para mí que el mismo Quijote..., el libro al lado del cual no se podrá poner sino una docena de otros libros..., no es leído sino por literatos* (*Ibíd.*, pág. 14).

c) *Parte, mitad, tercio, resto* y otros sustantivos semejantes pueden también llevar el verbo y el adjetivo en plural; v. gr.: *Entraron en la ciudad unos mil facinerosos, parte armados de escopetas, parte de palos y estacas; Los naturales, parte alzaron, parte quemaron las vituallas* (P. Mariana); *De los 8.500 pesos que traes, más de la mitad se invertirían en tus misas* (Ocantos, *La cola de paja,* cap. I).

d) El verbo *ser,* cuando es copulativo, concierta a veces con el complemento predicativo y no con el sujeto; v. gr.: *Su soledad inmensa que aflige el alma, | son setecientas leguas de arena y cielo, | silencio y calma* (Zorrilla, *Álbum de un loco: Arabia*), donde vemos *son* en plural concertando con *leguas* y no con el sujeto *soledad;* y así en los dos ejemplos siguientes: *Todos los encamisados era gente medrosa* (*Quijote,* I, 19); *La demás chusma del bergantín son moros y turcos* (*Ibíd.,* II, 63). Esta posibilidad de concertar con el sujeto o con el complemento predicativo es muy frecuente en el habla coloquial; p. ej.: *Mi sueldo es* (o *son*) *20.000 pesetas mensuales.*

3.6.6. Discordancia deliberada. — *a)* En el habla coloquial nos dirigimos a un sujeto singular con el verbo en primera persona del plural, para obtener un efecto expresivo deliberado, bien para participar amablemente en la actividad o estado de nuestro interlocutor, bien con intención irónica. Preguntamos a un enfermo: *¿Cómo estamos?, ¿Qué tal vamos?;* —*Qué, ¿cómo andamos de preparativos? —Pues ya lo veis: la mesa puesta, el vino en los jarros y el arroz al fuego* (C. Arniches, *La Flor del Barrio,* II, esc. 2). Se manifiesta sorpresa o ironía ante una persona o cosa, diciendo: *¿Esas tenemos?; Una mañana, de sobremesa, dije yo esta frase que se puede esculpir: «No hay un solo hombre que tenga corazón». Y tú saltaste como si te hubiera picado una avispa: «¡Hay de todo!» ¿Hola? ¿Hay de todo?, ... pensé yo entre mí. ¿Conque opinamos que hay de todo?* (S. y J. Álvarez Quintero, *Doña Clarines,* I). A veces se intenta con ello disminuir la responsabilidad propia envolviéndola en una pluralidad ficticia. Se dice, p. ej., *Lo hemos estropeado,* no habiendo más culpable que uno mismo. Espinel, en su *Marcos de Obregón,* hablando de un médico desacertado en el tratamiento de un enfermo, dice: *Y con decir que habíamos errado la cura —como si yo también la hubiera errado—, me dejó y se apartó de mí confuso y corrido* (parte I, desc. IV).

b) A este tipo de discordancias deliberadas con fines estilísticos pertenece también el *plural de modestia,* que hace hablar a un autor u orador de sí mismo en primera persona de plural (*creemos, pensamos, dudamos, afirmamos,* etc.); e igualmente el *plural mayestático,* derivado de las fórmulas de tratamiento. Tratamos de estas discordancias en el cap. 2.14.

c) Cuando aplicamos los demostrativos neutros para designar personas de uno u otro sexo, en singular o en plural, significamos menosprecio por contraste deliberado entre lo expresado y su expresión; p. ej.: *¡Mira eso!; ¿Qué es aquello?* En estos ejemplos *eso* y *aquello* pueden referirse con intención despectiva a un hombre, a una mujer o a un grupo de personas.

3.6.7. Casos especiales de concordancia. Segunda regla general. — Para los casos especiales de concordancia que afectan a esta segunda regla, establecemos las agrupaciones siguientes: *a*) pluralidad gramatical y sentido unitario; *b*) posición del verbo respecto a los sujetos; *c*) posición del adjetivo respecto a los sustantivos.

3.6.8. Pluralidad gramatical y sentido unitario. — *a*) Dos o más sustantivos asociados pueden sentirse como un todo unitario y concertar en singular; p. ej.: *La entrada y salida de aviones ha sido suspendida, a causa de las grandes nevadas; El alza y baja de la Bolsa produce inquietud en los medios financieros; La inauguración y clausura del congreso será anunciada oportunamente.* En estos ejemplos, los verbos podrían ponerse también en plural. Si disociamos los sustantivos anteponiendo a cada uno de ellos el artículo o un demostrativo, la concordancia en plural tiende a imponerse; p. ej.: *La inauguración y la clausura del congreso serán anunciadas oportunamente.*

b) Dos o más infinitivos pueden reunirse como sujetos de un verbo en singular, sobre todo si van sin artículo, o si el artículo se antepone solo al primero de ellos; v. gr.: *Todo lo que dices, Cipión, entiendo; y el decirlo tú y entenderlo yo me causa nueva admiración y nueva maravilla* (Cervantes, *Coloquio de los perros*); *Comer, beber, pasear y no hacer nada le arruinó* (o *le arruinaron*) *en poco tiempo.*

3.6.9. Posición del verbo respecto a los sujetos. — *a*) Cuando dos o más sujetos preceden al verbo, la pluralidad es tan visible y próxima que es raro poner el verbo en singular. Se cumple, pues, la regla general; v. gr.: *El sosiego, el lugar apacible, la amenidad de los campos, la serenidad de los cielos, el murmurar de las fuentes, la quietud del espíritu, son grande parte para que las musas más estériles se muestren fecundas* (Cervantes, *Quijote*, prólogo) [1]. Por el contrario, si el verbo precede a los sujetos, es posible que concierte, no con todos, sino solo con el primero: *Le vendrá el señorío y la gravedad como de molde* (Cervantes, *Quijote*, II, 5); *Reinaba constantemente tal desorden y algarabía que costaba trabajo entenderse* (A. Palacio Valdés, *Maximina*, cap. XVII; nótese que la concordancia del verbo en singular está favorecida por la reiteración, casi sinonímica, de *algarabía* con respecto al significado de *desorden*); *Tampoco le distrae a Carriego la perfección del mal, la preci-*

---

[1] Véase, sin embargo, un ejemplo contrario, con verbo en singular pospuesto a varios sujetos: *La hora, el tiempo, la soledad, la voz y la destreza del que cantaba causó admiración* (Cervantes, *Quijote*, I, 27).

sión y... el arrebato escénico de la desgracia (J. L. Borges, *Evaristo Carriego*, cap. IV).

b) Si el verbo va entre varios sujetos, tiende a concertar con el más próximo: *Su causa* [de Dios] *nos lleva, y la de nuestro Rey (que también es suya), a conquistar regiones no conocidas* (Solís, *Conquista de México*, lib. 1, cap. XIV). En la lengua moderna son perfectamente admisibles construcciones del mismo tipo; p. ej.: *Mi deber me obligaba, y nuestra amistad, a hablarle francamente.*

c) En los ejemplos de los párrafos *a* y *b*, los varios sujetos de un verbo van simplemente yuxtapuestos o enlazados por la conjunción *y*. Con la copulativa *ni*, el verbo puede concertar con todos en plural, o en singular con el más próximo, sin que en esta concordancia influya que el verbo siga o preceda a los sujetos. Ejemplos: *Hombre ni gigante, ni caballero de cuantos vuestra merced dice, parece por todo esto; a lo menos yo no los veo* (*Quijote*, I, 18); *De tal suerte que ni la conformidad de religión, ni los vínculos de la sangre, ni la bondad y virtud de los príncipes, fue bastante para conformar sus ánimos ni los de sus ministros* (Melo, *Guerra de Cataluña*, lib. I); *No te igualó en ligereza el hipogrifo de Astolfo ni el nombrado Frontino* (*Quijote*, I, 25); *No serán bastante a hacerme ceder ni la envidia, ... ni la malicia que no entiendo, ni el odio* (E. Castelar, *Discurso*). Esta libertad de concordancia mantiene su uso actual. Así, se dice indistintamente: *No me agradó* (o *agradaron*) *ni el argumento de la obra, ni la interpretación, ni la escenografía.*

d) El verbo que se refiere a dos o más sujetos singulares unidos por la disyuntiva *o* puede hallarse en singular concertando con uno solo, o en plural concertando con todos, tanto si los sujetos van delante como si van detrás del verbo; v. gr.: *El tiempo o la muerte ha de acabar el enojo de sus padres* (*Quijote*, I, 12); *Bien confesarás que ni has visto ni has oído decir jamás que haya hablado ningún elefante, perro, caballo o mona* (Cervantes, *Coloquio de los perros*); *¿Qué yerbecilla, qué animalejo, qué piedra, qué tierra, qué elemento no es parte o de tu sustento, abrigo, reposo o hospedaje?* (Quevedo, *La cuna y la sepultura*, cap. I); *En diez años de plazo que tenemos, | el rey, el asno o yo ¿no moriremos?* (Samaniego, *Fábulas: El charlatán*). La misma posibilidad de doble concordancia aparece también con otros medios usuales de coordinación disyuntiva o distributiva; p. ej.: *Bien la baratura, bien la calidad de la mercancía, le decidió* (o *decidieron*) *a hacer una compra importante.*

3.6.10. **Posición del adjetivo respecto a los sustantivos.** — *a)* Si un adjetivo va detrás de dos o más sustantivos, concierta con ellos en plural; p. ej. *Presunción y osadía inexcusables*. Es la concordancia general, según la regla segunda. Sin embargo, aparecen esporádicamente casos con el adjetivo en singular, a veces por la intención de no calificar más que al sustantivo más cercano; p. ej.: *La hospitalidad, la castidad, la fidelidad y la independencia indomable* (Menéndez Pidal, *La epopeya castellana a través de la literatura española*, cap. I) (frente a *indomables*); *talento y habilidad extremada* (frente a *extremados*); a veces a causa de la cohesión con que se piensan los sustantivos: *Lengua y literatura españolas* supone los dos sustantivos en su aislamiento, en tanto que *Lengua y literatura española* los piensa como un todo unitario, que permite calificarlo en singular.

b) Cuando el adjetivo precede a dos o más sustantivos, concierta generalmente con el más próximo: *El público lo recibió con entusiasta admiración y aplauso; Madrid le aclamó con ferviente devoción y cariño* [2]. La cuestión se complica con el distinto valor con que se siente en español el adjetivo antepuesto o pospuesto al sustantivo. Como veremos en su lugar correspondiente (§ 3.9.3), el adjetivo antepuesto, por su carácter subjetivo, tiende a limitar su alcance al sustantivo que inmediatamente le sigue, y con ello la concordancia, puesto que se trata de una matización emotiva indiferenciada, que se puede propagar a todos los sustantivos sin necesidad de expresarla gramaticalmente. El adjetivo pospuesto, objetivamente descriptivo, ha de tender por lo general a señalar su extensión múltiple por medio de la concordancia en plural. Compárense las siguientes oraciones: *Admiro su asombroso talento y saber* y *Admiro su talento y saber asombrosos*. En la primera, el adjetivo envuelve a los dos sustantivos que le siguen; tanto que sonaría raro decir *sus asombrosos talento y saber*. En la segunda oración, si el adjetivo no estuviese en plural, calificaría solo al sustantivo *saber*, o por lo menos habría tendencia a interpretarlo así.

3.6.11. **Advertencia.** — No hemos tratado en este capítulo de la concordancia en los pronombres y de otros casos particulares, de los cuales hablaremos en su lugar oportuno.

---

[2] Cuervo, en su nota 109 a la *Gramática* de Bello, censura el amaneramiento de concordar en plural el adjetivo que precede a varios sustantivos apelativos de cosa, en el siguiente ejemplo: «La principal consideración que me ha decidido por el [método] que verá el lector, ha sido la de procurar *sus mayores* comodidad y agrado.»

3.7. ORDEN DE COLOCACIÓN
DE LOS ELEMENTOS ORACIONALES

3.7.1. Normas y libertad de construcción. — Las palabras que componen una oración no se suceden dentro de ella al azar de la iniciativa individual de los hablantes, sino que el sistema sincrónico de la lengua impone a todos ciertas restricciones, que deben observarse so pena de que la expresión resulte ininteligible, oscura, anfibológica o extravagante. Esta norma colectiva rige, de modo más o menos consciente, en todas las zonas sociales de cualquier comunidad lingüística, y es a la vez el caudal y el cauce donde se desarrolla la originalidad expresiva individual. Precisamente el español conserva hoy, entre las grandes lenguas modernas de cultura, una libertad constructiva que muy pocas alcanzan, a causa de determinadas cualidades de estructura gramatical que precisaremos en el capítulo presente.

3.7.2. Elementos sintácticos. — *a*) Damos el nombre de *elementos sintácticos* a las subagrupaciones de sentido y de función gramatical que podemos establecer dentro de la oración. Cada elemento sintáctico puede contener una o varias palabras; pero es esencial, en todos los casos, que la palabra o palabras que lo forman constituyan una unidad funcional. De acuerdo con las nociones explicadas en los capítulos anteriores, las unidades funcionales, o elementos sintácticos, que podemos distinguir en la oración se clasifican del modo siguiente: 1.º, el núcleo del sujeto; 2.º, todos y cada uno de los complementos del sujeto; 3.º, el verbo con sus modificaciones adverbiales; 4.º, todos y cada uno de los complementos del verbo, y 5.º, todos y cada uno de los complementos de cada complemento. En la oración *Los pájaros del bosque vecino | devoraron en pocos días las uvas de mi viña*, va separado con raya vertical el sujeto del predicado. Además de las palabras núcleos del sujeto *(pájaros)* y del predicado *(devoraron)*, podemos señalar los siguientes elementos sintácticos: *del bosque vecino*, complemento del sujeto, en el cual cabe distinguir *vecino* como complemento dentro del complemento *(del bosque)* ; *en pocos días*, complemento circunstancial de tiempo; *las uvas de mi viña*, complemento directo, donde diferenciamos también *de mi viña*, en su calidad de complemento dentro del complemento *(las uvas)*. Como vemos en este ejemplo, de construcción muy sencilla, donde los elementos sintácticos no se encabalgan entre sí, el análisis se funda en la aplicación de unos esquemas gramaticales previos. Es natural que las oraciones de contextura complicada requieran mayor esfuerzo de abstracción; pero el procedimiento analítico sigue siendo el mismo: unos tipos oracionales abstractos, con los cuales tratamos de captar la realidad viva del lenguaje y que a veces, por no ajustarse bien a esta, se prestan a divergencias de pareceres entre los gramáticos. La Gramática tiene sus límites; y donde ella termina, comienza el análisis estilístico.

b) De ordinario, el orden con que enunciamos los elementos oracionales es el resultado de la tradición idiomática heredada, a la cual nos amoldamos sin esfuerzo. Pero, con frecuencia, la construcción va motivada por determinadas vivencias que el hablante procura diferenciar de las más comunes o habituales. Así se crean oposiciones sintácticas, más o menos consolidadas en la vida del idioma, que, a la manera de las oposiciones léxicas, están dotadas de significación diferenciadora. La motivación de tales construcciones nos permite clasificarlas en dos grandes grupos: 1.º, *motivos lógicos de claridad*, y 2.º, *motivos estilísticos y rítmicos*. Todos estos factores actúan conjuntamente en la expresión y determinan variaciones sintácticas.

3.7.3. Construcción lineal y construcción envolvente. — *a)* Las lenguas indoeuropeas antiguas, a causa de su riquísimo sistema flexional, gozaban de una libertad sintáctica mucho mayor que las lenguas descendientes de ellas. Cualquier orden de colocación de los elementos oracionales aumenta sus posibilidades de vigencia, si las desinencias abundantes y variadas aseguran su dependencia recíproca y la claridad del sentido. Pero la tendencia analítica de las lenguas modernas de origen ario motiva su simplificación flexional y favorece el desarrollo progresivo de esquemas sintácticos más o menos fijos. En estos idiomas se señalan dos tipos principales de construcción llamados *orden o construcción lineal* y *orden o construcción envolvente*. Ambos tipos se dan conjuntamente en todas las lenguas, pero en proporción variable para cada una de ellas. Se trata, pues, de tendencias generales que el uso prefiere o rechaza en determinados casos, no de normas gramaticales fijas.

b) En la construcción lineal, el elemento determinante sigue al determinado. En una construcción lineal perfecta, el sujeto iría seguido del verbo, y a este seguirían los complementos, directo, indirecto y circunstanciales; cada uno de estos elementos sintácticos llevaría inmediatamente detrás sus determinantes propios. Por ejemplo, la oración analizada en el párrafo anterior: *Los pájaros del bosque vecino devoraron en pocos días las uvas de mi viña*, se ajusta por entero al molde de la construcción lineal. Por supuesto, ninguna lengua practica exclusivamente el orden lineal; se trata de una preferencia más o menos lograda, que pocas veces llega a erigirse en regla invariable. Esta tendencia se halla en grado muy avanzado en francés y en inglés. El alemán, en cambio, anticipa con gran frecuencia los determinantes, según el orden envolvente, como ocurría en latín y en griego. El español, como veremos luego, ocupa a este respecto un lugar intermedio. Por motivos de claridad expositiva, nos limitaremos en este capítulo al orden relativo que guardan entre sí los tres elementos principales de la oración: sujeto, verbo y complementos de este. Los demás problemas referentes al orden constructivo tendrán su lugar más adecuado en los capítulos que dedicamos al uso sintáctico de cada una de las partes de la oración.

c)   Por lo general el hablante tiende a anteponer el elemento que por cualquier motivo estima como más interesante. Si decimos *A las siete vendrá Juan*, damos importancia principal a la hora de su venida; en *Vendrá Juan a las siete*, realzamos en primer término la afirmación del hecho; en *Juan vendrá a las siete*, referimos al sujeto una acción que ha de realizar personalmente. Las tres construcciones son posibles y lógicamente claras, pero la expresión adquiere matices especiales en cada una de ellas [1]. Ahora bien: la anteposición del sujeto es la construcción más frecuente, no porque sea más lógica ni más regular, sino porque el sujeto representa de ordinario el término conocido, la continuidad del discurso, en mayor número de casos que los demás elementos oracionales juntos; y el hábito que esta frecuencia ha creado, ha desgastado más o menos la expresividad de esta construcción, la cual aparece más visible cuando el verbo precede, y más aún, por ser menos frecuente, cuando algún complemento verbal ocupa el primer lugar.

d)   En lo que se refiere al español hay que hacer, sin embargo, algunas restricciones importantes. Como es sabido, las desinencias verbales son tan claras y expresivas en nuestra lengua, que el verbo no necesita llevar unido el pronombre sujeto, como en francés y en inglés. El sujeto va explícito generalmente en la desinencia, que es precisamente un elemento pospuesto al verbo. Insistiremos con más

---

[1] Nótese que la anteposición del elemento que se siente como más importante no es el único medio que podemos emplear para significar su mayor interés. En igualdad de ordenación cabe realzar determinadas palabras reforzando su acento de intensidad, elevando su entonación o retardando el *tempo* con que se articulan. Cualquiera de estos medios fonológicos, o todos ellos conjuntamente, pueden hacer, por ejemplo, que en la oración *Mi padre llegará esta noche* se destaquen *llegará* o *esta noche*, de modo que el oyente perciba su mayor relieve expresivo.

pormenores sobre este particular cuando tratemos del uso de los pronombres (§ 3.10.2). Con sujetos nominales de tercera persona, aparece con mucha frecuencia el sujeto antepuesto; pero la inversión de este orden lineal abunda también en todas las épocas. He aquí algunos ejemplos del *Cantar de Mio Cid: Sospiró mio Çid* (v. 6); *Fabló Martín Antolínez, odredes lo que a dicho* (v. 70); *Véalo el Criador con todos los sos santos* (v. 94); *Con aqueste aver tornan se essa conpaña* (v. 484). Con la misma abundancia aparece en nuestra época el verbo antepuesto al sujeto, tanto en el habla coloquial como en textos literarios. Ejemplos: *Al mismo tiempo llegaba a mis oídos, como música misteriosa, el son de las campanas de la ciudad medio despierta* (Galdós, *Trafalgar*, cap. IX); *Gritaba el coronel Zagal cada vez que se desprendía de la cabeza de la columna* (C. Fuentes, *La muerte de Artemio Cruz*, 22-X-1915). En estos ejemplos, con verbos transitivos e intransitivos, el sujeto pospuesto podría anteponerse sin dificultad lógica.

e) Cualquier oración enunciativa puede convertirse en interrogativa general sin necesidad de alterar su estructura sintáctica. La afirmación *Tu hermano está mejor* o *Está mejor tu hermano*, adopta forma de pregunta diciendo *¿Tu hermano está mejor?* o *¿Está mejor tu hermano?* Esta libertad de construcción se debe a que la curva melódica interrogativa adquiere en español su carácter peculiar desde el comienzo de la pregunta, y no solo al final, como ocurre en otras lenguas. La ortografía española traduce bien la realidad del habla oral al exigir los signos de interrogación (¿...?) al principio y al fin de la pregunta. Por esto también, aunque sea muy frecuente en español la anteposición del verbo en las interrogativas generales, no es obligatoria como en aquellas lenguas. Véase lo que dijimos sobre la forma sintáctica de las interrogativas parciales y de las exclamativas, en los §§ 3.2.6 y 3.2.4 respectivamente.

f) Hallamos otro ejemplo de libre colocación de los elementos oracionales en el empleo potestativo de la preposición *a* con complementos de cosa, cuando su ausencia puede causar confusión en el sentido. Recordará el lector (§§ 3.4.4 y 3.4.5) que los complementos directos de persona determinada o individualizada llevan por lo general la preposición *a*, y los de cosa se construyen sin preposición: *He visto a tu hermana*, frente a *He visto el museo del Prado*. En el primer caso no hay confusión posible, cualquiera que sea el orden con que enunciemos el sujeto y el complemento: *Juan venció a Pedro* o *A Pedro venció Juan*. Cuando se trata de complementos de cosa, tampoco habrá confusión si por razón de su significado el complemento directo no puede ser sujeto de la oración: en *El viento derribó una pared* o *Una pared derribó el viento*, no es pensable que *el viento* deje de ser sujeto, aunque cambiemos el orden de la oración. Pero en los siguientes ejemplos no es permutable el orden del sujeto y del complemento directo sin que cambie su función sintáctica: *El entusiasmo vence la dificultad, El arenal desvió la corriente.* Si por conveniencia expresiva queremos poner el complemento en primer lugar, podría añadírsele la preposición *a* para que quedase patente su condición de complemento: *a la dificultad vence el entusiasmo, a la corriente desvió el arenal.* Es decir, los complementos directos de cosa pueden en algunos casos llevar la preposición *a*, siempre que sea lógicamente posible confundirlos con el sujeto de la oración. Más frecuente y espontánea es la repetición del término antepuesto mediante un pronombre anafórico: *La calçada de Quinea ívala traspassar (Mio Cid,* v. 400); *Su vida, él la comparaba con la marcha de uno de esos troncos que van por el río* (Baroja, *Cuentos: Elizabide el Vagabundo).* Gracias a este recurso, la lengua española conserva una libertad de construcción poco común entre las lenguas modernas que carecen de declinación nominal.

g) No hay que decir que los complementos indirectos y circunstanciales, por llevar casi siempre preposiciones características, admiten la construcción lineal y la envolvente.

3.7.4. **Fonología y Sintaxis de la oración simple.** — *a)* La división posible de la oración en grupos fónicos, las pausas, los acentos de intensidad dominantes en cada grupo y las inflexiones de la entonación son significantes fonológicos de la forma interior que, en cada caso, ha tomado la oración en la mente del que habla. Tales signos hacen patente la intención expresiva con que la oración ha sido concebida y pronunciada. Pero a menudo no se limitan a su papel de signos, sino que ellos, por su propia naturaleza, favorecen, dificultan y aun impiden determinadas construcciones, o por lo menos influyen en el orden preferido de los elementos oracionales. Para el adecuado tratamiento de estas cuestiones fonosintácticas, nos limitaremos aquí a las oraciones enunciativas, puesto que las modificaciones que sufren las interrogativas, exclamativas y volitivas han sido ya mencionadas a lo largo de este libro, sin perjuicio de que insistamos sobre ellas en ocasión oportuna.

b) Estudiaremos en primer lugar la oración fonéticamente unitaria, es decir, no dividida en grupos fónicos interiores; p. ej.: *Mi padre ha comprado un huerto.* Después nos ocuparemos de la oración fragmentada en dos o más grupos fónicos por pausas, ya sean expresivas, ya meramente respiratorias: *Unas heladas tardías | malograron la flor de los árboles.* La división puede ser bipartita, como en el ejemplo anterior; tripartita, etc. Se produce a veces por la extensión de la oración, que impide pronunciarla en un solo grupo fónico; otras veces, por la intención de hacer resaltar algún elemento oracional mediante una pausa que lo aísle. Como esta intención depende del que habla, es posible que varios lectores de un mismo texto no coincidan en hacer pausa en todos o en algunos de los lugares donde podrían hacerla.

3.7.5. **Oraciones unitarias.** — *a*) Por lo general las oraciones breves se pronuncian en un solo grupo fónico. Supongamos un ejemplo que contenga tres elementos sintácticos, como: *Tengo un encargo para usted* (verbo, complemento directo y complemento preposicional). Para la claridad del sentido, nada se opone a que podamos ordenar de cualquier manera los tres elementos de esta oración: *Tengo para usted un encargo; Un encargo tengo para usted; Para usted tengo un encargo;* °*Un encargo para usted tengo;* °*Para usted un encargo tengo.* Sin embargo, apelando al sentido espontáneo de cualquier hispanohablante, todos sentimos como insólitas o afectadas las dos frases señaladas con un círculo °, es decir, las que llevan el verbo al final. Son frecuentes en poesía y en la prosa artística, pero no se nos ocurriría emplearlas en la conversación o en una carta.

b) Sometamos a la misma prueba una oración breve con cuatro elementos sintácticos; p. ej.: *Juan compró una casa el año pasado* (sujeto, verbo, complemento directo y complemento circunstancial). Entre las numerosas ordenaciones posibles en el habla corriente, habría que desechar por artificiosas o pedantes las que llevan el verbo en último lugar (*Juan una casa el año pasado compró,* etc.); también se sienten como insólitas la mayor parte de las que lo llevan en el lugar penúltimo: *Juan una casa compró el año pasado, El año pasado una casa compró Juan.* En suma: las oraciones breves de cuatro elementos incluidos en un solo grupo fónico, llevan normalmente el verbo en primero o segundo lugar; es poco frecuente, y a veces violento, que lo lleven en tercer lugar, y totalmente afectado usarlo al.fin de la oración. Insistimos en que la poesía y la prosa artística desbordan sin dificultad estas limitaciones del lenguaje corriente.

c) En los ejemplos mencionados en *a* y *b*, todos los elementos sintácticos tienen acento propio, más o menos debilitado según su posición en la frase. Los pronombres átonos y, en general, las palabras y frases que fácilmente pueden hallarse en proclisis rítmica en relación con el acento principal del grupo, hacen que el verbo pueda situarse sin afectación más allá del segundo lugar. En los siguientes ejemplos el acento intensivo principal se halla en las sílabas impresas en versalitas: *Nada me* DIjo *entonces; La casa a todos nos ha parecIdo demasiado cara; El muchacho pruebas me ha* DAdo *de su capacidad.*

d) La importancia del verbo para establecer la trabazón sintáctica explica que esta se debilite y los componentes de la oración tiendan a disgregarse, cuando el verbo va después del acento intensivo principal. Dicho en otros términos, el verbo se sitúa ordinariamente en la parte tensiva del grupo fónico. Así ocurre que el lector o el oyente experimentan un sentimiento de espera si la intensidad máxima se produce sin que aparezca el verbo a dar unidad a los elementos que se suceden sin trabazón visible. En tal caso se apela al recurso de fragmentar la oración en grupos fónicos, como en esta frase de Azorín (*Memorias inmemoriales*, cap. II), que transcribimos con la puntuación que le dio su autor: *La voz de un clérigo pitancero, con el balandrán caído, sonaba.*

3.7.6.   **Oraciones divididas en grupos fónicos.** — *a*)   La tendencia a la división bipartita es frecuente en oraciones breves que lleven el verbo al final. Ejemplos: *A buen entendedor | pocas palabras bastan; Cuna y sepulcro | en un botón hallaron* (Calderón, *El príncipe constante*, II); *Los caballos | negros son* (F. García Lorca, *Romancero gitano*). El ritmo del verso favorece la partición en los dos últimos ejemplos.

b)   La cualidad afectiva de la expresión, la posición relativa de los elementos oracionales y, sobre todo, la extensión de las oraciones, favorecen o exigen la división en dos o más grupos fónicos por medio de pausas, ligeras o largas, que pueden o no señalarse en la escritura con una coma o punto y coma. La separación se produce siempre por elementos o grupos de elementos sintácticos enteros. No se puede separar una preposición de su término; ni el artículo ni otros determinativos antepuestos pueden hallarse en grupo fónico distinto del sustantivo a que determinan.

c)   Para la posición del verbo respecto al sujeto y a los demás elementos oracionales, cada grupo fónico constituye una entidad autónoma, dentro de la cual rigen las mismas tendencias que hemos observado cuando tratábamos de la oración unitaria. Es decir, se siente como afectado el verbo situado más allá del segundo lugar de su grupo fónico. Nótese, por ejemplo, el efecto artificioso que produce la siguiente oración tripartita: *En las largas veladas de invierno | la cocina de aldea todos sus encantos recobra | para los amantes de las tradiciones populares.* Bastaría colocar el verbo en segundo o primer lugar de su grupo fónico para que la construcción se sintiese como normal: *La cocina de aldea recobra todos sus encantos*, o bien *Recobra la cocina de aldea todos sus encantos.* Por último, cuando la oración simple consta de varios grupos fónicos, el verbo puede figurar en cualquiera de ellos; p. ej.: *Con la cabeza descubierta, | el rostro pálido, | la mirada ardiente, | la acción enérgica, | permanecía en su puesto | dirigiendo aquella acción desesperada* (Galdós, *Trafalgar*, XI). Al tratar

de la oración compuesta añadiremos nuevas observaciones sobre el
orden relativo de los grupos fónicos.

3.7.7. Hipérbaton. — Hemos trazado en este capítulo las líneas
generales del orden que guardan entre sí los elementos más importantes de la oración, refiriéndonos siempre a la lengua usual, hablada y
escrita, de nuestra época. Pero la construcción varía con el tiempo;
es movediza y cambiante por naturaleza, como la lengua entera. El
uso de cada época establece ciertas limitaciones a la libertad constructiva, y deja a la vez ancho campo a variadas posibilidades de
expresión. Por otra parte, los artistas de la palabra, y especialmente
los poetas, obedecen a aspiraciones estéticas, y al poner en tensión
todos los recursos del idioma, crean construcciones nuevas, que unas
veces llegan a imponerse al uso corriente, y otras pasan sin dejar huella,
como modas efímeras. De aquí resulta que, tanto en el plano mayori-
tario del habla usual como en el minoritario de la creación literaria,
conviven en todo momento ciertas construcciones insólitas, y que el
uso repugna o tolera más o menos, dentro de una y otra zona social.
La Gramática y la Retórica dan, desde los antiguos, el nombre de
hipérbaton a toda construcción que se aparta del orden normal o
regular; y catalogan el hipérbaton entre las figuras de construcción.
    Según el razonamiento que antecede, podemos llegar a la siguiente
definición: El hipérbaton consiste en colocar los elementos oracionales
en una sucesión comprensible, pero sentida como no habitual en cada
época y plano social del idioma. Es por consiguiente un concepto
relativo cuyos límites son la comprensibilidad, por un lado, y las
construcciones habituales, por otro. He aquí, para terminar, dos
ejemplos de poesía moderna, cuya construcción sería difícil de mante-
ner en prosa: *Del salón en el ángulo oscuro, | De su dueño tal vez olvidada,|
Silenciosa y cubierta de polvo | Veíase el arpa* (Bécquer, *Rimas*, VII);
*Colores de anticuada miniatura | hoy de algún mueble en el cajón
dormida!* (J. Asunción Silva, *Vejeces*). Nótese que el hipérbaton consiste aquí en la anteposición de complementos a las palabras que
estos modifican.

3.8. DEL NOMBRE SUSTANTIVO: SUS OFICIOS Y COMPLEMENTOS

3.8.1. Oficios del sustantivo. — El nombre sustantivo puede desempeñar en la oración los oficios de núcleo del sujeto y de complemento predicativo en el predicado nominal; puede formar modos adverbiales y ser también complemento de otro nombre, de un adjetivo y de un verbo. Así, en *Juan estudia*, el sustantivo *Juan* es núcleo del sujeto del verbo *estudiar;* en *Juan es pintor*, el nombre *pintor* es complemento predicativo; y en *con efecto*, el sustantivo *efecto* forma con la preposición *con* una locución que equivale al adverbio *efectivamente*. Asimismo, en *casa de madera*, el sustantivo *madera* completa o determina la significación del nombre *casa*, al que se une mediante la preposición *de;* en *libro útil para la enseñanza*, el nombre *enseñanza* con el artículo *la* y la preposición *para* determina al adjetivo *útil*, y en *Luis reprendió a Juan*, el sustantivo *Juan* con la preposición *a* completa la significación del verbo *reprendió*.

3.8.2. Complementos del nombre. — En los distintos oficios que el nombre desempeña en la oración, puede llevar como complementos: otro nombre o adjetivo sustantivado en aposición, uno o más adjetivos, un complemento con preposición, o una oración entera.

3.8.3. Nombre complemento de otro nombre. — *a) Aposición.* Cuando queremos explicar o precisar el concepto expresado por un sustantivo por medio de otro sustantivo, ponemos los dos, uno a continuación de otro. Así, cuando decimos: *Madrid, capital de España*, no expresamos dos objetos distintos con los sustantivos *Madrid* y *capital*, sino uno solo, que viene ya indicado por el primer nombre, *Madrid*, al cual añade el segundo, *capital*, otra denominación que explica más el concepto del primero, pero sin precisarlo ni determinarlo distinguiéndolo de otros, porque, como nombre propio que es, no necesita determinación. En *Danubio, río divino* (Garcilaso, *Canción III*), la aposición no determina a *Danubio*, sino que desenvuelve la imagen sin precisarla más. Pero si digo *el profeta rey*, el vocablo *rey* es también aposición del sustantivo *profeta*, al que no explica, sino que especifica distinguiéndolo de todos los demás profetas. Si decimos *Toledo ciudad*, la diferenciamos de *Toledo provincia*. De modo que la aposición puede ser explicativa y especificativa.

b) El nombre en aposición puede convertirse en predicado de una oración de relativo cuyo antecedente sea el otro nombre. Así, en los ejemplos anteriores podremos decir: *Madrid, que es la capital de España; Me gusta leer los salmos del profeta que fue rey.* Los sustantivos en aposición pueden ir acompañados a su vez de adjetivos o de otro nombre en aposición, como se ve en los siguientes ejemplos: *Julio César, animosísimo, prudentísimo y valentísimo capitán, fue notado de ambicioso* (*Quijote*, II, 2); y en *Tu padre, el rey mi señor, | vendrá a verte* (Calderón, *La vida es sueño*, II, 3). En el primero de estos dos ejemplos tenemos que el nombre *Julio* lleva como aposición a *César*, y, a su vez, aposición de los dos es el sustantivo *capitán*, que viene calificado por los adjetivos *animosísimo, prudentísimo* y *valentísimo.* Asimismo, en el segundo ejemplo, el sustantivo *rey* es aposición de *padre*, y *señor* es aposición de *rey.*

c) Los nombres en aposición pueden ser de distinto número y también de distinto género; v. gr.: *En estotro escuadrón vienen... los de hierro vestidos, reliquias antiguas de la sangre goda* (*Quijote*, I, 18), donde *los de hierro vestidos* y *reliquias* son de distinto género; así como en *Copas y cubiertos de oro, | Vajilla que cinceló | Diestro artista a quien por ella | Dieron riqueza y honor* (Zorrilla, *Poes.: Príncipe y Rey*), la voz *vajilla* está en singular, y se refiere, como aposición, a los dos sustantivos *copas* y *cubiertos*, que son plurales. *Ella... le dejaba la mano, nardo cándido, en aquella bocaza rosa, almenada de grandes dientes amarillos* (J. R. Jiménez, *Platero y yo*, cap. LXXXI).

d) Los objetos que se designan con dos nombres, uno genérico y otro específico, se expresan por aposición especificativa: *el río Guadalquivir; los montes Pirineos.* Cuando se trata de islas, cabos, estrechos, etcétera, y de ciudades, calles, plazas, meses, años, o de edificios e instituciones, es tradicional la construcción del nombre específico con la preposición *de;* p. ej.: *la ciudad de Valencia, el mes de abril, el año de 1970, la isla de Puerto Rico, calle de Alcalá, el teatro de Apolo*, etc. Pero en la actualidad hay fuerte tendencia a suprimir la preposición, especialmente tratándose de años, edificios, vías públicas e instituciones: *año 1970, teatro Calderón, el cabo San Vicente, avenida Alvear, la Fundación March, el Instituto Cervantes.* Esta tendencia se halla más o menos consolidada o vacilante según los casos y los usos locales.

e) Los nombres en aposición explicativa suelen separarse en la escritura con una coma, y en la recitación con una leve pausa, sobre todo si van acompañados de algún determinativo; v. gr.: *Viéndose, pues, tan falto de dineros, y aun no con muchos amigos, se acogió al remedio a que otros muchos perdidos en aquella ciudad* (Sevilla) *se acogían, que es el pasarse a las Indias, refugio y amparo de los desesperados de España, iglesia de los alzados, salvoconducto de los homicidas, pala y cubierta de los jugadores..., añagaza general de mujeres libres, engaño común de muchos y remedio particular de pocos* (Cervantes, *El celoso extremeño*), donde van separados por una coma los nombres *refugio* y *amparo, iglesia, salvoconducto, pala* y *cubierta, añagaza, engaño.* Del mismo modo, en *Juan, tu cuñado, ha venido a verme,* separamos el genérico *cuñado* del específico *Juan;* pero no se escribirá la coma ni se hará pausa en la recitación cuando el nombre que debía ir en aposición se coloque delante del otro, precedido del artículo o de otro vocablo determinativo; v. gr.: *tu cuñado Juan ha venido a verme.* Y es porque en este caso el nombre debilita su condición de tal y se considera más bien como adjetivo. Así, podemos decir: *El Ebro, río caudaloso de España, nace en Fontibre;* pero, invirtiendo el orden de los sustantivos, diremos: *El caudaloso río Ebro nace en Fontibre.* La aposición puede ir también con un pronombre; v. gr.: *Nos, don Luis Belluga..., obispo de Cartagena,* etc.

f) El nombre en aposición puede ser un adjetivo u otra frase sustantivada; v. gr.: *Cervantes, el manco de Lepanto; Juan, el de la capa rota; Fernando el Santo; Pedro el Cruel;* y en Cervantes, *Quijote,* I, 27: *Me están aguardando en la sala D. Fernando el traidor y mi padre el codicioso.*

g) Por aposición se han formado compuestos de dos sustantivos que se escriben juntos o separados, como *aguanieve, casatienda, compraventa, pájaro mosca.* La relación que guardan entre sí los dos sustantivos es de simple coordinación. En otros casos, el segundo va regido por el primero; p. ej.: *bocacalle, puntapié, maestresala,* que significan *boca de calle,* golpe dado con la *punta del pie, maestre de sala,* respectivamente; el *hombre-masa* de Ortega representa la mentalidad común de la masa humana. En la aposición especificativa se adjetiva a veces el segundo elemento: *un día perro, buque fantasma, noticia bomba, obra cumbre.*

3.8.4. Adjetivo complemento de un nombre. — Véase el capítulo siguiente.

3.8.5. Nombre con preposición complemento de otro nombre. —
a) La significación del nombre sustantivo se completa con más frecuencia mediante un nombre con preposición, pero siempre que el

concepto expresado por la preposición y el nombre sea, por su función gramatical, equivalente a un adjetivo o a una oración de relativo. La preposición más usada es *de* indicando propiedad, posesión, origen, pertenencia o materia. Esta relación equivale a un adjetivo, y por él puede sustituirse, si lo tiene la lengua y la propiedad lo consiente. Así, *la casa del padre* es expresión equivalente a *la casa paterna*, y *naranjas de Murcia*, a *naranjas murcianas*. Pero no siempre puede hacerse esta sustitución. Hay casos en que es imposible, por carecer la lengua del adjetivo correspondiente. Así, decimos *en la espesura del bosque*, sin poder variar la expresión por no tener en castellano el adjetivo *boscuno;* del mismo modo decimos *ganado de cerdos*, o mejor *de cerda*, y no *ganado cerdoso* ni *ganado cerduno*, porque con estos adjetivos no expresaríamos la misma idea con la debida propiedad. Otras veces podemos expresar el mismo concepto de los dos modos, prefiriendo el adjetivo o el sustantivo con *de*, según queramos o no poner más de relieve la idea del nombre complemento, y así decimos *amor materno* o *amor de madre.*

b) El complemento con *de* puede también ser un infinitivo; v. gr.: *Es hora de almorzar; Ya es tiempo de descansar;* o un adverbio: así, *La función de hoy no me gusta; Las mujeres de aquí son feas;* y en Cervantes: *De las barbas de acá, poco o nada me curo* (*Quijote*, II, 38).

c) En vez de las formas tónicas de los pronombres personales se emplean generalmente los posesivos; y así se dice, según los casos: *mi casa* o *casa mía* (y no *casa de mí*); *tu libro* o *libro tuyo* (y no *libro de ti*); pero en tercera persona, *sus parientes* o *parientes suyos*, o *de él.* (Véase, además, el apartado *e* de este mismo párrafo.)

d) El complemento de que venimos tratando puede tener, a veces, una doble significación. Así, por ejemplo, cuando decimos *el amor de Dios*, podemos significar el amor que tenemos a Dios, o el amor que Dios tiene a las criaturas. En el primer caso el complemento *de Dios* se llama *objetivo*, porque es el objeto de la significación del sustantivo *amor;* y sería el objeto directo de la oración si sustituyéramos dicho complemento por una oración de relativo; así: *el amor con que amamos a Dios.* En el segundo caso se llama complemento *subjetivo*, porque haciendo dicha sustitución, el mismo complemento se convertiría en sujeto; así: *el amor con que Dios ama a los hombres.* En este último caso, o sea cuando es subjetivo, suele evitarse la ambigüedad de la frase añadiendo otro complemento; así: *el amor de Dios a los hombres.* Cuando no se exprese este segundo complemento, es el contexto el que ha de determinar el sentido de la frase, aunque añadiremos que esta ambigüedad solo ocurre cuando el primero de los dos nombres relacionados con la preposición *de* sea nombre de acción, como en *el amor de Dios;* y aun en este caso el contexto lo determina muchas veces. Así, cuando decimos *las quejas del desdichado*, el complemento tiene que ser necesariamente subjetivo, y en cambio cuando decimos *el temor de la muerte*, no puede ser más que objetivo. Cuando el primero de los dos nombres dichos sea nombre de agente, el complemento es siempre objetivo; v. gr.: *el autor de mi desgracia; el heredero del trono*. Pero aun en este caso puede darse ambigüedad en expresiones como la siguiente: *el asesino de Juan*, con la que podemos expresar que *Juan es un asesino*, o que nos referimos al *autor del asesinato de Juan*.

e) Los pronombres personales tónicos de primera y segunda persona, y también el reflexivo *sí*, se usan en significación objetiva, mientras que sus equivalentes los posesivos tienen significación subjetiva. Así, no es lo mismo *tus informes* que *informes de ti*. En el primer caso son los informes que tú has dado; v. gr.: *He leído tus informes;* en el segundo, los que me han dado de ti; v. gr.: *Tengo malos informes de ti*. Asimismo se dice con significación diferente: *Ya tengo tu opinión*, y *Tengo mala opinión de ti; Señor* o *señores de sí*, y *Su señor* o *sus señores*. *La carcelera de sí misma*, título de una comedia, no es lo mismo que *su carcelera*, ni *enemigo de sí* significa lo que *su enemigo*. Así, leemos en N. A. Cienfuegos: *¡Ay!, ¡ay!, helada / Una mitad de mí, ya no la siento* (*La condesa de Castilla*, III, 5).

f) No obstante lo dicho en el apartado anterior, se usan a veces los posesivos en sentido objetivo. Así, en *Vuestros besos son mentira, / Mentira vuestra ternura, / Es fealdad vuestra hermosura, / Vuestro gozo es padecer* (Espronceda, *A Jarifa*).

3.8.6. Otras preposiciones con el nombre complementario. — *a)* El sustantivo puede llevar por complemento un nombre con cualquiera otra preposición que no sea *de;* pero, como ya hemos dicho, el valor de este complemento ha de ser equivalente a un adjetivo, aunque la lengua no lo tenga, o a una oración de relativo; v. gr.: *árbol sin hojas* equivale a *árbol deshojado; bocados a medio mascar* es lo mismo que *bocados medio mascados; perro con cencerro* equivale a *perro que lleva cencerro;* y lo mismo en *casa con dos puertas, miel sobre hojuelas, sol en Aries, agua para beber; dos días a la semana* (*Quijote*, I, 33), o *dos días por semana*, o *dos días en la semana*. Y aun a veces el nombre, si es de acción, lleva el mismo complemento que el verbo cuya acción indica; v. gr.: *Le dejamos aparte preguntándole la causa de su venida a pie y de tan vil traje vestido* (*Ibíd.*, 44); *Él también dijo lo que pasaba, de la venida a buscarle los criados (Ibíd.)*, donde vemos que el sustantivo *venida* lleva complemento con *a*, como el verbo *venir*. Asimismo decimos: *Su estancia en aquel lugar le fue perjudicial, y su permanencia lejos de la patria acrecentó el amor que por ella sentía*, donde los sustantivos *estancia* y *permanencia* vienen determinados por los complementos circunstanciales *en aquel lugar* y *lejos de la patria*, como si lo fueran de los verbos *estar* y *permanecer*. También a veces vemos un adverbio, solo o con preposición, sirviendo de complemento a un nombre; v. gr.: *cosa imposible y fuera de toda costumbre*, donde el adverbio *fuera*, con su complemento, determina al sustantivo *cosa*, y equivale al adjetivo *desacostumbrada; los palos de ahora, las costumbres de hoy*, etc.

b) Por consecuencia de lo dicho en el apartado anterior, algunos de estos complementos, como, por ejemplo, *sinvergüenza* (de *sin vergüenza*), se han convertido en adjetivos, y otros en sustantivos, como *sinsabor, sinrazón*.

c) La frase equivalente en significación a un adjetivo o a una oración de relativo, puede interponerse entre el artículo y el nombre; v. gr.: *La sin par princesa; Hechas... aprisa las hasta allí nunca vistas ceremonias* (*Quijote*, I, 3); *El jamás como se debe alabado caballero* (*Ibíd.*, 1).

3.8.7. Construcción de los complementos preposicionales. — *a)* Los complementos con preposición siguen de ordinario al sustantivo cuyo significado completan. Pero en poesía es frecuente la inversión de este orden lineal; v. gr.: *Aquí de Elio Adriano, | De Teodosio divino, | De Silio peregrino, | Rodaron de marfil y oro las cunas* (Caro, *Canción a las ruinas de Itálica*); *De sus hijos la torpe avutarda | El pesado volar conocía* (T. Iriarte, *Fábulas*); *¡Oh, de Sagunto | Inflexible valor!* (I. Luzán, *Canción a la defensa de Orán*); *De vosotros, celestes jeroglíficos | en que el enigma universal se encierra, | cuelgan por siglos | los sueños seculares* (Unamuno, *Poes.: Aldebarán*).

b) En poesía, entre el nombre y su complemento se interponen a veces el verbo de la oración y también otros complementos; verbigracia: *Llora, pues, llora: otros amigos fieles, | De más saber y de mayor ventura, | DE LA ESTOICA VIRTUD en tus oídos | Harán sonar LA VOZ; yo, que en el mundo | DEL CALIZ de amargura una vez y otra | Apuré hasta LAS HECES, no hallé nunca | Más alivio al dolor que el dolor mismo...* (Martínez de la Rosa, *Epístola al duque de Frías*), donde entre los complementos *de la estoica virtud* y *del cáliz* y los nombres *voz* y *heces*, de que respectivamente son aquéllos complementos, van interpuestos los verbos de sus oraciones y los complementos circunstanciales *en tus oídos* y *una vez y otra*. Pero en el habla corriente, tales interposiciones originan a veces frases anfibológicas o jocosas, como: *Cursos intensivos de idiomas de verano; Sombreros para niños de paja; Vendo bicicleta para señora en buen estado*, etc.

3.8.8. Vocativo. — *a*) El sustantivo se emplea a menudo como vocativo. En este empleo no es complemento de ninguno de los componentes de la oración, ni guarda con ellos relación gramatical alguna. Por esto va sin preposición. Los vocativos son, como las interjecciones, palabras aisladas del resto de la oración por medio de pausas, refuerzo de intensidad y entonación especial en el lenguaje hablado, y de comas en el escrito. Desempeñan principalmente la función apelativa del lenguaje.

b) El vocativo es el nombre de la persona o cosa personificada a quien dirigimos la palabra. No suele llevar artículo ni demostrativo, pero sí posesivos: *Juan, abre la puerta; ¡Cielos, ayudadme!; ¡Óyeme, Dios mío!; Para y óyeme, ¡oh sol!, yo te saludo* (Espronceda, *Himno al sol*). Puede colocarse en principio, en medio o al fin de la oración. Al principio, llama la atención del interlocutor hacia lo que va a decirse; es la posición más frecuente en el habla coloquial. En medio o al fin de la oración es casi siempre enfático; su papel suele limitarse a reforzar la expresión o a suavizarla según los matices que la entonación refleje: *Repito, querido amigo, que estás equivocado*. En la lengua literaria, como de ordinario el lector no es la persona a quien se refiere el vocativo, es mucho más frecuente que en el habla ordinaria la colocación en medio o al fin, y a veces no tiene el vocativo más objeto que dar a conocer al lector o recordarle anafóricamente la persona o cosa a quien la frase va dirigida.

3.9. DEL ADJETIVO: SUS OFICIOS Y COMPLEMENTOS

3.9.1. Oficios. — El oficio propio del adjetivo es el de referir al sustantivo una caracterización o especificación, ya por simple unión atributiva, ya como complemento predicativo con verbo copulativo; v. gr.: *casa antigua, primer premio; Pedro es alto.* Puede calificar o determinar a la vez al sujeto y al verbo en oraciones como: *El hombre nace desnudo; Los excursionistas volvían cansados* (v. § 3.3.5.), en las cuales desempeña una doble función adjetiva y adverbial. Se adverbializa por completo en expresiones como *hablar claro, jugar limpio, golpear recio;* acompañados de preposición, algunos adjetivos forman locuciones adverbiales: *a ciegas, a oscuras, de nuevo, de firme, en serio, por último, por junto.* Se sustantiva con frecuencia en el contexto, bien por el empleo de artículos u otros vocablos determinativos, bien por desempeñar por sí solo en la oración oficios propios del sustantivo; v. gr.: *lo fácil, lo difícil de un asunto; temer el ridículo; ese infeliz; Buenos y malos se alegraron de la noticia; No lo dijo a sordo ni a perezoso.*

3.9.2. Sustantivación de los adjetivos con el artículo neutro. — *a)* El español es la única lengua románica que ha conservado un artículo neutro e invariable con el cual pueden sustantivarse los adjetivos, que de este modo adquieren significación igual o parecida a la del neutro latino. La sustantivación con *lo* da al adjetivo carácter abstracto, en concurrencia con los sustantivos abstractos, etimológica y semánticamente correlativos, si el idioma los posee: *lo bueno, lo bello, lo útil, lo rápido, lo oscuro,* pueden expresar lo mismo que *la bondad, la belleza, la utilidad, la rapidez, la oscuridad,* en su significado más abstracto y general. Son muchos los adjetivos que no tienen correlato sustantivo; p. ej.: *augusto, triangular, inesperado, concreto, lineal, abrupto, estricto,* etc. Cuando la correlación existe, la preferencia por el sustantivo o por el adjetivo obedece, en general, a tendencias estilísticas de difícil e innecesaria regulación gramatical.

b) Con los adjetivos sustantivados por *lo* suele designarse también una pluralidad o colectividad, más o menos indeterminada, de cosas que convienen en tener la misma cualidad. Equivalen en este caso al plural de los adjetivos neutros sustantivados en latín; p. ej.: *propria (lo propio), aliena (lo ajeno), maiora (lo mayor), meliora (lo mejor),* etcétera; *lo propio* y *lo ajeno* señalan en esta acepción a un conjunto de cosas *propias* o *ajenas.* Ejemplos: *Aquí no tenemos más que lo preciso para estos días* (Benavente, *Las cigarras hormigas,* II, escena 18); *Es que lo bueno es más inverisímil que lo malo (Ibíd.,* III, escena 10).

c) En relación con el apartado anterior, la fórmula «*lo* + adjetivo» acota o delimita una parte, aspecto o momento de una totalidad, en vez de una pluralidad o colectividad. Por ejemplo, en el refrán *Lo cortés no quita lo valiente* se expresa que las cualidades de *cortés* y *valiente* deben convivir en el comportamiento de una persona. Otro ejemplo: *A este criterio elevado se ajustaban, entendiendo que lo litúrgico no quitaba lo revolucionario* (Galdós, *España trágica,* XI). A esta voluntad delimitadora de parte de una totalidad responden los siguientes ejemplos, si bien algunos de ellos pueden confundirse con los del apartado *b: lo principal, lo accesorio, lo primero, lo último, lo demás, lo uno, lo otro.*

d) Un contado número de adjetivos admiten la sustantivación con el artículo masculino, en competencia con la sustantivación neutra. Algunos pertenecen al habla usual *(el largo, el ancho, el alto, el bajo);* otros son propios de la lengua literaria o científica *(el sublime, el ridículo, el infinito, el abstracto, el vacío).* Esta sustantivación con el artículo masculino es poco frecuente, pero es antigua en algunos casos. Entre los escritores tuvieron cierta boga pasajera, a fines del siglo pasado y comienzos del presente, quizá por influencia francesa, ciertas expresiones como *el patético, el trágico, el cómico,* que en nuestros escritores de hoy van siendo reemplazadas por la sustantivación con *lo,* o bien por sus correlativos sustantivos: *patetismo, comicidad. El sublime* es sustituido con ventaja por *lo sublime* o *la sublimidad.*

e) Para *lo hermosa que era, lo extraños que parecen, lo graciosas que son,* v. § 2.6.3*b.*

3.9.3. **Posición del adjetivo calificativo.** — *a)* De un modo general, el adjetivo calificativo puede seguir o preceder al sustantivo a que se refiere. Desde el punto de vista de la corrección gramatical, nada se opone a que digamos *nubes blancas* o *blancas nubes, saludo afectuoso* o *afectuoso saludo.* Pero la forma interior del lenguaje que nos hace preferir una u otra colocación del adjetivo en cada caso concreto, está más o menos regulada por factores lógicos, estilísticos y rítmicos, que actúan conjuntamente a manera de tendencias, y motivan que no sea siempre ni del todo indiferente el lugar que ocupe el calificativo.

b)   El calificativo que sigue al sustantivo realiza el orden lineal o progresivo, en que el determinante sigue al determinado; su función normal es, pues, determinativa, definitoria, restrictiva de la significación del sustantivo. El caso extremo de esta secuencia ocurre cuando el sustantivo y el adjetivo guardan entre sí, respectivamente, la relación lógica del género a la especie; p. ej.: *contador hidráulico, eléctrico; máquina calculadora, electrónica, cosechadora, excavadora*, etc.; *raza amarilla, blanca, negra, malaya*, etc.; *arquitectura civil, militar, religiosa*, etc. En tales ejemplos, que sería fácil multiplicar, la anticipación del adjetivo supondría un hipérbaton extremosamente violento, solo admisible en lenguaje poético. Aun sin haber relación lógica necesaria entre sustantivo y adjetivo, la cualidad pospuesta excluye a todos los sustantivos que no participen de ella. Desde el punto de vista lógico, el adjetivo pospuesto delimita o restringe la extensión del sustantivo. Si decimos *un edificio hermoso*, excluimos de la imagen general de *edificio* a todos los que no sean *hermosos*. Por esto resultaría chocante la posposición de un adjetivo que signifique cualidades inseparablemente asociadas a la imagen del sustantivo, como *las ovejas mansas, los leones fieros, miel dulce, adelfa amarga*, ya que no podemos imaginar ovejas que no sean *mansas*, leones que no sean *fieros*, miel que no sea *dulce*, ni adelfa que no sea *amarga*. Podríamos, en cambio, enunciar estas mismas cualidades anteponiéndolas a los sustantivos con significado explicativo, insistente, y decir: *las mansas ovejas, los fieros leones, dulce miel, amarga adelfa*. Si queremos dar a estos calificativos carácter explicativo que haga resaltar la cualidad, sin variar el orden de la construcción, será obligatorio aislarlos por medio de una pausa: *las ovejas, mansas; los leones, fieros; adelfas, amargas*.

c)   El adjetivo calificativo antepuesto realiza el orden envolvente o anticipador en que el determinante precede al determinado; su función es explicativa, pero no definidora; la cualidad envuelve previamente a la cosa calificada; p. ej.: *blancas nubes, altas torres, valiosos cuadros*, frente a *nubes blancas, torres altas, cuadros valiosos*. La diferencia entre una y otra secuencia no es ciertamente lógica, sino estilística; la anteposición responde al deseo de avalorar la cualidad, bien por su mayor importancia en la imaginación del hablante, bien por motivos afectivos. El adjetivo que se anticipa denota, pues, actitud valorativa o afectiva; por esto es muy frecuente en oraciones exclamativas, o en las que están más o menos teñidas de estimaciones y sentimientos: *¡Bonita casa!, ¡El cochino dinero tiene la culpa de todo!, Magnífica ocasión para hablarle; Vivía torturado por la insufrible espera de noticias*.

d)   Con el término de *epíteto* se designa un adjetivo explicativo *(epithetum ornans)* usado con intención artística; tiene su campo principal en la lengua literaria. El relieve expresivo con que lo emplean los escritores explica que el epíteto se anteponga al sustantivo con la mayor frecuencia. Cuando don Quijote, en su primera salida, imagina cómo empezaría un historiador el relato de sus futuras hazañas, compone el siguiente párrafo cuajado de calificativos antepuestos, remedando el estilo retórico de los libros de caballerías: *Apenas había el rubicundo Apolo tendido por la faz de la ancha y espaciosa tierra las doradas hebras de sus hermosos cabellos, y apenas los pequeños y pintados pajarillos, con sus arpadas lenguas, habían saludado con dulce y meliflua armonía la venida de la rosada Aurora, que, dejando la blanda cama del celoso marido, por las puertas y balcones del manchego horizonte a los mortales se mostraba, cuando... don Quijote... comenzó a caminar...* (Cervantes, *Quijote*, I, 2). Entre los prosistas modernos abundan también los epítetos antepuestos: *En fin, el Prefecto dio una blanda palmada* (G. Miró, *El obispo leproso*, IV, 3); *El contrabandista frunció el cano entrecejo* (Valle-Inclán, *El resplandor de la hoguera*, cap. III). Aunque la anteposición del epíteto sea generalmente preferida, no es infrecuente la posposición en los autores modernos, sobre todo cuando va aislado por una pausa, sin que por ello se altere su expresividad explicativa; p. ej.: *La enfermedad daba a su rostro, largo y fino, unas arrugas de melancolía* (P. Baroja, *El aprendiz de conspirador*, lib. V, cap. III); *Un vulgo errante, municipal y espeso* (R. Darío, *Soneto autumnal al Marqués de Bradomín*, en *Cantos de vida y esperanza*).

3.9.4. **Posición del pronombre adjetivo.** — *a*) Los pronombres adjetivos se anteponen comúnmente al sustantivo: *diez hombres; primer premio; este libro; tus amigos; muchos días; algunas veces; otra ocasión.* Deben señalarse, sin embargo, las excepciones y usos vacilantes que registramos en los apartados siguientes.

b) Los numerales cardinales, cuando se emplean como ordinales, van necesariamente pospuestos: *día 14, el siglo XX, Alfonso XIII, Juan XXIII.* Alguna vez se posponen los cardinales en frases proverbiales o en lenguaje poético: *Al cabo de los años mil, vuelven las aguas por do solían ir; Gracias mil* o *mil gracias; En abril, aguas mil; Si en cada espuma... / Naciesen Venus ciento, y cada una / Fuese de un nuevo amor engendradora...* (Jáuregui, *Soneto*, BibAE, XLII, pág. 105*b*). Nótese que en estos ejemplos los numerales *ciento* y *mil* significan cantidad indeterminada, pero crecida.

c) Los ordinales pueden anteponerse o posponerse, pero los que indican sucesión de reyes o papas van siempre pospuestos: *el primer día* o *el día primero; sexta edición* o *edición sexta; cuarta fila* o *fila cuarta; Alfonso quinto; Pío nono.*

d) El adjetivo *medio* va delante cuando no hay otro numeral *(medio peso, media libra)*, pero se coloca detrás del sustantivo si se añade a otro número con la conjunción *y: dos pesos y medio, veinte libras y media.* Se escribe, no obstante, en guarismo, *2 ½ pesos, 20 ½ libras.*

e) El adjetivo *alguno* se antepone casi siempre al sustantivo en oraciones afirmativas, y así decimos: *Tengo algunos libros* y *Algunos libros tengo;* pero puede también separarse del sustantivo y colocarse detrás del verbo: *Libros tengo algunos; Caza hemos visto alguna.* En este último caso, *alguno* tiene ya valor sustantivo, y suele separarse el primer sustantivo del resto de la oración por medio de una ligera pausa. Si la oración es negativa, se coloca detrás del nombre; v. gr.: *No hay remedio alguno para esa enfermedad.* Hoy no estaría bien dicho *no hay algún remedio,* si bien encontramos ejemplos de esta anteposición en textos antiguos: *Yo perdería mi trabajo y vosotros no sacaríades de mi plática algún fruto* (Guevara, *Marco Aurelio y Relox de Príncipes,* lib. III, cap. III).

f) El adjetivo indefinido *ninguno* puede anteponerse o posponerse cuando la oración comienza por un adverbio de negación: *No he leído ningún periódico; No he visto periódico ninguno; Nunca tuve enfermedad ninguna* o *ninguna enfermedad.* Puede ir también al comienzo de la oración, y en tal caso no lleva el adverbio *no: Ningún amigo ha venido a verme.*

3.9.5. Usos del adjetivo «mismo». — *a*) El adjetivo *mismo* refuerza la significación del nombre o pronombre a que se refiere; v. gr.: *Yo mismo lo haré; Ella misma se condena; Juan mismo me lo ha dicho.* Con este valor se junta también con los adverbios sustantivos (v. § 3.10.2*b*, 1.º) o locuciones a ellos equivalentes; y así decimos: *Aquí mismo os espero; Ayer mismo lo examiné; Hoy mismo te daré la contestación; En Valencia mismo no hay melón mejor que este.* En este último ejemplo, y también con los adverbios, empleamos el adjetivo en la forma masculina, que debe considerarse como neutra, por no tener género ni los adverbios ni las locuciones adverbiales. Pero también se puede decir: *En la misma Valencia no hay,* etc., concertando el adjetivo con el nombre.

b) Si lleva artículo el sustantivo a que se refiere el adjetivo *mismo,* es distinta la significación de la frase según que aquel sea el determinado o el indeterminado. Con el artículo determinado se supone casi siempre un término de comparación expreso o tácito; v. gr.: *Este cuadro es del mismo pintor* (es decir, del que venimos hablando); *Este es el mismo cuadro* (súplase *que ayer vimos,* etc.). Con el artículo indeterminado no hay tal comparación; v. gr.: *Eran solteros, mozos de una*

misma edad y de unas mismas costumbres (Cervantes, *Quijote*, I, 33).
Aun en los casos en que no supone comparación, existe siempre diferencia entre el uso de uno y otro artículo. Así, *Todo se lo llevó el mesmo diablo* (*Ibíd.*, 7) no es lo mismo que *Todo se lo llevó un mismo diablo.*

c) Sustantivado el adjetivo *mismo* por el artículo, denota mera identidad o semejanza; v. gr.: *Este mozo no es el mismo; Este cuadro es el mismo; Este mi amo no es el mismo* (que antes era); *La sobrina decía lo mesmo* (*Quijote*, I, 5). Así resulta diferente la significación de *Ha venido él mismo* y *Ha venido el mismo.*

3.9.6. Posición fija de algunos adjetivos. — *a*) En numerosos casos, el sustantivo y el adjetivo se unen en un orden determinado e invariable para formar unidades léxicas, verdaderos compuestos sintácticos, como *fuego fatuo, idea fija, última pena, alta mar, puerta falsa, libre albedrío, vida airada, sentido común, Semana Santa.* En ocasiones se han juntado también en la ortografía: *camposanto, altavoz, librepensador, malhumor, hierbabuena.*

b) Con frecuencia, sin llegar a lexicalizarse por entero, tales secuencias tienden a fijarse en un orden determinado: *mala suerte, mal agüero, la pura verdad, rara vez, alta frecuencia, alta tensión.* El adjetivo *mero* se antepone siempre al sustantivo: *la mera opinión, el mero parecer, la mera mención, mero imperio.* El adjetivo *negro*, en su acepción de «aciago, desdichado», se antepone en *mi negra suerte, la negra honrilla*, y se pospone en *la pena negra.*

c) Algunos adjetivos tienen significado diferente según se antepongan o se pospongan al sustantivo. Tales son: *cierto, pobre, simple, triste* y *nuevo.* Ejemplos: *Cierta noticia* equivale a «indeterminada»; *noticia cierta* quiere decir «segura, verídica». *Un pobre hombre*, «infeliz, desdichado»; *un hombre pobre*, «necesitado, sin medios de vida». *Simple soldado*, «sencillo, sin graduación»; *soldado simple*, «tonto». *Triste empleado*, «humilde, sin importancia»; *un empleado triste*, «melancólico, apenado». *Nueva casa*, «de uso reciente»; *casa nueva*, «recién construida». A veces, la posibilidad de anteponer o posponer un adjetivo depende de la acepción que quiere darse al conjunto, pero no puede generalizarse como norma. Así, *un gran caballo, un gran periódico*, aluden al conjunto de sus cualidades; *un caballo grande* y *un periódico grande* se refieren al tamaño; pero nada se opone a que digamos *un grande hombre* o *un hombre grande* atendiendo solo a su grandeza moral, intelectual, etc. En las locuciones *Es un hombre de rara habilidad* o *de raras prendas*, el adjetivo *raro* significa «muy poco frecuente, insólito», mientras que en *tener un carácter raro, un estilo raro*, quiere decir, con sentido peyorativo, «extraño, extravagante». En fin, abundan las frases hechas en que el adjetivo tiene colocación invariable, como decir irónicamente de una persona que *es una buena alhaja* o *un buen pájaro*, etc. Es misión del Diccionario, y no de la Gramática, registrar estas secuencias particulares fijadas por el uso.

3.9.7. Complementos del adjetivo. — *a*) La cualidad que expresa un adjetivo con respecto al sustantivo a que se refiere puede limitarse o concretarse por medio de un sustantivo precedido de preposición; p. ej.: *dócil a la advertencia; limítrofe con Francia; procedente de Galicia; propio para el caso; diligente en los negocios; bravo hasta la muerte; libre sin costas* o *bajo fianza; disculpable entre amigos; blanco hacia la cola*, etc. En el mismo caso se hallan los infinitivos: *ágil para correr; harto de esperar; pronto a transigir; contenta con bailar; paciente en sufrir*, etc. También muchos adverbios o locuciones adverbiales sustantivados con preposiciones: *vacío por dentro; feo de cerca; visible desde aquí; bueno para hoy*, etc.

b) A veces concertamos con un sustantivo el adjetivo que debiera concertar con un complemento de dicho sustantivo, y es porque atribuimos al todo la calificación que en realidad no corresponde más que a una de sus partes. Así, en vez de decir: *Luis es de entendimiento corto*, decimos: *Luis es corto de entendimiento;* y en vez de decir: *mula de talle alto*, decimos: *mula alta de talle;* y Cervantes (*Quijote*, I, 16), nos dice también: *Servía en la venta así mesmo una moza asturiana, ancha de cara, llana de cogote, de nariz roma, del un ojo tuerta y del otro no muy sana*, donde vemos que los adjetivos *ancha, llana, tuerta* y *sana* conciertan con *moza*, aunque en realidad los nombres *cara, cogote* y *ojo* indican las partes de la moza que tenían tales cualidades. El adjetivo *roma* podría decirse que concierta con *nariz*, pero el cambio de construcción que con él se inicia y sigue en lo restante de la frase, nos autoriza a pensar que también concierta con *moza*. De este modo han venido a atribuirse al sustantivo estos y otros adjetivos; como se dice *chato* del que tiene nariz *chata*, y también de la misma nariz; *romo*, del que la tiene pequeña y poco puntiaguda, etc.

c) Otras veces construimos con la preposición *de*, y detrás del adjetivo, el sustantivo a que aquel se refiere. Así, en vez de decir: *el buen Pedro, la portera taimada, el pícaro mozo*, decimos: *el bueno de Pedro; la taimada de la portera; el pícaro del mozo*. Esta construcción solo suele emplearse con adjetivos que denotan compasión, ironía o menosprecio, y especialmente en las exclamaciones; v. gr.: *¡Infelices de vosotros!; ¡Pobre de mí!; ¡Ay mísero de mí! ¡Ay infelice!* (Calderón, *La vida es sueño*, I, 2). Los adjetivos elogiosos adquieren con esta construcción un claro significado irónico: *el sabio de don Fulano; el valiente de Mengano.*

3.9.8. Construcciones especiales. — *a)* Los adverbios antepuestos a un adjetivo completan la significación de este. En esta función complementaria se usan principalmente los adverbios de cantidad y de modo. Ejemplos: *muy severo, demasiado atrevido, asaz desdichado, casi blanco, ridículamente tacaño, presuntuosamente necio; Solo contenía cuatro mal lisas tablas* (Cervantes, *Quijote*, I, 16); *Era, sin embargo, hombre atrevido Saila. Pero atrevidamente honesto* (R. J. Sender, *La esfera*, cap. I).

b) Se refuerza también la significación del adjetivo añadiéndole un sustantivo cognado con la preposición *de;* v. gr.: *Es imposible de toda imposibilidad* (Cervantes, *Quijote*, I, 22); o repitiendo el adjetivo con la conjunción *que;* v. gr.: ...*Y mis esperanzas muertas que muertas, y sus mandamientos y desdenes vivos que vivos* (*Ibíd.*, II, 14). El habla coloquial hace uso frecuente de tales repeticiones en frases como *terco que terco, tonto que tonto*, que recalcan la insistencia en la cualidad. La lengua clásica ponía a veces de relieve la idea expresada por el adjetivo anteponiéndole la preposición *de* como complemento del adverbio. Así, dice Cervantes: *Habéis andado demasiadamente de remisos y descuidados* (*Quijote*, II, 32); *Asaz de claro está* (*Ibíd.*, I, 43); *Maguer que yo sea asaz de sufrido* (*Ibíd.*, 25); pero esta construcción ha quedado hoy en desuso.

3.9.9. Adjetivos complementarios con la preposición «de». — *a)* En relación con lo que acabamos de decir en el párrafo anterior, debemos notar el uso partitivo de determinados adjetivos con la preposición *de*, a la cual sirven de término; p. ej., en la oración: *Los edificios de esta ciudad nada tienen de grandioso.* Tales adjetivos van subordinados a pronombres sustantivos *(algo, poco, mucho, nada)*, los cuales dependen generalmente de los verbos *haber* y *tener;* v. gr.: *Ya sé que tu correspondencia no tiene nada de particular* (Benavente, *Rosas de otoño*, I, 1); *Algo de pesado, de tosco y de violento en el ambiente* (Azorín, *Rivas y Larra: Rivas*, cap. III, I). Esta fórmula partitiva, mucho más extendida en francés y otras lenguas romances que en español, ofrece en nuestro idioma la variante original de hacer concertar el adjetivo en género y número cuando existe un sustantivo al que poder referir la cualidad; p. ej.: *En cuanto a los habitantes, nada tienen de terroríficos* (Galdós, *Narváez*, V, III); *La Satur... tenía algo de iluminada* (Baroja, *El aprendiz de conspirador*, lib. I, cap. IV). Así, pues, nada se opone a que se diga indistintamente *Los edificios de esta ciudad nada tienen de grandioso*, o *de grandiosos.* La concordancia de que venimos tratando sitúa estos complementos adjetivos con *de* en línea muy semejante a los que mencionamos en el apartado siguiente.

b)   Van siempre concertados los adjetivos que se unen mediante la preposición *de* al verbo o al predicado nominal como complementos limitativos o causales. Los limitativos se unen generalmente al predicado nominal; v. gr.: *La tierra es angosta e sobejana de mala (Mio Cid,* v. 838); *Juan de Ovalle está extremado de bueno con él* (Sta. Teresa, *Cartas,* BibAE, LV, pág. 57a); *En mi casa hay un pájaro, de grande como una paloma* (G. Miró, *El obispo leproso: Palacio y colegio,* cap. I). Es también muy frecuente el uso de los adjetivos como complementos causales; v. gr.: *Las paredes reverberan de blancas* (Azorín, *Doña Inés,* cap. XX); *No podía discurrir. De tan llena, estaba como hueca* (R. Pérez de Ayala, *Los trabajos de Urbano y Simona,* ed. 1924, pág. 82).

3.9.10.   **Gradación del adjetivo.** — La cualidad que un adjetivo significa puede hallarse modificada en su intensidad, en su cantidad, o en relación con otros conceptos que posean la misma cualidad. El adjetivo se presenta, pues, en diferentes *grados,* que nuestro idioma expresa por medios morfológicos o sintácticos, según los casos. Puesto que los primeros han sido ya estudiados en la Morfología, nos limitaremos a exponer aquí las agrupaciones de dos o más palabras con las cuales denotamos la gradación del adjetivo. Establecemos dos grupos de construcciones que expondremos en párrafos aparte:
1.º, los que denotan simple intensificación o aminoración de la cualidad;
2.º, los que expresan el grado del adjetivo por comparación entre dos o más conceptos de los cuales enunciamos la misma cualidad.

3.9.11.   i.º   **Intensificadores de la cualidad.** — *a)*   Entre los medios que posee el idioma para intensificar la cualidad que significa el adjetivo, ya aludimos en la Morfología (§ 2.4.8) a los sufijos *-ísimo, -érrimo;* se usan, además, en el habla coloquial los prefijos *re-* (con sus reiterativos *rete-, requete-), archi-, super-, sobre-,* etc. *(archipobre, superfino, sobrehumano).* Importan aquí las agrupaciones de dos o más palabras que intensifican o atenúan el significado del adjetivo, es decir, que expresan grados diversos de la cualidad. Las más numerosas son las formadas por los adverbios de cantidad antepuestos al adjetivo; v. gr.: *muy (muy alto); bastante (bastante lejano); algo (algo tímido); poco (poco serio); casi blanco; apenas visible; demasiado grande,* etc., y algunos adverbios de modo usados con significación cuantitativa; v. gr.: *bien desdichado; extraordinariamente rico; ligeramente indispuesto; medianamente estudioso,* etc.

b) Por su mayor frecuencia, el más importante entre los adverbios enumerados en el apartado anterior es *muy*, el cual figura en las gramáticas, al lado de los adjetivos en *-ísimo*, como característica del elativo o superlativo absoluto. A pesar de su origen docto y de su propagación tardía en la historia del idioma, el empleo de *-ísimo* ha progresado tanto en los últimos siglos, que ambas expresiones concurren en la lengua actual, en proporción variable según los estilos. Con todo, la fórmula «*muy* + adjetivo» predomina en conjunto. El sufijo *-ísimo* tiende a encarecer afectivamente la cualidad o a darle un matiz más expresivo. Compárense, p. ej., las parejas: *muy amable-amabilísimo, muy malo-malísimo, muy listo-listísimo,* etc. El adverbio *muy* se repite a veces como refuerzo de su intensidad propia: *Era un hombre muy muy severo, exigente, minucioso; muy muy bueno.*

c) Entre las fórmulas intensificadoras, el habla coloquial se vale de la repetición del adjetivo con la partícula *que: ¡tonto que tonto!, ¡terco que terco!* Al mismo tipo exclamativo responden frases como: *¡Malo, más que malo!; ¡Era más bonita!; ¡Es tan hipócrita!.* Estas últimas son fórmulas comparativas cuyo carácter ponderativo hace innecesario el término de la comparación. Ejemplos: *¡Caracteres más opuestos!... Ya ve usted, la misma educación han recibido una y otra* (Benavente, *Lo cursi*, II, 2); *Estos días de lluvia me ponen tan nerviosa... (Ibíd.); ¡Qué cosa más augusta era un castigo público!* (Unamuno, *Recuerdos de niñez y de mocedad*, parte 1.ª, cap. II); *Y María Lista le dijo: —¡Tonto, más que tonto!* (C. Bravo-Villasante, *Antol. liter. infantil*, II). También es ponderativa la locución corriente *la mar de*, aplicable a adjetivos y sustantivos; p. ej.: *Estoy la mar de contento; Tenía la mar de libros.*

3.9.12. 2.º Grados de comparación. — *a)* Como es sabido, el latín expresaba el comparativo de superioridad añadiendo al positivo el sufijo *-ior, -ius*. El romance, desarrollando construcciones que ya existían en latín, sustituyó este recurso morfológico por el sintagma analítico *más... que* (o *de*)...; p. ej.: *Más alto que su hermano; La obra costará más de dos mil pesos.* Así pues, los comparativos de superioridad, de inferioridad y de igualdad se amoldan en general a los esquemas siguientes:

> *más... que* (o *de*)...
> *menos... que* (o *de*)...
> *tan... como...*

Ejemplos: *Mi casa es más hermosa que la tuya; Se salvó más de la mitad de los tripulantes; El trabajo de Juan es menos productivo que el de Pedro; Llegaba menos retrasada de lo que suele; Isabel me parecía tan simpática como Juana.*

b) Entre los comparativos sintéticos heredados sobreviven *mayor*, *menor*, *mejor*, *peor*, con el carácter verdaderamente comparativo que tenían en latín. Significan respectivamente *más grande*, *más pequeño*, *más bueno*, *más malo*, y se construyen con la conjunción *que*. En todas las épocas de nuestro idioma han convivido ambas fórmulas comparativas: *mayor que* y *más grande que; mejor que* y *más bueno que*. Debe evitarse el vulgarismo de decir *más mayor*, *más menor*, *más mejor* y *más peor*, que cometen algunas personas poco instruidas.

c) A pesar de su forma, no se sienten hoy como comparativos: *superior* (de arriba), *inferior* (de abajo), *exterior* (de fuera), *interior* (de dentro), *ulterior* (de allá), *citerior* (de acá), porque, si bien se resuelven en *más*, no admiten la conjunción *que*, sino que se construyen con la preposición *a; p. ej., superior a*, *inferior a*, etc. Los adjetivos *anterior* (de antes) y *posterior* (de después) no pueden resolverse en *más* [1]. Téngase en cuenta, además, que todos ellos se refuerzan con *muy*, como positivos que son, y no con *mucho*, como hacen los verdaderos comparativos en la lengua moderna. Decimos *muy anterior*, *muy inferior* (y no *mucho*), frente a *mucho mayor*, *mucho peor* (y no *muy*).

d) El término de la comparación que sigue a *más* o *menos* puede enlazarse a estos mediante *que* o *de*, como quedó dicho en el apartado *a*. La fórmula *más... que...*, o *menos... que...*, es la más abundante en todas las épocas, y en la lengua moderna tiende además a ganar terreno a expensas de la construcción con *de*. Con la fórmula *más... de...*, *menos... de...*, se realiza una estimación, numérica o no, sobre el término de la comparación.

e) Si la estimación es numérica, el término de la comparación se introduce por medio de la preposición *de* en las oraciones afirmativas; v. gr.: *Gastaron en dos meses más de la mitad del presupuesto anual; En aquella jornada se perdieron más de cien hombres; Faltaba menos de media hora para comenzar la junta; Calculé que ganaría más del doble del dinero invertido en aquella operación*. En las oraciones negativas, la lengua moderna ha extendido mucho la construcción con *que* frente a la clásica con *de*. Puede decirse, pues, *No gastamos más de doscientos pesos* o *No gastamos más que doscientos pesos;* pero hay entre uno y otro sintagma una diferencia importante de matiz: la primera indica que pudo gastarse hasta doscientos pesos (o algo menos); la segunda, que se gastaron solamente doscientos pesos. Sin embargo, en las com-

---

[1] Lo mismo ocurre con los adjetivos *mayor* y *menor* cuando pierden su significación comparativa, como: *Antonio es mayor de edad*, o *menor de edad*. No formulamos comparación alguna cuando decimos *un hombre mayor*, o sea, «entrado en años».

paraciones con *menos*, esta diferencia no es perceptible: entre *Nunca gastamos menos de doscientos* y *Nunca gastamos menos que doscientos* se borra la diferencia.

f) Cuando la estimación no es numérica, el término de la comparación enlazado por *de* suele ser una oración de relativo introducida por el neutro *lo* o por el artículo concordante sustantivo, o bien un adjetivo o participio con *lo;* v. gr.: *Fue más sangrienta la batalla de lo que por el número de los combatientes pudo imaginarse; Volvió el Presidente a la ciudad menos temprano de lo que se esperaba; Tenía más dinero del que le hacía falta; Se encontraron al ejecutar la obra mayores inconvenientes de los que se habían previsto; Se aprovechaban de su ignorancia cobrándole más de lo justo; La función empezó más tarde de lo anunciado.* Estos ejemplos admitirían también la construcción con *que;* pero sigue prefiriéndose generalmente la preposición *de*, por ser la de mayor arraigo tradicional, y también quizá para evitar la cacofonía de *que lo que, que el que, que los que*, etc. No son raros, sin embargo, los ejemplos literarios con *que;* v. gr.: *Era menos que lo que yo buscaba* (J. M. Pemán, *Como en el primer día*, I). En el habla coloquial y en textos literarios se encuentran, aunque no con gran frecuencia, ejemplos de frases elípticas, como *Vale más que pesa; Hace menos que dice; O sabe naturaleza / más que supo en otro tiempo* (Lope de Vega, *La Dorotea*, I, esc. IV). Notemos que la mayor parte de los ejemplos aducidos en este párrafo son oraciones comparativas subordinadas, y por esto será más adecuado reservar otros pormenores para cuando tratemos de esta clase de oraciones compuestas en el cap. 3.21.

3.9.13. Superlativo relativo. — *a)* El superlativo relativo señala el componente o componentes de un grupo que se distinguen de los demás por poseer en mayor grado una cualidad. Los superlativos orgánicos heredados del latín significan unas veces el grado más alto de una cualidad *(tiempo máximo, plazo mínimo, Juez Supremo)*, y más comúnmente una simple intensificación de la misma, equivalente a la que se expresa con el adverbio *muy* o con el sufijo *-ísimo.* Cuando decimos que un vino es *óptimo* o *pésimo* no queremos decir que es *el mejor* o *el peor*, sino que es *muy bueno* (o *bonísimo*) o *muy malo* (o *malísimo*); una mercancía de *ínfima* calidad significa *muy baja* (o *bajísima*). El grado superlativo se expresa de ordinario por medio del comparativo precedido del artículo: *Juan era el mejor alumno de su clase; el menor de los hermanos; la casa más alta del barrio.* Tanto por su significado como por su forma, más que superlativo, podría denominarse «comparativo de excelencia» o «comparativo relevante».

b) El término de la comparación es un complemento de totalidad o de clase introducido por *de* (como en los ejemplos del apartado anterior), o bien una oración de relativo especificativa: *El hombre más ingenioso que he conocido; El diplodoco es quizá el reptil de mayor tamaño que ha existido en la Tierra.*

c) La misma función pueden ejercer los numerales ordinales y los adjetivos que denotan posición preeminente o privilegiada; p. ej.: *Los primeros hombres que han llegado a la Luna; Veracruz, el puerto principal de México; Perdí entonces la única ocasión de toda mi vida.* Las preposiciones *en, entre* y *sobre* se usan por *de* en estas fórmulas de comparativo relevante; v. gr.: *La persona más influyente en toda la comarca; La más popular entre sus condiscípulas; ¡Oh sobre las bellas, bella Dulcinea del Toboso!* (Cervantes, *Quijote*, I, 4).

3.10. DEL PRONOMBRE. PRONOMBRES PERSONALES, POSESIVOS Y DEMOSTRATIVOS

3.10.1. Pronombres personales. — Expondremos los usos sintácticos más importantes de estas formas pronominales según la clasificación inserta en la Morfología (§ § 2.5.2 y 2.5.7). A ella remitimos al lector que desee abarcar en su conjunto la distribución de las materias de que tratamos a continuación.

3.10.2. Formas acentuadas. Caso nominativo. — *a*) Las desinencias personales de la conjugación española son tan claras y vivaces, que casi siempre hacen innecesario y redundante el empleo del pronombre sujeto. Un verbo en forma personal contiene en sí el sujeto y el predicado, es decir, los dos términos esenciales de la oración. Como quedó indicado en el § 3.7.3*d*, este carácter sintético de las formas verbales contribuye a la libertad constructiva peculiar de nuestra lengua y forma contraste con otras lenguas, especialmente el inglés y el francés, donde la anteposición del sujeto pronominal es, de ordinario, obligatoria. Conviene, a este respecto, llamar la atención de los traductores que, por contaminación del texto traducido o por apresuramiento, no advierten a veces la machacona pesadez que comunica al estilo la repetición insistente de los sujetos pronominales.

b) Sin embargo, el sujeto pronominal se emplea correctamente en español por motivos de énfasis expresivo, o para evitar alguna ambigüedad posible, según las circunstancias particulares de cada caso. Tales circunstancias hacen que el hablante, sintiendo como insuficiente la expresión del sujeto contenido en la forma verbal, necesite determinarlo más. Los dos casos más frecuentes son estos:

1.º Cuando se quiere hacer resaltar el papel del sujeto, como recalcando su importancia. Este uso enfático, que ya existía en latín, aparece preferentemente con los pronombres de primera y segunda persona. Ejemplos: *Yo lo he dicho; Tú ya estabas enterado; Vosotros tenéis la culpa; Nosotros venceremos.* A menudo queremos presentar en contraste la actitud o la circunstancia del sujeto con la de otro u otros: *Pues yo no transigiría; Tú estuviste en casa todo el día* [mientras yo, ella, ellos, etc., estaba o estaban fuera]. La insistencia en el sujeto puede determinar la repetición del pronombre (*¡Yo, yo lo diré!*) o el empleo de palabras de refuerzo, como *mismo, propio,* que añaden matices especiales: *Ella misma hablará; Tú mismo te delatabas en tu propia declaración.*

2.º Cuando pueda haber ambigüedad: *Ya decía yo (él, ella, usted).* Nótese que en doce ocasiones coinciden en nuestra conjugación la primera y la tercera persona del singular (*amaba, había amado, amaría, habría amado, ame, amara o amase, haya amado, hubiera o hubiese amado, amare* y *hubiere amado*). Por otra parte, las terceras personas pueden ser muchas. Por esto usamos del pronombre sujeto de tercera persona con frecuencia mucho mayor que en las personas primera y segunda, siempre que no esté suficientemente determinada por el contexto la persona o cosa a que nos referimos entre las varias a que pudiera aludirse. Decir *Él, Ella, Usted volvió al día siguiente,* supone por parte del que habla el deseo de eliminar una falsa interpretación posible.

3.10.3. Tratamientos. — Véase cap. 2.14.

3.10.4. **Formas acentuadas. Caso preposicional.** — *a*) Cuando los pronombres personales van precedidos de preposición usamos las formas siguientes: *mí, ti, usted, él* y *ella* para el singular; *ello* para el neutro; *nosotros, nosotras, vosotros, vosotras, ustedes, ellos* y *ellas* para el plural; *sí* para el uso reflexivo de tercera persona en singular y en plural. Hay que añadir las formas especiales *conmigo, contigo* y *consigo,* de cuya formación hablamos en la Morfología (§ 2.5.3*a*). Solo *mí, ti, sí* son casos morfológicos de la declinación preposicional. Las demás formas son las mismas que empleamos para el pronombre sujeto o nominativo. Unas y otras responden por consiguiente a la fórmula sintáctica «preposición + pronombre», y su construcción no se diferencia como tal del esquema «preposición + sustantivo», cualesquiera que sean los casos que en cada ocasión puedan corresponder al pronombre o al nombre en la declinación latina. Para nuestra lengua, todo pronombre que es término de preposición, se halla en el *caso* que, por esto, llamamos *preposicional.*

b) Es frecuente que la fórmula «*a* + pronombre o sustantivo» vaya acompañada de algún pronombre átono, en frases como *A mí me parece que...; A ella la encontrarás todos los días en el parque; A María le regalaron un vestido; Mucho os deben a vosotros.* En la lengua clásica y moderna, si el pronombre término de la preposición *a* es personal, la compañía del pronombre átono es forzosa: no podemos decir *Castigaron a mí, Ayudar a él, A vosotros dieron el premio,* sino

Me castigaron a mí, Ayudarle a él, A vosotros os dieron el premio. Estas frases no deben interpretarse únicamente como una simple repetición pleonástica del sustantivo o del pronombre complementario, sino que denotan por lo general un propósito de contraste, discriminación, diferencia o exclusión tácita o expresa. Decir *a mí me parece* significa, frente a *me parece*, cierta intención de oponerse a otro parecer real o posible. En *A ella la encontrarás todos los días en el parque*, denota en la mente del hablante algo parecido a «en cuanto a ella», «con respecto a ella», o la intención de diferenciar lo que hace *ella* de lo que puedan hacer otras, lo mismo que en *A María le regalaron un vestido.* En *Mucho os deben a vosotros* pensamos, por ejemplo, «aunque algo deban también a otras personas». Ejemplos literarios clásicos: *Sea desta manera: que vos nos sufráis a nosotros nuestras preguntas, y que nosotros os suframos a vos vuestra cólera* (J. de Valdés, *Diálogo de la lengua*); *Si este basta, hele aquí, con condición que también se me ha de decir a mí la buenaventura* (Cervantes, *La Gitanilla*). Ejemplos modernos: *Déjame a mí. ¿Quién no tiene sus secretillos?* (Galdós, *Miau*, cap. XII); *A ti también te alcanzarán, a ti, en primer término, los homenajes de la guerra* (J. Zorrilla de San Martín, *La Epopeya de Artigas*, conferencia XXIV, cap. III).

c) Las observaciones que acabamos de hacer en el apartado anterior no excluyen el carácter enfático del complemento preposicional, cuando acompaña a los pronombres inacentuados. Cuando siguen al verbo los complementos pronominales tónicos, tienen a menudo significación especificativa, sobre todo si son de tercera persona: en *Les ataban las manos a los prisioneros*, tan dativo es *les* como *los prisioneros*, pero el segundo determina al primero y precisa su significado. La indeterminación del *se* personal, invariable para el género y el número, suele corregirse añadiéndole otra forma preposicional del mismo pronombre: *Se lo entregué a él, a ella, a ellos, a ellas, a usted, a ustedes, a Juan.* Este uso es necesario siempre que el contexto no aclare suficientemente el complemento: *La experiencia le ha ido enseñando también al hombre que, cuando ayuda a sus semejantes, suelen ellos ayudarle igualmente* (A. Cánovas del Castillo, *Discurso 1872*, cap. VIII); *Válgame Dios, señor don Ignacio, ¿cómo podré pagarles a ustedes tantos favores?* (M. Azuela, *Del Llano Hermanos, S. en C.*, acto II).

d) Por analogía se ha propagado el empleo redundante de *le*, *les*, a construcciones en que la claridad del sentido no los necesita: *Les parecía mal a los padres el casamiento de la muchacha; Escribo para avisarles a los amigos que no me esperen.* Se trata de un complemento, generalmente anticipado, que anuncia vagamente otro complemento más preciso. Este carácter incoloro del pronombre inacentuado llega a veces hasta la incorrección de usarlo en singular con un complemento plural: *No le tenía miedo a las balas; Nunca le agrada a los gobernantes la disconformidad de los gobernados.* No es raro encontrar estas discordancias en periódicos, y aun en escritores de todas las épocas, de ambos lados del Atlántico.

e) También es frecuente la redundancia con los pronombres *lo, la, los, las,* ora como repetición de un nombre o pronombre precedente, ora, en uso menos cuidado, como anuncio del que viene después: *Nuestras vidas, las arriesgaremos si hace falta; Lo engañaron a Juan.*

3.10.5. **Formas inacentuadas. Casos acusativo y dativo.** — *a)* Sus formas son las siguientes: primera persona: *me* y *nos;* segunda persona: *te* y *os* (antiguo *vos*); tercera persona: *lo, la, le (se)* y sus plurales *los, las, les (se);* forma reflexiva e impersonal para ambos números: *se.* Por carecer de acento prosódico, van siempre unidos al verbo como proclíticos o como enclíticos. En el párrafo siguiente explicaremos en qué circunstancias se prefiere una u otra colocación.

b) No hay dificultades prácticas en el uso de las formas de primera y segunda persona, tanto si expresan el caso acusativo (complemento directo), como el dativo (complemento indirecto). Solo por el contexto podemos distinguir un caso de otro, puesto que sus formas son comunes para cada persona gramatical. Debe advertirse que el desuso en Hispanoamérica del pronombre *vosotros,* ha acarreado la pérdida de su forma complementaria átona, *os.* Un maestro que tutea individualmente a los niños, no les dirá a todos juntos *sentaos* o *levantaos,* como les diría en España, sino *siéntense* [*ustedes*] o *levántense* [*ustedes*], siempre con el verbo en tercera persona de plural (cf. § 2.14.2*b*).

c) En la Morfología (§ 2.5.2*c*) se han descrito con bastante detención las vacilaciones, ya antiguas, en el empleo de las formas inacentuadas de tercera persona *lo, la, le* y sus plurales *los, las, les,* y los grados con que estas confusiones se producen en las diferentes regiones y países de nuestro idioma. No hace falta, por consiguiente, que repitamos aquí los pormenores que ya expusimos en el lugar indicado. Se llama *loísmo* el empleo abusivo de *lo* (originariamente acusativo) en vez de *le* (originariamente dativo); el uso de *la* por *le* recibe el nombre de *laísmo;* el empleo predominante de *le* en lugar de las formas acusativas, *lo* y *la,* se llama *leísmo.*

La Academia Española, teniendo en cuenta el origen etimológico de estas formas y la práctica más autorizada entre los escritores modernos, recomienda para el uso culto y literario la siguiente norma general: *lo,* para el acusativo masculino; *la,* acusativo femenino; *le,* dativo de ambos géneros, y además como acusativo masculino de persona, pero no de cosa; en plural, *los* para el acusativo masculino;

las, para el acusativo femenino; *les*, para el dativo de ambos géneros. Así, pues, tratándose de un hombre podemos decir indistintamente *No lo conozco* o *No le conozco;* pero si se trata de una mujer, solo podemos decir *No la conozco;* hablando de un libro, *Lo tengo en casa.*

d) Con la forma neutra *lo* reproducimos un complemento predicativo o un verbo de una oración anterior, con referencia a sujetos de cualquier género y número. Ejemplos de *lo* reproductor de complementos predicativos: *Creí que Isabel estaba enferma, pero no lo estaba; Amadís fue el norte, el lucero, el sol de los valientes... Siendo esto así, como lo es, ... el caballero andante que más le imitare, estará más cerca de alcanzar la perfección de la caballería* (Cervantes, *Quijote,* I, 25); *Que como ya muchas veces te he dicho, no consienten que caballero ponga mano contra quien no lo sea* (*Ibíd.,* I, 18); *Presumían de ricos sin serlo.* Ejemplos de verbos: *Les rogué que me ayudasen, y no lo hicieron; —¿Pagará pronto su deuda? —Lo dudo; Solicitó visitarme. Mamá lo rehusó algún tiempo* (G. Gómez de Avellaneda, *Autobiografía:* «*25 por la tarde*»).

e) La reproducción anafórica que logramos con el pronombre neutro *lo* no siempre va remitida a un término expreso, sino que a veces se refiere a un conjunto de ideas aludidas en la conversación, como cuando decimos: *En fin, lo aguantaremos como podamos* [disgustos, enfermedades, etc.]. La locución *pasarlo* se refiere sin nombrarlos a la salud, medios económicos, diversiones, etc.: *pasarlo bien, mal, medianamente; ¡Que usted lo pase bien!,* como fórmula de saludo o despedida. *Cuando un hombre no trabaja para vivir, e irlo pasando, trabaja para sobrevivir* (Unamuno, *Del sentimiento trágico de la vida,* cap. III).

3.10.6. **Colocación de los pronombres inacentuados.** — *a)* Por su calidad de inacentuados, estos pronombres van siempre inmediatos al verbo con estrecha unidad prosódica. Pero su posición antes o después del verbo ha variado y varía según las épocas y los autores. Nuestros clásicos los emplearon como enclíticos con mayor frecuencia que los escritores de hoy, y hay regiones, como Galicia, Asturias y León, donde actualmente se usan también más como enclíticos que como proclíticos. Dentro de esta variedad histórica y geográfica, y respetando siempre las diferencias entre los estilos individuales, la Academia trata de reflejar, a continuación, las condiciones generales en que la lengua literaria actual exige o prefiere la anteposición o la posposición de estos pronombres al verbo.

b) Con el modo imperativo y con el presente de subjuntivo usado como imperativo, se pospone el pronombre al verbo si este encabeza la oración. Así, decimos: *dame, quédate, váyase, dadle, quédense, ¡déjame en paz!* Cuando expresamos prohibición, el verbo no encabeza la frase, y el pronombre es necesariamente proclítico: *No me importunes; En martes, no te cases ni te embarques; Nadie las mueva* [las armas] / *que estar no pueda con Roldán a prueba.*

c) A la misma regla obedecen en nuestros clásicos, y después en el lenguaje afectado, las oraciones desiderativas simples con el verbo en presente o imperfecto de subjuntivo, es decir: el pronombre va enclítico si el verbo encabeza la oración; p. ej.: *Séale blanda la tierra; ¡Quiéralo Dios!; Muriérase ella... y dejárame a mí en mi casa* (Cervantes, *Quijote*, II, 70). Pero si el verbo lleva delante otra palabra cualquiera, el pronombre es proclítico en todos los niveles del lenguaje: *Blanda le sea la tierra; Fortuna te dé Dios, hijo; Ojalá lo consiguieras* o *consiguieses; Dios lo quiera.*

d) En oraciones subordinadas, los tiempos simples del modo subjuntivo llevan el pronombre antepuesto: *Deseo que no te vayas; Quiero que me enteres; Quisiera que me acompañases; Nunca creí que le adularan tanto; Dudábamos de que la sentencia nos fuese favorable.*

e) Con las formas simples del gerundio e infinitivo, se posponen los pronombres al verbo; v. gr.: *dándole, temiéndolo, verlo, encontrándote.* Pero cuando el infinitivo y el gerundio están subordinados a otro verbo, los pronombres enclíticos pueden separarse de ellos y pasar atraídos al verbo principal; v. gr.: *Quieren molestarte* o *Te quieren molestar; Iban diciéndole* o *Le iban diciendo.*

f) Con las formas simples del modo indicativo, el pronombre va generalmente antepuesto al verbo en la lengua hablada, tanto en oraciones independientes como en las subordinadas; v. gr.: En independientes: *Te prometen, Te prometían, Te prometerán, Te prometerían; Bien me vendría esto; Allí no nos recibirán; ¿No le dieron la noticia?; ¿Dónde lo hallaste?* En subordinadas: *Me dice que no te quiere; Te dijo que no lo quería; Se enfadó porque no le hicieron caso; Si me esperas te acompañaré.* En la lengua escrita predominan también los pronombres proclíticos; pero en principio de frase o después de pausa se usan con cierta frecuencia los enclíticos, especialmente en tiempo pasado; por ejemplo: *Invitábanle a menudo; Cotizáronse a buen precio las acciones mineras.* La impresión general de construcción literaria que hoy produce la enclisis llega hasta el rebuscamiento afectado con los tiempos presente y futuro: *Paréceme que sí, Dígolo, Abriráse la puerta.* En Galicia, Asturias y León es más frecuente la enclisis que en los restantes territorios de lengua española, tanto en la conversación como entre los escritores, como lo fue también durante el Siglo de Oro en el uso general del idioma.

g) En las formas verbales compuestas van los pronombres con el auxiliar: delante en las formas personales, y detrás en las del gerundio e infinitivo. Compárense: *Me han halagado* y *habiéndome halagado; Te habían perseguido* y *habiéndote perseguido; Nos lo han dicho* y *habiéndonoslo dicho.* Adviértase que, en las formas compuestas personales, el pronombre pospuesto al auxiliar se siente hoy como afectación pedantesca, en construcciones como: *helo estudiado, habíanme visto, habrémosle conocido,* etc.

3.10.7. Concurrencia de pronombres átonos. — Un verbo puede llevar dos y aun tres pronombres átonos. En este caso van o todos proclíticos o todos enclíticos; no es posible anteponer unos y posponer otros; v. gr.: *Me lo rogaban* o *Rogábanmelo; Ruego que se me lo busque* o *Búsquesemelo.* Nunca podría decirse *Me rogábanlo* o *Lo rogaban me.* Cuando concurren varios, *se* debe preceder a todos; el de segunda persona va siempre delante del de primera; y cualquiera de estos dos antes del de tercera: *Te me quieren arrebatar,* o *Quieren arrebatárteme; Me lo decían* o *Decíanmelo.* En el habla vulgar se oye con alguna frecuencia *Me se cae la capa, Te se ve la intención;* pero esta construcción es estimada en todas partes como solecismo plebeyo.

3.10.8. Alteraciones fonético-sintácticas. — Al juntarse los pronombres enclíticos con el verbo, se producen a veces ciertas alteraciones fónicas que se han consolidado en la pronunciación y en la ortografía modernas. Afectan estas modificaciones, ya al fonema final del verbo, ya a este y al inicial del pronombre, si este es *vos.*

a) Delante del enclítico *nos* se pierde obligatoriamente la *s* de la primera persona del plural del subjuntivo-imperativo, y decimos: *unámonos, estémonos,* y no *unámosnos, estémosnos.* Esta pérdida de *s* se produce también en otros tiempos del verbo; p. ej.: *Íbamonos acercando* (no *íbamosnos*), *Veríamonos en el teatro* (no *veríamosnos*); pero el pronombre enclítico es muy poco usual fuera del subjuntivo-imperativo, según queda dicho en el § 3.10.6. Así, en los últimos ejemplos preferiremos decir de ordinario: *Nos íbamos acercando, Nos veríamos en el teatro.*

b) En la segunda persona del plural seguida del enclítico *se,* la concurrencia de dos *ss* se resuelve reduciéndolas a una sola, y decimos *hagámoselo,* y no *hagámosselo;* lo mismo en el ant. *¿dísteisela?* en lugar de *¿dísteissela?* (v. cap. 1.6, n. 14).

c) Se pierde la *d* final del imperativo (segunda persona de plural), cuando lleva el enclítico *os* (antiguo *vos*); v. gr.: *sentaos, quitaos, salíos,* por *sentados* (o *sentadvos*), *quitados* (o *quitadvos*), *salidos* (o *salidvos*), como se dijo antiguamente. Solo con el verbo *ir* conservamos la *d* y decimos *idos*, aunque nuestros clásicos dijeron también *íos*. Asimismo, delante de *os* se pierde la *s* de primera persona del plural, y decimos *suplicámoos*, *adorámoos*, y no *suplicámosos*, *adorámosos*. Sin embargo, es preferible decir en estos casos *os suplicamos*, *os adoramos*.

3.10.9. **Posesivos.** — Los posesivos se hallan en estrecha relación con los pronombres personales, ya que por su etimología y significado van referidos a las tres personas gramaticales. Aun en frases sin verbo, su presencia denota por sí sola una acción en la cual participa, como sujeto o como complemento, la persona gramatical que el posesivo expresa. Si hablando de unos árboles decimos que *florecen*, expresamos la misma idea de participación mencionando *su florecer* o *su florecimiento*. Entre *Salgo a las seis*, *Mi salir a las seis* o *Mi salida a las seis*, hay pocas diferencias de sentido, aunque sea distinta su forma gramatical.

a) Otro ejemplo demostrará cómo en nuestra lengua se cambian con ventaja los posesivos por los personales, sin que se oscurezca la relación de propiedad o pertenencia. Es bien sabido que en español se emplean los posesivos mucho menos que en francés, inglés y alemán. Frases como *He dejado mi gabán en mi casa* o *Sacó su pañuelo de su bolso* se sienten como pesadas por su extranjería redundante. Nuestra lengua prefiere decir: *He dejado el gabán en casa* o *Sacó el pañuelo del bolso*, y mejor aún por medio del dativo de los pronombres personales y reflexivos; p. ej.: *Me he dejado el gabán en casa*, *Se sacó el pañuelo del bolso*. En vez de *Sus ojos se llenaron de lágrimas*, como diría un traductor principiante, *Los ojos se le llenaron de lágrimas*. En el lenguaje publicitario encontramos frases parecidas a estas: *Pase sus vacaciones en la playa de X; Aumente su renta invirtiendo sus ahorros en acciones de X*. El posesivo tiene aquí dejo extranjerizante.

b) El posesivo de tercera persona, especialmente en la forma apocopada *su*, crea a menudo frases ambiguas. Al decir *su casa* podemos referirnos a la casa *de él*, *de ella*, *de ellos*, *de ellas*, *de usted* o *de ustedes*. Aun el neutro carece de forma propia: *su dificultad* puede ser *la dificultad de ello*. Para remediar la indeterminación del poseedor, nuestro idioma se vale, desde antes de la época clásica, del recurso de añadir a *su*, *sus* el nombre del poseedor, o el pronombre que lo señala, precedido por la preposición *de*, siempre que el contexto no baste para indicarlo: *su casa de Antonio; sus rentas de usted; su madre de ellas*. Esta práctica se mantiene en el habla moderna, pero con visible tendencia a limitarla a *su de usted* y *su de ustedes*: *su hermana de ustedes; sus preocupaciones de usted*. Ordinariamente, tanto en España como en América, *su*, *sus* sin indicación del poseedor aluden a una tercera persona. Ejemplos: *Me complacería mucho conocer su opinión de Vd. acerca de él* (Unamuno, *Carta a D. F. Giner de los Ríos*, 22-XI-1899); *Por lo que veo su marido de usted era un hombre de pocas luces* (García Lorca, *La zapatera prodigiosa*, II).

c) El desuso de *vosotros* en América ha traído la eliminación del posesivo *vuestro*, sustituido por *de ustedes: la casa de ustedes* en vez de *vuestra casa*, que sería afectación entre hispanoamericanos. Por analogía se ha propagado la sustitución de *nuestro* por *de nosotros* en varios países de la América hispana, aunque no con carácter general; por ejemplo: *Este rancho es de nosotros; Los relojes de nosotros no van a ser de plata* (T. Carrasquilla, *Hace tiempos*, II, cap. XI).

d) En paralelismo con el empleo de *nosotros* como plural de modestia, usamos también el posesivo *nuestro* con el mismo sentido. Un autor puede decir *en nuestra opinión* o bien *en mi opinión*, según su preferencia. El matiz de modestia que percibimos en la primera fórmula procede de que el autor no se presenta a sí mismo en primer plano, sino que diluye su opinión en una pluralidad figurada.

3.10.10. **Colocación de los posesivos. Formas apocopadas.** — *a*) Los posesivos apocopados *mi, tu, su*, y sus plurales *mis, tus, sus*, son inacentuados y se anteponen siempre como proclíticos a la palabra de la cual son atributos; v. gr.: *mi casa; tu enfermedad; sus preocupaciones.* Las formas plenas *nuestro, vuestro*, y sus femeninos y plurales, pueden anteponerse también con el mismo valor atributivo y son igualmente inacentuados (cf. § 1.5.4*a*, 2.º); v. gr.: *nuestra madre; vuestro jardín; Nuestras vidas son los ríos / que van a dar en la mar* (J. Manrique, *Coplas por la muerte de su padre*) [1]. No es raro que entre los posesivos y la palabra a que van antepuestos se intercalen adjetivos o adverbios; v. gr.: *mi tan recordada patria, sus peores enemigos, nuestra bien amada abuela.*

b) La lengua medieval anteponía frecuentemente el artículo, determinado o indeterminado, a los posesivos antepuestos. Aunque este uso disminuyó progresivamente en la lengua literaria clásica, es fácil encontrarlo entre los escritores del Siglo de Oro: *De rato en rato les decía, / vosotros los de Tajo en su ribera / cantaréis la mi muerte cada día* (Garcilaso, *Égloga II*); *Sayavedra halla en Milán a un su amigo en servicio de un mercader* (M. Alemán, *Guzmán de Alfarache*, segunda parte, lib. II, cap. V). Se mantuvo durante varios siglos en el

---

[1] La posición proclítica de *nuestro, vuestro* explica las formas antiguas *nueso, vuesa*, en tratamientos como *nuesamo, vuesa merced*, las cuales prueban una tendencia a la apócope que no llegó a generalizarse.

habla popular y rústica, y hoy subsiste en extensas zonas de Asturias, León y Santander; p. ej.: *¿Sabe naide si tiene casa la tu mujer?* (Pereda, *Escenas montañesas: El fin del mundo*) [2].

c) También los demostrativos pueden preceder a los posesivos de que venimos tratando. Aunque no con gran frecuencia, encontramos ejemplos literarios modernos: *Esta su frase figura al pie del monumento* (Unamuno, *Por tierras de Portugal y de España: Un pueblo suicida*); *Este su nuevo camino que coincidió... con su entrada en la vida matrimonial (Ibíd.: Eugenio de Castro); Nos estamos muriendo de hambre: la nuera y los nietos y este su hijo* (J. Rulfo, *El llano en llamas: Paso del Norte*); *¡Cuánto he aprendido en esa su obra triste, como él mismo la llama!* (Unamuno, *Por tierras de Portugal y de España: Desde Portugal*). En los clásicos, los ejemplos son más abundantes: *Mas, aunque comimos bien aquel día, maldito el gusto yo tomaba en ello, ... y mi amo muy risueño todas las veces que se le acordaba aquella mi consideración* (*Lazarillo de Tormes*, tratado III).

3.10.11. **Formas plenas.** — *a*) Las formas pospuestas *mío, tuyo, suyo, nuestro, vuestro,* con sus femeninos y plurales, se pronuncian siempre con acento. Ya dijimos (nota 1 de este capítulo) que *nuestro, vuestro,* cuando se emplean como atributos antepuestos, pierden su acento propio.

b) Antepuestos a la palabra de la cual son atributo, los pronombres posesivos se usan de manera forzosa en sus formas apocopadas, como quedó dicho anteriormente (§ 3.10.10*a*). Pero si van pospuestos, se emplean las formas plenas, como ocurre especialmente en frases exclamativas o apelativas; p. ej.: *¡Ay, madre mía!; Le repito, amigo mío, que no fue así;* y en algunas fórmulas fijas que encabezan las cartas, como *Muy Sr. mío, Muy Sr. nuestro.* Cabe también anteponer el posesivo apocopado en frases del mismo tipo; p. ej.: *¡Mi madre!; Mi querido amigo,* etc. La preferencia por una u otra construcción depende de matices afectivos propios de cada caso o de usos regionales.

c) Como complementos predicativos es necesario usar las formas plenas; p. ej.: *El jardín era mío; Aquellas palabras no parecían suyas; Tuya será la culpa; La victoria es nuestra.*

d) En Hispanoamérica está ampliamente documentado el uso de las formas plenas precedidas de adverbios o locuciones de lugar. Ejemplos: *Sacando coraje en las risas que oía detrás mío, no me movía un*

---

[2] La versión antigua del padrenuestro decía: *Venga a nos el tu reino,* frase que en años muy recientes ha sido modernizada: *Venga a nosotros tu reino.*

ápice (Güiraldes, *Don Segundo Sombra*, cap. I); *Encima nuestro, el cielo estrellado parecía un ojo inmenso* (*Ibíd.*, cap. VIII); *¿Y qué? ¿Te vas a desnudar delante mío?* (A. Pareja Díez-Canseco, *Don Balón de Baba: Segundo día*, cap. II). En España son muy raros los ejemplos literarios, pero la construcción se usa en las hablas populares de algunas regiones; p. ej.: *Atrás mío, atrás tuyo* (E. Arriaga, *Lexicón del bilbaíno neto*); *Tendío yo der to y er toro tendío der to ensima mía* (P. Muñoz Seca, *El Roble de la Jarosa*, acto II).

e) Los posesivos se sustantivan frecuentemente con los medios de sustantivación de cualquier adjetivo; p. ej.: *Se trata de los apuntes de una conferencia que tengo que dar en Madrid... y me urgen mucho para trabajarla ahora que tengo todo el tiempo por mío* (F. García Lorca, *Carta a D. A. Rodríguez Espinosa*, en *Bull. Hisp.*, LXV, pág. 135); *¿Te lo aconseja así tu corazón?, ¿podrás tú conocer el mío?* (G. Gómez de Avellaneda, *Autobiografía: A la 1 de la noche*). Se trata a menudo de construcciones elípticas en las cuales la anáfora aparece muy clara; pero en algunas frases locucionales fijas, el hablante no piensa ya en el sustantivo elidido, es decir, la sustantivación del posesivo llega a ser completa; p. ej.: *Saludos de los míos para los suyos* (familiares); *los nuestros, los vuestros* (parientes, partidarios, adeptos, etc.); *Es sabido, en cuanto se muere uno de los nuestros, en vez de darnos por avisados, todos caemos sobre el difunto* (Benavente, *Lo cursi*, II, esc. I); *Este movimiento impuso a los enemigos y suspendieron el ataque. Los nuestros se retiraron a las inmediaciones de Girón* (J. Arona, *Páginas diplomáticas del Perú*, cap. VIII).

3.10.12. Demostrativos. Funciones gramaticales. — *a)* Las formas *este, ese, aquel*, con sus femeninos y plurales, pueden desempeñar indistintamente la función gramatical de sustantivos o de adjetivos. Las denominamos en conjunto *formas concordantes*, porque, si son sustantivos, deben concertar en género y número con los adjetivos que llevan agrupados; y si son adjetivos, han de ajustarse al género y número de los sustantivos a que se unen como atributos o complementos, precediéndolos o siguiéndolos; v. gr.: *Principios son* [tales habilidades], *dijo Monipodio; pero todas esas son flores de cantueso viejas, que no hay principiante que no las sepa* (Cervantes, *Rinconete*); *¿dará sus verdes hojas el olmo aquel del Duero?* (A. Machado, *Campos de Castilla*). Cuando se agrupan con un sustantivo precedido del artículo, el demostrativo se coloca detrás; p. ej.: *la casa esta, el día aquel; A las once da el Zarco, desde Bermejal, el último adiós a esta Villa querida. ¡Ni el moro aquel al dejar a Granada!* (T. Carrasquilla, *El Zarco*, V).

b) Puede ser irrespetuoso designar con los demostrativos sustantivos a personas presentes que merecen alguna consideración o con las que no se tiene confianza. Decir, p. ej., *Este* o *esta ya lo sabe*, en vez de *Este caballero* o *esta señorita ya lo sabe*, es una descortesía evidente. Preguntar *¿Quién es ese?* puede resultar despectivo para el designado; *¿Qué hablará papá con ese?* (Benavente, *Rosas de otoño*, I, esc. 2). Es de notar que el demostrativo adjetivo *ese* suele indicar también menosprecio cuando va pospuesto designando a una persona: *la señora esa; No hay duda: el mejicano ese está maleando a Matilde* (J. Cardona, *El Primo*, cap. XXI).

c) Los neutros *esto, eso, aquello* son siempre sustantivos invariables para la concordancia; v. gr.: *Esto no debe repetirse; Eso es mentira,* o *Eso son mentiras; conozco bien aquello.* Como no pueden referirse a personas, el hecho de designar con ellos a personas singulares o colectivas supone menosprecio; p. ej.: *Mira eso que viene para acá; Aquello era gentuza.*

3.10.13. **Agrupaciones sintácticas.** — Las agrupaciones posibles de los pronombres demostrativos dependen, en general, de la función sustantiva o adjetiva que desempeñen en cada caso las formas concordantes; los neutros son exclusivamente sustantivos, como queda dicho. Por consiguiente, admitimos que en los demostrativos son posibles en principio las mismas agrupaciones que señalamos para los sustantivos y para los adjetivos en los capítulos dedicados a los oficios y complementos de cada una de estas partes de la oración (3.8 y 3.9). Así, pues, los demostrativos sustantivos pueden ser núcleo del sujeto, complemento con preposición o sin ella, etc.; y los adjetivos pueden ser adjuntos inmediatos o mediatos de un sustantivo, llevar complementos propios, etc. Pero al hacer esta afirmación general, debemos añadir sumariamente algunas observaciones peculiares de los pronombres de que venimos tratando.

a) Los neutros se agrupan solo con los adjetivos pronominales *mismo, todo, solo, más*, y con los numerales ordinales y adjetivos equivalentes, como *anterior, último*, etc.; p. ej.: *Eso mismo pensaba yo; Fui tan tonta como todo eso* (Benavente, *Rosas de otoño*, I, esc. 1); *Esto último me importa sobremanera.*

b) Tanto los demostrativos concordantes en función sustantiva como los neutros pueden acumular adjuntos nominales de cualquier clase, complementos preposicionales y oraciones de relativo. Ejemplos con formas concordantes: *Como yo que parezco una muñeca de esas ordinarias* (Benavente, *Al natural*, II, esc. 11); *El pasado tiene razón: la suya. Si no se le da esa que tiene, volverá a reclamarla* (Ortega y Gasset, *La rebelión de las masas*, X). Ejemplos con demostrativos neutros: *Eso blanco; Y con esto de ahora* (Benavente, *La malque-*

rida, II, 12); *Su alegría clara, diáfana, se surte de esto que pasó anoche en la Puerta del Sol* (Gómez de la Serna, *Elucidario de Madrid: Algunas horas en la Puerta del Sol*).

c) Cuando se reúnen varios demostrativos en continuidad u oposición, realizan remisiones anafóricas a la situación de los interlocutores o al contexto. De aquí su uso frecuente en cláusulas enumerativas y distributivas. Ejemplos: *Abundan los comentarios: que si esto. que si aquello, que si lo de más allá; Divididos estaban caballeros y escuderos, estos, contándose sus vidas, y aquellos, sus amores* (Cervantes, *Quijote*, II, 13); *¿No has visto tú representar alguna comedia adonde se introducen reyes, emperadores y pontífices, caballeros, damas, y otros diversos personajes? Uno hace el rufián, otro el embustero, este el mercader, aquel el soldado, otro el simple discreto, otro el enamorado simple...* (*Ibíd..* 12).

3.10.14. **Relativos e indefinidos.** — Para el estudio sintáctico de los pronombres relativos, véase el cap. 3.20, dedicado a las oraciones subordinadas adjetivas o de relativo. En diversas ocasiones hemos tratado del uso sintáctico de algunos pronombres indefinidos en sus valores sustantivos y adjetivos. Aquellas observaciones, y las que seguiremos haciendo en adelante, nos ahorran repetirnos aquí. Véase además la Morfología, caps. 2.7 y 2.8.

3.11. DE LA PREPOSICIÓN

3.11.1. Definiciones. — *a*) Al tratar de los complementos del verbo, del sustantivo y del adjetivo, hemos visto en los capítulos anteriores que, exceptuando la aposición, algunos complementos directos o circunstanciales y las formas inacentuadas de los pronombres, todos los demás complementos, cuando el término complementario es sustantivo, se enlazan en español por medio de una preposición. El sustantivo o la expresión sustantivada que la preposición introduce se llama *término* de la preposición. Podemos, pues, definir provisionalmente las preposiciones como palabras invariables que enlazan un elemento sintáctico cualquiera con un complemento sustantivo. Otros caracteres, que luego estudiaremos, nos permitirán completar esta primera definición.

b) El elemento sintáctico de donde parte la relación es *inicial;* el concepto sustantivo complementario es *terminal,* cualquiera que sea el orden que guarden entre sí dentro de la oración. Podemos decir, p. ej., *Recogían las mieses con máquinas cosechadoras,* o bien *Con máquinas cosechadoras recogían las mieses,* sin que *recogían las mieses* deje de ser el elemento inicial, y *máquinas cosechadoras* el término de la relación. Por esto la preposición precede siempre a su término, formando con él una unidad sintáctica y fonética que no puede destruirse sin alterar el sentido. Aun en los casos de hipérbaton más extremado, la preposición es inseparable de su término; verbigracia: *Aquí de Elio Adriano, | De Teodosio divino, | De Silio peregrino, | De oro y blanco marfil rodó la cuna* (R. Caro, *Canción a las ruinas de Itálica*).

c) Las preposiciones (excepto *según*) carecen de acento propio y se usan siempre en proclisis con su término, con lo cual se expresa y fortalece su unidad sintáctica (cf. § 1.5.4*a*, 7.°).

Pueden intercalarse, entre preposición y término, artículos u otros determinativos: *Para la casa; Memorias del tiempo viejo; Lo hizo por sus hijos; Con esa lluvia no podemos salir* [1], etc.

---

[1] El habla culta y la lengua escrita no consienten hoy más contracciones que *al* y *del,* aunque el habla vulgar practique otras, como *pa'l día siguiente;*

d) Es bien sabido que todas las palabras aisladamente consideradas, tal como aparecen en los diccionarios, tienen un significado abstracto que solo se concreta y determina en el contexto con su perfil exacto. Pero los sustantivos, adjetivos, verbos y adverbios evocan por sí solos un contenido semántico mucho más denso y complejo que las preposiciones y conjunciones, cuyo papel es principalmente relacionante o nexivo. Voces sueltas como *a, de, en, con, para, aunque, pero, porque, conque,* etc., dicen muy poco a la mente del que las oye o lee, fuera de una vaga idea de relación que solo el contexto puede precisar. En lo que se refiere a las preposiciones, la vaguedad de significado es todavía mayor en las que, por ser capaces de establecer relaciones múltiples, son las de uso más frecuente, como *a, de, en, con, por.* Compárense los varios significados que adquiere la preposición *de* en las frases siguientes: *anillo de oro* (materia); *casa de Pedro* (propiedad); *llegan de Toledo* (procedencia); *sala de espera* (uso); *de estas razones se deduce* (ilación), etc. Otras preposiciones, menos usuales, prefiguran aproximadamente la clase de relación que denotan; por ejemplo: *sin* sugiere por sí sola idea de excepción o exclusión; *hasta* indica término espacial o temporal de un movimiento o proceso *(hasta mi casa, hasta mañana).* No son, pues, las preposiciones nexos enteramente vacíos de sentido, sino que apuntan con más o menos vaguedad a la clase de relaciones que pueden expresar.

3.11.2. **Preposiciones agrupadas.** — Como vamos viendo, la preposición y su término forman un todo lógico y fonético. Pero este todo puede ir a su vez precedido de otra preposición. Cuando esto sucede, la primera preposición establece la relación entre el elemento inicial y el todo que forman la segunda preposición y su término. Las preposiciones que con más frecuencia suelen agruparse son:

a) *De* puede ir seguida de complementos formados por las preposiciones *a, entre, hacia, por* y *sobre: de a cuarenta pesetas el litro; de entre unas breñas; de hacia Oriente; de por sí; de sobre el piano.*

b) *Desde* suele anteponerse a *por: desde por la mañana.*

c) *Hasta* puede preceder a *con, de, en, para, por, sin* y *sobre: hasta con su padre; hasta de treinta años; hasta en misa; hasta para ser cauto; hasta por los codos; hasta sin zapatos; hasta sobre los montes más altos.*

d) *Para* puede ir seguida de *con, de, desde, en, entre, sin* y *sobre:*
*para con chocolate; para de repente; para desde lejos; para en llegando;
para entre nosotros; para sin estudios; para sobre la chimenea.*

e) *Por* puede preceder a *ante, bajo, de* y *entre: por ante mí el nota-
rio; por bajo la mesa; por de pronto; por entre unas matas.*

f) Desde la segunda mitad del siglo XIX comenzó a extenderse en
el habla popular de España la locución *a por* con verbos de movimiento;
p. ej.: *Ir a por agua, Vengo a por ti, Vuelvo a por el pan.* El empleo de
esta locución ha progresado especialmente en el habla usual de las provincias del centro peninsular, y aun podrían citarse algunos ejemplos
literarios, si bien es desconocida en América. Sin embargo, la conversación culta de España suele sentirla como vulgar y procura evitarla.
   Aunque con frecuencia mucho menor, pueden agruparse asimismo
tres preposiciones; p. ej.: *Yo os suplico, señor, que lo que aquí dijere no
sea más de para entre nosotros* (A. de Valdés, *Diálogo de las cosas ocurridas en Roma,* 1.ª parte); *Tiene un aeroplanito, mano, con motor de a
de veras* (M. Azuela, *La Marchanta: Juan Cocoliso,* II); *Desde por entre
la espesura nos acechaban sin ser vistos.* En el análisis de cada una de
tales agrupaciones, debe tenerse en cuenta el cambio posible de función gramatical de alguna preposición; p. ej., en la oración *Hasta de
con sus padres fueron a buscarla, hasta* es un adverbio que significa
«aun» o «incluso». En las locuciones *en pro de* o *en contra de,* las preposiciones *pro* y *contra* están sustantivadas, lo mismo que se diría *en
favor de.* Ejemplos: *A contra de la noble costumbre de los nobles que es
usada entre los cristianos* (*Fuero Juzgo,* lib. XII, título III, 6); *No
faltaría más que alguno de nosotros mesmos... estuviera a contra de nosotros mesmos* (Álvarez Garzón, *Los Clavijos,* cap. XXII); *La celebración
de esta fausta efemérides depuso en contra de la Monarquía Saboyana*
(M. Fernández Almagro, *Hist. política de la España contemporánea,*
edición 1956, pág. 113).
   Con mucha frecuencia las preposiciones forman, al combinarse con
otras palabras, locuciones fijas de significación adjetiva, adverbial,
conjuntiva, prepositiva y verbal, que los diccionarios suelen registrar
como tales. Como algunas de estas locuciones tienen funciones variadas, en los ejemplos que siguen pondremos entre paréntesis las palabras a que se aplican, siempre que pueda haber dudas sobre su calificación gramatical. Adjetivas: *de noche* (aplicada a *traje, mesita*); *de
servicio* (puerta, escalera); *sin par* (hermosura). Adverbiales: *a bulto,
a sabiendas, de golpe, en volandas, por de pronto, sin tasa.* Conjuntivas:
*para que, a fin de que, en cuanto que, sin embargo, por más que, supuesto
que.* Prepositivas: *acerca de, alrededor de, frente a, junto a, enfrente de,
por encima de, debajo de,* algunas de ellas usadas también como adverbiales. Verbales: Para estas locuciones formadas con preposición seguida de infinitivo, véase el cap. 3.12.

3.11.3. Término de la preposición. — Al comienzo de este capítulo decíamos que el término de la preposición es siempre un sustantivo o una palabra o expresión a él equivalente en su función gramatical. Por el solo hecho de ser término de una preposición se sustantivan todos los vocablos o expresiones. Por consiguiente, pueden ejercer este papel:

a) Los sustantivos léxicos: *casa de madera; trabajar con esmero.*

b) Los pronombres en su función sustantiva: *Amable con ellas; Lo dice por mí; Hablemos de aquello; ¿Por qué te desanimas?*

c) Los adverbios de lugar y de tiempo en función pronominal: *Vienen hacia acá; desde entonces; ¿Hasta cuándo estarás aquí? ¿Por dónde pasaremos?*

d) Los infinitivos: *Estudia para aprender; No lo dije por molestar; día de cobrar.*

e) Las oraciones subordinadas sustantivas y adjetivas: *El temor de que llegasen tarde me impacientaba; Estoy seguro de que pagará; Darán el cargo a quien reúna mejores cualidades.*

f) Los adjetivos sustantivados por cualquier medio gramatical o simplemente por el sentido: *Está entre los santos; Pagar justos por pecadores; Entre bobos anda el juego; clases para principiantes; Vi la gran merced que hace Dios a quien pone en compañía de buenos* (Sta. Teresa, *Vida,* cap. II). Queda dicho al principio de este párrafo que las preposiciones sustantivan a la palabra que las sigue, y por lo tanto, también a los adjetivos. Esta afirmación suscita ciertas dudas cuando se trata de adjetivos predicativos; p. ej.: *jactarse de valiente; presumir de hermosa; pasar por sabio; tener a uno por tonto.* Quizá tales excepciones podrían explicarse por elipsis como *jactarse de* [ser] *valiente* o *de* [hombre] *valiente; Hizo entonces un melindre de* [estar] (o *de* [mujer]) *enojada, diciendo ¡Ay, válgame Dios!* (M. Alemán, *Guzmán de Alfarache,* lib. I, cap. II). En otros casos se trata de adjetivos que con gran frecuencia se usan por sí solos como sustantivos; p. ej., en *Pasa por sabio; Tiene cara de bobo; Si entonces no dormía por pobre, ahora no podía sosegar de rico* (Cervantes, *El celoso extremeño*), donde las preposiciones *por* y *de* tienen significado causal.

3.11.4. Elemento inicial de la relación. — *a)* La relación preposicional se inicia por una palabra de plena significación, es decir, un verbo, un sustantivo, un adjetivo o un adverbio. También las interjecciones, o las palabras usadas como tales, se construyen con un término precedido por la preposición *de;* p. ej.: *¡Ay de ti!, ¡Pobres de nosotros!;* recuérdese la exclamación tan frecuente en la época clásica: *¡Ah de la casa!, ¡Ah de arriba!*

b) El elemento inicial de la relación subordina a la preposición con su término. Por esto se dice que rige a determinadas preposiciones o que se construye con ellas. Algunas palabras, como el verbo *carecer,* se construyen solo con la preposición *de (carecer de medios).* Otras, en cambio, admiten varias preposiciones, según la relación que se quiera expresar, como *dudar de* alguna cosa, *dudar en* salir, *dudar entre* una cosa u otra, etc. Este carácter subordinante distingue con claridad la función de las preposiciones de la que ejercen las conjunciones coordinantes. No ocurre lo mismo con las conjunciones subordinantes, las cuales confunden con frecuencia sus límites y usos con los de las preposiciones, según veremos en los caps. 3.19 a 3.22.

c) Después de estas explicaciones podemos volver a la definición buscada desde el comienzo del capítulo, diciendo: Las preposiciones son partículas proclíticas (salvo *según*) que encabezan un complemento nominal de otra palabra y lo subordinan a ella.

3.11.5. **Uso y significación de las preposiciones** [2]. — *a*) *A.* Esta preposición es de uso tan vario como frecuente en nuestra lengua. Denota:

El complemento directo de persona y el indirecto (v. §§ 3.4.4 a 3.4.7).

El complemento con matiz de finalidad de ciertos verbos, cuando este complemento es un infinitivo: *Me enseñó a leer; Me invita a jugar.* Cuando es complemento de un sustantivo, la construcción «*a* + infinitivo» empezó a usarse en frases calcadas del francés, como *total a pagar, efectos a cobrar, cantidades a deducir, asuntos a tratar,* que significan acciones de realización futura y próxima; se usan principalmente en facturas y otros documentos bancarios, comerciales y administrativos. No se dice, en cambio, *terrenos a vender, pisos a alquilar, personas a convocar, oraciones a rezar,* etc. A fin de evitar que tales construcciones se extiendan, todos los Congresos de Academias de la Lengua Española han acordado censurarlas como exóticas y recomendar que se las combata en la enseñanza. En lugar de ellas deben emplearse, según los casos: *Tengo terrenos que vender* o *para vender;*

---

[2] Se enumeran solo las significaciones más generales y frecuentes en la lengua moderna, con exclusión de las anticuadas o de uso local. De las llamadas preposiciones inseparables se tratará al estudiar la formación de las palabras.

pisos para alquilar; asuntos que tratar, por tratar o *para tratar; personas que convocar*, etc.

La dirección que lleva, o el término a que se encamina alguna persona o cosa: *Voy a Roma, a Palacio; Estos libros van dirigidos a Cádiz, a un amigo.*

El lugar y tiempo en que sucede alguna cosa: *Le cogieron a la puerta; Firmará a la noche; A la cosecha pagaré.*

Se opone a *de* en indicaciones de distancia, tiempo o diferencia: *de calle a calle; de mes a mes; de once a doce del día; de aquí a San Juan; va mucho de Gertrudis a Luisa, de recomendar una cosa a mandarla.*

Úsase por lo mismo que *hasta: Pasó el río con el agua a la cintura; No te llega la capa a la rodilla.*

Indica el modo de hacer alguna cosa: *a pie; a mano; a golpes; a semejanza* o *a diferencia de esto.*

La conformidad con otra cosa determinada: *a ley de Castilla; a fuero de Aragón; a fe de hombre de bien.*

La distribución o cuenta proporcional: *al tres por ciento; a peso por vecino; dos a dos.*

El precio de las cosas: *a doscientas pesetas el metro.*

La situación de persona o cosa: *Estaba a la derecha del rey; a Oriente; a Occidente.*

La costumbre o usanza: *a la española; a la jineta.*

El móvil o fin de alguna acción: *a instancias del fiscal; ¿a qué propósito?*

El instrumento con que se ejecuta alguna cosa: *Quien a hierro mata, a hierro muere; Le molieron a palos.*

A veces equivale a la conjunción condicional *si: A no afirmarlo tú, lo dudaría;* que equivale a *Si tú no lo afirmases*, etc.

Sirve para formar muchas frases y locuciones adverbiales: *a tientas; a bulto; a oscuras; a todo correr; a regañadientes.*

b) ANTE. Significa *delante* o *en presencia de: Compareció ante el juez; Ante mí pasó.*

Vale *antes que* o *antes de*, significando antelación o preferencia de cosas y acciones: *ante todas cosas; ante todo.*

c) BAJO. Como el adverbio *debajo*, indica situación inferior, sujeción o dependencia de una cosa o persona respecto de otra; verbigracia: *estar bajo tutela; dormir bajo techado; tres grados bajo cero*, etc.

d) CABE. Equivale a *junto a, cerca de.* Es voz anticuada que solo se usa como arcaísmo deliberado.

e) CON. Significa:
La concurrencia y compañía de personas o de cosas: *Vino con mi padre; Va con sus hijos; Café con leche.*

El medio o instrumento con que se hace o consigue alguna cosa: *Con la fe se alcanza la gloria; Le hirió con la espada.*

Las circunstancias con que se ejecuta o sucede alguna cosa: *Trabaja con celo; Come con ansia; Le recomendó con interés; Me mira con indiferencia; El invierno entró con furia.*

En ciertas ocasiones equivale a la conjunción adversativa o concesiva *aunque: Con ser Álvaro tan sagaz, no evitó que le engañasen;* lo cual equivale a decir: *Aunque Álvaro es tan sagaz,* etc.

f) CONTRA. Denota oposición o contrariedad en sentido recto o figurado; pugna o repugnancia entre personas o cosas: *Le estrelló contra la pared; Luis va contra Antonio; La triaca es contra el veneno.*

Vale asimismo tanto como *enfrente* o *mirando hacia: Esta habitación está contra el Norte.*

g) DE. Esta preposición se emplea para expresar relaciones que correspondían en latín al genitivo y al ablativo.

Denota:

Propiedad, posesión o pertenencia: *la casa de mi padre; la dote de mi mujer; las potencias del alma; la madre de los Macabeos; el amigo de todos; se posesionó del cortijo.*

Origen o procedencia: *oriundo de Granada; Viene de los Guzmanes; Llegó de Aranjuez; No sale de casa* [3].

Modo o manera: *Almuerza de pie; Cayó de espaldas; dibujo de pluma.*

Materia de que está hecha una cosa: *la estatua de mármol; el vaso de plata.*

Contenido de alguna cosa: *un vaso de agua; un plato de dulce.*

Asunto o materia de que se trata: *¿Habla usted de mi pleito?; un libro de Matemáticas; arte de cocina.*

Tiempo en que sucede una cosa: *de día; de noche; de madrugada.*

Uso de una cosa cuando solo se toma parte de ella: *Tomó del trigo una gran parte; Bebió del vino que le ofrecían; Venga uno de esos bizcochos.*

Naturaleza, condición o cualidad de personas o cosas: *hombre de valor; alma de cántaro; entrañas de fiera.*

Úsase con infinitivos: *Es hora de caminar; duro de pelar; fácil de entender.*

Es a veces nota de ilación o consecuencia: *De esto se sigue; De aquello se infiere; De lo dicho hasta aquí resulta.*

---

[3] Antepuesta la preposición *de* a los apellidos que son nombres de pueblos o localidades, solía denotar origen, procedencia, dominio, etc., pero no arguye nobleza: *Antonio de Lebrija; Fr. Diego de Alcalá; D. Alonso de Aguilar,* etc. No cabe anteponerla a los patronímicos *(Martínez, Fernández, Sánchez),* salvo cuando, nombrando a una mujer, se indica el apellido de su marido: *Señora de Sánchez* o *Juana García de Sánchez.*

Precediendo al numeral *uno, una,* expresa la rápida ejecución de alguna cosa: *De un trago se bebió la tisana; De un salto se puso en la calle; Acabemos de una vez.*

Colócase entre distintas partes de la oración con expresiones de lástima, queja o amenaza: *¡Pobre de mi hermano!; ¡Desdichados de nosotros! ¡Ay de los vencidos!; ¡Ay de ti, si al Carpio voy!*

Equivale:

A *con: Lo hizo de intento, de mala gana.*

A *desde: de Madrid a Barcelona; de soldado a general; de enero a enero; de mano en mano.*

A *para: recado de afeitar; gorro de dormir; avíos de caza; caballo de batalla.*

A *por, efecto de: Lo hice de miedo, de lástima; Lloré de gozo.*

h) DESDE. Sirve para denotar principio de tiempo o de lugar: *desde la creación del mundo; desde Madrid hasta Sevilla; desde ahora; desde mañana.*

i) EN. Indica:

Tiempo: *Estamos en la canícula; Lo hizo en un momento.*

Lugar: *Está en casa; Entró en la iglesia.*

Modo o manera: *Lo dijo en broma; Contestó en latín; Salió en mangas de camisa.*

Aquello en que se ocupa o sobresale una persona: *Pasa la noche en el juego; Nadie le excede en bondad; Es docto en Medicina.*

Precediendo a ciertos adjetivos, da origen a locuciones adverbiales: *en general, en particular, en secreto, en absoluto,* que equivalen a los adverbios *generalmente, particularmente, secretamente, absolutamente.*

Precede al infinitivo y al gerundio en locuciones como estas: *No hay inconveniente en concederlo; En aprobando esto se pasará a otra cosa.*

j) ENTRE. Denota situación o estado en medio de dos o más personas o cosas: *entre hombres; entre agradecido y quejoso; entre la espada y la pared; entre dos luces.*

Significa también cooperación de dos o más personas o cosas: *Entre cuatro amigos se comieron un pavo; Entre el granizo y la langosta me han dejado sin cosecha.*

A veces equivale a *para: Dije entre mí, no haré yo tal cosa.*

k) HACIA. Sirve para indicar el lugar en que, sobre poco más o menos, está o sucede alguna cosa, y para señalar a donde una persona, cosa o acción se dirige: *Hacia allí está El Escorial; Hacia Aranjuez llueve; Mira hacia el Norte; Voy hacia mi tierra; Caminar hacia su perdición.*

l) HASTA. Denota el término de lugar, acción, número o tiempo: *Llegaré hasta Burgos; Se ha de pelear hasta vencer o morir; Llevaba hasta mil soldados; Se despidió hasta la noche.*

ll) PARA. Significa:

El destino que se da a las cosas: *Esta carta es para el correo; La honra de la victoria es para el general; Para ti será el bien.*

El fin que nos proponemos en nuestras acciones: *Trabajar para comer; Estudiar para saber.* Unida a la conjunción *que,* introduce oraciones finales: *Repito mi mandato para que no lo olvides.*

Movimiento, y vale lo mismo que *con dirección a: Salgo para Logroño, para Valladolid.*

Tiempo o plazo determinado: *Lo dejaremos para mañana; Para San Juan me embarcaré.*

Relación de unas cosas con otras: *Para principiante no lo ha hecho mal; Para el tiempo que hace no está atrasado el campo.*

Proximidad de algún hecho: *Está para llover; Estás para ascender a capitán.*

El uso que conviene a cada cosa: *tela buena para camisas; excelente carruaje para ir de paseo.*

m) POR. Sirve en primer lugar para distinguir la persona agente en las oraciones de pasiva: *El mundo fue hecho por Dios.*

Con ella expresamos, además, el fin u objeto de nuestras acciones: *Salgo con gabán, por ir más abrigado.* En tal caso su significado está muy próximo al de la preposición *para.*

Indica duración o tiempo aproximado: *Me ausento de Madrid por un mes; Por la mañana hubo arreboles, señal de lluvia; Por mayo era, por mayo.*

Lugar: *Pasa por la calle; Anda por los cerros.*

Causa o motivo: *Se cerró el aeródromo por la nevada; Lo hago por tu bien; por el amor de Dios.*

Medio: *Casarse por poderes; Llamar por teléfono.*

Modo: *Lo hace por fuerza; Vende por mayor.*

Precio o cuantía: *Venderá la casa por dinero; Dio el caballo por doce mil pesetas; Por docenas; A tanto por ciento.*

Equivalencia: *Váyase lo uno por lo otro; Pocos soldados buenos valen por un ejército.*

En busca de: *Va por leña, por pan.*

En favor de: *Hablar, o abogar, por alguno; Votemos por Juan.*

En lugar de: *Asisto por mi compañero; Si no paga, yo pagaré por él.*

En cambio o trueque de: *Doy mi gabán por el tuyo; la gorra por el sombrero.*

En concepto u opinión de: *Se le tiene por bueno; Pasa por rico.*

Sin: *La casa está por barrer; la carta, por escribir.*

En clase o calidad de: *Le tomé por criado; La recibió por esposa; Me adoptó por hijo.*

Forma locuciones concesivas como estas: *por grande que sea; por mucho que digas,* etc.

n) PRO. Se usa muy poco. Significa *a* o *en favor de: suscripción pro escuelas; cupón pro ciegos.*

ñ) SEGÚN. Sirve para denotar relaciones de conformidad de unas cosas con otras, como en las expresiones *Sentenció según ley; Obra según las circunstancias.*

o) SIN. Denota privación o carencia de alguna cosa: *Estoy sin empleo, sin comer; Trabaja sin cesar.*

Vale también lo mismo que *además de, fuera de: Llevaba joyas de diamantes, sin otras alhajas de oro y plata.*

p) SO. Esta preposición, que equivale a *bajo de,* solo tiene ya uso con los sustantivos *capa, color, pena* y *pretexto.*

q) SOBRE. Significa mayor elevación en lo material, y mayor dignidad hablando figuradamente: *Dejé el libro sobre la mesa; el bien común está sobre los intereses particulares.*

Sirve también para indicar el asunto de que se trata: *Gabriel de Herrera escribió sobre Agricultura; Se disputa sobre el sentido de esta cláusula; Hablamos sobre las noticias del día.*

Igualmente significa *poco más o menos: Francisco tendrá sobre cincuenta años; Habrá aquí sobre cien volúmenes.*

Equivale a *además de: Sobre lo de rústico, tiene algo de taimado.*

Vale asimismo proximidad, inmediación, cercanía: *La vanguardia va ya sobre el enemigo; Zamora está sobre el Duero; Carlos V, sobre Túnez.*

Se emplea figuradamente en las locuciones adverbiales *sobre seguro* y *sobre aviso,* de las cuales la primera significa sin arriesgar nada, y la segunda, con advertencia, con prevención, alerta.

Tomar sobre sí equivale a tomar a su cargo; *estar sobre sí,* a estar con atención, cuidado y cautela, y asimismo a estar engreído y muy pagado de sí propio; y *va sobre mi conciencia* quiere decir que esta se considera comprometida en el caso.

r) TRAS. Significa el orden con que siguen unas cosas a otras: *Voy tras ti; tras la fortuna viene la adversidad; Tras la primavera, el verano.*

También significa lo mismo que *además de: Tras ser,* o *tras de ser, culpado, es el que más levanta el grito.*

3.12. PERÍFRASIS VERBALES

3.12.1 Definiciones. — *a*) Cuando un verbo forma parte de determinadas perífrasis o sintagmas fijos que pueden afectar a todas las formas de su conjugación, se producen en el significado del verbo ciertos matices o alteraciones expresivas. Damos a estos sintagmas el nombre de *perífrasis verbales*. Si comparamos, por ejemplo, la acción que designamos por el verbo *escribir* con las locuciones *tener que escribir, estar escribiendo* e *ir a escribir*, notaremos que al concepto escueto de *escribir* añade la primera perífrasis la obligación de realizar el acto que se menciona; *estar escribiendo* significa la duración o continuidad del hecho; y en *ir a escribir* expresamos la voluntad o disposición de ánimo para ejecutarlo. Como puede verse, la modificación que cada una de estas perífrasis introduce en el concepto verbal es de naturaleza semántica, no funcional, ya que los esquemas sintácticos «*tener que* + infinitivo», «*estar* + gerundio» e «*ir a* + infinitivo», y otros que a continuación reseñaremos, son como verbos enterizos que tienen su conjugación completa en todos los modos, tiempos, números y personas, y además se construyen con su sujeto y complementos, ni más ni menos que si se tratara de un verbo solo. Algunos de estos sintagmas fueron catalogados desde antiguo en las gramáticas con el nombre de *conjugaciones perifrásticas*.

b) Las perífrasis usuales en español son numerosas, y consisten en el empleo de un verbo auxiliar conjugado seguido de infinitivo, gerundio o participio. En ciertos casos se anteponen al infinitivo *que* o alguna preposición; la unión del auxiliar con el gerundio o el participio se hace siempre sin intermediarios. Ejemplos: *Hay que trabajar; Iba a decir; Debes de conocerle; Estaba comiendo; Lo tengo oído muchas veces; Fueron descubiertos enseguida.*

3.12.2. Verbos auxiliares. — Decimos que un verbo desempeña la función de auxiliar cuando, al encabezar una perífrasis verbal, pierde total o parcialmente su significado propio. Si decimos *Voy a contestar esa carta*, el verbo *ir* es auxiliar, porque no conserva su acepción de movimiento de un lugar a otro, como no la conservan tampoco los verbos *andar* y *venir* en las expresiones *Andaba mirando las láminas de un libro, Venía sospechando de este hombre.* Asimismo *deber* se ha vaciado de su sentido obligativo para cumplir el papel de auxiliar en la frase *Deben de ser las diez,* y el verbo *tener* se ha despojado de toda significación posesiva en *Se lo tengo rogado.* Como todos estos verbos (con excepción de *haber*) conservan en la lengua moderna su significado propio, habrá que decidir, en cada oración donde aparezca una de tales perífrasis, si su significación se ha perdido u oscurecido en grado suficiente para estimarlos como verbos auxiliares. Por otra parte, la función auxiliar de un verbo, en cada caso, puede ser meramente ocasional, o bien puede representar un esquema sintáctico en vías de consolidación más o menos generalizada en la lengua. Por ejemplo, el verbo *seguir*, que en su acepción primaria significa «ir detrás o después de alguien o de algo», significa también «proseguir o continuar» en la frase *Sigo opinando lo mismo;* pero esta acepción traslaticia (que los diccionarios registran) no nos autoriza a pensar que «*seguir* + gerundio» sea una perífrasis verbal en la cual *seguir* funciona como auxiliar, puesto que su sentido traslaticio sería el mismo en frases como *Sigo en mi opinión* o *Seguimos en la creencia*, donde el verbo va acompañado de complementos nominales sin gerundio alguno. Por consiguiente, volvamos a la definición inicial de este párrafo, para confirmar que un esquema sintáctico únicamente puede calificarse de *perífrasis verbal* cuando esté gramaticalizado hasta el punto de que el verbo auxiliar pierda total o parcialmente su significación normal. A continuación enumeraremos las perífrasis verbales plenamente consolidadas y de uso más frecuente en español moderno.

3.12.3. Clasificación de las perífrasis verbales. — Clasificamos las perífrasis verbales según que el segundo verbo se halle en infinitivo, en gerundio o en participio. Esta clasificación no es puramente formal, sino que responde al sentido general que cada uno de los grupos tiene o ha tenido en la historia del idioma. Las perífrasis formadas por un verbo auxiliar seguido de infinitivo dan a la acción carácter orientado relativamente hacia el futuro; el gerundio mira hacia el presente y comunica a la acción carácter *durativo;* el participio imprime a la acción sentido *perfectivo* y la sitúa en relativa posición pretérita.

3.12.4. Verbo auxiliar + infinitivo. — Las perífrasis así constituidas tienen, como queda dicho, un sentido general de acción dirigida hacia el futuro. Esta dirección se mide desde el tiempo en que se halla el verbo auxiliar, y no desde el momento presente del que habla. Así, en *voy a salir, iba a salir* y *tendré que salir*, la acción de *salir* es siempre futura en relación con el verbo auxiliar, aunque la totalidad del concepto verbal sea respectivamente presente, pasada o venidera.

a) Forman un grupo muy numeroso de estas locuciones algunos verbos de movimiento seguidos por las preposiciones *a* o *de* y el infinitivo:

Ir a y *echar a* forman a menudo expresiones incoativas. «*Ir a* + infinitivo» significa acción que comienza a efectuarse, bien en la intención, bien en la realidad objetiva: *Iba a decir; El tren va a llegar; No vaya usted a pensar que...; Acaso fueran a creer que les engañaba; Parece que va a llover*. Aunque estas frases son muy frecuentes, su uso está limitado a los tiempos presente e imperfecto de indicativo y subjuntivo. Empleadas en imperativo o en futuro, el verbo *ir* recobra su sentido de encaminarse o dirigirse materialmente a ejecutar un acto; en frases como *Ve a estudiar, Iré a escribir*, el verbo *ir* pierde su función auxiliar. Lo mismo ocurre en los tiempos perfectos, porque el carácter perfectivo que con ellos adquiere la acción interrumpe el sentido de movimiento hacia el futuro. Por esto serían raras o imposibles oraciones como las siguientes, sin que *ir* perdiese su carácter de auxiliar: *Han ido a estudiar; Habían ido a ensayar; Aunque hayan ido a decir...; Si hubiesen ido a hablar...*, etc. En todas ellas, *ir* conserva el significado general de moverse o trasladarse de un lugar a otro.

b) «*Echar a* + infinitivo» significa el comienzo de una acción; p. ej.: *echar a correr, a andar, a volar; echarse a reír, a llorar, a buscar*. Con el mismo valor inceptivo empleamos «*ponerse a* + infinitivo»; p. ej.: *ponerse a comer, a estudiar, a meditar, a hablar, a trabajar, a discutir*.

c) *Venir* es el movimiento en dirección contraria de *ir*: lo que *viene* se acerca, lo que *va* se aleja. Por esto «*venir a* + infinitivo» denota una acción que se acerca a su término. Ejemplos: *Después de pensarlo mucho, vengo a coincidir con la opinión del señor X; Ojalá vengan a entenderse entre sí; Por más que discutíamos, nunca veníamos a ponernos de acuerdo; Lo que antes me parecía seguro viene a parecerme dudoso*. Hemos dicho que la acción expresada por estos ejemplos se mueve hacia su final, se acerca a él. Cuando logra alcanzar su fin, como ocurre en los tiempos perfectos, la expresión es perfectiva: *He venido a cambiar de ideas; Creo que hubiera venido a enfermar;* en ambos ejemplos se podría sustituir *venir* por *llegar*, puesto que el sentido es perfectivo.

d) Del sentido que tiene la acción que *viene a* sin acabar de legar, ha nacido una expresión muy frecuente hoy, a la cual podemos llamar *aproximativa*. Si decimos que un objeto *viene a costar 200 pesetas*, significamos que poco más o menos, aproximadamente, cuesta esta cantidad, es decir, se acerca a ella sin que estemos seguros de si la alcanza o la rebasa. Esta incertidumbre nos hace decir que *viene a costar*, y no que *llega a costar*. Otros ejemplos: *El orador vino a decir que...* (poco más o menos dijo); *El asunto de la comedia viene a ser el siguiente.*

e) La acción *perfectiva* se expresa a menudo con las perífrasis «*llegar a* + infinitivo» y «*acabar de* + infinitivo»; p. ej.: *Este coche llegó a costarme 80.000 pesetas; He llegado a pensar que tiene usted razón; Don Antonio acaba de pasar; No acababa de convencerme.*

f) La perífrasis «*volver a* + infinitivo» es *reiterativa: Vuelvo a sospechar; Habíamos vuelto a intentar; Quizá vuelvan a empezar.*

g) La expresión *obligativa* se vale de las siguientes perífrasis:

haber de + infinitivo	*He de premiar tu buena acción.*
haber que + infinitivo	*Hay que tener paciencia.*
tener de + infinitivo	*Tengo de decir la verdad.*
tener que + infinitivo	*Tengo que estudiar.*

La primera es la más antigua [1]. *Haber de* se siente hoy como más literaria que *tener que,* la cual predomina en todos los países de lengua española. Esta última es más enérgica e intensa. *Hemos de llegar pronto* es una obligación menos conminatoria, como si nosotros mismos nos la hubiéramos impuesto; *Tenemos que llegar pronto* puede ser una obligación que se nos impone desde fuera: *Si el señor vizconde siente que la corrupción estaba en las leyes mismas, tendrá que haberlas con todos los grandes hombres que las han hecho provenir de inspiración divina* (J. Montalvo, *Siete tratados,* ed. 1882, I, pág. 321). *Haber de* se acerca a veces a significar intención de realizar algo: *Si vas por casa, he de darte una sorpresa; No había de decirle más que la pura verdad; En esas encarnaciones transitorias están los que han de levantar y agitar desconocidas banderas a la luz de las auroras que no hemos de ver* (J. E. Rodó, *Motivos de Proteo,* cap. XLIII); *Los médicos le avisaron que había de prepararse para la resistencia y fatiga de las futuras jornadas; había de salir y andar* (G. Miró, *Libro de Sigüenza: Una noche*). *Haber de* se usa también para expresar probabilidad: *Pedro ha de estar muy disgustado. Haber que* es impersonal; p. ej.: *Hay que tener cuidado; Habrá que buscar otro medio; ¿Cuál era la razón de sufrir por ella? Había que olvidar, había que reír, había que empezar de nuevo* (J. E. Rivera, *La vorágine,* 2.ª parte). Por último, la frase intermedia *tener de* se formó por cruce de las dos anteriores; es actualmente muy poco usada. Hoy se siente *tener de* como anticuada, salvo en la primera persona de singular del presente de indicativo: *Tengo de escarmentarle.*

---

[1] En español medieval alternan *aver de* y *aver a* para expresar obligación: *Ca el plazo viene açerca, mucho avemos de andar* (*Mio Cid,* v. 321); *Castigarlos he commo abrán a far* (*Ibíd.,* v. 229).

h)   La perífrasis verbal «*deber de* + infinitivo» denota suposición, conjetura o creencia: *Ketita tendrá doce años ya, debe de tenerlos* (A. Zamora Vicente, *Smith y Ramírez, S. A.*, cap. II); *Abrió la puerta un mucamo que debía de ser polaco* (E. Sábato, *El túnel*, cap. XII). En la lengua clásica se encuentran ya ejemplos de confusión entre *deber de* y *deber* seguido del infinitivo sin preposición; en la actualidad la confusión es muy frecuente en el habla corriente oral y escrita. En la lengua literaria se mantiene más clara la diferencia entre *deber de* (suposición) y *deber* (estar obligado): *Deben de volver* significa *supongo, creo que vuelven,* en tanto que *Deben volver* equivale a *tienen obligación de volver.* La diferencia es muy expresiva y la Academia recomienda mantenerla.

3.12.5.   Verbo auxiliar + gerundio. — *a*)   El gerundio da a estas perífrasis un sentido general de acción *durativa.* Con verbos de acción no momentánea «*estar* + gerundio» realza unas veces la noción durativa con referencia a un acto único, o denota el progreso de una acción habitual; estas son las mayores diferencias entre *La gente miraba el desfile* y *estaba mirando el desfile; María canta muy bien* y *está cantando muy bien.* Con verbos de acción momentánea la perífrasis introduce sentido reiterativo. Si decimos *El cazador está disparando la escopeta,* o *El niño ha estado besando a su madre,* entendemos acciones reiteradas, ya que la prolongación de un acto perfectivo momentáneo supone su repetición. Por esto sería absurdo decir que *El soldado estuvo disparando un tiro* o que *Alguien está dando un grito,* puesto que son acciones momentáneas incompatibles con la duración del gerundio. Por influencia de ciertos manuales de correspondencia traducidos o adaptados del inglés, leemos a veces en cartas comerciales construcciones tan disparatadas como las siguientes: *La cantidad de 150 pesos que le estamos abonando en cuenta* (en vez de *que le abonamos*); *Les estamos escribiendo para informarles de...* (en vez de *les escribimos*): abonar una cantidad en cuenta o escribir una carta son acciones desinentes que no se pueden *estar haciendo,* sino que *se hacen.* La aplicación ciega de tales formularios epistolares no es solo una incorrección gramatical, sino que falsea el pensamiento del que así escribe. Otra cosa sería si se tratase de actos repetidos como: *Desde hace dos meses le estamos escribiendo para reclamar...,* sin que hayamos recibido contestación alguna. A veces el uso de «*estar* + gerundio» obedece a mayor vehemencia expresiva: *¡Qué estás diciendo! ¿De modo que insistes?* (R. Gallegos, *Canaima*, cap. VI.)

b)   *Ir, venir,* y a veces *andar,* añaden a la duración del gerundio las ideas de movimiento, iniciación o progreso: *Voy recordando versos juveniles* (A. Machado, *Soledades*, XCI); *En fin, vuelve a tu cuento; porque la verdad es que tu cuento me iba sabiendo a canela* (A. Reyes, *Cielo azul,* cap. IV); *Entonces fue mirando a los viajeros* (R. J. Sender, *La es-*

fera, cap. I). Ejemplos de «*venir* + gerundio»: *Vengo observando su conducta; Venía solicitando ese empleo.* Ejemplos de «*andar* + gerundio»: *Anda murmurando contra todo el mundo: Me dijeron que Luis andaba escribiendo una novela.*

3.12.6. **Verbo auxiliar + participio.** — *a*) El participio precedido de verbo auxiliar forma perífrasis de significación perfectiva. Sabido es que *haber* seguido de participio forma los «tiempos compuestos» de la conjugación. Estas perífrasis significaron en su origen la acción perfecta o acabada en el tiempo en que se halla el auxiliar *haber*, es decir: en el presente *(he conocido, haya conocido)*, en el pasado *(había, hube, hubiera o hubiese conocido)*, en el futuro *(habré conocido). El pastor ha reunido su rebaño* equivalía originariamente a lo que hoy expresaríamos con la oración *El pastor tiene reunido su rebaño*, es decir, la acción acabada en el presente. Pero la idea de anterioridad temporal que lleva consigo la perfección de la acción convierte tales perífrasis en «tiempos» del verbo, y este es su principal significado en la lengua española. La vacilación entre uno y otro sentido puede observarse en textos arcaicos, donde el participio concierta en género y número con el complemento directo: *La missa acabada la an (Mio Cid*, v. 366), y no *acabado*, como diríamos hoy. A medida que prevalece el sentido de «tiempo verbal», el participio se inmoviliza en su forma masculina del singular.

b) Con un verbo auxiliar que no sea *haber*, el participio mantiene la concordancia con el complemento, o con el sujeto, si el auxiliar es *ser* o *estar*; v. gr.: *Llevo andados muchos kilómetros; Tengo bien conocido ese país; Estaba convencida de lo que usted me había dicho; Sus palabras fueron muy aplaudidas.* Los verbos *llevar, tener, estar* y *ser*, y a veces *traer, quedar* y *dejar*, forman perífrasis verbales como verbos auxiliares, desposeídos por lo tanto de su significado propio: *Dejaron dicho que volverían mañana; Traigo escarmentados a muchos valientes como tú; El litigio queda visto para sentencia.* La locución verbal «*tener* + participio» solo puede usarse en español cuando el participio sea de verbo transitivo y usado en acepción transitiva: *Tenía leídas muchas novelas semejantes; Tienen pensado ir a España.* Por esto no puede decirse *Tengo estado en Montevideo*, ni *Juan tiene sido soldado*, por no ser transitivos los verbos *estar* y *ser;* y tampoco *Tengo comido con gusto*, porque el verbo *comer* carece en este caso de complemento directo. Como hemos dicho al principio de este apartado, el participio que acompaña a *tener* concierta normalmente con el complemento directo: *Tengo vista a esa persona; Eso me recuerda, Víctor, la leyenda del fogueteiro que tengo oída en Portugal* (Unamuno, *Niebla*, cap. XXII). No sucede así en portugués, donde el participio se inmoviliza en su forma masculina del singular *(visto)* [2]. También en el habla usual de

Asturias y Galicia es frecuente esta construcción, que no ha cundido en la lengua literaria.

c) Sobre el empleo antiguo de *ser* como auxiliar en la conjugación de algunos verbos intransitivos, véase el § 3.5.2*b*.

3.12.7. Verbos modales. — Las perífrasis que hemos enumerado hasta aquí denotan modificaciones semánticas de la acción verbal, expresadas con medios gramaticales. La gramaticalización del verbo auxiliar —decíamos— consiste en la pérdida total o parcial de su significado. El verbo *deber*, por ejemplo, forma perífrasis verbal en *Deben de ser las siete* (supongo que son las siete); pero el mismo verbo se une inmediatamente a un infinitivo para expresar obligación: *Debo estudiar*, *Deben volver*, etc., sin desposeerse de su significado propio en estas frases; y por consiguiente, sin formar perífrasis verbal en sentido estricto. Otros verbos se unen sin preposición a un infinitivo, como en *Quieren trabajar*, *Saben trabajar*, *Pueden trabajar*, los cuales añaden al concepto del infinitivo una modificación que indica la actitud del sujeto ante la acción de *trabajar*. Los verbos *deber*, *querer*, *saber* y *poder* denotan el *modus* explícito de las oraciones citadas como ejemplos; el infinitivo es el *dictum*, el contenido esencial de la representación. Por esto se llaman *verbos modales*. Aunque estos cuatro verbos son, con *soler*, los que aparecen con más frecuencia en pareja con un infinitivo para formar un concepto verbal complejo, se comprende que la lista de los que se usan o pueden usarse como modales podría ser muy larga. Entrarían en ella todos los que significan comportamiento, intención, deseo, voluntad: *intentar*, *mandar*, *desear*, *prometer*, *esperar*, *proponerse*, *procurar*, *pretender*, *pensar* (tener intención), *temer*, *necesitar*, etc.; sin embargo, su cohesión con el infinitivo que rigen es generalmente menor que en el uso de *deber*, *poder*, *soler*, *saber* y *querer*. Ejemplos: *Esperaba realizar algún día los sueños de mi corazón* (G. Gómez de Avellaneda, *Autobiografía: 25 de julio por la mañana*); *Yo intentaba convencerle de que debía tomar aquel mundo fantástico como real* (P. Baroja, *Las inquietudes de Shanti Andía*, lib. 1.º, cap. IX); *Recuerdo que ella me respondió que debía irse* (E. Sábato, *El túnel*, cap. X).

3.12.8. La voz pasiva. — Las perífrasis verbales «*ser* + participio» y «*estar* + participio» forman construcciones de significado *pasivo*, en

² Por este motivo Cuervo (nota 97 a la *Gramática* de Bello) interpreta como portuguesismo la falta de concordancia en este ejemplo de Fr. Luis de Granada: *¿Qué cosa es más fuerte ni más poderosa que la muerte? ¿De quién no tiene alcanzado triunfos?*, y añade otros ejemplos sueltos en los clásicos del Siglo de Oro.

las cuales el sujeto no es agente o productor de la acción verbal, sino paciente o receptor de la acción que otro realiza. Por consiguiente, tales perífrasis no expresan solo una modificación semántica del concepto verbal, como las que llevamos estudiadas en este capítulo, sino que producen además modificaciones en la estructura de la oración en que se hallan. Como es sabido, el latín diferenciaba las formas activas de las pasivas por medio de un doble sistema de desinencias que recibieron en la gramática latina el nombre de *voces*. En continuidad con esta tradición, las gramáticas de las lenguas modernas siguen llamando *voz pasiva* a la conjugación perifrástica formada por un verbo auxiliar seguido del participio, con la cual sustituyen a las formas sintéticas de la pasiva latina e indoeuropea.

No hemos de repetir lo que ya expusimos en el capítulo acerca de las construcciones y clasificación de las oraciones pasivas: con verbo auxiliar, pasiva refleja e impersonal. Nos limitaremos a añadir al contenido de aquel capítulo algunas observaciones sobre su uso en español moderno. Con respecto a *ser* y *estar* como verbos auxiliares, véase el § 3.3.4.

3.12.9. **Limitaciones de la pasiva con el auxiliar «ser».** — *a*) Nuestro idioma tiene marcada preferencia por la construcción activa. Ya en el *Cantar de Mio Cid*, la pasiva con *ser* se usa menos que en latín, y este uso relativamente escaso ha ido decreciendo desde entonces acá. Entre las oraciones *Los corresponsales han transmitido nuevas informaciones* y *Nuevas informaciones han sido transmitidas por los corresponsales*, o *Por los corresponsales han sido transmitidas nuevas informaciones*, el sentido lingüístico hispano prefiere decididamente la primera. Podríamos pensar que el carácter nominal de las construcciones pasivas con *ser* (asimilables por su forma a las oraciones de verbo copulativo), choca con la tendencia idiomática a preferir la construcción verbal, dinámica y animada, que se manifiesta también en otros puntos de nuestra Sintaxis. Las lenguas francesa e inglesa emplean la pasiva, y otras construcciones nominales, en proporciones mucho mayores que la nuestra. Conviene que los traductores tengan en cuenta esta preferencia, para no cometer faltas de estilo y aun incorrecciones gramaticales. Por otra parte, el empleo creciente de la pasiva refleja e impersonal contribuye a limitar la frecuencia de la pasiva con *ser*.

b) El carácter intemporal del auxiliar *ser*, frente al temporal de *estar*, se mantiene tan vivo en las oraciones pasivas como en las de predicado nominal, donde estos verbos son copulativos y no auxiliares. Por lo tanto, la cualidad de la acción, inherente a uno y otro verbo, delimita las posibilidades de su construcción como auxiliares de pasiva, como veremos a continuación.

c) La pasiva con *ser* no suele usarse en presente e imperfecto cuando queremos expresar la acción momentánea de un verbo desinente. No se dice *La puerta es abierta por el portero*, ni *La hoja era vuelta con impaciencia por el lector*, porque el carácter desinente de las acciones *abrir la puerta* y *volver la hoja* está en contradicción con el tiempo imperfecto que las expresa, presente y pretérito imperfecto, respectivamente. Habría que emplear en estos casos la construcción activa: *El portero abre la puerta: El lector volvía la hoja con impaciencia.* Si dijésemos que *La puerta es abierta por el portero* o que *El niño era besado por su madre*, se entendería que se trata de acciones repetidas o habituales. No hay dificultad en emplear el presente o el imperfecto pasivos de verbos permanentes; p. ej. *Antonio es* (o *era*) *estimado en aquella comarca; La noticia es* (o *era*) *muy conocida en todas partes; A los cantos de los perailes se mezclan en estas horas de la mañana las salmodias de un ciego rezador. Conocido es en la ciudad* (Azorín, *Castilla: Una ciudad y un balcón*). Con los tiempos perfectos se puede usar la pasiva de cualquier clase de verbos, porque en ellos la perfección expresada por el tiempo anula la calidad permanente del verbo *ser;* p. ej.: *El agresor fue detenido por la policía; La puerta había sido abierta antes de amanecer; Si el peligro de la inundación hubiera sido anunciado por la radio, las víctimas no serían tantas; Una iglesia gótica, con un friso de mascarones en torno a su torre, había sido comenzada en 1512* (Azorín, *Memorias inmemoriales*, cap. II).

d) A lo dicho en el apartado anterior debemos añadir que la pasiva de verbos desinentes se construye a menudo en presente histórico; p. ej.: *Napoleón es vencido en Waterloo; La Edad Media es cerrada por la crisis intelectual —crítica y escepticismo— del Renacimiento* (Laín Entralgo: *Menéndez Pelayo*, parte 3.ª, cap. II). El presente histórico es, por su significado, evocación de un hecho pasado y concluido (perfecto). Así se explica también que aparezca en relatos literarios de sucesos inventados: *Abren la puerta brazos armados, | Fieros puñales son levantados* (Valle-Inclán, *La pipa de kif: El crimen de Medinica*); e igualmente en títulos periodísticos de hechos ocurridos en un pasado próximo: *Un anciano octogenario es atracado y robado por unos desconocidos* (Del diario *Ahora*, 3-IV-1935). Téngase en cuenta que el contexto y las circunstancias pueden modificar la clase de la acción, el aspecto del tiempo que empleamos y sus interferencias recíprocas. Por esto no cabe regla fija que prevea todos los casos que puedan presentarse.

3.12.10.   **Pasiva con «estar».** — *a)*   El resultado de una acción acabada se enuncia con «*estar* + participio». Así, por ejemplo, la diferencia entre *Las casas eran edificadas con mucho cuidado* y *Las casas estaban edificadas con mucho cuidado*, consiste en que *eran edificadas* alude al proceso de su construcción, mientras que *estaban edificadas* se dice desde el momento en que su construcción fue concluida. Queda otra vez claro el sentido temporal de *estar* frente al intemporal de *ser;* pero esta diferencia entre los dos verbos auxiliares se neutraliza más o menos cuando los empleamos en tiempo perfecto, según dijimos en el § 3.3.3c. La acción verbal que expresa la pasiva con *ser* se produce en el tiempo del verbo auxiliar: *El suceso es, era, fue, será comentado.* Con *estar,* la acción se da como terminada y cumplida antes del tiempo que indica el auxiliar: decimos que un problema *está resuelto* (presente), cuando *ha sido resuelto* (perfecto); decimos que *estaba resuelto* (imperfecto), cuando *había sido resuelto* (pluscuamperfecto); que *estará resuelto,* cuando *haya sido resuelto;* es decir, que *estar resuelto* es el resultado de *haber sido resuelto.* Esta correspondencia explica que «*estar* + participio» no se use en los tiempos perfectos de la conjugación pasiva. Entre *Las casas fueron edificadas con mucho cuidado* y *Las casas estuvieron edificadas con mucho cuidado* se ha hecho tan borrosa la diferencia, que ya no es necesario el empleo de *estar,* puesto que el tiempo del verbo *ser* da suficientemente claro el sentido perfectivo.

b) En resumen, se usa «*estar* + participio» para la pasiva: 1.º, en los tiempos imperfectos de acciones desinentes: *Está* o *estaba prohibido, acabado, pagado, resuelto, mandado, ordenado;* 2.º, en los tiempos imperfectos de muchos verbos reflexivos, o usados como tales, con sentido incoativo: *Está* o *estaba sentado, dormido, adormecido, avergonzado, arrepentido, enojado, enfadado, entristecido.* Ejemplos: *En lo alto, en el Partenón, Palas Atenea aguarda el homenaje de su pueblo: es la fiesta que le está consagrada* (J. E. Rodó, *Motivos de Proteo,* cap. V); *En efecto, Currito estaba con la boca abierta, inmóvil, verdaderamente asombrado* (J. Valera, *Pepita Jiménez,* I, 12 de mayo); *Según el contrato, el puente estará reparado en el plazo máximo de cuatro meses.*

3.12.11. **Pasiva refleja e impersonal.** — Para la pasiva refleja e impersonal, véase el § 3.5.6.

3.13. MODOS, TIEMPOS Y ASPECTOS DEL VERBO

3.13.1. **Modos del verbo.** — *a*) Cuando enunciamos una acción verbal, podemos pensarla como ajustada a la realidad objetiva, o bien como un simple acto anímico nuestro, al cual no atribuimos existencia fuera de nuestro pensamiento. Si decimos *La puerta está cerrada, Sabía que habían llegado, No asistiré mañana a la junta,* afirmamos o negamos hechos pensando que se producen, se produjeron o se producirán en la realidad; empleamos al enunciarlos el modo indicativo. Si decimos *Temo que la puerta esté cerrada, No sabía que hubiesen llegado, Es posible que no asista mañana a la junta,* el estar cerrada la puerta es un temor mío, pero no lo enuncio como un hecho real; el haber llegado ellos es cosa que yo no conocía, no tenía realidad para mí; el no asistir mañana a la junta está pensado como una mera posibilidad, a la cual no atribuyo efectividad; todos estos hechos van expresados en modo subjuntivo. En varias ocasiones hemos distinguido el contenido de lo que se dice *(dictum)* de cómo lo presentamos en relación con nuestra actitud psíquica *(modus)*. Entre los medios gramaticales que denotan la actitud del hablante respecto a lo que se dice, se encuentran las formas de la conjugación conocidas por antonomasia con el nombre tradicional de *modos*.

b) La gramática estructural moderna mira las formas modales del subjuntivo y del indicativo como expresivas de la oposición *no realidad / realidad;* y debe advertirse que entre los dos miembros de la correlación, el primero (*no realidad* = subjuntivo) es el positivo, el miembro marcado diferenciador, mientras que el segundo (*realidad* = indicativo) representa la forma habitual e indiferenciada de expresión que se halla en todas las lenguas. En cambio, el subjuntivo puede faltar, y falta de hecho en muchos idiomas. El imperativo, como veremos luego, es un modo especial que responde exclusivamente a la función activa del lenguaje, y expresa exhortación, mandato o ruego dirigidos a otra persona, de la cual depende que la acción se realice o no.

c) En los ejemplos anteriores hemos visto que el subjuntivo depende de otro verbo *(temo que, no sabía que, es posible que)*, el cual envuelve al verbo subordinado en la irrealidad que cada uno de ellos expresa. De aquí el nombre de *subjuntivo*, que significa subordinado o dependiente. Esto no quiere decir que el uso de este modo adopte siempre la forma de «verbo regente expreso + subjuntivo regido». Sabemos, por el contrario, que son muchas las oraciones simples e independientes cuyo verbo único está en modo subjuntivo: tales son las oraciones de posibilidad, dubitativas, desiderativas y exhortativas (v. §§ 3.2.5, 3.2.7 y 3.2.8). En ellas el subjuntivo señala el carácter volitivo, dubitativo o afectivo, ayudándose de partículas o del sentido y, en la lengua hablada, de la entonación, como en *Dios le asista; Sea enhorabuena; En paz descanse; Ahorremos comentarios; ¡Ojalá llueva!; ¡Ahí te pudras!; Que pase; Que aproveche; Y usted que lo vea; Acaso vengan hoy,* etc.

3.13.2. **Clasificación de los significados y usos del subjuntivo.** — *a)* La Gramática tradicional resume el empleo del subjuntivo en la siguiente regla, bien fácil de retener: Usamos del modo subjuntivo en la oración subordinada siempre que el verbo principal exprese una acción dudosa, posible, necesaria o deseada. Ejemplos: *No estoy seguro de que haya dicho la verdad* (duda); *Puede ser que no volvamos a vernos* (posibilidad); *Era indispensable que le ayudásemos* (necesidad); *Le ruego que me conteste pronto* (deseo); *¡Viva España!* (oración independiente de deseo); *Quizá nos equivoquemos* (oración independiente de duda). En la realidad del habla, los términos de esta clasificación se confunden entre sí, porque el *modo* depende de la actitud del hablante, es decir, de cómo viva en cada caso los matices y grados de la duda, el deseo, etc., y consiguientemente prefiera el indicativo o el subjuntivo. Por ejemplo, podemos decir *Quizá nos equivoquemos* o *Quizá nos equivocamos,* según que las vacilaciones de la duda se sientan respectivamente como más o menos intensas o atenuadas. Como veremos luego, son frecuentes los casos-límite en que el hablante puede optar entre el indicativo y el subjuntivo según el matiz de su interpretación propia. Por esto daremos aquí una clasificación más pormenorizada que, sin pretender ser exhaustiva, nos permita señalar con mayor precisión los usos del subjuntivo. No se trata de un conjunto de reglas, sino de un criterio para interpretar los casos que nos ofrezca el habla real.

b) Las gramáticas latinas suelen distinguir entre el *subjuntivo común* o *dubitativo* y el *subjuntivo optativo,* que corresponde al *optativo* indoeuropeo. La distinción es útil para el español, porque establece con claridad dos tipos bien diferenciados de subjuntivo, a los cuales llamaremos respectivamente *potencial* y *optativo.* Comprende el primero las acciones pensadas como dudosas o posibles, y el segundo las necesarias o deseadas. He aquí la clasificación de uno y otro:

Subjuntivo potencial		Subjuntivo optativo	
Oraciones independientes	Oraciones subordinadas	Oraciones independientes	Oraciones subordinadas
De duda.	*El verbo regente expresa:* a) Duda o desconocimiento. b) Temor o emoción. c) Posibilidad.	De deseo.	*El verbo regente expresa:* d) Necesidad subjetiva, voluntad o deseo. e) Necesidad objetiva.

3.13.3. I. Subjuntivo potencial. — *A.* EN ORACIONES INDEPENDIENTES. En las oraciones independientes que contengan algún adverbio de duda, el verbo puede estar en subjuntivo o en indicativo según el carácter más o menos dubitativo que el hablante quiera dar a su expresión. Compárense las oraciones: *Acaso viajemos juntos* y *Acaso viajaremos juntos; Quizá lo sepas* y *Quizá lo sabes; Tal vez se hayan ido* y *Tal vez se han ido.* Con subjuntivo la duda se intensifica; con indicativo, se atenúa. El adverbio *acaso* es más propio de la lengua literaria que del habla coloquial: *Él, entre tanto, coyuntura y modo | De aplacar a la Reina acaso halle* (J. M.ª Maury, *Poes.: Dido*).

B. EN ORACIONES SUBORDINADAS. 1.º *Verbos de duda o desconocimiento.* — *a)* El que duda o ignora se da cuenta de la irrealidad objetiva del juicio que formula. Por esto la oración subordinada a esta clase de verbos tiende, en general, al modo subjuntivo; p. ej.: *Dudo de que el jefe esté en su despacho; Ignoraba que hubieses llegado; Sensación más rara no creo que exista* (Galdós, *Realidad*, V, esc. II); *Estos detalles no creo que puedan suscitar la idea asociada de un emperador* (W. Fernández Flórez, *Los que no fuimos a la guerra*, cap. II). Por el contrario, el juicio afirmativo o negativo exige el modo indicativo; p. ej.: *Sé que el jefe está en su despacho; Nadie me dijo que habías llegado.* Fácilmente se comprende que entre la certidumbre y la irrealidad hay matices intermedios que, según las circunstancias del diálogo o del contexto, inclinan al hablante a preferir uno u otro modo. Podemos decir, por ejemplo, *Ignoraba que hubieses llegado* o *Ignoraba que habías llegado:* en el primer caso acentúo mi estado de ignorancia; en el segundo, ya no dudo de que *habías llegado*, puesto que ahora estás aquí. La diferencia entre *Presumo que vuelva* y *Presumo que vuelve*, está en el grado mayor o menor de la duda.

b) En las oraciones de relativo, el verbo va en indicativo cuando el antecedente es conocido; si es desconocido o dudoso, el verbo subordinado se pone en subjuntivo; p. ej.: *Haré lo que usted manda*, significa que el mandato es conocido; *Haré lo que usted mande*, quiere decir que cumpliré la parte conocida y la desconocida de su mandato. Nótese que en el segundo ejemplo la acción de mandar es futura, y el futuro es por naturaleza más dudoso que el presente y el pasado. Más adelante insistiremos sobre el sentido modal del tiempo futuro y el sentido temporal del modo subjuntivo. *No sé en qué haya consistido mi fracaso,* frente a *No sé en qué ha consistido mi fracaso,* acentúa la incertidumbre del juicio. Con la locución *que yo sepa* damos carácter dubitativo a la subordinada expresada en indicativo: *Que yo sepa, solo circulan dos informes de su obra* (J. L. Borges, *Discusión: La poesía gauchesca*); *No se tienen noticias de su paradero, que yo sepa.* Análogamente se emplean otras fórmulas semejantes, como *que yo recuerde, que sepamos, que yo haya visto, que nos sea conocido,* etc. Para los varios tipos de oraciones de relativo con antecedente implícito, véase cap. 3.20.

2.º   *Verbos de temor y emoción.* — *a*)   Se expresa el temor sin afirmar la realidad del hecho: *Tengo miedo de que lleguen tarde; Temo que me hayan visto; ¿No temes que te mate?* (G. Martínez Sierra, *Las golondrinas,* acto III); *Me temo que sea un farsante* (P. Baroja, *La ciudad de la niebla,* cap. XIV).

b)   Las acciones futuras dependientes de verbos de temor pueden expresarse también en indicativo: *Temo que llegará, que ha de llegar, que va a llegar el tren con retraso; Temí, he temido que llegaría con retraso.* Aunque con menor frecuencia, no son raros los casos de verbo subordinado en presente o pasado de indicativo: *Temí que Luis llegaba, había llegado tarde,* o bien en subjuntivo: *Temí que Luis llegara, hubiera llegado tarde; Y quien en esta parte tan principal yerra, bien se podrá temer que yerra en todas las demás de la historia* (Cervantes, *Quijote,* II, 59), donde también podría decirse *que yerre en todas; Temí si por ventura estaba dentro dellos mi triste cuerpo* (*Lazarillo,* 2.ª parte, 1555, cap. IV).

c)   Las subordinadas a un verbo de emoción en futuro, no afirman la realidad del hecho, y por esto suelen expresarse en subjuntivo: *Lamentaré que no hayan trabajado bastante; Le pesaría que no fuésemos a esperarla a la estación; Sentiré muy mucho que la depravación de las costumbres me haga caer en la torpeza de celebrar los desórdenes* (Cadalso, *Cartas marruecas,* LXVII). La preferencia por el subjuntivo está acrecentada por la eventualidad del futuro regente.

d)   Se expresa el sentimiento o la emoción ante un hecho que se afirma; p. ej.: *Me alegro que guste la comedia Aminta* (L. Fernández de Moratín, *Obras póstumas,* carta XXXVI); *Me duele que sea tan malo; Nos agradó que se confirmase tan buena noticia.* El verbo regido expresa, en estos casos, una acción real en tiempo presente o pasado de subjuntivo; porque es tal la fuerza subjetivadora de los sentimientos, que imprimen su matiz modal al verbo subordinado, afirme o no afirme la realidad del hecho.

3.º *Verbos de posibilidad.* — Un juicio enunciado como posible o probable es necesariamente irreal. Por esto *ser posible* o *imposible, ser probable* o *improbable, poder* o *no poder ser,* y otras expresiones análogas, exigen en subjuntivo el verbo subordinado. Ejemplos: *Es imposible que un hombre conozca todas las cosas juntas* (M. Menéndez Pelayo, *Ideas estéticas,* cap. VI); *Es posible que en ellos se realice ... algo que los mayores no consiguieron* (R. Castellanos, *Oficio de tinieblas,* cap. IX); *Lo probable es que nos veamos libres de un castigo tal como la anexión de Cuba* (J. Martí, *Obras completas,* ed. 1946, t. I, página 648). La frase impersonal *puede ser que* se abrevia a menudo en el habla coloquial en *puede que;* p. ej.: *Puede que llueva, Puede que no te hayas fijado.* El verbo modal *poder,* seguido de infinitivo con significado semejante a *ser,* como *acontecer, ocurrir* o *suceder,* forma frases verbales que rigen subjuntivo; p. ej.: *Pudo ocurrir que se produjese un accidente más grave; Podría suceder que se agravase la situación internacional.*

3.13.4. II. Subjuntivos optativos. — *A.* EN ORACIONES INDEPENDIENTES. En oraciones desiderativas independientes, el verbo va en subjuntivo; p. ej.: *Ojalá mejore el tiempo; ¡Viva el Presidente!; Durase en tu reposo* (Fr. L. de León, *A Salinas*); *¡Quién supiera escribir!* (Campoamor); *En gloria esté; Maldita sea.* A veces adoptan la forma de las subordinadas por medio de la conjunción *que: Que usted siga bien, que se alivie, ¡que se vaya!, ¡que se repita!* Tales expresiones son a menudo imperativas.

B. EN ORACIONES SUBORDINADAS. 1.º *Verbos de necesidad subjetiva.* — Los verbos que denotan acción considerada como necesaria se construyen en general con subjuntivo subordinado. La necesidad puede emanar subjetivamente de nuestra voluntad o deseo, o venirnos impuesta objetivamente desde fuera de nosotros. Esta diferencia afecta pocas veces al modo del verbo regido, pero es útil para entender sus matices de significado.

a) Consideramos de necesidad subjetiva los verbos llamados *de voluntad* (mandato, ruego, permiso, anuencia, consejo, deseo, encargo) y sus contrarios (prohibición, oposición, contrariedad, indeseo, repulsa); v. gr.: *Quiero que lleves mi confesión al Santo Padre* (Valle-Inclán, *Sonata de primavera,* ed. 1933, pág. 40); *Es preciso que hablemos largamente* (G. Gómez de Avellaneda, *Cartas,* ed. 1907, pág. 62); *El Presidente decidió que allí pasáramos la noche* (F. Benítez, *El Rey Viejo: Las lluvias*); *Varios generales aconsejaron al Presidente que eludiera su en-*

cuentro ..., mas el *Presidente decidió no dar esa muestra de cobardía (Ibíd.: La espalda de la noche).* Enunciamos numerosos actos que sin ser propiamente de voluntad, implican un sentimiento de deseo o aversión. Por esto se construyen frecuentemente con subjuntivo subordinado los verbos *obtener, alcanzar, lograr, conseguir, esperar, desesperar, confiar, desconfiar, apetecer, aprobar, desaprobar,* etc.; p. ej.: *Conseguí que me concediesen un crédito; Tu padre no aprobará que hayas dado ese paso.* A veces la preferencia por el subjuntivo o el indicativo depende en tales verbos de que el sentimiento de deseo vaya unido a una mayor o menor inseguridad de que se realice el acto: compárense las oraciones *espero que vuelvan* y *espero que volverán* (mayor probabilidad). Por otra parte, los verbos que denotan esperanza, confianza y sus opuestos (desesperación, recelo) podrían agruparse con los de temor y emoción (v. § 3.13.3*B,* 2.º).

b) Las oraciones finales encierran siempre voluntad o deseo de que se produzca el hecho que expresa el verbo subordinado; p. ej.: *Vengo a que me paguen; Hablaba despacio para que los alumnos tomasen notas; A fin de que la exposición resulte más clara, dividiremos este capítulo en tres partes.* Cuando el verbo regente y el regido tienen el mismo sujeto, el infinitivo sustituye al subjuntivo: *Vengo a pagar; He pedido la palabra para informar a ustedes de lo ocurrido.*

2.º *Verbos de necesidad objetiva.* — *a)* Si decimos *Es necesario que todo efecto tenga una causa,* formulamos un juicio absoluto, independiente de nuestra experiencia. La misma forma adoptan los juicios de necesidad relativa: *Era necesario que el pensamiento moderno ... velase largo tiempo en la escuela de los humanistas y filólogos* (M. Menéndez Pelayo, *Ideas estéticas,* cap. VI); *Donde será necesario que yo muestre todo mi valor y esfuerzo* (Cervantes, *Quijote,* I, 19). En *Es necesario que me ayudes* hemos llegado ya a la necesidad subjetiva, que puede abandonar la impersonalidad de la tercera persona, y equivale a *Necesito que me ayudes.* Con ello hemos pasado de la necesidad objetiva a la subjetiva.

b) Los verbos y expresiones impersonales como *convenir, importar, ser útil, ser bueno, ser malo, estar bien, estar mal,* etc., llevan en subjuntivo el verbo subordinado; v. gr.: *Y como no está bien que yo trate con hombres indignos ..., me marcho* (Galdós, *Realidad,* II, esc. 9); *No importa que se hayan deslizado muchos principios metafísicos en el «Organon»* (M. Menéndez Pelayo, *Ensayos de crítica filosófica); No es necesario que fabriquemos oro realmente; basta que la gente crea que lo fabricamos* (H. Wast, *Oro,* 2.ª parte, cap. V). Cuando queremos hacer resaltar el carácter subjetivo de la necesidad, añadimos un pronombre personal al verbo regente: *Me importaba que hablase el presidente; Les conviene que no digáis nada.*

3.13.5. Imperativo. — *a*) Como se dijo antes (§ 3.13.1*b*), el imperativo responde a la función activa y apelativa del lenguaje. En español no tiene más formas propias que las segundas personas: *¡sal!*, *¡salid!*, *¡ven!*, *¡venid!* Para las demás personas usamos las del presente de subjuntivo, de las cuales no se distinguen más que por la curva de la entonación volitiva directa y por la energía del acento [1]. Tanto sus formas propias como las del subjuntivo-imperativo no se usan en subordinación. Constituyen, por lo tanto, oraciones independientes, generalmente unimembres. Cuando lleva pronombres átonos, la lengua moderna exige que estos vayan pospuestos: *Dime; Sentaos; Entérese usted bien; Escríbanme sus impresiones*, frente a las subordinadas *Conviene que se entere usted bien; Necesito que me escriban sus impresiones*.

b) Las segundas personas del imperativo se sustituyen por las del subjuntivo en las oraciones negativas. Compárense las siguientes frases afirmativas y negativas: *Dime, No me digas; Decid, Nunca digáis; Ve, No vayas jamás*. En Hispanoamérica y en el habla popular de Andalucía y Canarias, la pérdida del pronombre *vosotros*, sustituido por *ustedes*, ha dejado en desuso las segundas personas verbales, entre ellas las del imperativo: en vez de *salid, salgan* [ustedes]. Con ello, la única forma propia del imperativo que subsiste en estos países es la segunda persona de singular *(sal, ven, di)* [2].

c) Tanto en España como en América se ha extendido bastante el vulgarismo de emplear el infinitivo por el imperativo: *¡Sentaros!* o *¡Sentarse!*, *¡Venir acá!* Este uso no ha logrado consideración literaria, salvo cuando el autor reproduce el diálogo de los medios populares. Sin embargo, el infinitivo acompañado por la preposición *a*, reemplaza expresivamente al imperativo: *¡A callar!*, *¡A dormir!* En el capítulo siguiente encontrará el lector expresiones de mandato en presente y futuro de indicativo.

3.13.6. Clases de acción verbal. — *a*) Las gramáticas vienen calificando desde antiguo a varios grupos de verbos, cuyo significado denota la manera de aparecer la acción en la mente de los hablantes.

---

[1] El castellano medieval empleaba a veces el subjuntivo en vez de las segundas personas del imperativo, con intención de suavizar el mandato: *oyas* por *oye; sepades, digades*, por *sabed, decid*. Este uso es raro en los textos clásicos, y desaparece del todo en la lengua culta moderna. Únicamente subsiste en el vulgarismo *sepas* por *sabe* y otros parecidos, de uso muy poco frecuente aun en los medios populares.

[2] En los países americanos donde se practica el *voseo* (§ 2.14.7), la segunda persona del singular no es *di, sal, ven, canta, ten*, etc., sino *decí, salí, vení, cantá, tené*. Se trata de un uso propio del coloquio cuya estimación social varía según el país.

Las principales denominaciones son las siguientes: Hay verbos que aparecen ante nuestra representación como actos momentáneos *(saltar, chocar, decidir, firmar, besar, llamar)*; otros son *reiterativos*, o compuestos de una serie de actos más o menos iguales y repetidos *(golpear, picotear, hojear, frecuentar)*; otros, que interesan principalmente en su continuidad, en su transcurso, sin fijarnos en su comienzo o en su terminación, se llaman *durativos* o *permanentes (conocer, saber, contemplar, vivir, querer, respetar)*; en otros resaltan sus límites temporales: su comienzo, en los *incoativos (enrojecer, alborear, amanecer)*; o bien su final, o ambos a la vez, es decir, el momento en que la acción llega a ser completa, acabada, perfecta, y por esto se llaman *desinentes (nacer, morir, acabar, concluir)*. Estas denominaciones, y otras que ocasionalmente se emplean, reciben el nombre genérico de *clases de acción*.

b) La clase es, pues, la imagen o representación mental de la acción, y es inherente al significado de cada verbo. Su naturaleza es semántica; carece de morfemas propios que la expresen, con lo cual se diferencia claramente de los modos del verbo. Ahora bien: es poco frecuente que los verbos se usen solos en el habla real, sino que forman parte de un contexto en el sentido más amplio de esta palabra. El contexto modifica a menudo la significación abstracta del verbo, tal como aparece, por ejemplo, en las columnas de un diccionario; y las modificaciones contextuales pueden afectar a la calidad de la acción enunciada. Por ejemplo, *saltar*, cuya calidad semántica es de ordinario momentánea *(Salté el foso)* o reiterativa *(El caballo salta los obstáculos sin dificultad)*, puede adquirir significado permanente cuando aludimos al salto continuo del agua en una catarata. *Escribir* es acción permanente o reiterada en un escritor profesional; pero *escribir una carta* es una acción desinente, que comienza y acaba.

3.13.7. **Aspecto de la acción verbal.** — Entre las modificaciones que el contexto imprime en cada caso al significado de un verbo, ocupan lugar relevante los medios gramaticales que el idioma emplea para ello. Estas modificaciones son morfológicas o perifrásticas; y reciben el nombre de *aspectos* en cuanto pueden reforzar o alterar la clase de acción que cada verbo tiene por su significado propio. Así, por ejemplo, *enojarse* (comenzar a sentir enojo) toma aspecto incoativo, que no tiene el verbo *enojar*, por la añadidura del pronombre reflexivo; lo mismo ocurre entre *dormirse* (incoativo) y *dormir* (durativo). Las locuciones verbales que estudiamos en el capítulo anterior denotan aspectos de la acción (progresivo, durativo, perfectivo, etc.), aplicables a cualquier verbo; p. ej.: *ir saliendo, entrando, leyendo, comiendo*, etcétera. En el sistema de la conjugación, las diferentes formas del verbo conocidas con el nombre de *tiempos* añaden a la representación estrictamente temporal la expresión de los aspectos perfectivo e imperfectivo, como veremos a continuación.

3.13.8. Los tiempos en general. Tiempos perfectos e imperfectos. —

a) Acabamos de explicar que las acciones verbales son desinentes o permanentes según el significado del verbo que las enuncia, y según las modificaciones que el contexto añade en cada caso a su pura significación léxica. Los diferentes tiempos de la conjugación imprimen por sí mismos, de manera constante, aspecto imperfectivo o perfectivo a toda expresión verbal. Por esto distingue la Gramática los tiempos imperfectos de los tiempos perfectos. En los tiempos imperfectos, la atención del que habla se fija en el transcurso o continuidad de la acción, sin que le interesen el comienzo o el fin de la misma. En los perfectos, resalta la delimitación temporal. *Cantaba* es una acción imperfecta; *he cantado* es un acto acabado o perfecto en el momento en que hablo. Nótese que *perfecto* tiene en Gramática el riguroso sentido etimológico de «completo» o «acabado». Son imperfectos todos los tiempos simples de la conjugación española, con excepción del pretérito perfecto simple, o sea: *canto, cantaba, cantaré, cantaría, cante, cantara* o *cantase, cantare.* Son perfectos el pretérito perfecto simple, *canté,* y todos los tiempos compuestos: el participio pasivo que va unido al verbo auxiliar *haber* comunica a estos últimos su aspecto perfectivo.

b) Con el fin de aclarar el concepto de *perfección* gramatical, añadiremos que no siempre coincide con el término de la acción en el tiempo. Si decimos *Conocí que me engañaban,* mi conocimiento del engaño continúa ahora y continuará después, pero al enunciarlo en tiempo perfecto señalo el momento en que llegó a ser completo, acabado, perfecto. Es decir: con verbos desinentes por su significado, el pretérito perfecto simple indica la anterioridad de toda la acción (*leí su carta, salté, firmé, disparé*), y por consiguiente, su terminación en el tiempo; con verbos de significado permanente, expresa la anterioridad de la perfección (*conocí, supe, comprendí*), que no impide su continuidad temporal. Decir *Esta mañana he sabido la noticia* denota una acción perfecta, pero no terminada, puesto que sigo sabiéndola.

3.13.9. Tiempos absolutos y relativos. — *a*)

Se llaman tiempos absolutos los que, medidos desde el momento en que hablamos, se sitúan por sí solos en nuestra representación como presentes, pasados o futuros, sin necesitar conexión alguna con otras representaciones temporales del contexto o de las circunstancias del habla. Son tiempos directamente medidos desde nuestro presente. Se usan generalmente como absolutos los siguientes tiempos: presente (*amo*), perfecto simple (*amé*), perfecto compuesto (*he amado*) y futuro (*amaré*); también es absoluto el imperativo *(ama, amad)*, puesto que el mandato es presente y el cumplimiento de lo mandado es futuro. Enunciados aisladamente, sugieren enseguida la situación temporal precisa de la acción que expresan; su punto de referencia es, como hemos dicho, el acto de la palabra.

b) Los restantes tiempos de la conjugación son relativos o indirectamente medidos, porque su situación en la línea de nuestras representaciones temporales necesita ser fijada por el contexto, y especialmente por medio de otro verbo o de un adverbio con los cuales se relaciona; p. ej.: *Cuando usted llegue habremos terminado la tarea; Estaban en el campo desde el amanecer; Compraríamos fruta si no fuese tan cara.* Los tiempos que hemos llamado absolutos pueden ser también medidos indirectamente desde otro tiempo: *En cuanto terminó se levantaron todos; Canto con gusto, si veo que me escuchan con atención.* En cambio, los tiempos relativos solo pueden funcionar como tales. No tendría sentido decir, por ejemplo, *cantaban* o *había estudiado*, sin ninguna referencia, tácita o expresa, a una circunstancia temporal que fije el significado de estas expresiones.

c) Los tiempos del subjuntivo, subordinado o dependiente, son todos relativos. En las oraciones independientes pueden usarse como absolutos.

d) De cuanto acabamos de explicar se deduce que la distinción entre tiempos absolutos y tiempos relativos no debe ser tomada como una clasificación rigurosa cuyos términos se excluyan entre sí. Es solo una guía aproximada para determinar en cada caso concreto el carácter temporal de las formas verbales. Por otra parte, en cada forma verbal confluyen con la expresión del tiempo, la de aspecto y la de modo, que pueden interferirse entre sí. Aquí, como en otros capítulos de la Gramática, no conviene dar a las clasificaciones más alcance que el de criterios con que tratamos de analizar e interpretar la realidad viva del idioma.

3.14. SIGNIFICADO Y USO DE LOS TIEMPOS DEL MODO INDICATIVO

3.14.1. **Presente.** — *a*) En el capítulo anterior clasificamos el presente entre los tiempos imperfectos, que miran la acción en su transcurso y sin atender a sus límites temporales. Por otra parte, es un tiempo absoluto o directamente medido, que denota coincidencia de la acción con el momento en que hablamos. De la superposición de las categorías de aspecto y tiempo se derivan todos los usos del presente.

b) En presente enunciamos los juicios intemporales: *La suma de los ángulos de un triángulo es igual a dos rectos; Más vale pájaro en mano que ciento volando.* Cuando el momento en que hablamos coexiste total o parcialmente con la acción que el verbo significa, el presente se llama *actual: Escribo una carta; El niño duerme; Mi hermano está enfermo.* Si nos referimos a actos discontinuos que no se producen en este momento, pero se han producido antes y se producirán después, decimos que el presente es *habitual;* p. ej.: *Juan se levanta al amanecer; Estudio Matemáticas* (pero no ahora mismo); *¿Te lee Mario sus versos?* (M. Delibes, *Cinco horas con Mario*, cap. III).

c) Con el presente *histórico* narramos hechos pasados actualizándolos en nuestra mente y en la de nuestro interlocutor o lector; v. gr.: *Mas cuando en medio se para, / Y de más cerca le mira / La cristiana esclava Aldara, / Con su señora se encara, / Y así le dice, y suspira* (N. Fernández de Moratín, *Fiesta de toros en Madrid*); *Henos aquí en Atenas. El Cerámico abre espacioso cauce a ingente muchedumbre, que, en ordenada procesión, avanza hacia la ciudad, que no trabaja* (J. E. Rodó, *Motivos de Proteo*, cap. V); *Ni aun se contenta Aristóteles con enseñar para la más noble raza del mundo* (Ibíd., cap. XLI); *Después de aquel día de excursión amanezco con los bríos enconados* (T. Carrasquilla, *Hace tiempos*, II, cap. VI).

d) El aspecto imperfectivo del presente hace que podamos usarlo asimismo para designar acciones venideras: *El domingo vamos de excursión* (por «iremos»); *María se casa* (por «se casará»); *¡Sargento! No son más que tres o cuatro. Que rodeen la casa, y los cogen* (P. Baroja, *El* *aprendiz de conspirador*, IV, cap. IV). En oraciones interrogativas se emplea a menudo para pedir aprobación o permiso; p. ej.: *Saila preguntó entre cómico y dramático: —¿Voy o no voy?* (R. J. Sender, *La esfera*, cap. V).

e) Con el presente *de mandato* sustituimos a veces al imperativo: *Vas a la calle, y me compras el periódico; El señor sale —dijo con voz resuelta—, pero usted se queda aquí* (F. Benítez, *El Rey Viejo: El amanecer*). En el habla coloquial son frecuentes las frases *¡Ya te estás marchando!; ¡Ya le está usted escribiendo!*, y otras semejantes que se pronuncian con entonación volitiva directa.

f) Como tiempo relativo, medido desde el futuro, adquiere también significado futuro. Este uso es especialmente frecuente en oraciones temporales y condicionales; v. gr.: *Cuando veas que se enfada, no insistas* (*se enfada* designa acción venidera); *Si de mí te aconsejas, nunca tal hagas* (Valle-Inclán, *Los cruzados de la causa*, cap. VI). En las condicionales, el presente de indicativo sustituye obligatoriamente al futuro en la prótasis; en la apódosis la sustitución es potestativa. Así, decimos *Si eres bueno te llevaré al circo*, o *te llevo al circo;* pero no cabría decir en la prótasis *Si serás bueno...; Si penetramos en la vetusta ciudad por la Puerta vieja, habremos de ascender por una empinada cuesta* (Azorín, *Castilla: Una flauta en la noche*). En el coloquio expresivo puede sustituir al pluscuamperfecto de subjuntivo en la prótasis y en la apódosis; en esta, también al condicional perfecto: *Si lo sé. no vengo* (= *Si lo hubiera* o *hubiese sabido, no hubiera, hubiese* o *habría venido*). Sobre el uso, en la prótasis, del futuro de subjuntivo, *Si fueres...*, véase el § 3.15.8.

3.14.2. **Pretérito perfecto compuesto.** — *a)* Significa en la lengua moderna la acción pasada y perfecta que guarda relación con el presente [1]. Esta relación puede ser real, o simplemente pensada o percibida por el hablante. Por esto nos servimos de este tiempo para expresar el pasado inmediato; por ejemplo, un orador suele terminar su discurso con la frase *he dicho*, que significa «acabo de decir». También denota el hecho ocurrido en un lapso de tiempo que no ha terminado

---

[1] En su origen significaba el resultado presente de una acción pasada: *Has guardado mucho dinero* equivalía a la expresión moderna *Tienes guardado mucho dinero*. Nació en la época prerrománica, cuando el verbo *haber* conservaba su acepción de *poseer* o *tener;* y quedan ejemplos de este empleo en los textos castellanos arcaicos: *Desfechos nos ha el Çid* (*Mio Cid*, v. 1433), con el participio concertado con el complemento. A medida que se iba afirmando el carácter auxiliar de *haber*, se inmovilizó el participio en su forma masculina del singular, y la perífrasis quedó convertida en *tiempo* del verbo. En el mismo *Mio Cid* (v. 793) encontramos *Tal batalla avemos arrancado*, y no *arrancada*.

todavía; v. gr.: *Hoy me he levantado a las siete; Este año ha habido buena cosecha; Durante el siglo actual se han escrito innumerables novelas; Ha caído durante todo el día una espesa nevada* (Azorín, *Los pueblos: La velada*); *Yo he estado siempre (y estaré) en Buenos Aires* (J. L. Borges, *Poes.: Arrabal*). Lo empleamos asimismo para acciones alejadas del presente, cuyas consecuencias duran todavía. Decir *La industria ha prosperado mucho* significa que ahora están patentes los efectos de aquella prosperidad, que puede continuar; decir *La industria prosperó mucho* enuncia simplemente un hecho pasado sin conexión con el presente: —*Buena jugadora que ha sido* —*dijo Andrés.* —*Buena suerte es lo que tengo* —*repuso Alegría* (Álvarez Garzón, *Los Clavijos*, cap. XX). A veces la relación con el presente es afectiva: así, ante una misma situación objetiva decimos *Mi padre ha muerto hace tres años*, si aquel hecho repercute en mi sentimiento actual; en cambio, *Mi padre murió hace tres años* no es más que una noticia desprovista de emotividad.

b) Tanto el pretérito perfecto compuesto *(he amado)* como el pretérito perfecto simple *(amé)* denotan acciones medidas directamente y acabadas o perfectas. Esta coincidencia acerca la significación de ambos tiempos. Así se explica que varias lenguas romances los confundan en el uso real, aunque la lengua literaria procure mantener sus diferencias, como ocurre en francés y en italiano. En España se conserva bien en el habla oral y literaria el uso que hemos descrito en el apartado anterior; pero Galicia y Asturias muestran marcada preferencia por *canté*, a expensas de *he cantado*. Frases como *Esta mañana encontré a Juan y díjome* son características de aquellas regiones, contra el uso general español, que en este caso diría sin vacilaciones *he encontrado* y *me ha dicho*. También en gran parte de Hispanoamérica predomina absolutamente *canté* sobre *he cantado* en el habla usual [2], aunque entre los escritores convivan la forma simple y la compuesta en proporción variable.

3.14.3. **Pretérito imperfecto.** — *a)* Expresa acción pasada cuyo principio y cuyo fin no nos interesan. Al decir *llovía* atendemos únicamente al transcurso de la acción, y no a sus límites temporales. En cambio, *llovió* y *ha llovido* son hechos acabados o perfectos. Este carácter inacabado da al imperfecto un aspecto general de mayor duración que los demás pretéritos, sobre todo con verbos permanentes, cuya imperfección refuerza. Compárense, por ejemplo, las diferencias entre *La quería mucho* y *La quiso mucho*, *Estudiaba con afán* y *Ha*

---

[2] El habla vulgar madrileña muestra cierta inclinación en favor de *he cantado*. La misma inclinación se encuentra también en las provincias andinas de la República Argentina, contra el uso dominante de *canté* en el Río de la Plata.

estudiado con afán. Se emplea en narraciones y descripciones como un pasado de gran amplitud, dentro del cual se sitúan otras acciones pasadas. Es, pues, un *copretérito* o *pretérito coexistente;* v. gr.: *Mi tío Antonio era un hombre escéptico y afable; llevaba una larga y fina cadena de oro que le pasaba y repasaba por el cuello; se ponía unas veces una gorra antigua con dos cintitas detrás, y otras un sombrero hongo, bajo de copa y espaciado de alas* (Azorín, *Las confesiones de un pequeño filósofo: Mi tío Antonio*); *Llegaron en estas pláticas al pie de una alta montaña que casi como peñón tajado estaba sola entre otras muchas que la rodeaban* (Cervantes, *Quijote*, I, 25).

b) Como es un tiempo relativo, la limitación temporal que pueden señalar otros verbos o expresiones temporales del contexto parece atenuar su carácter imperfecto. Por esto la lengua literaria lo emplea a veces en series con otros pretéritos: *Al amanecer salió el regimiento, atravesó la montaña, y poco después establecía contacto con el enemigo.* El límite *poco después* parece contrario a la imperfección de *establecía.* Cabría también decir *salía* y *atravesaba* por la misma razón. Son varios hechos sucesivos que se limitan entre sí. He aquí otro ejemplo, donde se suceden cuatro verbos o perífrasis verbales en imperfecto: *Ya estaba llegando. Picaba apresurado y firme. Ya iba a desembocar en el recodo. Ya desembocaba* (A. Uslar-Pietri, *Catorce cuentos venezolanos: El prójimo*). Pero aun en estos casos, próximos a la neutralización, el imperfecto da la visión del hecho en su desarrollo, mientras que el perfecto simple la presenta como hecho acaecido.

c) Cuando se trata de verbos desinentes, el hecho de enunciarlos en imperfecto les comunica a menudo aspecto reiterativo: *Se afeitaba por la mañana; Escribía con soltura; Contestaba sin reflexionar.* Si en estos ejemplos sustituimos el imperfecto por otro pretérito *(se afeitó, se ha afeitado; escribió, ha escrito; contestó, ha contestado)*, se entendería que cada una de estas acciones se produjo una sola vez.

d) Con el imperfecto *de conato* expresamos a veces acciones pasadas que no llegan a consumarse: *Salía cuando llegó una visita;* la salida no había comenzado, era una disposición o intención; *Le dio un dolor tan fuerte, que se moría; hoy está mejor.* Si en vez de los imperfectos usáramos otros tiempos pretéritos *(salí, he salido; murió, ha muerto)*, las acciones respectivas habrían acabado. En estas expresiones el *aspecto* se sobrepone a la significación temporal. Por este motivo usamos también el imperfecto *de cortesía.* Frases como *¿Qué deseaba usted?; Quería pedirle un favor; Me proponía hablar contigo*, se sienten como más amables que con el verbo en presente, porque enunciamos modestamente nuestra pregunta o deseo en imperfecto, como algo iniciado cuya realización o perfección hacemos depender de la voluntad de nuestro interlocutor.

e) En el habla coloquial, el imperfecto de indicativo sustituye a veces a la forma *-ría* en la apódosis de las oraciones condicionales, y en discurso indirecto, aun a las formas *-ra* y *-se* de la prótasis. Adquiere en estos casos significado de condicional. Por ejemplo, la oración condicional *Si tuviera dinero me compraría un coche,* se convierte en *Si tuviera dinero me compraba un coche,* o [*Dije que*] *si tenía dinero me compraba un coche.* En el habla popular moderna son frecuentes estas sustituciones; véanse también ejemplos literarios: *Se perdía bien poca cosa si se muriera. Es un solterón egoísta, que ha vivido siempre de chupar la sangre de los pobres* (S. y J. Álvarez Quintero, *Doña Clarines,* I); *Si esto fuera así, resultaba que los tontos no lo eran tanto como parecen, pues supieron inventar eso* (Unamuno, *Ensayos,* t. V: *A lo que salga*). La sustitución del condicional por el imperfecto de indicativo se halla también en oraciones distintas de las condicionales; p. ej.: *Otro Santo Oficio es lo que hacía falta para limpiar el país de esa contaminación* (Valle-Inclán, *Viva mi dueño,* cap. XI). Se trata en este ejemplo, y en otros parecidos, de un imperfecto desrealizador que enuncia la acción como de cumplimiento muy poco probable.

3.14.4. Pretérito pluscuamperfecto. — Significa una acción pasada y perfecta, anterior a otra también pasada. Añadiremos que en los dos hechos pasados la sucesión puede ser mediata o inmediata, en tanto que el pretérito anterior denota sucesión inmediata (v. § 3.14.6). Ejemplo: *El ventero, a quien no se le pasó por alto la dádiva y recompensa que el cura había hecho al barbero, pidió el escote de don Quijote* (Cervantes, *Quijote,* I, 46). El pluscuamperfecto latino *(amaveram)* se convirtió en el imperfecto de subjuntivo *amara;* pero durante largo tiempo *amara* conserva en español su sentido originario de pluscuamperfecto de indicativo, en competencia con la perífrasis romance *había amado.* En el § 3.15.6 expondremos las vicisitudes de esta evolución, a propósito de la forma *-ra* del imperfecto de subjuntivo.

3.14.5. Pretérito perfecto simple. — *a)* Es un tiempo pasado, absoluto y perfecto. Con verbos desinentes por su significado, expresa la anterioridad de toda la acción; con los permanentes, la anterioridad de la perfección. Compárense los ejemplos siguientes: *El centinela de la muralla lanzó un grito de alarma y disparó también* (P. Baroja, *El aprendiz de conspirador,* lib. IV, cap. IV), donde los actos perfectivos *lanzó un grito* y *disparó* denotan anterioridad de toda la acción; *¿Sin duda sabías la llegada de mis hijas?... —La supe en el Palacio* (Valle-Inclán, *Sonata de otoño,* ed. 1933, pág. 154): *supe,* permanente por su significado, denota la anterioridad de la perfección, es decir, el momento en que la acción de *saber* llegó a ser cabal o perfecta; es evidente que el que *supo* una noticia sigue sabiéndola después.

b) Es por lo tanto característico de este pretérito el punto o momento del pasado en que se consuma la perfección del acto, ya se incluya en ella la anterioridad temporal de toda la acción (verbos desinentes), ya atendamos solo a ese momento en que se consuma la perfección gramatical de una acción que puede continuar indefinidamente (verbos permanentes). Así se explica que enunciemos con el pretérito perfecto simple acciones que no se han producido todavía, pero que sentimos como de realización próxima y segura. Cuando en el aeródromo esperamos con impaciencia la llegada de personas queridas, al ver aparecer el avión que las conduce decimos *¡Ya llegaron!*, antes de que el avión descienda para aterrizar. En algunos países hispanoamericanos se registran frases como *Me fui* pronunciadas antes de irse, para denotar la inminencia del acto, anunciando la *perfección* de la resolución tomada, sin atender al *tiempo* en que se produce; p. ej.: *¡Ya está, nos fuimos! —dijo el viejo. Los dos entraron al cuarto de Don Juan, cada uno con su machete bien afilado, y dar, y dar, no dejaron tira buena en el colchón* (E. Montenegro, *Mi tío Ventura: El príncipe jugador*). Samaniego, en su fábula *La codorniz*, refiere que una codorniz que ha caído presa en el lazo de un cazador, lamenta la pérdida de su libertad y añade: *Perdí mi nido amado, / perdí en él mis delicias; / al fin perdílo todo, / pues que perdí la vida.* El último *perdí* se extiende a significar, no ya una pérdida que ha ocurrido, sino que va a ocurrir, pero inminente, inevitable.

c) La significación perfectiva y absoluta, es decir, desligada de toda relación temporal con el momento en que hablamos, da singular aptitud al pretérito que vamos analizando para que, en vivo contraste con el presente, adquiera sentido de negación implícita. Decir que una cosa *fue* equivale a «no es»; *Creí que el accidente no tenía importancia* quiere decir «ya no lo creo». No es exclusivo del perfecto *canté* este sentido negativo implícito, sino que cualquiera de los pretéritos puede adquirirlo también por oposición o contraste con el presente. Si comparamos, por ejemplo, *Quise a esa mujer* con *Quería, he querido, había querido a esa mujer*, observaremos que en todos los casos se hace visible el significado de «ya no la quiero». Pero es evidente que la preferencia estilística general por *quise* se debe quizá a la mayor lejanía temporal que sugiere. En la lengua literaria ha podido contribuir a su difusión el calco de frases latinas muy conocidas: *Hic illius arma, hic currus fuit* (Virgilio, *Eneida*, I, 16-17), y especialmente: *Fuimus Troes; fuit Ilium* (*Ibíd.*, II, 325). Son frases usuales asimismo en la literatura española del Siglo de Oro: *Este llano fue plaza, allí fue templo* (R. Caro, *A las ruinas de Itálica*). Igual sentido tiene la frase hoy común *un tiempo fue* para denotar la nostalgia que sentimos por algo que pasó y no volverá. Varios escritores contemporáneos aluden precisamente al perfecto del verbo *ser* como expresión del pasado irremediable; p. ej.: *El fue es la forma esquemática que deja en el pre-*

sente lo que está ausente (J. Ortega y Gasset, *La deshumanización del arte*, prólogo); *Qué señor tan viejo. Ya no era, había sido. Hay un momento en la vida en que se empieza a decir fui* (M. A. Asturias, *El alhajadito*, parte I, cap. IV).

3.14.6. Pretérito anterior. — *a*)   Denota acción pasada inmediatamente anterior a otra también pasada; v. gr.: *Apenas hubo oído esto el moro, cuando con una increíble presteza se arrojó de cabeza en la mar* (Cervantes, *Quijote*, I, 41); *Cuando hubieron terminado de reírse, examinaron mi situación personal* (A. Cancela, *Tres relatos porteños: Una semana de holgorio*, cap. XIV). Este tiempo es de poco uso en castellano moderno, pues solo se emplea en oraciones temporales y precedido de las locuciones *después que, luego que, así que, cuando, no bien, enseguida que, en cuanto, tan pronto como* u otras semejantes.

b)   Coincide con el pluscuamperfecto en denotar un pasado del pasado. Se diferencian, sin embargo, en que en el pluscuamperfecto la anterioridad puede ser mediata, mientras que el pretérito anterior expresa solo anterioridad inmediata. Como también el pluscuamperfecto y el perfecto simple pueden unirse a las locuciones antedichas (*después que, luego que*, etc.), las cuales por sí solas indican sucesión inmediata, estos dos tiempos han eliminado al pretérito anterior del habla usual. Solo la lengua literaria lo conserva más o menos.

3.14.7. Futuro. — Expresa acción venidera y absoluta, es decir, independiente de cualquier otra acción. Al perderse las formas del futuro latino, el romance formó el futuro nuevo por aglutinación del infinitivo con el presente del verbo *haber: amar he = amaré; amar has = amarás*, etc. Era, pues, una perífrasis que denotaba la obligación, propósito o posibilidad presente de realizar un acto. Durante la Edad Media se escribían a menudo separados los dos elementos componentes, y se interpolaban pronombres entre ambos; p. ej.: *ver lo has = lo verás*. En textos clásicos se usa esta interpolación con alguna frecuencia; v. gr.: *Acabarse ha mi sandez y mi penitencia* (Cervantes, *Quijote*, I, 25); también en refranes, como: *Al villano, dale el pie y tomarse ha la mano* (G. Correas).

a)   Usamos también el *futuro de mandato*, especialmente en segunda persona y para expresar prohibición; v. gr.: *Saldrás a su encuentro y le dirás que venga* (en vez de *sal* y *dile*); *No matarás*. Reforzamos con el futuro la voluntad imperativa expresando seguridad en el cumplimiento de lo mandado.

b) Con el *futuro de probabilidad* expresamos suposición, conjetura o vacilación referidas al presente: *Serán las ocho* (supongo que *son*); *Estará enfadado* (supongo que lo *está*); *¿Habrá muchos manzanos como antes?* (Azorín, *Castilla: La casa cerrada*); *Ahí vendrá algo que mi madre le envía a Luisa* (J. Isaacs, *María*, cap. XXI). De aquí proviene el sentido concesivo que le damos para replicar amablemente a un interlocutor; p. ej.: *Luego, con timidez, añade que Grano de Pimienta no es mal hijo. Andará extraviado en sus ideas; hará más tonterías que los otros; será atrevido y atolondrado fuera de casa. Pero en familia es afectuoso, dócil y diligente* (R. Pérez de Ayala, *El ombligo del mundo*, capítulo 2).

c) Es frecuente que en oraciones interrogativas y exclamativas empleemos el *futuro de sorpresa*, con el cual denotamos asombro o inquietud ante un hecho conocido: *¿Se atreverá usted a negarlo?* (después de que el otro lo ha negado ya); *¡Qué desvergonzado será ese sujeto!; ¡Si será tonto!*

d) No se emplea el futuro de indicativo en la prótasis de las oraciones condicionales, sino el presente; así, decimos *Si vienes te esperaré*, pero no *Si vendrás te esperaré*. En las expresiones temporales, lo sustituye generalmente el presente de subjuntivo en la lengua moderna: *Cuando llegue el tren*, y no *Cuando llegará el tren; Luego que salgas*, y no *Luego que saldrás*. Esta sustitución es muy general, pero no tan obligada como en las condicionales: no son raros los ejemplos de empleo del futuro en textos medievales y clásicos (*Quando los gallos cantarán: Mio Cid*, v. 316), y aun en nuestros días se oyen en el habla popular de algunas regiones, expresiones como la siguiente: *Horacio tomó el potrillo de la oreja, le dio unos zamarreones. —Cuando querrá, h'ermano* (Güiraldes, *Don Segundo Sombra*, cap. VII) [3].

3.14.8. Futuro perfecto. — *a*) Es un tiempo perfecto y relativo, que denota acción venidera anterior a otra también venidera: *Cuando usted vuelva habremos terminado el trabajo; —Tomá un mate dulce por gaucho. —Lo habré merecido cuando no me voltee, Don* (Güiraldes, *Don Segundo Sombra*, cap. VIII).

b) Se emplea también como *futuro perfecto de probabilidad* con valor temporal que equivale al de un pretérito perfecto compuesto o antepresente: *Una de las mejores bodas y más ricas que hasta el día*

---

[3]   Otro ejemplo literario: *Vos, Señor, le pagaréis esta buena obra que nos hizo, cuando resucitarán los justos* (Ribadeneyra, *Confesiones de San Agustín*, lib. IX, cap. III). Entre los usos registrados en el habla popular de algunas regiones, citaremos la frase *Cuando vendrás hablaremos*, atestiguada en Burgos.

de hoy se habrán celebrado en la Mancha (Cervantes, *Quijote*, II, 19);
Cosas que todos habréis experimentado, leyendo, alguna vez (J. E. Rodó,
El Mirador de Próspero: Garibaldi). Nótese que en ambos ejemplos
los verbos *se habrán celebrado* y *habréis experimentado* designan acciones
pasadas. En armonía con el futuro simple, el futuro perfecto adquiere
también significado *concesivo* cuando aparece en contraposición adversativa: *Habrá cometido alguna imprudencia, pero en el fondo es honrado
y hombre de fiar*. Por último, el mismo desplazamiento hacia el pasado
se produce en el *futuro perfecto de sorpresa: ¿Habráse visto cosa semejante?; ¡Si habré tenido paciencia!* Los dos verbos denotan acciones
pasadas equivalentes en cuanto al tiempo a *¿se ha visto?* y *¡he tenido!*,
respectivamente.

3.14.9. **Condicional.** — *a*) El romance formó este tiempo por
aglutinación del infinitivo con el imperfecto contracto del verbo *haber:
amar hía (había) = amaría* [4]. Era frecuente en la Edad Media escribir separados los dos elementos componentes y admitir pronombres
interpolados; p. ej.: *Por Dios, amigo, si yo tal cosa ficiese seervos hía
muy falso amigo* (J. Manuel, *Lucanor*, XXXV). Fue, pues, en su origen,
una perífrasis que denotaba obligación o propósito pasado de realizar
la acción designada por el infinitivo: *amar hía* era equivalente a la
locución verbal moderna *había de amar*. Del imperfecto *había (hía)*
proviene el aspecto imperfecto de nuestro condicional.

b) Expresa acción futura en relación con el pasado que le sirve
de punto de partida: *Dijo que asistiría a la reunión; Han dicho que
volverían. Asistiría* y *volverían* eran actos futuros cuando *dijo* y *han
dicho*, respectivamente. Por consiguiente, el condicional es el futuro
del pasado. Como es un tiempo imperfecto, queda indeterminado el
término de la acción, la cual, medida desde el momento en que hablamos, puede ser pasada, presente o futura. Por ejemplo, en *Prometió
que me escribiría* se enuncia una acción venidera desde el pasado
prometió. Pero si la miramos desde el presente, puede ocurrir que
Prometió que me escribiría y recibí su carta (pasada); o bien, *... y ahora
recibo su carta* (presente); o bien, *... y espero que recibirás pronto mi
carta* (futura). La relación del condicional con el presente es indeterminada y variable, mientras que la relación con el pretérito es fija.

c) Por su carácter de tiempo futuro, la acción que expresa es
siempre eventual o hipotética, como en todos los futuros. Por esta
causa, su empleo más frecuente y característico ocurre en la apódosis
de las oraciones condicionales. De aquí el nombre de *condicional* que
damos a este tiempo. Sin perjuicio de los pormenores sintácticos que

---

[4] Se registran ya ejemplos latinos de la perífrasis «infinitivo + *habebat*».

estudiaremos al tratar de esta clase de oraciones en el cap. 3.22, añadiremos aquí lo necesario para aclarar el significado y usos de este tiempo.

d) *Apódosis de las oraciones condicionales.* — En los escritores clásicos, las formas en *-ra* del imperfecto de subjuntivo y las en *-ría* del condicional eran a veces permutables entre sí en la apódosis. Ejemplos: *Ya tenía uno abierto el barbero, que se llamaba* Las lágrimas de Angélica. *Lloráralas yo, dijo el cura en oyendo el nombre, si tal libro hubiera mandado quemar* (Cervantes, *Quijote,* I, 6). Asimismo es frecuente en los clásicos que la forma *-ra* equivalga al pluscuamperfecto y exprese la imposibilidad o irrealidad referida al pasado (v. § 3.15.6c): *¿Qué dijera el señor Amadís si lo tal oyera? (Ibíd.,* II, 6). En la lengua moderna, la forma *-ra* en la apódosis se siente como afectada, y no se emplea más que en estilo literario arcaizante; p. ej.: *Eva a su vista pavorida huyera / si temor la inocencia conociera* (Reinoso, *La inocencia perdida,* canto II). Se mantiene hoy vivo este uso en Méjico y otras zonas de Hispanoamérica, y no hay motivo para rechazarlo; pero en la mayoría de los países hispánicos parecería hoy arcaico decir: *Si tuviera o tuviese dinero, comprara esta casa:* lo usual es *compraría.* En el País Vasco y en algunas comarcas limítrofes de las provincias de Burgos y Santander el habla vulgar emplea el condicional en la prótasis: *Si trabajarías más, ganarías mejor jornal; Si llovería pronto se salvarían los pastos.* Este uso tiende a propagarse, en la misma zona, a otras oraciones subordinadas como: *Usted me mandó que le avisaría.* Se trata de un vulgarismo que no cabe en la conversación culta ni en la lengua literaria.

e) Cuando en la oración simple o compuesta decimos, por ejemplo, *Yo leería, Vosotros escucharíais,* enunciamos una proposición o hipótesis más o menos condicionada y siempre venidera; como en el ejemplo siguiente: *Ricardo, me alegraría que el mar subiese ahora de pronto y nos sepultase para siempre... Así estaríamos eternamente en el fondo del agua, tú sentado y yo apoyada en tu regazo con los ojos abiertos... Entonces sí, me dormiría a ratos y tú velarías mi sueño, ¿no es verdad? Las olas pasarían sobre nuestra cabeza y nos vendrían a contar lo que sucedía en el mundo...* (A. Palacio Valdés, *Marta y María,* cap. X).

f) Con verbos modales, como *poder, deber, saber, querer,* el condicional es a menudo permutable por el imperfecto de subjuntivo en *-ra,* e incluso con el imperfecto de indicativo. Ejemplos: *Antes de casarse, la mujer debería* [= debiera o debía] *ver unos meses a su novio en zapatillas* (M. Delibes, *Cinco horas con Mario,* cap. IX); *Yo tampoco querría* [o quisiera] *que nadie leyera una carta que es solamente para mí* (J. Cortázar, *Rayuela,* cap. 32); *Deberías* [=debieras o debías] *tener más cuidado.*

g) Nos servimos asimismo de este tiempo para expresar la *probabilidad* referida al pasado: *Serían las diez* (probablemente eran); *Tendría entonces 50 años* (aproximadamente los tenía); *Tú siempre has sido como un niño chico, aunque luego estudiaras tanto y escribieras esas cosas que, no sé, a lo mejor estarían bien* (M. Delibes, *Cinco horas con Mario*, cap. VI); *Nuestro trabajo y el de los demás, que por ahí andarían, iba surtiendo efecto* (Güiraldes, *Don Segundo Sombra*, capítulo XVI). Véase lo que hemos dicho sobre el *futuro de probabilidad* referido al presente (§ 3.14.7*b*). De aquí deriva el sentido concesivo que le damos para rechazar un juicio sobre el pasado: *Sería fea, pero tenía una gracia extraordinaria.*

h) El condicional se emplea también como expresión *de cortesía* cuando anunciamos una pregunta o un ruego, o manifestamos una volición, v. gr.: *Me gustaría verlo otra vez.* De igual manera que *Deseaba hablar con usted, Quería pedirte un favor* (imperfecto de cortesía) se sienten como más amables que los presentes *deseo* y *quiero*, los condicionales *desearía* y *querría* refuerzan la modestia de la expresión y hacen más patente nuestra sumisión a la voluntad de la persona a quien nos dirigimos. Nótese, p. ej., la gradación expresiva de estas preguntas: *¿Desea usted un género de mejor calidad?, ¿deseaba usted...? desearía usted...?*

3.14.10. **Condicional perfecto.** — *a)* Coincide con el condicional simple en expresar una acción futura en relación con un pasado que le sirve de punto de partida. Pero se diferencian en que el condicional compuesto enuncia el hecho como terminado o perfecto: *Todos suponían que cuando llegase el invierno la guerra habría terminado.* En relación con *suponían* los demás verbos de esta oración son futuros; pero *habría terminado* denota una acción perfecta y anterior a *llegase.*

b) Se emplea en la apódosis de las oraciones condicionales, pero nunca en la prótasis: *Si solo hubiéramos llegado a Veracruz... la figura del héroe no se habría destruido* (F. Benítez, *El Rey Viejo: El amanecer*). En esta oración podríamos sustituir *no se habría destruido* por *no se hubiera destruido.* Los gramáticos han considerado incorrecto o vulgar el empleo de *no se hubiese destruido,* o *Te hubiésemos invitado, si hubieras venido a tiempo.* Pero de hecho se usa actualmente *hubiésemos invitado* por *habríamos* o *hubiéramos invitado* en la apódosis, tanto en América como en España [5]. Esta sustitución no sería posible con el

---

[5] Bello, *Gram.* (§ 721), calificó de incorrecto *hubiésemos invitado* en la apódosis, y la Academia, *Gram.*, ed. 1931 (§ 300), consideraba también lamentable esta confusión. Pero Cuervo (nota 99) explica la sustitución como resul-

condicional simple. Mientras se oye sin extrañeza *Si hubieses querido te hubiesen pagado en el acto*, no sería tolerable decir *Si quisieses, te pagasen en el acto*, en vez de *Si quisieses, te pagarían en el acto*. Contra toda consideración histórica, hay que admitir en el condicional perfecto la construcción, ya consolidada por el uso general moderno, *Si hubieras (o hubieses) llegado a tiempo te hubiésemos invitado a comer*, al lado de *te habríamos (o hubiéramos)* invitado a comer.

c) También es propio del condicional perfecto el significado de probabilidad, con valor temporal equivalente al del pluscuamperfecto de indicativo: *Y dijo entre sí que tales dos locos como amo y mozo no se habrían visto en el mundo* (Cervantes, *Quijote*, II, 7); *Mario... habría pasado mucho con lo de tus hermanos* (M. Delibes, *Cinco horas con Mario*, cap. XIV). Cabe también el valor concesivo en oraciones adversativas: *Enrico habría tenido una vida borrascosa, habría cometido innumerables delitos; pero conservó siempre inalterable su fe.*

d) De igual manera que el condicional simple, tiene el condicional perfecto el matiz de *modestia* o *cortesía*, especialmente con verbos modales, con la particularidad de que puede sustituírsele por el pluscuamperfecto de subjuntivo, tanto en la forma *-ra* como en la forma *-se:* *Habría (hubiera, hubiese) querido hablar con usted un momento.* Los gramáticos han censurado el empleo de *hubiese querido* (como en el caso del apartado *b*); pero el uso moderno lo impone de hecho, a diferencia de lo que ocurre con la forma simple, donde no cabe decir *Juan pudiese ser más discreto*, sino precisamente *podría* o *pudiera*. En cambio, oímos sin extrañeza *Juan habría (hubiera, hubiese) podido ser más discreto.*

---

tado del paralelismo entre los dos miembros de la oración condicional. Del mismo modo que la forma en *-ra*, propia en un principio de la apódosis, pasó a la prótasis, en el caso presente la forma en *-se* se traslada, por la misma causa, de la prótasis a la apódosis.

3.15. SIGNIFICADO Y USO DE LOS TIEMPOS DEL SUBJUNTIVO

3.15.1. Caracteres generales de los tiempos del subjuntivo en el sistema de la conjugación. — *a*) Sabemos ya que el subjuntivo es el miembro marcado de la oposición *irrealidad/realidad*. El carácter irreal de la acción que expresamos con las diferentes formas del subjuntivo hace que las relaciones estrictamente temporales de sus *tiempos* sean mucho menos claras que las del indicativo. Por otra parte, a los nueve tiempos del indicativo corresponden prácticamente cuatro en el subjuntivo, puesto que en la lengua moderna van cayendo en desuso los dos futuros. Si añadimos que todos los tiempos del subjuntivo son relativos o indirectamente medidos, llegaremos a la conclusión de que la denominación de *tiempos* es casi siempre inadecuada para explicar los usos y significado de las distintas formas. Sin embargo, el aspecto imperfecto de las formas simples, y el perfecto de las compuestas, se mantiene en general con todo vigor, aunque con algunos matices diferenciales que luego estudiaremos.

b) Para precisar mejor la índole de los tiempos del modo subjuntivo, vamos a comparar el uso que de ellos hacemos en las oraciones dependientes, en relación con los del indicativo usados en las mismas oraciones. Si decimos *Juan viene, Juan vendrá*, expresamos como cierto, en presente o en futuro, un hecho pensado como real. Si enunciamos dichas oraciones como dependientes de un verbo de *percepción* o de *enunciación*, y decimos *Creo, digo que Juan viene; Creo, digo que Juan vendrá*, distinguimos, lo mismo que antes, el tiempo presente y el futuro a que referimos la acción del verbo *venir*. Pero, si en vez de enunciar aquellos dos hechos como reales, los expresamos como dependientes de un verbo de *deseo*, no podemos ya indicar la distinción de tiempo, y en uno y en otro caso hemos de decir *Deseo que venga Juan*. Es decir, que para expresar el deseo presente o futuro en oraciones dependientes, no tenemos en castellano más que un tiempo: el *presente de subjuntivo*, que bien puede decirse que no es presente, sino presente y futuro a la vez, y por esto en las oraciones subordinadas a verbos que exigen subjuntivo se corresponde indistintamente con el presente y con el futuro de las análogas subordinadas a verbos que exigen indicativo. Por la misma razón, el *pretérito perfecto de subjuntivo* se corresponde con el pretérito perfecto compuesto y con el futuro perfecto de indicativo, pues ya se ha dicho (v. §§ 3.14.1 y 3.14.2) que la diferencia entre el presente y el pretérito perfecto compuesto está en que aquel indica la acción del verbo como no acabada, y este como acabada o perfecta.

c) Por un razonamiento análogo al anterior se deduce también que el *pretérito imperfecto de subjuntivo* corresponde en las oraciones dependientes al mismo tiempo de indicativo, al pretérito perfecto simple y al condicional, así como el *pretérito pluscuamperfecto de subjuntivo* se corresponde con el mismo tiempo de indicativo y con el condicional perfecto. Nótese que el pretérito anterior no tiene forma correspondiente en subjuntivo.

3.15.2. Correspondencia de los tiempos del modo subjuntivo con los del indicativo.

Indicativo	Subjuntivo
Creo que... { viene Juan.......... / vendrá Juan........ }	No creo que venga Juan.
Creo que... { ha venido Juan...... / habrá venido Juan... }	No creo que haya venido Juan.
Creí que... { llegaba Juan........ Creía que... { llegaría Juan........ Creo que... { llegó Juan..........	No creí que... No creía que... No creo que... { llegara Juan. llegase Juan.
Creía que... { había llegado Juan... / habría llegado Juan.. }	No creía que... { hubiera llegado Juan. hubiese llegado Juan.

Trataremos en párrafo aparte de los futuros *(llegare y hubiere llegado)* en la lengua clásica y de sus supervivencias en el uso moderno, ya que estas formas no guardan hoy correspondencia alguna con los futuros de indicativo.

3.15.3. Presente. — *a)* En varias ocasiones hemos aludido a que el carácter irreal del subjuntivo y el necesariamente eventual del futuro de indicativo explican que se confundan a menudo en una sola forma. Cuando decimos *No creo que venga*, lo mismo podemos referirnos a que el acto de venir se esté produciendo ahora, como a que se producirá en tiempo venidero. Un orador puede decir *Me han rogado que hable* mientras pronuncia su discurso, o antes de levantarse a pronunciarlo, como anunciando un hecho futuro. Como *hable* es un tiempo relativo, la acción se mide desde el momento que enuncia el verbo regente *(me han rogado, me ruegan, me rogarán que hable)*; pero por tratarse también de un tiempo imperfecto, no importa el momento presente o futuro en que se realice la acción de *hablar*. Si esta se produce en pasado, habría que decir *Me han rogado* (o *me rogaron*, o *me rogaban*) *que hablara* o *hablase*. El límite temporal del presente de subjuntivo *hable*, frente al imperfecto *hablara* o *hablase*, consiste en que el primero no puede ser pretérito. Ejemplo: *Me da rabia, la verdad, que te vayas sin reparar en mis desvelos* (M. Delibes, *Cinco horas con Mario*, cap. I).

b) A veces en subordinación usamos el presente de subjuntivo en sustitución del presente o el futuro de indicativo, para denotar un matiz de mayor eventualidad o incertidumbre. Este uso aparece principalmente en la lengua literaria; v. gr.: *El espectáculo que descubramos* [descubriremos] *desde arriba nos compensará de las fatigas del camino* (Azorín, *Castilla: Una lucecita roja*); *Tomándole le llevaron al Areópago, diciendo: ¿podremos saber qué sea* [es] *esta nueva doctrina que dices?* (Unamuno, *Del sentimiento trágico de la vida*, cap. III); *No sé si tengan* [tienen o tendrán] *crédito mis palabras, pero piense que podríamos ultimarlo sin riesgo alguno* (J. E. Rivera, *La vorágine*, 2.ª parte).

c) El presente de subjuntivo sustituye al futuro de indicativo en las oraciones temporales, según quedó dicho en el lugar correspondiente del capítulo anterior (§ 3.14.7*d*); p. ej.: *Cuando llegue tu hermano...*, y no *Cuando llegará...; Siempre que salgamos*, etc.

3.15.4. **Pretérito perfecto.** — *a)* Corresponde al pretérito perfecto compuesto y al futuro perfecto de indicativo:

Creo que ha llegado...........} *No creo que haya llegado.*
Creo que habrá llegado....... }

Expresa, pues, acción acabada en un tiempo pasado o futuro; v. gr.: *¿Es posible, señor hidalgo, que haya podido tanto con vuestra merced la amarga y ociosa lectura de los libros de caballerías, que le hayan vuelto el juicio...?* (Cervantes, *Quijote*, I, 49); *O yo me engaño, o esta ha de ser la más famosa aventura que se haya visto* (*Ibíd.*, I, 8); *No es posible que don Ramón, siendo tan indocto, haya pasado ante el país como uno de los hombres más grandes y sesudos de nuestra época* (P. Baroja, *La busca*, introducción).

b) En ocasiones, el aspecto perfectivo del tiempo que estudiamos se neutraliza en el contexto, y puede ser sustituido por un tiempo imperfecto sin que se altere el sentido. Así, en el ejemplo de Baroja antes citado, *haya pasado* podría reemplazarse por *pasara* o *pasase*, si el hablante no atiende especialmente a la perfección del hecho. Lo mismo ocurriría si el pretérito perfecto expresara acción futura, como en la siguiente oración temporal: *Cuando se marche* (o *se haya marchado*) *la gente, continuaremos nuestra conversación*, donde las dos acciones sucesivas se delimitan entre sí, y *cuando se marche la gente* toma aspecto perfectivo. Existe por lo tanto en el habla real una neutralización posible y relativa de aspectos, análoga a la relatividad de las representaciones temporales que el contexto o la situación de los hablantes establecen en cada caso.

3.15.5. Pretérito imperfecto. — *a*) Corresponde a tres tiempos simples del indicativo: pretérito perfecto simple, pretérito imperfecto y condicional:

> *Creo que llegó*...... *No creo que*........ ⎫
> *Creí que llegaba*.... *No creí que*........ ⎬ *llegara* o *llegase*.
> *Creía que llegaría*.. *No creía que*....... ⎭

El significado temporal de las dos formas *(amara* y *amase)* puede ser presente, pasado o futuro, si las medimos desde el momento en que hablamos, puesto que su aspecto imperfecto, de límites indeterminados, las hace aptas para expresar relaciones de coexistencia, anterioridad y posterioridad. En la oración *Le mandaron que estudiara* o *estudiase*, partimos del pasado *(mandaron)*; pero la acción de estudiar puede cumplirse ahora *(... y por eso estudia)*, o antes *(... y por eso ayer estudió todo el día)*, o después *(... y estudiará hasta fin de curso)*. El significado temporal que en cada caso tenga el imperfecto de subjuntivo depende del contexto y de la intención del hablante. En el famoso soneto anónimo *A Cristo crucificado*, exclama el poeta: *Aunque no hubiera cielo yo te amara / y aunque no hubiera infierno te temiera*. Las acciones de los verbos *amara* y *temiera* quedan sumidas en una intemporalidad que abarca toda su vida presente, pretérita y futura. En la oración dubitativa: *¿Y si yo estuviese equivocado?*, parece que aludimos al presente *(estoy)*; pero el contexto puede remitir la acción al pasado *(¿estaba entonces equivocado?)* o al porvenir *(¿estaré equivocado, si así lo hago?)*, sin que modifiquemos la forma verbal *estuviese*.

b) Según explicamos en este capítulo, también el presente de subjuntivo abarca el presente y el futuro *(ame, temamos, partan)*; pero no es apto para el pretérito, y esta es su diferencia esencial con las formas en -*ra* y en -*se* que estamos estudiando.

3.15.6. Observaciones sobre el uso de las formas «-ra» y «-se». — *a*) Aunque por su significado las formas -*ra* y -*se* son equivalentes en la lengua moderna, no siempre pueden sustituirse entre sí. La primera procede del pluscuamperfecto de indicativo latino *(amaveram);* la segunda, del pluscuamperfecto de subjuntivo *(amavissem).* Una y otra absorbieron además significados propios de otros tiempos del indicativo o del subjuntivo respectivamente. La identificación de significados entre *amara* y *amase* es el resultado de un largo proceso histórico que los ha ido aproximando progresivamente, sin que haya llegado a ser tan completa que permita permutarlos entre sí en todos los casos, como veremos a continuación.

b) Amara, como pluscuamperfecto de indicativo equivalente a *había amado,* predomina en los textos literarios medievales; v. gr.: *Entendió que el su saber non le tenía pro, pues que non usara dél (Calila y Dimna,* introducción), donde vemos *usara* equivalente a *había usado.* Según los cómputos estadísticos que se han realizado, parece que en el siglo xv se inicia el predominio de *amara* con valor subjuntivo, el cual sigue avanzando en los escritores del Siglo de Oro. En la segunda mitad del siglo xvii son muy poco frecuentes los ejemplos de *amara* (= *había amado)* como indicativo. Los escritores de fines del siglo xviii y los románticos, por imitación de los textos antiguos y especialmente del *Romancero,* restauran el uso primitivo en muchos casos. Esta restauración literaria, ajena a la lengua hablada, persiste más o menos debilitada hasta nuestros días. Ejemplos: *No es ya Montevideo la ciudad humilde ... que él dejara al partir* (J. E. Rodó, *El mirador de Próspero: La vuelta de Juan Carlos Gómez); Clarín, el buen maestro, fracasó también en la ayuda que me prestara* (Azorín, *Madrid,* cap. XVIII); *A San Francisco de Asís le habrá dado un vuelco el corazón en el pecho; aquel pecho abierto al amor de los animales, que en verso piadoso cantara el pagano Rubén* (C. J. Cela, *La partera Inés).* A veces encontramos la forma *-ra,* no ya como pluscuamperfecto, sino como un pretérito cualquiera de indicativo; p. ej.: *Se comenta el discurso que anoche pronunciara el Presidente* (en vez de *pronunció).* Esta construcción no está justificada en modo alguno por la tradición del idioma.

c) En la apódosis de las oraciones condicionales, la forma en *-ra* conserva el valor indicativo originario, y puede ser sustituida por el condicional en *-ría: Si tuviese buenos valedores conseguiría* (o *consiguiera) el cargo que solicito.* De la apódosis pasó a la prótasis, haciéndose equivalente de *-se: Si tuviera* (o *tuviese) buenos valedores,* etc. En resumen: *Amara* equivale a *amase* en la prótasis de las oraciones condicionales. *Amara* equivale a *amaría* en la apódosis, uso que en el habla coloquial solo vive hoy en algunos países de América (§ 3.14.9*d).* En estilo literario su frecuencia es mucho menor que en la lengua clásica. Frases como *Si no pareciera* o *pareciese descortesía se lo dijera,* se sienten hoy como afectadas; lo corriente es *se lo diría.*

d) En cambio, el uso indistinto de -*ra* o -*ría* tiene plena vigencia tratándose de verbos modales en frases de significado potencial, tanto en el habla corriente como en estilo literario; v. gr.: *Para que le ayude a hacer una cosa que no debiera* [o debería] *hacer* (J. Isaacs, *María*, cap. XVIII); *Tanto para leer como para crear una poesía debiéramos* [o deberíamos] *exigir cierta solemnidad* (J. Ortega y Gasset, *La deshumanización del arte: Ruskin*); *Todo pudiera* [o podría] *ser, y además, cosas más raras se han visto* (C. J. Cela, *Café de artistas*, cap. final).

e) Fuera de los casos que acabamos de mencionar, la identificación entre -*ra* y -*se* es hoy completa, es decir: ambas pueden sustituirse entre sí siempre que sean subjuntivas. El predominio de una u otra depende de estilos o preferencias individuales o colectivas. En el habla corriente predomina generalmente -*se;* pero -*ra* tiene mucho uso en la lengua culta y literaria.

3.15.7. Pretérito pluscuamperfecto. — Denota en el subjuntivo las mismas relaciones temporales que expresan en el indicativo el pluscuamperfecto y el condicional perfecto.

Creía, creí que había llegado......... } *No creía, o creí, que hubiera o hubiese*
Creía, creí que habría llegado........ } *llegado.*

Para su empleo en las oraciones condicionales rige la misma norma que hemos explicado al tratar del imperfecto de subjuntivo, es decir: «*hubiera* o *hubiese* + participio» en la prótasis; «*hubiera* o *habría* + participio» en la apódosis; p. ej.: *Si hubieras* o *hubieses estudiado, te hubieran* o *habrían aprobado; Si hubiese sabido que eran tan estimables estas flores, las habría* [o hubiera] *guardado para vosotras* (J. Isaacs, *María*, cap. XI). Sin embargo, a diferencia del imperfecto, el uso de -*ra* en la apódosis no se siente como arcaico. Mientras sentimos hoy como más o menos anticuado decir *Si hiciese buen tiempo saliera*, tiene pleno uso decir *Si hubiese hecho buen tiempo hubiera salido* (junto a *habría salido*). En el capítulo anterior (§ 3.14.10) dijimos lo necesario acerca del empleo, hoy usual, de *hubiese amado* en la apódosis como equivalente de *hubiera* o *habría amado*.

3.15.8. Futuro. — El futuro simple de subjuntivo enuncia el hecho como no acabado, y siempre como contingente. En los textos del Siglo de Oro aparece normalmente en oraciones condicionales y en las temporales y de relativo equivalentes a ellas; v. gr.: *Si acaso enviudares (cosa que puede suceder), y con el cargo mejorares de consorte...* (Cervantes, *Quijote*, II, 42); *Cuando pudiere y debiere tener lugar la equidad, no cargues todo el rigor de la ley al delincuente (Ibíd.); Al* *culpado que cayere debajo de tu jurisdicción ... muéstratele piadoso y clemente (Ibíd.).* Hoy solo se usa, aunque poco, en la lengua literaria y en algunas frases hechas conservadas en el habla coloquial, como *sea lo que fuere; venga de donde viniere; Adonde fueres, haz lo que vieres* (refrán). Ejemplos literarios: *Lo empeñamos si nos hace falta dinero, o lo vendemos si te conviniere* (Galdós, *Realidad*, II, esc. 7); *Nada tacaño tampoco para desprenderse de él, cuando fuere ocasión de mostrarse espléndido* (R. Gallegos, *Canaima*, cap. IX); *Espero, Fernando, que sea cual fuere la ofensa que nos haya hecho, usted modificará la opinión que se haya formado de él* (M. Azuela, *El búho en la noche*, acto II).

3.15.9.   **Futuro perfecto.** — Expresa acción acabada y contingente. Se usa en la lengua clásica mucho menos que el futuro simple, en oraciones condicionales, temporales y de relativo; v. gr.: *La gallina se morirá luego al día siguiente, después que las hubiere comido* (Laguna, *Dioscórides*, VI, 36); *En verdad te digo que de todo aquello que la mujer del juez recibiere, ha de dar cuenta el marido en la residencia universal, donde pagará con el cuatro tanto en la muerte las partidas de que no se hubiere hecho cargo en la vida* (Cervantes, *Quijote*, II, 42). Ha desaparecido del habla coloquial moderna, y es muy raro su empleo literario. En textos legales pueden leerse ejemplos como el siguiente: *Podrán exigir ... si no hubiere obtenido el beneficio de pobreza, el abono de los derechos, honorarios e indemnizaciones...* (*Ley de Enjuiciamiento Criminal*, tít. XI, art. 242).

3.16. FORMAS NO PERSONALES DEL VERBO: INFINITIVO, GERUNDIO Y PARTICIPIO

3.16.1. Caracteres generales. — *a*) El significado más general que corresponde a cada una de estas formas no personales puede definirse diciendo que el infinitivo es un sustantivo verbal; el gerundio, un adverbio verbal; y el participio, un adjetivo verbal. El presente capítulo se propone desarrollar con pormenores cómo se realizan las tres funciones, sustantiva, adverbial y adjetiva, que respectivamente les corresponden. Además de ser formas no personales, tienen de común el no expresar por sí mismas el tiempo en que ocurre la acción, el cual se deduce del verbo de la oración en que se hallen, de los adverbios que los acompañen y de otras circunstancias de la elocución. Son aptas, en cambio, para la expresión de la pasiva y del aspecto perfecto o imperfecto del hecho que significan.

b) En las oraciones compuestas, los tres pueden construirse como elementos sintácticos incorporados de una oración subordinada *(construcción conjunta)*, o pueden adquirir cierta independencia oracional, equivalente a una subordinada circunstancial *(construcción absoluta)*. En construcción absoluta forman un juicio lógicamente completo; gramaticalmente equivalen, como queda dicho, a una subordinada circunstancial; v. gr.: *Al anochecer se tomaba chocolate* (P. Baroja, *Las inquietudes de Shanti Andía*, lib. 1.º, cap. VIII); *Apartando Ricote a Sancho, se sentaron al pie de una haya* (Cervantes, *Quijote*, II, 54); *Concluido el término, los representantes regresan a sus parajes* (R. Castellanos, *Oficio de tinieblas*, cap. I).

INFINITIVO

3.16.2. El infinitivo como nombre. — *a*) El infinitivo es un sustantivo verbal masculino; es el nombre del verbo. Algunos infinitivos han llegado a lexicalizarse permanentemente como sustantivos: *pesar, haber, deber;* admiten plural: *pesares, haberes, deberes, andares, quereres, dares y tomares;* conciertan en género y número con los adjetivos: *alegre despertar, hermoso atardecer, deberes penosos, pareceres contrarios.*

b) Todos los infinitivos pueden llevar artículos, demostrativos, posesivos, indefinidos u otros determinativos: *Alababa en su autor aquel acabar su libro con la promesa de aquella inacabable aventura* (Cervantes, *Quijote*, I, 1); *Verás un siempre temer, | Un eterno idolatrar, | Un diestro lisonjear | Y un incierto pretender* (Lope de Vega, *El piadoso veneciano*, II); *Adelantando cada día la hora de sus despertares* (A. Carpentier, *El siglo de las luces*, cap. VI).

3.16.3. Oficios del infinitivo nominal.

— Los infinitivos pueden desempeñar en la oración los mismos oficios que cualquier sustantivo, o sea: los de sujeto, complemento predicativo con verbos copulativos, complemento de un sustantivo, de un adjetivo y de un verbo, como se ve en los siguientes ejemplos:

a) Sujeto. *Decir gracias y donaires es de grandes ingenios* (Cervantes, *Quijote*, II, 3); *El andar desarticulado del enorme conjunto me mareaba* (Güiraldes, *Don Segundo Sombra*, cap. VIII). Con frecuencia es sujeto de verbos y expresiones como *convenir, importar, ser bueno* o *malo, ser útil,* etc.; v. gr.: *No conviene asustarle; Será bueno tomar precauciones; Importa callar; Ansí es bien arrojarle* [a la gata] *la mayor parte de los hijos, para que se puedan criar los que quedan* (D. Funes, *Hist. gral. de aves y animales,* lib. II, cap. XI).

b) Predicado nominal. *No solo eres buen callar, sino mal hablar y mal porfiar* (Cervantes, *Quijote*, II, 43); *Aunque es llano | Que el pensar es empezar, | No está en mi mano el pensar | Y está el obrar en mi mano* (Calderón, *El mágico prodigioso*, III).

c) Complemento de un sustantivo. *Aquí encaja la ejecución de mi oficio: desfacer fuerzas y socorrer y acudir a los miserables* (Cervantes, *Quijote*, I, 22), donde los tres infinitivos *desfacer, socorrer* y *acudir* son otras tantas aposiciones del sustantivo *oficio*. El enlace entre el sustantivo y el infinitivo complementario se hace comúnmente por medio de una preposición; p. ej.: *deseos de pasear; hora de marcharse; ocasión de hablar; un libro sin encuadernar; pisos para alquilar.*

d) Complemento de un adjetivo. Lo es de los adjetivos *digno, fácil, difícil, bueno,* etc.; v. gr.: *digno de ver; fácil de hacer; bueno para comer; capaz de venir; valeroso en pelear,* etc.

e) Complemento de un verbo. Puede serlo directo y circunstancial; así, en *Quiero estudiar* y *Deseo aprender,* los infinitivos son complemento directo de los verbos *quiero* y *deseo;* y en *Del poco dormir y del mucho leer se le secó el celebro* (Cervantes, *Quijote*, I, 1), son complementos circunstanciales de causa.

3.16.4. El infinitivo como verbo. — Sin perder ninguno de sus caracteres sustantivos, el infinitivo mantiene su calidad de verbo, si bien no puede expresar por sí mismo el modo, el tiempo ni la persona gramatical, puesto que carece de desinencias. Conserva, pues, las siguientes funciones y cualidades verbales:

a) Puede ser pasivo: *Muchos codician ser estimados; Se jactaba de haber sido aplaudido.* Para tener sentido pasivo se construyen por lo general con el auxiliar *ser,* como en estos ejemplos. Pero a veces los infinitivos adquieren por el contexto significado pasivo, sin verbo auxiliar, como en *cosa digna de alabar, río fácil de atravesar,* es decir, *de ser alabada, de ser atravesado.* Ejemplos: *Muy semejante el uno al otro, y ambos muy de notar y alabar* (Pedro Mejía, *Silva de varia lección,* II, 30); *Dio con él en tierra, y revolviéndose por los demás, era cosa de ver con la presteza que los acometía y desbarataba* (Cervantes, *Quijote,* I, 19). Para la pasiva refleja, véase el punto *c.*

b) El infinitivo simple expresa acción imperfecta; el compuesto, acción perfecta. No se trata de *tiempo,* sino de aspecto. Así, en *Te premiaron por haber estudiado todo el curso anterior* (pretérito), el tiempo va expresado por el verbo principal, como en *Te premiarán por haber estudiado* (futuro), sin que la forma del infinitivo varíe. Si en estas oraciones sustituimos *haber estudiado* por *estudiar,* nos fijamos en la continuidad del hecho, y no en su término.

c) Puede llevar pronombres enclíticos: *He venido a verte; Me agradaría saberlo.* Son frecuentes los casos de proclisis en textos medievales; p. ej.: *Mio Çid Roy Díaz por Burgos entrove / ... / exien lo veer mugieres e varones* (*Mio Cid,* v. 16); *Trescientas damas con ella / Para la acompañar* (*Romance de doña Alda*). En la lengua moderna, el pronombre va obligatoriamente pospuesto al infinitivo; p. ej.: *Procuraré enterarte; Tú, yo y Spinoza queremos no morirnos* (Unamuno, *Del sentimiento trágico de la vida,* cap. I). Con el infinitivo compuesto, el pronombre va detrás del auxiliar *haber: Sentiría haberos molestado.* Tales enclíticos pueden dar a la acción del infinitivo significado reflexivo y recíproco: *Quería mudarme de ropa; El tutearse es señal de confianza.* Con *se* pueden formar pasiva refleja: *cosa digna de verse, de contarse.*

d) El carácter verbal de los infinitivos españoles sustantivados, resalta especialmente en la posibilidad de construirlos con adverbios: *Verás un siempre temer* (Lope de Vega, *El piadoso veneciano,* II); *Le hace antipático ese protestar constantemente por todo; El despuntar bellamente la aurora nos animó a levantarnos temprano.* Claro es que nuestra lengua admite también la construcción nominal: *un continuo temer, ese protestar constante, el bello despuntar de la aurora;* pero la construcción

verbal con adverbio, además de ser típicamente española, da al estilo
un movimiento más vivo y animado, según notó Cuervo [1].

e) Tiene sujeto tácito o expreso. Pueden darse los cuatro casos
siguientes:

1.º Sujeto indeterminado, bien sea por su carácter general, bien
porque no interese enunciarlo: *Querer es poder; Mejor es prevenir que
remediar* (R. Gallegos, *La trepadora*, 2.ª parte, cap. VIII); *El Ayuntamiento acordó pavimentar las calles del arrabal.*

2.º El infinitivo puede llevar sujeto con la preposición *de* (complemento subjetivo): *el murmurar de las fuentes; el mentir de las
estrellas; El dulce lamentar de dos pastores* (Garcilaso, *Égloga I*); *El blan-
quear de las gallinas en el patio* (A. Uslar-Pietri, *Catorce cuentos venezolanos: La mosca azul*). También puede expresarse el sujeto por medio
de un posesivo: *mi reír, tu murmurar; Su resonar profundo y vasto
(Ibíd.: La lluvia).*

3.º El sujeto del infinitivo es el mismo del verbo principal: *Pelea-
remos hasta morir; Vengo a pagar; Quisiera arrancar del pecho / Pedazos
del corazón* (Calderón, *La vida es sueño*, I, 2).

4.º El sujeto del infinitivo y el del verbo principal son diferentes:
*Por no saber yo nada me sorprendieron; Se prohíbe hablar al conductor;
Nos hicieron llorar.* Cuando el sujeto del infinitivo está expresado,
suele colocarse detrás de él; p. ej.: *Al entrar el director, todos nos levanta-
mos y le saludamos; Por haber venido vosotros tarde, se nos ha malogrado
la ocasión; Antes de salir el sol ya estaba levantado.* He aquí un ejemplo
medieval con sujeto pronominal pospuesto al infinitivo: *El dulce sonido de tu habla... me certifica ser tú mi señora Melibea* (*Celestina*, XII) [2].
En el ejemplo de *Celestina* la expresión del sujeto pronominal en nominativo, a pesar de ser complemento del verbo principal, muestra
un rasgo muy peculiar de la construcción española. Hoy mismo podría
decirse: *Dos testigos declararon ser tú* (o *yo, él, ella*) *cómplice del robo;
No conseguí verla, por no estar ella en casa; Este documento prueba
haber tú nacido en 1938.* Admiten esta construcción los infinitivos de
ser, estar y otros verbos intransitivos.

3.16.5. **El infinitivo, complemento del verbo principal.** — En el
§ 3.16.3e decíamos que el infinitivo puede ser complemento directo y
circunstancial de un verbo. La complejidad sintáctica de este uso
subordinado hace que nos detengamos en él con más pormenores.

---

[1] Nota 70 a la *Gramática* de Bello.
[2] Es muy poco frecuente la colocación del sujeto delante del infinitivo.
Por ejemplo, oraciones como *Por yo no saber nada me sorprendieron, Veo los
barcos venir*, son mucho menos usuales que *Por no saber yo nada..., Veo venir
los barcos.* No es rara, sin embargo, la frase coloquial *Sin yo saberlo* al lado de
Sin saberlo yo.

a) Complemento directo. Con verbos de percepción y de voluntad, como *Oigo sonar las campanas, Mandaron volver a Juan,* el infinitivo y su sujeto forman una oración incorporada que es complemento directo del verbo principal. Así, pues, *sonar las campanas* y *volver a Juan* son enterizamente complementos directos de *oigo* y de *mandaron.* Si la subordinada se construyese con verbo en forma personal, diríamos: *Oigo que suenan las campanas, Mandaron que volviese Juan.* Otros ejemplos: *Vimos arder una casa; Las autoridades prohibieron derribar aquel palacio histórico.* Naturalmente, si el sujeto del infinitivo es nombre de persona llevará la preposición *a* por formar parte del complemento directo: *Mandaron volver a Juan, a su hijo,* etc.; si es nombre de cosa, no lleva preposición: *Oigo sonar las campanas, Prohibieron derribar aquel palacio.* Asimismo, si el sujeto del infinitivo es pronominal, usaremos las formas complementarias átonas del pronombre: *Te vi correr; No les permiten entrar; Nos han visto venir; Te oyeron decírselo,* etc.

b) Los verbos modales, como *poder, deber, querer, saber, soler,* y otros de significado parecido, forman con el infinitivo una perífrasis verbal (v. § 3.12.7) con sujeto común a los dos verbos; v. gr.: *Pueden salir; Deseaba trabajar; Hácese ahora tan particular alarde de glotonería, que los ministros del gusto osan sacar a luz obras doctísimas de cocina* (Suárez de Figueroa, *El pasajero,* 9); *No he concedido nunca ni concedo, ni espero conceder, que España se va* (J. E. Rodó, *El mirador de Próspero: La España niña*).

c) Complemento circunstancial. El infinitivo va unido a las mismas preposiciones que los sustantivos que desempeñan este papel; p. ej.: *Nunca me acuesto sin haber escuchado las noticias de última hora; Se contentaría con recibir una carta cada mes.*

d) Con algunas preposiciones forman los infinitivos sintagmas fijos con significados especiales que equivalen a una subordinada circunstancial. Los más usuales en la lengua moderna son los siguientes:
1. La preposición *a* seguida del artículo *el* y un infinitivo equivale a una subordinada temporal: *Al despuntar la aurora emprendimos la caminata; Al freír será el reír; El sol, al acabar de ocultarse, teñía las colinas, los bosques y las corrientes con resplandores color de topacio* (J. Isaacs, *María,* cap. XXVIII).
2. Las preposiciones *a* y *de* con infinitivo forman frases de significado condicional: *Ellas son tales … que, a no ser quien soy, también me asombraran* (Cervantes, *Quijote,* II, 14); *De haberlo sabido, hubiéramos ido; A ser cierta la noticia, el gobierno tomará medidas urgentes.*
3. La preposición *con* seguida de infinitivo forma frases concesivas: *Con ser duquesa, me llama amiga* (Cervantes, *Quijote,* II, 50); *Con tener tanto dinero, vive miserablemente.*

4. Con las preposiciones *a* o *para*, y a veces *por*, los infinitivos equivalen a una subordinada final, y tienen el mismo sujeto del verbo de que dependen: *Salían a pasear; Han venido para ver las fiestas; Me apresuré a adherirme; Suplicó al capellán que por caridad le diese licencia para ir a despedirse de sus compañeros* (Cervantes, *Quijote*, II, 1); *Rabiaba Sancho por sacar a su amo del pueblo* (*Ibíd.*, 9). El infinitivo final que acompaña a verbos de movimiento *(ir, venir, llegar, volver, salir)* se construía a menudo en castellano arcaico sin preposición alguna: *Exien lo veer mugieres e varones* (*Mio Cid*, v. 16); *La manol ban besar* (*Ibíd.*, v. 298 *b*). Pero la preposición *a* se va imponiendo poco a poco hasta ser prácticamente obligatoria a fines de la Edad Media: *Acuden a saludarle; Salían a verlo.*

Muchos verbos que denotan propósito, inclinación de ánimo, tendencia, se construyen forzosamente con *a: Aspiro a ascender; Se inclina a perdonar; Volverán a pecar; Los precios tienden a bajar; Aprende a escribir.*

GERUNDIO

3.16.6. **Significado y usos generales.** — *a)* El gerundio simple *(amando)* expresa una acción durativa e imperfecta, en coincidencia temporal con el verbo de la oración en que se halla. Si el verbo principal denota también acción imperfecta, su coincidencia temporal se extiende a toda la duración del acto; p. ej.: *Enseñando se aprende; Desde allí veía a sus hijos jugando en el portal.* Si el verbo principal enuncia un hecho perfecto o acabado, su coincidencia temporal queda envuelta dentro de la duración del gerundio, como un momento o parte de ella; p. ej.: *Paseando por el campo, he visto aterrizar un helicóptero.* Los dos actos pueden producirse también en sucesión inmediata, anterior o posterior; v. gr.: *Quitándose del cuello una riquísima cadena que llevaba, se la puso a Gonzalo con sus propias manos* (Quintana, *Vidas de españoles célebres: El Gran Capitán*), donde la acción del gerundio es inmediatamente anterior a la de ponerle la cadena; *Salió de la estancia dando un fuerte portazo*, el portazo se produjo inmediatamente después de salir. En el siguiente ejemplo la acción del gerundio no es inmediata, pero sí muy próxima: *Y volvió a marcharse Augusto, encontrándose al poco rato en el paseo de la Alameda* (Unamuno, *Niebla*, cap. I). La coincidencia o el contacto temporal estrecho en que se halla el gerundio con el verbo de que depende, hace en general inadecuado al gerundio para significar posterioridad, consecuencia o efecto. Por esto son incorrectas frases como las siguientes: *El agresor huyó, siendo detenido horas después; Dictóse la sentencia el viernes, verificándose la ejecución al día siguiente; Los ministros se hallan reunidos, creyéndose en los círculos políticos que no volverán a reunirse hasta la semana próxima.* En estos ejemplos se trata de acciones coordinadas y no coincidentes, que se expresarían mejor enlazándolas por medio de conjunciones coordinantes: *El agresor huyó y (pero) fue detenido horas después; Dictóse la sentencia, y se verificó la ejecución...; Los ministros se hallan reunidos, y se cree...*

Para el aspecto durativo del gerundio en las perífrasis verbales que forma con *estar, ir, venir, andar* y otros auxiliares, véase el cap. 3.12.

b) El gerundio compuesto denota acción perfecta, anterior a la del verbo principal. La anterioridad puede ser más o menos mediata; v. gr.: *Yo me acuerdo haber leído que un caballero español..., habiéndosele en una batalla roto la espada, desgajó de una encina un pesado ramo* (Cervantes, *Quijote*, I, 8); *Y habiendo buscado a alguien que me explicase bien la pintura, compuse estos cuatro libros* (J. Valera, *Dafnis y Cloe*, proemio).

c) La única preposición que puede anteponérsele es *en*. La lengua antigua usó la frase «*en* + gerundio» para significar simultaneidad, lo mismo que el giro latino de donde procede; v. gr.: *Mandólo matar su muy amado e muy obedescido señor el Rey, el cual en lo mandando matar, se puede con verdad descir que se mató a sí mismo* (*Crón. de D. Álvaro de Luna*, tít. 128). El giro evoluciona en la Edad Moderna hasta significar, no simultaneidad, sino anterioridad inmediata. Ejemplos: *En fin del otoño se volvió el rey a Sevilla con intento de, en pasando el invierno, juntar una grande flota y hacer guerra por el mar* (Mariana, *Hist. de España*, XVII, 2); *En rebuznando yo, rebuznaban todos los asnos del pueblo* (Cervantes, *Quijote*, II, 27). Hoy sigue usándose con el mismo sentido: *En acabando de comer saldré contigo; En diciendo las verdades, se pierden las amistades* (refrán).

d) Admite pronombres enclíticos, si bien en textos antiguos se hallan con frecuencia ejemplos de proclisis, como los siguientes: *En estas nuevas todos se alegrando* (*Mio Cid*, v. 1287); *Los tristes hados lo permitiendo, y nuestros sañudos dioses nos desamparando, fue tal nuestra desdicha...* (A. de Guevara, *Libro áureo*, lib. III, cap. III). Hoy es obligatoria la posición enclítica: *diciéndonos, levantándose, habiéndolo visto*, etc.

3.16.7.   **El gerundio como adverbio.** — *a)*   La función más general del gerundio es la de modificar al verbo como un adverbio de modo: *Hablaba gritando, Contestó sonriendo, Pasan corriendo*. En estas frases, *gritando, sonriendo* y *corriendo* expresan maneras de producirse la acción verbal; v. gr.: *Allí pasaban el rato charlando por lo bajo, leyendo novelas, dibujando caricaturas o soplándose recíprocamente la lección cuando el catedrático les preguntaba* (Galdós, *Fortunata y Jacinta*, parte I, cap. I, 1). Los gerundios van generalmente pospuestos al verbo; pero pueden anteponérsele también *(Sonriendo contestó; Corrien-*

do pasan), y en este caso adquieren un relieve estilístico parecido al de los adjetivos calificativos antepuestos al sustantivo.

b) El gerundio viene, pues, a indicar una acción secundaria que se suma a la del verbo principal modificándola o describiéndola. En estas condiciones, el hablante puede sentir predominantemente el gerundio como una cualidad del verbo (adverbio), o como otra acción atribuida al sujeto o al objeto directo del verbo · principal. Solo los gerundios *ardiendo* e *hirviendo* se han convertido en adjetivos autorizados por el uso antiguo y moderno y pueden referirse también a un complemento circunstancial; p. ej.: *Echó a su hijo en un horno ardiendo; La mezcla se disuelve en agua hirviendo.*

c) De igual manera que algunos adverbios admiten sufijos diminutivos *(cerquita, lejitos, tempranito)*, ciertos gerundios pueden llevarlos también; v. gr.: *¿No ven aquel moro que, callandico y pasito a paso, puesto el dedo en la boca, se llega por las espaldas de Melisendra?* (Cervantes, *Quijote*, II, 26); *Yo lo que hice fue arrimarle la lanza. Lo demás lo hizo el difunto; él mismo se la fue clavandito como si le gustara el frío del jierro* (R. Gallegos, *Doña Bárbara*, I, cap. I).

d) En ocasiones no hay verbo principal al que referir el gerundio; · por ejemplo, al pie de grabados y fotografías o en títulos de relatos, descripciones, etc.: *Aníbal pasando los Alpes; El Cordobés toreando de muleta; La actriz X recibiendo los aplausos del público; Las ranas pidiendo rey.* Se alude en estos casos a la acción en transcurso, es decir, mientras o cuando se producía. Así se explica también el gerundio independiente en oraciones exclamativas, como las siguientes: *¡Mi hijo muriendo!; ¡El negocio prosperando!; ¡Y siempre fastidiando!* En el diálogo coloquial usamos con frecuencia el gerundio independiente en frases elípticas: *Pasando el rato; Bebiendo un trago; El niño durmiendo.*

3.16.8. Gerundio referido al sujeto del verbo principal.—*a)* Cuando el gerundio se refiere al sujeto, tiene carácter explicativo; v. gr.: *Cazando en Lesbos, vi lo más lindo que vi jamás* (J. Valera, *Dafnis y Cloe*, introducción); *Después de esta venta corría otra vez* [la huertana] *hacia su barraca, deseando salvar cuanto antes una hora de camino* (Blasco Ibáñez, *La barraca*, cap. I); *Fue su vida una continua batalla con la sequía, un incesante mirar al cielo, temblando de emoción cada vez que una nubecilla negra asomaba en el horizonte* (*Ibíd.*, cap. III). En estos ejemplos el gerundio enuncia una acción secundaria del sujeto, con la cual desenvuelve, explica la acción del verbo subordinante. Si se tratase de especificar, particularizar o definir al sujeto, el gerundio perdería su cualidad verbal para convertirse en adjetivo, y su empleo sería incorrecto. Así ocurre, por ejemplo, en ciertas frases que se usan

en el lenguaje administrativo, como *Decreto nombrando gobernador...,
Ley reformando las tarifas aduaneras*, en vez de *Decreto que nombra
gobernador..., Ley que reforma...,* etc., puesto que estos gerundios son
especificativos.

b) Por el mismo motivo es contrario a la naturaleza del gerundio
español su uso como atributo o como complemento predicativo, como
en las siguientes frases: *Iba delante un guía conociendo el país* (por *que
conocía*); *Era hombre rico y respetable, teniendo hermosas fincas* (por
que tenía); *El rey ha declarado nulas las resoluciones adoptadas por los
diputados... como siendo ilegales e inconstitucionales* (en vez de *porque
son* o *eran*). No es raro hallar frases parecidas en traducciones desma-
ñadas del francés o del inglés. Las oraciones de relativo explicativas
pueden servir de guía en casos dudosos. Si decimos: *Las leyes aduaneras,
regulando las importaciones, protegen la economía nacional,* explicamos
o desenvolvemos la cualidad de todas las leyes aduaneras, y la expresión es correcta. Si quitamos las comas, especificamos o determinamos
que solo nos referimos a ciertas leyes aduaneras, *las que regulan las
importaciones,* y el uso del gerundio es incorrecto. Compárense respectivamente con las oraciones de relativo explicativa y especificativa
que les corresponden: *Las leyes aduaneras, que regulan las importaciones,
protegen la economía nacional; Las leyes aduaneras que regulan las
importaciones protegen...* Como puede verse, el pensamiento es diferente en una u otra construcción.

3.16.9. **Gerundio referido al complemento directo.** — *a)* El sujeto del gerundio puede ser complemento directo del verbo principal;
v. gr.: *¡Y aquí me tenéis ... contemplando aquella remota perspectiva!*
(P. A. Alarcón, *Diario de un testigo de la guerra de África,* cap. XXII,
día 10, *En la torre del Hacho*); *La primera persona que abandonaba el
lecho lo hallaba ya vagando por los pasillos o contemplando la casa de
enfrente por la ventana de la cocina* (W. Fernández Flórez, *Fantasmas:
Siglo XX,* cap. IV). Solo llevan gerundio los complementos directos
de verbos que significan percepción sensible o intelectual (*ver, mirar,
oír, sentir, notar, observar, contemplar, distinguir, recordar, hallar,* etc.)
o representación (*dibujar, pintar, grabar, describir, representar, reme-
dar,* etc.); p. ej.: *Encontré a tu padre escribiendo; Reconocimos a lo
lejos la bandera española ondeando en la popa del buque.*

b) La acción que expresa el verbo principal coincide temporalmente con la del gerundio. Para ello es necesario que el gerundio denote
una acción, transformación o cambio en transcurso perceptible, y no
una cualidad, estado o acción tan lenta que se asemeje a una cualidad.
Por esto no podríamos decir *Conozco un vecino siendo muy rico,* sino
que es muy rico; ni *Te envío una caja conteniendo libros,* sino *que con-*

tiene; ni *Se necesita una empleada hablando inglés,* en vez de *que hable inglés;* ni *Asistiremos a la función comenzando a las 6,* en vez de *que comienza o comenzará a las 6.* Tales frases son incorrectas, porque los gerundios se emplean en ellas como adjetivos.

3.16.10. El gerundio como núcleo de una oración circunstancial. — En la oración compuesta, el gerundio equivale con frecuencia a una subordinada que denota alguna circunstancia de *modo, tiempo, causa, condición* o *concesión,* y que afecta enterizamente a toda la oración compuesta, de igual manera que los complementos circunstanciales afectan a toda la oración simple. El gerundio, en su doble calidad de adverbio y de participio activo, da a estas subordinadas cierta autonomía oracional, en grado mayor o menor según se halle en construcción absoluta o en construcción conjunta. Trataremos por separado de uno y otro caso.

a) En *construcción absoluta,* el gerundio no se refiere ni al sujeto ni al objeto del verbo principal, sino que tiene por sujeto un nombre independiente. El sujeto del gerundio absoluto va siempre detrás de él; p. ej.: *Estando yo presente, no cometerán esa tontería; Mañana, permitiéndolo Dios, emprenderemos el viaje.* La relativa independencia oracional de las frases absolutas tiene su confirmación en la tendencia general a aislarlas por medio de pausas, cualquiera que sea el lugar que ocupen en la oración compuesta. Así, el último ejemplo puede enunciarse también diciendo: *Permitiéndolo Dios, mañana emprenderemos el viaje,* o bien, *Mañana emprenderemos el viaje, permitiéndolo Dios.* He aquí ejemplos, con indicación de la circunstancia que expresan:

Modal: *Por todas las vías posibles procuraban alegrarle, diciendo el bachiller que se animase y levantase* (Cervantes, *Quijote,* II, 74).

Temporal: *Y guiando Sancho sobre el asno, se entraron por una parte de Sierra Morena* (*Ibíd.,* I, 23); *Habiendo entrado el director, se pusieron todos a trabajar.*

Causal: *—¿Pues qué es lo que ha pasado? | —Nada, señor, habiendo tú llegado. | —Mucho, señor, aunque hayas tú venido* (Calderón, *La vida es sueño,* II, 10); *Nada temo, estando aquí vosotros.*

Condicional: *Que siendo | [el Príncipe] prudente, cuerdo y benigno, | desmintiendo en todo al hado | que dél tantas cosas dijo, | gozaréis el natural | Príncipe vuestro* (Calderón, *La vida es sueño,* I, 6); *Habiendo vacío, se turbaría toda la armonía del Universo* (Feijoo, *Teatro crítico,* V, disc. XIII, § II).

Concesiva: *Poco más de tres días has tardado en ir y venir desde aquí al Toboso, habiendo de aquí allá más de treinta leguas* (Cervantes, *Quijote,* I, 31); *Aun echando corto, habían de darle, amén de mujer, doble por sencillo* (Pereda, *El buey suelto,* jornada 1.ª, cap. II).

b) En *construcción conjunta*, el gerundio va referido al sujeto o al objeto del verbo principal y, según se ha dicho en el § 3.16.8, tiene carácter explicativo. En estas condiciones, su relativa autonomía oracional es más restringida que en la frase absoluta; pero denota igualmente una subordinación circunstancial. Ejemplos:

Modal: *Y de allí manaba una fuente cuyas aguas se deslizaban formando manso arroyo y alimentando en torno un prado* (J. Valera, *Dafnis y Cloe*, lib. I); *Garcés comenzó a levantarse poquito a poco y con las mayores precauciones, apoyándose en la tierra, primero sobre la punta de los dedos, y después con una de las rodillas* (G. A. Bécquer, *Leyendas: La corza blanca*).

Temporal: *El jaramago, flotando al viento como el penacho de una cimera, y las campanillas blancas y azules, balanceándose como en un columpio sobre sus largos y flexibles tallos, pregonaban la victoria de la destrucción y la ruina* (G. A. Bécquer, *Leyendas: Rayo de luna*); *Aceptando una invitación de la Universidad de Río, partió para el Brasil* (A. Cancela, *Tres relatos porteños: El cocobacilo de Herrlin*).

Causal: *Se acercó a un caballote fuerte y de pelo brillante, que no pensaba comprar, adivinando su alto precio* (Blasco Ibáñez, *La barraca*, cap. VII).

Condicional: *Pienso, por el valor de mi brazo, favoreciéndome el cielo y no me siendo contraria la fortuna, en pocos días verme rey de algún reino* (Cervantes, *Quijote*, I, 50). Los gerundios *favoreciendo* y *siendo* se refieren al objeto del verbo principal.

Concesiva: *Que la simplicidad de Sancho fuese tanta, que hubiese venido a creer que Dulcinea del Toboso estuviese encantada, habiendo sido él mesmo el encantador y el embustero* (*Ibíd.*, II, 54).

PARTICIPIO

3.16.11. Sus oficios en la oración. — *a)* A diferencia del infinitivo y del gerundio, que son invariables, el participio pasivo tiene formas distintas para concertar en género y número con el sustantivo a que se refiere; v. gr.: *hombre perseguido, mujer perseguida; hombres perseguidos, mujeres perseguidas;* y denota que la significación del verbo ha recaído ya en el objeto designado por el nombre con que concierta, o que recae en el tiempo indicado por el verbo con que se construye. Así, al decir *árbol caído*, designamos que la acción de *caer* ha tenido ya su cumplimiento, mientras que en *Juan es, fue, será estimado*, se expresa la acción de *estimar* como cumplida en el tiempo que indica el verbo *ser*. En los tiempos compuestos de la conjugación con el auxiliar *haber*, el participio se inmovilizó desde época temprana en su forma masculina del singular, y no guarda la concordancia con el sustantivo a que se refiere, mantenida cuando el verbo auxiliar es otro. Así, decimos *He escrito dos cartas* (no *he escritas*), a diferencia de *Tengo escritas dos cartas, Fueron escritas dos cartas*, etc.

b) El participio puede desempeñar en la oración los tres oficios siguientes: 1.º El de complemento predicativo, con el verbo *ser* u otros intransitivos; v. gr.: *Juan es estimado; La niña viene cansada.* 2.º El de complemento predicativo del objeto directo de un verbo transitivo o pronominal; v. gr.: *La dejé agradecida; Me quedé aturdido.* 3.º El de atributo de un sustantivo: *Del árbol caído todos hacen leña.*

3.16.12. El participio pasivo como complemento predicativo. — *a)* En las oraciones de predicado nominal el participio concierta con el sujeto; v. gr.: *Juan es, era, será respetado; La niña estaba dormida; Cuya vida está escrita por estos pulgares* (Cervantes, *Quijote*, I, 22). La misma construcción tienen los participios con otros verbos intransitivos, como *andar, correr, ir, llegar, quedar, salir, venir*, etc. (v. § 3.3.5); v. gr.: *Andan extraviados; Los perros venían cansados; Salí satisfecho; Pocos días pasaron, y las viñas quedaron vendimiadas, y las tinajas llenas de mosto* (J. Valera, *Dafnis y Cloe*, lib. II); *El viejo solar de los Gordillo quedó enclavado en pleno centro* (A. Cancela, *Tres cuentos de la ciudad: Las últimas hamadríades*). También puede ser complemento predicativo, referente al sujeto, con verbos transitivos y pronominales: *Dijo irritado aquellas palabras; Las gentes le obedecieron atemorizadas; Juan se levantó sorprendido.*

b) El participio de los verbos transitivos, usado como predicado con el auxiliar *ser*, ha formado la voz pasiva castellana (v. cap. 3.12).

3.16.13. El participio pasivo como complemento predicativo del objeto directo. — *a)* Con verbos transitivos y pronominales, el participio puede construirse como complemento predicativo del complemento directo del verbo. Ejemplos: *¡Cielos!, a un hombre ayudad / que me deja agradecida* (Ruiz de Alarcón, *Todo es ventura*, I, 4); *Al duque tengo obligado, / Bien agradecida a Laura, / Merecido un noble premio / Y empeñado en su palabra / A Pompeyo* (Moreto, *El licenciado Vidriera*, I, 1); los participios *obligado, agradecida, merecido* y *empeñado* se refieren a *duque, Laura, premio* y *Pompeyo*, complementos directos de *tengo*; pero en *Escribe a tus señores y muéstrateles agradecido* (Cervantes, *Quijote*, II, 51) y en *Me vi abandonado de todos*, los participios se refieren a los pronombres complementarios *te* y *me*, respectivamente.

b) Los participios de los verbos transitivos tienen por lo general significado *pasivo*, puesto que expresan el resultado de una acción sobre un complemento: *Vimos unas casas edificadas sobre un lago; Esperaba a la persona amada; Me preocupa el peligro temido.* Cuando los verbos transitivos tienen además uso pronominal, a este corresponde un participio o adjetivo de significación *activa;* p. ej.: de *resolver un problema* nace un participio pasivo *(problema resuelto);* pero de *resolverse* sale un adjetivo activo *(un hombre resuelto).* Por analogía se propaga este doble valor a otros participios de verbos transitivos que, aunque no tengan uso pronominal, expresan acciones producidas por el hombre y cuyo participio adjetivo denota costumbre o hábito de realizar determinados actos. Así, *leído* es participio pasivo en *un libro leído,* y adjetivo activo en *una persona leída: El cura de Santa Engracia... como es leído, sabe que los trabajos intelectuales no se compadecen con la salud* (J. Montalvo, *Siete tratados: El cura de Santa Engracia*). Compárense asimismo *un pecado disimulado,* «encubierto», con *un hombre disimulado,* «simulador»; *una noticia sabida por pocos* (pasivo), con el siguiente ejemplo: *¿Acaso no es el mismo niño Efraín, porque venga del colegio sabido y ya mozo?* (J. Isaacs, *María,* cap. IX). Históricamente ha ido aumentando el número de formas participiales capaces de este doble valor. He aquí una lista, no exhaustiva, de las más usuales: *agradecido, almorzado, bebido, callado, cansado, cenado, comido, considerado, descreído, desesperado, desprendido, disimulado, encogido, entendido, esforzado, fingido, leído, medido, mirado, moderado, precavido, resuelto, sabido, sacudido, sentido,* y quizá otras ya lexicalizadas o de uso eventual: *Ándala* [a España] *casi toda, y no hay pueblo ninguno de donde no salgan comidos y bebidos, como suele decirse, y con un real por lo menos en dineros* (Cervantes, *Quijote,* II, 54).

c) La forma participial de los verbos intransitivos y pronominales, ya tenga valor de participio, ya de adjetivo, puede no tener significado pasivo; p. ej.: *acostumbrado, arrepentido, atrevido, comedido, extasiado, parecido, porfiado, preciado, presumido, recatado, sentido, sido.* Ejemplos: *Cuentos pintorescos... se escuchan en corro por el auditorio suspenso y extasiado* (J. E. Rodó, *Motivos de Proteo,* cap. XCIV); *Se ponían en la parte más alta, envueltos en sus capas y más parecidos a conspiradores que a estudiantes* (Galdós, *Fortunata y Jacinta,* parte I, cap. I, 1); *Queda este... reducido a sí mismo, exangüe, muerto, sido* (Ortega y Gasset, *La deshumanización del arte: El arte en presente y en pretérito*).

3.16.14. **El participio como atributo.** — En el uso del participio como atributo debemos distinguir dos casos, según que el nombre a que se refiere aquel forme o no parte integrante de la oración con la que lógicamente se halla siempre relacionado. Así, en *Los quesos puestos como ladrillos enrejados formaban una muralla* (Cervantes, *Quijote,* II, 20), el participio *puestos* concierta con *quesos,* sujeto de *formaban;*

pero en *La sin par Melisendra, que..., puesta su imaginación en París
y en su esposo, se consolaba en su cautiverio (Ibíd.,* 26), el sustantivo *imaginación,* al que se refiere *puesta,* no forma parte de la
oración *se consolaba,* etc. A la primera de estas dos construcciones
la llamaremos *conjunta,* y *conjunto* al participio; a la segunda, *absoluta* y *absoluto,* respectivamente, conforme a lo dicho en el § 3.16.1*b.*

3.16.15. Participio conjunto. — *a)* Los participios atribuidos a
un sustantivo desempeñan una función adjetiva igual a la de cualquier
adjetivo complementario de un nombre. Pueden resolverse siempre por
una oración de relativo; p. ej.: *Hojas del árbol caídas | Juguete del
viento son: | Las ilusiones perdidas, | ¡Ay!, son hojas desprendidas | Del
árbol del corazón* (Espronceda, *El estudiante de Salamanca,* 2), donde
hojas caídas equivale a *hojas que han caído* o *que se han caído,* por ser
intransitivo *caer,* así como *hojas desprendidas* a *hojas que se han
desprendido,* por ser pronominal *desprenderse;* pero *ilusiones perdidas*
equivale a *que han sido perdidas* o *que se han perdido,* por corresponder
a la acepción transitiva de *perder.*

b) El participio conjunto tiene con alguna frecuencia significado
causal, temporal o modal equivalente a una subordinada de la misma
clase; v. gr.: *Marco Antonio, ocupado en ofender y defenderse, no advirtió
en las razones que las dos le dijeron; antes, cebado en la pelea, hacía
cosas al parecer increíbles* (Cervantes, *Las dos doncellas*), causal; *Hay
una voz secreta, un dulce canto | Que el alma solo recogida entiende*
(Espronceda, *Diablo Mundo,* II), temporal; *Admitióseles la disculpa
a todos por entonces, salvo a seis que, colgados de los árboles, sirvieron de
espectáculo a todo el ejército* (C. Coloma, *Guerras de los Estados Bajos,*
lib. II), modal; *Las linfas de los riachuelos que vadeamos, abrillantadas
por aquella luz, corrían a perderse en las sombras* (J. Isaacs, *María,* capítulo XXXV), modal; *Aun cuando el dolor me robaba toda energía,
llevado de mis hábitos galantes, hice un esfuerzo por apearme* (Valle-
Inclán, *Sonata de invierno,* ed. 1933, pág. 145), causal.

c) Acusativo griego. Nuestros poetas del Siglo de Oro construye-
ron a veces el participio conjunto (y también adjetivos) a la manera
de los griegos, dándole por complemento un sustantivo que denota
que la significación del participio no ha de atribuirse a todo el ser
—persona, animal o cosa— designado por el nombre o pronombre con
el que conciertan, sino solo a una parte o miembro de este ser designada por aquel sustantivo. Esta construcción recibe el nombre de *acusativo griego,* y también el de *acusativo de restricción* o *de limitación.*
Ejemplos: *Ni aquellos capitanes | ... | por quien los alemanes, | el fiero
cuello atados, | y los franceses van domesticados* (Garcilaso, *Canción V*);
Turbó la fiesta un caso no pensado, | Y la celeridad del juez fue tanta, |

Que estuve en el tapete, ya entregado | Al agudo cuchillo la garganta
(Ercilla, *Araucana*, XXXVI, 33).

3.16.16. Participio absoluto. — *a*) Hemos visto en el § 3.16.14
que el nombre con el que se relaciona el participio absoluto no forma
parte de la oración principal; pero puede hallarse reproducido por un
pronombre; v. gr.: *Huid si no queréis que llegue un día | En que, enre-
dado en retorcidos lazos | El corazón, con bárbara porfía, | Luchéis por
arrancároslo a pedazos* (Espronceda, *Diablo Mundo*, II), donde el pronombre *lo* de *arrancároslo* reproduce a *corazón*, sujeto del participio
enredado.

b) Cuando el participio se refiere a varios nombres, puede concer-
tarse con el más próximo, sobrentendiéndose con los demás; v. gr.: *Los
hemos visto mandar y gobernar el mundo desde una silla, trocada su
hambre en hartura, su frío en refrigerio, su desnudez en galas y su
dormir en una estera en reposar en holandas y damascos* (Cervantes,
Quijote, I, 37), donde el participio *trocada* concierta con *hambre*, y se
sobrentiende con *frío, desnudez* y *dormir.*

c) El participio absoluto va referido con frecuencia a una oración
subordinada sustantiva introducida por la conjunción *que;* p. ej.: *Ni,
dado que yo creyese | Novelas que el vulgo forja, | Temería por tu honor*
(Bretón, *Finezas contra desvíos*, II, 1).

d) La frase absoluta con participio significa fundamentalmente
una circunstancia de tiempo anterior al del verbo principal; v. gr.: *Conocida la persona y sus felices circunstancias, se comprenderá fácilmente
la dirección que tomaron las ideas del joven* (Galdós, *Fortunata y Jacinta*, 1.ª parte, cap. I, 1); *Franqueada la puerta, el ama encrespóse
más: —¡Cómo había de venir sin compañía!* (Valle-Inclán, *Sonata de
invierno*, ed. 1933, pág. 40). La expresión temporal puede reforzarse
con la añadidura de expresiones adverbiales o prepositivas como *después de, luego, antes de, hasta;* p. ej.: *Hasta terminado el plazo, no
pueden presentarse reclamaciones; Luego de realizada su misión, hubo
conciliábulo secreto* (P. Baroja, *La busca*, parte I, cap. II). Este tipo
de frases temporales ha producido, por cruce sintáctico con las oraciones adjetivas del tipo *gobernador que fue* (§ 3.20.1, n. 1), locuciones formadas por participio + *que* + un tiempo de los verbos *haber,
tener,-estar, ser* y *ver;* todas ellas se emplean exclusivamente en la
lengua literaria; v. gr.: *Llegado que fue Roque, preguntó a Sancho Panza
si le habían vuelto y restituido las alhajas y preseas* (Cervantes, *Quijote*, II, 60); *Muerto Su Ilustrísima, y dejado que hubo el seminario por
el cuartel, distinguiólo entre todo su ejército el general Caro* (P. A. Alarcón, *El sombrero de tres picos*, cap. V).

e) Del sentido temporal de las frases absolutas se pasa al significado de complemento circunstancial, concesivo y de modo, que puede verse en los siguientes ejemplos, con participios y adjetivos: *La obra, si bien retocadas algunas escenas, podría representarse con éxito* (concesivo); *Ya sus penas / Para siempre acabaron: ella misma, / Vueltos al cielo sus piadosos ojos, / Se lo rogó en su angustia* (Martínez de la Rosa, *Epístola al duque de Frías*), modal; *En esta gruta se veían figuras de ninfas, hechas de piedra, los pies descalzos, los brazos desnudos hasta los hombros, los cabellos esparcidos sobre la espalda y la garganta, el traje ceñido a la cintura y una dulce sonrisa en entrecejo y boca* (J. Valera, *Dafnis y Cloe*, lib. I), modal.

f) De su uso en construcciones absolutas proviene el significado que tienen actualmente los participios pasivos *excepto* e *incluso*, el adjetivo *salvo* y los antiguos participios de presente *durante, mediante, obstante* y *embargante;* v. gr.: *Cuando España poseía a Herrera, ninguna nación, inclusa Italia, había tenido un poeta lírico de igual mérito* (Martínez de la Rosa, *Poética, Anotaciones al canto IV*); *Ninguno de las órdenes mendicantes sea recibido en nuestra orden, no obstantes cualesquier gracias concedidas por la Sede Apostólica a los dichos mendicantes* (*Definiciones de la Orden y Cavallería de Calatrava*, tít. VI, cap. IX). *Lo que después se hace, mediantes los actos exteriores, es la ejecución desta determinación de la voluntad* (Palacios-Rubios, *Esfuerzo bélico-heroico*, cap. XXIV). En el uso actual estos vocablos se han inmovilizado en su forma masculina. Únicamente *incluso* conserva, aunque pocas veces, las formas concordantes participiales; p. ej.: *En el mundo moderno toda filosofía procede de Kant, inclusa la que le niega y contradice su influencia* (Menéndez Pelayo, *Ensayos de crítica filosófica*, parte II, cap. II); *Me ha causado gran sorpresa advertir que no han sido menester tres segundos para que las ocho o nueve damas inclusas en el vehículo quedasen filiadas estéticamente* (Ortega y Gasset, *El Espectador*, t. I: *Estética en el tranvía*).

3.16.17. **Construcción de la frase absoluta.** — *a*) En la lengua moderna, la frase absoluta se inicia ordinariamente por el participio o el adjetivo: *Oídos los reos, el juez dispuso...*; *Limpias las armas, ...; Dudosa la victoria, ...* Este orden se invierte en algunas fórmulas breves y fijas que el uso ha conservado; p. ej.: *Esto dicho...*, junto a *Dicho esto...*, o en el refrán *Comida hecha, compañía deshecha.* Cuando el sujeto es un pronombre personal, puede ir antes o después del participio: *Después de yo muerto*, o *Después de muerto yo.* En la lengua antigua son frecuentes los ejemplos de participio o adjetivo, pospuestos al sustantivo a que van atribuidos; p. ej.: *La casa cerrada, Licio adelante y yo a su lado, entramos dentro con harta poca resistencia* (*Lazarillo*, parte II, cap. X, BibAE, III, pág. 101*a*); pero este uso es cada vez menos frecuente desde fines del siglo XVI, fuera de los casos que acabamos de mencionar y en numerosas frases con sentido modal, como en el ejemplo de Valera citado en el § 3.16.16e.

b) Lo general es construir la frase absoluta delante de la oración principal, como se habrá notado en los ejemplos anteriores; pero puede ir también después o intercalada, especialmente cuando tiene valor modal; v. gr.: *La inobediencia altiva la acompaña,* / *El duro cuello erguido* (Reinoso, *La inocencia perdida,* I); *Yacía, herida la orgullosa frente,* / *En medio el hondo abismo el ángel fiero (Ibíd.).*

3.17. DE LA ORACIÓN COMPUESTA EN GENERAL

3.17.1. Concepto de la oración compuesta. — Explicamos en el § 3.1.6 que cada oración bimembre, concebida como unidad del habla real, puede ser *simple* o *compuesta* según contenga una o más oraciones gramaticales. Los factores principales para expresar la unidad de la oración compuesta son la entonación y las palabras de enlace (pronombres relativos, adverbios, preposiciones y conjunciones). Aunque de ordinario ambos factores concurren en la mayoría de los casos, uno de ellos puede faltar o debilitar su expresividad en determinadas ocasiones. Así ocurre, por ejemplo, que una oración compuesta carezca de nexos gramaticales de enlace *(unión asindética)*, y en este caso la unidad oracional queda confiada al juego de la entonación y las pausas. Por el contrario, el estilo lógico-discursivo emplea un repertorio abundante de enlaces gramaticales, que dejan en segundo término el papel de la entonación.

3.17.2. Enlace asindético: yuxtaposición. — Las oraciones que se suceden en la elocución sin nexo gramatical alguno pueden ser totalmente independientes entre sí, o pueden formar oraciones compuestas, o períodos, en los cuales la entonación y las pausas expresan la unidad oracional de sentido con que han sido concebidas. Estas unidades sintácticas reciben el nombre de *oraciones yuxtapuestas.* La yuxtaposición se distingue, por lo tanto, de la mera contigüidad de oraciones sucesivas. El significado del período yuxtapuesto equivale al de las oraciones coordinadas o subordinadas, de las cuales se distingue únicamente por el asíndeton, como puede verse en los siguientes ejemplos: *Las olas corren sobre su lomo, van, vienen, hierven, se deshacen en nítidos espumarajos* (Azorín, *Castilla: El mar*), coordinación copulativa; *Había muchos talabarteros y guarnicioneros..., pero ahora hay menos que antes; lo traen todo de fuera, de las fábricas (Ibíd.: La casa cerrada)*, la oración *lo traen* es causal; *No tenía este filósofo el tonel de Diógenes, sí una mísera casilla..., allá al extremo de la ciudad (Íd., Madrid*, cap. XVIII), adversativa; *Llueve; llévate el paraguas* (consecutiva); *Pregúnteme; contestaré* (condicional); *Fui a su casa; le encontré escribiendo* (temporal); *Le ruego disculpe mi tardanza* (subordinada objetiva). Sería fácil multiplicar los ejemplos de oraciones asindéticas en el sentido estricto de que carecen de conjunciones y relativos. Pero es frecuente que, sin palabras de enlace, subsistan en las oraciones yuxtapuestas otras relaciones gramaticales; por ejemplo, en *Fui a su casa; le encontré escribiendo*, los dos verbos tienen el mismo sujeto *(yo)*. En el último ejemplo de Azorín, la significación adversativa resulta de la oposición entre *no..., sí*, sin necesidad de la conjunción *pero*. En *Dijo que volvería; lo dudo*, el pronombre *lo* hace referencia a *que volvería*. Téngase en cuenta que la mayor parte de las conjunciones y locuciones conjuntivas se han formado con adjetivos, adverbios y preposiciones en situación semejante a la de los ejemplos anteriores. Nos hallamos, por lo tanto, en el límite que separa la yuxtaposición pura de la coordinación y la subordinación expresadas por medio de palabras especialmente dedicadas a este fin.

3.17.3.   **Las preposiciones y las conjunciones como nexos oracionales.** — *a*)   Suele definirse la preposición como palabra que relaciona elementos de la oración simple; a la conjunción corresponde el enlace de oraciones dentro del período. Estas definiciones son exactas en general; pero al tratar de aplicarlas en sus límites extremos, aparecen a veces zonas borrosas en que la distinción entre unas y otras partículas no es tan tajante como podíamos esperar. Hemos visto que la mayoría de las conjunciones que hoy usamos se han formado, en romance, de preposiciones, adverbios y otras palabras, las cuales, en su proceso de habilitación a su nuevo empleo conjuntivo, han tenido que pasar por fases intermedias en las que es dudoso definir su función gramatical. Sirva de ejemplo el uso conjuntivo de las preposiciones *con* y *entre*, a las cuales nos referimos en los dos apartados que siguen.

b)   Ya en latín clásico podía decirse *Pater cum matre venit*, o *Pater cum matre veniunt;* en el primer caso, *cum* tiene pleno uso prepositivo; en el segundo, es una conjunción copulativa equivalente a *et*, con el verbo concertado en plural. El romance hereda ambas posibilidades; p. ej.: *Afevos doña Ximena con sus fijas do va llegando (Mio Cid*, v. 262), frente a: *El padre con las fijas lloran de coraçon (Ibíd.*, v. 2632). Ejemplos en textos clásicos: *Díxose antes una missa de Espíritu Santo, y en ella comulgó Hernán Cortés con todos sus españoles* (Solís, *Hist. de la conquista de México*, lib. V, cap. XX), frenta a: *Sancho fue a tomar su rucio; la Muerte con todo su escuadrón volante volvieron a su carreta y prosiguieron su viaje* (Cervantes, *Quijote*, II, 11). Hoy mismo podemos decir indistintamente: *Pedro con su hijo fue* (o *fueron*) *a visitarme*.

c)   Cuando la preposición *entre* va delante de los pronombres de primera y segunda persona del singular, encontramos vacilación en textos medievales y clásicos: en general predominan las formas pronominales del nominativo *(yo, tú)*, pero no escasean los ejemplos de régimen preposicional *(mí, ti)*; p. ej.: *Cuya conformidad de amor entre él y mí ya conté* (Diego de San Pedro, *Tractado de amores: Arnalte al autor*); *Passe entre ti y mí otra cosa que te quiero dezir* (Antonio de Guevara, *Libro áureo*, lib. II, carta XII); *La diferencia que hay entre mí y ellos es que ellos fueron santos..., y yo soy pecador* (Cervantes, *Quijote*, II, 58). Este régimen preposicional desaparece desde fines del siglo XVII, como hoy decimos: *Entre tú y yo pagaremos los gastos.* Obsérvese que en todos estos casos se forma una locución copulativa, *entre... y...*, la cual enlaza dos sujetos que realizan conjunta o recíprocamente la misma acción.

d) La función de enlazar elementos de la oración simple no es exclusiva de las preposiciones, sino que las conjunciones la realizan también. Salvo los casos vacilantes e intermedios a que acabamos de referirnos en los dos apartados anteriores, y otros a que aludiremos más adelante, la preposición subordina siempre a su término, en tanto que la conjunción se limita a coordinar elementos análogos de la misma clase: un sujeto con otro sujeto del mismo verbo, dos verbos del mismo sujeto, dos complementos directos, dos indirectos, etc.: *Uno u otro hablará; La gente entraba y salía sin cesar; Ha de venir a juzgar a los vivos y a los muertos; No estudia Derecho, sino Medicina*, etc. En la oración simple, como vemos, la conjunción une elementos sintácticos análogos coordinándolos entre sí; no puede subordinarlos unos a otros. Sin embargo, como prueba de que los límites funcionales son a veces vacilantes, añadiremos a los casos indicados en los apartados *b* y *c* el siguiente ejemplo: *En el mesón que en Toledo tenía el Sevillano y su mujer, había una linda moza* (Azorín, *Castilla: La fragancia y el vaso*), donde vemos que la conjunción *y* desempeña el papel de la preposición *con*, puesto que el verbo *tenía* en singular, por *tenían*, evidencia que el autor concibió la conjunción en función prepositiva.

3.17.4. Diferencias entre la coordinación y la subordinación. —

a) Decíamos en el § 3.17.2 que las oraciones yuxtapuestas pueden expresar las mismas relaciones sintácticas que las coordinadas y subordinadas. La diferencia consiste en la ausencia o presencia de nexos formales de enlace. De igual manera la coordinación, o *parataxis*, y la subordinación, o *hipotaxis*, se distinguen entre sí según la naturaleza y función de estos nexos formales. Desde hace tiempo, la Lingüística ha demostrado en firme que la unión asindética, la paratáctica y la hipotáctica, son fases distintas de un mismo proceso histórico. Ya hemos dicho antes que en la época prerrománica desaparecen casi todas las conjunciones latinas, porque no eran necesarias para la expresión en aquellos siglos de baja cultura; y las lenguas romances van creando un nuevo sistema conjuntivo, a medida que adquieren seguridad en sí mismas y necesitan enriquecer sus medios de enlace oracional. No se trata tanto de un proceso diacrónico en la evolución del lenguaje humano, como de un hecho observable en la sincronía de todas las lenguas de cultura, donde conviven los tres procedimientos de enlace en proporciones variables según el grado de instrucción literaria de las diferentes clases sociales: los niños y las hablas vulgar y rústica usan muy pocas conjunciones en comparación con la riqueza expresiva del habla culta y literaria.

b) La diferencia esencial entre la coordinación y la subordinación puede resumirse del modo siguiente: las oraciones coordinadas se enlazan en el período y expresan relaciones variadas entre sí; pero no se funden hasta el punto de que una de ellas pase a ser elemento sintáctico de otra. El lector debe recordar aquí el concepto de elemento sintáctico que expusimos en el § 3.7.2. Las subordinadas, en cambio, son elementos incorporados formalmente a la oración principal o subordinante, como sujeto, predicado o complemento de cualquier clase. Por esto, la oración subordinada se llama *incorporada* en relación con la subordinante de la cual depende en el período. El grado de incorporación de la subordinada a la principal es más o menos estrecho según los casos. Así, las subordinadas circunstanciales dependen de la principal en grado menor que las que se incorporan a ella como sujeto u objeto del verbo, de igual manera que los complementos circunstanciales de la oración simple dependen menos estrechamente del sujeto y del verbo, sin dejar de ser complementos. Resulta, por consiguiente, que el período hipotáctico puede ser analizado como la oración simple, uno de cuyos elementos subordinados tiene verbo propio.

c) Volviendo a la diferencia entre coordinación y subordinación, hemos de añadir que existe entre ambas una zona indiferenciada. Con la simple conjunción *y* podemos enlazar relaciones de una u otra especie, como veremos en el capítulo siguiente. Lo mismo ocurre con las conjunciones de relación causal y consecutiva. Tanto en la historia de las conjunciones causales como en el uso moderno del período causal, es casi siempre imposible distinguir en español la causa lógica (coordinativa) del motivo determinante de la acción (subordinativo). En latín la diferencia era más clara, porque las conjunciones eran distintas en uno y otro caso; pero el romance las confundió de tal manera que es hoy imposible mantener esta diferencia en la Gramática española. Volveremos sobre esta cuestión en el lugar correspondiente (§ 3.22.2).

3.17.5. Cuadro sinóptico de las oraciones compuestas.

Yuxtapuestas (asindéticas)
Coordinadas (paratácticas)

Copulativas.
Distributivas.
Disyuntivas.
Adversativas....... { Restrictivas.
Exclusivas.

Subordinadas (hipotácticas)

Sustantivas......... {
I.   Oraciones sujeto.
II. Oraciones complementarias directas.
III. Oraciones complementarias de un sustantivo o adjetivo.

Adjetivas........... { Especificativas.
Explicativas.

Circunstanciales..... {
De lugar.
De tiempo.
De modo.
Comparativas.
Finales.
Causales.
Consecutivas.
Condicionales.
Concesivas.

3.18. COORDINACIÓN

3.18.1. Clasificación de las oraciones coordinadas. — *a*) El significado del período y la relación mental que guardan entre sí las oraciones que lo componen pueden expresarse, sin que se alteren en lo esencial, en forma asindética, coordinada o subordinada. Sus diferencias son formales, lo cual no quiere decir que sean indiferentes para la Gramática, que al fin y al cabo es «ciencia y arte de las formas de expresión lingüística». A continuación veremos ejemplos numerosos de conjunciones coordinantes que sirven de nexo no solo en períodos subordinados por su significación, sino también como referencias extraoracionales, anafóricas o catafóricas, dirigidas a un contexto alejado de la oración en que se hallan. En todo caso, la línea divisoria entre la parataxis y la hipotaxis ofrece a menudo una amplia zona de delimitación dudosa. Por otra parte, ya sabemos que las conjunciones coordinantes enlazan también elementos análogos de la oración simple. Por este motivo, en el capítulo presente aduciremos indistintamente ejemplos del empleo de las coordinantes en oraciones simples y compuestas.

b) Las oraciones coordinadas del período pueden sucederse unas a otras por simple adición *(coordinación copulativa)*. Cuando el hablante estima entre ellas diferencias de cualquier clase —temporales, espaciales, lógicas—, establece gradaciones que conducen a una copulación alternativa *(coordinación distributiva)*. Estas diferencias lógicas pueden llegar hasta formular dos o más juicios contradictorios *(coordinación disyuntiva)*. Por otro lado, los elementos simplemente copulados pueden ser todos afirmativos o todos negativos. Si esta homogeneidad lógica se altera más o menos, se producen gradaciones de matiz con las cuales se llega a expresar oposición total o parcial entre las oraciones *(coordinación adversativa)*. Hablando en términos lógicos, diríamos que partiendo de la pura coordinación copulativa, podemos llegar a la expresión de la contradictoriedad *(disyuntiva)* o de la contrariedad *(adversativa)* como casos extremos. Como en el lenguaje no se trata del puro contenido lógico, sino de su interpretación en la forma interior con que el hablante percibe sus representaciones, los grados expresivos intermedios son muy numerosos, pero siempre se producen en una u otra de estas dos direcciones, según el esquema general que acabamos de trazar.

3.18.2. Coordinación copulativa. — *a*) En su empleo común, las conjunciones copulativas enlazan como sumandos, sin connotaciones especiales, oraciones o elementos análogos de una misma oración gramatical: *y*, cuando las oraciones son afirmativas; *ni*, cuando son negativas. La conjunción *y* toma la forma *e* cuando precede a palabras que empiezan con *i* o *hi*, a no ser que el sonido de *i* forme diptongo; v. gr.: *Se llamaban Fernando e Isabel; Madre e hija están en casa;* pero *Matan y hieren sin piedad; Matas y hierbas crecían en el camino.*

b) Cuando los miembros afirmativos son más de dos, la conjunción suele preceder únicamente al último: *Se lanzó por entre las cañas, bajó casi rodando la pendiente y se vio metido en el agua hasta la cintura* (Blasco Ibáñez, *La barraca*, X). Cuando los miembros enlazados son negativos, la serie enumerativa lleva la conjunción *ni* solo ante el último miembro, a condición de que la enumeración vaya encabezada por una partícula negativa: *Nunca piensa, ordena, dispone ni manda cosa contraria al bien público.* Sin embargo, es fuerte la tendencia a repetir la conjunción delante de cada miembro para hacer resaltar su carácter negativo; v. gr.: *Y las cosas espirituales, ni las vemos, ni gustamos, ni palpamos* (Fr. L. de Granada, *Símbolo*, I, 27). Por su mismo carácter general, estas tendencias no pueden interpretarse como reglas que cohíban la libertad de expresión. Pero la aglomeración o la ausencia total de conjunciones tiene a menudo gran valor estilístico, tanto en el habla coloquial como en la lengua literaria, según veremos a continuación.

c) *Polisíndeton y asíndeton.* Consiste el primero en emplear, por motivos de expresividad, más conjunciones de las que serían necesarias para la comprensión lógica de lo que decimos. El asíndeton es la supresión, por motivos análogos, de conjunciones usadas generalmente en el lenguaje habitual. Ya quedó dicho en otra ocasión que el habla popular emplea muy pocas conjunciones; pero *y*, como nexo más simple de enlace, se usa profusamente entre el pueblo, a veces para expresar relaciones que el lenguaje de las personas instruidas matizará mejor con un repertorio extenso de nexos conjuntivos. Cervantes imita el habla rústica de Teresa Panza por medio de la repetición de *y*: *Traed vos dineros, Sancho, y el casarla dejadlo a mi cargo, que ahí está Lope Tocho, el hijo de Juan Tocho, mozo rollizo y sano, y que le conocemos, y sé que no mira de mal ojo a la mochacha, y con este que es nuestro igual estará bien casada, y le tendremos siempre a nuestros ojos, y seremos todos unos, padres y hijos, nietos y yernos, y andará la paz y la bendición de Dios entre todos nosotros, y no casármela vos ahora en esas cortes y en esos palacios grandes* (*Quijote*, II, 5). En estilo literario, la expresión polisindética significa una intensificación creciente de sumandos; p. ej.: *Cuando de vos se viere desterrado, | ¡ay!, ¿qué le quedará sino recelo, | y noche*

y amargor y llanto y muerte? (Fr. L. de León, *Poes.: ¡Oh cortesía!*).
Puede reforzarse aún más la intensidad anteponiendo al último miembro expresiones ponderativas, como *y aun, y hasta, y además, ni
siquiera, ni tan solo,* etc.: *Tuvimos procesión, y música, y baile, y hasta
toros; No sabe uno nada útil ni nada agradable. Ni cantar, ni bailar, ni
siquiera hablar* (P. Baroja, *La sensualidad pervertida,* 2.ª parte,
cap. XIII). Las expresiones *y todo* y *ni nada* cierran la enumeración a
manera de síntesis: *Se ponía una piel de cóndor con cabeza y plumas y
todo* (C. Alegría, *El mundo es ancho y ajeno,* cap. I); *El Picaza estaba
medio alelado y ni hablaba, ni se reía, ni tocaba, ni nada* (M. Delibes, *La
hoja roja,* cap. XII).

d) Cuando el entendimiento concibe cierta relación de semejanza
entre varios de los nombres que constituyen la serie, se vale de la
conjunción *y* para formar de ellos grupos distintos, que se enlazan
entre sí como si fueran elementos simples; v. gr.: *Hombres y mujeres,
niños, adultos y viejos, ricos y pobres, todos viven sujetos a las miserias
humanas.*

e) El uso de la conjunción *y* al comienzo de la cláusula es un enlace extraorracional con lo anteriormente dicho o pensado; p. ej.: *¿Y dejas,
Pastor Santo, / tu grey en este valle hondo, escuro, ...?* (Fr. L. de León,
En la Ascensión); *¿Y a qué hora es la comida?* (J. Benavente, *Rosas de
otoño,* I, esc. I); *¡Y dirán que no hay dinero!* Este empleo de la conjunción es especialmente frecuente en oraciones interrogativas y exclamativas. En otras condiciones denota transición a otro aspecto o parte
del asunto de que tratamos; p. ej.: *Y examinemos ahora la segunda
proposición.*

f) Aunque a propósito de las oraciones yuxtapuestas hemos tratado suficientemente del asíndeton, conviene añadir aquí que la ausencia total de conjunciones deja la enumeración indeterminada en su
final. La entonación queda sin el descenso acostumbrado; en la escritura puede haber o no puntos suspensivos después del último miembro.
El asíndeton deliberado produce el efecto estilístico de una serie ilimitada a la cual pueden añadirse imaginariamente nuevos componentes
en la trayectoria mental que señalan los miembros que han sido enumerados por el autor; v. gr.: *Acude, acorre, vuela, / traspasa el alta
sierra, ocupa el llano* (Fr. L. de León, *Profecía del Tajo*); *Llamas,
dolores, guerras, / muertes, asolamiento, fieros males, / entre tus brazos
cierras (Ibíd.); Mañana de junio, alta, grande, precisa hasta en los
confines* (G. Miró, *Años y leguas: Pueblo, parral, perfección*).

3.18.3. **Connotaciones y equivalencias.** — Hasta aquí hemos estudiado la coordinación copulativa que podríamos llamar «pura», es

decir, la que enlaza oraciones o miembros de oración homogéneos en su función gramatical y en sus relaciones semánticas. Pero ocurre a menudo que los elementos copulados presentan entre sí diferencias u oposiciones que alteran su condición de sumandos homogéneos y el significado total del período copulativo, hasta darle valor adversativo, causal, consecutivo, temporal, etc., sin que varíen las conjunciones ni la construcción. Se trata, pues, de un cambio de significado, no de forma. Ya hemos visto que las oraciones yuxtapuestas pueden asumir también los mismos valores semánticos que los períodos paratáctico e hipotáctico. A continuación estudiaremos los casos más frecuentes.

a) Cuando dos oraciones copulativas se suceden de manera que el tiempo de la primera sea anterior al de la segunda, dan a entender relación consecutiva o condicional; es decir, la secuencia temporal se convierte en consecuencia lógica; v. gr.: *He vivido muchos años y sé más que tú; Pásalo bien, modera los juveniles ímpetus, come a tus horas, reza a tus horas, no leas, ni escribas, ni hagas nada, no te enfades por nada, y vivirás feliz* (L. Fernández de Moratín, *Carta XXXVII*, en *Obras póstumas*, t. II). Son muy numerosos los refranes construidos según la fórmula siguiente: «oración exhortativa + *y* + oración en futuro» que denota consecuencia: *Piensa mal y acertarás; Dime con quién andas y te diré quién eres; Cásate y verás.*

b) Cuando se enlazan una oración afirmativa y otra negativa, se produce una contrariedad u oposición más o menos acentuada entre ambas, que da al período significación adversativa. El nexo suele ser *y no;* v. gr.: *Tú eres muy listo y no me engañarás; Lo busco y no lo encuentro; Tú tienes la culpa y no yo* (*Celestina*, IX). En vez de *y no* se emplea a veces *que no: Justicia pido, que no gracia.* Si son dos las oraciones negativas que siguen a una afirmativa, suele emplearse *y ni* delante de la primera negativa; p. ej.: *Y en ella absorta, embebecida el alma, / Repliégase en sí misma silenciosa / Y ni la dicha ni el placer envidia* (Martínez de la Rosa, *Epístola al duque de Frías*).

c) Cuando la primera oración es negativa y la segunda afirmativa, suelen unirse simplemente por *y.* El sentido es también adversativo, como corresponde a dos juicios contrarios; v. gr.: *Muchos teólogos hay que no son buenos para el púlpito, y son bonísimos para conocer las faltas o sobras de los que predican* (Cervantes, *Quijote*, II, 3).

3.18.4. **Coordinación distributiva.** — *a*) Cuando nos referimos alternativamente a varias oraciones o miembros de oración que se sienten con diferencias lógicas, temporales, espaciales o de otro orden, formamos oraciones y cláusulas enteras de carácter distributivo. No se enlazan entre sí por medio de conjunciones, sino por yuxtaposición;

su nexo lo constituyen palabras correlativas, o bien la simple repetición de palabras iguales, como *uno... otro, este... aquel, cerca... lejos, aquí... allí, en casa... en el campo; cual... cual, quién... quién, tal... tal, cuando... cuando, ahora... ahora* u *ora... ora, bien... bien, ya... ya*. Las tres últimas parejas de palabras están catalogadas en los diccionarios como conjunciones distributivas o disyuntivas, a causa de su mucho uso. Ejemplos: *Unas marchan lentas, pausadas; otras pasan rápidamente* (Azorín, *Castilla: Las nubes*); *Sea por consciente y generosa capacidad de simpatía, sea ... por el temor de perder los halagos de la fama...* (J. E. Rodó, *Motivos de Proteo*, cap. LXII); *Su alazán ... avanzaba manoteando gallardamente, ora de frente, ora de costado* (C. Alegría, *Los perros hambrientos*, cap. IX).

b) También suele usarse con este valor la conjunción *que* repetida; v. gr.: *No puede nadie excusar este trago, que sea rey, que sea papa* (Fr. L. de Granada, *Guía*, I, 7). Nótese el significado concesivo de esta construcción.

3.18.5. Coordinación disyuntiva. — *a)* A veces las oraciones distributivas expresan juicios contradictorios entre sí, porque no pueden ser verdaderos a la vez o verificarse al mismo tiempo. En este caso la coordinación distributiva pasa a ser disyuntiva: uno de los miembros coordinados excluye a los demás. Para esta significación excluyente nos servimos sobre todo de la conjunción disyuntiva *o*. Es fácil comprender que entre la mera distribución y la disyunción existe una gama extensa de matices intermedios.

b) La conjunción *o* adopta la forma *u* cuando va seguida de palabra que empieza por *o, ho;* p. ej.: *Uno u otro lo dirá; diez u once; Espero ocasión u hora oportuna para verle.*

c) Cuando son dos las oraciones coordinadas, la conjunción va entre ellas por lo general; pero puede encabezarlas a ambas si se quiere dar mayor energía a la disyunción. Ejemplos: *¿De breves dichas los recuerdos caros | En tu dulzura el corazón alcanza, | O emanan, dime, tus destellos claros | Del ángel bienhechor de la esperanza?* (G. Gómez de Avellaneda, *Poes.: Contemplación*); *O arráncame el corazón, | O ámame, porque te adoro* (Zorrilla, *D. Juan Tenorio*, acto IV, esc. 3.ª); *O es perpetua renovación o es una lánguida muerte, nuestra vida* (J. E. Rodó, *Motivos de Proteo*, cap. VII).

d) Si son más de dos los miembros enlazados, basta con que la conjunción preceda solo al último, aunque pueden también llevarla los demás; v. gr.: *¿En diez años de plazo que tenemos, | El Rey, el asno o yo no moriremos?* (Samaniego, *Fábulas: El charlatán*); *Cada quién* *oye o clama, o sueña o sufre que oye y clama* (A. Uslar-Pietri, *Catorce cuentos venezolanos: La negramenta*).

e) La conjunción *o* no tiene siempre valor disyuntivo, sino que a veces se emplea como declarativa para explicar o aclarar un nombre o una oración enunciados anteriormente; v. gr.: *El protagonista o personaje principal de la fábula es Hércules; Las lenguas romances, románicas o neolatinas son las derivadas del latín.*

f) Concordancia. El verbo que se refiere a dos o más sujetos singulares unidos por la disyuntiva *o*, puede hallarse en singular concertando con uno solo, o en plural concertando con todos, como en estos ejemplos: *Le atraía la hermosura o la dote de la muchacha,* o *Le atraían la hermosura o la dote...;* invirtiendo el orden de la oración: *La hermosura o la dote de la muchacha le atraía,* o bien *le atraían; Ansí es; pero bien confesarás que ni has visto ni oído decir jamás que haya hablado ningún elefante, perro, caballo o mona* (Cervantes, *Coloquio*), con el verbo en singular. He aquí un ejemplo con el verbo *pudieran* en plural: [Las reglas literarias] *corrigen los desórdenes a que pudieran arrastrar fácilmente una sensibilidad desordenada o una imaginación acalorada* (Coll y Vehí, *Principios de Literatura*, 19).

3.18.6. **Coordinación adversativa.** — *a)* Cuando en la oración compuesta se contraponen una oración afirmativa y una negativa, la coordinación es adversativa, es decir, opone dos juicios de cualidad lógica contraria. La significación adversativa puede lograrse en las oraciones yuxtapuestas, en las copulativas, o por medio de conjunciones especialmente destinadas a señalar la contraposición con variados matices: *mas, pero, empero, sino, aunque,* y locuciones conjuntivas como *sin embargo, no obstante, antes bien,* etc. Todas estas conjunciones son de formación romance, puesto que no ha sobrevivido ninguna de las adversativas latinas.

b) La contrariedad de las dos oraciones puede ser parcial o total. En el primer caso expresamos una corrección o restricción en el juicio de la primera oración, pero no incompatibilidad: la coordinación es entonces *restrictiva;* p. ej.: *Eres pobre, pero decente* (M. Azuela, *La Marchanta*, parte I, cap. I). Si hay incompatibilidad entre ambas oraciones, de manera que se excluyan totalmente entre sí, la coordinación es *exclusiva;* p. ej.: *No es esa mi opinión, sino la tuya; Aquellos que allí se parecen no son gigantes, sino molinos de viento* (Cervantes, *Quijote*, I, 8).

3.18.7. **Uso de las conjunciones adversativas.** — *a) Mas.* Es hoy la adversativa más atenuada; su uso es casi exclusivamente literario; v. gr.: *Quedóse el jinete frío de espanto...; mas su angustia fue corta* (E. Pardo Bazán, *Los pazos de Ulloa*, cap. I). En la lengua antigua fue mucho más frecuente que en nuestros días. El *Cantar de Mio Cid* desconoce *pero*, y usa *mas* en su lugar: *Çid, en el nuestro mal vos non ganades nada, / mas el Criador vos vala con todas sus vertudes santas* (vv. 47 y 48). En textos antiguos aparece a veces con el significado de *sino*, acepción que conserva hoy en el padrenuestro: *No nos dejes caer en la tentación, mas líbranos de mal*.

b) En comienzo de cláusula remite anafóricamente a lo dicho antes, y denota transición; v. gr.: *Los médicos estaban de acuerdo en que la única medicina para curar a la Princesa era traerle vivo el pájaro verde. Mas ¿dónde hallarle?* (J. Valera, *El pájaro verde*, cap. II); *Mas antes que los hielos llegó este año la nieve* (M. Delibes, *La hoja roja*, capítulo VIII).

c) *Pero*. Como hemos dicho en el apartado *a*, el empleo de esta conjunción aumenta históricamente a expensas de *mas*. En la lengua moderna, *pero* es, entre todas las adversativas, la que se usa con mayor frecuencia. Su significado es restrictivo: *Y si va a decir verdad, / Lelio es todo voluntad, / Pero deudas le fatigan* (Tirso, *Santo y sastre*, I, 1); *Hallen en ti más compasión las lágrimas del pobre; pero no más justicia que las informaciones del rico* (Cervantes, *Quijote*, II, 42). En textos clásicos aparecen con cierta frecuencia ejemplos de *pero* con significado exclusivo equivalente a *sino: Todo lo cual, no solo no me ablandaba, pero me endurecía* (*Ibíd.*, I, 52). Hoy encabeza siempre su oración; en la literatura del Siglo de Oro encontramos ejemplos sueltos en que *pero* va colocado en segundo lugar: *Os la pusiera en vuestras manos para que hiciérades della a toda vuestra voluntad y talante; guardando pero las leyes de la caballería (Ibíd.)*.

d) En principio de cláusula, suele ser un enlace extraoracional que denota alguna restricción a lo dicho anteriormente: *Pero veamos cuáles serían las consecuencias de esa ley*. En esta posición inicial de cláusula tiene a veces uso enfático destinado a manifestar sorpresa o extrañeza, o a irrumpir en la conversación con una frase ajena a la misma: *Pero ¿quién te lo ha dicho?; Pero ¡qué maravilla!; Pero fíjate en ese que viene por ahí*.

e) *Empero*. Tiene el mismo valor restrictivo de *pero;* la diferencia consiste en que *empero* puede encabezar su propia oración o colocarse dentro de ella; v. gr.: *Hernán Ponce no quisiera tanto comedimiento ni hermandad, empero después de haberse hablado el uno al otro con palabras ordinarias de buenas cortesías, ... se excusó lo mejor que pudo* (Inca Garcilaso, *La Florida del Inca*, lib. I, cap. XIV); *Diose empero en política el gran paso de atentar al pacto antiguo* (D. F. Sarmiento, *Prosa de ver y pensar: Primera polémica literaria*, cap. IX). Hoy no se emplea esta conjunción en el habla coloquial. Su uso está limitado al estilo literario.

f) Aunque. De su primitivo empleo en la subordinación concesiva, tomó el que tiene en la coordinación adversativa. Ejemplos: *Otros quedaron vivos de los azotes, aunque contra todas las fuerzas naturales* (Fr. L. de Granada, *Símbolo*, II, 23); *No andaba muy equivocado, aunque sí en decirlo en aquel sitio* (J. Valera, *Correspondencia: enero 1847*, en *Obras*, I, 1913); *Era* [el retrato] *de un hombre de edad indefinible, calvo, aunque no del todo* (P. Baroja, *Aventuras de Silvestre Paradox*, cap. I).

g) Sino. Exige negación en la primera de las dos oraciones que une, a la cual contrapone siempre, de manera excluyente, una oración afirmativa; v. gr.: *No se redujeron a proteger la propiedad de la tierra y del trabajo, sino que se propasaron a excitar... el interés de sus agentes* (Jovellanos, *Ley Agraria*, 1795, pág. 9). Es frecuente que en las construcciones con *sino* se elidan elementos análogos sobrentendidos: *No quiere sino dormir; No busco recomendaciones, sino méritos; En cortes de príncipes no corre moneda de amistad, sino de conveniencia propia* (Antonio Pérez, *Cartas*, 128, BibAE, XIII). Se usan asimismo como refuerzo de su sentido excluyente expresiones como *sino al contrario, sino también, sino además,* u otras parecidas: *No se contentaron con el aumento de salario, sino al contrario, pidieron otras concesiones; Arrebatándole, no solo la preeminencia de la fama, sino también la boga de los procedimientos* (J. E. Rodó, *Motivos de Proteo*, cap. LVI).

h) Cuando los verbos de las dos oraciones son distintos, o cuando en ambas se repite el mismo verbo, es frecuente que la conjunción *que* se añada a *sino; v. gr.: No solo le insultaban, sino que, al verlo correr despavorido, le arrojaban piedras, ratas muertas y latas vacías* (M. A. Asturias, *El Señor Presidente*, cap. I). Si las oraciones son breves, suele suprimirse *que; No corta el mar, sino vuela / Un velero bergantín* (Espronceda, *Canción del pirata*).

3.18.8.   **Locuciones adversativas.** — Usamos numerosos adjetivos, participios, preposiciones y adverbios en función coordinadora adversativa, ya solos, ya formando locuciones conjuntivas como *sin embargo, no obstante, con todo, más bien, fuera de, excepto, salvo, menos, más que, antes, antes bien, que no,* etc.: *No respondía el mancebo...; antes bien besaba humilde la mano de su padre* (Martínez de la Rosa, *H. Pérez del Pulgar*, ed. 1834, pág. 6); *Una organización política que no esté acorde* con la social, no sirve de nada para el bien de la nación, y antes al contrario, derrama sobre ella un diluvio de males* (J. Balmes, *El protestantismo*, cap. LXI); *Puede satisfacer todos sus caprichos. Y sin embargo, Elzear está triste* (Azorín, *Valencia: Elzear*). Muchas de estas locuciones tienen además el valor de enlaces extraoracionales como remisión a todo lo que precede, especialmente *sin embargo, no obstante* y *con todo.*

3.19. SUBORDINACIÓN SUSTANTIVA

3.19.1. Clasificación general de las oraciones subordinadas. —
a) Dentro del período, la oración subordinada es un elemento sintáctico de la principal o subordinante. Por esto se da también a todas
las subordinadas el nombre expresivo de *oraciones incorporadas* o
incluidas. Su grado de incorporación a la principal puede ser más o
menos estrecho; pero en ningún caso se borra la relación de dependencia gramatical en que se hallan. Para clasificar las oraciones *incorporadas* se atiende a la función gramatical que desempeñan, es decir:
si ejercen el oficio que en su lugar podría ejercer un sustantivo (sujeto,
complemento objetivo del verbo, complemento con preposición de un
sustantivo o adjetivo), se llaman *sustantivas;* si su oficio equivale al de
un adjetivo, se llaman *adjetivas* o *de relativo,* por ser un pronombre o
adverbio relativo el nexo que las enlaza a la principal; por último, si
la subordinada asume el papel de complemento circunstancial, cualquiera que sea el nexo que la una a la principal (adverbio, preposición,
conjunción, locución conjuntiva), se forma una clase muy extensa de
subordinadas *circunstanciales,* en la cual se establecen subgrupos cuyas
denominaciones atienden a las variadas circunstancias (de lugar,
tiempo, modo, causa, comparación, condición, etc.). Como es natural,
esta clasificación —lo mismo que todas las que se proponen en las
gramáticas— no constituye un todo lógico cerrado cuyos términos se
excluyan sin residuo, porque superpone tres criterios de distinción de
los diferentes grupos de subordinadas: en primer lugar, la función
gramatical que desempeñan; después, la naturaleza del nexo; y finalmente, el significado total del período como unidad lingüística. Ya es
sabido que la lengua constituye un sistema congruente en la sincronía
y apto para la expresión de cada comunidad parlante; pero no es nunca
un sistema de conceptos exclusivamente lógicos que puedan delimitarse
con nitidez completa. Por esto nuestra clasificación debe tomarse como
una guía aproximada para penetrar en la estructura movediza del
habla oral y escrita.

b) Expondremos la subordinación sustantiva distribuyendo la
materia en los apartados siguientes: 1.º, oraciones sujeto; 2.º, oraciones complementarias directas, y 3.º, oraciones complementarias de
un sustantivo o adjetivo.

3.19.2. Oraciones sujeto. — *a)* Ser o poder ser sujeto de una oración es inherente a la categoría gramatical del sustantivo, o de cualquier palabra, frase u oración que desempeñe el oficio de sujeto. Las oraciones sujeto se introducen por medio de la partícula anunciativa *que*. Ejemplos: *Que el Papa expresara su preocupación por cuantos sufren... es más que seguro y responde perfectamente a su misión. Que el Papa se mostrara deseoso del triunfo de la paz es norma fundamental de su pensamiento y de su apostolado* (Del diario *ABC*, 5-VII-1970, pág. 19*a*). Dos o más oraciones coordinadas sujeto, introducidas por *que*, conciertan en singular; v. gr.: *No es posible que se cometan crímenes impunemente y que la sociedad prospere* (Bello, *Gramática*, § 829). Si la oración sujeto es interrogativa indirecta, no lleva *que*, porque los pronombres o adverbios interrogativos asumen el papel de nexo: *Cómo y cuándo se ultimó el negocio no importa a nadie.*

b) Es frecuente, aunque no indispensable, que el artículo acompañe a *que* para hacer resaltar el carácter sustantivo de la oración; v. gr.: *El que luchásemos para repeler el agravio a nuestra neutralidad sería una cosa esencialmente diferente de asociarnos a un grupo de los beligerantes.*

c) Cuando la oración sujeto se refiere a algo ya conocido o enunciado, puede atraerse la atención sobre ello por medio de un pronombre neutro (*lo, esto, eso, aquello, todo*, etc.) seguido por la preposición *de* + *que;* v. gr.: *No está muy conforme con la verdad todo aquello de que el viejo rabadán no puede ya con sus huesos, ni habla ni corre* (J. Valera, *Comendador Mendoza*, cap. VII); *Eso de que vendrán cuando quieran no me agrada.*

d) En latín se usaban principalmente estas oraciones como sujeto de ciertos verbos (*oportet, licet, necesse est*, etc.) El español ha conservado esta preferencia. Ejemplos: *Conviene que haya herejes; Es menester que él* [el libro] *no sea también contingente* (J. Ortega y Gasset, *El Espectador: Ideas sobre Pío Baroja*, cap. XIII); *No es posible que el mal ni el bien sean durables* (Cervantes, *Quijote*, I, 18); *Ni aun fuera bien que vos le entendiésedes* (Ibíd., 6); *Estaría mal que se marchase sin despedirse.*

En nuestra lengua, el uso se ha ampliado a las oraciones con verbo pronominal, intransitivo y hasta, en algunos casos, transitivo: *No se te pase de ella* [de la memoria] *cómo te recibe, si muda las colores..., si se desasosiega y turba* (Cervantes, *Quijote*, II, 10); *No importa, hija, que el cristiano se vaya* (Ibíd., I, 41); *A mí me ha ocurrido con frecuencia que hombres políticos ... me hayan excitado a que me desemboce con ellos y les confiese que Homero no puede haberme gustado* (J. Valera, *Dafnis y Cloe*, introducción).

Con verbo transitivo en pasiva refleja: *Donde se declara quién fueron los encantadores y verdugos* (Cervantes, *Quijote*, II, 50). Con verbo transitivo en acepción transitiva: *Ha salvado la cosecha el que las lluvias, aunque escasas, cayesen en tiempo oportuno; Que los nobles se sublevaran a menudo arruinó el país durante muchos años.*

3.19.3. Oraciones complementarias directas.—Ejercen el oficio de complemento directo del verbo principal. Su construcción varía según sean: A) *enunciativas*, como *Dijo que volvería pronto;* o B) *interrogativas indirectas*, como *Dígame si han quedado satisfechos, Averigua cuánto costaría esa reparación.* Para que la exposición resulte clara, ordenaremos el estudio de estas oraciones en los siguientes apartados:

A) Oraciones enunciativas:
  I. Estilo directo e indirecto (§ 3.19.4).
  II. Tiempo de la oración subordinada (§§ 3.19.5 a 3.19.7).
B) Oraciones interrogativas indirectas (§ 3.19.8).

3.19.4. A) Oraciones enunciativas: I. Estilo directo e indirecto. — *a*) La construcción de estas oraciones es diferente según que el período se halle en *estilo directo* o en *estilo indirecto*. Llámase *directo* el estilo cuando el que habla o escribe reproduce textualmente las palabras con que se ha expresado el autor de ellas; p. ej.: *¿Págase en esta tierra almojarifazgo de ladrones, señor Galán?, dijo Rincón* (Cervantes, *Rinconete y Cortadillo*); *—Veremos —dijo mi amo—. De todos modos el combate será glorioso. —Glorioso, sí —contestó Malespina—. Pero ¿quién asegura que sea afortunado?* (Galdós, *Trafalgar*, cap. VI). En el estilo *indirecto*, el narrador refiere por sí mismo lo que otro ha dicho; p. ej.: *Decíanme mis padres que en sola mi virtud y bondad dejaban y depositaban su honra y fama, y que considerase la desigualdad que había entre mí y don Fernando* (Cervantes, *Quijote*, I, 28); *Me ha dicho el ama que no abra a nadie* (P. Baroja, *El aprendiz de conspirador*, IV, cap. IV). En el último ejemplo de Cervantes, la redacción en estilo directo sería esta: *Decíanme mis padres: En sola tu virtud y bondad dejamos y depositamos nuestra honra y fama, y considera la desigualdad que hay entre ti y don Fernando.* El ejemplo de Baroja diría así en estilo directo: *Me ha dicho el ama: No abras a nadie.*

b) Es frecuente entre los narradores incorporar al relato construcciones propias del estilo directo, conservando la viveza de este en exclamaciones, interrogaciones y demás elementos expresivos, pero sometiéndolos a los cambios de persona, tiempo, etc., necesarios en estilo indirecto: *...Pues ¿y Lita, Lituca? Era un serafín aquello, más que mujer. ¡Qué guapa, qué aguda, qué hacendosa! Si ella fuera hombre y mozo soltero, ya sabía con quién casarse, como Lita le quisiera. ¡Y no* *su hermano Neluco!... ¡Cuántas veces se lo había dicho!* (Pereda, *Peñas arriba*, cap. XII). A este procedimiento estilístico se le da el nombre de *estilo indirecto libre*.

c) En estilo directo la subordinante y la subordinada están simplemente yuxtapuestas. En el indirecto se unen por medio de la conjunción *que*, y además se producen alteraciones en los modos y tiempos de la subordinada, como puede comprobarse en los ejemplos mencionados.

d) Cuando las oraciones subordinadas son varias, el habla popular tiende a repetir la conjunción *que* en todas ellas; se encuentran ejemplos de ello en los clásicos: *Y Cortés mandó a los mismos de a cavallo que corriesen tras ellos y que procurasen de tomar alguno sin heridas* (B. Díaz del Castillo, *Verdadera historia de la conquista de la Nueva España*, cap. LXII). El uso literario moderno procura emplear la conjunción solo con la primera subordinada; pero los escritores se valen también del polisíndeton deliberado como recurso estilístico, sobre todo en las enumeraciones: *Es lo cierto que ella vivió en santa paz con el viejo durante tres años; que el viejo parecía más feliz que nunca; que ella le cuidaba y regalaba con esmero admirable, y que en su última y penosa enfermedad le atendió y cuidó con infatigable y tierno afecto* (J. Valera, *Pepita Jiménez*, I: *22 de marzo*). Asimismo se suprime a veces la conjunción *que* en la lengua escrita, especialmente con verbos de voluntad y de temor; p. ej.: *Le rogó fuese a Cádiz; Temieron se perdiese la ocasión*. En algunos casos se sustituye *que* por *no* dubitativo (con significado muy próximo al de los adverbios de duda, como *acaso, quizá, tal vez*); p. ej.: *Temía no lo denunciasen los vecinos* (= que lo denunciasen). Este uso existía ya en latín con la conjunción *ne*, y aparece en textos medievales y clásicos con frecuencia mucho mayor que en la lengua moderna.

En la lengua medieval y clásica, así como en el coloquio actual, es frecuente la repetición de *que* cuando un inciso interrumpe la oración subordinada introducida por aquella: *Avien jurado / que, si antes las catassen, que fossen perjurados* (*Mio Cid*, v. 163-164); *Decía el vizcaíno en sus mal trabadas razones que si no le dejaban acabar su batalla, que él mismo había de matar a su ama* (Cervantes, *Quijote*, I, 8). En el lenguaje literario moderno se suele evitar este pleonasmo, salvo cuando se imita el habla familiar descuidada.

e) *Que* puede encabezar oraciones independientes exhortativas o interrogativas para denotar deseo, mandato, sorpresa: *Que se alivie, ¡Que pase!, ¿Que no ha venido?* La presencia de la conjunción en tales oraciones simples indica un principio de subordinación sin verbo subordinante expreso. El empleo de *que* en comienzo de cláusula es frecuente en la poesía popular, a veces con la fórmula continuativa *y*

que; v. gr.: *Que de noche le mataron | al caballero, | La gala de Medina,
la flor de Olmedo* (Lope de Vega, *El caballero de Olmedo,* III); *Y que
yo me la llevé al río* (García Lorca, *Romancero gitano: La casada infiel*).

f) En lugar de *que* se emplea a veces *como* en la literatura clásica;
v. gr.: *Vos veréis ahora ... como yo no me quedo atrás en hacer vuestro
mandamiento* (Cervantes, *Galatea,* lib. VI: *Elicio a Galatea*); *Dentro de
pocas horas se supo como estaban alojados seis millas lejos, entre dos
arroyos, con sus mujeres, hijos y haciendas* (Moncada, *Expedición,* IX).
Este empleo de *como* ha quedado hoy en desuso.

3.19.5.   **II.   Tiempo de la oración subordinada.** — Como es sabido,
la subordinación produce cambios en el modo y el tiempo del verbo
subordinado. En el cap. 3.13 expusimos con amplitud suficiente el uso
de los modos en oraciones independientes y subordinadas. Trataremos
ahora de los tiempos. La Gramática latina preceptúa que el verbo
subordinado debe guardar cierta relación temporal con el subordinante:
se hallará en un tiempo o en otro según el tiempo en que se encuentre
el verbo principal. Esta *concordantia temporum* es objeto de reglas que
fijan en cada caso los tiempos en que puede hallarse el verbo subordinado. Pero los textos latinos demuestran que tales reglas se infringían
con frecuencia en el uso real del idioma; mucho más las infringieron el
latín vulgar y los romances. Prescindiendo por completo del modelo
gramatical latino, trataremos de condensar el esquema a que se
atiene el español moderno. El lector debe tener en cuenta que al
hablar aquí de *tiempo* no nos referimos solo a la *forma verbal,* sino
principalmente al concepto de *relación temporal.* Ya sabemos que todos
los verbos subordinados son por naturaleza *tiempos relativos* o indirectamente medidos (§ 3.13.9), en relación con el verbo subordinante. Las
relaciones que importan en nuestro caso son las de coexistencia, anterioridad y posterioridad, es decir, las que corresponden a las nociones
generales de presente, pasado y futuro.

3.19.6.   **Concordancia de los tiempos.** — Para formular las reglas
de la concordancia de los tiempos en nuestra lengua, distinguiremos
dos casos: 1.º, verbo subordinado en modo indicativo; 2.º, verbo subordinado en subjuntivo.

1.º *Verbo subordinado en indicativo.* — *a)* Puede usarse cualquier tiempo en el verbo subordinado, menos el pretérito anterior, lo
mismo si el principal está en presente, que si está en pasado o en
futuro; v. gr.: *Digo, di, diga, decía, dije, he dicho, había dicho, diré,
diría* QUE VOY, QUE IBA, QUE FUI, QUE HE IDO, QUE HABÍA IDO, QUE
IRÉ, QUE HABRÉ IDO, QUE IRÍA, QUE HABRÍA IDO. Ejemplos: *Sin cono-*

cerlo, se le respetaba; uno sabía que podía fiarse de él (F. Benítez, *El Rey Viejo: La noche de los asesinos*); *El observatorio anunció que se acerca a nuestras costas un huracán en dirección NE a SO; el parte meteorológico añadía que las primeras ráfagas alcanzarán probablemente a nuestra isla esta madrugada* (Del diario *El Mundo*, Puerto Rico, agosto de 1958); —*¿Jugamos a la lotería de las Ánimas? Sonrió Sigüenza, diciendo que bueno, que jugarían* (G. Miró, *Libro de Sigüenza: El pececillo del Padre Guardián*); *Dicen que lo hizo el dichoso organista ...; no fue otra cosa* (G. A. Bécquer, *Leyendas: Maese Pérez el organista*, IV); *Creí que le habrían matado a usted, don Eugenio* (P. Baroja, *El aprendiz de conspirador*, IV, cap. IV).

b) Los verbos de percepción sensible (*ver, oír, mirar, escuchar*, etc.) deben coexistir con el verbo subordinado, a no ser que se altere metafóricamente la significación del principal: *Veo que pasan, Vi que pasaban* o *pasaron, Veré que pasan* o *pasarán; Oigo que llueve, Oí que llovía*, etc.; *En mi embotamiento sentí que la enfermera me pinchó* (o *me pinchaba*) *en el brazo;* no podríamos decir *sentí que me pinchará*, ni *sentí que me pincha* (a no ser que usemos el presente histórico). Si los tiempos no pueden coexistir, el verbo principal toma acepción figurada: *veo que pasaron* significa «conozco», «entiendo», «deduzco», pero ya no cabe el significado de percepción sensible; *oigo que llovió* significaría *oigo (decir) que llovió*.

2.º *Verbo subordinado en subjuntivo.*—*a*) Con verbos de voluntad (mandato, ruego, deseo, etc.), el verbo subordinado puede hallarse en cualquier tiempo posterior al del verbo principal. Los verbos de voluntad son, por necesidad de su significado, anteriores a su cumplimiento, ya que el acto de mandar, prohibir o rogar no puede referirse a acciones ya acabadas en el momento en que se manda, prohíbe o ruega: *Mandan que estudie; Mandaron que estudie, que estudiara* o *estudiase;* no podemos decir *Mandaron que hubiese estudiado*. Es decir, el tiempo subordinado debe ser posterior al del verbo principal. Ejemplos: *Para que vos sepades esto, mucho querría que sopiésedes lo que contesció al diablo con una mujer* (Juan Manuel, *Lucanor*, XLII); *Quiso mi fortuna / que en traje de hombre me ponga* (Calderón, *La vida es sueño*, III, 10); *Dios será servido que la suerte se mude* (Cervantes, *Quijote*, I, 7); *Por amor a mi padre desearía yo que Pepita desistiese de sus ideas y planes de vida retirada, y se casase con él* (J. Valera, *Pepita Jiménez*, I: *20 de abril*).

b) Con los demás verbos que rigen subjuntivo: Si el subordinante está en presente o en futuro, el subordinado puede hallarse en cualquier tiempo; v. gr.: *No creen* o *no creerán* QUE HAYA HABIDO, QUE HAYA, QUE HABRÁ, QUE HUBIERA, QUE HUBIERA HABIDO *tales caballeros en el mundo;* en cambio, con el principal en pasado, el subordinado debe ir también en pasado (imperfecto, perfecto o pluscuamperfecto); *No creyeron* QUE HUBIERA, HUBIESE, HAYA HABIDO, HUBIERA HABIDO, HUBIESE HABIDO *tales caballeros en el mundo.* Ejemplos: *Realmente, se puede creer sin dificultad que un pariente sea un buen carpintero, un buen abogado* (P. Baroja, *El aprendiz de conspirador,* prólogo); *No es necesario que fabriquemos oro realmente; basta que la gente crea que lo fabricamos* (H. Wast, *Oro,* 2.ª parte, cap. V); *No creen que haya habido tales caballeros en el mundo* (Cervantes, *Quijote,* II, 1); *Le dijo que procurase de no porfiar ni reñir con nadie* (Íd., *El Licenciado Vidriera*); *El Albacea les aconsejaba que pasaran sus lutos en la hacienda* (A. Carpentier, *El siglo de las luces,* cap. II).

Para las subordinadas a verbos de temor y emoción, véase el § 3.13.3 *B,* 2.º

3.19.7. **Casos especiales de concordancia.** — Estas son las normas generales que regulan los tiempos de la subordinada, ya muy distantes de las que regían la *concordantia temporum* latina. Las excepciones deben ser explicadas en cada caso por el contexto, que puede alterar la relatividad temporal de los verbos subordinante y subordinado (v. § 3.13.8*a*). Las acepciones distintas que un verbo puede tener son, por ejemplo, un factor modificativo importante: así, *decir* es enunciativo en *Dice que vendrá Juan,* y es verbo de mandato en *Dice que venga Juan.* Igualmente, los adverbios, otras expresiones temporales o las circunstancias de la situación pueden alterar las relaciones de tiempo entre los verbos subordinante y subordinado: no podríamos decir *Le recomendaron que hubiese estudiado la lección,* porque la acción de *haber estudiado* sería anterior a la recomendación; pero sí diríamos correctamente *Le recomendaron que hubiese estudiado antes de las siete,* puesto que la acción de *estudiar* es anterior a *antes de las siete,* pero posterior a la recomendación, con lo cual se cumple la norma de que el ruego o mandato sea anterior a la acción rogada. Si decimos *El jefe dispuso que se reforzasen los puestos avanzados,* solo indicamos la posterioridad de *reforzasen* respecto a *dispuso,* sin referencia alguna al momento en que hablamos o escribimos; pero en *El jefe dispuso que se refuercen los puestos avanzados* expresamos claramente que el refuerzo habrá de hacerse después de ese momento. Estos tres ejemplos, escogidos entre los más frecuentes, no son más que una muestra de cómo debemos explicarnos en cada caso concreto las excepciones a las normas generales anteriormente expuestas.

3.19.8. **B) Oraciones interrogativas indirectas.**—*a*) En el § 3.2.6 estudiamos las oraciones interrogativas directas. Según allí decíamos, se distinguen todas ellas por su entonación característica, que la ortografía señala con los signos de interrogación. Se dividen en dos tipos:

la interrogativa *general (¿Ha llegado tu hermano?)* con la cual preguntamos por la verdad o falsedad del juicio entero, y esperamos la respuesta *sí* o *no;* en la interrogativa *parcial,* no dudamos de la conformidad del sujeto con el predicado, sino de uno de los términos de la oración (sujeto o complemento), y preguntamos por el que nos falta *(¿Quién ha venido?, ¿Dónde dejaste el libro?).*

b) En las interrogativas indirectas, la pregunta se formula como una oración subordinada a un verbo o locución «de entendimiento y lengua», como *saber, entender, decir, preguntar, mirar, informarse, ver, probar, avisar, replicar, responder, hacer experiencia, haber opinión,* etc. Así, las preguntas directas *¿Ha llegado tu hermano?* y *¿Quién ha venido?,* se convierten en las indirectas *Dime si ha llegado tu hermano* y *Averigua quién ha venido,* respectivamente. Desaparecen la entonación interrogativa y los signos de interrogación. También las dubitativas (véase § 3.2.6e), como *¿Lograría su propósito?, ¿Si habrá ocurrido algo?,* se convierten en dependientes al decir *No sé si lograría su propósito* e *Ignoro si habrá ocurrido algo.*

c) No suele usarse en la pregunta indirecta la conjunción *que.* Las generales se introducen por medio de la partícula átona *si,* la cual funciona como conjunción interrogativa o dubitativa, semejante, pero no igual, a la condicional de donde proviene: *Al abrirle el criado la puerta, le preguntó Augusto si en su ausencia había llegado alguien* (Unamuno, *Niebla,* V). Las preguntas parciales indirectas conservan el pronombre o adverbio interrogativo, y se introducen normalmente sin conjunción. De unas y otras hemos dado ejemplos tomados del habla usual en el apartado precedente.

d) La interrogativa indirecta lleva a veces la conjunción *que* delante del pronombre o adverbio interrogativo de la misma. Este *que* pleonástico es frecuente sobre todo en el habla popular, y no faltan ejemplos de su uso en textos clásicos y modernos; v. gr.: *Preguntó D. Quijote que cómo iba aquel hombre con tantas prisiones* (Cervantes, *Quijote,* I, 22); *Digo que qué le iba a vuestra merced en volver tanto por aquella reina Magimasa* (Ibíd., 25); *En vida le decía a su marido que qué veía en ese hombre para soportarlo a diario* (M. Delibes, *La hoja roja,* cap. XIII).

e) En las interrogativas indirectas se emplea siempre el modo indicativo con la misma correspondencia de tiempos indicada en el § 3.19.6, 1.º; v. gr.: *En esto de gigantes, ... hay diferentes opiniones, si los ha habido o no en el mundo* (Cervantes, *Quijote,* II, 1); *Preguntó al cura con grande ahinco le dijese quién era aquella tan fermosa señora y qué era lo que buscaba por aquellos andurriales* (Ibíd., I, 29); *Diga Alemania cómo se halla en la protección de Suecia* (Saavedra Fajardo,

Empresa 92); *El castigo universal del diluvio declara cuán pequeño era este número de los buenos y cuán grande de los malos* (Fr. L. de Granada, *Símbolo*, parte V, trat. III, cap. III, § II).

f) Las interrogativas dubitativas pueden tener el verbo en indicativo o en subjuntivo: *No se sabía su designio, ni adónde había de descargar tan gran nublado* (Cervantes, *Quijote*, II, 1); *Tú no lo puedes comprender, y dudo | Si yo misma hasta aquí supe que fuese | Mi amor tan entrañable como puro* (Hartzenbusch, *Alfonso el Casto*, III, 5); *Dudaban el Senado y los nobles si sería más cruel* [Nerón] *en ausencia que en presencia* (Saavedra Fajardo, *Empresa 48*); *Nosotros no conocemos quién sea esa buena señora* (Cervantes, *Quijote*, I, 4); *No sabré decir con certidumbre qué tamaño tuviese Morgante* (*Ibíd.*, II, 1); *No sé qué pueda haberle ocurrido.*

3.19.9.   Oraciones complementarias de un sustantivo o adjetivo. — *a*)   Entre los oficios del sustantivo (v. cap. 3.8) figura el de ser complemento con preposición de un sustantivo o de un adjetivo; p. ej.: *miedo de una reprimenda; contento con su suerte.* El sustantivo complementario puede ser una oración que, por el hecho de ser término de una preposición, queda sustantivada. El nexo de estas oraciones es siempre una preposición seguida de la conjunción *que* subordinante. Pero es muy limitado el número de preposiciones que pueden asumir esta función y las ocasiones de su uso, como veremos a continuación.

b)   Cuando son complementarias de un sustantivo, la única preposición usada es *de*. Ejemplos: *Tuvo la certeza de que ese argumento justificaba su determinación de conservar el gallo* (G. García Márquez, *El coronel no tiene quien le escriba*, ed. 1968, pág. 17); *Irle con la embajada de que deje de ser él* (Unamuno, *Del sentimiento trágico de la vida*, cap. I); *La idea de que lo que había atesorado iría a parar a manos de yernos codiciosos no le impulsaba* ... *a defenderlo* (R. Castellanos, *Oficio de tinieblas*, cap. VI). En textos clásicos y en la lengua actual poco cuidada se suprime a veces la preposición: *Hago cuenta que he hallado en él un tesoro de contento y una mina de pasatiempos* (Cervantes, *Quijote*, I, 6) [1]. Con las demás preposiciones, el *que* ha de considerarse relativo: *Me extrañó el miedo con que nos acogieron (o con el cual); ...el asunto en que estamos metidos; ...la razón por que no lo entiendo* (o *porque* causal).

---

[1] Inversamente, se produce con frecuencia en la lengua descuidada un uso superfluo de la preposición *de* ante oraciones complementarias introducidas por *que: Me dijeron de que saliese; Temo de que lo hagan mal.* Netamente vulgar es el mismo empleo abusivo ante infinitivo objeto directo: *No me hagas de reír.*

c) Cuando la subordinada es complemento de un adjetivo que no esté sustantivado, pueden emplearse otras preposiciones; p. ej.: *Parecían contentos de que, o con que, sus padres hubiesen venido a verlos; Había muchos diputados conformes en que la ley debía ser aprobada.* Con *por,* y a veces *de,* reaparece el valor causal de las conjunciones *porque* y *de que.* Con *a* o *para* se convierten en oraciones finales: *Estaba dispuesto a que (o para que) me destinasen a África.* De aquí resulta que los límites que separan estas oraciones de las subordinadas relativas y circunstanciales son a menudo inseguros, y no pueden ser objeto de reglas generales, como tendremos ocasión de observar en los capítulos siguientes.

3.20. SUBORDINACIÓN ADJETIVA

3.20.1. Función de los pronombres relativos. — Un sustantivo, cualquiera que sea la función sintáctica que desempeñe (v. § 3.8.1), puede llevar un complemento oracional introducido por un pronombre relativo; v. gr.: *¡O tú que... / bates los montes!* (Góngora, *Soledades*, dedicatoria); *La distancia es oportuna acaso para amortiguar el golpe que te doy ... llorando* (A. Nervo, *Cuentos misteriosos: El héroe*). En estas oraciones, las palabras *tú* y *golpe* llevan una oración complementaria subordinada, introducida por el relativo *que*. Los pronombres relativos desempeñan, pues, la doble función de referirse anafóricamente al sustantivo que les precede (y que por esto se llama *antecedente*) y la de servir de nexo conjuntivo entre el antecedente y su complemento oracional [1].

a) Estas oraciones complementarias de un sustantivo cualquiera de la principal desempeñan el mismo papel que desempeñaría un adjetivo que calificase o determinase al mismo sustantivo; p. ej.: *El ladrón que huía se escondió detrás de una tapia*, donde *que huía* equivale al adjetivo *fugitivo*. Pero como no siempre hay adjetivo o participio que coincida exactamente con la significación de la oración adjetiva o de relativo, el empleo de estas oraciones es a menudo indispensable, sobre todo para la expresión de conceptos complejos que ningún adjetivo

---

[1]   Solo en poesía se ve alguna vez la oración de relativo intercalada entre el antecedente que va detrás y un demostrativo o indefinido que va delante; v. gr.: *Estos, Fabio, ¡ay dolor!, que ves ahora / Campos de soledad, mustio collado, / Fueron un tiempo Itálica famosa* (R. Caro, *Canción a las ruinas de Itálica*); *Amor entre las rosas, / No recelando el pico / De una que allí volaba / Abeja, salió herido* (Villegas, *Cantinelas*, XXXIII, BibAE, XLII). En cierto tipo de aposiciones que heredan la construcción latina *Olympias, mater quae fuerat Alexandri*, el complemento predicativo se antepone al pronombre relativo *que: Álvaro Mendoza, gobernador que fue, que ha sido*, etc. (= *que fue gobernador*); *La buena mujer, madre que es de cuatro niños, se ve obligada a trabajar sin descanso. Antonio, dueño que se vio del cortijo, trajo allí a todos los suyos.* En este último ejemplo puede advertirse matiz temporal cercano al de *Llegado que fue, Dejado que hubo* (§ 3.16.16d).

léxico puede abarcar; p. ej.: *El ladrón que desde anoche huía de la cárcel se escondió...*

b) Si bien la oración de relativo es siempre complementaria de un elemento sustantivo de la principal, el pronombre relativo puede ejercer diferentes funciones dentro de su propia oración. Veamos varios ejemplos: *Veo aquí —dijo— un hombre rubio, que no le quiere a usted* (A. Nervo, *Cuentos misteriosos: El horóscopo*), donde *un hombre rubio*, antecedente de *que*, es complemento directo de *veo;* el relativo *que* es sujeto de su propia oración *no le quiere a usted.* En la oración: *El estudiante que ayer te presenté es paisano mío*, el pronombre *que*, introductor de un complemento del sujeto *(el estudiante)*, es a su vez complemento directo de su verbo propio *(presenté).* Por consiguiente, el pronombre relativo puede tener en su oración función distinta de la que tiene como componente de la principal; y por esta causa, en latín el relativo concierta con su antecedente en género y número, pero no en caso; y en castellano puede llevar preposiciones que no lleve el antecedente; p. ej.: *El estudiante de quien te hablé, por quien te interesas, es paisano mío.*

3.20.2. Oraciones relativas especificativas y explicativas. — *a)* Como el adjetivo complementario de un nombre, pueden estas oraciones ser *especificativas* o *determinativas* y *explicativas* o *incidentales.* Las primeras determinan al antecedente, especificándolo, restringiéndolo; las segundas no hacen más que expresar una cualidad o circunstancia del mismo. Si digo: *Todas las casas que hemos visto son pequeñas*, la oración *que hemos visto* especifica al antecedente *casas*, denotando que no nos referimos a todas las casas en general, sino solo a las que hemos visto; pero si digo: *Juan, que es diligente, trabaja sin descanso*, la oración *que es diligente* no determina ni especifica al sustantivo *Juan*, sino que indica una cualidad propia y característica del mismo. En las especificativas, la oración de relativo se une íntimamente con el antecedente; en las explicativas, se separa del antecedente por una leve pausa en la enunciación y por una coma en la escritura. Ejemplo de especificativas: *Hoy mismo tendré en mis manos pecadoras el libro que contiene aquellas comedias antiguas de que hablé a usted* (L. Fernández de Moratín, *Obras póstumas*, carta 95, A D. J. A. Conde). Explicativas: *La niña, que tomado había en aquellos tratos no pocas lecciones de romanticismo elemental, se puso como loca viéndose contrariada en su espiritual querencia* (Galdós, *Misericordia*, cap. VIII); *Ella, que apenas sabe escribir, está llenando ahora una página* (R. Castellanos, *Oficio de tinieblas*, cap. XVII).

b) Otra condición que distingue a las relativas especificativas de las incidentales o explicativas, es que estas pueden suprimirse sin dejar de ser verdadero el sentido de la oración principal; pero aquellas, no. Puede decirse *Juan trabaja sin descanso*, omitiendo la explicativa *que es diligente;* pero no se puede hacer lo mismo en las especificativas, porque una vez suprimidas, el predicado de la principal ya no conviene al sujeto, pues no es verdadera la oración *Todas las casas son pequeñas.* Por esta independencia que las explicativas tienen respecto a la principal, algunos gramáticos las consideran como sencillamente coordinadas.

3.20.3. Antecedente callado. — *a*) Con cierta frecuencia, los relativos *que* y *quien* se usan sin antecedente expreso, bien por ser desconocido o indeterminado, bien por no interesar al hablante, o bien por sobrentenderse fácilmente las palabras *causa, razón, motivo, cosa, asunto, hombre, persona,* u otras parecidas; v. gr.: *Así suele suceder | A quien su empresa abandona, | Porque halla, como la mona, | Al principio que vencer* (Samaniego, *La mona*), donde *quien* significa «cualquier persona que», y *que* tiene como antecedente «cosa», «dificultad», como si dijera *halla ... al principio dificultades que ha de vencer. Cuando el Señor le suspende* [al entendimiento] *y hace parar, dale de que se espante y en que se ocupe* (Sta. Teresa, *Vida*, I, 12); *Te daré con que vivas* (Cervantes, *Quijote*, II, 54). Estas construcciones son especialmente frecuentes con infinitivo: *Me dieron que hacer; Tendrán de que hablar; No había de quien fiarse; Seguramente toser | Puedes ya todos los días, | Pues no tiene en tus encías | La tercera tos que hacer* (B. Argensola, *Epigrama VII*). Los límites entre el relativo y el interrogativo son muy borrosos en estas oraciones, y a veces se da la tonicidad propia del interrogativo; así, podemos oír también: *Tendrán de qué hablar; No había de quién fiarse.*

b) A menudo empleamos, sobre todo tratándose de personas, el relativo *que* precedido del artículo, o *quien*, para indicar en general a cualquier persona. Numerosos gramáticos llaman a este empleo *relativo de generalización: El que te lo haya dicho miente; Los que quieran pasar que pasen; Quien siembra vientos recoge tempestades; El que a hierro mata a hierro muere; Quien bien te quiere te hará llorar.* El grado de generalización es variable según los casos, pero en todos ellos nos referimos a un antecedente callado más o menos extenso, el cual no ofrece dudas para el interlocutor. Insistiremos sobre este particular cuando tratemos del uso de *que* y *quien.*

3.20.4. Sustantivación de la subordinada relativa. — *a*) Toda subordinada de relativo es funcionalmente un adjetivo referido a un sustantivo de la oración principal, y por consiguiente puede sustantivarse por los mismos medios con que se sustantiva cualquier adjetivo.

Los artículos y los demostrativos sustantivan toda la oración de relativo a la cual preceden, del mismo modo que a cualquier palabra o frase. Esta sustantivación puede ser masculina, femenina o neutra, según el género del artículo o demostrativo empleado; v. gr.: *No se sentirá mayor espanto cuando ... aparezca entre inflamadas nubes el que ha de venir a juzgar a los vivos y a los muertos* (Galdós, *Gloria*, 1.ª parte, cap. XXXIX); *Yo soy aquel que ayer no más decía | el verso azul y la canción profana* (Rubén Darío, *Cantos de vida y esperanza*, I); *Lo que no se historiaba, ni novelaba, ni se cantaba en la poesía, es lo que la generación del 98 quiere historiar, novelar y cantar* (Azorín, *Madrid*, cap. XX); *Es consabido que los que metodizaron esa disciplina comprendían en ella todos los servicios* (J. L. Borges, *Evaristo Carriego*, cap. VII).

   b)   Son muy frecuentes las subordinadas de relativo encabezadas por *el que, la que, lo que, los que* y *las que,* como en los ejemplos citados en el apartado anterior. Pueden emplearse tales grupos con antecedente callado, como en: *Aquí están los que beben las dulces aguas del famoso Xanto* (Cervantes, *Quijote*, I, 18); o bien con antecedente expreso, como en: *Hay cierta manera de discurrir de la que muchos sujetos no se dan cuenta* (J. Valera, *El Superhombre: Las inducciones*). Algunos gramáticos han pensado que, en el ejemplo de Cervantes, *los que* equivale a *aquellos que,* es decir, que el artículo recobra su valor originario de pronombre demostrativo; en cambio, en el ejemplo de Valera, el artículo *la (de la que)* mantiene su condición intacta de artículo, puesto que *la que* se refiere al sustantivo expreso *manera.* Sin embargo, a poco que nos detengamos en el examen de una y otra cita, notaremos que en ambas se da la misma sustantivación de la subordinada entera, sin que el artículo modifique su carácter de tal. Lo que ocurre es que en el primer ejemplo no hay antecedente expreso; en el segundo, sí; y la ausencia de antecedente ha hecho pensar a algunos que el artículo recobra su uso pronominal histórico. Pero no es que se sustantive únicamente el artículo, sino la oración entera que él encabeza. Es decir, *los que beben las dulces aguas del famoso Xanto* está en el mismo plano de sustantivación, por medio del artículo, en que se hallaría cualquier frase sustantiva del tipo de *los de Aragón, los del famoso Xanto, los sin trabajo, los habidos y por haber,* etc. Nótese además que en ningún caso pierde el artículo su carácter proclítico. Precisamente el español se distingue entre las lenguas modernas por la extensión que da a la sustantivación de frases con el artículo determinado, cuando otros idiomas tienen que emplear demostrativos, como el francés *celui* y el italiano *quello,* sobre todo con antecedente callado. En la oración *Los que nada saben todo lo creen saber,* habría que decir en francés *ceux qui;* pero en español moderno el uso de *aquellos que* es enfático, porque no se percibe la necesidad del sentido deíctico que nuestro demostrativo añade. He aquí algunos ejemplos clásicos en demostración de que el artículo basta para sustantivar la subordinada entera, sin recurrir a explicarlo como supervivencia del pronombre demostrativo en que tuvo su origen: *Siempre se desalaba | lo que se quiere comprar* (Lope de Vega, *La hermosa fea*, II, 4); *La mayor venganza del que es sabio | Es olvidar la causa del agravio* (Íd., *El desprecio agradecido*, I, 11); *Además de las palabras usa el hombre ... de gestos y de ciertos movimientos del rostro que contribuyen a dar mucha fuerza a la expresión, mucha gracia al que habla y mucho gusto al que oye* (Jovellanos, *Curso de Humanidades: Plan*).

3.20.5. Observaciones particulares. — *a*) Cuando el relativo *que* con artículo va acompañado de preposición, es frecuente que la preposición se anteponga al artículo y no al relativo. La anteposición de la preposición al artículo es generalmente potestativa, si hay antecedente expreso; v. gr., podemos decir: *Sé el blanco a que tiras*, o bien *Sé al blanco que tiras; Y revolviéndose por los demás, era cosa de ver con la presteza que los acometía* (Cervantes, *Quijote*, I, 19), o bien *la presteza con que*. En los dos ejemplos de Cervantes el antecedente atrae a la preposición.

b) Cuando no hay antecedente expreso no puede producirse tal atracción; toda la oración subordinada se siente entonces como término de la preposición, y por ello va esta delante del artículo; v. gr.: *No sabes de lo que soy capaz*, y no *No sabes lo de que soy capaz; Pocos entienden de lo que tratan*, y no *Pocos entienden lo de que tratan; Sé con lo que cuento*, y no *Sé lo con que cuento; Ya conoces al que me refiero*, y no *Ya conoces el* [asunto, hombre] *a que me refiero; Sabíamos con la que bailaría*, y no *Sabíamos la con que bailaría*. Se trata, repetimos, de una oración sustantivada por el artículo, que lleva la preposición obligadamente al principio por sentirse toda ella como término de dicha preposición. Las excepciones a la obligatoriedad de esta construcción son raras en la lengua clásica, y enteramente desusadas hoy [2].

De los pronombres relativos en particular

3.20.6. Que. — *a*) Este pronombre es invariable para el género y el número, y puede referirse a uno o varios antecedentes de persona o cosa; v. gr.: *Hoy..., tratándose de pintura, consideramos superflua la Magdalena penitente en el soberbio paisaje de Claudio Lorena, ... que*

---

[2] He aquí algunos ejemplos de *el en que* y *el con que* en textos literarios del Siglo de Oro: *Do se dice que aquella columna, que debía ser una de las con que se señalaban las millas, se levantó en el octavo consulado de Augusto* (Mariana, *Historia de España*, III, 23); *Concejo abierto se llama | El en que señor se escoge* (Moreto, *Los jueces de Castilla*, II, 6); *Hiciéronlo, y volví muy de mejor gana de la con que fui* (M. Alemán, *Guzmán de Alfarache*, II, 3, 5).

figura en el Prado (Azorín, *Madrid*, cap. XIII); *En ese frenesí comba-tivo, del que también participaba, sentía el latido anunciador de hechos que darían a las vidas de todos un nuevo cauce* (R. Castellanos, *Oficio de tinieblas*, cap. XVIII).

b) *Que* puede sustituirse por *el cual* en las explicativas, pero no en las especificativas. Así, podemos decir: *Los estudiantes, que estaban lejos, no veían la pizarra*, o bien: *Los estudiantes, los cuales estaban lejos, no veían la pizarra;* pero no podríamos hacer esta sustitución en *Los estudiantes que estaban lejos no veían la pizarra*, por tratarse de una especificativa que se refiere solo a los estudiantes que estaban lejos, y no a todos los estudiantes.

c) Cuando el relativo *que* sea complemento circunstancial, debe construirse con la preposición correspondiente a la índole del complemento; v. gr.: *Un oso con que la vida / Ganaba un piamontés* (Iriarte, *Fábulas: El oso, la mona y el cerdo*); *Se pasaron quince días en que no la vimos* (Cervantes, *Quijote*, I, 40); *La belleza de que estos objetos son susceptibles se cifrará en la excelencia, que no podrá ser otra que la intensidad y pureza del elemento de que constan* (Milá, *Principios de Literatura*, 1.ª parte, I, 2). Pero esta norma gramatical, sentida como aspiración por el hablante culto y el escritor en su deseo de expresión exacta, se infringe con mucha frecuencia en la rapidez del habla coloquial y aun en los textos literarios de todas las épocas. Con las infracciones más o menos sancionadas por el uso literario podemos formar los siguientes grupos:

1.º En nuestros clásicos se calla a veces la preposición si es la misma que lleva el antecedente; v. gr.: *Vino a dar en el más extraño pensamiento que jamás dio loco en el mundo* (Cervantes, *Quijote*, I, 1), donde se suprime la preposición *en* delante de *que; Nos vamos vestidos con los mismos vestidos que representamos* (*Ibíd.*, II, 11), sobrentendida la preposición *con* delante de *que*.

2.º Es muy general el uso de *que* sin preposición cuando el antecedente expresa circunstancias de tiempo o lugar; v. gr.: *Hace tres años que no lo veo*. He aquí unos cuantos ejemplos tomados de la *Gramática* de Bello, § 964: *En el lugar que fue fundada Roma, no se veían más que colinas desiertas y dispersas cabañas de pastores*, por *en el lugar en que; Al tiempo que salía la escuadra, el aspecto del cielo anunciaba una tempestad horrorosa*, por *al tiempo en que; Espadas largas que se esgrimían a dos manos, al modo que se manejan nuestros montantes* (Solís), por *al modo en que*. En el habla coloquial popular abundan los casos de este uso en frases que el habla culta evita y los gramáticos censuran como vulgarismos: *Le hicieron levantar del asiento que estaba; Te echarán del taller que trabajas*.

3.º No faltan ejemplos literarios en que se suprime la preposición *a* del dativo, o del acusativo de persona, cuando *que* va acompañado de un pronombre átono en el mismo caso; v. gr.: *Los gobiernos insula-nos no son todos de buena data ...; el más erguido y bien dispuesto trae consigo una pesada carga de pensamientos y de incomodidades que pone sobre sus hombros el desdichado que le cupo en suerte* (Cervantes, *Qui-jote*, II, 13), por *a quien cupo* (o *a quien le cupo*) *en suerte; Los pocos años de Leandra sirvieron de disculpa de su culpa, a lo menos con aque-llos que no les iba ningún interés en que ella fuese mala o buena* (*Ibíd.*, I, 51); *Y para alegrar la fiesta, | Un sargento de milicias | Que le falta media oreja | Viene...* (L. Fernández de Moratín, *La mojigata*, I, 3). En el habla coloquial y vulgar moderna es muy frecuente esta construc-ción; por ejemplo: *Uno que le llaman el Chato.* Pero los escritores tien-den a evitarla, a no ser que imiten intencionadamente el diálogo po-pular: *Yo no sé cómo puede haber cristianos que les guste vivir entre cerros o en pueblos de casas tapadas* (R. Gallegos, *Doña Bárbara*, 3.ª parte, cap. XII). Tampoco se admite en el lenguaje cuidado el uso popular de *que su* por *cuyo: Aquel hombre que su hijo está en África.*

3.20.7. Cual. — *a*) Es en su origen un adjetivo correlativo de *tal*, y conserva este valor siempre que se use sin artículo; p. ej.: *Cual la madre, tal la hija*, refrán en que se alude más bien a la cualidad o con-dición de las personas que a las personas mismas. Se usa como relativo equivalente a *que* cuando va precedido del artículo formando los grupos *el cual, la cual, lo cual, los cuales* y *las cuales*, y en general, en oraciones explicativas; v. gr.: *Estuvo esperando al despensero, el cual vino de allí a un poco* (Cervantes, *El celoso extremeño*). Como hemos dicho, la sus-titución de *que* por *el cual* es siempre posible en las explicativas; pero esta sustitución ofrece circunstancias que la favorecen o la dificultan.

b) En general, el empleo de *el cual* se recomienda como más ex-presivo cuando el relativo está alejado de su antecedente; p. ej.: *Nom-bróse una regencia de tres, encargada especialmente de tomar las dispo-siciones perentorias para trasladar al instante al Rey y su familia a la isla de León, y en la cual estuviese depositado el poder ejecutivo durante el viaje* (M. J. Quintana, *Cartas a Lord Holland*, carta IX); *Aparece, pues, con toda claridad establecido desde tan antiguo el gusto a esa clase de diversiones, el cual continuó luego sin interrupción y con creces* (Mar-tínez de la Rosa, *Apéndice sobre la comedia española*, época 1.ª).

c) Como el relativo *que* es proclítico, no suele quedar como pala-bra final del grupo fónico. Cuando la construcción del período lo sitúa en esta posición, tiende a ser sustituido por *el cual;* v. gr.: *Todo lo que pienso decir son sentencias del padre predicador que la Cuaresma pasada predicó en este pueblo, el cual, si mal no me acuerdo, dijo...* (Cervantes, *Quijote*, II, 5). De los recuentos estadísticos que se han realizado para determinar la frecuencia relativa de *que* y *el cual*, resulta que, cuando comienzan grupo fónico, *que* es mucho más frecuente que *el cual;* pero cuando van con preposición en comienzo de grupo fónico, la mayor frecuencia corresponde a *el cual: Hijo único de padres ricos, inteligente, instruido ..., un chico, en fin, al cual se le podría poner el rótulo social de brillante* (Galdós, *Fortunata y Jacinta,* 1.ª parte, cap. I, 1). En las especificativas, *que* domina absolutamente cuando no lleva preposición.

d) Las preposiciones que pueden preceder a *que* son proclíticas como él. Por esta causa hay gran vacilación, tanto en la lengua clásica como en la moderna, en el empleo de *que* precedido de preposición, y una visible tendencia a sustituirlo por *el cual,* aun en las especificativas. Ejemplos de especificativas: *Ello es que siempre quedará un gran número de personas para las cuales las diversiones sean absolutamente necesarias* (Jovellanos, *Memoria sobre los espectáculos y diversiones públicas,* 2.ª parte); *Mucho del contenido de Romeo y Julieta se halla en esta obra* [La Celestina], *y el espíritu según el cual está concebida y expresada la pasión es el mismo* (J. Valera, *Disertaciones: Sobre el Amadís de Gaula*). Es evidente que no habría dificultad lógica en decir, en estos dos ejemplos, *para las que* y *según el que,* respectivamente; pero los escritores y el uso general prefieren ordinariamente *para las cuales* y *según el cual.* Esta preferencia se debe a un motivo rítmico: al sucederse varias sílabas átonas, se busca un apoyo intensivo que no puede ser *que* sino *el cual.* Por esto los gramáticos coinciden en afirmar que la sustitución de *que* por *el cual* es especialmente frecuente con preposiciones bisílabas, o con locuciones prepositivas, como *por encima del cual,* y no *del que; de entre las cuales,* y no *de entre las que.* Con las preposiciones monosílabas la vacilación es mayor tratándose de especificativas, porque en ellas la preposición no encabeza grupo fónico. He aquí dos ejemplos, que transcribimos con la misma puntuación que les dieron sus autores: *Lo peor es que no entendió mucho de sus más principales lugares, ni tradujo muchas expresiones sin las cuales queda lánguido el poeta* (T. Iriarte, *Donde las dan las toman,* en *Obras,* ed. 1787, t. VI, pág. 11), especificativa encabezada por *sin; No se señaló cabeza a esta gente, contentándose el Cardenal con encargarles la buena correspondencia, sin la cual no hay empresa... que no se haga, no solo dificultosa, sino imposible* (C. Coloma, *Guerras de los Estados Bajos,* lib. XII), explicativa con la misma preposición. Ya quedó dicho al final del apartado anterior que en las explicativas con preposición en comienzo de grupo fónico, la mayor frecuencia corresponde a *el cual.*

3.20.8. Quien. — *a)* Este pronombre equivale a *el que, la que, los que, las que;* se refiere únicamente a personas o cosas personificadas. Según se dijo en la Morfología, desde el siglo xvi comenzó a usarse el plural *quienes,* que todavía no ha llegado a consolidarse por completo en el habla coloquial. En textos literarios modernos no es raro encontrar algún ejemplo de *quien* con antecedente plural; v. gr.: *Hay enten-dimientos en quien no cabe un adarme de Metafísica* (Menéndez Pelayo, *Heterodoxos*, III, 235); *No os podéis quejar de mí, / Vosotros a quien maté* (Zorrilla, *Don Juan Tenorio*, 2.ª parte, I, 3). Naturalmente, estos casos abundan entre los autores clásicos; p. ej.: *Dichosa edad y siglos dichosos aquellos a quien los antiguos pusieron nombre de dorados* (Cervantes, *Quijote*, I, 11).

b) Cuando tiene antecedente expreso, su uso no ofrece particularidades especiales, es decir, puede ser sujeto, predicado nominal y complemento de cualquier clase, con preposición o sin ella; pero no puede ser sujeto de una oración especificativa; de modo que no podemos decir *el niño quien viene, la señora quien ha entrado,* sino *el niño que viene, la señora que ha entrado,* respectivamente. Sin dificultad puede ser sujeto de una explicativa, como en: *Las gentes ... celebraron a Pan, quien en mar y tierra obró luego mayores prodigios* (J. Valera, *Dafnis y Cloe,* libro II).

c) Si no lleva antecedente expreso, tiene también los empleos generales de los demás relativos. Aunque no es siempre fácil deslindar el antecedente simplemente callado o sobrentendido del *relativo de generalización* que referimos a cualquier persona (v. § 3.20.3), las gramáticas establecen que el relativo de generalización (o implícito) no se usa más que como sujeto o como complemento predicativo de la subordinada, es decir, de su propia oración. Ejemplos: *Quien canta sus males espanta* (sujeto); *Hazlo, que a ello te obliga el ser quien eres* (complemento predicativo); *Yo no puedo ni debo sacar la espada ... contra quien no fuere armado caballero* (Cervantes, *Quijote*, II, 11), donde el relativo es sujeto de la subordinada; lo mismo ocurre en: *Si no tienes quien te escriba arábigo, dímelo* (*Ibíd.*, I, 40). De todas maneras, estas observaciones de las gramáticas no son más que indicaciones generales que dejan margen extenso a la interpretación de cada caso, puesto que los grados de generalización del relativo así llamado pueden ser muchos según el criterio del que los interpreta.

3.20.9. Cuyo. — *a*) Este vocablo tiene formas distintas para concordar en género y número con el sustantivo al que acompaña. Es el adjetivo posesivo de los pronombres relativos, como *mío, tuyo,* etc., lo son de los personales, y equivale por su significación a *de quien, del cual, de lo cual;* v. gr.: *Aquel cuya fuere la viña guárdela.* Se distingue además de los otros relativos en que enlaza siempre dos nombres, de los cuales el primero pertenece a la oración principal, y es el antecedente, mientras que el segundo pertenece a la subordinada, y expresa siempre persona o cosa poseída o propia de dicho antecedente. Así, al decir: *En negocios dudosos cuyas salidas son inciertas no pueden tener todos* *un parecer* (Cervantes de Salazar, *Crónica de la Nueva España*, V, 112), la principal es *en negocios dudosos no pueden tener todos un parecer*, y la subordinada adjetiva, *cuyas salidas son inciertas*. Es, pues, el vocablo *cuyo* relativo y posesivo a la vez, y concierta, como todos los posesivos, no con el nombre del poseedor, sino con el de la persona o cosa poseída.

b) El olvido del significado posesivo de *cuyo* motiva a veces su empleo como un relativo cualquiera, con lo cual se comete un error justamente censurado por los gramáticos. Es efectivamente disparatado decir: *Ayer fue detenido un individuo sospechoso, cuyo individuo no tiene domicilio fijo*, en vez de *que*, o *el cual, no tiene domicilio fijo*. Otros ejemplos de falso empleo de *cuyo*: *Una estatua de la Victoria se halló en las ruinas de Sagunto, cuya estatua he comprado*, en lugar de *la cual he comprado; Dos novelas te presté hace un año, cuyas novelas aún no han vuelto a mi poder*, en vez de *las cuales aún no han vuelto*, etc.

c) En la lengua moderna, *cuyo* se usa casi exclusivamente entre los dos sustantivos que relaciona, aunque pueden interponerse palabras o frases breves entre uno y otro; p. ej.: *Vimos un edificio al parecer antiguo, cuya puerta principal había sido tapiada*. Pero nuestros clásicos se permitían en esto mucha mayor libertad, intercalando varios complementos, y aun oraciones enteras, entre el antecedente y *cuyo*; v. gr.: *Acudieron luego unos a quitarle las ataduras, otros a traer conservas y odoríferos vinos, con cuyos remedios volvió en sí* (Cervantes, *Persiles*, I, 1); *Ha dicho los males que cometen estos de que habla, y por cuya causa Dios los castiga* (Fr. L. de León, *Exposición de Job*, 20); *El año luego siguiente, que se contó de 1426, vino a sazonarse la trama; en cuyo principio* [del año] *el rey de Castilla celebró las fiestas de Navidad en Segovia* (Mariana, *Historia de España*, XX, 15). Estos períodos largos y artificiosamente enlazados, no se usan hoy más que en estilo arcaizante deliberado.

d) Sobre el empleo vulgar de *que su* por *cuyo*, v. § 3.20.6c, 3.º

3.20.10. **Adverbios relativos.** — Los adverbios *donde, como, cuanto*, y alguna vez *cuando*, pueden sustituir a los pronombres relativos *que* y *el cual*, es decir, pueden introducir una subordinada adjetiva referida a un sustantivo cualquiera de la oración principal. Esta doble función, como pronombres relativos y como adverbios, hace que las subordinadas introducidas por ellos oscilen entre la subordinación adjetiva y la subordinación circunstancial, como veremos en el capítulo siguiente.

a) *Donde* se usa con un antecedente que exprese lugar: *La casa donde pasé mi niñez no existe ya; Está cerca el pueblo adonde vas; Bates los montes ...; / donde el cuerno, del eco repetido, / fieras te expone*

(Góngora, *Soledades*, dedicatoria). *Permita Dios, Hermán, que donde huyeres, | te acose infatigable sombra airada* (Hartzenbusch, *Poes.: La infanticida); la* palabra *donde* es aquí relativo de generalización. Con las preposiciones *de* y *por,* a menudo indica deducción o consecuencia: *De donde se deduce que...,* equivalente a *de lo cual se deduce que...; Una señal por donde conocí la intención de mi rival.* Se citan algunos ejemplos sueltos de *donde* con antecedente de tiempo: *Porque se llegaba la hora donde me convenía volver a salir de la sima* (Cervantes, *Quijote,* II, 23).

b) Como tiene el significado modal que corresponde a su origen, y se emplea con un sustantivo antecedente que denote *modo, manera, medio, procedimiento, arte,* etc.: *Estaban de acuerdo sobre la manera como había de entablarse la demanda.*

c) Cuanto es relativo de generalización: *Cuantos están de guarda, cuantos asisten al príncipe en sus cámaras y retretes, son espías de lo que hace y de lo que dice y aun de lo que piensa* (Saavedra Fajardo, *Empresa 13*). Sustituye a *lo que* cuando su antecedente es el relativo neutro *todo,* tácito o expreso: *Todo cuanto decía le parecía gracioso; Que coman y beban cuanto quieran.*

d) El empleo del adverbio *cuando* con valor relativo es muy poco frecuente; puede decirse, sin embargo: *Recordábamos los años cuando íbamos juntos a la escuela.*

3.20.11. **Concordancia de los pronombres relativos.** — *a)* Reiteradamente hemos dicho en este capítulo (v. § 3.20.1) que en las subordinadas adjetivas el relativo concierta con su antecedente en género y número, sin más excepción que *cuyo,* el cual por su significado posesivo concierta con el nombre de la persona o cosa propia o poseída (§ 3.20.9a).

b) Pero el cumplimiento de esta ley general de concordancia sufre una vacilación importante, tanto en el habla usual como en los textos literarios: cuando la oración principal es de predicado nominal, el verbo subordinado puede concertar con los relativos *el que* y *quien,* o bien con el sujeto de la principal. Así, decimos, p. ej., *Yo soy el que habló primero,* o *yo soy el que hablé primero; Tú eres el que ha dicho eso,* o *Tu eres el que has dicho eso; Vosotros sois quienes más ganarán en ese trato,* o *Vosotros sois quienes más ganaréis en ese trato,* etc. La concordancia con el relativo es la más usada; pero la concordancia con el sujeto de la principal es también frecuente, tanto en la lengua hablada como en la escrita. El siguiente pasaje de Cervantes (*Quijote,* I, 29) demuestra la posibilidad de una y otra construcción en dos oraciones coordinadas de relativo que se suceden inmediatamente: *Yo, Dorotea, soy el que me hallé presente a las sinrazones de don Fernando y el que aguardó oír el sí que de ser su esposa pronunció Luscinda*, donde en la primera oración de relativo concierta el verbo *hallé* con *yo*, pero en la segunda, ya no concierta con *yo* sino con *el que*. Otros ejemplos del mismo autor y obra: *Yo soy, digo otra vez, quien ha de resucitar los de la Tabla Redonda* (I, 20), concordancia en tercera persona con el relativo; *Don Quijote soy, ... el que profeso socorrer y ayudar en sus necesidades a los vivos y a los muertos* (II, 55), concordancia en primera persona con el sujeto de la principal. La abundancia con que aparecen documentadas las dos concordancias en los textos de todas las épocas, evidencia que hemos de tener a ambas como gramaticalmente posibles y correctas.

c) Cuervo (nota 110 a la *Gramática* de Bello) hizo ver que la concordancia del verbo subordinado con el sujeto pronominal de primera o segunda persona de la principal, denota a menudo una actitud afectiva por parte del hablante, que la hace más propia del estilo apasionado y fervoroso. En cambio, la concordancia en tercera persona pertenece generalmente al estilo lógico-discursivo. En el ejemplo aducido por Bello-Cuervo: *Tú eres la que dijiste / en el balcón la otra tarde: / Tuya soy, tuya seré / y tuya es mi vida, Zaide* (Lope de Vega, *Romance de Zaide*), sentimos enseguida que la densidad expresiva concentrada en el sujeto *tú*, se debilitaría con la construcción *tú eres la que dijo*, que distraería la atención usando dos expresiones gramaticales distintas. Igualmente la expresión exclamativa: *¡Nosotros somos los que vencimos!*, tiene más intensidad afectiva que *¡Nosotros somos los que vencieron!* Se trata, pues, de una preferencia estilística posible, que deberá ser valorada en la explicación de cada texto concreto. Todo depende de que en la mente del que habla, las personas primera y segunda se identifiquen objetivamente con una tercera, o bien que por su relieve subjetivo impongan aquellas su concordancia al verbo subordinado. Compárense las oraciones: *Yo soy el que dijo* y *Yo soy el que dije; Tú eras la que hablaba tanto* y *Tú eras la que hablabas tanto; Vosotros fuisteis los que se quedaron en casa* y *Vosotros fuisteis los que os quedasteis en casa*, etc.

3.21. SUBORDINACIÓN CIRCUNSTANCIAL. I

3.21.1. Observaciones generales. — *a*) Clasificaremos las oraciones subordinadas circunstanciales con criterio principalmente semántico. Las denominaciones tradicionales con que las agrupamos y distinguimos unas de otras (v. § 3.17.5) aluden a la clase de relaciones que por su significado guardan con la oración principal del período de que forman parte. En las subordinadas sustantivas y adjetivas, hasta aquí estudiadas, atendíamos sobre todo a su función sintáctica y a la estructura gramatical que se deriva de su función. Al estudiar ahora los diferentes grupos de las subordinadas circunstanciales, tienen que aparecer con frecuencia zonas intermedias de delimitación dudosa entre unos y otros grupos. Por ejemplo, muchas oraciones comparativas de modo podrían incluirse sin dificultad en las modales o en las comparativas, puesto que participan de los caracteres de ambas. Asimismo el adverbio de tiempo *cuando*, y el de lugar *donde*, pueden introducir la prótasis de un período condicional: *Donde no*, o *cuando no, conmigo sois en batalla*. Por supuesto, estas interferencias, que son numerosas, serán señaladas en su lugar correspondiente; pero se mencionan aquí para hacer ver que nuestros grupos de subordinadas circunstanciales no tienen la rigidez de una clasificación lógica cuyos miembros se excluyan entre sí.

b) En el presente esbozo de su nueva Gramática, la Real Academia Española introduce algunas modificaciones en el cuadro general de clasificación de las oraciones compuestas, como habrá visto el lector en el § 3.17.5. Los cambios con respecto a las ediciones anteriores son los siguientes: 1.º Las *oraciones finales*, que antes figuraban entre las subordinadas sustantivas a título de «complementarias indirectas», pasan ahora a constituir un grupo de subordinadas circunstanciales. 2.º Igualmente incluimos entre las subordinadas circunstanciales, todas las que en ediciones anteriores constituían un grupo especial de subordinadas sustantivas, las complementarias circunstanciales del verbo principal. 3.º Las *causales* y las *consecutivas* se dividían en coordinadas y subordinadas, siguiendo la pauta de la Gramática latina. Ahora forman sendos grupos de subordinadas circunstanciales. En los lugares correspondientes, explicaremos por medio de notas los motivos de estas modificaciones que coinciden con la práctica habitual en las gramáticas modernas de todas las lenguas romances.

3.21.2.   Oraciones circunstanciales de lugar. — Se unen a la principal por el adverbio correlativo *donde* y se refieren a un antecedente que no siempre se expresa. Son un caso particular de las oraciones adjetivas, con las cuales se confunden cuando el antecedente es un sustantivo o un pronombre. Si digo: *Esta es la casa en que nací*, expreso mi pensamiento con una oración de relativo; y si sustituyo en ella el complemento *en que* por el adverbio *donde*, y digo: *Esta es la casa donde nací*, enuncio una subordinada circunstancial, como en estos ejemplos: *Había en el centro de la villa una gran plaza, donde los indios hicieron el último esfuerzo* (Solís, *Conquista de México*, I, 18); *Ha montado una taberna / donde acude el señorío* (García Lorca, *La zapatera prodigiosa*, II).

a)   La lengua antigua y clásica empleaba con frecuencia *do* en vez de *donde*, como interrogativo y como relativo; v. gr.: *Demandó ... dó lo podrie fallar* (*Mio Cid*, v. 1311). Ha desaparecido del habla usual moderna, pero subsiste más o menos como palabra literaria; v. gr.: *A la una* [estábamos] *en la posada, todos calados del lado derecho, de do soplaba el vendaval* (Jovellanos, *Diarios*, 19 abril 1795). El mismo uso literario conservan *do quiera* o *doquiera* con el significado de «en cualquier parte», y su forma apocopada *doquier;* v. gr.: *Yo prometo solemnemente que do quiera que esté seré un defensor entusiasta de este Madrid* (A. Ganivet, *Los trabajos de Pío Cid*, t. I, trabajo I); *Pero tú, persuadida de lo que vales, / sin pagarte de elogios ni de suspiros, / ... / vas trazando doquiera rápidos giros* (N. Alonso Cortés, *Briznas: Carnavalesca*); [Los espectadores de la plaza de toros] *empinaban doquier la estallante bota* (A. Reyes, *Cielo azul*, cap. VII). Es especialmente usada la expresión *por doquier(a)*, «por todas partes»; v. gr.: *Pues por do quiera que voy / va el escándalo conmigo* (Zorrilla, *Don Juan Tenorio*, acto I, esc. 12); *Los racimos penden áureos por doquier* (Azorín, *Valencia: Blanes y Senta*). El mismo empleo literario tiene hoy el compuesto de *donde*, *donde quiera* o *dondequiera: Estos hechos se repiten en Europa dondequiera que pueden producirse* (Menéndez Pidal, *La España del Cid*, 1.ª parte, cap. I); *Sombra, triste compañera, / inútil, dócil y muda, / que me sigues dondequiera / pertinaz, como la duda* (M. Machado, *El mal poema: A mi sombra*).

b)   El antecedente de *donde* puede ser, además de un sustantivo, un adverbio de lugar: *Allá es donde vamos;* un pronombre neutro: *Esto me dijo, por donde conocí en seguida su intención;* el concepto general expresado por una oración entera: *En Roncesvalles está el cuerno de Roldán, tamaño como una grande viga, de donde se infiere que hubo doce pares* (Cervantes, *Quijote*, I, 49). Muchas veces el antecedente se calla por innecesario: *Voy donde me llaman*. Otras veces es adrede indeterminado, como relativo de generalización equivalente a «cualquier lugar»: *Donde las dan, las toman; Adonde fueres, haz lo que vieres; Donde no hay harina, todo es mohína*.

c) Con verbos que expresan movimiento, *donde* puede llevar las preposiciones correspondientes: *a donde* y *adonde* señalan el lugar del movimiento. Su uso es indistinto, como es fácil de probar con autoridades de todas las épocas; y ambas grafías se confunden asimismo con la forma simple *donde* [1]. *De* y *desde donde* indican el lugar de procedencia u origen: *—¿De qué rumbo viene usted ahora? —De donde corre el Negro Cimarrón* (R. Castellanos, *Oficio de tinieblas*, cap. XXIX); *De el sublime asiento | Desde donde a sus pies ve las estrellas, | Quietud impone al mundo* (L. Fernández de Moratín, *Oda a la Virgen, con motivo de la fiesta de Lendinara*); *de donde* expresa también deducción o consecuencia: *De donde se deduce que...* Por *donde* denota el lugar de tránsito: *Pasó por donde estábamos;* y también significa deducción o consecuencia: *El pífano y los tambores volvían a sonar, por donde entendieron que la dueña dolorida entraba* (Cervantes, *Quijote*, II, 37). *Hacia donde* muestra la dirección del movimiento: *Apresuré los pasos acudiendo | Hacia donde el rumor me encaminaba* (Ercilla, *Araucana*, canto XXVI). *Hasta donde* indica el término del movimiento: *Hasta allí penetrará, hasta donde penetrare su amor* (Ávila, *Libro de la Eucaristía*, tratado XIII).

d) El lugar de estancia, permanencia o reposo se expresa por *en donde*, y más corrientemente por el simple *donde;* v. gr.: *Mandan toda la tierra en donde son los más fuertes* (Quintana, *Vidas de españoles célebres: El Cid*); *La posada donde nos hospedábamos no existe ya* (o *en donde*).

e) El adverbio *donde* seguido de un nombre de persona o de lugar indica elípticamente el sitio en que se halla o está la persona o lugar de

---

[1] Bello sugirió la conveniencia de distinguir entre sí las grafías *a donde* y *adonde*. La Real Academia Española, aceptando la sugerencia de Bello, recomienda, pero no preceptúa, la distinción siguiente:

1.º *Adonde*, con antecedente expreso: *Aquella es la casa adonde vamos; La tierra de promisión, adonde todos en esta vida caminamos por el desierto de la penitencia, es la perfección de la caridad* (Fr. L. de Granada, *Adiciones al Memorial*, I, 9).

2.º *A donde*, con antecedente tácito: *Se vino a donde Don Quijote estaba* (Cervantes, *Quijote*, I, 3); *Llegaron los embajadores a donde iban* (Mariana, *Historia de España*, II, 10); *Venían a donde yo estaba, a ver si mandaba algo* (*Celestina*, IX).

La recomendación académica no se ha cumplido ni se cumple de hecho en el habla oral y escrita moderna: véase Diccionario Histórico de la Lengua Española, art. *adonde*.

que se trata; v. gr.: *Voy donde mi tío; La calle que usted busca está donde la iglesia, a mano derecha; Compré este paraguas donde los Almacenes X.* Esta construcción es frecuentísima en el lenguaje oral de Hispanoamérica y muchas provincias del norte, noroeste y sur de España, y además se halla abundantemente documentada en los clásicos; p. ej.: *Ninguno de los criados entraban donde su señora, y solas las dos dueñas y la doncella la servían* (Cervantes, *La ilustre fregona*).

f) Para *donde no* en las oraciones condicionales, véase el § 3.22.6a.

3.21.3. Oraciones temporales. — Denotan estas oraciones el tiempo en que se verifica lo significado en la oración principal, y corresponden a un adverbio de tiempo o locución equivalente. Son correlativas, lo mismo que las de lugar, y pueden reducirse a oraciones de relativo cuyo antecedente sea un adverbio, locución o nombre que indique tiempo. Los vocablos relativos que empleamos como conjunciones temporales son: *cuando, cuanto, como* y *que.* Las locuciones conjuntivas están formadas por preposiciones o adverbios seguidos del pronombre relativo *que,* como veremos luego.

a) La relación temporal en que se hallan la oración principal y la subordinada se expresa fundamentalmente por los *tiempos* de sus verbos respectivos. La secuencia temporal de uno y otro verbo se rige por la misma ley que expusimos al tratar de las subordinadas sustantivas (v. § 3.19.6). Pero como la misión esencial de las oraciones que nos ocupan es precisamente la de situar temporalmente la oración principal en relación con la subordinada, puede ocurrir que los tiempos del verbo sean insuficientes para expresar determinados matices de dicha relación. Así los nexos conjuntivos no se limitan a su papel de enlace, sino que sirven además para indicarnos si las acciones expresadas en el mismo *tiempo* (o en tiempos distintos que puedan ser coincidentes) se conciben como simultáneas o como sucesivas, y si la sucesión es mediata, inmediata o reiterada. En la fijación de los matices temporales concurren en cada caso la naturaleza desinente o permanente de la acción y el aspecto perfecto o imperfecto del tiempo verbal empleado.

b) La *simultaneidad* de las acciones expresadas por los verbos principal y subordinado se enuncia ordinariamente por medio de *cuando, mientras, mientras que, mientras tanto, en tanto que, tanto ... cuanto, cuanto, en cuanto, entre tanto que.* Ejemplos: *Cuando paso por lo oscuro del cobertizo, mis pasos me suenan a pasos de hombre* (García Lorca, *Yerma,* II, esc. 2); *Cuando salíamos llegó una visita de cumplido* (Benavente, *Modas,* esc. 12); *Mientras la nieve se descolgaba, el viejo Eloy pensó que la vida es una sala de espera* (M. Delibes, *La hoja roja,* cap. VIII); *Salió al encuentro de don Quijote enarbolando una horquilla o bastón, con que sustentaba las andas en tanto que descansaba* (Cervantes, *Quijote,* I, 52); *Duró esta persecución cuanto el calor de la rebelión y la furia de las venganzas* (Mendoza, *Guerra de Granada,* 1). Si los tiempos del verbo no pueden ser simultáneos, *cuando* pasa a significar anterioridad inmediata: *Cuando la última partecilla orgánica se hubo soltado, todo fue piedra en el conjunto* (J. E. Rodó, *Motivos de Proteo,* cap. CXVIII); *Cuando lo hube mirado suficientemente, atendí a la conversación* (R. Güiraldes, *Don Segundo Sombra,* cap. II). Lo mismo ocurre tratándose de acciones perfectivas que lógicamente deben sucederse: *Cuando lo vea le daré un abrazo.*

c) La *sucesión inmediata* tiene gran variedad de nexos conjuntivos: *en cuanto, apenas, apenas ... cuando, aun apenas, aun no, no, no bien, ya que, luego que, así como, así que, tan pronto como,* etc.: *Así que escuchaba mentar la palabra tisis, desfallecía de miedo* (R. Pérez de Ayala, *Troteras y danzaderas,* ed. 1923, pág. 8); *Aún apenas lo había acabado de decir, cuando se abalanza el pobre ciego* (*Lazarillo,* trat. 1.º); *Un solo obispado existía en la Nueva España... erigido desde 1519, luego que se tuvo noticia de los primeros descubrimientos hechos en aquella provincia* (J. García Icazbalceta, *Fray Juan de Zumárraga,* cap. III); *Iba con frecuencia a ver a sus padres, mas lo descuidó tan luego como hubo conocido ... a ... Josefa* (Unamuno, *Paz en la guerra,* cap. I).

d) La *simple sucesión* más o menos *mediata,* se expresa a menudo por *primero que,* y *antes (de) que,* si es de anterioridad. La de posterioridad, por *después (de) que. Desde que* indica el punto de partida del verbo subordinado; *hasta que,* el término del mismo. Ejemplos: *Dígaselo antes de que sea muy tarde para él* (C. Fuentes, *La región más transparente: Rosenda*); *Pero tengo que emprender mi camino antes que la noche se me eche encima* (García Lorca, *La zapatera prodigiosa,* II); *Después que la gallina tiene pollos, poco reposa* (Herrera, *Agricultura general,* V, 20); *Que a fe que primero que le vuelvan a mi poder, me han de sudar los dientes* (Cervantes, *Quijote,* II, 26).

e) Para el uso de *cuando no* en las oraciones condicionales, véase el § 3.22.6a.

3.21.4.   El subjuntivo en las oraciones temporales. — Las subordinadas temporales se construyen en modo subjuntivo siempre que denoten acción futura en relación con la principal. Por esto, según explicamos en el § 3.14.7d, la lengua moderna rechaza generalmente, por incorrectas o dialectales, frases como *Cuando llegará el tren los saludaremos,* y sustituye el futuro de indicativo por el presente de subjuntivo: *Cuando llegue el tren los saludaremos.* En textos medievales y clásicos aparecen ejemplos de futuro de indicativo en la subordinada; pero hoy tales casos quedan fuera de la lengua literaria, y su uso está confinado a las hablas populares de ciertas regiones. El uso del subjuntivo en la subordinada no se limita a los casos en que el verbo de la principal sea un futuro morfológico, sino que es válido siempre que la acción subordinada esté vista en perspectiva de futuro, ya sea desde el presente, ya desde un momento pasado. Ejemplos literarios modernos: —*Di, añadió, ¿para qué es ese garabato que está en ese madero? —El verdugo dijo que para poner su cabeza después que fuese degollado* (M. J. Quintana, *Vidas de españoles célebres: Don Álvaro de Luna*). *Quiere que sea embajador en el Vaticano así que subamos al poder* (Blasco Ibáñez, *El Papa del mar*, parte 2.ª, IV); *Luego que hayan ustedes comido, alargaré mi paseo hasta allá* (Galdós, *Gloria*, 1.ª parte, cap. XXXII); *Ya sabrían encontrar y aprovechar* [las diversiones] *cuando la joven anduviera de compras o visitando monumentos* (A. Carpentier, *El siglo de las luces*, cap. II); *Repetía de memoria, así que la ocasión... se lo permitiera, la parábola de San Lucas* (E. Mallea, *Todo verdor perecerá*, cap. II). Las subordinadas introducidas por *antes (de) que* llevan siempre el verbo en subjuntivo: *Antes que te cases, mira lo que haces; Antes de que Julián se resolviese a dar al niño el vaso casi lleno, el marqués había aupado al mocoso* (E. Pardo Bazán, *Los pazos de Ulloa*, cap. II).

3.21.5. **Oraciones modales.** — Corresponden a los adverbios de modo y son también correlativas, como las de lugar y de tiempo. Se unen a la principal mediante el adverbio *como* o la locución *según que*. Con *como* puede callarse el antecedente, y con la locución *según que* puede callarse *que*.

A. *Como.* — *a*) Este relativo puede tener como antecedente un adverbio de modo o un sustantivo, como *manera, modo, arte, procedimiento*, u otros de significado parecido; v. gr.: *Se portó noblemente, como convenía a su caballerosidad*, donde *como* se refiere al adverbio *noblemente; Este es mi mandamiento, que os améis unos a otros, así como yo os amé* (Granada, *Guía*, II, 16, 1), *como* se refiere al adverbio *así; El principal intento era comunicar y tratar con él la manera cómo pondrían en libertad a sus nietos* (Mariana, *Historia de España*, XIV, 5); *El modo como esto pasó te contaré más despacio cuando otra vez nos veamos* (Cervantes, *Galatea*, 5).

b) Puede callarse el antecedente, tanto si es un sustantivo como si es el adverbio *así*. Cuando es un sustantivo, toma el adverbio *como* la preposición que aquel debería llevar caso de ir expreso; v. gr.: *En lo que toca a como has de gobernar...* (Cervantes, *Quijote*, II, 43), que es como si dijera: *en lo que toca al modo como has de gobernar*. Con el adverbio *así* omitido: *Será* [*así*] *como usted diga* (G. García Márquez, *El coronel no tiene quien le escriba*, ed. 1968, pág. 38).

c)	Cuando se calla el antecedente queda el adverbio *como* enlazando las dos oraciones, que pueden tener un mismo verbo o verbos diferentes. Si los verbos son diferentes, se expresan los dos; v. gr.: *Yo visito las plazas como vuestra merced me lo aconseja* (Cervantes, *Quijote*, II, 51); *Pocas cosas son como parecen, principalmente las políticas* (Saavedra Fajardo, *Empresa 46*). Si el verbo es el mismo, puede repetirse, aunque lo más común es expresarlo solo en la principal; v. gr.: *Si como tardó tres días tardara tres semanas, el caballero de la Triste Figura quedara tan desfigurado que no lo conociera la madre que lo parió* (Cervantes, *Quijote*, I, 26); *Los días y las noches se conciertan como dos hermanas para servir al hombre* (Granada, *Símbolo*, I, 5, 1).

d)	La locución modal *como para* seguida de infinitivo indica adecuación a un fin o consecuencia reales o supuestos. Escasean los ejemplos en textos de la época clásica; abundan, en cambio, en la conversación y en la lengua escrita de hoy; v. gr.: *Con esto, y como para consolarse algo, desenlazó el cordón de su vestido y sacó del pecho un rico guardapelo* (J. Valera, *El pájaro verde*, cap. II); *Y sus ojos se cerraron blandamente como para reconcentrarse ella en sí misma* (*Ibíd.*, cap. V); *Lo que te he dicho no es como para que me contestes de esa manera.*

e)	Las locuciones «*como que* + indicativo» (rara vez subjuntivo) y «*como si* + subjuntivo» expresan el modo de una acción mediante su semejanza con otra imaginaria; v. gr.: *Respira tan suave como si tuvieras una rosa entre los dientes* (García Lorca, *Yerma*, I, esc. 1); *Llorabas como si te mataran* (M. Delibes, *Cinco horas con Mario*, cap. VI); *Haciendo una profunda reverencia a los Duques, como que les pedía licencia para hablar,* ... *dijo* (Cervantes, *Quijote*, II, 32); *Parecía como que la locomotora, salida de sus rieles, se abría paso entre la masa humana* (J. Martí, *Obras*, ed. 1946, pág. 1305); *Cuando al Poniente / llega el sol, perfuma / el aire... Y parece / como que un cariño / flota en el ambiente* (M. Machado, *Caprichos: Puente Genil*).

B.	*Según*. — *a*)	Es preposición cuando va delante de nombres o pronombres de cosa o de persona, con el significado de «conforme a», «de acuerdo con», «con arreglo a»; *según la ley; según eso; según lo acordado; según Aristóteles; según la afirmación de usted*, etc.

b)	Adquiere carácter de adverbio relativo de modo: *Trabajamos según nos mandaron; Según veremos en el capítulo siguiente; Todo quedó según estaba; Pero anda, / Que ya está lleno el salón, / Según crece la algazara / De la gente* (Bretón, *La escuela de las casadas*, III, 1); *La cabeza sin toca ni con otra cosa adornada que con sus mesmos cabe-*

llos, que eran sortijas de oro, según eran rubios y enrizados (Cervantes, *Quijote*, II, 49). Forma por sí solo una expresión oracional elíptica que denota eventualidad o contingencia; v. gr.: *Iré o me quedaré, según; ¿Te gustaría asistir? —Según.*

c) *Según que* es una locución adverbial de modo, como en *según que lo prueba la experiencia.* También es locución adverbial de tiempo que denota progresión paralela de la acción principal y de la subordinada: *Según que avanza la estación, aprieta más el calor.* En ambos casos puede suprimirse *que* sin alteración del sentido. Así, en los ejemplos anteriores podemos decir *según lo prueba la experiencia* y *según avanza la estación...*

d) Úsanse también las locuciones *según y como* y *según y conforme,* equivalentes a «de igual suerte o manera que»; v. gr.: *Se lo diré según y como* (o *y conforme*) *tú me lo dices; Todo te lo devuelvo según y como* (o *y conforme*) *lo recibí.* Ambas locuciones pueden usarse como expresiones oracionales elípticas para indicar eventualidad o contingencia: *Eso será según y como (o según y conforme).*

3.21.6. **Oraciones comparativas.** — Son aquellas en que expresamos el resultado de la comparación de dos conceptos que, mirados desde el punto de vista del *modo, cualidad* o *cantidad* de los mismos, se nos ofrecen como semejantes, iguales o desiguales. Son también correlativas, como las que venimos estudiando. Las *comparativas de modo* no deben confundirse con las adverbiales de la misma denominación, aunque se les parezcan mucho. La diferencia entre ellas estriba en que en estas la subordinada se refiere a un adverbio o nombre de la oración principal, al paso que en las comparativas se ponen en parangón las dos oraciones. Estudiaremos estas oraciones según la clasificación que sigue:

A) Comparativas de modo.
B) Comparativas de cantidad...... $\left\{\begin{array}{l}\text{De igualdad o equivalencia.} \\ \text{De desigualdad.....} \left\{\begin{array}{l}\text{Superioridad.} \\ \text{Inferioridad.}\end{array}\right.\end{array}\right.$

A) COMPARATIVAS DE MODO. — Denotan todas igualdad o semejanza cualitativa entre los dos conceptos oracionales comparados. La subordinada se relaciona con la principal mediante el adverbio conjuntivo *como,* y también por el relativo *cual.* El primero lleva generalmente como antecedente los demostrativos *así, bien así, tal;* el segundo suele llevar *tal* o *así.*

1. *Como.* — a) Con este adverbio se construye generalmente delante la oración subordinada o relativa; v. gr.: *Como el pobre, que el día que no lo gana no lo come, así tú, el día que no te dan este socorro de*

devoción, quedas ayuno y flaco (Granada, *Guía*, II, 17); *Como los cuerpos crecen poco a poco y presto se acaban, bien así caemos fácilmente, y apenas en largo tiempo nos levantamos* (Roa, *Vida de doña Sancha Carrillo*, I, 9). Pero puede ir también detrás; v. gr.: *Entre el hierro español así se lanza, | Como con gran calor en agua fría | Se arroja el ciervo en el caliente estío* (Ercilla, *Araucana*, 3).

b)   Puede omitirse el demostrativo y queda *como* estableciendo por sí solo la comparación; v. gr.: *Algunos son tan delicados y quebradizos, que, como a las redomas de vidrio, un soplo los forma y un soplo los rompe* (Saavedra Fajardo, *Empresa 30*).

c)   Otros sintagmas con el adverbio *como*: *así como ... así; como... así también; como ... así bien; así como ... así también*. Ejemplos: *Así como la gravedad y peso de las cosas es compañera de la prudencia, así la facilidad y liviandad lo es de la locura* (Granada, *Guía*, II, 15); *Tiene particular fuerza la noche, como para adormecer los cuerpos, ansí también para despertar las almas y llevarlas a que conversen con Dios* (Fr. L. de León, *Exposición de Job*, 4); *Es cosa averiguada que, como en las demás provincias, así bien en España se trocó grandemente la manera de gobierno* (Mariana, *Historia de España*, IV, 16).

2.   *Cual. — a*)   Contrapuesto a *tal* y también a *así*, se emplea en las comparaciones, principalmente en poesía, tanto con valor de adjetivo como de adverbio; v. gr.: *Cuales contrarias aguas a toparse | Van con rauda corriente sonorosa..., | Así a nuestro escuadrón forzosamente | Le arrebató la bárbara corriente* (Ercilla, *Araucana*, 9), donde *cual* tiene significado de adverbio. En cambio, en el refrán *Cual la madre, tal la hija*, tiene valor adjetivo. *Cual* con valor de adverbio se contrapone también a otros adverbios o complementos de modo; v. gr.: *Cual cae de la segur herido el pino, | Con no menor estruendo a tierra vino* (Ercilla, *Araucana*, 10).

b)   El uso de *cual* como equivalente de *como* es en la lengua moderna menos frecuente que entre los clásicos, y pertenece exclusivamente al estilo literario; v. gr.: *Barbarita se había acostumbrado a los ruidos de la vecindad, cual si fueran amigos* (Galdós, *Fortunata y Jacinta*, 1.ª parte, cap. VI, 3); *En París, cual en Madrid, hay una Ribera de Curtidores, o sea, el Quai de la Mégisserie* (Azorín, *Madrid*, cap. VI).

B)   COMPARATIVAS DE CANTIDAD. — 1. *a*)   Difieren estas oraciones de las de modo en que expresan el resultado de la comparación entre dos conceptos oracionales, considerados bien desde el punto de vista de la intensidad o grado de los mismos, o bien de su número o cantidad. Las oraciones comparativas de cantidad pueden ser de *igualdad* o *equivalencia* y de *desigualdad*.

b) Si la comparación de igualdad se refiere a la cualidad, empleamos comúnmente la fórmula sintáctica *tal … cual.* Si la comparación se refiere a la cantidad, usamos el sintagma *tanto … cuanto.* En vez de *cual* y *cuanto,* puede emplearse también el adverbio *como,* que puede sustituir a los dos. Ejemplos: *Cual es María, tal hija cría* (refrán), donde *cual* podría sustituirse por *como.* Con el antecedente callado: *El entierro y las honras fueron cuales se puede pensar, con toda muestra de majestad y solemnidad* (Mariana, *Historia de España,* IX, 13); es decir, *tales cuales.* Comparación referida a la cantidad: *Y que tanto no te amé / Cuanto agora te aborrezco* (Gil Polo, *Diana,* 4). Con las formas apocopadas *tan(to)… cuan(to): Quedó tan preso de mis amores, cuanto lo dieron bien a entender sus demostraciones* (Cervantes, *Quijote,* I, 28); *Tan lejos de parecer rústico cabrero, cuan cerca de mostrarse discreto cortesano* (*Ibíd.,* 52). En los tres ejemplos, *cuan(to)* podría sustituirse por *como.*

c) Las locuciones *igual … que, lo mismo que,* enlazan comparativas de igualdad; v. gr.: *Sostuvo con igual serenidad que discreción las amenazas y preguntas de aquel tigre* (Quintana, *Vidas de españoles célebres: Miguel de Cervantes); El hábito del Carmen que llevaban lo mismo convenía a la rica que a la pobre* (Hartzenbusch, *Historia de dos bofetones).*

2. *Comparativas de desigualdad.* — *a)* Se enlazan mediante la conjunción relativa *que,* la cual se refiere a los adverbios *más* o *menos* de la oración principal que siempre le preceden, y denota la no igualdad o falta de equivalencia cuantitativa o cualitativa entre las dos oraciones, ya con respecto a dos términos distintos de ellas, ya con respecto a uno solo común a ambas. Así, en *Se ofrecen a mi remedio más inconvenientes que estrellas tiene el cielo,* los términos *inconvenientes* y *estrellas* pertenecen cada uno a su respectiva oración; al paso que en *Voy más veces a tu casa que tú vienes a la mía,* el sustantivo *veces* pertenece a las dos oraciones, y se calla en la subordinada por sobrentenderse después del *que.* Y no solo debe sobrentenderse después de la conjunción *que* el término común con respecto al cual se establece la comparación, sino todos aquellos que vengan expresos en la oración principal, y no tengan otros análogos que se les contrapongan en la subordinada. Así, por ejemplo, en *Juan dio ayer a tía Pepa más pesetas que anteayer,* la segunda oración queda reducida al adverbio *anteayer* y tiene sobrentendidos el sujeto, el verbo y los complementos directo e indirecto, que son los mismos que van expresos en la primera.

b) Los esquemas sintácticos a que se ajustan las comparativas de desigualdad coinciden con los que estudiamos en la Morfología (§ 2.4.9) y en la Sintaxis (§ 3.9.12*a*) en la gradación de las oraciones simples, o sea:

Superioridad… $\begin{cases} \text{más … que (de)} \\ \text{adjetivo comparativo … que (de).} \end{cases}$

Inferioridad... $\left\{\begin{array}{l} menos \ ... \ que \ (de) \\ \text{adjetivo comparativo} \ ... \ que \ (de). \end{array}\right.$

Ejemplos: *Dasе la mejor vida del mundo, habla más que seis y bebe más que doce, todo a costa de su lengua y de su mono y de su retablo* (Cervantes, *Quijote*, II, 25); *La caza y los pasatiempos más han de ser para los holgazanes que para los gobernadores* (*Ibíd.*, 34); *Dionisófanes hizo, al oír tales palabras, mayores exclamaciones aún que las que Megacles había hecho* (Valera, *Dafnis y Cloe*, libro IV); *Tenía menos dinero del que le hacía falta; Escribía el trágico judío portugués de Amsterdam que el hombre libre en nada piensa menos que en la muerte* (Unamuno, *Del sentimiento trágico de la vida*, cap. III).

c)   Las locuciones *tanto más ... cuanto que* (o *cuanto más*) son de uso frecuente en la lengua literaria; p. ej.: *Era muy justo que el Perú se opusiera en guarda de sus intereses y su seguridad, tanto más cuanto que la expresada división se hallaba a las órdenes del mismo General Sucre* (J. de Arona, *Páginas diplomáticas del Perú*, cap. I); *No hay orgullo más mal fundado que el que se arregla por el nacimiento. Tanto más cuanto que eso de las genealogías es difícilmente comprobable* (A. Castro, *Lengua, Enseñanza y Literatura: Algunos aspectos del siglo XVIII*); *Tanto más lo compadecemos cuanto más y mejor sentimos su semejanza con nosotros* (Unamuno, *Del sentimiento trágico de la vida*, cap. VII).

3.22. SUBORDINACIÓN CIRCUNSTANCIAL. II

3.22.1. Oraciones finales. — Se llaman así las que expresan el fin o la intención con que se produce la acción del verbo principal [1]. Las locuciones conjuntivas usuales son *a que, para que, a fin de que.* Ejemplos: *Se determinó a llevársele consigo, a que el Arzobispo le viese* (Cervantes, *Quijote*, II, 1); *Para que lo sepas, un día con otro gastamos cerca de cinco duros en el cafetito dichoso* (A. Díaz Cañabate, *Lo que se habla*

---

[1] Según indicamos al comienzo del capítulo anterior, la *Gramática* de la Real Academia incluía las oraciones finales entre las subordinadas sustantivas que hacen oficio de complemento indirecto del verbo principal. Inducía a considerarlas así el uso que hacemos de las preposiciones *a* y *para* como introductoras de complementos indirectos del verbo en la oración simple, que en latín exigían el caso dativo. Esta razón de paralelismo entre el complemento indirecto, o dativo, de la oración simple y las subordinadas finales de la compuesta, introducidas también por *a* o *para* con el *que* subordinante, conducía a pensar que las subordinadas finales habían de ejercer igualmente el papel de dativo o complemento indirecto del verbo principal. Sin embargo, si el lector repasa nuestro capítulo de las preposiciones, verá que *a* y *para* (§ 3.11.5a y *ll*) desempeñan en castellano otras muchas funciones, además de la de introducir el complemento indirecto. Entre ellas, la de indicar el destino o fin de la acción que expresa un verbo de movimiento; p. ej.: *Voy a Buenos Aires, Salimos para Sevilla, Vuelvo a mi patria.* En sentido figurado, el movimiento denota inclinación, propósito, aspiración, tendencia: *Aspira a capitán, Estudia para médico, Se inclina a la benevolencia.* Si el término de la preposición es un infinitivo, tendremos las oraciones finales: *Vengo a pagar, Salí a observar, Estudia para aprender.* Si el verbo regente precede a un verbo en forma personal, *a* y *para* llevan la conjunción *que: Vengo a que me paguen, Lo repetiré para que te enteres*, etc. En uno y otro caso tenemos el esquema de las oraciones finales, que no son más que el resultado del régimen de los verbos de movimiento material o espiritual, con *a* o *para.* El fin o propósito que expresa la subordinada no tiene nada que ver con el complemento indirecto o dativo del verbo principal, sino que enuncia una circunstancia, en un plano mental análogo a las subordinadas causales, modales, consecutivas, condicionales, etc. Al rectificar la Academia la opinión de las ediciones anteriores, no hace más que adherirse a la práctica de los romanistas. Y no solo en las gramáticas de las lenguas romances se considera como circunstanciales a las subordinadas de que tratamos, sino que en las mismas gramáticas latinas de nuestro tiempo va cundiendo la tendencia a abandonar el carácter completivo indirecto con que estudiaban a las oraciones finales, y a incluirlas asimismo entre las «circunstanciales», a pesar de que en latín el cambio de doctrina ofrecía dificultades mayores que en las lenguas modernas.

por ahí: El vicio del café); *Era preciso que Norma fuera a esta y a todas
las bodas ... a fin de que ... la presencia de Federico Robles se dejara
sentir en todos los ámbitos del mundo escogido como el del éxito* (C. Fuentes, *La región más transparente*, 2: *Ciudad de los Palacios*). Alguna vez
se emplea también *porque: Porque veas, Sancho, el bien que en sí encierra
la andante caballería ... quiero que aquí a mi lado ... te sientes* (Cervantes, *Quijote*, I, 11). Este uso intermedio entre causal y modal se explica
por las significaciones vacilantes de la preposición *por*, la cual entra
en la composición de *porque* (v. § 3.11.5m). En los textos clásicos se
hallan casos dudosos del uso de *como* entre final y modal: *Que él le
daría lugar y tiempo como a sus anchas pudiese hablar a Camila* (Cervantes, *Quijote*, I, 33).

a)   Cuando los verbos principal y subordinado tienen el mismo
sujeto, el subordinado va en infinitivo, se omite el *que* subordinante,
y la relación final se expresa solo por medio de las preposiciones *a* o
para o la locución prepositiva *a fin de;* p. ej.: *Levantaba, a pesar suyo,
la cabeza a mirar a Tigre Juan* (R. Pérez de Ayala, *El curandero de su
honra*, ed. 1930, pág. 17); *No lo uso* [el sombrero] *para no tener que
quitármelo delante de nadie* (G. García Márquez, *El coronel no tiene
quien le escriba*, ed. 1968, pág. 73); *Y a fin de poner este hecho en su
punto ..., vamos a hacer aquí breves reflexiones* (M. A. Caro, *Poesías de
Menéndez Pelayo*, cap. VI).

b)   Si ambos verbos tienen sujeto diferente, el subordinado va
necesariamente en subjuntivo, porque el fin de una acción implica un
sentimiento de deseo o indeseo, y por lo tanto, de irrealidad modal.
Ejemplos: *Es un amigo, no una amiga, para que se entere* (M. Delibes,
La hoja roja, cap. IX); *Al despedirme y darme las gracias, explica como
puede su actitud, para que no haya malas interpretaciones* (J. J. Arreola,
Confabulario: Parturient montes); *Algo importante había ocurrido, para
que sus colores pudieran salir a la luz* (C. Fuentes, *La región más transparente: Rodrigo Pola*); *Es ... todo ello incompleto, desconcertado y al
desgaire, a fin de que no se malogre el carácter de «exudación espontánea»
que el autor atribuye a su obra* (J. Casares, *Crítica efímera: Miscelánea:
«Juventud y egolatría» por Pío Baroja*).

c)   La oración principal puede construirse delante o detrás de la
subordinada final, como hemos comprobado en los ejemplos que se
citan en este párrafo.

3.22.2.   Oraciones causales. — 1.   Las subordinadas de esta especie son complementarias circunstanciales que expresan la causa, razón
o motivo de la oración principal. Sus nexos conjuntivos son los vocablos y locuciones siguientes: *que, pues, ca* (en la época arcaica), *pues*

que, porque, puesto que, supuesto que, de que, ya que, como, como que.
Entre ellas, solo *que* es primitiva, junto a la antigua *ca* (lat. *quia*); *porque* y *de que* se han formado con las preposiciones *por* y *de; pues* proviene de la preposición latina *post; pues que, ya que,* son expresiones temporales primitivas que se usan también con significado causal; *puesto que* y *supuesto que* fueron en su origen frases absolutas con participio, usadas con valor condicional y causal; *como* y *como que* son significados traslaticios del adverbio de modo *como.* Parece seguro, además, que *como* seguido de subjuntivo procede de un cruce con el uso temporal y causal que en latín tuvo la conjunción *cum: Como fuesen muy pocos tuvieron que rendirse.* A estas locuciones conjuntivas hay que añadir: *como quiera que, por razón de que, en vista de que, visto que, por cuanto, a causa (de) que,* y otros giros que ocasionalmente han usado los escritores[2]. Es de notar que las preposiciones *de* y *por* tienen a menudo significado causativo cuando introducen un complemento nominal: *contento por el éxito; satisfechos de su comportamiento.* Por esto se unen fácilmente con *que* para formar expresiones conjuntivas *(de que, porque)* que introducen subordinadas causales de uso muy frecuente.

2.   *Ejemplos de subordinadas causales.* — a)   *Que: Calla y ten paciencia, que de ahí vendrá donde veas por vista de ojos cuán honrosa cosa es andar en este ejercicio* (Cervantes, *Quijote,* I, 18); *Éntrome aquí, que llueve* (J. Montalvo, *Siete tratados: El cura de Santa Engracia);*

---

[2]   La Real Academia Española ha modificado su punto de vista con respecto a las oraciones causales, incluyéndolas todas en el grupo de las subordinadas circunstanciales. Como es sabido, la Gramática latina distinguía con claridad las *causales coordinadas* de las *causales subordinadas:* las primeras llevaban las conjunciones *nam, enim, etenim;* las segundas se introducían por medio de *quod, quia, quoniam, quare.* A su imitación las gramáticas de nuestra lengua estudiaban separadamente coordinadas y subordinadas causales, y definían sus diferencias del modo siguiente: «las coordinadas causales expresan la causa lógica del efecto que se indica en la oración principal, mientras que sus homónimas subordinadas dan a conocer el motivo o la causa real»; con lo cual no hacían más que traducir lo que las gramáticas latinas dicen a este respecto. En latín funcionaba bien esta distinción, porque se apoyaba en dos series diferentes de conjunciones, que eran su signo lingüístico. Pero el romance no conservó más que una sola conjunción latina, *que,* y tuvo que formar todas las demás borrando la distinción latina. Así resulta que las dos conjunciones causales castellanas más usuales *(que* y *porque)* están catalogadas en nuestras gramáticas a la vez como coordinantes y subordinantes; las demás van distribuidas, sin explicación, entre los dos grupos. A poco que el lector se esfuerce en interpretar los ejemplos que siguen, podrá comprobar que las diferencias latinas son inoperantes en español. Por último, uno de los caracteres más salientes de las conjunciones coordinantes consiste en que, además de unir oraciones, unen también elementos análogos de una misma oración simple (§ 3.18.1*a*). Como quiera que esta función no pueden desempeñarla las causales españolas, sobran razones para fundir en un grupo único de *circunstanciales* todas las oraciones de que venimos tratando.

No alce la voz, que pasa la ronda y podrían oírnos (Valle-Inclán, *Sonata de invierno*, ed. 1933, pág. 81).

b) *Porque: No te pido que me perdones, porque yo, en tu caso, no perdonaría ..., pero sí que procures olvidar* (A. Nervo, *Cuentos misteriosos: El héroe*); *Yo le suplico que espere, porque su presencia es necesaria para desenredar este lío* (M. Azuela, *El búho en la noche*, II); *Lo pensará hasta que advierta con extrañado encanto que no ha penetrado nada, porque está caminando sobre espuma* (P. Laín Entralgo, *La generación del noventa y ocho*, cap. V).

c) *Pues y pues que: Ya para mí se ha oscurecido el día; | y pues en las tinieblas me lamento, | llora conmigo, Amor, la pena mía* (F. de Herrera, *Poes.*, lib. I, elegía XVII); *Séanos lícito decir sus buenas partes, ... pues que hemos dicho ya sus tiranías y crueldades* (Inca Garcilaso, *Hist. del Perú*, ed. 1944, I, pág. 56); *Todo otro hombre, que es un hipnotizado también, pues que la vida es sueño, busca razones de su conducta* (Unamuno, *Del sentimiento trágico de la vida*, cap. VI).

d) *De que: De que mi señora la duquesa haya escrito a mi mujer Teresa Panza ... estoy muy satisfecho* (Cervantes, *Quijote*, II, 51). *Yo me duelo de que se ahorque a una mujer* (Galdós, *Los Apostólicos*, cap. XX); *Que le dé gracias a Dios de que haya un zonzo que jale con el engendro* (C. Fuentes, *La región más transparente: Ciudad de los Palacios*).

e) *Ya que: Ondas feroces, | Sed justas una vez: ya que la tierra | Muda consiente que la hueste impía | De Marte asolador brame en su seno, | Vosotras algún día | Vengadla sin piedad* (Quintana, *Al mar*, oda); *Javier escribe que ya que está en París se va a llegar unos días a Londres* (R. Gómez de la Serna, *Automoribundia*, cap. II); *A la puerta de la cárcel | no me vuelvas a llorar; | ya que no me quitas penas, | no me las vengas a dar* (canción popular).

f) *Como: Como era milicia de tanta estimación, todos procuraban tenerla en su favor* (Moncada, *Expedición*, 63); *Como el señor Vergara insinuara anteriormente la idea ..., nuestro Plenipotenciario rebate el cargo* (J. Arona, *Páginas diplomáticas del Perú*, cap. III); *Como rodó una piedra, salí a ver si te pasaba algo* (C. Alegría, *El mundo es ancho y ajeno*, cap. VIII).

g) *Como que y como quiera que:* La oración causal introducida por *como que* va ordinariamente después de la oración principal: *De la versión del Testamento Nuevo... hemos tomado muchas de las reflexiones que dejamos hechas, como que contienen una doctrina muy sólida e importante* (Scío, *Biblia*, disert. prel., 2, § 3); *El ingeniero encargado de las Fábricas no debe omitirlas* [las revistas] *oportunamente para formar su estado y noticia del Ingeniero Comandante, como que ha de firmar las relaciones de pagamento* (*Ordenanza de la Real Armada,* 1772, art. 88); *Como que toda la colonia es tuya, todos te saludan* (C. Fuentes, *La región más transparente: Meceualli*); *Allí, como que las nubes son más bajas y las gentes tristes. La tierra no da nada, solo tunas y desolación* (*Ibíd.: El lugar del ombligo de la luna*). En el diálogo se usa en respuestas y réplicas que dan la causa o razón por la que se dice o hace algo: —*¿Es posible?* —*Como que yo lo vi* (L. Fernández de Moratín, *El médico a palos,* I, esc. 2). La locución *como quiera que* se escribe también *comoquiera que.* Tuvo en la Edad Media significado concesivo [3]; pero desde el siglo XVI fue consolidando el sentido causal con que hoy la usamos; v. gr.: *El caballo del Rey don Rodrigo, su sobreveste, corona y calzado sembrado de perlas y pedrería fueron hallados a la ribera del río Guadalete; y como quier que no se hallasen algunos otros rastros dél, se entendió que en la huida murió, o se ahogó a la pasada del río* (Mariana, *Historia de España,* VI, 23); *Como quiera que este carbón despide un humo espeso, ... resulta de aquí que el aire que en ella se respira es muy perjudicial* (L. Fernández de Moratín, *Obras póstumas,* t. I: *Apuntaciones sueltas de Inglaterra,* cap. XXVII).

h) *Puesto que* y *supuesto que:* La primera de estas locuciones tiene hoy significado causal; v. gr.: *Puesto que está usted en las mismas condiciones que yo, le voy a decir que soy muy desgraciado* (P. Baroja, *La sensualidad pervertida,* 5.ª parte, cap. II); *Bueno, puesto que no me atrevo a moverme ..., me quedaré quieto aquí hasta mañana* (*Ibíd.,* 7.ª parte, cap. XV). En los clásicos aparece a menudo con valor concesivo: *Yo sé, Olalla, que me adoras, / puesto que no me lo has dicho, / ni aun con los ojos siquiera, / mudas lenguas de amoríos* (Cervantes, *Quijote,* I, 11). La locución *supuesto que* se usa modernamente, según los casos, con significado causal o condicional. Compárense los dos ejemplos siguientes: *Se determinó que aguardáramos a ver lo que decía el Alcalde, para citar al Cura y a otros vecinos, a fin de convenir en lo que debería hacerse, supuesto que el Gobierno estaba procediendo inconstitucionalmente* (J. M. Groot, *La junta vecinal,* cap. I), sentido causal; *¿Y qué le importa a usted, supuesto que tan de veras aborrece la sociedad?* (Bretón, *Los solitarios,* esc. 10), sentido condicional.

3.22.3. **Oraciones consecutivas. Primer tipo.** — La relación causal entre dos juicios puede a menudo invertirse señalando a uno como consecuencia del otro. Si decimos: *No será grave su dolencia, pues*

---

[3] *E como quier que por algunos Grandes del Reyno fuese tentado e requerido ... nunca él lo quiso fazer* (F. Pérez de Guzmán, *Generaciones y semblanzas,* cap. IV).

anoche lo vi en el teatro. enunciamos un período causal, que puede
enunciarse también como consecutivo diciendo: *Anoche lo vi en el
teatro; pues no será grave su dolencia.* Es muy frecuente que las oraciones consecutivas se formulen por simple yuxtaposición, sin nexo
conjuntivo alguno; v. gr.: *Al dinero y al interés mira el autor; maravilla
será que acierte* (Cervantes, *Quijote*, II, 4). El enlace oracional queda
confiado a la entonación y a la duración de la pausa, que por lo general
es relativamente mayor que en oraciones asindéticas de otros tipos.
En todo caso, en las oraciones consecutivas se acentúa la indistinción
entre los períodos yuxtapuesto, coordinado y subordinado, que repe-
tidamente hemos señalado en otras ocasiones [4].

a) Las conjunciones y locuciones conjuntivas más usuales son las
siguientes: *pues* (que también es causal), *luego, conque, por consiguiente, por tanto, por lo tanto, por esto* (o *eso*), *así que, así pues.* Ejemplos: *Pienso, luego existo; Gasta más de lo que tiene; por consiguiente,
no tardará mucho en arruinarse; Sé más de libros de caballerías que de
las súmulas de Villalpando; ansí que, si no está más que en esto, seguramente podéis comunicar conmigo lo que quisiéredes* (Cervantes, *Quijote*, I, 47); *No tiene mucho que digamos: dos millones; yo tengo uno;
conque ya ves que para mí no es una ganga* (M. Tamayo y Baus, *Lo
positivo*, I, esc. 5).

b) Estas conjunciones se llaman también *ilativas* porque se emplean como enlaces extraoracionales que denotan consecuencia de la
oración que las precede inmediatamente o de todo el contexto anterior; v. gr.: *Pues entre esas ... debe de estar, amigo, esta por quien te
pregunto* (Cervantes, *Quijote*, II, 9); *Luego ¿venta es esta?* (*Ibíd.*, I, 17);
*Así que quitar al propietario esta elección es menguar la más preciosa
parte de su propiedad* (Jovellanos, *Ley Agraria: Estorbos políticos o
derivados de la legislación*, § V).

c) Las conjunciones *pues, por (lo) tanto, por consiguiente,* se emplean además en las transiciones como *continuativas,* para continuar
y apoyar la oración o el contexto, y se hallan a menudo, bien al principio de su oración, bien intercaladas en ella: *Repito, pues, que esa y
no otra fue la causa del alboroto; Convengamos, por lo tanto, en que...*
La conjunción *pues* se emplea especialmente con este valor enfático;
v. gr.: *Pues, como iba diciendo; ¡Pues no faltaba más!* La usamos también sola para dar una respuesta afirmativa; v. gr.: *—¿Conque dices*

---

[4] Las mismas razones que han movido a la Real Academia a englobar
las causales en un solo grupo de *circunstanciales*, aconsejan reunir en grupo
único las consecutivas, ateniéndose al criterio semántico expuesto al comienzo
del capítulo anterior. Por otra parte, las conjunciones consecutivas (como las
causales) no pueden unir elementos análogos de una misma oración, que es el
carácter peculiar de las conjunciones coordinantes.

*que te quiere mal? —Pues; —Escribidme una carta, señor Cura. | —Ya
sé para quién es. | —¿Sabéis quién es, porque una noche oscura | nos vis-
teis juntos? —Pues* (R. Campoamor, *Doloras: ¡Quién supiera escribir!*).

3.22.4. Segundo tipo. — Por su construcción hay que considerar
aparte un grupo de consecutivas que la Gramática tradicional ha estimado como consecutivas «subordinadas», a diferencia de las que acabamos de estudiar, las cuales se miraban como «coordinadas». Estas
oraciones expresan la consecuencia de una acción, circunstancia o
cualidad indicada en la oración principal, a la que se unen por medio de
la conjunción *que*, la cual se refiere a los antecedentes *tanto, tan, tal, de
modo, de manera, así,* generalmente expresos en la principal. Ejemplos:

a) *Tanto, tan ... que: Menudearon sobre don Quijote aventuras
tantas que no se daban vagar unas a otras* (Cervantes, *Quijote*, II, 58);
*Pero no apoques tu ánimo tanto que te vengas a contentar con menos que
con ser adelantado* (*Ibíd.*, I, 7); *Y miran tan confusos lo presente |
Que voces de dolor el alma siente* (R. Caro, *A las ruinas de Itálica*); *La
vida está tan bien arreglada, tan bien calculada, que las cosas se hacen
maquinalmente* (P. Baroja, *La ciudad de la niebla,* parte 1.ª, cap. VII).

b) *Tal ... que: De los nuestros, ..., murieron veinte y siete sin
cerca de otros treinta heridos, tal que apenas había cincuenta hombres
que pudiesen pelear* (C. Coloma, *Guerras de los Estados Bajos,* 10); *Las
audacias de pensamiento y expresión de Juanito eran tales, que llegó a
saberlas su padre* (Unamuno, *Paz en la guerra,* cap. I); *Tal me habló,
que no supe qué responderle.*

c) *Así ... que: Estaba así impaciente y enojado, | Que mirarle a la
cara nadie osaba* (Ercilla, *Araucana,* 11); *Cuya grandeza, color, verrugas
y encorvamiento así le afeaban el rostro, que en viéndole Sancho comenzó
a herir de pie y de mano como niño con alferecía* (Cervantes, *Quijote,* II,
14). Por cruce con el caso del apartado *a*, se ha formado la locución
conjuntiva *tan(to) es así, que;* p. ej.: *El hombre harto propende a la
verdad; ... tan es así, que yo a veces dudo si la residencia de los afectos es
el corazón o el vientre* (R. Pérez de Ayala, *Troteras y danzaderas,*
ed. 1923, pág. 237).

d) *De modo que, de manera que, en grado que* y otras locuciones parecidas: *Yo la castigaré de modo que de aquí adelante no se desmande*
(Cervantes, *Quijote,* II, 57); *Que hay delitos de manera | Que ellos mis-
mos se castigan | Aun con el fruto que engendran* (Calderón, *Los tres
mayores prodigios,* II). Se omite a veces el antecedente *modo, manera,*
etcétera, y queda solamente *que* indicando la consecuencia; v. gr.: *Toca
una guitarra que la hace hablar* (Cervantes, *Quijote,* II, 19).

3.22.5. Oraciones condicionales. — Con estas oraciones hacemos depender el cumplimiento de lo enunciado en la principal de la realización de la subordinada: *Llámese, si fuere posible, a la sabia Urganda* (Cervantes, *Quijote*, I, 5); *Si tuviese dinero, me compraría esta casa* (J. M. Salaverría, *Retratos: Pío Baroja*). El período condicional, llamado también hipotético, consta, como se ve en los ejemplos anteriores, de dos oraciones relacionadas mediante la conjunción *si.* Una de ellas, la que expresa la condición, es la subordinada y se llama *hipótesis,* y más comúnmente *prótasis;* la principal enuncia el resultado o consecuencia, y recibe el nombre de *apódosis* [5]. La forma de expresión del período hipotético varía según que la *prótasis* se enuncie en modo indicativo (I) o en modo subjuntivo (II). El uso de las distintas formas verbales en la prótasis o en la apódosis del período condicional ha sido suficientemente explicado en los capítulos que dedicamos al empleo de cada uno de los tiempos del indicativo y del subjuntivo (en especial en los §§ 3.14.1, 3.7.9 y 10, y 3.15.6,7,8 y 9). A ellos remitimos al lector, a fin de evitar repeticiones innecesarias.

Esquema de las formas del período condicional

I. Prótasis en indicativo....... *a)*

II. Prótasis en subjuntivo......
- *b)* Cuando denota acción presente o futura.
- *c)* Cuando denota acción pretérita.
- *d)* Cuando el verbo subordinado está en futuro simple o perfecto.

I. *Prótasis en indicativo.* — *a)* Cuando la prótasis está en modo indicativo, no pueden figurar en ella los tiempos futuros. No podemos decir *si vendrá...,* o *si habrá venido...* Sustituye al primero el presente *(Si viene le recibiremos),* y al segundo, el pretérito perfecto compuesto *(Si ha venido le recibiremos);* de esta manera adquieren el significado de futuro simple y futuro perfecto, respectivamente. Tampoco pueden usarse en la prótasis los condicionales simple y perfecto. Sería incorrecto decir *si vendría...,* o *si habría venido...* Uno y otro son sustituidos respectivamente en la prótasis por el imperfecto y el pluscuamperfecto de subjuntivo *(Si viniera, viniese, hubiera o hubiese venido, le recibiríamos);* pero existe en la lengua hablada una clara tendencia a emplear también el imperfecto y el pluscuamperfecto de indicativo

---

[5] En rigor *prótasis* es la primera parte del período, y *apódosis* la segunda, por lo que en casos como *Vendrá mañana, si es que puede* el nombre de prótasis convendría a la consecuencia y el de apódosis a la condición. Pero como lógicamente la condición es previa a la consecuencia, y como el orden más frecuente en el uso lingüístico coincide con esta prelación, empleamos siempre *prótasis* para la condición y *apódosis* para la consecuencia, cualquiera que sea su colocación respectiva en cada ejemplo concreto.

(si venía ..., si había venido). Todos los demás tiempos del indicativo
se usan en la prótasis, con excepción del pretérito anterior *(hubo
venido)*, que en la actualidad no puede figurar más que en oraciones
temporales. En resumen, el esquema sintáctico de los tiempos posibles
en el período hipotético es el siguiente: *Prótasis:* Cualquier tiempo del
indicativo, menos el pretérito anterior, los dos futuros y los dos condicionales. *Apódosis:* Imperativo; cualquier tiempo del indicativo,
menos el pretérito anterior; cualquier tiempo del subjuntivo, menos
los futuros.

Ejemplos: *Si no me despierto, quién sabe lo que pasa* (A. Uslar-
Pietri, *Catorce cuentos venezolanos: El prójimo*); *Si tienes miedo, te
acompañaré hasta la esquina* (García Lorca, *Yerma*, III, esc. 1); *Si se
pierden algunas naves, Torres lo había profetizado* (Torres Villarroel,
Los ciegos de Madrid, pronóstico de 1732, dedicatoria); *Si los asesinos
querían entrar, yo le hubiera defendido* (Valle-Inclán, *Los cruzados de la
causa*, cap. XVII); *¿Y qué importaría que los autores médicos no nos
manifestasen la incertidumbre de su arte, si sus perpetuas contradicciones
nos la hacen patente?* (Feijoo, *Teatro crítico*, I, disc. V, § V).

II.   *Prótasis en subjuntivo.*   Cuando la prótasis está en modo subjuntivo, no se emplea en ella más que el imperfecto (formas *-ra* o
-se), si denota acción presente o futura; y el pluscuamperfecto, si
denota acción pasada. He aquí los esquemas sintácticos para uno y
otro caso:

b)   Presente y futuro: *Prótasis:* Imperfecto de subjuntivo (formas
-ra y *-se*). *Apódosis:* Forma *-ra* del imperfecto de subjuntivo y el
condicional simple.

Ejemplos: *Si los embates del mundo ... no dificultasen el sosteni-
miento de ese orden, bastaría tomar nuestra vida en dos instantes cualesquiera de su desenvolvimiento* (J. E. Rodó, *Motivos de Proteo*, cap. II);
*Si en el seno de algún pueblo católico cundiera tan abominable vicio, se
estremecieran de horror aun las potestades del infierno* (J. Montalvo,
Siete tratados, t. I, ed. 1882, pág. 326); *¡Si tú y yo no afanáramos por
ahí —saltó el Bizco dirigiéndose a la vieja—, lo que comiéramos nosotros!* (P. Baroja, *La busca*, 3.ª parte, cap. IV); *Todo esto que ahora tiene
tan poca importancia, si yo me muriese la adquiriría quizá muy grande*
(A. Palacio Valdés, *Maximina*, cap. XXI); *Si yo me convirtiera en pez
luna, tú te convertirías en ola de mar o en alga* (García Lorca, *El público: Reina romana*).

c)   Pretérito: *Prótasis:* Pluscuamperfecto de subjuntivo, en sus
dos formas. *Apódosis:* Forma *-ra* del pluscuamperfecto de subjuntivo y condicional perfecto o simple.

Ejemplos: *Señor, qué tonto hubiera andado yo, si hubiera escogido en
albricias los despojos de la primera aventura* (Cervantes, *Quijote*, II, 12);

Mira, Sancho, yo bien te señalaría salario si hubiera hallado en alguna de las historias ... ejemplo (Ibíd., II, 7); *Si al Sarrabal no le hubieran anticipado la muerte las puñaladas ... hubiera pasado por esta crujía* (Torres Villarroel, *Los pobres del hospicio de Madrid, pronóstico de 1736*); *Si solo hubiéramos llegado a Veracruz ... la figura del héroe no se habría destruido* (F. Benítez, *El Rey Viejo: El amanecer*).

d) Prótasis en futuro de subjuntivo. En los §§ 3.15.8 y 3.15.9, tratamos del desuso creciente de estos tiempos, tan frecuentes en la literatura clásica como raros en la lengua moderna. Cuando aparecen en el período hipotético, su forma se ajusta al siguiente esquema:

Prótasis: Futuro simple o perfecto de subjuntivo. *Apódosis:* Presente o futuro de indicativo, una oración exhortativa o el condicional simple.

Ejemplos: *Pero si Filis por aquí tornare, / Hará reverdecer cuanto mirare* (Garcilaso, *Égloga III*); *No me llamaría yo Reinaldos de Montalbán, si en levantándome de este lecho no me lo pagare* (Cervantes, *Quijote*, I, 27); *Si me dijere que aquella sentencia no es probable poco ni mucho ..., salga Hipócrates a mi defensa* (Feijoo, *Teatro crítico*, I, disc. V, § VI); *Si así lo hiciereis, Dios os lo premie, y si no, os lo demande* (fórmula de juramento).

3.22.6. **Otros vocablos y giros condicionales.** — Además de la conjunción *si*, el período hipotético se vale de otros vocablos y locuciones. Los más frecuentes son los que a continuación reseñamos:

a) *Cuando* y *como* se usan con valor condicional: *Mujer, te compro un rico aderezo / como me des ese gusto* (Martínez de la Rosa, *Los celos infundados*, I, esc. 11); *Comuníqueme usted sus penas, ... que, como pueda aliviarlas, debe usted esperarlo así de mi amistad* (Bretón, *A la vejez viruelas*, I, esc. 1); *Cuando les faltase el valor que es propio de los hombres, no les faltaría la ferocidad de que son capaces los brutos* (Solís, *Conquista de México*, I, 19). Las locuciones elípticas *donde no* y *cuando no* equivalen a *si;* v. gr.: *Sin verlo lo habéis de creer, confesar, afirmar, jurar y defender; donde no, conmigo sois en batalla, gente descomunal y soberbia* (Cervantes, *Quijote*, I, 4).

b) Como quedó explicado en el cap. 3.16, las formas no personales del verbo, solas o unidas a otros vocablos, adquieren con frecuencia significado condicional; v. gr.: *De errar la cura, solo se arriesga la salud temporal del cuerpo* (Feijoo, *Teatro crítico*, I, disc. V, adición al § XI); *Habiendo vacío, se turbaría toda la armonía del Universo (Ibíd.*, V, disc. XIII, § II); *Puesto en él algún cuerpo grave, no podría moverse hacia el centro (Ibíd.).*

c) Úsanse también como locuciones conjuntivas condicionales
*siempre que, ya que, caso (de) que: Mañana comeré en tu casa, siempre
que tú comas hoy en la mía; Ya que tu desgracia no tiene remedio, llévala
con paciencia; Caso que venga, avísame.*

d) Lo mismo ocurre con otras locuciones formadas por la preposición *con* y el relativo *que*, solos o con los adverbios *tal* y *solo*, es decir,
con tal que, con solo que y *con que*; v. gr.: *Les dijo que, con tal que le ase-
gurasen de hacerlo así, sería contenta* (Quintana, *Vidas de españoles
célebres: Don Álvaro de Luna*); *Yo te perdono la ofensa que me has hecho,
con solo que me prometas y jures que* ... *la cubrirás con perpetuo silencio*
(Cervantes, *La fuerza de la sangre*); *Yo te perdono con que te enmiendes,
y con que no te muestres de aquí adelante tan amigo de tu interés* (Íd., *Quijote,* II, 28).

e) Las oraciones de relativo con el verbo en subjuntivo equivalen
a veces a una prótasis condicional; v. gr.: *La verdad que diga, respondió
Sancho, las desaforadas narices de aquel escudero me tienen atónito* (Cervantes, *Quijote,* II, 14); *El bien que viniere para todos sea, y el mal,
para quien lo fuere a buscar* (*Ibíd.,* I, 20); o sea *si viniere algún
bien,* etc.

3.22.7. Oraciones concesivas. — *a*) En el período concesivo, la
subordinada expresa una objeción o dificultad para el cumplimiento de
lo que se dice en la oración principal; pero este obstáculo no impide
su realización. Si decimos, p. ej., *Aunque llueva, saldré,* enunciamos el
cumplimiento de la acción principal, *saldré,* negando eficacia al obstáculo que representa la subordinada *(aunque llueva).* Es como una condición que se considera desdeñable e inoperante para la realización del
acto. Las oraciones concesivas tienen, por consiguiente, semejanza de
sentido con las condicionales. Por otra parte, el período concesivo
opone dos juicios contrarios, como las coordinadas adversativas. Lo
que se expresa mediante coordinación adversativa: *Me ha ofendido
profundamente, pero sabré perdonarle,* puede formularse también por
medio de subordinación concesiva: *Aunque me ha ofendido profundamente, sabré perdonarle.* Este parentesco lógico explica el parentesco
histórico entre la coordinación adversativa y la subordinación concesiva: varias conjunciones *(aunque, aun)* y giros conjuntivos se han
usado y se usan indistintamente en ambos tipos oracionales.

b) Las subordinadas concesivas pueden hallarse en indicativo o
en subjuntivo. En el primer caso se afirma la existencia efectiva de un
obstáculo para el cumplimiento de lo enunciado en la principal; pero
la dificultad se rechaza por ineficaz: en *Aunque llueve, saldré,* la lluvia
es un hecho real. Cuando el verbo subordinado está en subjuntivo, la

dificultad se siente solo como posible: *Aunque llueva, saldré*, la lluvia es una dificultad posible.

3.22.8. Conjunciones y locuciones concesivas.

— Las conjunciones y locuciones concesivas ofrecen gran variedad, sin contar con que los escritores pueden emplear ocasionalmente muchas que no están catalogadas en las gramáticas. Nos limitaremos a dar una lista de las más usuales, seguida de algunos ejemplos, preferentemente modernos.

a) *Aunque* (compuesta de *aun* y *que*) es la de uso más frecuente. Se usan con menos frecuencia: *así, si bien, aun cuando, como, siquiera, ya que, a pesar de que, bien que, mal que*. Es muy usada la forma *por... que* con un adverbio o adjetivo intercalado. Ejemplos: *Aunque fue Cuba el primer país de lengua española que construyó ferrocarriles, su red de comunicaciones terrestres es deficientísima* (E. J. Varona, *De la Colonia a la República*, cap. XV); *Aunque te quedes solo en el mundo, siempre tendrás a tu madre para hacerle confidencias* (C. Fuentes, *La región más transparente: Rodrigo Pola*); *Nunca te temí ni te adulé, aun cuando necesitaba de tu real plata* (Torres Villarroel, *El altillo de S. Blas, pronóstico del año 1737*, prólogo); *El conde de Urgel para no venir alegó que estaba doliente, como a la verdad pretendiese con las armas apoderarse de aquel reino* (Mariana, *Historia de España*, lib. XX, cap. 4). *No paso por Madrid así me aspen* (R. Pérez de Ayala, *Troteras y danzaderas*, ed. 1923, pág. 226); *Puso esta rueda con su explicación, bien que separada en cuanto al contexto* (Feijoo, *Teatro crítico*, II, disc. III, § IV); *Nunca el consejo del pobre, por bueno que sea, fue admitido* (Cervantes, *Coloquio de los perros*); *La prisa que yo tengo es por saber lo que a ti te pasa, por más que yo me lo sé ya casi de memoria* (A. Reyes Aguilar, *Cartucherita*, cap. VI); *Yo te conozco, y, por más que digas, estás muy nerviosa* (Benavente, *Lo cursi*, II, esc. 4); *Esto de los tipos de raza ha sido siempre algo bastante explotado por los libretistas de zarzuela, hombres patrióticos, si bien con escasa imaginación* (C. J. Cela, *Animales omnívoros*); *Y vívame la suma caridad del Ilustrísimo de Toledo... y siquiera no haya imprentas en el mundo, y siquiera se impriman contra mí más libros que tienen letras las coplas de Mingo Revulgo* (Cervantes, *Quijote*, II, prólogo).

b) Para las expresiones concesivas con el futuro de indicativo, el condicional y las formas no personales del verbo, véanse los §§ 3.14.7*b*, 3.14.9*g*, 3.16.5*d*, 3.16.10*a* y *b*, 3.16.16*e*.

c) Existen también numerosas fórmulas sintácticas de significación concesiva, entre ellas las que forma un verbo repetido con un relativo interpuesto; v. gr.: *diga lo que diga, sea como sea, sea cual fuere* y otras parecidas. Ejemplos: *Sea de esto lo que fuere, la invención de la esclavitud no es de Roma* (J. Montalvo, *Siete tratados*, ed. 1882, t. I, pág. 289); *Vamos, que Dios, digan lo que dijeren, no hace nunca las cosas completas* (Galdós, *Misericordia*, cap. XXXIV); *No sé como te las arreglas, pero, hagas lo que hagas, encubridores no te faltan* (M. Delibes, *Cinco horas con Mario*, cap. XX); *Espero, Fernando, que sea cual fuere la ofensa que nos haya hecho, usted rectificará la mala opinión que se haya formado de él* (M. Azuela, *El búho en la noche*, acto II). En estos ejemplos, el relativo une formas iguales o diferentes de un mismo verbo, pero también puede enlazar dos verbos distintos; p. ej.: *Lo de saber para saber, no es, dígase lo que se quiera, sino una tétrica petición de principio* (Unamuno, *Del sentimiento trágico de la vida*, cap. I). Obsérvese que, en cualquier caso, las dos formas verbales enlazadas en la prótasis están siempre en modo subjuntivo, puesto que denotan acción posible o deseada.

ÍNDICE ALFABÉTICO DE MATERIAS

Dos números separados por un punto (p. ej., 3.1) remiten a un capítulo; tres números separados por puntos (p. ej., 3.1.4) remiten a un párrafo; las letras o números que a veces siguen a la indicación de un párrafo remiten a subdivisiones de este.

A

G

H

P

Q

R

V

v, 1.8.1*B*,2.º*a*
valer, conjugación, 2.12.4,2.º*N*, 2.12.10
variación libre, 1.3.1*c*
variante combinatoria o posicional, 1.3.1*f*
varios, 2.8.1*b* y *d*, 2.8.2*b*, 2.8.3,10.º
veintena, 2.9.7*d*
venir: conjugación, 2.12.3*B*,3.º, 2.12.4,2.º*M*, 2.12.7, 2.12.9, 2.12.10, 2.12.12;
    + gerundio, 3.12.5*b*, 3.16.6*a;* *venir a* + infinitivo, 3.12.4*c*
ventar, conjugación, 2.12.3*B*,1.º
ver, conjugación, 2.12.6, 2.12.7, 2.12.9, 2.12.11
verbo, 2.10, 2.11, 2.12, 2.13; formas débiles y fuertes, 2.10.1*c;* formas infinitas,
    2.10.3; formas simples y compuestas, 2.10.3*a;* modos, 2.10.3 (v. MODO);
    tiempos, 2.10.3 (v. TIEMPO); absoluto, 3.5.1*a* y *d;* auxiliar, 3.3.4*c*, 3.12.2;
    con más de una raíz, 2.12.8; con pronombre enclítico, 1.8.3*H;* copulativo,
    3.3.1*a*, 3.3.2*b*, 3.3.3; defectivo, 2.12.13; desinente, 3.13.6; durativo o
    permanente, 3.13.6; incoativo, 3.13.6; intransitivo, 3.5.1; irregular, 2.12;
    modal, 3.12.7; predicativo, 3.3.4; pronominal, 3.5.4*e;* recíproco, 3.5.5;
    reflexivo, 3.5.4*a* y *e;* reiterativo, 3.13.6; transitivo, 3.5.1; unipersonal,
    3.5.7*a;* vocálico, 1.4 n.27, 2.13; verbos en *-iar*, 2.13.2-2.13.6; verbos en
    -uar, 2.13.7
verter, conjugación, 2.12.3*B*,2.º
vestir, conjugación, 2.12.3*A*
vibrante, articulación, v. ARTICULACIÓN
visto que, 3.22.2,1
vocal, 1.2.3, 1.2.4, 1.2 n.5; anterior o palatal, 1.2.3*a;* no silábica, 1.2.4*B;* pos-
    terior o velar, 1.2.3*a;* satélite o marginal, 1.1.2*c;* silábica, 1.1.2*c*, 1.2.4*A;*
    vocales dobles, 1.4.12; agrupación de vocales, 1.4.6-1.4.11, 1.4.14, 1.4.15;
    representación gráfica de las vocales, 1.8.1*A*
vocativo, 1.5.4*c*, 1.8.5*b*,1.º, 3.8.8
volar, conjugación, 2.12.3*C*,1.º
volcar, conjugación, 2.12.3*C*,1.º
voluntativa, entonación, 1.7.6
volver, conjugación, 2.12.3*C*,2.º, 2.12.11; *volver a* + infinitivo, 3.12.4*f*
vos, 2.5.2*c*, 2.14.3, 3.10.5, 3.10.8*c;* v. VOSEO
voseo, 1.8 n.47 y 48, 2.14.7, 3.10 n.1, 3.13 n.2
vosotros, 2.5.2*b*, 3.10.4
voz pasiva, 3.5.2, 3.5.6*b*, 3.12.8-3.12.10; refleja, 3.5.3
vueso, 3.10 n.1
vuestro, 1.5.4*a*,2.º, 2.5.7, 3.10.11

W

w, 1.8.1*B*,2.º*b*

X

x, 1.8.1*B*,15.º

Y

y, letra, 1.8.1*A*,3.º y 5.º, 1.8.1*B*,8.º*a*
y, conjunción, 1.5.4*a*,8.º, 1.5.4*b*, 3.6.9*c;* 3.17.3*d*, 3.17.4*c*, 3.18.2, 3.18.3; enca-
    bezando una pregunta, 1.7.4*h;* *y además*, *y aun*, *y hasta*, 3.18.2*c;* *y que*,
    3.19.4*e;* *y todo*, 3.18.2*c*
ya: ya... ya..., 3.18.4*a;* *ya que*, 3.21.3*c*, 3.22.2, 3.22.6*c*, 3.22.8*a*

ÍNDICE GENERAL